디지털시대,
프로듀서와
프로그램을
묻다

디지털시대,
프로듀서와
프로그램을
묻다

장해랑 · 이상요 지음

청문각

창공의 별빛을 잃어버린 시대의 여행자

미래는 이미 와 있다. 널리 퍼져 있지 않을 뿐이다.

– 윌리엄 깁슨

방송 제작 프로듀서를 희망하는 사람들을 위한 지침서 형식의 책을 낸다. 이런 류의 책들은 시중에 이미 많이 나와 있다. 먼지 한 점 보태는가 싶어 저어스럽다. 굳이 책을 내는 것은 깁슨의 말처럼 미래 미디어 패러다임이 이미 현재화했고, 방송 프로듀서도 새로운 기반 위에 서야 한다는 생각 때문이다. 미디어 환경은 융합(convergence)이라는 원리에 따라 진행되고 있지만, 그것이 그려내는 구체적인 현실은 새로운 양상을 향해 끊임없이 요동치고 있다. 어떤 모습으로 정착할지, 기착지가 어디인지는 아무도 모른다. 기존 언론사나 미디어들도 요동치는 파동에 휩쓸린 채 존재감이 희미해져 가고 있다.

"별이 빛나는 창공을 보고 갈 수 있고, 또 가야만 하는 길의 지도를 읽을 수 있던 시대는 얼마나 행복했던가? 그리고 별빛이 그 길을 훤히 밝혀주던 시대는 얼마나 행복했던가? 이런 시대에 모든 것은 새로우면서도 친숙했고, 모험으로 가득 차 있으면서도 결국은 모든 것을 자신의 것으로 만들 수 있었다. 그리고 세계는 무한히 광대하지만 마치 자기 집에 있는 것처럼 아늑했는데, 왜냐하면 영혼 속에서 타오르고 있는 불꽃은 별들이 발하고 있는 빛과 본질적으로 동일하기 때문이다."(죄르지 루카치,《소설의 이론》서문, 1916)

새로운 모험으로 가득했지만, 그것이 혼란이 아니라 새로운 질서로 수렴되면서 이상을 향해 가던 시대는 끝났다. 파동은 끝없이 요동치고 존재는 불확정적이다. 디지털시대가 도래하면서 디지털 알고리즘은 매크로한 우주 이해 방식에서 마이크로한 일상의 구석구석에까지 기존의 질서를 해체시켰다. 우리는 길을 걸어가야 하지만, 길을 밝혀주던 창공의 별빛도 사라지고 길을 읽을 수 있게 해주던 지도도 잃어버렸다. 바벨탑을 세우던 고대인들이 의사소통이 되지 않아 사방으로 뿔뿔이 흩어졌던 것처럼, 현대의 매스미디어들도 대중(mass)과의 소통에서 주체성을 잃어버리고 체제유지를 위한 선전도구로, 시청자와 독자를 광고주에게 판매하는 통로로, 자신을 위해 대중을 배반하는 이기적인 조직으로 뿔뿔이 흩어지고 말았다. 방송 미디어에 종사하는 프로듀서들도 같은 행태를 보이고 있다.

이런 시대에 이 책은 방송 미디어를 공부하는 사람들에게, 특히 방송 프로듀서가 되고자 하는 이들에게 창공의 별빛이 되고 지도가 되기를 희망한다. 방송은 약 100년의 역사를 가지고 있다. 방송의 역사는 변하지 않는 본질적 요소와 시대에 따라 변할 수밖에 없는 요소가 정반합적으로 통합해가는 과정이었다. 방송은 사실과 진실을 저널리즘이라는 형식을 통해 대중들과 끊임없이 소통하는 강력한 공론장(public sphere) 기능을 수행해야 한다는 이상을 가지고 있다. 시사교양·오락·드라마도 시대정신을 반영하고 기록함으로써 같은 기능을 수행한다. 이런 것들은 방송이 수행하는 본질적 요소다. 다른 한편으로는 기술의 발전과 시대적 트렌드를 수용하여 대중 소통방식의 다양성과 변화를 꾀한다. 시대에 따라 변할 수밖에 없는 요소다.

다양한 플랫폼과 미디어가 새롭게 진입하면서 미디어시장은 카니발리즘적 상황으로 내몰리고 있다. 시장에서의 생존이 당장의 과제가 되면서 미디어의 공론장 기능은 취약해지고 있다. 기술적 발전이 미디어의 본질적 요소를 위협하고 있는 것이다. 기술적 발전이 미디어의 본질적 기능을 위협하는 요인이 아니라, 오히려 강화시키는 요인으로 수렴시킬 수 있을 것인가 하는 문제가 미디어의 시대적 과제가 되었다. 이 책은 이런 상황에 대한 고민의 과정에 위치한다. 이 책은 방송 미디어의 본질적 요소를 제시하면서도 방송 미디어와 거기에 종사하는 프로듀서들의 변화하는 양상을 결합시키고자 했다. 1부와 2부는 후자에, 3부는 전자에 좀 더 집중했으나, 각 파트는 이런 양상이 어우러지면서 나타나는 융합적 양상을 제시하고 있다.

1부의 '프로듀서와 프로그램의 미래'는 미디어 환경의 변화 양상을 집중 조명했다. 한국 미디어시장 재편의 현재 상황과 다양한 플랫폼의 등장, 이들의 콘텐츠 유통과 제작방식, 그리고 이로 인한 콘텐츠의 질적 변화를 아울렀다. 1장은 미디어 환경의 변화를, 2장 '프로듀서는 누구인가'와 3장 '프로듀서는 어떤 자질을 갖추어야 하나'는 프로듀서가 어떤 존재로 어떤 기능을 수행하는 사람인지, 프로듀서가 갖추어야 할 자질은 어떤 것인지를 1장에서 제시한 새로운 미디어 환경에서 재조명하는 내용이다. 과거의 패러다임은 더 이상 유효하지 않다. 새로운 미디어 환경에 조응하는 새로운 패러다임이 정립된 것도 아니다. 그것은 미래의 프로듀서를 꿈꾸는 이들이 어떻게 현실에 대한 인식을 정리하느냐에 달려 있을 것이다.

각 장의 말미마다 토론 주제를 제시했다. 이 책은 독자들이 읽고 외우면 끝나는 내용을 담은 것이 아니다. 각 장은 하나의 화두를 제시하고, 그 화두에 대한 역사적 개괄과 현상을 제공하고 있다. 그 연장선에서 이 책을 읽은 독자들은 이 책이 제기하는 화두에 대해 자신의 관점을 정립하기를 희망한다. 제시한 주제를 토론함으로써 이 책의 '읽기'를 완결시킬 수 있을 것이다. 마지막 3부는 토론 대신 실습으로 완결해야 한다.

2부는 디지털 스토리텔링을 집중 조명했다. 특히 이 파트는 현역 프로듀서들이 자신이 제작한 프로그램을 왜, 어떻게 기획했고, 스토리텔링을 어떻게 구체적으로 구현했는지를 당사자의 입을 통해 생생하게 전달하고 있다. 의미와 대중성 두 마리 토끼를 다 잡은 것으로 평가받는 현역 프로듀서들을 장르별로 망라했다.

기자는 사안에 대해 주제적 접근방식을 취하고, 프로듀서는 스토리텔링 방식을 취한다. 전자가 이성적·비판적이라면 후자는 감성적·전염적이다. 이 점은 기자와 프로듀서를 구별짓게 하는 중요한 요소다. 스토리텔링은 광범하고 유비쿼터스(ubiquitous)적이며 효과 또한 강력하다. 신문기사와 방송보도, 판결문, 논문 정도를 제외하면 방송 프로그램, 영화, 문학, 연극, 오페라 등등과 우리 일상생활 구석구석은 모두 스토리텔링으로 재구성된다. 기사나 논문은 일정한 형식적 틀이 강요되지만, 스토리텔링은 형식적 틀보다 개별적인 창의성을 기본적 속성으로 하고 있다. 현역 프로듀서들이 전개해나간 스토리텔링 방식은 스토리텔링의 속성을 파악하는데 구체적이고 생생한 길잡이 역할을 해줄 것이다. 여러 사례를 접하다 보면 일정한 원칙과 틀을 발견할 수 있을지도 모른다. 이를 내재화하여 자신만의 방식을 정립하는 것은 독자들의 몫이다.

3부는 프로그램을 제작하는 구체적인 방법을 개괄했다. 프로그램 제작의 비밀은 프로그램의 '의미'가 어떻게 창출되는지를 이해하는데서 출발한다. 프로그램의 의미는 제작자가 프로그램에 심어놓은 메시지를 말하는 것인가, 수용자/시청자들이 프로그램을 수용/시청할 때, 즉 제작자가 어떤 메시지를 심었는지와는 상관없이 프로그램과 수용자/시청자가 만나는 지점에서 '만들어지는' 것인가? 관점의 차이에 따라 프로그램 제작방식은 달라질 수밖에 없다. 전자의 입장에 서는 프로듀서는 진실 추구를 위해 자기 주장을 강하게 내세우는 주창적인(advocative) 프로그램을 기획할 것이고, 후자의 입장에 서는 프로듀서는 자신의 주장보다는 시청자/수용자들이 폭넓게 공감할 수 있는 프로그램을 기획할 것이다.

3부는 프로그램을 어떻게 규정할지에 대한 이론적 인식을 바탕으로 프로그램 제작 단계별로 유의해야 할 포인트를 세세하게 정리했다. 3부에서 제시한 내용은 학습 후 구체적으로 프로그램을 제작하는 실습을 통해 몸에 익혀야 할 내용들이다. 실습의 반복을 통해 자신만의 제작방식을 내면화시켜야 할 것이다.

프로듀서들이 제작하는 프로그램의 스펙트럼은 매우 넓다. 대담·토론, 심층탐사, 다큐멘터리, 어린이, 스포츠 중계, 리얼버라이어티, 오디션/쇼 등의 음악, 코미디/개그, 일일드라마, 미니시리즈 등 장르와 포맷이 다양하다. 여기에 새로운 플랫폼과 새로운 디바이스 및 유통경로에 적응하기 위한 새로운 형식의 프로그램도 속속 등장하고 있다. 기존의 장르와 포맷 개념으로 분류하기 어려운 형식이 추가되고 있는 것이다. 이 책은 다양한 장르와 포맷의 프로그램에 공분모로 내재하는 원칙과 사례를 다루었다. 개별 장르론과 포맷론은 별도 논의의 장을 필요로 하므로 다음으로 미룬다.

 프로듀서가 되기를 희망하는 학생들을 대상으로 했으나, 프로그램을 더 깊이 이해하고 싶거나 방송 영상물 제작에 관심을 가진 일반인들에게도 참고가 되기를 희망한다.

2017년 5월

이상요

3부 실전, 프로그램 제작론

1부
프로듀서와
프로그램의
미래

디 지 털 시 대 , 프 로 듀 서 와 프 로 그 램 을 묻 다

일러두기

미디어 환경은 본격적으로 디지털 융합시대로 접어들었다. 1부는 미디어 환경의 역사적인 변화를 따라가면서 미디어 환경에 어떤 변화가 왜 일어났고, 이것이 콘텐츠 소비행태를 어떻게 변화시켰으며, 마침내 콘텐츠 자체를 어떻게 변화시켰는지를 개괄한다. 환경의 변화에 따라 프로듀서가 수행하는 기능은 어떻게 변화되었고, 프로듀서에게 필요한 자질도 어떻게 변화했는지를 살핀다. 변화에 대한 개괄은 디지털시대의 방송 프로듀서에게 어떤 콘텐츠를 어떻게 제작해야 하는지를 알려주는 길잡이가 될 것이다.

1장
디지털시대,
프로그램의 진화와 혁신

1. 한국 미디어시장, '6용(龍) 체제'로 재편되다

비지상파 채널의 약진

최근 지상파 채널의 영향력이 퇴진하고 비지상파 채널, 특히 종편채널 JTBC와 케이블 채널 tvN이 약진하고 있다. 2016년 12월, 한국갤럽이 조사한 바에 따르면 한국인이 '가장 즐겨보는 뉴스 채널'은 JTBC다. '가장 즐겨보는 뉴스 채널'은 뉴스 시청률이 아닌 한국인의 감성적인 뉴스 채널 선호지표다. 시청률 면에서도 JTBC 메인뉴스 시청률이 2016년 12월 8일, 10.7%를 기록해 종편채널이 시작한 이후 가장 높은 시청률을 기록했다.

JTBC는 2016년 '미디어어워드'에서 시상을 시작한지 10년 만에 첫 '미디어대상'도 수상했다. '미디어어워드'는 KBS, MBC, SBS 등 종합뉴스 5곳, 종편 4곳, 발행부수 기준 상위 5위 종합일간지, 방문자수 기준 상위 1위 종합인터넷신문 등 15개 미디어를 대상으로 한국언론학회 회원 전체를 대상으로 한 설문조사 응답결과로 선정한다. 신뢰성, 공정성, 유용성 세 부문을 평가하는데, 세 부문 모두 JTBC가 1위를 차지해 미디어대상을 수상했다. 지상파 채널로는 SBS가 유일하게 8위 안에 들었다.

주요 뉴스 채널 선호도 추이(2013~2016, 한국갤럽)

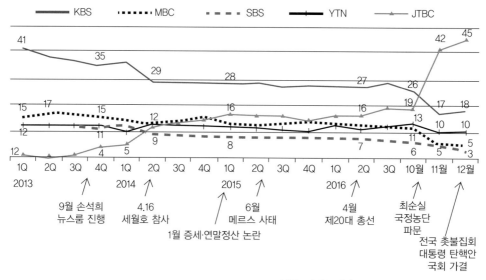

*최근 4년 내 분기(Q) 기준 선호도 10% 이상 기록 채널 기준
**조사는 매월 셋째 주 실시. 한국갤럽 데일리 오피니언 제240호(www.gallup.co.kr)

미디어어워드 부문별 8대 미디어(2016, 미디어미래연구소 조사)

	신뢰성		공정성		유용성	
1	JTBC	3.9571	JTBC	3.6316	JTBC	3.8903
2	한겨레	3.4889	경향신문	2.9585	한겨레	3.2221
3	경향신문	3.3801	YTN	2.9259	경향신문	3.1628
4	YTN	3.1075	한겨레	2.9137	YTN	3.1429
5	중앙일보	3.1013	SBS	2.8982	중앙일보	3.1190
6	SBS	3.0708	노컷뉴스	2.8153	노컷뉴스	3.0858
7	노컷뉴스	3.0075	연합뉴스TV	2.7494	SBS	3.0504
8	연합뉴스TV	2.9473	중앙일보	2.7268	연합뉴스TV	2.9668

　　JTBC의 이런 성과는 일차적으로 사회 주요 이슈를 놓치지 않고 취재해 발빠르게 보도한 저널리즘적 노력을 기반으로 하고 있다. 여기에 앵커가 취재를 지시하고 보도내용을 선택하며 진행도 맡는 진정한 앵커시스템을 도입해 뉴스 프로그램의 역동성을 높였다. 뉴스 프로그램이 구현할 수 있는 모

든 방식을 동원한 프로그램 구성도 돋보인다. 1부는 '정통 이브닝 뉴스' 형식으로 기자 리포트, 데스크 브리핑, 현장 연결, 뉴스 브리핑, 밀착 카메라 등으로 구성했고, 2부는 '한 걸음 더 들어간 뉴스' 형식으로 앵커 브리핑, 오피니언 리더 인터뷰 또는 토론, 탐사플러스, 팩트체크 등으로 구성했다. 정통 뉴스에 심층탐사보도(Investigative Report)를 결합한 형식이다. 온라인 연계 방송도 빼놓지 않았다. 뉴스 앱, 네이버, 다음 tv팟, 유튜브(YouTube)를 통해 실시간 뉴스 시청이 가능하고, 유튜브의 JTBC채널에서 VOD 무료 시청도 가능하다. 보도 부문의 약진을 기반으로 JTBC는 지상파의 대안으로 자리 잡아가고 있다.

케이블방송 오락전문채널인 tvN 채널의 드라마는 전통적으로 강세를 보이던 지상파 드라마를 위협하고 있다. 〈응답하라 1988〉은 최고시청률 19.6%를 기록해 지상파 드라마 시청률을 제쳤다. 드라마 〈미생〉은 10.3%를 기록했다.

tvN 드라마 시청률(닐슨 코리아, 유료 플랫폼 기준)

타이틀	방송연도	최고 시청률
응답하라 1997	2012. 16부작	1.2~7.6%
응답하라 1994	2013. 21부작	2.1~10.4%
오 나의 귀신님	2015. 16부작	2.6~8.0%
두번째 스무살	2015. 16부작	3.6~7.0%
응답하라 1988	2015~2016. 20부작	3.3~19.6%
치즈인더트랩	2016. 16부작	4.1~7.7%
시그널	2016. 16부작	6.3~13.4%
또 오해영	2016. 18부작	2.1~10.0%
디어 마이 프렌즈	2016. 16부작	3.4~8.1%

tvN은 〈삼시세끼〉를 비롯한 다양한 버라이어티 프로그램도 선보이고 있다. CJ E&M은 tvN을 비롯해 17개의 케이블 채널을 보유한 거대 MPP(복수채널사용사업자)로 계열 전체 시청점유율은 20%에 이른다. 여기에다 영화 제작·수입·배급회사인 CJ엔터테인먼트, OTT 서비스인 tving, MCN 사업을 담당하는 DIA TV, 이외에도 엠넷미디어, CJ MUSICAL, 애니메이션사업부도 보유하고 있다. CJ E&M은 케이블방송, OTT 사업, MCN 사업, 영화, 음악, 게임, 애니메이션 등 콘텐츠 관련 사업을 수평·수직으로 통합하여 미디어 콘텐츠 복합그룹을 지향하고 있다.

2015년 기준으로 종합편성채널들의 시청률 합산은 5.5%, 지상파 각 채널은 시청률 5% 내외를 기

| 1TV | 2TV | MBC | SBS | 종편 | | | | tvN | HUT |
				MBN	채널A	TV조선	JTBC		
5.89	4.60	5.53	4.73	1.64	1.42	1.38	1.06	1.13	41.2

닐슨코리아(월~일 06~25시, 가구, 수도권)

록하고 있다. 그리고 CJ 계열 PP들의 프로그램 시청률 합산도 5% 내외로 추산된다. 이제 한국 방송 콘텐츠는 지상파 독식구조에서 지상파와 종편, 케이블 6개 채널이 경합, 각축하는 시장으로 정착되고 있다(KBS, 2015 사업연도 경영평가보고서, 2016).

새로운 형식의 콘텐츠 등장

최근 TV를 점령한 콘텐츠는 '쿡방(cook+방송)'이다. tvN의 〈삼시세끼〉를 시작으로 JTBC〈냉장고를 부탁해〉, tvN〈집밥 백선생〉 등 '쿡방(요리과정을 보여주는 방송)'이 인기를 끌고 있다. 케이블 채널이나 종합편성채널에 편성되었음에도 인기 쿡방은 높은 시청률을 보이고 있으며, 인터넷과 SNS에서도 화제를 모았다. 출연하는 셰프들도 '셰프테이너(셰프+엔터테이너)'라 불리며 인기몰이 중이며, 인터넷을 통해 일상생활에까지 요리 열풍을 불러일으키고 있다. 넘쳐나는 '쿡방'이 식상하다는 의견이 있음에도 쿡방은 여전히 높은 시청률을 기록하고 있다. 앞으로도 힐링과 재미를 갖추고 새로운 형식으로 무장한 '쿡방'은 계속 이어질 것으로 보인다(오예린, 2015.12.24).

스마트폰 중심의 미디어 이용행태 변화와 스낵컬처(Snack Culture)를 즐기는 이용자들의 라이프스타일 변화로 '웹드라마'의 인기도 높아지고 있다. 네이버 TV캐스트, 다음 TV팟 등의 포털사이트, 라인, 카카오 TV 등의 SNS 플랫폼뿐만 아니라 대형 기획사와 제작사에서도 웹드라마 제작과 유통시장에 뛰어들고 있기 때문에, 웹드라마 시장은 앞으로 계속 성장할 전망이다. TV라는 매체를 뛰어넘어 스마트미디어 맞춤형 콘텐츠가 개발되고 있는 것이다.

tvN의 웹예능 프로그램 〈신서유기〉도 성공적인 평가를 받고 있다. 모바일과 인터넷으로만 공개한 〈신서유기〉는 국내 5,000만 뷰, 중국에서는 2억 뷰를 돌파해 웹예능이라는 새로운 장르를 개척했다. 특히 이 프로그램은 모바일 친화적으로 제작되었다. 재생시간이 짧고, 작은 모바일 화면에서도 보기 쉽게 큰 자막을 사용했다.

1인 방송과 MCN도 아직 수익모델은 분명하지 않지만 꾸준히 선전하고 있다. 그 예로 MBC 〈마이리틀 텔레비전〉의 인기는 1인 방송에 대한 대중의 관심이 높아졌음을 나타낸다. 개인화된 미디어 이용으로 자신의 필요와 관심사에 따라 콘텐츠를 시청하는 행태가 보편화됨에 따라 이러한 1인 방송은 새로운 콘텐츠 출구로 여겨지고 있다. 1인 방송 창작자 혹은 진행자(BJ: Broadcasting Jockey)가 자신의 전문분야나 좋아하는 분야의 프로그램을 제작하고 방송함으로써 형식과 내용이 기존 방송 프로그램과 달리 자유롭고 다양하다는 것이 특징이다. 1인 방송을 진행하는 BJ 스타도 탄생하고 있다. 이에 따라 BJ를 관리하고 발굴·육성하는 기획사가 생겨나고 다중채널네트워크(MCN) 시장이 형성되자, CJ E&M의 'DIA TV'를 시작으로 대기업이나 연예 기획사들의 MCN 진출이 이어지고 있다. 지상파로는 처음으로 KBS가 '예띠(Yettie) TV'라는 이름의 MCN 채널을 선보였다. KBS의 시도는 콘텐츠 소비행태의 변화에 지상파가 선도적으로 대응한다는 긍정적인 평가를 받고 있다. 앞으로도 1인 방송과 MCN에 대한 투자는 계속될 것으로 예상하는 사람들이 많다. MCN을 통해 10~20대 젊은 시청자들에게 콘텐츠를 전달할 수 있으며, 또한 그들이 인터넷에서 즐기는 새롭고 신선한 동영상 콘텐츠도 확보할 수 있기 때문이다.

통합시청점유율 산정 가시화

미디어 이용행태가 변화하자 기존 가구시청률의 한계를 극복하는 새로운 통합시청점유율 제도를 도입하려는 움직임이 가시화되고 있다. 실시간보다는 비실시간 콘텐츠 이용률이 증가하고 있고, TV보다 인터넷, 모바일을 통한 콘텐츠 소비가 보편화됨에 따라 거실 TV 시청률만 집계하는 시청률 조사의 한계가 명백해졌다. 방송통신위원회는 2015년 7월부터 5,000명을 대상으로 N스크린 시청률 시범조사를 시작했다. 시청률 조사 애플리케이션을 개발해 모바일과 웹을 통한 실시간 및 비실시간 (VOD) 시청률을 조사하고, 이를 기존의 거실 TV 시청률과 통합하는 방식이다. N스크린 시청률 시범조사 결과를 바탕으로 방송통신위원회는 통합시청률 제도를 늦어도 2017년 즈음에 도입할 예정이다. 통합시청률 제도가 도입되면 프로그램 시청점유율 결과는 상당히 달라져, 방송사와 채널의 경쟁력 평가는 일대 지각변동을 일으킬 것으로 예상된다.

2. TV가 지고 모바일이 떠오르다

모바일, TV를 대체하다

미디어 시장이 '6용 체제'로 재편되고, 새로운 콘텐츠가 등장하고 있으며, 통합시청률 제도를 도입하려는 움직임을 추동하는 배후는 모바일이다. 한국인들의 스마트폰 보유율은 2015년 기준 78.8%로 다른 나라에 비해 압도적이다. 50대, 60대의 스마트폰 보유율도 각각 81.9%, 32.1%에 달한다. 20대와 30대가 주 보유층이었던 스마트폰 보급 초기와 달리 2015년 조사에서는 40대와 50대의 보유율

연령별 필수 매체

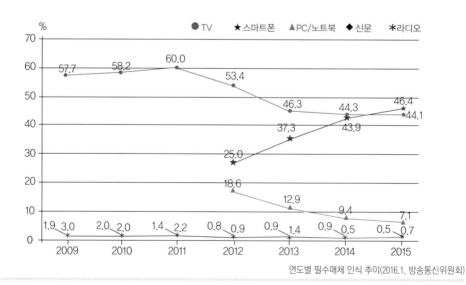

TV 스마트폰 PC/노트북 신문

10대 19.4 67.9 10.4 0.7
20대 17.1 69.5 10.7 0.8
30대 25.2 63.0 9.8 0.1
40대 36.0 54.1 8.2 0.3
50대 57.0 34.7 4.8 1.3
60대 이상 86.6 9.5 1.9 1.0

2015 방송매체 이용행태 조사(2016.1. 방송통신위원회)

이 80%를 넘어 스마트폰은 이제 국민 매체로 확고한 위치를 차지하고 있다.

　일상생활에 없어서는 안 되는 필수매체로 스마트폰을 선택한 응답자도 2015년 46.4%에 달해 이해를 기점으로 스마트폰이 TV를 제치고 가장 필요한 매체로 부상했다. 연령대별로는 40대의 54.1%, 50대의 34.7%, 60대 이상의 9.5%가 스마트폰을 필수 매체로 선택했다. 40대 48.6%, 50대 23.9%, 60대 이상 3.9%를 선택했던 2014년 조사결과와 비교하면, 2015년 조사결과는 이제 50대 이

연도별 필수매체 인식 추이

% ● TV ★ 스마트폰 ▲ PC/노트북 ◆ 신문 ✳ 라디오

TV: 57.7(2009), 58.2(2010), 60.0(2011), 53.4(2012), 46.3(2013), 44.3(2014), 44.1(2015)
스마트폰: 25.0(2012), 37.3(2013), 43.9(2014), 46.4(2015)
PC/노트북: 18.6(2012), 12.9(2013), 9.4(2014), 7.1(2015)
신문: 3.0(2009), 2.0(2010), 2.2(2011), 0.9(2012), 1.4(2013), 0.5(2014), 0.7(2015)
라디오: 1.9(2009), 2.0(2010), 1.4(2011), 0.8(2012), 0.9(2013), 0.9(2014), 0.5(2015)

연도별 필수매체 인식 추이(2016.1. 방송통신위원회)

연도별 필수매체 인식 추이

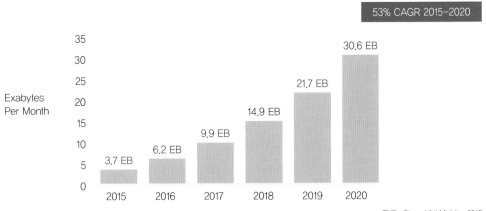

53% CAGR 2015-2020

자료: Cisco VNI Mobile, 2016
* EB(엑사바이트)=10^{18} 바이트, PB(페타바이트)=10^{15} 바이트, TB(테라바이트)=10^{12} 바이트.

상 고연령층도 스마트폰이 중요하다고 인식하고 있다는 점을 보여준다. 가장 보편적인 개인 매체로 자리 잡은 스마트폰은 지금까지 등장했던 어떤 개인 미디어보다 강력한 지배력을 나타내고 있다(정용찬, 2015). 개인용 이동매체인 스마트폰을 필수매체로 인식하는 비율의 증가 추세는 미디어 이용의 '이동화'와 '개인화'가 가속화되고 있다는 것을 의미한다.

모바일 데이터 트래픽에서 동영상의 비율이 계속 증가하고 있다. 시스코(Cisco)는 한국의 전체 모바일 데이터 트래픽 중 모바일 영상 트래픽이 차지하는 비중이 2012년 64%에서 2017년 74%로 증가할 것으로 예측했다.

이러한 추세가 지속되면 온라인 동영상 콘텐츠를 재생하는 주된 플랫폼은 앞으로 모바일 플랫폼이 될 것으로 예상된다. 이런 현상에 대해 티에리 마우필레 시스코 모바일 인터넷 총괄책임자는 "이제 모바일 시장은 '혁신의 허리케인' 속으로 들어갔다."고 표현했다. 한스 베스트베리 에릭슨 회장은 "2015년까지 모바일 사용자가 80억 명으로 늘어나고 2020년에는 500억대의 기계가 서로 연결되는 네트워크 사회가 완성될 것"이라고 전망하기도 했다(매경이코노미, 2011.9.15).

이런 추세에 따라 모바일이 TV를 대체할 것이라는 전망이 지속적으로 나오고 있다. TV와 비슷한 기능을 가진 모바일기기가 TV 시청의 특징이었던 시간과 공간의 제약을 벗어나게 해주면서 새로운 콘텐츠가 나타나고 있다. 손가락만 움직여 소비할 수 있는 10분 내외의 짧은 영화나 웹툰, 클립영상 같은 '스마트 핑거 콘텐츠'가 그것이다.

집에 TV가 없거나 TV를 통한 방송수신을 하지 않는 '제로TV' 가구의 증가도 새로운 콘텐츠 소비행태의 결과로 나타나고 있다. 제로TV 가구란 TV나 모니터가 없거나, 있더라도 코드커팅(cord cutting)하여 더 이상 전통적인 유료방송 서비스에 가입하지 않고 지상파 안테나를 통한 방송도 시청하지 않는 가구를 말한다. 코드 커팅은 기존 케이블TV나 위성방송의 유료 서비스를 끊고 OTT(Over-The-Top)의 인터넷 서비스로 대체하는 현상을 말한다. TV 프로그램을 전통적인 TV수상기를 통하지 않고 스마트폰, 태블릿 PC 등 다른 기기로 시청하는 행태다. 미국의 코드커팅 인구는 성인 인터넷 유저의 3분의 1에 해당하는 5,600만 명 정도이며, 저연령, 고소득, 고등교육층에서 두드러진 것으로 나타났다(한국콘텐츠진흥원, 2012). 미국 닐슨사의 조사에 따르면, 모바일은 TV 시청 감소에 큰 영향을 미치고 있다. TV의 보조수단으로 생각되던 모바일 기기 사용자가 갈수록 늘어나면서, TV 시청자를 잠식하고 있다. 아직까지 모바일이 TV를 쫓아내고 있다고 단정할 수는 없지만, 모바일 기기 이용 증가가 전체 시청행태에 일정한 영향을 미치는 것은 분명하다.

닐슨코리아에 따르면, 한국에서도 TV, PC, 모바일 3-스크린 이용자 중 TV 외의 다른 매체를 이용해서 프로그램을 소비하는 제로TV 이용자의 비율이 6.6%에 달하고, TV 이용 시간이 적어 제로TV 이용자로 전환할 가능성이 있는 이용자까지 더하면 제로TV 이용자는 22%로 늘어난다. 제로TV 이용자들은 다양한 단말기를 통해 시공간의 제약 없이 콘텐츠를 소비한다. 전통적인 TV 시청자와는 다른 양상을 보이는 것이다(황용석, 2015).

'모바일 퍼스트'에서 '모바일 온리'로

모바일 영역이 TV의 대체적 역할로 확장되고 있는 현상은 뚜렷하다. 과거 주 매체였던 TV와 PC에서 모바일로의 이동이 급격하게 이루어지고 있는 것이다. 이로 인해 모바일이 TV의 보완재가 아닌 대체재가 될 것이라 보는 시각들이 늘어나고 있다. 미디어 생태계가 모바일로 재편되면서 미디어 및 콘텐츠 기업은 '모바일 퍼스트(mobile first)'에서 '모바일 온리(mobile only)'로 그 전략을 바꾸고 공격적인 도전을 하고 있다. 페이스북은 모든 페이스북 내의 콘텐츠를 모바일 최적화로 디자인하고 제작하기로 결정했다(연합뉴스, 2015.12.5).

동영상 콘텐츠가 TV에서 모바일로 옮겨가는 과도기에 '모바일에 최적화된 콘텐츠'는 과연 무엇인가에 대한 의문과 논의도 계속되고 있다. 젊은 세대를 중심으로 '스낵컬처'라 불리는 짧은 동영상이 모바일 최적화 콘텐츠로 인기를 모으고 있다. 그러나 단순히 동영상의 길이가 짧다고 해서 모바일에 최적화된 콘텐츠라고 할 수는 없을 것이다.

그럼에도 방송사들은 TV 프로그램을 실시간으로 제공하는 서비스에서 이를 짧은 클립으로 재제작해 온라인으로 제공하는 서비스로, 나아가 아예 웹 전용으로 제작한 콘텐츠를 서비스로 제공하고, 이를 이용하는 사람들도 점점 늘어나고 있다. 이에 따라 짧은 분량의 모바일 영상 콘텐츠가 늘어나

고 있다. TV용으로 제작된 프로그램은 모바일에서는 재생 및 접근성이 떨어지기 때문에 모바일에서
쉽게 이용할 수 있는 콘텐츠를 어떻게 제작할 것인가 하는 점이 디지털시대 프로듀서들이 고민하는
지점이다.

미디어 '춘추전국시대'가 도래하다

1980년 이후 한국 방송미디어 시장은 '안락한 복점체제'를 누렸다. 1980년에는 '언론기본법'이 제정
되면서 단행된 신문과 방송의 통폐합 조치로 TV방송은 KBS와 MBC 두 개만 남게 되었다. 두 방송
은 경쟁 없는 독과점체제의 혜택을 누렸다. 1987년 서울방송을 비롯한 지역민영방송이 개국하면서
'안락한 복점시대'가 끝나고 방송시장에 경쟁체제가 도입된다. 1995년에는 유료상업방송인 케이블
TV가 도입되면서 경쟁이 가속화된다. 그 와중에 방송은 디지털혁명으로 방송, 통신, 인터넷의 구분
이 사라지는 미디어 융합(convergence) 현상도 겪는다.

2002년에는 케이블방송과 유사한 서비스를 제공하는 위성방송이 도입되었다. 위성방송은 통신사
업자 KT가 주도하는 유료상업방송이다. 통신사업자가 방송영역에 진출하는 첫 사례였다. 또 2008
년에는 IPTV가 도입되었다. IPTV(Internet Protocol Television)는 초고속인터넷망을 이용하여 TV
단말기를 통해 멀티미디어 콘텐츠를 패킷 방식으로 전송하는 서비스로 이 또한 통신사업자들이 주
도했다. KT의 'olleh tv', SK브로드밴드의 'B tv', LG U+의 'U+tv' 등이 그것이다. 2010년부터는 통
신사업자들에게 결합상품 판매가 허용되었다. 스마트폰을 구입하면 IPTV와 결합해서 할인가격을
제공하는 서비스다. 통신사업자가 아닌 케이블방송사업자는 이런 상품을 내놓을 수 없다. 케이블방
송 가입자들은 IPTV로 옮겨가면서 IPTV 가입자가 케이블TV 가입자를 넘어섰다.

지상파, 케이블, 위성방송에 IPTV가 가세한 미디어 시장에 2011년 종편채널이 등장했고 2013년
에는 새로운 형식의 서비스 OTT가 또 등장했다. OTT란 Over-The-Top의 약자로, 기존 통신 및

신규방송형태 도입시기와 규모

* 미디어 핫이슈 브리핑, KBS 방송문화연구소, 2016.5.18

방송사업자와 서드파티(3rd Party) 사업자들이 인터넷을 통해 드라마, 영화, 애니메이션 등 미디어 콘텐츠를 제공하는 서비스를 말한다. 초기 OTT는 TV와 연결해 사용하는 셋톱박스 형태와 관련 서비스를 뜻했지만 현재는 PC, 스마트폰, 태블릿PC 등 다양한 기기로 인터넷 기반 동영상 서비스를 이용하는 의미로 확대됐다. 시청자/이용자들은 다양한 플랫폼과 디바이스에 기반한 콘텐츠 사업자들의 등장으로 자신의 생활패턴에 맞는 방식으로 다양한 콘텐츠를 소비할 수 있게 되었다. 그러나 콘텐츠 사업자의 입장에서 미디어시장은 다양한 형식의 동영상 서비스가 각축과 경쟁을 벌여야 하는 시장으로 변했다.

여기에 포털 및 SNS사도 동영상 서비스를 확대하고 있다. 포털사업자인 네이버가 출시한 네이버 TVCAST 이용자가 젊은층 중심으로 지속적으로 증가하고 있다. SNS 사업자인 다음카카오와 페이스북 및 트위터도 본격적으로 동영상 서비스를 시작하여 그 저변을 확대하고 있다. OTT 사업자로 동영상 서비스의 선두주자인 유튜브 이용자도 폭발적으로 늘어났다. 이에 힘입어 유튜브도 유료서비스와 고화질 영상서비스를 준비 중이다. 월정액을 내면 광고를 보지 않고 영상을 바로 볼 수 있는 유료서비스, 고화질 영상, 유튜브 키즈 등의 신사업 등이 그것이다. 이에 발맞추어 온라인 동영상 광고도 약진 중이다. PC, 모바일, IPTV 등 N스크린 중심의 동영상 광고로 광고 시장이 재편되었다. 광고 형식도 매체 특성에 따라 인터랙티브 광고와 타겟 광고로 변화하고 있다.

온라인 동영상 콘텐츠 소비 패턴도 변화하고 있다. N스크린(TV, PC, 태블릿, 모바일 등) 이용률은 2014년 기준 20.3%로, 2011년 이후 꾸준히 증가하는 추세에 있다. N스크린 항목별 이용률은 2014년 기준 음악/음원(15.5%), 사진(8.4%), 동영상(8.2%), 방송프로그램(6.8%), 문서(4.8%) 순으로 나타났다(하형석, KISDISTAT 리포트, 2015.1).

온라인 동영상 콘텐츠 소비 패턴의 변화는 몇 가지 이슈를 파생시켰다. 첫째, OTT와 N스크린 대중화에 따라 1인 가구, 저연령층을 중심으로 '코드커팅(code cutting)' 현상이 증가하고 있다. 구글 크롬캐스트, 에브리온 TV캐스트 등 OTT 디바이스의 등장과 넷플릭스의 아시아 진출 등으로 앞으로 코드커팅 현상은 더욱 증가할 것이다. 코드커팅은 TV에 연결된 코드(선)를 끊어버린다' 즉 유료방송서비스를 탈퇴하고 주로 모바일 단말기를 통해 콘텐츠를 소비한다는 뜻이다. 구글

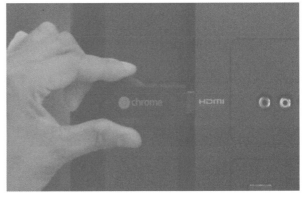

구글 크롬캐스트와 HDMI 단자
자료: http://www.gadgetreview.com

크롬캐스트 같은 장치를 '동글(dongle)'이라고 한다. 동글 장치를 TV모니터 뒷면에 위치한 HDMI 단자에 꽂으면 스마트폰과 TV모니터가 무선으로 연결된다. 이 장치를 연결하면 이용자는 스마트폰으로 보고싶은 콘텐츠를 찾아서 TV모니터의 크고 깨끗한 화면으로 볼 수 있다. 동글 장치의 등장은 코드커팅 현상을 확산시키고 있다.

둘째, N스크린 시대에 따른 통합시청점유율 제도 도입이 가시화되었다. 방송통신위원회는 2017년부터 '통합시청점유율 제도'를 도입하겠다고 밝혔다. 이를 도입하면 전체 방송, 광고 산업에 큰 변화를 초래할 것으로 예상된다. 기존의 거실 고정형 TV수상기를 통한 실시간 시청률만 카운트하던 방식에서 웹이나 모바일로 시청한 VOD 시청률이 가산되므로 기존의 실시간 시청점유율과 상당한 차이를 보일 것으로 예상되기 때문이다. 이것은 N스크린 시대에 보조를 맞추는 제도적 변화다.

OTT 서비스

OTT(Over-The-Top) 서비스

셋톱박스와 상관없이 유선 인터넷(브로드밴드)이나 무선 인터넷(모바일)을 통해 방송·통신사업자 외 제3의 독립사업자들이 영화, TV프로그램, UCC 등의 다양한 비디오, 오디오 콘텐츠를 주문형 비디오(VOD)방식과 스트리밍 방식을 사용하여 무료(광고기반) 또는 유료(월정액, 건당 과금 등)로 PC,

국내 OTT 시장 규모 추이(단위: 억 원). **방송통신위원회(2014)**

스마트 TV, 셋톱박스, 콘솔, 블루레이, 스마트폰, 태블릿 등의 접근 가능한 단말기에 제공하는 서비스다(한국콘텐츠진흥원, 2014).

OTT 서비스의 특징

- 다양한 단말기 사용: PC, 스마트폰, 태블릿PC, 스마트 TV, 셋톱박스, 콘솔, 블루레이 등 인터넷이 지원되는 모든 디바이스를 사용한다.
- 소비자 주도: 린백(Lean-back) 방식의 수동적 콘텐츠 소비에서 벗어나 원하는 콘텐츠를 직접 찾아보는 린포워드(Lean-forward) 방식의 능동적 콘텐츠 소비를 유도한다.
- 저렴한 가격: 범용 인터넷망을 통해 서비스를 제공하기 때문에 상대적으로 저렴한 가격이나 무료로 서비스를 이용할 수 있다.
- 콘텐츠 중심: 채널의 다양화로 경쟁이 치열해지면서 채널의 경쟁력 강화를 위해 풍부하고 차별화된 콘텐츠가 핵심적인 요소가 되었다.

국내 OTT 시장규모는 2014년 1,926억 원에서 2020년 7,800억 원 규모로 성장할 전망이다. 국내 OTT 서비스 가입자 수는 2000만 명을 넘어섰지만 실제 유료 가입자 수는 200만 명 수준으로, 유료방송에 보조되는 용도로 활용되고 있다. 그러나 향후에는 주력 채널로 성장할 가능성이 크다(김영주, 2015).

3. 웹/모바일 기반 프로그램의 진화와 혁신

지상파 TV, 케이블 TV, 위성 TV, IPTV, OTT, 포털과 SNS의 동영상 서비스 확대 등 모든 플랫폼은 이제 모바일로 귀결되고 있다. 시청자/이용자들은 다른 어떤 스크린보다 모바일 스크린을 통해 콘텐츠를 시청하고 소비한다. 콘텐츠 제작자들은 TV 스크린이나 웹 스크린에 최적화된 콘텐츠를 제작해왔으나 이제 모바일 최적화 콘텐츠를 고민해야 하는 시점이다. 모바일에 최적화된 콘텐츠는 어떤 것일까?

짧고 익숙하다 – 72초 초미니 드라마

최근 가장 인기있는 콘텐츠 중 하나가 '72초 TV'다. 에피소드 길이도 짧고, 프로그램 자체도 짧다. 스토리의 구성은 극적이지 않고 갈등이 일어나는 것도 아니고 별다른 사건도 없으나 소비자들은 영상을 끝까지 보게 된다. 단순히 콘텐츠의 길이가 짧아서가 아니라 비트있는 음악과 빠른 내레이션을 기반으로 이용자들에게 익숙한 일상적인 모습을 보여주기 때문이다. '72초 TV'의 포맷을 따라하는 아류작이 나올 정도로 2015년 모바일 콘텐츠 중에서 가장 성공적이라는 평가를 받고 있다.

보통 사람들에게 일어나는 사소한 일들을 유쾌한 리듬과 대사로 풀어낸 '72초 드라마'는 에피소드마다 적게는 20만 건, 많게는 50만 건의 조회 수를 기록하고 있다. '흔남'(흔한 남자)과 '일상'을 소재로 시청자의 눈길을 사로잡았으며, 남자와 여자, 사랑 등 20~30대들이 공감할 수 있는 주제와 스토리로 모바일에 적합한 콘텐츠로 떠올랐다.

72초 드라마는 컬래버레이션 제작으로도 확장되고 있다. 부산지방경찰철과 업무협약을 통해 4대악 근절 72초 드라마를 제작했는데, '피서지 성폭력 예방 72초 드라마'로 여름철 피서지의 성범죄 예방 메시지를 담았다. 이전의 공익광고와 달리 스토리텔링이 재미있고 신선하다라는 평을 받고 있다. 이외에도 불량식품 등 4대악 근절을 주제로 테마에 맞는 에피소드를 담은 영상을 컬래버레이션 작업을 통해 공개하기도 했다.

광고 컬래버레이션도 선보였다. 72초 TV와 삼성전자의 컬래버레이션으로 레벨U라는 제품 광고를 72초 드라마로 제작했다. 15초 가량의 일반 TV광고보다 길지만, 광고를 하나의 스토리텔링으로 만들어 즐길 수 있도록 제작했다는 평을 받고 있다. 드라마나 예능 프로그램 등 각종 방송 프로그램에서 간접적으로 제품을 광고했던 이전의 PPL과 달리 상품을 스토리 속에 녹여 노출시키는 형식을 시도했다. 노골적인 광고는 시청자의 시청을 방해하지만 기발하게 스토리에 녹이는 방식 때문에 소비자들의 반응은 호의적이며, '보고싶은 광고'가 되었다(KBS, 미디어 핫이슈 브리핑, 2015.12.11).

웹예능 콘텐츠의 새로운 시도

웹드라마에 이어 웹예능이 등장하고 다양한 포맷을 차용한 영상 콘텐츠가 시청자의 마음을 사로잡고 있다. 웹 영상 콘텐츠는 더 이상 서브 컬처가 아닌, 영상콘텐츠 시장의 주류로 자리매김 중이다. 이를 선도한 프로그램이 웹예능 '신서유기'다. tvN의 '신서유기'는 모바일 최적화 콘텐츠는 아니지만 모바일 비즈니스 모델의 사례가 될만 하다. '신서유기'는 TV에서 모바일로 플랫폼을 옮기면서 인터넷 플랫폼에 맞춰 길이를 짧게 자르고, 자막도 크고 간결하게 바꾸었다. PPL 광고규제, 내용심의 등에서 상대적으로 자유로워 '치킨 브랜드' 이름대기 게임을 진행하기도 했다(KBS, 미디어 핫이슈 브리핑, 2016.4.8).

네오터치 포인트는 '내 손 안의 남자친구(내손남)'를 선보였다. '내손남'은 주로 20대 여성을 겨냥한 1인칭 가상 연애 시뮬레이션 콘텐츠다. 모바일 최적화 콘텐츠를 찾기 위한 다양한 실험의 결과물이다. '내손남'은 모바일이 TV보다 더 몰입할 수 있는 개인화된 플랫폼이라는데 착안한, 1인칭 가상연애 시뮬레이션 프로그램이다. '내손남'은 세로 화면으로 제작되었는데 남자친구와 영상통화하는 느낌을 주기 위한 것이다. 또한 TV 드라마나 영화의 선 굵은 이야기보다 전화통화를 하는 듯한 느낌이 드는 일상적이고 잔잔한 이야기를 영상에 담았다. TV 콘텐츠가 대중을 타깃으로 브로드하게 캐스팅한다면 '내손남'은 모바일을 이용하는 개인을 대상으로 내로우 캐스팅한다는 개념이다. 또한 댓글이나 공유와 같은 이용자 상호작용을 중요하게 보고 있다.

웹 콘텐츠 시장은 수많은 콘텐츠 제작자에게 새로운 기회의 장을 열어주고 있다. 웹 콘텐츠를 유통시키고 있는 네이버 TVCAST에 등록된 영상 제작사는 약 50여 개로, 10개 정도의 대형 기업을 제외하면 나머지는 모두 스타트업 제작사다. 이들 아이디어와 실험의 목표는 모바일 최적화 콘텐츠 생산이다. 짧은 시간, 세로 화면, 게임·드라마·예능 등 각종 포맷을 뒤섞는 시도는 모두 모바일 시청자를 사로잡기 위한 장치들이다(윤수희, 2015.12.6).

지상파 방송사들의 모바일 적응 노력

지상파 방송사들도 TV에서 모바일로 가는 과도기에 모바일에 적응하기 위한 실험적 도전들을 시도하고 있다. KBS가 〈걸어서 세계 속으로〉 프로그램을 모바일용으로 재제작한 것도 모바일 이용자들에게 직접 다가가기 위한 것이다. 젊은 세대들이 여행 가기 전에 그 나라에 대한 정보를 얻기 위해 〈걸어서 세계 속으로〉 영상을 찾아본다는 점에 착안하여 이들이 이용하기 편리하게 영상을 재편집했다. 10년 동안 방송한 430여 편을 6,000개의 짧

KBS 〈걸어서 세계 속으로〉의 유투브 화면
자료: youtube.com/channel/UCFw4M1BJYYdN1YtS8SzlDzg

은 영상으로 쪼개서 영상 클립으로 재편집했다. 이 클립들은 여행전문 앱 '트래블룬' 속에 하나의 코너로 탑재하여 실용성과 접근성을 높였다.

SBS 스마트미디어사업팀은 2015년 'SBS ALL VOD'를 런칭했다. SBS가 방송한 모든 프로그램을 모바일과 PC에서 볼 수 있도록 한 것으로, 웹과 모바일 플랫폼으로 확장하려는 의도다. SBS는 이미 '스브스 뉴스' 등 페이스북 플랫폼을 활용하는 콘텐츠를 제작해 왔다(KBS, 미디어 핫이슈 브리핑, 2015.12.11).

모바일 최적화 콘텐츠가 콘텐츠 길이를 짧게 하는 것만으로는 안 된다는 사실이 점점 분명해지고 있다. 고품질의 콘텐츠라면 길어도 보기 때문이다. 시청자들은 넷플릭스의 〈House of Cards〉처럼 고품질의 콘텐츠라면 재생시간이 길어도 끝까지 시청하는 시청행태를 보여주었다. 40~50분짜리

웹드라마도 재미만 있으면 저항감 없이 시청하고 소비한다. 2016년 '태양의 후예'는 중국에서 대부분 모바일로 시청한 것으로 나타났는데 조회수가 100억 뷰를 돌파했다. 심지어 광고라도 재미있다면 끝까지 시청한다. 2014년 전세계에서 가장 많이 본 유튜브 영상 10위 중 4건이 광고였다. 또한 동영상의 측정 척도도 조회수(뷰) 보다 얼마나 오랫동안 시청/이용했느냐라는 '시청체류시간'이 중요한 척도가 되고 있다. 길어도 오래 본 동영상이 성공한 동영상이라는 것이다. 유튜브에서도 추천 동영상의 기준을 조회수가 아니라 '시청시간'으로 알고리즘을 조정했다.

미디어 생태계 변화: 콘텐츠의 진화와 혁신

미디어 분야만큼 새로운 기술을 재빨리 습득하고 일상에서 적극적으로 활용하는 영역도 없을 것이다. 인터넷이 등장하고 난 후 다양한 미디어가 우리 삶 속에 등장했다. 젠킨스는(Jenkins, 2013) 현재와 같은 네트워크 문화를 '스프레더블 미디어(Spreadable media)'로 표현했다.

'스마트', '소셜', 'N-스크린' 등으로 표현되는 미디어 생태계(media ecology)의 새로운 변화는 이미 널리 퍼져있다. 방송시장을 지배하던 유통 방식이 달라져 비즈니스 패러다임을 바꾸었고 그에 따른 방송 콘텐츠의 진화(evolution)와 혁신(revolution)은 우리 주위에서 손쉽게 목도할 수 있다. 새로운 기술의 등장은 항상 유통 방식에 영향을 미쳤고, 이는 다시 콘텐츠의 진화와 혁신으로 귀결됐다. '유통플랫폼이 이끄는 방송콘텐츠의 혁신과 진화' 방향을 최세경은 '멀티플랫포밍'이란 개념으로 제시했다(2015).

멀티플랫포밍 전략

멀티플랫포밍 전략은 두 가지 양태로 나타나고 있다.

첫째, 기획 단계부터 콘텐츠의 유통 활성화를 고려하여 방송 프로그램을 기반으로 웹툰, 게임, 그리고 영화 등을 협력 제작하는 장르 간 컬래버레이션(collaboration)이다. 이 전략은 방송서비스로 제공하는 콘텐츠의 유명세를 게임과 영화 등으로 확장하여 부가수익을 확보하고, 다른 장르가 제공하는 재미를 살려 콘텐츠의 관심과 가치를 높이는 효과를 얻는 장점이 있다. 따라서 하나의 콘텐츠를 여러 플랫폼에 제공하는 OSMU(One-Source-Multi-Use) 전략과 유사하지만 콘텐츠 전송과 배포의 시점을 기획 단계에서부터 추진한다는 점에서 차이가 난다.

둘째, 트랜스미디어 스토리텔링(transmedia storytelling) 전략이다.

트랜스미디어 스토리텔링 전략을 가장 잘 구사한 것이 웹툰을 원작으로 한 '미생'이다. 드라마 〈미생〉 개봉에 맞춰 극중 주요 인물인 오과장의 대리시절 이야기를 담은 〈특별 5부작 웹툰〉을 출시했고, 드라마 흥행 성공 이후에는 속편으로 등장인물 6인의 과거를 소개하는 모바일영화 〈미생 프리퀄〉

을 제작하여 OTT 플랫폼을 통해 배포했다. 각 단말기의 특성에 맞도록 별도의 스토리텔링을 갖지만 전체 스토리텔링은 하나의 통일성과 완결성을 유지하는 방식이다.

이같은 추세에 따라 앞으로는 방송콘텐츠 제작에 있어서 기획의 중요성이 증가하고 콘텐츠의 진화와 혁신에 걸맞은 제작 미학과 문법을 정착시키기 위한 다양한 노력이 확산될 것이다. 앞으로 기획은 여러 단말기와 플랫폼에 적합한 콘텐츠를 개발하고 고안하는 사전활동뿐만 아니라 콘텐츠에 대한 이용자의 관심에 따라 재빠른 대응을 요구하는 사후활동까지 그 범위가 확장될 수밖에 없다. 따라서 이미 성공을 거둔 콘텐츠를 OSMU로 활용 또는 재제작하여 더 많은 가치를 창출하기 위한 전략적 기획역량을 제고할 필요가 높아진다(최세경, 2015).

📢 심화학습을 위한 토론 주제

1. tvN 채널을 보유하고 있는 CJ E&M의 미디어 수직통합 양상을 조사하고, 이것이 한국 미디어시장에 미칠 영향을 토론해 보자.
2. 미디어시장에서 OTT와 MCN 사업이 새로운 블루오션으로 부상하는 이유는 무엇인가?
3. '72초 드라마', '내손남'이 2015년 성공적인 콘텐츠가 될 수 있었던 요인을 분석하는 에세이를 써 보자.
4. '미생'의 멀티플랫포밍, 트랜스 스토리텔링 전략에 대해 토론해 보자.

2장
프로듀서는 누구인가

1. 프로듀서는 무엇으로 사는가

판사는 판결로 말하고, 프로듀서는 프로그램으로 말한다

"판사는 판결로 말한다"는 법언이 있다. 판사는 사건에 대한 모든 것을 판결문에 표현하고 다른 방법으로 언급하지 말라는 뜻으로 알려져 있다. 그만큼 판결문의 작성에 모든 정성을 다 기울이라는 의미가 될 것이다. '판결이 선고되면 판사가 심판을 받는다'는 서양 법언(法諺)도 있다. 일단 판결이 선고되고 나면 당사자와 국민 여론의 비판이 있고, 상급심의 심사가 있고, 학자의 학술적인 비평이 따른다. 역사 속에서도 법관의 판결은 논쟁의 대상이 된다.

방송가에는 "프로듀서는 프로그램으로 말한다"는 말이 있다. 프로듀서는 자신이 다루는 주제 또는 소재에 대한 모든 것을 프로그램을 통해 말하라는 뜻이다. 다른 방법으로 중언부언하지 않아도 되도록 프로듀서는 프로그램 제작에 모든 정성을 기울이라는 뜻이기도 하다. 방송프로그램은 TV나 라디오 같은 대중매체를 통해 전송되는 특성 때문에 여론 형성이나 대중들의 생활방식에 큰 영향력을 미친다. 앞의 서양 법언을 빌려오면 '프로그램이 방송되고 나면 프로듀서가 심판받는다.'

프로듀서는 어떻게 심판을 받는 것일까? 가장 전통적인 방법은 프로그램 시청점유율에 의해서다. 프로듀서들이 아침에 회사로 출근하면 첫 번째로 확인하는 것이 자신이 제작, 방송한 프로그램의 시청점유율이다. 시청점유율은 광고 유치에 결정적인 영향을 미친다. 그 때문에 하루 아침에 프로그램이 폐지되기도 하고, 편성이 바뀌기도 하며, 폐지나 편성 변경은 면한다 하더라도 프로그램 기획의 수정이나 보완, 사회자나 출연자의 교체 등을 고민해야 하기도 한다. 드라마는 기존의 대본을 수정·보완하는 조치를 취하기도 한다.

드라마나 엔터테인먼트 프로그램에 비해 심층시사프로그램(Investigative Current Affairs)이나 고품격 다큐멘터리는 시청점유율 확보 압박이 덜할까? 각 방송사 프로그램은 다른 장르끼리 경쟁하지 않는다. 같은 장르끼리 경쟁하기 때문에 심층시사프로그램이나 고품격 다큐멘터리라고 해서 시청점유율 압박에서 자유로울 수 없다. 여론 형성에 미치는 민감한 사회적 이슈를 다루기 때문에 시청점유율 외에 사회적 영향력이나 공정성(Fairness), 객관성같은 문제를 고려해야 하는 부담감이 오히려 가중된다.

광고에서 자유로운 KBS1 채널은 어떨까? 시청점유율은 그 매체와 채널의 정치사회적 영향력을 의미하는 것이기도 하다. KBS1 채널의 시청점유율이 저조하다는 것은 그 영향력이 미미하다는 것을 의미한다. 세계 모든 나라는 공영방송이 대체로 30~40%의 점유율 정도를 유지해야 공영방송이 유용한 제도임을 입증하는 근거가 될 수 있다는 인식을 공유하고 있다. 공영방송과 상업방송이 서로 견제와 균형을 유지해야 한다고 보기 때문이다. 논리적으로 상업적 이익을 지상목표로 할 수밖에 없는 상업방송은 구매력이 큰 시청자들과 지역만 대상으로 상품이나 서비스를 선택적으로 제공하거나 진입하려고 경쟁을 벌이는 크림 스키밍(Cream Skimming) 현상을 야기함으로써 정보의 불균형을 초래하게 된다. 이에 대한 견제 또는 보완책으로 연령·성별·학력·지역·계급에 차별을 두지않고 무료보편 서비스를 제공하는 공영방송이 일정한 점유율을 유지해야 한다는 것이다. 이런 이유로 공영방송의 저조한 시청점유율은 공영방송의 존재 이유와 직결되는 문제가 된다. 시청점유율이 저조하다는 것은 그 매체와 채널의 영향력이 미미해서 정보의 불균형을 해소하지 못한다는 것이고, 그런 매체와 채널에 전국민이 준조세적 성격의 수신료(license fee)를 부담할 필요는 없다는 논리로 연결된다. 공영방송이 상업방송과 비교해 어느 정도의 시청점유율을 확보해야 하는가 하는 문제는 미디어 생태계를 구성하는 다양성에 따라 다르다. 지상파 방송만 존재하던 80년대까지는 50% 정도 되어야 한다는 것이 관행적 합의였다. 지상파 방송에 이어 케이블방송, 위성방송, IPTV, 모바일방송, OTT 등등의 다양한 방송이 나타나 융합하고 있는 현시점에서도 공영방송의 시청점유율이 적어도 30% 이상은 되어야 한 나라의 미디어 생태계가 안정적이라고 볼 수 있다는 대체적인 합의가 있다.

어느 나라나 공영방송 채널은 소수이고, 상업방송 채널은 다수다. 상업방송 채널에는 지상파 채널

외에 케이블방송·위성방송·IPTV·OTT 등 다양한 플랫폼에 기반한 채널들이 이론적으로는 거의 무한대로 존재하기 때문에 공영방송의 점유율을 30~40%로 유지하기는 매우 힘겨운 일이다. 현재 우리나라는 KBS가 25% 정도의 점유율을 보여주고 있다. 공영방송사에서 프로그램을 제작하는 프로듀서들도 시청점유율 경쟁에서 결코 자유로울 수 없는 것이다. 거기에다 공영방송은 상업방송에 비해 방송의 공영성과 품격을 더 요구받는다. 공영성과 시청점유율은 상호보완 관계를 이루는 경우도 있지만, 일반적으로는 상호배타적이다. 이런 상황 속에서 공영방송 프로듀서들은 공영성과 시청점유율을 동시에 성취해야 한다는 이중의 압박감을 받고 있다.

공영방송이 일정한 점유율을 확보할 수 있도록 하기 위해 일부 국가에서는 공영방송에게 많은 채널을 운영할 수 있도록 허가해 주고 있다. 세계적으로 공영방송 제도가 가장 잘 운영되고 있다고 평가받고 있는 영국의 경우 공영방송 BBC는 8개의 국내 전국단위 TV 채널을 운영하고 있다. BBC1(종합 채널), BBC2(교육, 연예 채널), BBC4(다큐멘터리, 문화 채널), BBC News(24시간 뉴스채널), BBC Parliament(정치, 특히 의정활동 중계 채널), CBBC(6세 이상 어린이 채널), Cbeebies(6세 이하 미취학 아동 채널), BBC Alba(스코틀랜드 게일어 방송 채널)이 그것이다. 거기에다 전국 단위 라디오 방송 11개 채널도 운영하고 있고, BBC 자회사인 BBC 월드와이드는 전세계로 방송하는 국제 TV 11개 채널을 추가로 운영하고 있다. 2015년 11월에 조사한 시청률 조사에 따르면 BBC1은 점유율 21.5%로 영국 전체 480여 개 채널 중 1위를 차지했고, BBC2는 5.9%를 기록해 BBC 채널 전체를 합하면 시청점유율은 약 40%에 이를 것으로 추정하고 있다(국가별 정보통신방송현황 2015, 정보통신산업진흥원). BBC가 이같은 시청점유율을 점유한 것은 공영방송의 시청점유율을 보장함으로써 상업방송의 범람에 따르는 불균형을 견제하고 빈부격차에 따르는 정보의 불균형을 해소하려는 영국 정부의 미디어 정책에 힘입은 바가 크다.

시청점유율은 상업방송이 더 강조하지 않나?

상업방송은 특히 시청점유율을 강조한다. 잘 알다시피 광고 수익과 직결되기 때문이다. 그러나 시청점유율을 좀 더 분석해 볼 필요가 있다.

첫째, 시청점유율이 높은 프로그램은 드라마와 오락 프로그램이다. 대부분의 방송사들은 시청점유율과 광고 수익을 높이기 위해 드라마와 오락 프로그램을 프라임타임대에 집중 편성한다. 그러나 이런 경향이 지나치면 그 채널은 영향력과 신뢰도를 잃어버린다. 시청자들이 오락물을 찾을 때는 그런 채널을 즐겨 보지만 국가적인 중요 사안이나 행사, 자연재해 같은 상황에 맞닥뜨릴 때나 사회적인 이슈에 대한 다양한 토론이나 심층적인 취재물, 구체적인 생활정보가 필요할 때는 신뢰도가 높고 영향력이 있는 다른 채널을 선택한다. 예를 들어 tvN(total variety Network)은 채널 이름에서도 알 수 있듯이 오락 프로그램을 주요 내용으로 하는 오락전문채널이다. 케이블방송에 적용되는 전문채널의 경우 현행 방송법에서는 그 장르의 프로그램을 80% 이상 편성하도록 되어 있다. 이 채널을 통해 시청자들은 '미생', '응답하라' 시리즈와 같은 드라마나 '꽃보다' 시리즈, '삼시세끼' 시리즈, '신서유기' 시리즈, '집밥 백선생', '코미디 빅리그' 등 다양한 드라마와 오락 프로그램을 즐길 수 있다. 이런 프로그램을 통해 tvN은 다양한 즐거움을 제공하는 채널로 부상하면서 특히 젊은 세대들의 감수성과 트렌드를 잘 소화해내고 있다는 평을 받고 있다. 그러나 사회적 이슈나 생명과 재산의 안전이 달려 있는 문제들에 대해서는 지상파방송이나 JTBC같은 종합편성 채널을 선택한다. 드라마나 오락 프로그램 못지 않게 이런 류의 프로그램도 시청점유율이 꽤 높다.

둘째, 광고와 관련해서도 광고주들은 무조건 시청점유율이 높은 프로그램만 선호하지 않는다. 광고주들은 구매력이 높은 시청층이 특정 프로그램에 얼마나 유입되었는지를 세밀하게 분석한다. 광고품목에 따라 다르지만 일반적으로는 25~44세 여성 시청층의 유입을 중요하게 본 적이 있었다. 그들이 주부로서 가전제품이나 각종 생활용품 소비를 가장 왕성하게 담당하는 시청층이고 따라서 광고효과가 가장 높다고 보았기 때문이다. 그러나 자동차나 스포츠용품 등 남성들이 좋아하는 상품은 광고주들이 선택하는 프로그램이 달라진다. 스마트폰 같이 10대~20대들이 좋아하는 상품 광고주들이 선택하는 프로그램도 달라질 수밖에 없다. 간혹 대기업 광고주들은 시청률이 낮아도 고품격 다큐멘터리나 세계적인 명성이 있는 스포츠경기를 선호하는 경우도 있다. 프로그램의 이미지가 기업이나 상품의 이미지에 전이된다고 판단하기 때문이다. 이른바 타깃 마케팅(target marketing)이다.

시청점유율은 단순히 특정 프로그램에 어떤 시청층이 얼마나 유입되었는지를 나타내는 양적 의미만 내포하고 있는 것이 아니다. 하루, 일주일, 한달, 계절별, 연간으로 보면 시청자들이 특정 채널과 관계를 맺는 양상은 하나의 흐름을 만들고 있다. 방송사들은 이 흐름을 자기 채널로 끌어들이고 싶어한다. 이를 위해서는 신뢰할 수 있고 영향력이 있는 프로그램, 일상생활을 해나가는데 도움이 되는 유용한 프로그램, 즐거움과 재미를 제공하는 오락 프로그램 등을 적절히 배치해야 한다. 이런 흐름을 안정적으로 유지하는 채널을 광고주들도 선호한다. 신뢰성, 유용성, 오락성이 적절한 조화를 이루어야 하는 것이다.

방송사들은 신뢰도 높은 메인뉴스, 심층탐사프로그램, 세계적인 품격이 있는 다큐멘터리, 의미있는 드라마, 새로운 트렌드를 반영하는 오락 프로그램 등을 생산해내기 위해 사력을 다한다. 채널이라는 집을 받쳐주는 다섯 개의 기둥이다. 다섯 장르에 걸쳐 간판 프로그램을 적어도 하나는 지속적으로 유지해야 채널이 튼튼해진다. 이 프로그램들은 시청점유율 자체만 목표로 해서는 안 된다. 뉴스는 신뢰도를, 탐사프로그램은 적시성과 심층성을, 다큐멘터리는 고품질을, 드라마는 시대적 의미나 트렌드를, 오락 프로그램은 즐거움의 시대적 코드(code)를 추구해야만 시청점유율이 높아질 수 있다. 역설적으로 시청점유율만 추구하는 프로그램은 성과를 이루기 어렵다.

프로듀서와 시청점유율의 역사

우리나라 방송 프로듀서들이 시청점유율 압박감을 느끼기 시작한 것은 시청률 조사가 시작된 1992년 경부터였다. 그전까지 우리나라 방송은 'KBS-MBC 공영방송의 안락한 복점시대'를 유지하고 있었다. 1981년 제5공화국을 출범시킨 전두환 정권은 '언론기본법'을 제정했다. '언론을 개혁하여 건전 언론을 육성하고 창달한다'는 명분이었으나, 사실은 언론사를 줄여서 여론을 쉽게 통제하기 위한 조치였다. 언론기본법은 우선 신문에 대해 '1도1사' 원칙을 적용했다. 시·도 단위 행정구역을 기준으로 신문사 하나만 허용한다는 원칙이다. 이에 따라 기존에 존재하던 28개 신문사가 강제로 통폐합당해 14개만 남게 되었다. 통신은 7개 통신사를 강제 통폐합해 연합통신만 유일한 통신사로 남게 되었다. 방송도 예외가 아니어서 KBS, MBC, 기독교방송, 극동방송, 아세아방송 5개로 축소했다. 민영상업 방송이었던 TBC, 동아방송, 전일방송, 서해방송, 한국FM은 KBS로 강제 통폐합되었다. KBS는 MBC 주식 65%까지 인수했다. 기독교방송은 보도기능을 폐지하고 종교방송 기능만 유지하도록 했다. 언론인 1천여 명도 해직시켰다. '건전 언론 육성'이라는 명분과 전면적으로 공영방송체제를 도입한다는 취지로 단행된, 우리나라 역사상 유례없는 강제적 조치로 TV 채널은 KBS와 MBC 두 방송만 남게 되었다. 저널리즘 측면에서나 프로그램 제작 측면에서 시청률 경쟁을 하지 않아도 안정적인 경영을 보장받을 수 있는 독과점체제였다. 방송역사는 이 시기를 흔히 '안락한 복점시대'라 부른다.

변화가 시작된 시기는 1990년대였다. 1991년에 SBS가 개국해 지상파의 '안락한 복점시대'는 경쟁체제로 돌입했다. 1995년에는 케이블TV 시대를 열었고, 2002년에는 위성방송 스카이라이프가 개국했다. 2011년에는 4개의 종합편성채널이 동시에 개국했다. 한편 2000년대 들어 인터넷 이용이 전 연령대로 급격하게 확대되었고, 2011년 우리나라에 도입된 스마트폰은 현재 보급률 91%로 세계 1위를 달리고 있다(2016년 3월 기준. TNS, KT경제경영연구소). 우리나라가 최단기간에 인터넷과 스마트폰 강대국이 될 수 있었던 기반은 방송, 통신, 인터넷이 융합된 멀티미디어 서비스를 언제 어디서나 끊김 없는 안정된 품질로 전송해주는 광대역통합네트워크(BcN, Broadband convergence Network) 기술이었다. 이를 기반으로 채널A, JTBC, TV조선, MBN 등 IPTV(Internet Protocol Television) 기반의 종합편성채널이 2011년 미디어 시장에 새롭게 진입했다. 한편 올레TV, 옥수수, 푹(pooq), 티빙(tving) 등과 같은 OTT(Over The Top) 서비스도 미디어 시장에 진입하면서 우리나라 미디어 생태계(media ecology)는 최근 급격한 지각변동을 일으키고 있다. 이론적으로는 TV·동영상 서비스 채널이 무한대로 늘어날 수 있게 되면서 협소한 국내 미디어 시장을 놓고 다양한 플랫

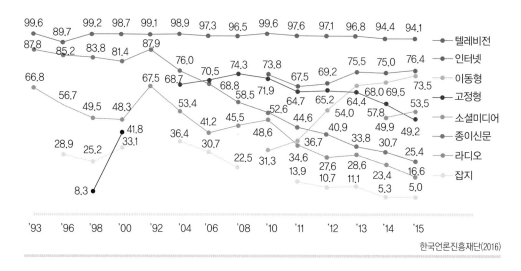

하루 미디어 이용시간 추이(1993~2015)

	'93	'96	'98	'00	'92	'04	'06	'08	'10	'11	'12	'13	'14	'15	
텔레비전	99.6	89.7	99.2	98.7	99.1	98.9	97.3	96.5	99.6	97.6	97.1	96.8	94.4	94.1	
인터넷	87.8	85.2	83.8	81.4	87.9	76.0	70.5	74.3	73.8	67.5	69.2	75.5	75.0	76.4	
이동형	66.8	56.7	49.5	48.3	67.5	68.7	68.8	58.5	71.9	64.7	65.2	68.0	69.5	73.5	
고정형			8.3	41.8		53.4			52.6	44.6	54.0	64.4	57.8	53.5	
소셜미디어	28.9	25.2	33.1		36.4	41.2	45.5	48.6		36.7	40.9	33.8	49.9	49.2	
종이신문						30.7	22.5	31.3	34.6	27.6	28.6	30.7	25.4	25.4	
라디오									13.9	10.7	11.1	23.4	5.3	16.6	
잡지														5.0	

한국언론진흥재단(2016)

폼 간, 미디어 간, 프로그램 간 시청점유율 경쟁이 본격화되었고, 미디어 시장은 짧은 시간 안에 카니발리즘(cannibalism)이 횡행하는 상황에 이르렀다.

미디어 생태계의 변화를 거치면서 무엇보다 주목해야 할 점은 시청자들의 미디어 이용행태가 변했다는 점이다. 과거 시청자들은 편성 시간에 맞추어 거실에 고정되어 있는 TV 수상기를 일방적으로 수용하는 수동적이고 무기력한 존재였다. 이제 그들은 능동적 시청행위(active viewership)를 확장시켜 주는 새로운 미디어로 이동하고 있다. 언제 어떤 장소에서든(Anytime, Anywhere), 다양한 단말기(Any device)를 통해 자신들이 원하는 콘텐츠를 소비하고자 한다. 이동 중에 스마트폰을 통해 뉴스 헤드라인을 파악하고, 휴일에 밀린 드라마를 VOD(Video On Demand) 서비스를 통해 한꺼번에 몰아보며(binge watching), 콘텐츠에 댓글로 자신의 의견을 덧붙이기도 한다. 교통사고를 목격하면 이를 비디오로 촬영해 다른 사람과 공유하기도 하고, 자신이 요리하는 모습이나 노래 부르는 모습, 게임을 중계하는 모습을 유튜브에 올려 상당한 수입을 올리기 시작한지도 꽤 오래 되었다. 회의 자료를 스마트폰이나, 태블릿 PC, 노트북 등 다양한 단말기를 통해 N-Screen 형식으로 공유하면서 회의를 진행하기도 한다.

한국언론진흥재단이 조사한 미디어 이용시간 추이에 따르면 미디어 이용자들은 종이신문, 라디오, 고정형 PC에서 모바일과 SNS로 대거 이동하고 있다. 아직까지는 TV를 통해 프로그램을 시청하는 사람이 가장 많지만, TV 수상기 앞을 떠나는 사람들은 점점 늘어날 가능성이 크다. 특히 젊은 연령층일수록 모바일 미디어를 필수매체로 인식하고 있고, 이런 경향은 40대와 50대로까지 확산되고

연령대별 일상생활 필수매체 인식

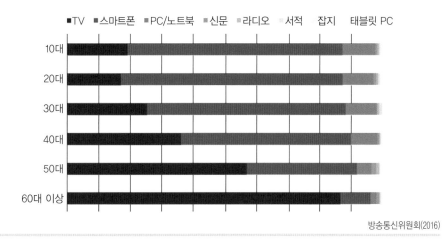

방송통신위원회(2016)

있다. 2016년 방송통신위원회 조사를 보면 10대의 67.9%(69%), 20대의 69.5%(69%)는 스마트폰을 가장 필수적인 매체로 응답한 반면, 50대의 57.0%(69.3%), 60대 이상의 86.6%(92.8%)는 TV를 필수매체로 선택했다(괄호 안 숫자는 2014년 비율). TV 수상기를 떠나고 있는 연령층이 10대, 20대 젊

연도별 일상생활 필수매체 인식 추이

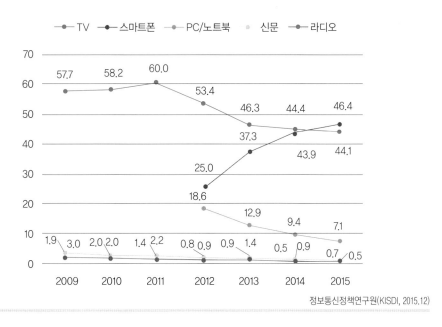

정보통신정책연구원(KISDI, 2015.12)

은 연령층에서 30대, 40대, 50대로 확산되고 있다.

정보통신정책연구원이 전연령대를 대상으로 한 '연도별 일상생활 필수매체 인식조사 추이 조사' 자료를 보면 2015년 들어 스마트폰이 TV를 추월하고 있다. 이제 사람들은 TV보다 스마트폰이 더 일상생활에 없어서는 안 될 필수매체로 인식하고 있는 것이다.

60대 이상을 제외하면 각 가정의 거실마다 놓여있던 TV 수상기는 이제 차츰 무용지물이 되어가고 있는 추세다. 미국에서는 많은 가정들이 월정액의 시청료(Subscription Fee)를 지불하고 가입했던 케이블TV 등 유료방송 서비스를 끊어버리고 인터넷으로 방송을 시청하거나(Cord Cutting, 제로 TV), 좀 더 저렴한 유료방송 서비스로 갈아타는(Cord Shaving) 현상이 늘어나고 있다. 젊은 세대들은 TV 수상기를 거실에서 아예 치워버리는 일도 마다하지 않는다. 대부분 스마트폰을 통해 콘텐츠를 소비하고 있기 때문이다. 그들이 TV 수상기를 필요로 하는 때는 스마트폰으로 제공되는 콘텐츠를 화면이 크고 화질이 좋은 TV 수상기로 편안하게 시청하고 싶을 때뿐이다. 4만 원 정도 하는, 구글이 개발한 '크롬캐스트'나 CJ헬로비전이 개발한 '티빙스틱' 같은 동글(dongle) 장치로 스마트폰과 TV 수상기를 연결하기만 하면 스마트폰을 통해 제공되는 콘텐츠를 TV 수상기로 시청하는 문제는 간단히 해결된다.

디지털시대, 방송 프로듀서들이 직면한 도전

방송 프로듀서들은 다양한 도전에 직면해 왔고, 직면하고 있으며, 직면하게 될 것이다. 새로운 미디어들이 다양하게 등장하기 전인 2000년 경까지 방송 프로듀서들이 직면한 도전은 다음과 같은 것이었다.

첫째는, 방송 저널리즘의 길을 제대로 찾는 문제였다. 해방 이후 신문 매체는 저널리즘의 길을 재빨리 찾고 있었으나, 후발 매체인 방송은 저널리즘 기능의 수행에는 한참 미숙한 모습을 보여주었다. 해방 후와 전쟁기 그리고 정부 수립 이후를 거치면서 방송은 최근까지도 선전, 홍보, 지배 도구로 활용되었다. 그러다 1990년대 후반부터 2000년대 중반까지 방송 프로듀서들은 저널리즘의 한 전형을 정립하는 듯 했다. 〈KBS스페셜〉, 〈PD수첩〉, 〈추적 60분〉, 〈이제는 말할 수 있다〉, 〈그것이 알고 싶다〉 등의 프로그램이 그러한 예다. 기자가 아닌 프로듀서들이 제작한 심층시사 프로그램들이다. 학계에서는 세계 방송사상 유례가 없는 이런 현상을 'PD 저널리즘'이라고 명명했다. 이후 우리나라의 신문과 방송은 모두 저널리즘이라는 측면에서는 퇴행적 모습을 보여주고 있다. 이를 어떻게 극복할 것인가 하는 문제는 아직도 기자뿐 아니라 우리나라 프로듀서들에게도 과제로 남아 있다.

둘째는, 방송 매체로서 우리만의 영상문법을 구축하는 일이었다. TV는 영상매체로서 제작자-콘텐츠-수용자 간 커뮤니케이션 측면에서 신문을 필두로 한 페이퍼 매체와는 다른 특성을 가지고 있는 매체다. 문자언어를 기반으로 한 신문이 먼저 등장한 후에 나타난 TV는 신문과의 차별성을 보여주지 못하고 신문의 아류적 모습을 보였다. TV는 비디오와 다양한 오디오의 결합을 통해 정보뿐만 아니라 느낌과 감정까지도 전달하는 매체다. TV의 표현적 특성을 제대로 살리기 위해 그동안 우리나라 프로듀서들은 외국 영화의 영상문법을 차용했고 형식은 어느 정도 갖추는 듯 했다. 그러나 한 나라의 영상문법은 형식뿐만 아니라 그 나라의 사람, 사회, 세계에 대한 응시와 통찰과 결합되어야 완성될 수 있는 것이다. 그동안의 상당한 성과에도 불구하고 우리나라 방송 프로그램은 우리나라 사람과 우리나라 사람이 보는 사회와 세계를 잘 그려내지 못했다. 방송을 통해 사람의 진정한 삶의 모습과 사회, 세계는 찾아보기 어려웠다.

이같은 역사적 현실의 연장선상에서 프로듀서는 새로운 도전을 맞이하고 있다. 프로그램과 콘텐츠를 생산하는 중요한 주체로서 프로듀서는 새롭게 등장한 다양한 새로운 매체들의 특성을 분석해 이해하고, 새로운 세대들의 가치관과 트렌드를 프로그램과 콘텐츠 내용에 수용해야 하며, 그들의 시청행태를 고려한 프로그램 형식도 고민해야 한다. 영화, TV, 컴퓨터, 스마트폰은 비슷해 보이면서도 각각의 특성이 다른 매체들이다.

영화는 강력한 스토리텔링 매체다. 관람객들은 특정 스토리텔링에 대한 관람 의지를 분명히 하고 자발적으로 입장료까지 지불하고 입장한다. 의자는 아늑하면서도 스크린을 정면으로 바라보도록 배치되어 있고 조명과 오디오 상태도 최적화되어 있다. 화면 사이즈와 화질, 음향시설도 압도적이어서 관객은 스크린 속 현장의 임장감을 충분히 느끼면서 영화의 스토리와 혼연일체가 된다.

TV는 뉴스, 토론 등의 정보와 드라마, 엔터테인먼트 등을 안방까지 무차별적으로 제공하는 대량전달매체(mass-media)다. 시청자들은 특정 프로그램을 시청하겠다는 분명한 의지가 약하다. 어쩌다 시간이 나면 그 시간에 볼만한 적당한 프로그램을 찾는 경우가 대부분이다. 생활 조명과 소음이 차단되지 않아 집중할 수 없는 시청환경에서 관람료도 내지 않았으므로 느긋한 자세로 프로그램을 소비한다. 그러나 동일한 내용을 가장 많은 사람들에게 대량으로 그리고 빠르게 전달할 수 있으므로 사회적 영향력은 크다. 빠르게 대량으로 전달할 수 있는 매체라는 특성 때문에 뉴스, 보편적 가치와 오락적 내용을 담은 프로그램, 광고, 홍보와 선전(propaganda) 등에 적합하다.

대부분의 사람들은 이제 컴퓨터와 스마트폰을 통해 정보를 검색한다. 콘텐츠 카테고리도 엔터테인먼트, 게임, SNS, 메일과 학습·은행·구직·예약 업무에 이르기까지 다양하다. 자신이 생산한 콘텐츠를 제공하기도 한다. 콘텐츠는 백화점에 제품을 진열하듯 나열되어 있고 유저들은 자신이 필요한 콘텐츠를 골라 소비한다. 대량전달 기능은 방송에 비해 떨어지지만 개인 맞춤형 콘텐츠를 제공하고 유저(user)들은 능동적이고 주체적이며 참여적이고 프로슈머(prosumer)적이다. 최근에는 SNS를 활용해 대량전달과 속보 기능에서도 방송을 넘어서는 경우가 많다.

방송 프로듀서들은 그동안 우리나라에서 가장 많은 프로그램과 콘텐츠를 생산하는 주체였다. 그들이 제작해온 프로그램들은 가족들이 거실에 모여 앉아 함께 시청하기 적당한 사회적 가치와 속도감을 갖춘 스토리텔링으로서 거실 고정형 TV 수상기의 사이즈와 화질에 최적화된 것들이었다. TV는 시청자들이 소파에 등을 기댄 느긋한 자세로, 또는 일상적인 일을 하거나 서로 대화를 해가며 시청하는 린백(lean-back) 미디어다. TV와 시청자의 관계는 몰입도와 집중도가 상대적으로 느슨하다. 컴퓨터나 스마트폰은 업무나 정보 검색, 문서 작성 등 생활에 필수적인 기기이면서 다양한 콘텐츠도 제공하는 매체다. 영화나 TV처럼 콘텐츠가 순차적 시간에 따라 시계열적으로 제공되는 것이 아니라 나열형으로 제공되고 있고, 하이퍼링크를 통해 다른 텍스트로 즉시 접근할 수도 있으며, 동시에 두세 가지 일을 한꺼번에 처리할 수도 있다. 이용자의 적극적인 참여를 전제로 하는 린포워드(lean-foreward) 미디어다. 컴퓨터와 이용자는 집중적이며 긴장된 관계를 유지한다.

방송, 통신, 인터넷에 기반을 둔 모든 미디어들이 융합된 미디어 생태계 속에서 방송 프로듀서들은 다양한 도전에 직면해 있다. 시청자/이용자(user)들은 언제, 어디서나, 다양한 단말기를 사용해 프로그램과 콘텐츠를 소비한다. N스크린 시대가 도래한 것이다. 현재 가장 많이 사용하고 있는 TV, PC, 스마트폰 세 개 스크린의 특징을 비교해 보자. TV는 대용량의 무선 방송망을 기반으로 하고 있어서 고화질 화면에다 화면 사이즈도 상대적으로 크고 실시간으로 전국민에게 대량 전송이 가능하지만 일방향 전송만 할 수 있다. 거기에다 거실 고정형이어서 가족이 함께 볼 수 있는 품격있는 고퀄리티 프로그램을 지향하고 무료 공공성을 강조한다. PC는 BcN망을 기반으로 화질은 TV에 비해 떨어지고 화면 사이즈도 상대적으로 작지만, 고정과 이동이 다 가능하고 업무용, 엔터테인먼트용의 다양한 콘텐츠와 서비스를 제공하며, 무엇보다 개인 맞춤형, 쌍방향 소통(interactive communication)

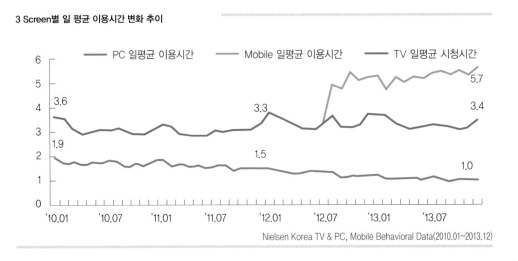

3 Screen별 일 평균 이용시간 변화 추이

Nielsen Korea TV & PC, Mobile Behavioral Data(2010.01~2013.12)

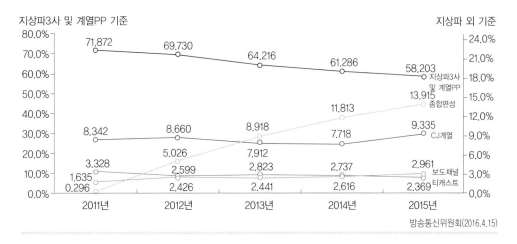

주요 채널의 연도별 시청점유율 추이

지상파3사 및 계열PP 기준   지상파 외 기준

방송통신위원회(2016.4.15)

이 가능하다. 콘텐츠와 서비스는 유료가 많으며 상업성을 지향한다. 스마트폰은 세 스크린 중 화면 사이즈가 가장 작지만 PC가 제공하는 대부분의 콘텐츠와 서비스를 제공하고, 무엇보다 이동성을 자랑한다. 또한 PC와 마찬가지로 유료 상업성을 지향한다. 닐슨코리아가 조사한 세 스크린별 이용시간 변화 추이를 살펴보면 우리나라 시청자/이용자들은 이미 2012년부터 모바일을 가장 많이 사용하고 있다. 그 영향으로 지상파, 케이블, 위성, IPTV 등 방송 프로그램 시청점유율은 점차 하락 추세를 보이고 있다.

그동안 프로듀서들이 제작해 온 프로그램들은 거실에 있는 고정형 TV에 최적화된 프로그램들이었다. 새로운 전송망, 새로운 플랫폼, 새로운 스크린의 등장으로 이런 프로그램은 더 이상 시청자/이용자들의 요구에 부응하기 어렵게 되었다. 방송 프로듀서들이 오랫동안 번민하고 고뇌하면서 제작한 프로그램들을 젊은 시청자/이용자들이 외면할 것인가? 만약 그렇다면 그 이유는 프로그램 내용 때문인가, 미디어 생태계의 급변으로 인한 시청행태의 변화와 이에 따르는 새로운 포맷에 대한 요구때문인가? 이들을 TV 수상기 앞으로 다시 불러오기 위해 프로그램은 어떤 내용을 담아야 하고, 어떤 형식으로 제작해야 하는가? 지금까지의 제작관습을 버리고 PC나 모바일같은 새로운 프로그램 유통경로에 최적화된 형식의 프로그램을 제작해야 할 것인가?

시청점유율 조사방법과 그 함의

우리나라에는 닐슨코리아와 TNmS라는 두 개의 외국계 시청점유율 조사기관이 있다. 두 회사는 성, 연령, 거주지역, 나이, 학력, 직업 등 우리나라 인구생태계 특성을 반영하는 샘플가구(sample households)를 전국 3,000가구 이상 확보하여, 그 가구들의 TV 수상기에 피플미터(people meter) 기를 설치한다. 피플미터기를 설치한 가구는 가족 구성원들이 TV를 시청할 때마다 피플미터기에 자신이 시청하고 있는 채널을 리모콘으로 입력하고, 이 데이터는 시청률 조사회사 데이터센터로 전송되고 취합되어서 매일 아침 시청점유율 자료를 생성시킨다. 이때 생성되는 자료는 다양하다. 지금까지 '시청점유율'이라는 용어를 사용했지만, '시청률(rating)'과 '(시청)점유율(share)'은 다르다.

우선 시청률을 살펴보자. 시청률은 다시 '가구시청률(household audience rating)'과 '개인시청률 (individual audience rating)'로 구분한다. 가구시청률은 'TV 보유 가구 총수' 중에서 '특정 채널 시청 가구수'가 차지하는 비율을 말한다. 예를 들어 'MBC 뉴스데스크' 가구시청률이 10%라는 것은 전체 TV 보유 가구 중에서 10%가 'MBC 뉴스데스크'를 시청했다는 뜻이다. 나머지 90%에는 'MBC 뉴스데스크' 외의 다른 프로그램을 시청하거나 아예 TV를 시청하지 않은 가구수가 포함된다. 어떤 가구는 가구원 수가 1명이고, 다른 가구의 가구원 수는 4명일 수 있지만 그 차이는 카운트되지 않는다.

일반적으로 시청률은 가구시청률을 가리키는데, 이는 온 가족이 시청하는 거실 TV 수상기에 피플미터기가 설치되므로 개인보다 가구수가 일차적으로 카운트되기 때문이다. 각 채널 시청률의 합은 총가구시청률(HUT, Household Using Television), 즉 텔레비전 시청 총가구수를 의미한다. 총가구시청률 45%라는 것은 언제 측정을 하든 2가구 중 1가구 정도는 텔레비전을 시청하고 있다는 것을 의미한다. 총가구시청률의 변화를 통해 새로운 시청자가 텔레비전으로 얼마나 많이 유입·유출되었는지 알 수 있다. 총가구시청률이 45%에서 40%로 떨어졌다면 5%에 해당하는 가구수가 텔레비전이 아닌 다른 미디어로 옮겨갔다는 것을 의미한다. 인터넷과 모바일이 등장한 이후 총가구시청률은 지속적으로 내리막길을 걷고 있다.

시청률 자료는 지역별·연령별·성별·학력별 등으로, 지역별·시청률 자료는 다시 전국, 서울·수도권, 지역시·도별로 세분된다. 한편으로 시청률 자료는 광고주들에게 없어서는 안 될 자료다. 어떤 채널의 어떤 프로그램에 얼마의 단가에 광고를 집행해야 광고 효과를 극대화시킬 수 있는지 판단할 수 있는 유일한 자료이기 때문이다. 일반적으로 광고주들은 구매력이 높은 서울·수도권 지역 시청률과 고학력군 시청률, 그리고 생활용품 소비를 주도하는 25~44세 여성의 시청률이 높은 프로그램을 선호한다.

개인시청률은 'TV 보유 가구원 총수' 중에서 '특정 채널 시청 가구원 수'의 비율을 말한다. 가구시청률을 개인 단위 시청률로 환산한 것이다. 개인시청률은 가구시청률보다 집계하기 어렵고 정확성이 떨어지므로 가구 시청률에 비해 많이 쓰이지 않는다.

점유율은 'TV 시청 총가구수(HUT)' 중에서 '특정 채널 시청 가구수'가 차지하는 비율이다. 이 경우 분모에 TV를 시청하지 않는 가구수는 빠진다. 따라서 각 채널의 점유율 합은 100%다. 실제 특정 프

〈이산가족을 찾습니다〉 방송 중 한 장면
자료: http://heritage.unesco.or.kr/mows/kbs

로그램의 인기도를 측정하기 위해서는 점유율을 보는 게 더 적절하지만, 광고주에게는 시청률이 더 중요하다.

KBS1 TV를 통해 방송된 〈이산가족을 찾습니다〉라는 프로그램은 방송 초기 5일동안 시청률 78%를 기록했다. 당시는 피플미터기를 통해 시청률을 조사하기 시작한 1992년 이전이어서 설문조사 방식으로 시청률을 조사한 것이다. 이 때문에 정확도는 떨어지겠지만, 이 시청률은 지금까지 세계 방송사상 최고의 시청률 기록으로 사실상 전 국민이 이 프로그램을 시청했다는 것이 된다. 온 국민이 탄식과 통곡으로 밤을 새워 시청했던 이 프로그램은 1983년 6월 30일부터 11월 14일까지 138일간, 시간으로는 453시간 45분간 생방송으로 진행해 '세계 최장시간 연속 생방송' 기록으로 기네스북에 등재되었다. 또한 방송 내용물로는 처음으로 2015년 '유네스코 세계기록유산(Memory of World)'에 등재되기도 했다.

세계적으로 높은 시청률을 기록하고 있는 미식 축구 NFL(National Football League)의 결승전인 슈퍼볼 중계 시청률은 50% 정도, 2016년 트럼프−힐러리 대선 후보 토론회는 26% 정도를 기록했다. 〈이산가족을 찾습니다〉의 시청률 기록은 KBS1 한 개 채널의 기록인 데 비해, 슈퍼볼과 대선 후보 토론회의 기록은 모든 채널 기록을 합한 것이다. 한편, 〈더 테러 라이브(2013)〉, 〈나이트 크롤러(Night Crawler, 2014)〉, 〈트릭(2016)〉 등은 방송시청률 조작을 주요 줄거리로 하는 영화들이다. 방송 프로듀서들이 얼마나 시청점유율 압박을 받으며 살아야 하는 존재들인가 하는 것을 엿볼 수 있다.

순위	방송사	프로그램	시청률	순위	방송사	프로그램	시청률
1	KBS2	〈가족끼리 왜 이래〉	39.97	11	MBC	〈여자를 울려〉	19.31
2	KBS1	〈당신만이 내사랑〉	29.49	12	MBC	〈내 딸 금사월〉	18.67
3	MBC	〈전설의 마녀〉	28.61	13	SBS	〈용팔이〉	17.79
4	KBS1	〈가족을 지켜라〉	25.41	14	KBS1	뉴스9	17.43
5	KBS2	〈파랑새의 집〉	25.13	15	MBC	〈폭풍의 여자〉	15.80
6	KBS2	〈부탁해요 엄마〉	24.75	16	MBC	〈소원을 말해봐〉	15.39
7	MBC	〈장미빛 연인들〉	23.18	17	MBC	〈여왕의 꽃〉	15.16
8	SBS	〈청담동 스캔들〉	22.17	18	KBS1	광복 70년 국민대합창 〈나는 대한민국 1부〉	14.95
9	KBS1	공사창립 특집 콘서트 〈이미자·장사익〉	20.60	19	MBC	〈압구정 백야〉	14.64
10	KBS2	〈달콤한 비밀〉	19.82	20	KBS2	해피선데이 〈1박2일〉 〈슈퍼맨이 돌아왔다〉	14.58

닐슨코리아(2015.1.~10. 기준)

시청점유율을 보완하기 위한 다양한 시도와 통합시청률제도 도입

시청점유율 조사는 피할 수 없는 한계성을 가지고 있다. 위는 2015년 시청률 상위 20개 프로그램 내역이다.

상위 20개 중 17개의 드라마가 시청률 상위권에 포진하고 있다. 스토리텔링(Story-telling)을 기반으로 하는 드라마의 특성과 강력함을 보여주고 있다. 그러나 이는 피플미터기를 설치한 가구를 중심으로 실시간으로 시청한 시청점유율만을 조사하는 시청률 조사방식 때문이기도 하다. 피플미터기는 샘플링에 선택된 가정의 TV 수상기에 설치된다. 설치한 가구를 중심으로 시청률을 카운트하고 있어 대부분 집에서 TV 수상기를 통해 실시간으로 시청하는 시청률만 카운트하고 있다. 반면에 집이 아닌 터미널·음식점·숙박업소 등에서 시청하는 시청률은 제외된다. 1인가구 시청률도 제외된다. 현재 시청률 조사 업체가 패널을 모집할 때 집전화로 접촉하는데, 1인가구는 대부분 집전화가 없기 때문이다. 스마트폰·온라인 스트리밍·OTT 등을 통한 주문형 비디오(Video On Demand) 시청률, PC·태블릿 등의 동영상 기기를 통한 N스크린 시청률 등도 제대로 카운트되지 않는다. 한류 열풍으로 해외 시청자가 많아졌지만 이것도 누락된다. 예를 들어 젊은이들은 〈무한도전〉을 훨씬 많이 화제로 삼고 있으나, 시청률은 〈가족끼리 왜 이래〉가 훨씬 높은 것으로 나타나고 있다. 기존의 시청률조사 방법으로는 변화하는 시청행태로 인한 통계의 오류를 벗어나기 어렵다. 닐슨코리아 측에서는 "10대, 20대 부분은 가산점을 부여해 실제 비율과 큰 차이가 없다.”라고 밝히고 있으나, 기존 시청점유율 조사의 한계를 극복하고 시청자/이용자들의 트렌드를 좀더 정밀하게 읽어내려는 새로운 방법들이 다양하게 시도되고 있다.

콘텐츠 파워 지수(CPI, Content Power Index)는 시청점유율을 보완하기 위해 CJ E&M과 닐슨코리아가 공동 개발한 지수로 2012년 2월 27일부터 조사를 시작했다. 이 지수는 화제성, 관심/관여도, 몰입도를 온라인에서의 미디어 이용행위를 통해 측정, 3개 행동 항목을 표준 점수화해 평균을 산출한 지수다. 화제성은 해당 프로그램을 언급한 뉴스의 구독자 수를 점수화한 수치다. 뉴스에서 언급했다는 것은 그만큼 화제성이 높다는 것이므로 이를 반영한 것이다. 관심/관여도는 해당 프로그램을 온라인으로 검색한 횟수를 점수화한 수치다. 해당 프로그램을 검색했다는 것은 그만큼 시청자들의 관심이 높다는 것을 의미하는 것으로 다음 시청으로 이어질 확률이 높다고 보는 것이다. 몰입도는 온라인 버즈량을 점수화한 수치다. 온라인 상에서 콘텐츠를 소비하는 행동을 측정하는 다양한 지수의 합산으로 계량화한 콘텐츠 파워 지수(CPI)는 온라인에 익숙한 세대들이 좋아하는 콘텐츠의 체감인기를 반영한다. 다만 CJ E&M과 닐슨코리아는 종편채널을 제외하고 지상파 채널과 CJ E&M 계열사인 tvN, Mnet채널 등만을 대상으로 콘텐츠 파워 지수를 조사하고 있다. 2015년 콘텐츠 파워지수(CPI) 1위는 tvN의 〈응답하라 1988〉이 차지했고, 2014년에는 tvN 〈미생〉이 2위를 차지한 것에 이어 tvN 오리지널 드라마가 CPI지수에서 높은 점수를 기록하고 있다.

한편 갤럽은 전국 만 19세 이상 남녀 약 1,000여 명을 대상으로 설문조사를 통해 ‘한국인이 좋아하는 TV 프로그램’을 2013년 1월부터 매월 1회 조사하고 있다. 질문은 ‘귀하께서 요즘 가장 즐겨보시는 TV 프로그램은 무엇입니까? 뉴스를 제외하고 구체적인 프로그램을 말씀해 주십시오(2개까지 자유응답).’라는 것이다. 이 조사에 따르면 2015년 12개월 동안 MBC의 〈무한도전〉이 꾸준히 1위를 차지했고, KBS2의 〈슈퍼맨이 돌아왔다〉도 8개월간 2위를 차지해 국민예능으로 자리 잡고 있다. 채널별로는 KBS가 9편으로 가장 많은 프로그램이 인기를 모았으며, MBC는 8편, SBS 7편으로 그 뒤를 잇고 있다. KBS의 선전은 〈슈퍼맨이 돌아왔다〉, 〈1박2일〉이 꾸준히 10위권 내에서 사랑받았고, KBS 드라마 〈가족끼리 왜 이래〉, 〈부탁해요, 엄마〉, 〈가족을 지켜라〉가 꾸준히 사랑을 받은 결과였다. 비지상파 채널인 JTBC의 〈비정상회담〉, 〈썰전〉, tvN의 〈삼시세끼〉, 〈응답하라 1988〉은 지상파 이상의 인기를 누리고 있는 것으로 나타났다(한국갤럽, 2015년 1~12월).

우리나라 방송규제정책을 총괄하는 방송통신위원회는 시청점유율 조사방식을 전면적으로 대체할 통합시청률(total screening rate) 조사방식을 2017년까지 도입할 계획이다. 영국, 미국, 노르웨이 등 몇몇 나라는 이미 TV뿐 아니라 PC, 모바일을 통한 TV 시청률을 합산하는 통합시청률을 측정하거나 계획하고 있다. 정보통신정책연구원은 2015년 9월, 총 113개 프로그램의 실시간 본방송 시청률과 KT Olleh TV를 통한 해당 프로그램의 8주간 VOD 다운로드 실적을 조사 비교한 결과를 발표했다. 조사에

IPTV VOD 시청률 상위 프로그램과 실시간 본방 시청률 비교

방송프로그램명	방송사	본방 시청률		VOD 시청률	
		시청률	순위	이용률	순위
드라마 스페셜 상속자들	SBS	12.53%	13	10.92%	1
무한도전	MBC	15.00%	7	9.59%	2
해피선데이-슈퍼맨이 돌아왔다	KBS2	7.20%	51	8.17%	3
기황후	MBC	12.35%	14	6.10%	4
일요일이 좋다-런닝맨	SBS	11.80%	19	5.57%	5
히든싱어 2	JTBC	4.85%	77	5.57%	6
수목드라마 비밀	KBS2	16.00%	6	4.60%	7
황금어장 라디오스타	MBC	7.30%	49	4.27%	8
마녀사냥	JTBC	1.65%	107	4.22%	9
일밤(진짜 사나이)	MBC	17.35%	4	3.52%	10

정보통신정책연구원(2015.9)

따르면 방송프로그램의 본방송 시청률과 VOD 시청행태 간에는 상당한 괴리가 있는 것으로 나타났다.

기존의 시청점유율 조사에서는 KBS의 일일드라마와 주말드라마가 시청률 1,2위를 차지했으나, VOD 시청률로는 〈무한도전〉, 〈슈퍼맨이 돌아왔다〉, 〈런닝맨〉, 〈히든싱어 2〉, 〈황금어장〉, 〈마녀사냥〉, 〈일밤-진짜 사나이〉 등의 다양한 엔터테인먼트 프로그램의 시청률이 높게 나왔고, 드라마도 일일드라마가 아니라 드라마 스페셜, 수목드라마 등 미니시리즈물이 강세를 보였다. EBS 프로그램의 VOD 시청률도 예상보다 높았다. 이는 EBS가 주력하고 있는 다큐멘터리 등 잘 만든 프로그램은 다시보기하는 경우가 많다는 것을 의미한다. 실시간 TV 시청률과 VOD 시청률 사이에 상당한 차이가 발견된 것이다.

통합시청률 제도 도입은 방송에 새로운 룰과 게임의 법칙이 적용된다는 것을 의미한다. 특히 지상파, 케이블, 위성 방송이 큰 변화를 강요받게 될 것으로 예상된다. 방송 프로듀서들도 방송 프로그램 제작방식에 큰 변화를 강요받게 될 것이다.

2. 프로듀서는 어떤 일을 하는가

방송은 대중매체(mass media)다

1963년, 쉐넌(Claude Elwood Shannon)과 위버(Warren Weaver)는 〈커뮤니케이션의 수학적 이론

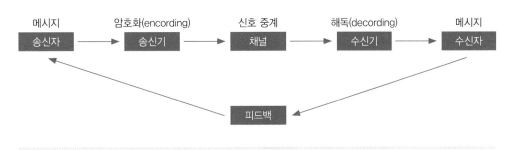

쉐넌-위버 커뮤니케이션 모형

메시지　　　암호화(encording)　　　신호 중계　　　해독(decording)　　　메시지

송신자　→　송신기　→　채널　→　수신기　→　수신자

피드백

(The Mathematical Theory of Communication)〉에서 '쉐넌-위버 커뮤니케이션 모델'을 제시했다. 이 모델은 '모든 모델의 어머니(mother of all models)'라고 불릴 정도로 이후 다양한 커뮤니케이션 모델의 발전을 견인하는 역할을 했다.

이 모델은 매우 간단하지만 방송을 커뮤니케이션의 관점에서 볼 수 있게 해주는 유용한 모형이다. 이 모델에서 쉐넌과 위버는 몇 가지 용어를 사용하고 있다. 송신자(sender)는 메시지를 전달하고자 하는 사람으로 메시지를 생산하는 정보의 근원지이다. 송신기(transmitter)는 메시지를 신호 (signal)로 전환시키는(encording) 발신기다. 채널은 암호화된 신호 전송에 적합하도록 설계된 통로다. 수신기(transmitter)는 전송된 신호를 메시지로 복원(decording)시키는 수신기이고, 수신자는 메시지가 도착하는 목적지다. 커뮤니케이션이 이루어지기 위해서는 송신자가 보낸 메시지가 채널을 통해 수신자에게 도착해야 한다. 그러나 메시지는 오리지널 형태로는 채널을 통과할 수 없다. 송신 기에서 채널에 적합한 신호(signal)로 전환시켜(encording)야 시공간적으로 멀리 떨어진 곳으로 전송해주는 채널을 통과할 수 있다. 채널을 통해 전송된 신호는 수신기에서 다시 원래 형식으로 전환되어야(decording) 한다. 이때 채널을 통과하기 전의 메시지는 채널을 통과한 후의 메시지와 동일해야 한다.

(1) 두 사람이 대화를 나눌 때를 가정해보자. A는 B에게 "같이 영화보러 가자"라고 제안한다. 이때 메시지는 "같이 영화보러 가자"는 제안 내용이다. 이 메시지는 성대부위를 지나면서 성대점막을 진동시키면서 진동주파수를 만드는데 이것이 음성언어다. 이 음성언어는 일종의 주파수로 음파를 만든 후 비로소 공기를 통해 B의 귀로 전달된다. 공기가 없으면 이 주파수는 전달되지 않는다. 이때 성대부와 입은 송신기 역할을 하면서 음성언어를 음파신호로 전환(encording)시킨다. 이를 실어나르는 공기는 채널이고, B의 귀는 음파신호를 음성언어로 전환(decording)시키는 수신기다. 이 과정을 통해 수신자 B는 송신자 A가 보낸 메시지를 파악하게 된다.

(2) 서울에 있는 A가 제주도에 있는 B와 전화 통화를 한다고 가정해 보자. A가 전화기를 들고 "언제 서울에 오느냐?"고 물었을 때, A는 송신자고, 전화기는 음성언어를 전기신호로 전환시키는 발신기다. 전기신호로 전환되고 나서야 이 신호(signal)는 전화선이라는 채널을 타고 제주도까지 전송될 수 있다. 수신자 B는 이 전기신호를 음성언어로 해독시켜주는 수신 전화기를 통해 A의 메시지를 이해하고, 다시 송신자의 입장에서 A에게 메시지를 보낼 수 있다.

(3) A 지상파 방송사가 TV 드라마를 각 가정으로 전송할 때를 가정해 보자. 스튜디오에서 탤런트들은 프로듀서, 스태프들과 호흡을 맞추며 동작을 연기하고 대사를 말한다. 촬영감독은 이를 카메라로 촬영한다. 카메라로 촬영하는 순간, 이들의 동작과 음성은 카메라 촬상관에 전자신호로 전환되어 기록된다(encording). 이 전자신호는 다단계의 제작장비를 거쳐 수많은 비디오적 요소(영상신호)와 오디오적 요소(음향신호)가 결합하면서 TV드라마로 완성된다. 전자신호로 암호화된 드라마(메시지)는 다시 전파신호로 전환되고, 이 신호는 지상파(ground wave)에 실려 송중계소를 거쳐 전국으로 전송된다. 각 가정에 있는 안테나와 TV수상기는 공중에 날아다니는 이들 전파신호를 캡처해 영상신호와 음향신호로 해독시키고, 시청자들은 비로소 드라마(메시지)를 즐길 수 있게 된다. 이때 카메라를 비롯한 각종 제작장비와 송출기는 영상과 음향을 전자·전파신호로 암호화하는 송신기이고, 지상파는 이 신호를 실어나르는 채널이며, 안테나와 TV수상기는 이 신호를 영상과 음향으로 해독하는 수신기다.

(1)은 우리가 일상적으로 체험하는 커뮤니케이션 행위다. 시공간적으로 제한된 범위 안에서 이루어질 수 있는 커뮤니케이션이지만, 대면으로 이루어지는 커뮤니케이션이므로 효과가 강력하다. 구전 마케팅(word of mouth marketing)은 신뢰할 수 있는 광고 형태의 하나로 바이러스처럼 퍼져 나간다 하여 바이럴 마케팅(viral marketing)이라고도 한다. 주로 음성언어로 커뮤니케이션이 이루어지지만 눈짓, 표정이나 자세, 간단한 제스처로도 효과적인 커뮤니케이션이 이루어지는 경우가 많다.

(2)는 송신자와 수신자가 1:1로 대응하는 커뮤니케이션 방식이다. 주로 사적인 영역에서 이루어지는 방식으로 '통신(Tele-communication)' 영역에 속한다. 두 사람 간의 사적인 영역이므로 다른 사람에게 피해를 입히지 않고 사회적 영향력도 없다. 그러나 일상생활을 해나가는데 없어서는 안 될 중요한 도구이다. 거짓말을 하든, 비도덕적인 얘기를 하든 그것은 두 사람 간의 문제로 사회적 규제(regulation)가 가해지지 않는다. 오히려 사유재산과 같은 개념으로 받아들여지면서 통신비밀보호법 등에 의해 사적 대화 내용이 보호를 받고, 이를 어기는 감청·도청 행위는 일탈 행위로 강력한 사회적 규제를 받는다. 통신 기반의 커뮤니케이션은 쌍방향적(interactive)이라는 특징을 가지고 있다. 송신자가 수신자가 되고, 수신자가 송신자로 자리바꿈하는 과정이 연속적으로 반복된다. 이 때문에 송신자와 수신자는 대등한 관계를 형성한다.

(3)의 경우는 송신자와 수신자가 1:대중(mass)으로 대응하는 커뮤니케이션 방식이다. 공공적인 (public) 영역에서 이루어지는 방식으로 매스 커뮤니케이션(Mass-communication) 영역에 속한다.

한 송신자가 수많은 다수에게 동일한 메시지를 동일한 시간에 대량으로 전달하므로 사람들에게 미치는 영향력이 강력하다. 현대사회에서 대중매체로서 위력을 발휘해 왔던 대표적인 매체는 신문과 방송이다. 신문은 구독 의사를 표명하고 구독료까지 지불해야 하는 반면, 방송은 이런 절차 없이 수신기만 있으면 실시간으로 수신할 수 있다. 대량의 대중에게 신속하고 무차별적으로 메시지가 전파된다는 면에서 방송은 신문에 비해 그 영향이 더 크다. 이를 통해 대중매체는 여론을 형성하는 기능을 맡는다.

매스 미디어는 여론 형성이라는 강력한 영향력을 행사할 수 있지만, 내용에 따라 다른 사람이나 사회에 피해를 입힐 수도 있다. 거짓말을 한다든가 비도덕적인 메시지를 전파하는 행위는 용납되지 않는다. 의도하지 않은 실수도 허용되지 않는다. 매스 커뮤니케이터가 북한 김정은이 사망했다는 오보를 냈을 경우 일어날 사회적 혼란을 생각해 보라. 그러므로 송신자는 자연인이 아니라 시스템이나 제도(Institution)로 존재하고, 그 제도가 사회통합과 공공적 기능을 수행하도록 다층의 법적, 제도적, 문화적 규제(regulation)를 받는다.

매스 미디어는 조직화되지 않은 광범한 불특정 다수를 대상으로 대량의 정보와 다양한 콘텐츠를 생산해 제공한다. 이러한 커뮤니케이션 방식을 주도하는 쪽은 송신자다. 통신과 달리 매스 미디어의의 커뮤니케이션 방식은 일방향적(one-way)이다. 송신자는 항상 송신자이고 수신자는 항상 수신자로서 송신자가 제공하는 정보를 무력하고 수동적으로 받아들일 수밖에 없다. 다른 한편으로는 정보가 대량으로 불특정 다수에게 일방적으로 전달되기 때문에 매스 미디어를 통한 대중 조작의 가능성과 위험성이 상존한다. 이럴 때 매스 미디어는 정보전달매체라기보다 선전(propaganda)과 여론 조작 매체로 전락한다. 히틀러를 비롯한 역사 속의 여러 독재자들은 매스 미디어를 극단적인 선전도구로 활용했다. 반대 의견을 가지고 있는 수신자는 쌍방향 통로(return path)가 없는 매체 특성 때문에 자신의 의사를 송신자에게 효과적으로 전달할 수가 없다. 수신자는 송신자가 송신하는 정보를 거부하기도 어렵다. 최근 온라인과 모바일 매체는 쌍방향 정보 흐름을 보장하는 매체 특성으로 인해 대중 조작이 어렵다. 그만큼 정보의 민주화 실현 가능성을 높이고 있는 것이다.

일방향 대량전달 매체라는 특성으로 인해 대중매체는 다음과 같은 사회적 기능을 수행하도록 요구받고 있다.

- 정보전달 기능: 대중들이 알지 못하는 사건 또는 사실을 객관적인 시각으로 전달한다.
- 사회 조정 기능: 사건과 정보를 객관적인 시각으로 해석·평가하여 여론을 형성하고 사회적 갈등을

해소한다. 또한 정치권력과 자본권력을 감시하고 견제하는 기능을 수행한다.

- 사회화 기능: 전통이나 규범 등을 대중들에게 전수하는 역할을 한다. 공통적인 경험의 기반을 확대하여 사회 구성원으로서 정체성을 형성하고 사회통합을 유지하도록 한다.
- 오락 기능: 사회 구성원들이 윤택한 문화생활을 누리고 오락을 즐길 수 있도록 다양한 콘텐츠를 제공한다.

대중문화 첨병으로서의 프로듀서

오늘날 대중문화는 대중들의 삶을 좌우하며 현대 사회를 특징 짓는 가장 중요한 요소로 인식되고 있다. 대중문화는 일반적으로 텔레비전이나 라디오 같은 대중매체에 의해 제공되고 형성되는 문화를 말한다. 현대인은 끊임없이 대중매체에 노출되고 콘텐츠를 소비하면서 자기자신도 모르게 대중매체가 제공하는 가치와 트렌드를 내재화시키고 있다. 그 가치와 트렌드를 제공하는 주체가 바로 프로듀서다. 프로듀서는 자신도 인지하지 못하는 상태에서 현대인의 생각과 감성, 그리고 삶의 방식까지도 지배하고 있다. 이런 이유로 프로듀서는 자신이 생산해 제공하는 프로그램과 콘텐츠가 어떤 사회적 의미를 가진 것인지를 염두에 두어야 한다.

현대사회를 대중사회로 규정하는 관점은 현대사회의 구성원 개개인이 자기정체성을 대중이라고 규정짓는 보편적인 현상과 관련이 깊다. 개인은 자기가 속한 집단의 특징과 연계해 다양한 방식으로 자기정체성을 규정해 왔다. 주권을 가지지 못한 신하의 지위로 존재했던 군주국가의 신민(臣民), 조선시대 지배계층인 양반과 구별되는 피지배 계층으로서의 백성(百姓), 같은 인종·문화·언어·역사 또는 종교와 같은 전통을 가진 집단의 일원으로서의 민족(民族), 국가의 구성원으로서 권리를 요구하는 대신 국가가 요구하는 의무도 수행해야 하는 국민(國民), 사회계약으로 건설된 국가를 구성하는, 구속되지 않은 자연인으로서의 인민(人民, people), 교양있고 일정한 수준의 재산도 보유하고 있으면서 자신이 나라의 주권자임을 자각하고 주권자로서 정치·사회 문제에 참여하고 책임을 지는 시민(市民, citizen) 등으로 개인은 자신의 정체성을 규정해 왔다. 그렇다면 대중(mass)이라는 개념은 언제, 어떻게 형성되었고 어떤 존재로 자신을 규정하는 것일까?

역사적으로 대중(mass)은 유럽 사회에서 귀족이 아닌, 교육받지 못한 대다수의 사람을 일컫는 말이었다. 18세기 이후 본격적인 산업혁명을 겪으면서 유럽 사회는 재편되기 시작한다. 산업혁명으로 전통적인 농업생산이 붕괴되고 도시에 기반한 대량공업생산이 부상했다. 산업혁명과 함께 토지에 기반을 둔 전통적인 귀족이 몰락하자, 봉건적인 혈연관계로 형성된 공동체에 속해 살았던 사람들이 일자리를 찾아 도시로 이주했다. 이들은 생산직 노동자·화이트 칼라(white color)·자영업자·의사나 변호사 같은 전문직 종사자로 부상해 새로운 중심 세력으로 등장했다. 도시를 배경으로 학식·재산·

납세·계급 등을 따지지 않고 모든 사람들에게 투표권을 부여한 보통선거의 확대는 대중정치를 실현시켰다. 그리고 교통·통신의 발달과 함께 지식과 정보에 대한 요구가 커지면서 각종 대중매체가 급속하게 신장, 보급되었다. 특히 대량 생산−대량 소비를 근간으로 하는 경제체제로 극소수의 특권층만 누렸던 물질적 풍요를 대중들이 함께 누리게 되면서 신분 중심의 봉건적 속박에서 해방된 '대중'이 정치·경제·사회·문화의 새로운 주역으로 부상했다.

생산력의 급속한 향상, 이를 통해 얻은 경제적 풍요로 새롭게 대두한 중산층은 광범한 교육적 혜택을 누리게 되었고, 한편으로는 여가시간을 문화·오락적 욕구 충족을 위해서도 지불할 수 있게 되었다. 소수 엘리트 귀족들이 즐겼던 그림이나 음악, 문학 등이 대중매체를 통해 많은 대중들에게도 제공되었다. 고급문화가 대중들에게 수용되면서, 문화는 귀족 스폰서들이 즐기는 내용과 형식에서 많은 대중 스폰서들이 이해하고 즐길 수 있는 내용과 형식으로 변했다. 그리고 이런 새로운 형식의 대중문화는 상업성을 목적으로 만들어지고 전파되었다.

현대 대중사회는 새로운 문제를 불러일으키고 있다. 신분·혈연 등에 의해 긴밀하게 연결되어 있던 인간관계가 약해지고, 노동하는 인간이 만들어 낸 산물이 오히려 노동하는 인간을 지배하는 이른바 '인간소외' 현상이 일상화되었다는 것이다. 대중문화는 대중이 주체가 되어 만들어 낸 문화가 아니라, 이윤을 목적으로 하는 기업이 그 생산과 전파에 개입하여, 문화 발전에 대한 관심보다 상업적·경제적 고려에서 생산되고 보급된다고 비판받기도 한다. 매스 미디어를 장악하고 있는 지배층은 대중매체를 통해 자신들의 이익을 선전하는 메시지를 일방적으로 전파하고, 대중은 자신도 모르는 사이에 이를 받아들여 내재화시킨다는 것이다. 뿐만 아니라 대중문화는 대중의 관심을 현실로부터 유리시켜 대중의 현실 도피를 유도하기도 한다. 나아가 대중문화가 모든 사람들을 획일화·평준화시킨다고 비판하는 사람들도 있다. 대중매체의 영향을 많이 받으면 받을수록 다른 사람과 같은 생각을 하고, 같은 것을 좋아하게 되는 획일화 현상이 일어난다는 것이다.

현대 대중사회는 명암이 교차하고 있다. 대중사회는 산업혁명과 함께 새로운 에너지를 역사에 부가시켰으나, 그들이 구축한 자본주의는 새로운 지배층을 형성하면서 대중매체를 장악하고 있다.

스마이드는 자본주의 체제 하에서 대중매체의 중요한 기능은 '대중매체 소비자에게 메시지라는 이데올로기를 파는 것이 아니라 메시지라는 미끼에 현혹된 수용자를 광고주에게 파는 것'이라고 주장했다(Smythe, 1977). 미디어의 진정한 상품은 콘텐츠가 아니라 시청률과 수량화된 데이터로 변형된 시청자들의 "주목(attention)"이라는 것이다. 스마이드는 이를 수용자 상품(audience commodity)이라고 개념화했다. 인터넷과 모바일 매체의 등장으로 수용자(audience)보다 이용자(user)라는 용어가 더 익숙해지고 있는 오늘날, 치열해진 미디어 시장 경쟁은 매체의 형태를 막론하고 한정된 이용자들의 주목을 확보하여 수익을 창출하기 위한 경쟁으로 바뀌고 있다. 대량생산−대량소비를 근간으로 하는 자본주의 시스템에서 대중매체는 없어서는 안 되는 한 축을 담당하고 있다. 대량생산된 상품은 대량소비로 이어져야 하고, 그 두 축을 원활하게 연결시켜 주는 역할을 대중매체가 담당하고 있기 때문이다. 그리고 그 첨병 역할을 프로듀서가 수행하고 있다. 스마이드의 말처럼 프로듀서가 메시지를 미끼로 하여 확보한 수용자를 상품으로 광고주에게 파는 일에 골몰하느냐, 메시지의 의미 그 자체에 주목하느냐에 따라 우리가 살고 있는 사회의 모습은 상당히 달라질 것이다.

오늘날 미국과 유럽 등 각국은 프로그램과 콘텐츠를 문화상품으로 인식하고, 문화산업을 국가전략산업으로 육성하고 있다. 미국은 타임워너, 월트디즈니, 컴캐스트, 비아컴, 비방디 유니버설 등 거대 미디어 복합그룹을 앞세워 세계시장 70% 점유를 목표로 문화산업을 군수산업에 이은 제2의 국가 전략산업으로 육성 중이다. 영국, 독일을 비롯한 유럽 각국도 베텔스만, 베를루스코니 그룹 등의 거대 미디어 복합그룹을 앞세워 문화산업을 창조산업(creative industry)으로 명명하고 국가전략산업 화하고 있다. 현대 대중사회에서 미디어는 세계적으로 전략산업화하고 있고, 프로듀서는 국가와 미디어 그룹의 세계화 전략을 실현하는 역할을 하고 있다.

이를 우려하는 사람들은 매스 미디어가 궁극적으로 지향해야 할 지점으로 '정보화된 시민(Informed Citizen)'을 제시한다. 정보화된 시민은 미디어로부터 충분히 정보를 제공받아, 이를 바탕으로 자신과 사회, 세계에 대한 뚜렷한 자신의 가치관을 구축하고, 자신이 속한 정치·사회 현실에 책임감을 가지고 참여하는 사람이다. 국민 모두에게 객관적이고 공정한 정보를 충분히 제공하고, 공동체를 지향하는 품격있고 다양한 콘텐츠를 제공하여 그들이 '깨어있는 시민'이 되도록 매스 미디어가 기여해야 한다는 것이다.

프로듀서와 디렉터는 다른가, 같은가

우리나라에서는 프로듀서라는 용어 대신 'PD'라는 용어를 일상적으로 사용한다. 입사시험 모집요강에 채용 직종을 'PD'라고 명시하고, 명함에도 'OOO PD'라고 새긴다. 한때 PD라는 말이 어떤 영어 낱말의 줄임말인지를 놓고 의견이 분분한 적이 있었다. PD라는 용어만으로는 PD가 어떤 일을 하는 사람인지 직관적으로 와닿지 않아 업무 영역을 명확히 하는 과정에서 빚어진 논란이었다. 영어 사전에도 PD라는 낱말은 등재되어 있지 않다. 처음에는 'Producer'를 줄여서 PD로 부른다고 생각했으나, 영어권에서 PD는 'Production Designer'의 줄임말로 쓰인다. 미술감독을 지칭하는 용어이기도 하고, 좀 더 포괄적으로는 프러덕션 과정에서 비주얼 부분을 총괄하는 책임자라는 뜻으로 쓰인다. 이 때문에 'Producer'를 줄여 PD라고는 하지 않는다. 미국 할리우드나 서구의 프로그램 제작 현장에서 프로듀서(Producer)'는 프로그램의 기획 및 예산, 제작 관리 등의 책임을 맡고, '연출자(Director)'는 프로그램의 예술 표현 면을 책임진다. 미국 드라마 시리즈 제작과정에는 프로듀서가 관할하는 프로그램에 연출자가 다수 배정되는 경우도 많다. 맡은 업무 영역과 책임지는 역할을 엄격하게 구분하면서 효율성을 극대화하고 있다. 서구를 참고해 보면 우리나라 PD가 하는 일은 서구에서 프로듀서가 하는 일보다 연출자가 하는 일과 더 비슷해 보인다. PD를 'Producer'의 줄임말로 보기에는 명칭과 업무 사이에 불일치가 생겨 혼란이 생기는 것은 이때문이다. 그래서 PD를 'Producer & Director'의 줄임말로 부르는게 좋겠다는 의견이 나왔다. 그러나 서구적 의미에서의 Producer 기능은 거의 수행하지 않고 Director 기능에 집중하고 있는 우리나라 제작 시스템과 프로세스를 보면 이 개념 규정이 적절하다고 보기 어렵다는 반론이 나왔다. 연출 기능에 좀 더 집중해서 'Program Director' 또는 'Producing Director'로 부르는 것이 좋겠다는 의견도 나왔다. 이 용례에 대해서는 앞 용례와는 반대로 실제로 프로그램의 기획, 제작, 배포까지 책임지는 현실에 비해 PD의 역할을 연출에만 협소하게 규정하고 있다는 의견이 제기되고 있다. 최근에는 'Program Designer'라는 용어가 제시되기도 했다. 기획과 예산, 제작관리에서 프로그램의 예술적 표현 영역인 촬영, 편집에 이르기까지 프로그램 제작 전 과정을 총괄(design)한다는 의미다. 그러나 이 용어는 'Production Designer'와 비슷해 혼동을 줄 우려가 있다.

1920년대 식민지시대에 방송을 시작한 우리나라 방송역사를 돌이켜보면, 영어를 자기 나라식으로 축약해서 사용하는 일본식 용어가 우리나라에서도 사용된 것으로 추측되지만, 공식 기록도 없고 증언해 줄 사람도 없어 추측에 불과할 뿐이다. 이같은 논의는 프로듀서가 하는 일이 그만큼 비정형적이고 스펙트럼이 넓다는 의미인 동시에, 우리나라에서 프로듀서가 하는 일이 프로그램 제작 시스템과 프로세스에서 미분화되거나 비체계적인 부분이 상존한다는 점을 반증하는 것이다.

할리우드 제작 프로세스와 프로듀서

할리우드는 전 세계로 수출되는 미국 영화, 그리고 네트워크 채널을 통해 방송되는 미국 드라마 등을 제작하는 미국 문화산업의 거점이다. 할리우드에서 제작의 핵심 키는 감독(Director)보다 프로듀서가 쥐고 있다. 그들에게 영상 콘텐츠 제작은 순수예술이 아니라 철저하게 산업이기 때문이다. 할리우드 스튜디오를 '꿈과 환상을 만드는 공장'으로 홍보하고 있으나, 실제로 그들이 추구하는 것은 수익 창출이다. 2010년 기준으로 블록버스터급 할리우드 영화 제작비는 대략 2억 달러(약 2,000억 원)를 넘고, 개봉 영화 평균 제작비는 6,000만 달러(약 600억 원)에 이른다. 한국의 극장 상영용 영화 평균 제작비는 마케팅비까지 포함해 30~40억 수준이다. 런닝타임 1시간짜리 미드 시리즈는 한 에피소드당 25~40억 원 정도가 투입되고, 60억 원이 넘는 경우도 있다. 한국 미니시리즈는 편당 3억 원 내외가 투입되고, 사극이나 해외 로케이션이 많은 경우에는 5억 원 이상 소요되기도 한다.

영상산업은 대표적인 고위험 고수익(high risk, high return) 산업이다. 초기 투자 비용 규모가 크지만, 흥행 성적은 '대박'과 '쪽박'으로 극명하게 갈린다. 영상산업은 초기 투자비용이 높아 거대 제작사가 아니면 진입하기 어려운 구조다. 대신 한계생산 비용은 거의 0에 수렴한다. 자동차같은 일반상품은 많이 팔려서 생산을 늘리면 수입이 증가하지만, 그에 따른 비용도 추가적으로 투입되어야 한다. 원자재 추가 구입 비용, 인건비, 시설 및 장비 추가 비용, 관리비 등이 생산량이 늘어감에 따라 증가한다. 물론 규모의 경제를 실현하면 한계비용을 최소화할 수 있다. 이에 비해 영상 콘텐츠는 초기 제작 투입 비용이 막대하지만, 일단 제작이 완료되면 아무리 많은 관객이 관람해도 추가 투입 비용이 발생하지 않는다. 배급 관련 비용이 추가될 수 있으나 미미한 수준이다. 관객 수에 따라 생산비용이 추가되지 않으므로 관객의 수가 많으면 많을수록 수익률은 일반 상품에 비해 기하급수적으로 증가한다. 영상 콘텐츠의 한계비용이 거의 0이라는 사실 때문에 할리우드 프로듀서들은 대박의 꿈을 버리지 못한다. 거기에다 영상 콘텐츠는 OSMU(One Source Multi Use)와 창구효과(Window Effect)를 극대화시켜도 한계비용이 낮아서 더 들어가는 비용 없이 수익을 늘릴 수 있다. OSMU는 성공한 오리지널 콘텐츠를 활용하여 영화, 드라마, 만화, 게임, 출판 등과 같은 연관 콘텐츠 부문으로 재제작해 마케팅 효과를 극대화시키고 새로운 수익을 창출하는 전략이다. 이뿐만 아니라 영상 콘텐츠는 보통 (영화관)-지상파 네트워크-케이블 네트워크-신디케이션-지역방송사-독립방송사-VOD, IPTV, OTT 등 다단계 멀티플랫폼에 릴리스되면서 부가적인 수익을 창출하기도 한다. 이를 창구효과라 한다. 각 단계 릴리스에 따르는 비용도 물론 거의 발생하지 않으므로 수익을 극대화시킬 수 있다.

다른 한편, 영상 콘텐츠는 품질을 미리 보증할 수 없는 경험재(experience goods) 상품이다. 상품이나 서비스를 이용해 보기 전에는 그 상품이나 서비스의 가치를 평가하기 어렵다. 자동차같은 일반상품은 설계에 따라 어셈블리 라인을 설치하면 생산제품의 품질을 일정하게 유지할 수 있다. 사람들은 일정한 품질의 자동차를 미리 경험해 보고 구매를 결정하거나 포기할 수도 있다. 그러나 영상 콘텐츠는 제작이 완료되고 시사회를 열 때까지는 완성도와 흥행의 성공 여부를 예상하기 어렵다. 그만큼 불안정한 상품이다. 영상 콘텐츠에 대한 사람들의 반응은 일반 상품에 비해 폭발적(impulsive)이기도 하다. 열광하거나, 아예 냉담하거나 극단적인 반응으로 갈린다. 이런 특성으로 인해 영상 콘텐츠는 단기간에 '쪽박'과 '대박'이 극명하게 갈린다.

초기 투자비용이 높으면서도 한계비용은 거의 0에 가깝고, 안정된 품질을 예상할 수 없으며, 단기간에 반응이 극단적으로 나타난다는 점에서 영상산업은 도박적 요소가 큰 산업분야로 평가받고 있다. 폭발적 반응을 받아 단기간에 대박을 터뜨릴 수도 있으나, 실패하면 비용을 건질 방법이 전혀 없다. 영상산업의 이런 특성 때문에 할리우드 스튜디오는 리스크를 최소화하기 위한 여러 가지 조치를 취해왔다. 미국에서 스튜디오들은 거대한 산업으로서 대박을 향한 '모험' 전략보다 리스크 회피를 통한 '안정' 전략을 취하고 있다.

이를 위해 첫째로 추진한 것이 '규모화' 전략이다. 리스크를 내재화하기 위해 할리우드 스튜디오들은 수평·수직 통합을 추진해, 지상파 방송 네트워크, 케이블 네트워크, 스튜디오 제작사, 배급사 등을 수직적으로 통합 소유하고 있다. 결과적으로 미국에서는 타임워너, 컴캐스트, 월트 디즈니, 뉴스코퍼레이션 등 몇 개의 초국적 거대 미디어그룹(conglomerate)이 미디어 산업을 지배하고 있다. 타임워너는 잡지 타임, 영화사 워너 브라더스, 뉴스전문채널 CNN, 영화전문채널 HBO, AOL 등을 소유하고 있다. 컴캐스트는 영화사 유니버설 픽처스와 지상파 네트워크인 NBC, CNBC와 MSNBC를 비롯한 수많은 케이블 채널, OTT 사업체 훌루, 유니버설 스튜디오 테마파크 등을 거느리고 있다.

월트 디즈니는 디즈니 애니메이션 스튜디오 외에도 지상파 네트워크인 ABC, 케이블 네트워크인 ESPN, 특수영상 전문 제작사인 픽사, 마블 코믹스, 디즈니 채널, 테마파크 디즈니랜드, 할리우드 레코드 등을 그룹 계열사로 두고 있다. 루퍼트 머독의 뉴스코퍼레이션은 미국, 영국, 호주에 걸쳐 신문, 출판사, 지상파 네트워크 FOX를 비롯한 텔레비전, FOX 뉴스와 FOX 스포츠 등의 케이블 채널, 영화사 20세기 폭스 등을 거느리고 있다. 이들은 다종다기한 기업을 통합해 미디어 지배력을 높이고 있다. 그리고 이렇게 수평·수직 통합한 거대 미디어그룹은 콘텐츠 제작에 따르는 위험을 내재화시켜 불확실성과 위험성을 낮출 수 있게 해준다. 계열사가 제작한 콘텐츠가 시장에서 냉담한 반응을 얻더라도 이를 계열 네트워크와 창구를 통해 배급·소비시켜 제작비용을 만회할 수 있다. 우리나라 현대자동차가 시장에서 냉담한 반응을 보이더라도 현대그룹 계열사 직원들에게 현대자동차를 구입하도록 해 위험을 해소하는 방식과 비슷하다.

둘째는, 제작 프로세스를 규격화시켜 효율성을 높이고 막대한 제작비용을 낮추는 조치를 취한다. 할리우드에서 대부분의 콘텐츠를 제작하는 스튜디오들은 제작과정을 제작 전 단계(Pre-production)-제작 단계(Production)-제작 후 단계(Post-production)로 구분한다. '제작 전 단계'는 기획 단계로 영상 콘텐츠 제작 목적과 전체 틀을 결정한다. 프로그램의 기획의도 설정, 자료조사, 예산규모 결정, 제작팀 구성, 프로그램 배포 및 마케팅 전략 수립 등 프로그램 성공에 필요한 모든 요소를 검토하여 최적으로 조합한다. 영화나 미드의 경우, 이 과정에서 가장 중요한 과제는 대본을 계약하는 일이다. 대본은 실질적인 영상 제작의 출발점이 되므로, 영화나 드라마 제작에서 결정적으로 중요한 위치를 차지한다. 대본이 나오기 전에는 제작진과 출연진의 구성, 신(scene)의 구성, 촬영기간이나 장소 등을 결정할 수 없기 때문이다. 이 과정에서도 리스크를 줄이기 위해 〈해리포터와 마법사의 돌〉과 같이 이미 흥행성이 검증된 오리지널 원작을 계약해 이를 시나리오로 각색하거나, 흥행 실적이 검증된 작가가 일순위 계약 대상이다. 그렇지 않을 경우에는 프로듀서의 지휘 하에 작가들이 집단으로 대본을 만들기도 한다. 유명 감독 중에는 자신이 직접 시나리오나 대본을 제작하는 경우도 있지만 드물다. 미드 시리즈물의 경우에는 개별 에피소드를 각각 다른 작가와 감독이 담당하는 경우가 많은데, 스토리의 일관성이 끊어지지 않도록 총괄 작가나 쇼러너(Showrunner)라 불리는 프로듀서가 스토리텔링과 톤을 조정한다. 시나리오와 대본은 '아이디어 개요(Outline)-요약 대본(Treatment)-초고(First draft)-수정(Rewrite)-윤색(Polish)'의 다단계를 거쳐 완성된다(임정수, 2010).

'제작 단계'는 촬영 단계를 말한다. 이 기간 중에 가장 많은 제작비 지출 요인이 생기므로 가능한 짧은 기간 안에 촬영을 완료할 수 있도록 기획 단계에서 스케줄을 짜야 한다. 할리우드가 미국 서부 네바다 사막에 자리잡게 된 것도 우기가 적어 그만큼 촬영에 효율적이라는 이유 때문이라고 한다.

'제작 후 단계'는 촬영한 내용을 가지고 편집, 오디오 믹싱 등 콘텐츠를 최종적으로 완성하는 단계로 정밀성을 가장 필요로 하는 단계다. 세 단계 중에서 가장 중요한 단계는 기획 단계다. 작품 성공의 80%는 이 과정에 달려 있다. 할리우드 스튜디오들이 도입한 제작 프로세스는 그 효율성을 인정받아 오늘날 전 세계 영상제작사들이 따르는 표준 모델이 되었다. 최근에는 기획, 제작, 편집, 송출 및 배포, 아카이빙(archiving), 마케팅 등 일련의 제작 프로세스에서 디지털 워크플로우(digital workflow)를 도입하여 이 모델도 점차 변화를 겪고 있다.

셋째, 이 외에 스타시스템 도입, 다양한 PFD(Production-Financing-Distribution) 전략 개발, PPL(Product Placement) 유치, 창구효과를 겨냥한 후속 시장 개발(Windowing), 해외시장 개척, 테마파크 사업이나 캐릭터 상품화 등으로 사업을 다각화하는 등 리스크를 피하고 불확실성을 극복하기 위해 스튜디오들은 다양하게 노력하고 있다.

프로듀싱팀과 프로듀서가 하는 일

할리우드 미국 드라마 제작에서는 감독 또는 연출자(Director)보다 프로듀서(Producer)에게 더 큰 의미가 부여되고 있다. 프로그램의 성공이 수익과 직결되는 시장구조 때문이다. 프로듀서는 작품 내용을 이루는 아이디어의 통합적 관리와 제작·마케팅 비용 효율화와 수익창출을 위한 재정적인 관리를 전문적이고 체계적으로 관리해야 한다. 작품의 최초 아이디어를 구체적인 기획으로 발전시키고 관객 또는 시청자들에게 어필할 수 있는 스토리텔링을 유지하는 등 작품의 내용을 총괄할 뿐만 아니라, 네트워크 방송의 광고시장, 인터넷·모바일·OTT의 VOD 시장, 신디케이션 시장, 해외시장, OSMU 시장 등에서 다양하게 수익을 창출해야 하기 때문에 프로듀서의 역할과 비중이 커지는 것은 당연한 현상이다. 전체를 총괄하고 조정하는 기능을 수행하기 위해 프로듀싱팀을 구성해 일하는 방식이 일반적이다. 이 팀에는 다양한 역할을 하는, 다양한 이름의 프로듀서들이 참여한다. 이들 구성원은 직위 개념을 기반으로 한 수직적 관계라기 보다, 역할 개념을 기반으로 한 수평적 관계를 유지한다.

프로듀싱팀의 구성과 역할

- 책임 프로듀서(Executive Producer, EP)는 모든 업무를 총괄하고, 작가·프로듀서·감독 등을 고용하며, 주로 예산을 통제한다.
- 부책임 프로듀서(Co-executive Producer)는 책임 프로듀서의 역할을 보좌한다.
- 쇼러너(Showrunner)는 공식적인 명칭이 아니다. 스토리텔링에서 작품의 일정한 방향을 유지하는 역할을 맡고 있다. 창작의 전반적인 방향을 책임지는 책임 프로듀서가 겸하는 일이 많지만, 작품의 원작 작가, 오리지널 대본 창작자, 파일럿(pilot) 대본이나 쇼 프로그램 포맷 바이블(Format Bible)의 작가가 이를 맡기도 한다. 쇼러너는 작가팀을 구성하고 이들을 리드하는 역할을 하며, 다른 작가들을 데리고 대본을 수정(rewrite)하기도 한다.
- 프로듀서(Senior Producer, Supervising Producer)는 작품의 실질적인 총책임을 지는 프로듀서다. 아이디어, 기획, 캐스팅, 스태프 구성, 예산 및 기술관리 업무를 총괄한다.
- 통합프로듀서(Integrated Producer)는 작품을 오리지널 소스로 하여 웹, 모바일, 게임 등의 플랫폼용 콘텐츠를 개발·관리하고 창작하는 프로듀서다. 디지털 마인드와 기능이 필요하다.
- 조프로듀서(Associate Producer)는 프로듀서의 업무를 보조한다. 프로듀서의 오른팔이다.
- 코너담당 프로듀서(Segment Producer)는 매거진 포맷(format)의 쇼, 토크쇼 등에서 프로그램 속의 한 코너를 담당하는 프로듀서다.
- 스태프 프로듀서(Staff Producer)는 프로덕션에 고용되어 인터뷰나 게스트 접촉, 라이센스 정보 추적, 촬영장소 답사 및 섭외 등의 업무를 맡는다.
- 현장 프로듀서(Field Producer)는 야외촬영 업무를 관리, 보조하는 역할을 한다.
- 음향담당 프로듀서(Session Producer)는 녹음 세션, 인터뷰 등을 관리하여 작품의 질을 관리한다.
- 후제작관리 프로듀서(Postproduction Supervisor)는 제작 후 단계를 관리하는 프로듀서다.
- 라인 프로듀서(Line Producer)는 예산과 실제 집행 내역을 비교 관리하고 장부를 관리한다. 제작과정에서 행정 업무를 맡아보며, 제작과정에서 일상적인 업무에 가장 많이 개입한다(임정수, 할리우드 텔레비전 드라마 생산 이야기, 2010).

프로듀싱팀의 구성은 프로젝트에 따라 유연하게 구성한다. 예시한 구성원의 일부만 조합해 구성할 수도 있고, 특별한 업무를 위한 구성원을 추가할 수도 있다. 이들이 프로그램 제작 시작에서 끝까지 각자 역할에 따라 맡은 역할을 수행한다. 기획(pre-production) 단계에서는 아이디어를 개발하는 일, 아이디어를 기획안 수준으로 발전시키는 일, 대본을 작성하는 일, 필요한 라이센스·저작권 등을 확보하는 일, 감독을 고용하는 일, 촬영에 필요한 인력과 리소스를 준비하는 일, 제작비 투자자를 찾고 배정하는 일 등을 수행한다. 촬영 단계(production)에서는 감독(director)의 역할이 두드러진다. 그러나 프로듀서도 항상 현장에 있으면서 스토리텔링을 조율해야 하고 제작비 집행상황도 점검해야 한다. 편집 단계(post-production)에서도 감독과 함께 최종 편집을 협의하고, 홍보 프로모션과 배포 전략을 수립하고 시행한다.

할리우드 제작 과정에서 '제작자(Producer)'와 '연출자(Director)'는 수익성, 대중성, 예술성이라는 과제를 놓고 최적의 결과물을 만들어내기 위해 선의의 경쟁을 하고 보완하는 관계라 볼 수 있다. 프로듀서는 수익성, 대중성을 따지고, 연출자는 예술성에 무게 중심을 두는 경향이다. 그러나 주도권은 프로듀서가 쥐는 경우가 많다. 시중에 흔히 나오는 감독판(director's cut)은 이 과정에서 프로듀서에 의해 삭제, 수정된 장면을 원래 감독 연출 의도대로 복원해 내놓은 것이다. 마니아들은 감독판을 더 좋아하는 경우도 많지만, 공식적인 배포용은 감독판에 프로듀서의 의견이 개입한 편집본이다.

할리우드 스튜디오 모형을 차용하는 미국 방송사에서도 '제작자'와 '연출자'의 영역은 나뉘어져 있다. 프로듀서는 방송 프로그램의 기획 및 예산, 제작 관리 등의 책임을 맡고, 이를 보좌하기 위해 보조 프로듀서(AP, Associate Producer), BM(Business Manager) 등을 두고 있다. 프로듀서가 관할하는 프로그램에는 TV 연출자가 배정되어 있다. 연출자는 해당 프로그램의 예술 표현 면을 책임진다. 조연출(AD, Assistant director)과 플로어 매니저(FM, Floor Manager), 그리고 제작보조(PA, Production Assistant)가 연출자를 돕도록 구성되는 것이 일반적이다.

우리나라에서 프로듀서와 감독의 역할이 분명하게 구분되는 경우는 영화 제작 과정에서 볼 수 있다. 자본의 개입을 거부하는 작가형 감독이나 독립영화 감독은 프로듀서의 역할까지 겸한다. 우리나라 방송사에서는 프로듀서와 연출자의 역할은 구분되지 않은 채 운영되어 왔다. 호칭도 '프로듀서' 또는 '연출'로 혼용되어 왔다.

그러나 최근 tvN에서는 이를 구분해 제작과정을 조율하는 모습을 보이고 있다. 〈응답하라 1997〉, 〈응답하라 1994〉, 〈응답하라 1988〉 시리즈는 타깃 시청층을 30대 시청층에서 출발해서 40대까지 확장하는 전략을 썼다. 〈신서유기〉 1,2,3 시리즈는 네이버 TVCAST, 티빙, 카카오TV, 다음 TV팟, 곰TV 등을 통해 온라인과 모바일로 동시에 첫 방송하고, 이를 재편집해서 TV판을 제작해 tvN 채널로 방송하는 새로운 도전을 성공적으로 선보였다. 〈신서유기2〉는 중국 동영상 플랫폼 텐센트를 통해 동시에 공개해 동영상 누적 재생수를 2억 건 이상 기록하기도 했다. 온라인으로 퍼스트 릴리스하는 방식은 프로그램 내용 심의 규제에서 상대적으로 자유로운 인터넷 방송으로 형식의 다양성을 실험하면서 마니아 시청층을 확보하게 했을 뿐 아니라, 리얼타임으로 중국 콘텐츠 시장도 공략할 수 있게 해주는 전략이었다. 〈미생〉은 트랜스미디어 스토리텔링(transmedia storytelling)의 대표적 사례다. 웹툰 '미생' 출시 후 드라마 〈미생〉이 방송되었고, 이 시점에 맞춰 주요 인물 오과장의 대리 시절 이야기를 담은 '특별5부작 웹툰'을 출시했다. 드라마 성공 후에는 등장인물 6인의 과거를 소개하는 모비소드(mobisode) 〈미생 프리퀄〉도 출시했다. 기획 단계에서부터 프로듀싱 기능을 강화해 360도 마케팅 전략을 시행한 흔적이다. 우리나라에서도 프로듀싱 기능과 연출 기능을 구별해 디지털 멀티플랫폼 시대에 대응하는 일이 시급하다.

우리나라 미디어 생태계와 프로듀서

[SBS 직무소개] _ https://recruit.sbs.co.kr

PD는 도대체 무엇을 하느냐구요?

PD는 프로그램을 만드는 사람입니다. 쉽게 말해 뉴스를 제외한 대부분의 방송 콘텐츠(교양, 예능, 드라마, 라디오, 스포츠)를 제작합니다.

진행은 연예인이 하고, 촬영은 카메라맨이 하고, 글은 작가가 쓰는데 PD는 도대체 무엇을 하느냐구요? PD들은 이 모든 작업을 총괄하고 무한 책임을 집니다. 창조적인 아이디어로 프로그램을 기획하고, 연예인 및 스태프와 함께 이를 현실화하며, 예산통제와 최종 책임을 지는 사람이 바로 PD입니다.

[Daum 백과사전 브리태니커]

프로듀서(Producer): 약칭은 PD. 연극·영화·방송 등에서 기획·제작의 책임자. 이에 반해 예술 표현면의 책임자를 연출가(director)라고 한다. 프로듀서는 회사 등의 조직에 속하거나 또는 독립해서 활동하는데, 전자는 대본의 선정, 배역·연출자의 기용, 예산 수립 등의 업무를 수행하고, 후자는 전자의 업무 외에 자금 동원, 방송국과의 계약, 광고주와의 섭외 등을 책임진다.

외국에는 독립 프로듀서가 많지만 한국에는 주로 회사(방송사) 등에 소속되어 있으며 또 연출가를 겸하기도 한다. 프로듀서의 기획에 의해 여러 분야에서 인재를 모아 독자적으로 작품을 제작하는 방식을 프로듀서 시스템이라 하는데, 독창적이고 신선한 작품을 만들 수 있다는 장점이 있어 현재 외국의 연극·영화계에서 널리 채택되고 있다.

전자의 글은 실제 현장에서 프로듀서가 어떤 일을 수행하는지를 설명한 글이다. 이 설명에 따르면 우리나라 제작 현장에서 PD는 프로듀서와 연출자의 역할을 모두 수행하고 있다. 후자는 서구적 전통을 참조하여 원칙적인 PD의 역할을 설명하고 있다. 〈PD수첩〉, 〈ㅇㅇㅇPD의 먹거리X파일〉, 〈PD되기〉(책), 'PD 저널리즘' 등에서 보듯 한국에서 PD는 대중적으로 사용되는 낯익은 용어다. 입사시험에서 직군을 분류할 때나, 인사기록 카드, 명함 등에도 일반적으로 'PD'라고 쓰고 부른다. 그러나 프로그램 제작의 신뢰도와 책임 소재를 밝히기 위해 프로그램 말미에 들어가는 엔딩 크레딧(ending credit)에는 '연출'로 표기한다. 실제 제작 현장에서 PD는 기획, 예산 관리, 캐스팅, 연출을 겸하고 있어 프로듀서와 연출자의 책임을 동시에 지고 있다. 미국이나 서구에서와는 달리 우리나라 방송사에서는 기획을 담당하는 프로듀서와 제작을 지휘하는 연출자의 역할이 구분되어 있지 않다.

우리나라에서는 프로듀서가 10년 정도 경력을 쌓으면 책임프로듀서(CP, Chief Producer)로 발령받는다. 프로듀서가 프로그램을 잘 만들 수 있게 돕고 지시하는 관리자 역할을 하며 보통 2~4개 정도의 프로그램을 책임진다. CP 또한 기획, 예산 관리, 캐스팅, 편집, 홍보 등에 궁극적인 책임을 지는 사람이라고 명시되어 있다. 엔딩 크레딧에는 보통 '책임 프로듀서'로 표기한다. 방송사 마다 다르지만 일반적으로 부장급 이상이며 케이블 방송사는 국장급, KBS의 경우는 팀장급이 CP가 된다.

KBS에서는 EP(Executive Producer, 총괄프로듀서)라고 하여 여러 CP들을 지휘하는 시니어급 CP 제도가 또 있다. EP는 일반적으로 엔딩 크레딧에 이름이 올라가지 않는다. 엔딩 크레딧은 기사의 바이라인처럼 프로그램 내용의 편집권이 누구에게 귀속되고, 또 내용에 책임을 지는 사람이 누구인가를 나타내는 것이다. 엔딩 크레딧에 EP가 명시되지 않는 것은 프로그램 편집권과 편집에 대해 일차적으로 비켜나 있다는 것을 의미한다. 그러나 현실적으로는 EP가 직간접적으로 제작과정에 개입하고 있는 것이 일반적이다.

제작자들은 대체로 PD-CP-EP의 경로를 밟게 되는데, 각 층은(layer)은 관료적 서열구조 시스템에서의 직위 개념이다. 명칭만 바뀌었을 뿐 평직원-차장-부장-국장으로 사다리화 되어 있는 관료조직과 다름 없으며, 실제 운영도 그렇게 하고 있다. PD와 CP와 EP는 프로듀서와 디렉터의 역할을 겸한 같은 일을 하고 있는데, EP와 CP는 경험이 많고 익숙하므로 경험이 일천하고 제작이 미숙한 PD를 감독·자문해서 프로그램을 제작하는 시스템이다.

방송 제작자들은 기획이나 제작 역량을 인정받아서 방송사에 입사하는 것이 아니라 필기시험, 논작시험, 실무역량 시험과 면접 등을 거쳐 선발한다. 시사교양, 엔터테인먼트, 드라마 PD 간에 시험내용에 별 차이도 없다. 실무역량이나 면접 등에서 프로그램에 대한 아이디어나 창의성, 근성같은 것을 평가하겠지만 짧은 시간 안에 이를 평가한다는 것은 무리다. 그보다는 어려운 시험 관문을 통과한 사람들을 선발해서 방송사 교육 시스템 안에서 훈련시키는 것이 안전하다는 판단을 가지고 있다. 다양한 통로를 통해 치열한 경쟁을 거쳐 제작인력을 충원하는 서구와 달리, 우리나라 방송사 제작 인력, 특히 프로듀서를 충원하는 통로는 입사 시험 외에는 별다른 통로가 없다(임정수, 2010).

우리나라의 영상 콘텐츠 제작방식은 디렉터와 분리하여 프로듀서의 기능을 강조하는 할리우드 및 미국 방송사의 제작방식과 대조된다. 멀티 플랫폼, N스크린 시대의 도래로 우리나라 미디어 생태계는 급변하고 있다. 기획 단계부터 유통을 고려하여 방송 프로그램을 기반으로 웹툰, 게임, 영화 등을 협력 제작하는 방식(multi-platforming)이라든가, 여러 단말기와 플랫폼에 최적화된 콘텐츠를 만들어내면서도 전체 콘텐츠 소비 과정에서 스토리텔링을 체계화하는 제작 방식(transmedia storytelling) 등 새로운 제작방식을 적극적으로 도입해야 한다.

예를 들면, 2014년 tvN 채널로 방송된 드라마 〈미생〉은 윤태호 작가의 인기 웹툰이 오리지널 텍스트다. 웹 플랫폼 기반의 만화를 케이블TV 플랫폼으로 발전시킨 이 드라마는 최고시청률 10.3%를 기록했다. 처음 제작진이 목표로 했던 시청률은 3%였다. 웹툰, 방송, 웹, 모바일 기반 모든 플랫폼을 넘나들며 콘텐츠를 유통시키면서 웹과 모바일에 익숙한 젊은 시청자들을 드라마로 끌어들였고 부가가치도 창출했다.

〈신서유기〉 1,2,3 시리즈는 10분 내외의 동영상 클립을 네이버 TVCAST, 티빙, 카카오TV, 곰TV 등을 통해 온라인과 모바일로 먼저 배포하고(1st release), 이를 재편집해서 TV판을 제작해 tvN 채널로 방송했다(2nd release). 온라인에 익숙한 젊은 연령층의 시청자들은 자연히 방송 시청자들로 유입되었다. 시리즈2는 중국 동영상 스트리밍 포털 텐센트(QQ.com)와 동시에 공개해 중국 동영상 누적 재생수 2억 건 이상을 기록했다. 콘텐츠의 세계화가 실시간으로 실현된 것인데, 콘텐츠의 문화적 할인율(cultural discount)이 낮은데다 네트워크에 국경이 없는 온라인 네트워크를 통했기 때문에 가능한 일이었다.

언제 어디서나 어떤 단말기로든 콘텐츠를 소비할 수 있는 'TV everywhere' 시대를 맞아 시청행태가 급격히 바뀌고 있다. 실시간 콘텐츠 소비보다 자기에게 편한 시간에 편한 장소에서 주문형 비디오(VOD)를 소비하거나 '몰아보기(binge viewing)' 행태가 점점 일반화되고 있다. 고정형 인터넷보다 이동형 인터넷인 모바일을 통해 콘텐츠를 소비하는 사람들이 급격하게 늘어나고 있다. 이런 시대를 맞아 우리나라에서도 프로듀서와 연출자의 기능을 분리할 필요가 점점 커지고 있다. 작품의 미학적 표현을 책임지는 연출자와 달리, 기획과 스토리의 일관성, 배포와 마케팅, 제작비 관리 부분을 맡는 서구적 의미의 프로듀서 기능이 창의적이고 다각적으로 발휘될 필요가 커지고 있다. 미디어 생태계를 전체적인 시각에서 조망할 수 있는 프로듀서의 역할을 전문 디렉터와 분리할 필요가 있는 시점이다.

3. 프로듀서는 기자와 어떻게 다른가

문자는 논리적이고 영상은 감성적이다

우선 신문기자와 방송 프로듀서는 어떻게 다른 콘텐츠를 생산하는지 비교해 보자. 방송기자도 콘텐츠를 생산하는 주요 주체지만, 프로듀서와 기자를 명확하게 비교하기 위해 후술한다. 신문기자는 신문기사, 사설, 논설, 칼럼 등의 콘텐츠를 생산하는데, 주로 문자언어에 의존한다. 요즘은 기사 내용 중에 보도사진의 비중이 높아지고 있고, 인터넷 신문에는 클립 동영상을 삽입하기도 하지만 핵심적인 정보를 전달하는 수단은 여전히 문자언어다. 다음 기사를 읽어보자.

경향신문은 고 성완종 전 경남기업 회장의 전화 인터뷰가 담긴 녹음파일을 15일 검찰에 제공했다. 녹음파일에는 성 전회장과 경향신문 기자가 지난 9일 오전 6시부터 50분간 나눈 대화가 들어있다. 경향신문은 지난 14일 밤 녹음파일의 처리 문제에 관해 성 전 회장 유족과 협의를 거쳤다. 유족 측은 진실 규명과 수사 협조 차원에서 녹음파일의 검찰 제공에는 동의했으나 녹음 육성이 언론에 공개되는 것은 반대한다는 뜻을 밝혔다. 경향신문은 이 같은 유족 뜻에 따라 검찰에 녹음파일을 제공하되 녹음 육성은 공개하지 않기로 했다. 대신 "꼭 보도해달라", "세상에 알려달라"는 성 전 회장의 유지를 따르고 국민의 알 권리를 보장하는 차원에서 인터뷰 전문을 16일자 지면에 싣기로 했다(경향신문, 2015.4.15).

위 기사는 5W1H 원칙에 따라 군더더기 없이 깔끔하게 정보를 정확하게 전달하고 있다. 감정적 개입은 일체 배제되고, 그 때문에 글은 매우 건조하다. 신문기자는 문자언어를 정확하게 사용하는 능력을 혹독하게 훈련받는다. 그 뜻이 애매모호하거나, 중의적이거나, 다른 뜻으로 잘못 쓰이면 독자들은 혼란스런 정보를 받아들이게 된다. 그러므로 신문기사는 문자언어의 기표(signifiant, 記標)와 기의(signifie, 記意)를 1:1로 대응시켜야 한다.

소쉬르(F.Saussure)는 '기표'와 '기의'라는 개념을 사용해서 언어의 성격을 규명했다(일반언어학강의, 1916). 기표는 감각적 지각이다. 우리가 종이에 쓰여있는 CAT라는 글자를 볼 때, 그 문자를 시각 감각으로 지각한다. 어떤 사람이 '캣'이라고 말을 하면 우리는 '캣'이라는 소리를 청각적으로 지각한다. 소리는 청각으로, 문자는 시각으로 지각한다. 소쉬르는 이것을 '기표'라고 했다. CAT을 시각적으로 지각하거나, 캣을 청각적으로 지각하면서 우리는 쫑긋 세운 귀와 똥그란 눈을 가지고 몸놀림이 유연한 어떤 동물을 떠올린다. 감각적으로 지각된 자극은 특정의 의미를 내포하고 있는데, 이 경우에는 '고양이'라는 동물이 그것이다. 감각적 인지와 연관되어 있는

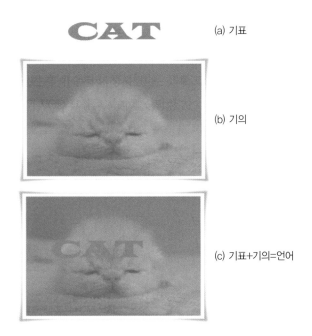

(a) 기표

(b) 기의

(c) 기표+기의=언어

개념이나 의미를 소쉬르는 '기의'라고 했다. 이 기표와 기의가 결합된 것이 언어기호다. 그림에서 (a)는 시각적으로 지각할 수 있는 것으로 기표다. (b)는 CAT라는 시각기호를 지각하면서 우리가 떠올리는 어떤 의미 또는 개념이다. 이 둘의 결합으로 새로운 차원의 (C)가 만들어지는데, 이것이 언어기호이다. 언어기호 속에서 이 둘은 배타적으로 결합해서 떨어질 수 없다. 기표와 기의는 종이의 앞면과 뒷면, 몸과 영혼처럼 분리될 수 없도록 결합되어 있다. 그런데 CAT라는 시각적 지각이 왜 '고양이'라는 동물과 결합되었는지는 알 수 없다. 두 요소가 그렇게 결합할 수밖에 없는 필연적 이유는 없다. 소쉬르는 언어기호의 이런 특성을 '기표와 기의의 관계는 자의적(恣意的)이다'라는 명제로 정리했다. 사람들이 오랫동안 그런 방식으로 사용했기 때문에 그런 결합이 이루어졌다고 말할 수밖에 없다.

언어기호에는 문자언어와 음성언어가 있다. 문자언어는 대부분 기표와 기의를 1:1로 대응시키려 한다. 그것이 1:다(多)로 대응할 때 커뮤니케이션은 일대 혼란에 빠지게 된다. 문자언어는 이런 혼란을 싫어한다. 따라서 문자언어는 수렴성, 명증성, 적확성을 특성으로 한다(윤기호, 2011). 문자언어로 표현된 세계는 객관적, 분석적, 과학적, 정형적이다. 일상적인 대화, 신문기사, 다양한 페이퍼 매체의 글, 판결문, 논문 등은 문자언어의 이런 특성을 기반으로 하고 있다. 정확한 기록과 정보 전달이 중요하기 때문이다.

다음은 김동명이 쓴 시다. 신문기사와 마찬가지로 문자언어를 사용했으나, 신문기사가 정확한 정보를 준 반면, 이 시는 어떤 '느낌'을 준다.

내 마음은 호수요,
그대 노 저어 오오.
나는 그대의 흰 그림자를 안고, 옥같이
그대의 뱃전에 부서지리다.

내 마음은 촛불이요,
그대 저 문을 닫아 주오.
나는 그대의 비단 옷자락에 떨며, 고요히
최후의 한 방울도 남김없이 타오리다.

내 마음은 나그네요,
그대 피리를 불어 주오.
나는 달 아래 귀를 기울이며, 호젓이

나의 밤을 새이오리다.

내 마음은 낙엽이요,
잠깐 그대의 뜰에 머무르게 하오.
이제 바람이 일면 나는 또 나그네같이, 외로이
그대를 떠나오리다.
                                                    - 김동명 시, 내 마음은

이 시의 기표에 해당하는 표현이 어떤 뜻, 즉 기의와 대응하고 있는지 알아보자. '내 마음은 호수요'라는 표현(기표)은 어떤 의미(기의)일까? '호수처럼 고요하다', '호수처럼 맑다', '호수처럼 깊다', '호수처럼 약한 바람에도 살랑거린다' 등등 무수한 해석이 가능할 것이다. '내 마음은 촛불이요'는 또 어떤 의미일까? '촛불처럼 크지는 않지만 변함없는 정열을 가지고 있다', '자기 몸을 태우는 것처럼 희생할 것이다', '미풍에도 꺼질지 모르는 약한 마음이다' 등등 어떤 것으로 해석해도 그럴 듯해 보인다. 신문기사와 달리 시적 언어는 다의적이다. 언어가 이처럼 다의적이라면, 소쉬르의 문맥으로 바꿔 표현해서 기표와 기의가 1:다(多)로 대응한다면 커뮤니케이션은 혼란이 가중되지 않을까? 그러나 우리는 이 시를 읽으면서 깊고 풍부한 어떤 의미와 느낌을 받는다. 기의의 다의성이 미묘한 정서, 감정, 느낌을 전달할 때는 더 유용할 뿐만 아니라 커뮤니케이션을 깊고 풍부하게 해 주기도 한다. 위에서 예를 들어 해석한 것처럼 다양한 뜻을 모두 포함하거나, 딱 부러지게 표현할 수 없는 미묘한 뜻이나 개념, 느낌 등을 전달할 때는 이런 방식의 커뮤니케이션이 더 유용할 수 있는 것이다.

시와 같은 문자언어, 음악같은 청각기호, 그림, 건축 같은 시각기호, 영화, TV영상 같은 시청각기호 대부분은 기표와 기의를 1:다(多)로 대응시킨다. 음성언어도 문자언어와 달리 음색, 음성의 날카로움과 부드러움, 빠르기, 억양에 따라 같은 말이라도 다양한 느낌을 주고 때로는 정보도 달라진다. 짧고 굵게 그리고 퉁명스럽게 "왜?"라고 할 때와 길게 억양을 넣어가면서 "왜~~애?"라고 말할 때는 전달하려는 의미 자체가 달라진다. 이런 기호는 확산성, 불투명성, 다의성을 특성으로 한다(윤기호, 2011). 이런 기호로 표현된 세계는 주관적, 상상적, 예술적, 비정형적일 뿐만 아니라, 정보를 감성적이고 직접적이며 충동적으로 전달하고 이미지를 창출하기도 한다.

1972년 6월 AP통신 후잉 콩 우트 기자가 촬영해 세계로 타전한 한 장의 사진은 20년이나 끌었던 비극적인 베트남 전쟁을 종식시키는 결정적 역할을 했다. 정글을 초토화시키기 위한 남베트남 군의 네이팜탄 오폭으로 당시 9세의 어린 소녀 킴푹은 불타는 옷을 벗어던져 알몸이 된 채 비명을 지르며 카메라 쪽으로 달려오고 있다. 소녀는 화상의 고통과 공포로 휩싸여 있다. 사람들은 베트남 전의 참상을 알리는 어떤 글보다도 이 한 장의 사진을 통해 소녀의 고통과 공포를 충격적으로 대면했고, 행동하게 만들었다. 세계적인 반전 여론이 일어났고 전쟁은 끝났다(100photos.time.com 사진 참조).

다음 사진은 어떤 느낌을 주는가?

2010년 8월 〈타임〉지는 코와 귀가 잘린 18세의 아프가니스탄 소녀 비비 아이샤를 커버 사진으로 올렸다. 가문 간 분쟁을 해결하기 위해 미성년이던 12세에 '바드'라는 강제결혼으로 시댁에 넘겨진 소녀는 학대를 피해 달아났다가 남편과 시댁 식구들에게 붙잡혀 이런 끔찍한 일을 당했다. 〈타임〉은 일체의 배경을 생략하고 소녀의 얼굴만 강조했다. 이 사진 역시 독자들로 하여금 탈레반 치하의 아프가니스탄 여성 인권 상황의 잔혹함과 야만성을 어떤 글보다도 직접적이고 감성적이며 충동적으로 대면하게 한다.

자료: content.time.com

기자는 문자로 서술하고, 프로듀서는 영상으로 표현한다

현대사회의 대표적인 매스 미디어인 신문은 문자언어를 기반으로 하고 있다. 따라서 신문은 객관적이고 정확한 정보 전달과 분석에 적합한 매체다. 신문기사를 생산하는 기자는 정확한 문자언어 구사를 통해 문제의 핵심과 정보의 세밀함을 놓치지 말아야 한다. 신문기자는 당연히 문어체 문자언어 구사에 능통해야 한다. 구독자들은 이를 논리적이고 이성적으로 받아들이고 이해하지만, 이성적인 비판도 놓치지 않는다. 비판은 이성의 중요한 속성이기 때문이다. 이성적인 이해와 비판은 토론(discussion)과 논쟁(debate)의 장을 제공한다.

또 다른 대표적인 매스 미디어인 TV는 영상기호와 음성언어를 기반으로 하고 있다. TV는 신문에 비해 시청자들에게 현장을 직접적으로 대면하게 하고, 현장에 관한 정보와 함께 정서적 자극도 전달한다. 대부분의 TV 콘텐츠를 생산하는 프로듀서는 문자언어보다 주로 영상기호에 의존한다. 정보전달 뿐만 아니라 슬픔, 분노 같은 감성적 느낌까지 전달하려 한다. 시청자들은 이를 이해하고 비판하기보다 영상 콘텐츠 서사에 공감하고 감동한다. 이 때문에 TV 시청자들은 콘텐츠의 메시지와 느낌을 자기자신도 모르게 무비판적으로 수용하는 경향이 있다. 기자가 문자언어를 정확하게 다룰 수 있도록 혹독한 훈련을 거치는 것처럼, 프로듀서는 영상언어와 음성언어를 효과적으로 활용할 수 있도록 혹독한 훈련을 거쳐야 한다.

기자는 방송기자라 하더라도 문자언어를 중시한다. 방송 리포트 제작과정을 보면 방송기자들은 리포트 내용을 구어체의 문자언어(written language)로 글을 먼저 쓰고 이를 음성언어(spoken language)로 녹음한 후, 그 위에 적절한 영상을 덧붙이는 과정을 밟는다. 언어가 중심이고 영상은 보조적인 수단으로 활용한다. 젊은 방송기자들 중에는 현장을 직접적이고 충격적으로 전달하는 영상의 구체성을 자각하고 이를 적극적으로 활용하는 사례가 점차 늘어나고 있지만, 아직 일반적인 현상은 아니다. 방송매체의 특성을 활용하지 못하고 있는 것이다. 방송보도는 신문기사와 달라야 한다. 영상언어에 기반을 두고 방송매체의 특성을 적극적으로 활용하는 방송보도의 패턴을 확립하는 것은 방송기자들이 해결해야 할 과제다.

맥루한은 당대의 지배적 미디어가 구어(공감각)인가, 필사본(시각 우위)인가, 인쇄본(시각 지배)인가, TV(공감각)인가에 따라 세계가 달리 인지될 수 있다고 했다. 특정한 사회의 지배적 미디어는 인간의 감각균형에 영향을 주는 조건이 되므로, 미디어는 그 자체에 메시지를 내장하고 있다(맥루한, 1964)는 것이다. "미디어가 곧 메시지(The medium is the message)"라는 그의 언급은 매체의 특성에 따라 메시지 내용과 표현형식이 결정되므로 매체 자체가 메시지를 이미 내장하고 있다는 뜻이다.

맥루한은 문자언어 기반의 신문을 핫미디어(hot media), 영상기호 기반의 TV를 쿨미디어(cool media)의 특성을 갖는다고 설명한다. 맥루한은 매체를 인간 감각기관의 연장으로 보았다.

신문은 시각기관, TV는 시각과 청각의 연장이다. 신문은 전달하는 정보의 세정도(details)가 높은 데다 기사를 읽기 위해 시각기관 하나만 사용하므로 감각기관이 뜨거워진다고 해서 핫 미디어라는 것이다. TV는 정보를 시각과 청각을 통해 입체적으로 전달하므로 이를 수용하는 감각기관이 상대적으로 차갑다는 것이다. 현대인들의 매체 이용 행태는 핫미디어에서 쿨미디어로 옮겨가는 추세를 뚜렷이 보여주고 있다.

다른 한편, 신문을 읽기 위해 일반적으로 우리는 허리를 세우고 읽어야 하다. 컴퓨터를 사용할 때도 그러하다. 신문과 독자의 관계, 컴퓨터와 이용자의 관계는 집중적이며 긴장된 관계를 유지한다 (Lean foreward Media).

신문과 컴퓨터 이용 환경에 비해 방송 시청환경은 편안하다. TV를 시청할 때 우리는 일반적으로 소파에 기대어 편안한 자세를 취한다. 시청하면서 땅콩을 씹거나 음료수를 마시기도 한다. 방송과 시청자의 관계는 상대적으로 느슨하고 집중도도 떨어지지만 편안해서 장시간 지속된다(Lean back Media). 수용자가 미디어를 이용하는 행태가 어떤가 하는 점은 콘텐츠 생산자들이 중요하게 고려해야 할 요소다. 이용행태나 습관을 고려해서 콘텐츠를 생산해야 하기 때문이다.

TV는 논리적 전달에 더하여 감성적 전달도 중시한다
대표적인 쿨미디어이자 린백 미디어인 TV는 다음과 같은 특성을 보여준다.

첫째, 방송 프로그램은 수많은 비디오적 요소와 오디오적 요소의 결합으로 구성된다. 비디오적 요소로는 현장 촬영 실사, 컴퓨터 그래픽을 활용한 특수영상, 편집을 통한 다양한 효과, 자막 삽입 형태 등이 있다. 오디오적 요소로는 현장 픽업 오디오, 내레이션 또는 리포트, 연설 사운드바이트(sound-bite), 배경음악, 음향효과, 이들을 믹싱하면서 일어나는 다양한 효과 등이 있다. TV 화면을 통해 드러나는 현실은 비디오적 요소와 오디오적 요소의 결합을 통해 재구성된 현실이다. 시청자들은 그것이 드러내는 현장감 때문에 재구성된 화면 속의 현실 속으로 빠져든다. 신문 구독자는 읽고 이해해야 하는 복잡한 과정을 거치지만, TV 시청자는 현실을 직접적이고 충격적으로 대면하고, 이에 대해 충동적으로 반응한다.

둘째, 방송 프로그램은 이성보다 감성에 소구하는 면이 크다. 청각 장애인 남편과 시각 장애인 아내 부부가 갓난 아기를 키우는 과정이 담겨있는 한 프로그램이 있었다. 남편이 일하러 나간 사이 앞을 못보는 장애인 엄마가 울면서 보채는 아기의 몸 상태를 확인해 보려고 아기의 똥을 손가락으로 찍어 맛을 보는 장면이 나온다. 눈으로 확인하지 못하니까 아기의 똥 맛으로 몸 상태를 확인하는 것인데 시청자들은 이 장면에 넋을 잃어버렸다. 신문 구독자들은 정보를 이성적이고 비판적으로 수용하지만, 방송 시청자들은 감성적이고 무비판적으로 수용한다. 방송 프로그램에 내재된 메시지는 전염되고 감염되는 것이다.

셋째, 방송은 이미지를 창출한다. 1960년 9월 26일 대통령 선거 후보 TV토론회가 미국에서 진행되었다. 시카고 시간으로 밤 8시 30분, 현직 부통령이자 공화당 후보인 리처드 닉슨과 민주당 후보

케네디-닉슨 대선 후보 토론회(1960.9.26)
자료: jfklibrary.org

상원의원 존 F. 케네디의 TV토론이 진행되었는데, 미국 3대 TV와 라디오는 이를 전국에 생중계했다. 조건은 닉슨이 월등하게 유리했다. 8년간 부통령으로 얼굴이 많이 알려진 베테랑 정치인인데다 대중 연설도 능숙했다. 이에 비해 케네디는 무명의 신인 정치인에다 대중 연설에도 어눌했다. 케네디는 스태프들과 함께 예상 질문과 답변을 열심히 준비했다. 토론이 진행될 스튜디오를 하루 전에 찾아가 사전에 점검하기도 했다. 닉슨은 이에 대비하지 않았다.

토론이 시작되자 닉슨은 풍부한 경험을 바탕으로 케네디를 논리에서 압도했다. 그러나 시청자들은 40대 후반의 젊음이 내뿜는 수려한 외모와 패기에 매료되었다. 흘끔흘끔 상대방을 훔쳐보는 닉슨의 시선(shifty eye)은 카메라를 정면으로 응시하며 시청자들에게 호소하는 케네디의 시선에 비해 상대적으로 신뢰감을 주지 못했다. 이런 모습을 보지 못한 라디오 청취자는 논리적으로 토론을 이끌고 간 닉슨에게 후한 점수를 매겼지만 TV 시청자들은 이미지를 감성적으로 받아 들였다. 결국 케네디가 대통령에 당선되었다.

닉슨 진영은 결정적 패인으로 TV토론회를 꼽았다. 이 토론회는 미디어 정치의 새로운 장을 연 계기였다. TV 매체를 선거운동 과정에서 지배적인(dominating) 역할을 하는 매체로 끌어 올렸던 것이다. TV 매체가 창출하는 이미지를 활용하는 연출력이 정책과 공약보다 더 큰 영향력을 미칠 수 있다는 점을 입증하기도 했다.

현재 정책과 공약이 실종하고 이미지만 강조되는 이미지 정치에 대해 비판이 많지만 그 영향력을 누구도 무시하지는 못한다. 우리나라에서는 1997년 12월 18일 실시된 15대 대통령 선거에서 처음으로 후보 TV토론회를 실시했다.

우리나라에서 기자와 프로듀서는 '직종'이다

서구 미디어 전통에서는 기자와 프로듀서는 '역할' 개념이다. 기자에 해당하는 영어 호칭도 없다. 맡은 역할에 따라 편집인(editor), 앵커(anchor), 특파원(correspondent), 리포터(reporter) 등으로 불린다. 프로듀서도 책임 프로듀서, 라인 프로듀서, 프로듀서 등으로 불린다. 이들의 역할은 종종 바뀌기도 하는데, 프로듀서가 편집인 역할로 바뀌기도 하고 리포터가 프로듀서 역할로 자리바꿈 하기도 한다. 역할이 바뀌면 바뀐 역할로 호칭된다. 그러나 우리나라에서 기자와 프로듀서는 '직종' 개념이다. 기자나 프로듀서로 한번 입사하면 어떤 역할을 수행하던 고유식별 번호처럼 기자 또는 프로듀서라는 호칭 또는 직업 명칭이 평생 따라 다닌다.

'PD 저널리즘'이란 별난 용어도 우리나라에서만 통용되는 개념이다. 〈추적 60분〉, 〈PD수첩〉, 〈그것이 알고싶다〉 같은 프로그램은 심층탐사프로그램(investigative program)으로 분류되고, 이들은 강력한 저널리즘 기능을 수행했다. 통상 기자들이 수행하는 기능을 저널리즘이라고 분류했는데, 프로듀서들이 수행하는 저널리즘 기능을 어떻게 정의할 것인가라는 관점에서 별도로 'PD 저널리즘'이란 용어를 사용하기 시작한 것이다. 서구적 전통에서는 누가 제작한 심층탐사프로그램인가를 프로그램 분류 기준으로 삼지 않는다. 그들은 기자와 프로듀서가 따로 구분되어 있지 않기도 하고, 시청자들에게는 프로그램의 내용과 질이 중요하지 어떤 '직종'이 제작했는지는 중요하지 않기 때문이다.

'PD저널리즘'은 프로듀서들이 시사문제를 보도, 평가 및 분석하는 프로그램의 경향에 붙여진 이름이다. 객관주의에 머물고 있는 기자 저널리즘의 한계를 극복하고 TV 매체의 특성을 적극적으로 활용해 감시견(watch dog)으로서 환경 감시 기능을 구체적으로 실현해 심층탐사프로그램의 새로운 장을 개척했다는 평을 받고 있는 한편, 객관성과 균형성이라는 저널리즘의 기본원칙을 지키지 않은 채 프로듀서 개인의 주관적 가치판단을 내세우는 주창저널리즘(advocacy journalism)이라는 비판도 받았다. 지나온 한국 현대사의 굴곡과 깊은 관련이 있는 이 논쟁은 한때 언론계의 뜨거운 쟁점으로 부상했다.

'PD저널리즘'은 중요한 저널리즘의 가치 중 하나인 심층탐사보도의 지평을 넓히고, 심층적이고 장기적인 탐사를 통해 여론을 형성하고 사회악을 고발하는 한편, 한국 사회의 구조적 문제를 제기하고 해결책을 제시하는 환경감시 기능을 능동적이고 심층적으로 수행했다는 면이 인정되었다. 그 과정에서 많은 문제점도 지적되었다. 사생활 침해, 명예훼손, 인권유린 등 개인의 인격권을 침해하는 경우가 많았다거나, 소재의 선정성, 보도의 불공정성, 스토리텔링 과잉 등에 대한 지적이 그것이다. PD저널리즘의 필요성은 인정하나 어떤 양식으로 지속되어야 하는지는 지속적인 논의와 실천이 필요하다(원용진, 2008).

🔊 심화학습을 위한 토론 주제

1. 통합시청률제도 도입의 쟁점을 조사해서 대안을 제시해 보자.
2. N스크린 환경 속에서 TV 모니터를 기반으로 하는 콘텐츠는 어떤 특성을 가져야 하는지 토론해 보자.
3. 여론형성 기능으로 사회적 영향력이 큰 매스커뮤니케이션 영역, 특히 방송에 대해서는 많은 규제(Regulation)가 뒤따른다. 어떤 규제들이 있는지 조사해 보자.
4. 15~30대의 대중문화 취향을 조사해서, 이를 어떻게 TV 콘텐츠로 연결시킬 것인지 프로그램 기획안을 작성해 보자.

3장
프로듀서는
어떤 자질을 갖추어야 하나

1. 인간과 세계에 대한 자신만의 관점이 있어야 한다.

카시러(E. Cassirer)는 '인간이란 무엇인가(최명관 역, 2008)'란 책에서 인간의 '자기 인식'에 대한 역사를 보여준다. 이성과 감성과 오성 그리고 무의식의 발견, 언어, 예술, 역사, 신화와 종교, 과학과 수학을 인간의 자기인식 과정의 결과물로 보고, 결국 인간은 이를 통해 그 자신의 상징적 우주를 세운다고 말했다. 인문과학뿐만 아니라 사회과학, 나아가 자연과학에서도 세계에 대한 탐구의 출발점은 인간이고 도착지점도 인간이다.

　프로듀서가 프로그램을 제작할 때도 마찬가지다. 프로그램 기획의 첫 출발은 '인간은 어떻게 사는가'라는 문제이고 도착지점은 '인간은 어떻게 살아야 하는가'라는 문제다. 그 과정에 세계가 있다. 우리나라에 대입하면 '우리나라 사람은 어떻게 살고 있는가'와 '우리나라 사람은 어떻게 살아야 하고, 살고 싶어 하는가'의 문제다. 젊은이들에게 대입하면 '젊은이들은 어떻게 살고 있는가'에서 시작해서 '젊은이들은 어떻게 살고자 하는가' 하는 문제로 귀결된다. 한 개인에게도 마찬가지로 이 패턴을 대입시킬 수 있다.

전자는 현실, 현재(sein)이고 후자는 이상 또는 당위(sollen)다. 세계는 흔히 이 두 포인트가 매끄럽게 연결되지 않고 막혀 있다. 사회적·제도적·정책적 문제 때문일 수도 있고, 도덕적 편견 때문일 수도 있으며, 삶의 방식에 대한 시대적 트렌드의 충돌 때문일 수도 있다. 우리가 살고 있는 현실은 수많은 사회적 문제와 도덕적 편견, 삶의 가치에 대한 충돌로 가득 차있다. 프로듀서는 매스커뮤니케이션을 통해 대중과 소통할 수 있으므로 이를 알림으로써 문제를 제기하고, 해결을 위한 토론의 장을 마련할 수도 있다. 때로는 새로운 음악, 새로운 패션, 새로운 오락거리를 즐기는 삶의 방식을 제공함으로써 앞서 나가는 시대적 트렌드를 선보일 수도 있다.

기획은 관점에서 나오고, 관점은 통찰에서 나온다

프로듀서는 인간과 세계에 대한 자신만의 관점을 가져야 한다. 관점이 없으면 어떤 주제의 프로그램을 왜 제작해야 하는지 기획 포인트를 잡을 수가 없다. '왜 이 프로그램을 제작하는지', 즉 기획 포인트가 분명하지 않으면 주제를 표현하는 서사 표현방식도 진부해질 수밖에 없다. 기성품을 만들 때처럼 빈약한 상상력으로 앞 사람이 만든 방식을 답습하는 연출 방식을 뜻하는 말이 클리셰(cliché)다. '틀에 박혔다', 스테레오타입(stereotype)도 같은 뜻이다. 클리셰는 경험을 통해 사람들이 쉽게 흥미를 느끼는 전개 방식을 패턴화해 놓은 것이라고도 볼 수 있다. 실력 없는 제작자가 무리해서 클리셰를 깨버리면 별다른 호응을 받지 못하고 괴작이 되어버리는 경우가 대부분이다. 그러나 클리셰를 남발하면 뻔한 프로그램밖에 나오지 않는다. 많이 사용한 클리셰는 패턴화된 서사 표현방식 때문에 시청자들이 결말까지 예측할 수 있게 해 흥미를 떨어뜨린다. 클리셰는 제작자가 자기 생각이 없다는 뜻이기도 하므로 부정적인 의미로 쓰일 수밖에 없다.

자신만의 관점을 가지기 위해서는 다른 분야에서와 마찬가지로 다양하고 심층적인 독서와 경험이 필수적이다. 독서와 경험의 폭이 좁고 얕은 프로듀서는 그만큼의 프로그램을 제작할 수밖에 없다. 독서와 경험이 깊고 풍부한 프로듀서는 그 반대가 될 것이다. 그러나 많은 독서와 다양한 체험이 바로 새로운 관점을 주지는 않는다. 그것은 잡다한 지식일 뿐이다. 그것을 하나로 묶고 새로운 관점을 발견하기 위해서는 '통찰'이 필요하다.

많은 사람들과 학생들이 창의적이고 기발하면서 감동적인 프로그램을 제작하는 특별한 방법에 대해 묻곤 한다. 특히 드라마나 예능 프로듀서를 희망하는 사람들이 그 비결에 대한 질문을 많이 한다. 그런 프로그램을 제작하는 특별한 방법이 따로 있을까? 창의성과 기발함이란 다양하고 심층적인 독서경험과 삶의 경험 그리고 통찰을 통해 인간과 세계에 대한 의미있는 관점을 확보했을 때 가능하다. 새로운 발견과 통찰이 없으면 진부한(cliché) 프로그램만 생산할 수밖에 없다. 선천적인 천재가 아니라면 시사교양 프로듀서보다 드라마와 예능 프로듀서들이 더 책을 많이 읽고 많이 경험하고 많

세인트존스 칼리지 도서목록(2014년 기준)

번호	한국어 도서명	영어 도서명
		1학년
1	호메로스: 일리아드, 오디세이	HOMER: Iliad, Odyssey
2	아이킬로스: 아가멤논, 제주를 바치는 여인들, 에우메니데스, 묶인 프로메테우스	AESCHYLUS: Agamemnon, Libation Bearers, Eumenides, Prometheus Bound
3	소포클레스: 오이디푸스 콜로노스의 오이디푸스, 안티고네, 필록테테스	SOPHOCLES: Oedipus Rex, Oedipus at Colonus, ntigone, Philoctetes, Ajax
4	투키디데스: 펠로폰네소스 전쟁사	THUCYDIDES: Peloponnesian War
5	에우리피데스: 히폴리토스, 바카이	EURIPIDES: Hippolytus, Bacchae
6	헤로도토스: 역사	HERODOTUS: Histories
7	아리스토파네스: 구름	ARISTOPHANES: Clouds
8	플라톤: 메논, 고르기아스, 변명, 크리톤, 파이돈, 향연, 파르메니데스, 테아이테토스, 소피스테스, 티마이오스, 파이드로스	PLATO: Meno, Gorgias, Republic, Apology, Crito, Phaedo, Symposium, Parmenides, Theaetetus, Sophist, Timaeus, Phaedrus
9	아리스토텔레스: 시학, 자연학, 형이상학, 니코마코스 윤리학, 생성소멸론, 정치학, 동물부분론, 동물의 생식에 관하여	ARISTOTLE: Poetics, Physics, Metaphysics, Nicomachean Ethics, On Generation and Corruption, Politics, Parts of Animals, Generation of Animals
10	유클리드: 기하학원론	EUCLID: Elements
11	루크레티우스: 사물의 본성에 관하여	LUCRETIUS: On the Nature of Things
12	플루타르코스: 뤼쿠로고스, 솔론	PLUTARCH: Lycurgus, Solon
13	니코마코스: 산술론	NICOMACHUS: Arithmetic
14	라부아지에: 화학요론	LAVOISIER: Elements of Chemistry
15	하비: 동물의 심장과 혈액의 운동에 관한 연구	HARVEY: Motion of the Heart and Blood
16	아르키메데스, 파렌하이트, 아보가드로, 돌턴, 까니차로, 버르초우, 마리오트, 드리슈, 게이 뤼삭, 슈페만, 스티어스, J.J.톰슨, 멘델레에프, 베르톨레, J.L.프루스트의 논문들	Essays by: Archimedes, Fahrenheit, Avogadro, Dalton, Cannizzaro, Virchow, Mariotte, Driesch, Gay- Lussac, Spemann, Stears, J.J. Thompson, Mendeleyev, Berthollet, J.L. Proust
		2학년
17	구약성서	HEBREW BIBLE
18	신약성서	THE BIBLE: New Testament
19	아리스토텔레스: 영혼론, 명제론, 분석론 전편, 범주론	ARISTOTLE: De Anima, On Interpretation, Prior Analytics, Categories
20	아폴로니우스: 원뿔곡선론	APOLLONIUS: Conics

21	베르길리우스: 아이네이스	VIRGIL: Aeneid
22	플루타르코스: 카이사르, 소 카토	PLUTARCH: "Caesar," "Cato the Younger," "Antony," "Brutus"
23	에픽테토스: 어록, 편람	EPICTETUS: Discourses, Manual
24	타키투스: 연대기	TACITUS: Annals
25	프톨레마이오스: 알마게스트	PTOLEMY: Almagest
26	아우구스티누스: 고백록	AUGUSTINE: Confessions
27	성 안셀무스: 프로슬로기온	ST. ANSELM: Proslogium
28	토마스 아퀴나스: 신학대전, 이단 논박	AQUINAS: Summa Theologica
29	단테: 신곡	DANTE: Divine Comedy
30	초서: 캔터베리 이야기	CHAUCER: Canterbury Tales
31	드프레: 미사곡	
32	마키아벨리: 군주론, 대화론	MACHIAVELLI: The Prince, Discourses
33	코페르니쿠스: 천체의 회전에 대하여	
34	루터: 그리스도교도의 자유에 대하여	
35	라블레: 가르강튀아와 팡타그뤼엘 이야기	RABELAIS: Gargantua and Pantagruel
36	팔레스트리나: 파파에 마리셀리 미사곡	PALESTRINA: Missa Papae Marcelli
37	몽테뉴: 수상록	MONTAIGNE: Essays
38	비에트: 분석 기법 입문	VIETE: Introduction to the Analytical Art
39	베이컨: 신기관	BACON: Novum Organum
40	셰익스피어: 리처드 2세, 헨리 4세, 헨리 5세, 템페스트, 뜻대로 하세요, 햄릿, 오셀로, 맥베스, 리어왕, 코리올라누스, 소네트집	SHAKESPEARE: Richard II, Henry IV, The Tempest, As You Like It, Hamlet, Othello, Macbeth, King Lear, Sonnets
41	마블, 던, 기타 16~17세기 시가	POEMS BY: Marvell, Donne, and other 16th- and 17th-century poets
42	데카르트: 기하학, 방법서설	DESCARTES: Geometry, Discourse on Method
43	파스칼: 원뿔곡선론	PASCAL: Generation of Conic Sections
44	바흐: 마태수난곡, 인벤션	BACH: St. Matthew Passion, Inventions
45	하이든 현악 4중주	HAYDN: Quartets
46	모차르트 오페라	MOZART: Operas
47	베토벤 교향곡	BEETHOVEN: Third Symphony
48	슈베르트 가곡	SCHUBERT: Songs
49	몬테베르디 오페라 오르페오	MONTEVERDI: L'Orfeo
50	스트라빈스키 시편교향곡	STRAVINSKY: Symphony of Psalms

51	세르반테스: 돈키호테	CERVANTES: Don Quixote
52	갈릴레오: 새로운 두 과학	GALILEO: Two New Sciences
53	홉스: 리바이어던	HOBBES: Leviathan
54	데카르트: 제일철학에 관한 성찰, 정신 지도 규칙	DESCARTES: Meditations, Rules for the Direction of the Mind
55	밀턴: 실낙원	MILTON: Paradise Lost
56	라 로슈푸코: 잠언	LA ROCHEFOUCAULD: Maximes
57	라 퐁텐: 우화	LA FONTAINE: Fables
58	파스칼: 팡세	PASCAL: Pensees
59	호이헨스: 빛에 관한 논문, 충격에 의한 육체의 운동에 관하여	HUYGENS: Treatise on Light, On the Movement of Bodies by Impact
60	엘리엇: 미들마치	ELIOT: Middlemarch
61	스피노자: 신학 정치론	SPINOZA: Theological-Political Treatise
62	로크: 통치론	LOCKE: Second Treatise of Government
63	라신느: 페트르	RACINE: Phaedre
64	뉴턴: 자연철학의 수학적 원리	NEWTON: Principia Mathematica
65	케플러: 대요6	KEPLER: Epitome IV
66	라이프니츠: 단자론, 형이상학 서설, 역학에 관한 논문, 철학논문집, 이성에 기초한 자연의 은총에 관한 원리	LEIBNIZ: Monadology, Discourse on Metaphysics, Essay On Dynamics, Philosophical Essays, Principles of Nature and Grace
67	스위프트: 걸리버 여행기	SWIFT: Gulliver's Travels
68	흄: 인성론	HUME: Treatise of Human Nature
69	루소: 사회계약론, 인간 불평등 기원론	ROUSSEAU: Social Contract, The Origin of Inequality
70	몰리에르: 인간혐오자	MOLIERE: Le Misanthrope
71	스미스: 국부론	ADAM SMITH: Wealth of Nations
72	칸트: 순수 이성 비판, 도덕 형이상학 기초	KANT: Critique of Pure Reason, Foundations of the Metaphysics of Morals
73	모차르트: 돈 조반니	MOZART: Don Giovanni
74	오스틴: 오만과 편견	JANE AUSTEN: Pride and Prejudice
75	데데킨트: 수론에 관하여	DEDEKIND: "Essay on the Theory of Numbers"
76	미합중국 연방규약, 미국독립선언, 미합중국헌법	"Articles of Confederation," "Declaration of Independence", "Constitution of the United States"

77	해밀턴, 제이, 매디슨: 연방주의자	HAMILTON, JAY AND MADISON: The Federalist
78	마크트웨인: 허클베리핀의 모험	TWAIN: The Adventures of Huckleberry Finn
79	윌리엄워즈워드: 서곡	WORDSWORTH: The Two Part Prelude of 1799
80	영, 맥스웰, 테일러, 오일러, 베르누이의 논문들	Essays by: Young, Taylor, Euler, D. Bernoulli, Orsted, Ampere, Faraday, Maxwell

4학년

81	대법원 판례집	Supreme Court opinions
82	괴테: 파우스트	GOETHE: Faust
83	다윈: 종의 기원	DARWIN: Origin of Species
84	헤겔: 정신현상학, 논리학	HEGEL: Phenomenology of Mind, "Logic"
85	로바체프스키: 평행성 이론 기하학 연구	LOBACHEVSKY: Theory of Parallels
86	토크빌: 미국의 민주주의	TOCQUEVILLE: Democracy in America
87	링컨: 연설문 선집	LINCOLN: Selected Speeches
88	프레드릭 더글라스: 연설 선집	F. DOUGLASS: Selected Speeches
89	키에르케고르: 철학 단상, 공포와 전율	KIERKEGAARD: Philosophical Fragments, Fear and Trembling
90	바그너: 트리스탄과 이졸데	WAGNER: Tristan and Isolde
91	마르크스: 자본, 경제학-철학 수고, 독일 이데올로기	MARX: Capital, Political and Economic Manuscripts of 1844, The German Ideology
92	도스토예프스키: 카라마조프의 형제	DOSTOEVSKI: Brothers Karamazov
93	톨스토이: 전쟁과 평화	TOLSTOY: War and Peace
94	멜빌: 베니토 세레노	MELVILLE: Benito Cereno
95	오코너 이야기 선집	O'CONNOR: Selected Stories
96	윌리엄 제임스: 심리학	WILLIAM JAMES: Psychology, Briefer Course
97	니체: 음악적 정신에서 비극의 탄생, 차라투스트라는 이렇게 말했다. 선악의 피안	NIETZSCHE: Beyond Good and Evil
98	프로이트: 정신 분석학에 관하여	FREUD: Introductory Lectures on Psychoanalysis
99	부커 워싱턴 선집	B. T. WASHINGTON: Selected Writings
100	드보와: 흑인의 영혼	DUBOIS: The Souls of Black Folk
101	후설: 유럽학문의 위기와 선험적 현상학	HUSSERL: Crisis of the European Sciences
102	하이데거: 철학이란 무엇인가	HEIDEGGER: Basic Writings
103	아인슈타인 선집	EINSTEIN: Selected papers
104	콘래드: 어둠의 한가운데	CONRAD: Heart of Darkness

105	윌리엄 포크너: 내려가라 모세여	FAULKNER: Go Down Moses
106	플로베르: 순박한 마음	FLAUBERT: Un Coeur Simple
107	버지니아울프 : 달러웨이 부인	WOOLF: Mrs. Dalloway
108	예이츠, 엘리엇, 윌러스 스티븐스 보들레스 랭보의 시들	Poems by: Yeats, T.S. Eliot, Wallace Stevens, Valery, Rimbaud

이 생각해야 한다. 사람들의 마음 속에 심층적으로 접근해야 하기 때문이다.

미국 세인트 존스 칼리지는 4년 동안 학교에서 정해준 100권의 책을 읽고 방대한 분량의 에세이를 써서 제출해야 졸업할 수 있는 학교로 유명하다. 수업은 토론과 세미나가 전부다. 전 과정 동안 일방적인 강의는 하나도 없다. 교수를 'professor'가 아니라 'tutor'라고 부른다. 교수들이 가르치는 것이 아니라 학생들 스스로 공부하도록 도와준다는 개념 때문이다. 학생들은 방대한 독서를 바탕으로 분별력과 통찰력을 갖춰 생각하고, 글을 쓸 수 있도록 훈련받는다. 음악 작곡도 한 편 이상은 해야 한다. 글을 쓰고 음악을 작곡하려면 자기만의 관점과 감성을 가져야 한다. 여러 평가기관에서는 '가장 공부 많이 하는 학교'로 칼텍, 시카고, 리드, 세인트 존스 대학을 흔히 올린다. 위는 세인트 존스 칼리지 도서목록이다. 우리나라에서 이 목록을 그대로 차용할 필요는 없겠지만 참고는 할 수 있을 것이다.

이대로는 아니지만 우리나라에서 프로듀서가 되고자 하는 사람은 동양고전을 포함해 이 정도의 책을 읽고 관련한 에세이도 써보도록 권장하고 싶다.

2. 프로듀서는 영상문법의 창조자이면서 파괴자다

프로그램은 현실의 재현이 아니라 재구성물이다

〈인상, 해돋이〉는 인상주의 화가들에게 '인상파(Impressionist)'란 명칭을 붙여준 모네의 19세기 그림이다. 이 그림은 대상을 사실적으로 그리고 있지 않다. 이 그림을 사실적이라고 말할 사람도 없을 것이다. 그러나 우리는 이 그림을 보고 항구의 해돋는 아침을 매우 사실적으로 '느낀다'. 대상을 사실적으로 그리지는 않았지만, 일출의 인상을 잘 잡아냈기 때문이다. 해가 떠오를 때 붉게 물든 하늘과 새벽의 새파란 바다, 그리고 물결에 일렁이는 표면의 그림자는 사실적인 '느낌'을 준다.

초현실주의 화가 마그리트는 엄연히 파이프 그림을 그려놓고 그 화면에 '이것은 파이프가 아니다'라는 문구를 써 넣었다. 그럼 파이프가 아니고 무엇인가? 그것은 '파이프'가 아니라 '파이프의 데셍'

일 뿐이다. 그려진 파이프를 가지고는 담배를
피울 수 없다. 화가가 대상을 매우 사실적으
로 묘사한다 하더라도 그것은 대상 그 자체일
수가 없다. 그것은 화가가 사물을 보는 방식과
그리는 기법, 즉 파이프를 바라보는 눈과 그것
을 그리는 손을 통해 화가의 생각과 느낌을 재
창조한 구성물이다. 다시 말해 파이프 그림은
현실 속에 존재하는 '파이프의 재현
(Reappearance)'이 아니라 화가의 '주관적 심
상의 재구성물(Reconstruction)'이다.

클로드 모네, 〈인상, 해돋이(Impression, Sunrise)〉, 1872년
자료: claudemonetgallery.org

　모네의 그림은 비사실적이고 마그리트의
그림은 사실적인 것처럼 보인다. 겉으로 드러
난 그림은 다르지만 그것은 화가의 심상을 그
려낸 것이란 공통점을 가진다. 모네는 해돋는
순간에 그가 느끼는 내면의 심상을 그렸다.
마그리트는 언어의 구속에서 해방된 생각의
자유를 그리고자 했다. 이 관계를 도표화시키
면 다음과 같이 된다.

　해돋는 순간, 파이프라는 현실 공간 속의
현상 또는 사물이 있다. 그것을 그린 그림이
있다. 그림은 현실의 재현인가, 재구성물인

르네 마그리트, 〈이미지의 배반〉. 이것은 파이프가 아니다. 1928년
자료: en.wikipedia.org

가? 표현된 세계는 항상 그것을 표현한 사람의 주관적
심상이 적극적으로 개입해 만들어낸 재구성물이다.

　'현실 세계'를 '표현된 세계'로 전이시킬 때 두 가지
입장이 있다. 하나는 표현된 세계는 실제 현실을 있
는 그대로 재현한 것이라는 '반영론'이다. 반영론은

	재현 Reappearance	
현실 세계 As-is		표현된 세계 To-be
	재구성 Reconstruction	

현실적으로 불가능하다. 그림에서 보는 것처럼 파이프는 실제로 담배를 피울 수 있는 파이프가 아니
다. 표현된 세계는 불가피하게 재구성물이다. 표현된 현실은 실제 현실에 대한 인식, 해석, 선택, 강
조, 배제 등을 통해 지속적으로 이루어진 재해석의 결과물이다(Gitlin, 남재일 역 2006). 그것은 재
구성되고 재창조된 현실이다. 현실을 정확하게 재현하는 것처럼 보이는 스틸 사진에서도 그것이 재

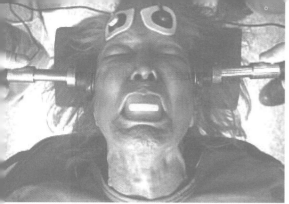

왼쪽: '레퀴엠 포 어 드림' 엘리베이터 몽타주 중
오른쪽: '물랑루즈' – 춤을 통한 심리묘사
자료: fanpop.com

구성물이라는 점은 마찬가지다.

2015년 터키 남서부 해안으로 밀려온 시리아 난민 세 살짜리 아일란 쿠르디(Aylan Kurdi)의 익사체를 촬영한 여러 가지 스틸 사진들을 보면 화면 사이즈, 화면구도, 카메라 앵글, 조명 상태 등에 따라 느낌이 조금씩 다르다. 해안의 익사체라는 현실을 누가 어떻게 담았느냐에 따라 차이가 난다. 스틸 사진조차도 그것은 현실의 재현이 아니라 여러 가지 요소에 의해 재구성된 것이다.

프로그램은 이보다 복잡하게 현실을 재구성한다. 다양한 영상적 요소와 오디오적 요소, 거기에다 스토리텔링이라는 구성적 요소가 개입한다. 현실을 소재로 하지만 현실 그 자체는 아닌 재구성물이다. 제작에 참여하는 많은 사람들이 있지만, 재구성해내는 핵심 주체는 프로듀서다. 프로듀서는 그 복잡한 과정 전체에 개입해 통제하고 결과물에 대해 전적인 책임을 지는 존재다.

프로듀서는 영상문법의 파수꾼이다

일상생활에서 우리는 소통을 위해 언어를 가장 많이 사용한다. 특히 문자언어는 고도의 상징체계로 인류문명의 진화에 결정적 역할을 했다. 음성언어든 문자언어든 그것이 소통의 도구가 되기 위해서는 문법을 따라야 한다. '아침에 철수랑 싸웠어'나 '싸웠어, 철수랑, 아침에'는 말하는 방식의 차이 때문에 강조점이 달라진다는 차이는 있지만 의사소통을 하는데는 문제가 없는 말이다. 조사와 어미를 문법에 따라 사용했기 때문이다.

영상도 언어와 마찬가지로 소통의 도구다. 소통의 도구가 되기 위해서는 영상을 일정한 규칙에 따라 사용해야 편리하다. 언어문법처럼 영상문법이 필요한 것이다. 영상문법은 1895년 뤼미에르 형제가 시네마토그래프를 상영한 때로부터 100년이 조금 넘는 역사를 가진 영화를 통해 발전해 왔다. 몇 천년 전의, 동굴벽화 같은 것과 몇만 년의 역사를 가진 다른 예술들과 비교하면 영화의 역사는 일천하다.

그러나 영화는 짧은 기간 안에 전세계 대중들에게 강력한 영향을 미치는 예술로 성장했다. 2차원 영상과 입체적 오디오가 결합된 표현력을 구비하고 있기 때문이다. 여기에다 영화 화면을 통해 펼쳐지는 스토리텔링에서 시공간은 복합적으로 얽히거나 연속동작 속에 혼합되면서 현실을 재구성하고 재창조한다. 영화 감독들은 역사적으로 이런 실험을 통해 영상 스토리텔링의 문법을 구축해 왔다.

영상문법을 세부적으로 공부하기 위해서는 많은 공부와 모니터링 그리고 실습이 필요하다. 여기서는 스토리텔링의 시점, 영상 스토리텔링 구성방식, 화면의 구성방식 등 세 부문으로 나눠 영상문법의 전체적인 틀을 먼저 제시하고, 디테일한 영상문법들은 전체적 구도 속에서 어떻게 활용되는지를 중심으로 살펴본다.

스토리텔링의 시점

영상 스토리텔링을 일관되게 끌어가기 위해서는 시점(point of view)이 분명해야 한다. 사건을 누구의 시점에서 바라보고 제시하는가와 관련한 개념이 시점이다. 대상과 사건을 바라보는 스토리텔러(storyteller, narrator)의 시각 또는 관점이다. 스토리텔러로 감독이 직접 나서기도 하지만 대부분은 스토리를 대중에게 전달하는 허구적 존재를 상정한다. 이때 스토리텔러는 감독이 설정한 피조물이다. 전지적 작가 시점, 3인칭 관찰자 시점 그리고 1인칭 관찰자 시점, 1인칭 (주인공) 시점 등이 있다.

- 전지적 작가 시점 스토리텔링에서 감독은 전지 전능한 위치에서 각 인물의 심리상태나 행동의 동기 등을 전달한다. 감독은 내용상으로는 인물의 내면에까지 개입하여 사건을 진행시키지만 겉으로 드러나지는 않는다. 이를 '숨은 스토리텔러'라고 한다. 대런 애러노프스키 감독의 '레퀴엠 포 어 드림(Requiem For A Dream)'에서 감독은 현란하고 격렬한 편집을 통해 마약중독자의 주관적 체험을 감독이 다 알고 있다는 듯이 묘사하고 있다. 배즈 루어먼 감독은 '물랑루즈(Moulin Rouge)'라는 뮤지컬 영화 속에서 삼각관계에 빠진 연인들의 심리를 격렬한 춤과 노래로 관객들에게 전달한다. 감독은 이들의 심리적 움직임을 다 알고 있다는 포지션이다.
- 3인칭 관찰자 시점 스토리텔링에서 감독은 주관을 배제하고 외부 관찰자의 시점에서 사건을 서술한다. 인물의 내면에 대해서는 서술하지 않고 객관적인 사건만을 서술한다. 이 또한 '숨은 스토리텔러'다. 영화를 포함한 영상물의 특성을 가장 잘 드러낼 수 있어 대부분의 영화와 영상물이 이 시점을 취하고 있다. 감독이 촬영 현장을 객관적으로 관찰만 하는 다이렉트 시네마(direct cinema)와 주관적으로 상황에 개입해 자극하는 시네마 베리떼(cinéma vérité)로 분화·발전했다.
- 1인칭 관찰자 시점에서 스토리텔러는 자신이 관찰한 주인공을 대중들에게 이야기한다. 스토리텔러는 관찰자에 머물고 사건은 주인공을 중심으로 전개된다. 주인공의 생각을 관객으로 하여금 추측하게 하는 것이 스토리에 몰입하게 하는 포인트다. '셜록 홈즈' 시리즈, '왔다 장보리!' 등이 사례다.

- 1인칭(주인공) 시점에서는 주인공이 스토리텔러로 자기 자신의 이야기를 한다. 스토리텔러이자 주인공의 심리 서술과 내적 독백이 스토리를 끌어간다. 이를 극대화한 것이 의식의 흐름(Stream of consciousness) 기법이다. 휴먼 다큐멘터리에서 자주 사용하는 기법이다.
- 다이렉트 시네마: 다이렉트 시네마에서는 카메라 앞의 대상을 '벽 위에 붙어있는 파리(fly on the wall)'처럼 객관적인 관찰자의 입장에서 기록하는 다큐멘터리 영화 제작 태도를 유지한다. 감독은 눈 앞에 벌어지는 상황에 일체 개입하지 않는다. 조명과 촬영장비, 스태프까지 카메라 앞의 모든 인공적인 요소들은 제거된다. 인위적인 모든 요소를 배제한 채 눈앞에서 사건이 발생할 때까지 기다리는 작업방식이다. 극단적으로는 인터뷰와 내레이션, 자막 같은 '다큐멘터리 요소'도 배제한다. 대부분의 자연다큐멘터리가 이에 속한다. 사회고발 프로그램도 객관성을 유지해 이런 태도를 견지하는 경우가 많다. 다이렉트 시네마를 제작하는 사람들은 관찰자적 순수함을 강조한다. 그러나 카메라를 통한 촬영은 항상 '어떤 의도'의 산물이다. 관객에게 전달되기 위해서는 편집이라는 주관적 과정도 거쳐야 한다. 어떤 관찰 대상을 언제 어떻게 촬영할 것인지를 결정하는 기획 자체가 어떤 '의도'가 없으면 안 된다. '아무것도 주장하지 않는 주장'이라는 형용모순을 내포하고 있다는 비판이 있다. 그럼에도 불구하고 이같은 관찰자적 태도는 매우 일반적인 제작방식으로 활용되고 있다.
- 시네마 베리떼: 시네마 베리떼에서는 카메라 앞의 상황과 감독의 상호작용을 허용하고 촉발시키기도 하는 제작 태도를 유지한다. 감독은 상황이 발생할 때까지 수동적으로 기다리지 않고 상황을 예측하고 자극한다. 이런 태도는 카메라의 존재를 정당화시킨다. 또한 감독에게도 현실 상황에 대해 함께 책임지는 역할을 부여한다. 마이클 무어가 제작한 '로저와 나(Roger and Me)', '볼링 포 콜럼바인(Bowling for Columbine)', '화씨 911', '자본주의: 러브스토리' 등의 작품에서 전형적인 사례를 찾아볼 수 있다. 다큐멘터리의 시조라 불리는 플레허티(Robert J. Flaherty)가 '북극의 나누크(Nanook of the North, 1992)'를 제작할 때 에스키모들과 친밀한 관계를 유지하며 감독과 등장인물의 상호작용을 중시했다. 시네마 베리떼는 이 전통을 계승·발전시킨 것으로 평가받고 있다.

영상 스토리텔링 구성방식

구성방식에는 일반적으로 연역구성과 귀납구성이 있다. 연역구성 방식은 와이드한 설정 숏(establishing shot)에서 타이트한 스토리텔링 숏으로 접근하는 방식이다. 대부분의 프로그램은 이런 방식으로 영상 스토리텔링을 구성한다. 다음과 같이 편집하면 남자는 화면에 나타난 집으로 걸어가고 있다고 관객은 인식한다.

　A: 시골길을 걸어가는 남자와 초가집 한 채가 롱 숏으로 보인다(설정 숏).

　B: 남자가 걷는다(타이트 숏).

'자본주의: 러브스토리'와 마이클 무어
자료: altfg.com/film

플래허티, '북극의 나누크'
자료: documentary.org

C: 초가집이 보인다(풀 숏).

이런 편집은 관객들로 하여금 다음에 어떤 일이 일어날지 쉽게 예상할 수 있게 해준다. 타지를 떠돌다 고향집을 찾아가는 한 남자를 상상할 수 있다. 안정적으로 시청할 수 있지만 자칫 지루해질 수도 있다.

설정 숏은 프로그램 시작 부분이나 첫 장면에서 상황이 일어나는 현장의 전체적인 모습을 보여주는 숏이다. 전체적인 모습을 보여주기 위해 주로 부감 숏, 롱 숏을 많이 쓴다. 때로는 역동감을 살리기 위해 움직이는 항공 촬영 숏(Aerial view shot)이나 버즈아이뷰 숏(Bird's-eye view shot)을 활용하기도 한다. 영화나 프로그램의 끝 장면(ending shot)을 이런 종류의 숏으로 마무리하는 경우가 많다. 이야기

설정 숏으로 흔히 사용하는 부감 풀숏(광화문 촛불집회)
자료: http://samemind.tistory.com

가 전개되면서 긴장과 충격을 계속 느꼈던 시청자와 관객이 사건이 해결되면서 긴장을 해소하고 진한 여운과 감동으로 남을 수 있도록 각인시키는 효과가 있다. 긴 여운을 남기기 위해 엔딩 숏으로 롱테이크 숏(long take shot)을 쓰기도 한다. 임권택 감독의 영화 '서편제(1993)' 엔딩 숏은 1신 1컷으로 1분 10초가 이어진다. 이 영화의 45분 무렵에 등장하는 청산도 장면은 1신 1컷으로 5분 10초나 이어지는데 아마도 우리나라 영화사에서 가장 긴 롱테이크로 기록될 것이다.

귀납구성 방식은 중요한 디테일을 나타내는 클로즈업에서 다른 클로즈업으로 장면을 전개해 나가다가 이 클로즈업 숏들의 상대적인 관계를 파악할 수 있도록 설정 숏으로 마무리하는 방식이다. 연역적 구성방식에서 제시한 사례를 다음처럼 제시할 수도 있다.

A: 남자가 걷는다(타이트 숏).

B: 초가집이 보인다(풀 숏).

C: 시골길을 걸어가는 남자와 초가집 한 채가 함께 보인다(롱 숏).

시청자와 관객은 갑자기 사물의 클로즈업을 보게 되면 충격을 느낀다. 또한 클로즈업과 클로즈업이 계속 이어지면 그 클로즈업들이 어떤 상관관계가 있는지 전체적인 맥락을 몰라 혼란을 느끼면서도 호기심을 가지게 된다. 이런 편집은 놀라움과 호기심을 자극하지만 혼란을 야기시키기도 한다.

핵포드 감독이 제작한 영화 '백야(White Nights, 1985)'는 첫 숏으로 힘없이 축 늘어진 손 클로즈업이 나타난다. 카메라는 서서히 팔을 타고 올라가다가 한 남자의 얼굴을 보여주고, 카메라가 계속 빠지면서 한 남자가 침대에 누워있는 모습을 보여준다. 그 남자가 갑자기 뛰어일어나 침대 옆 넓은 공간에서 춤을 추기 시작하고 카메라는 계속 그 춤동작을 쫓아간다.

영화 '백야'의 첫 장면에서 바리시니코프가 절망 속에서 발레를 추는 장면
자료: mubi.com

이후 이어지는 스토리를 통해 이 남자가 스탈린 치하 소련으로부터 망명을 꿈꾸는 유명 발레리노라는 사실을 알려준다. 이 영화는 이런 영상 구성방식으로 관객들에게 바리시니코프의 빼어난 발레 솜씨를 강하게 전달하고, 거기에다 미스터리물과 같은 긴장감으로 영화에 몰입하게 만든다. 라이오넬 리치가 부른 오리지널 사운드트랙 '세이 유, 세이 미(Say You, Say Me)'는 주인공 내면의 절망과 희망을 대변하면서 관객들의 공감을 유도하고 있다.

영상 구성방식을 연역적으로 하는가, 귀납적으로 하는가 하는 문제는 숏을 어떻게 편집(editing)하는가 하는 문제다. 영상은 '어떻게 촬영하는가'라는 문제도 중요하지만, 촬영한 숏들을 '어떻게 편집하는가'라는 문제도 그에 못지않게 중요하다. 프로그램 제작과정에서 촬영 과정은 제1의 창작단계, 편집은 제2의 창작단계라고 불린다.

영상 스토리를 이야기 단위로 나눌 때 흔히 숏(shot) − 신(scene) − 시퀀스(sequence) − 스토리

(story)로 나눈다. 촬영은 숏단위 내에서 화면을 어떻게 구성할 것인가 하는 문제다. 하나의 숏 안에 상황의 전개나 인물의 움직임 그리고 인물의 심리를 표현하기 위해 다양한 화면 구도와 사이즈, 카메라 앵글과 움직임, 화면의 톤과 조명 등을 고려한다. 편집은 신과 시퀀스, 스토리를 구성하는 과정이다. 숏과 숏을 어떻게 연결시켜서 신을 만들고, 신과 신을 또 어떻게 연결시켜서 시퀀스를 만들며, 시퀀스와 시퀀스를 어떻게 연결시켜서 하나의 완결된 스토리를 만들 것인가 하는 문제다. 다음 〈그림 1〉에서 각 숏은 삶의 어느 한 순간을 기록하기 위해 우연히 촬영한 것들이다. 촬영 솜씨도 평범하다. 그러나 이들을 한 줄로 늘어세우면, 즉 편집하면 하나의 스토리가 만들어진다. 이 스토리의 제목을 무엇으로 하면 좋을까? '아버지와 딸'이라 해도 좋고, '세월'이라 해도 좋고, '반전'이라 해도 좋을 것이며, '인생무상'이라 해도 좋을 것이다. 각 제목은 이 스토리의 의미를 어떻게 부여할 것인가와 관련 있다. 어떤 의미를 부여할 것인가는 편집하는 사람의 마음에 달려 있다. 편집이라는 과정을 통해서 스토리는 촬영할 때와는 전혀 다른 의미를 가질 수도 있다.

　〈그림 2〉는 어떤가? 세 개의 프레임이 등장한다. 첫 번째는 첫 번째 그림의 벽에 걸린 액자 프레임이다. 두 번째 프레임은 첫 번째 그림이고, 세 번째 프레임은 두 번째 그림이다. 세번째 프레임 속에는 세 개의 찻잔이 놓여져 있지만 한 찻잔 앞에는 사람이 없다. 다음 〈그림 1〉과 마찬가지로 숏들이 연결되어서 하나의 스토리를 이루고 있지만, 어쩐지 각 프레임은 의도적으로 촬영하고 구성한 것처럼 보인다. 의미도 〈그림 1〉과는 다르게 다가온다. 이 스토리에는 어떤 제목을 달면 좋을까? 이 그림을 객관적으로 본다면 〈그림 1〉과 같이 '세월'이라고 할 수 있을 것이다. 그러나 남은 두 사람의 관점에서 이 그림을 이해한다면 '상실'이라는 제목도 적당하지 않을까?

　편집 행위는 특정한 의미를 강조하면서 하나의 스토리를 만드는 과정이다. 각 숏들을 촬영할 때, 즉 각 숏의 화면을 어떻게 구성할 것인지 결정해야 할 때는 어떻게 편집할 것인가 하는 점을 염두에 두어야 한다. 프로듀서는 프로그램을 통해 어떤 주제를, 누구에게, 스토리텔러를 누구로 하여금 이야기하게 할 것인가라는 큰 구도를 염두에 두고, 각 단위의 숏들을 거기에 맞추어서 촬영해야 한다는 뜻이다. 따라서 영상공부를 할 때도 숏을 어떻게 구성할 것인가를 먼저 공부하기보다 스토리를 어떻게 구성할 것인지를 공부한 다음에 숏을 공부하는 것이 더 효율적이다. 그렇지 않으면 '근사한' 촬영은 할 수 있을지 몰라도, '의미있는' 촬영은 하기 어렵다.

• 〈최첨단 편집: 영화 편집의 마술(The Cutting Edge: The Magic Of Movie Editing)〉

　웬디 애플이 제작하고 2004년 BBC를 통해 방송된 이 다큐멘터리는 편집의 마술적 힘을 유명 편집인과 영화감독의 인터뷰를 통해 소개하고 있다. 이 프로그램에서 애플은 영화를 단순한 동영상에서 예술의 경지까지 끌어올린 것이 편집이라고 말하고 있다. 편집을 알아야 하는 사람이면 누구나 보아야 할 프로그램이다. 한글 자막 버전이 인터넷에 무료로 올라와 있으므로 쉽게 찾아볼 수 있다.

〈그림 1〉

〈그림 2〉

　영화 역사 속에서 편집을 영화 또는 영상의 핵심적인 요소로 최초로 생각한 사람들은 소련의 영화
학자 쿨레쇼프(Lev Kuleshov)와 영화감독 에이젠시타인(Sergei Eisenstein)이다. 이들은 영상의 의

미가 숏 그 자체보다 숏과 숏의 연결에서 만들어진다고 주장한다. 쿨레쇼프는 한 가지 실험을 했다. 한 배우의 무표정한 얼굴을 한 컷 촬영해서, 그 뒤 컷에 각각 아기의 관, 여자, 음식을 편집해서 관객들에게 보여주었다. 관객들은 아기의 관과 편집된 남자의 표정이 슬퍼 보인다고 대답했다. 여자와 편집한 얼굴은 기뻐한다고 대답했고, 음식과 편집한 영상에서는 배가 고파보인다고 하였다. 무표정한 얼굴이 어떤 컷과 연결되느냐에 따라 관객들은 다르게 받아 들였다. 쿨레쇼프는 이 실험으로 두 개 이상의 컷이 편집으로 연결되었을 경우 각 컷은 서로에게 영향을 준다는 것을 증명했다. 이것을 '쿨레쇼프 효과'라고 한다. 이 실험 영상은 앞에 소개한 '영화편집의 마술'에도 소개되고 있다.

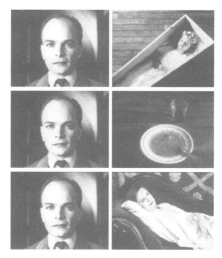

쿨레쇼프 효과
자료: thefilmbarphx.com

에이젠시타인은 이 실험을 더욱 진전시켜 '몽타주(montage)'라는 개념을 만들어 냈다. 쿨레쇼프와 비슷하게 그는 숏은 다른 숏과의 연결 관계에서 의미를 창출한다고 주장했다. 다음을 비교해 보자.

A: 남자가 힘없이 걷는다.

B: 초가집 한 채가 보인다.

C: 시골길을 걷는 남자와 초가집 한 채가 함께 보인다.

이런 편집을 통해 남자가 그 집을 향해 걸어가고 있다고 관객들이 인식했다면, 반대로 C - A - B의 순서로 편집할 경우 관객들은 남자가 그 집을 떠나 멀어지고 있다고 인식하게 되는 효과가 발생할 수 있다. 몽타주 조각이 독립적이고 자율적인 단위가 아니라, 하나의 통일체 속에서 유기적 부분이 되는 것이다.

에이젠시타인은 그가 제작한 영화 〈전함 포템킨(The Battleship Potemkin)〉(1925)에 이 이론을 적용했다. 이 영화에서 영화사에 길이 남는 명장면이 '오데사 계단' 시퀀스다. 그 중에서도 유모차가 계단 아래로 떨어지는 컷과 러시아 짜르군의 발포 컷의 교차편집은 그 강렬함 때문에 당시 관객들에게 충격과 공포를 주었고 러시아 짜르에 대한 폭발적인 증오를 유발시켰다. 나아가 에이젠시타인은 등장인물의 고조된 감정도 몽타주 기법으로 표현했다. 오데사 계단의 학살 장면에서 엎드려 있는 사자상을 보여 줬다가, 짜르군의 발포에 항거하는 군중 컷 다음에 일어나서 포효하는 사자상을 이어붙여 군중의 감정을 이입하는 편집 방식이다. 당시로서는 혁신적이었던 이 시퀀스를 브라이언 드 팔마, 테리 길리엄 등 후대의 많은 감독들이 '언터처블'(1987), '여인의 음모'(1985) 등의 영화에서 경의를 표하며 오마주하기도 했다.

이미지 몽타주
에이젠시타인은 사자 이미지를 이용해 민중의 각성 과정을 표현했다.
자료: unaffiliatedcritic.com

이후 에이젠시타인은 충돌·대립 몽타주, 가속·리듬 몽타주, 톤에 의한 몽타주, 지적 몽타주 등 다양한 종류의 몽타주 기법을 실험했다. 에이젠시타인은 영화를 러시아 사회 혁명의 유용한 도구로 활용했다. 영화가 가진 강렬하고 비언어적인 표현력이 러시아 대중들에게 쉽게 공감을 불러일으킬 수 있게 했기 때문이다. 자본주의 국가인 미국의 영화 감독들은 혁명정신은 빼고 몽타주 기법을 받아들여 할리우드 영화의 표현력을 깊고 풍부하게 만들었다. 〈2001 스페이스 오디세이〉에서 원시인이 던져올린 동물 뼈다귀 다음에 우주선을 이어붙인 몽타주 편집은 단 두 컷으로 인류문명의 진화 발전을 압축 표현한 명장면으로 꼽힌다. 이처럼 몽타주 편집 기법은 영화가 예술의 한 부문으로 올라서게 만든 중요한 요소다.

숏 프레임

숏(shot)은 카메라가 ON 상태에서 OFF 상태가 될 때까지 촬영된 하나의 연속된 영상이다. 컷(cut)이라고도 한다. 영상 표현의 가장 최소 단위다. 하나의 숏은 그 숏을 통해 드러내고자 하는 의미나

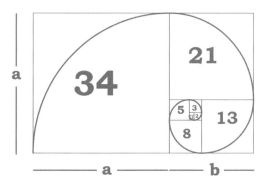

황금비율이 적용된 화면구도
자료: livescience.com

나선형 꼬리 부분에 소실점(vanishing point) 배치
자료: fabiovisentin.com

감정이 분명해야 한다. 하나의 숏은 촬영을 통해 기록되므로 그것은 촬영을 어떻게 하느냐란 문제로 귀결된다. 화면의 구도, 사이즈와 각도뿐만 아니라 한 숏의 지속시간(duration)에 따라서도 그 숏은 의미가 달라진다.

기본적인 촬영자세는 트라이포드 위에 카메라를 정확하게 장착시킨 후, 수평조절기를 통해 수평을 맞추고 화이트밸런스(white balance)를 조절한 다음, 카메라 높이를 피사체의 눈높이(eye level)에 맞춘 상태에서 촬영하는 자세다. 값싸고 경량화되었으면서도 기능이 좋은 카메라가 많이 출시되면서 누구나 쉽게 카메라를 사용할 수 있게 되었지만, 그 때문에 이런 기본자세를 지키지 않는 경우가 많다. 뮤직비디오나 이미지 광고의 범람으로 불완전한 영상을 현대적인 영상으로 오인하는 경우도 많다. 가끔씩 트라이포드를 사용하지 않고 카메라를 어깨에 매거나 손에 들고 촬영함으로써(hand-held shooting) 흔들리고 불규칙한 움직임을 보이는 화면구도를 잡기도 하는데, 이는 상황이 급박하게 돌아가서 이를 표현할 필요가 있거나, 등장인물의 심리적 동요 또는 불안을 표현할 때 사용하는 표현방법이다.

화면구도의 기본은 나선형 구도와 삼분할 구도다. 나선형 구도는 고대 그리스에서 가장 안정감 있다고 알려진 황금비율 1:1.618을 적용한 구도다. 삼분할 구도는 화면을 가로, 세로로 삼분할해서 황금비율을 편리하게 적용한 것이다.

하나의 화면 안에 주제와 관련 있는 의미를 드러내기 위한 시각적 요소의 배치를 미장센(mise-en-scène)이라 한다. 미장센은 '무대장치, 무대에 올린다'란 뜻의 프랑스어로 세트 배치를 뜻하는 연극 용어였다. 이 용어가 영화에 쓰이면서 세트 배치뿐만 아니라 카메라로 촬영되는 모든 시각적 요소를 말하는 것으로 의미가 확대되었다. 미장센은 한 숏 내에서 의미를 창출하는 모든 시각적 요소를 총괄하는 개념으로 연극에서 사용될 때보다 복잡한 개념이 되었다. 숏과 숏의 연결을 통해 의미를 창출시킨다고 보는 몽타주와는 대립적인 개념이다.

미장센을 구성하는 요소로는 아이콘(icon)과 카메라 앵글과 사이즈, 화면구도, 조명, 카메라의 움직임과 인물의 움직임 등이 총망라된다. 아이콘은 배경, 세트와 소품, 의상 그리고 그것들의 색채, 질감 등 피사체와 관련한 모든 시각적 요소들을 포괄하는 개념이다. 앵글과 사이즈, 화면구도, 조명은 선택된 소재에 대해 감독이 어떤 의미를 부여하느냐에 따라 달라지는 요소다. 카메라의 움직임, 인물의 움직임 등도 감독이 어떤 의미를 부여할 것인가에 따라 달라지는 요소다. 미장센이란 연극에서의 시각적 요소와 촬영에 따라 새로 부가되는 시각적 요소를 포괄하는 개념이라고 보면 될 것이다.

- 화면구도: 화면은 의미있는 피사체를 정확하게 테이크(take)해야 하므로 구도가 비뚤어지거나 흔들리면 안 된다. 스토리에서 주요 인물을 강조할 때는 화면 중앙에 위치시키거나 화면에서 크게 나오게 한다. 수평구도는 안정적이고, 수직구도는 위계질서나 근엄한 상황과 관련 있다. 대각선 구도는 위험·불안·동요와 관련이 있어 모험물·스릴러·액션물·사이코물 등에 자주 쓰이는 구도다.

- 화면 사이즈: 인물을 촬영할 때 화면사이즈 기준은 가슴 윗부분으로 화면 프레임을 채우는 바스트 숏(bust shot)이다. 이보다 타이트(tight)한 화면은 인물의 심리나 표정을 표현하는데 유용하고, 이보다 루즈(loose)한 화면은 인물의 동작이나 주변상황과 연계시킬 필요가 있을 때 사용한다.

- 카메라 앵글: 앵글(angle)의 기준은 눈높이(eye level)에서 카메라 정면을 바라보는 숏이다. 카메라 정면이라 함은 몸의 방향이 아니라 시선의 방향이다. 영상 화면에서는 시선의 방향이 몸의 방향보다 더 중요하다. 밑에서 인물을 위로 바라보며 촬영하는 로우 앵글(low angle) 화면은 피사체를 존경스럽거나 거만하게 보이게 만들고, 위에서 아래로 촬영하는 화면은 피사체를 왜소하게 보이게 함으로써 인물이 지위가 낮거나 심리적으로 나약하다는 점을 드러내는 각도다.

- 카메라의 움직임: 카메라 움직임도 미장센의 한 요소다. 카메라 움직임에는 일반적으로 줌인/아웃, 트래킹 인/아웃, 달리 인/아웃, 팬, 틸트 업/다운, 아킹 등이 있다. 인물의 심리상태나 상황의 급박성 등에 따라 카메라 움직임을 빠르게 하거나 느리게 할 수 있고, 부드럽게 하거나 거칠게 할 수도 있다. 히치콕(Alfred Hitchcock) 감독은 영화 '현기증'(1958)에서 현기증을 영상으로 표현하기 위해 카메라를 트랙 아웃 시키면서 렌즈로는 줌인시키는 촬영기법을 처음 선보였다.

- 인물의 움직임: 감독은 인물의 움직임을 통해서도 주제를 드러내고자 한다. 인물이 슬픔을 표현할 때 아무 소리 없이 입만 꼭 다물 수도 있고, 눈물을 참으려고 애를 쓰지만 살짝 흘리는 눈물을 보여줄 수도 있으며, 펑펑 우는 모습을 보여줄 수도 있다. 이탈리아 네오 리얼리즘의 거장 데시카(Vittorio De Sica) 감독은 '자전거 도둑'(1948)에서 아예 전문 배우를 배제하고 무명의 공장노동자, 거리의 부랑아, 기자 출신의 비직업 배우를 기용해 다큐멘터리같은 영화를 제작했다. 배우들의 움직임은 연기라기보다 실생활에 가까웠고 감독은 네오 리얼리즘 영화를 완성시킬 수 있었다.

- 셔레이드(Charade): 네이버 사전에는 셔레이드를 '제스처 놀이: 한 사람이 하는 몸짓을 보고 그것이 나타내는 말을 알아맞히는 놀이'라고 되어 있다. 영화나 영상에서 셔레이드는 대사나 내레이션을 통하지 않고 인물의 내면 심리를 암시하는 비언어적 표현이다. 주로 인물의 작은 표정 변화나 행동, 소도구 등을 통해 표현된다. 때로는 비정상적인 카메라 앵글이나 카메라 워킹 또는 편집을 통해서도 표현된다. 많은 경우 이렇게 표현된 갈등은 다음 사건을 야기하는 원인이 되거나 전체 주제와 밀접하게 관련되어 있다. 대사나 내레이션이 없는 비언어적 표현이라는 점이 특징이다. 셔레이드는 내면 심리를 표현하거나 인물 간의 갈등을 효과적이고 의미심장하게 암시할 수 있다. 셔레이드를 잘 쓰면 대사나 내레이션을 활용하는 것보다 더 강한 인상을 관객들에게 줄 수 있고, 심층적인 심리묘사에도 효과적인 경우가 많다. 오늘날의 영상물에는 셔레이드를 활용하는 사례가 매우 많다. 드니 빌뇌브 감독의 '그을린 사랑'(2010)에서 여자 주인공은 기독교 민병대의 기습으로 아이를 잃고 만다. 그들이 타고 온 버스를 향해 민병대가 기관총으로 공격하면서 승객들이 몰살당한 것이다. 학살 후 버스에 휘발유를 붓고 불을 붙이자 시커먼 연기가 하늘로 올라가고 있다. 가까스로 살아남은 여자 주인공은 그 옆에 넋을 잃은 채 땅바닥에 주저앉아 있고 같은 화면에 잡힌 버스는 시커먼 연기를 하늘로 올리고 있다. 이때 시커먼 연기는 아이를 잃은 여자 주인공의 심리를 나타내는 셔레이드다. 시커먼 연기는 절망보다 분노에 가깝다. 감독은 이를 통해 민병대장을 암살하는 여자 주인공의 다음 행동을 치밀하게 암시했다.

프로듀서는 영상문법의 파괴자다

앞에서 영상문법을 네 가지 측면에서 정리했다. 누구를 영상 스토리텔러로 설정할 것인가, 스토리텔링의 구성방식은 연역적인가 귀납적인가, 어떻게 숏과 숏을 연결시켜 의미를 창출하는가, 하나의 숏 내에서는 어떻게 의미를 창출하는가가 그것이다. 그러나 영상문법은 언어문법처럼 견고하지 않다. 언어문법을 지키지 않으면 사람들 간의 의사소통에 일대 혼란이 일어난다. 그러므로 언어문법을 함부로 파괴해서는 안 된다. 오용되거나 새로운 문법을 만들어내는 사례는 끊임없이 감시당하고 배제되며 마침내 폐기처분된다. 이런 과정을 거쳐 언어문법은 사회적으로 그리고 역사적으로 약속된 규칙으로 존재한다. 약간의 예외 사례가 있기는 하지만 전체적으로는 언어문법을 수정하거나 파괴하는 행위는 용납되지 않는다.

이런 견고함을 영상문법은 싫어한다. 영상문법을 구성하는 과정에서 지대한 역할을 한 것은 100년의 역사가 좀 넘는 영화다. 영화의 역사는 기존의 문법을 파괴하면서 영상적 표현력의 다양성과 풍부함을 확장시키는 과정이었다. 1895년 뤼미에르 형제가 시네마토그래프로 제작한 최초의 영화는 '뤼미에르 공장을 나서는 노동자들', '열차의 도착' 같은 50초짜리 동영상에 불과했다. 영화는 연극의 연장선에서 취급되었기 때문에 배우의 얼굴을 클로즈업 하는 것은 생각하지도 못했고 풀 숏으로만 촬영했다. 영화는 자질구레한 일상을 풀 숏으로 기록하는 동영상에 불과했던 것이다. 영화의 창시자로 기록되고 있는 뤼미에르 형제마저 영화는 상업적인 미래가 없는 발명품이라고 생각했다.

그러나 이 예상과 달리 영화는 비약적인 발전을 거듭했다. 그로부터 불과 10년만에 카메라의 이동이나 클로즈업 촬영, 교차편집 등의 표현기법을 확장시키면서 극적 효과를 증대시켰다. 그리피스(D.W.Griffith)는 '국가의 탄생'(1916)에서 클로즈업, 회상장면을 표현하는 플래시백, 교차편집 기법을 도입했고, 상업적으로도 성공했다. 1941년에는 오손 웰스가 영상문법의 종합 교과서라고 불리는 '시민 케인'을 제작했다. 미장센과 몽타주 기법의 최적 조합, 딥포커스(deep focus) 촬영기법 등을 통해 시간이 압축되고 뒤섞이는 혁신적 스토리텔링을 선보였다. 1960년대 후반부터는 기존의 영화들과 구별되는 새로운 영화들이 나타나기 시작하면서 다른 예술 분야에서처럼 하나의 사조를 형성하기 시작했다. 고전적인 촬영과 편집기법을 따르면서도 기존 영상문법의 파괴를 통해 새로운 영화적 현실을 확장시켜 나갔던 것이다. 영화 속에서 시간과 공간은 압축되거나 확장되기도 하고, 현실적인 것과 비현실적인 것이 뒤섞이기도 했다. 영화 '국가의 탄생'이 고수했던 매끄럽고 '보이지 않는' 할리우드식 편집기법은 때때로 '눈에 드러나는' 편집을 통해 극적 긴장감과 감각적인 쾌감을 고조시켰다. 오늘날에 이르러 영화는 다른 어떤 표현수단보다 풍부하고 다양한 표현력을 자랑한다.

영화를 통해 구축되고 발전해온 영상문법은 새롭게 등장한 텔레비전이라는 매체로 전이되면서 더 폭넓은 대중화 시대를 맞이하게 되었다. 텔레비전 매체는 매일매일 대량으로 영상물을 생산해야 하는 조건 때문에 상투성(cliché)을 벗어나지 못하면서도 재빠르게 텔레비전 매체에 최적화된 영상문법을 개척했다. 현장에 좀 더 가깝게 밀착해서 우리 주변의 평범한 이웃들의 삶을 담아내고, 세계를 네트워크로 연결해 지구촌 시대를 열어갔으며, 영상 저널리즘이라는 새로운 분야를 개척하기도 했다.

4차 산업혁명, 뉴노멀(new normal) 등으로 명명되는 시대로 접어들면서 미디어 환경은 생태계 차원의 변화를 겪고 있다. 네트워크로 사람, 데이터, 사물 등 모든 것이 연결되는 초연결 사회가 조성되고 있고, 작지만 능동적이고 더 의미있는 미디어가 넘쳐나는 환경이 조성되고 있다. 텔레비전과 통신 그리고 인터넷이 융합(convergence)되면서 다양한 플랫폼과 다양한 스크린이 출현했다. 미디어가 넘쳐나고 이들이 모두 연결된 사회에서 영상물은 콘텐츠화하고 스낵 과자처럼 소비되는 한편, 콘텐츠를 소비만 하던 대중들은 콘텐츠 생산 주체로 나서고 있다. 변화의 속도와 규모는 폭발적으로 빨라지고 광범해졌다. 인터넷 포털과 모바일은 동영상 스트리밍을 포함한 다양한 서비스를 제공하고 있다. 통신 쪽도 IPTV 기반으로 VOD 동영상 서비스를 제공하고 있다. 영상 콘텐츠 제작과 관계 없던 사업자들이 제공하는 OTT 서비스가 출시된 지도 오래다. 개인 크리에이터들을 모아 이를 기반으로 콘텐츠를 제공하는 MCN 사업자들도 등장했다. 스위스의 레만 블뢰 방송사는 세계 최초로 외부 취재와 중계 영상 ENG 카메라를 스마트폰으로 전면 교체했다.

이런 미디어 환경의 변화로 영상 콘텐츠들도 대대적인 변화를 맞고 있다. 다양한 플랫폼과 다양한 스크린에 적응하는 내용과 형식으로 변해야 하는 상황이다. 기존 영상문법의 파괴와 새로운 콘텐츠에 대한 실험은 일상적 풍경이 되었다. 콘텐츠는 '더 개인 맞춤형으로, 더 짧게, 더 쉽게'를 캐치 프레이즈로 변화와 실험이 계속되고 있다. 페이스북은 그날 일어났던 일을 하루에 두 번 13~14개의 핫토픽으로 요약해 카드 한 장에 담아 제공하는 '스피드웨건' 서비스를 시작했다. 인스타그램은 기존 서비스를 확장해 60초 동영상을 올릴 수 있도록 했다. 우리나라에서도 '72초 TV', '내 손 안의 남자'와 같은 웹과 모바일 기반의 콘텐츠에 대한 실험이 이미 진행되고 있어 프로듀서들은 시청자들과의 실시간 소통도 놓치지 말아야 한다.

영상물은 영상의 역사를 통해 구축한 고유의 문법을 가지고 있다. 이렇게 구축된 영상문법은 영상 콘텐츠의 안정성을 담보하는 중요한 요소다. 한편으로는 새로운 영상문법의 구축이 다른 어느 때보다 필요한 시점이기도 하다. 방송사들도 다양한 프로그램을 실험하고 있다. '마이 리틀 텔레비전', '신서유기', 웹툰 원작 드라마 제작, 방송 프로그램과 연계한 모비소드(mobisode) 제작 등이 그런 사례. 전통적인 영상문법을 기반으로 한 고품격 프로그램을 제작하는 한편으로, 기존의 영상문법을 파괴하고 시대에 조응하는 새로운 콘텐츠를 제작해야 하는 상황에 프로듀서들은 놓여 있다.

3. 프로듀서는 어떤 업무를 맡고 있나

프로듀서가 하는 일은 대체로 프로그램 제작 업무다. 따라서 어떤 프로그램을 제작하느냐에 따라 프로듀서의 직무가 분화된다. 우리나라 방송정책을 총괄하는 방송통신위원회는 방송 프로그램을 보도, 교양, 오락 프로그램으로 대분류만 해놓고 있다. 방송 프로그램을 내용과 형식적 특성에 따라 좀 더 체계적으로 분류한 것이 장르다. 텔레비전 프로그램에서 장르를 구분할 때는 프로그램 구성 형식과 제작기법, 주제와 중심소재 등 내용과 형식 측면을 아울러 고려한다. 그러나 장르는 보편적이거나 절대적이지 않고 영구적이지도 않다. 사회상황 및 시대적 트렌드와 서로 영향을 주고 받으며 시대에 따라 끊임없이 변모한다. 장르에 대한 이해는 역사적·문화적 배경 또는 문맥에 대한 고려를 전제해야 한다. 현재 우리나라에서는 대체로 다음과 같이 장르가 분류되고 있다.

- **보도**: 뉴스, 뉴스해설, 뉴스매거진, 시사관련 특별행사 중계, 심층탐사보도, 기상정보 등
- **교양**: 시사교양, 다큐멘터리, 심층탐사, 대담/토론, 생활정보, 문화예술정보, 유아/어린이 프로그램 등

- **오락**: 버라이어티, 퀴즈&게임쇼, 리얼리티 프로그램, 오디션 프로그램, 토크쇼, 음악쇼, 코미디, 드라마, 시트콤, 스포츠 중계, 애니메이션/영화 등

　요즘은 장르 융합 현상이 두드러져 장르라는 용어보다 장르융합체(genre formation)라는 개념도 많이 쓴다. 뉴스쇼, 인포테인먼트, 에듀테인먼트, 뉴스테인먼트, 다큐드라마, 팩션다큐 등이 그런 사례다. 프로듀서가 하는 일은 프로그램 편성 및 제작이다. 제작을 담당하는 프로듀서는 제작하는 프로그램의 유사성에 따라 크게 시사교양, 예능, 드라마, 스포츠 프로듀서로 나뉜다. 프로듀서가 하는 일은 스펙트럼이 넓다. 프로그램 제작이라는 면에서는 같은 일을 하는 셈이지만, 어떤 프로그램을 제작하느냐에 따라 하는 일은 상당히 달라진다. 이 절에서는 편성, 심층탐사 및 드라마 프로듀서가 어떤 일을 하는가를 중점적으로 논의한다. 교양, 예능 프로듀서가 하는 일은 2부에서 상세하게 다루기로 한다.

편성 프로듀서 – MBC 직무소개서

　1번 – 연예인 누구누구 봤어?

　2번 – 편성PD가 뭐하는 사람이야?

　얼핏 매우 간단하지만, 대답할 때마다 제법 쑥스럽고 퍽도 어려운 질문입니다. 회사 로비에서 국민 MC를 마주치노라면 아직도 가슴 설레는 주책맞은 PD여서 쑥스럽고, 아직 입사 3년차로서 제 노릇에 대해 치열히 해답을 찾는 중이라 명쾌히 대답하기가 어렵습니다. 힘껏 압축해 "편성PD는 시청자들이 MBC를 선전하도록 전략을 짜는 사람이야"라고 답하지만 여기에는 너무 많은 것이 빠져 있습니다.

TV로 밥벌이하는 행복한 고민

밤낮을 거꾸로 사는 등 노동 강도 세기로 둘째가라면 서러운 방송사에서, 규칙적인 라이프 사이클 유지가 가능한(?) 직종 중 하나가 편성PD입니다. 그러나 자나깨나 편성PD를 따라다니는 의무조항이 있으니, '어디에 있든 정신적 안테나는 늘 프로그램을 향한다'는 사실입니다. 편성PD는 지상파의 어떤 프로그램이든 또한 케이블 채널의 신규프로그램 전략이든, 프로그램에 대한 것이라면 얼리어댑터가 되어 낱낱이 파악하고 있어야 합니다.

　TV를 좋아하는 사람들에게 편성PD는 꿈같은 직업일 수 있습니다만 이에 상응하는 역할과 책임의 대가를 지불해야 합니다. 편성PD의 프로그램 기획과 분석, 결정 능력은 개별 프로그램의 운명에 영향을 미치고 시청자의 채널 만족도와 방송사의 수익 및 방향성을 결정하는 중요한 역할로 자리잡고 있기 때문입니다. 즉, 편성PD는 제작진, 시청자, 회사 등 세 개의 꼭짓점을 잇는 가교입니다. 특히 이 꼭짓점들을 적극적으로 교류하게 하는 커뮤니케이터가 되기 위해서는 고립되지 않고 다양한 입

장의 의견을 조정하고 소통할 수 있어야 한다는 점이 편성PD로서 머리에 쥐가 나도록 깨달은, 깨달아 가고 있는 중요한 사실이었습니다.

오지랖 넓은 팔방미인

그럼, 좀더 구체적으로 편성PD가 하는 일을 나열해볼까요? 편성PD는 우선, 아침 일찍 도착하는 시청률표를 분석하거나 시청자와의 약속인 편성표에 따라 방송을 운행하는 일처럼 미시적인 일부터, 프로그램의 장단점을 분석하고 최적의 시간대를 찾는 일, 국내외 방송을 비롯한 영화, 공연 등 최신 트렌드를 파악하는 일 등 중장기적 안목을 요하는 일을 수행합니다.

또한 무릎팍 PD가 되어, 현재 취약한 시간대의 개선전략을 제작진과 협의하는 일처럼 실용적인 일부터, MBC의 구조적 특성상 경쟁력과 공영성이라는 두 마리 토끼를 잡을 수 있도록 균형감각을 맞추는 일 등 철학적인 고민도 함께해야 합니다.

한편, 다채널 다매체시대에 지상파 방송의 새로운 역할과 수익창구를 고민해야 함에 따라, 〈무한도전〉을 케이블 채널, DMB, IPTV 등을 통해서도 볼 수 있게 효과적인 윈도우 전략을 짜야 하고, 향후 성공한 드라마를 영화나 뮤지컬 등 다양한 스페셜 버전으로 기획하는 원 소스 멀티유즈의 아이디어를 고안할 수도 있을 겁니다.

이와 같이 편성PD는 그 영역에 경계나 정형화된 틀이 없어서 스페셜리스트보다는 제너럴리스트에 가깝습니다. 제작PD가 자기 영역에서 프로그램을 제작·총괄하는 스페셜리스트라면, 편성PD는 드라마, 시사, 오락 등 장르를 불문하고 MBC를 위해 고민하는 오지랖 넓은 팔방미인이어야 하는 것 같습니다. 〈주몽〉 때문에 기쁘고 〈거침없이 하이킥〉으로 웃지만 동시에, MBC의 한 달 뒤, 1년 후의 모습을 생각해야 하는 것이 편성PD의 숙명입니다.

끝으로 편성국을 구성하고 있는 부서를 소개하며 이 글을 마치겠습니다. MBC 편성호의 항해에 함께할 미래의 후배 여러분들을 기다리면서요.

① 편성기획부: 방송을 둘러싼 다양한 요소와 시청자의 요구 및 사회 트렌드 등을 분석하여 이를 토대로 가장 바람직한 편성전략을 세우고 전체적인 편성틀을 수립합니다. 또한, 현업 제작 부서와의 원활한 커뮤니케이션을 통해 개편 업무, 신규 프로그램 기획 및 사후 품질 관리 등을 담당합니다. MBC의 브랜드가 될 좋은 프로그램 및 기획안을 판별할 줄 아는 안목을 갖추는 것이 편성기획부 PD의 숙명이기도 합니다.

② TV편성부: 편성기획부에서 마련한 정규편성의 틀을 실제에 적용하여, 계간·주간·일일단위로 편성업무를 수행합니다. 프로그램 예고를 포함한 각종 협찬광고, 채널 ID 등의 효율적인 연결을 위해 현업국과의 협의와 조정을 거쳐 방송 운행을 마무리하는 최전선인 것입니다. 갑자기 정규방송

을 중단해야 하는 긴박한 결정의 순간부터, 연휴 및 월드컵 등 빅이벤트에 대비한 전략 편성까지도 TV편성부의 고민과 결정에 의해 이루어집니다.

③ DMB편성담당: 2005년 12월 개국한 DMB TV의 편성·제작·운행을 담당합니다. 이동 수신을 위한 매체로서 DMB만의 시청행태를 파악하고, 부단히 변화하는 다양한 매체환경 이해를 통해 DMB TV에 적절한 편성과 신규 콘텐츠를 개발하는 것이 주요 업무입니다.

④ 영화부: 경쟁력 있는 영화와 외화시리즈의 발굴 및 방송은 편성전략상 효과적인 무기가 될 수 있습니다. 영화부 PD는 MBC의 모든 영화 및 외화시리즈의 방송을 담당, 국내외 영화의 방송권 구매에서부터 시의적절한 편성, 더빙까지 모든 업무를 관장합니다.

⑤ 시청자연구소: 개편 및 신규 프로그램 기획 업무에 활용할 수 있는 각종 기초자료를 제공해주는 역할을 담당합니다. 단기적으로, 시청자들이 원하는 바를 편성에 즉각 반영시킬 수 있도록 시청행태나 미디어 소비행태 등을 조사하고, 중장기적 관점에서 사회 트렌드 분석을 통해 향후 시청자들이 수요를 예측하여 편성에 반영하도록 하는 두 가지 측면의 업무로 나눌 수 있습니다.

⑥ 프로그램 개발 TF: 최신 트렌드 및 시청자의 니즈 분석만으로는 편성 전략이 완성될 수 없습니다. 이를 실전에 반영한 경쟁력 있는 전략 프로그램을 기획·제작하는 곳이 프로그램 개발TF입니다. 끊임없이 새로운 것을 찾는 시청자들의 습성에 대응한 장르 융합의 포맷 개발, 파일럿 프로그램 제작 등이 주요 업무입니다(http://recruit.imbc.com).

리크루트에 소개된 MBC 편성 프로듀서의 직무소개가 편성 프로듀서가 하는 일을 일목요연하게 정리해놓고 있다. 전통적으로 지상파 방송사는 봄·가을에 대대적인 프로그램 개편을 단행해 왔다. 봄·가을을 기점으로 일출·일몰 시간이 바뀌고 이에 따라 국민생활시간대도 달라지면서 이에 맞추어서 방송시간대를 조정하고 채널도 일신시키기 위해서다. 방송사들은 이때 시대적 트렌드에 뒤떨어진 노후한 프로그램, 사회적 의미를 보여주지 못하거나 경쟁력이 떨어지는 프로그램을 폐지하고, 물밑에서 준비해온 새로운 프로그램을 선보인다.

파일럿 프로그램(pilot program)은 시험, 견본 프로그램이란 뜻이다. 파일럿은 '조종사'라는 뜻이지만 형용사로 '시험적인', '예비의'라는 뜻도 있다. 봄·가을 개편에 대비해 미리 몇 개의 프로그램을 시험적으로 제작해 편성해보고 반응이 좋으면 정규편성으로 전환하게 된다. 설이나 추석 연휴 때 보통 파일럿 프로그램을 편성하는데, 가족끼리 TV를 볼 시간이 많아 시청자들의 반응을 체크하기 좋고, 개편을 앞둔 시점이기도 해서다.

봄·가을 개편 시기는 방송광고시장이 뜨거워지는 시기이기도 하다. 방송사는 광고판매를 늘리려 하고, 광고주는 광고를 내보낼 방송시간을 선점하려 하기 때문이다. KBS와 MBC는 공영 미디어렙(Media Representatives)인 한국방송광고진흥공사(KOBACO)가 광고판매를 대행하고, SBS는 민영

미디어렙인 자회사 미디어 크리에이트가 대행한다. 광고 팡매방식도 다양하다. 'Upfront' 방식은 6개월 이상 장기간 광고를 선판매하는 방식으로, 광고주와 광고대행사는 시청률이 높을 것으로 예상되는 프로그램의 방송광고시간을 선불로 사서 안정적으로 광고를 내보내려 한다. 이 외에도 Upfront 방식을 통해 판매하고 남은 물량을 월 단위로 판매하는 '정기물', 'GRPs 보장판매'제 등이 있다. 'GRPs 보장판매'제는 정기물로 구매한 방송프로그램에 대해 계약기간 동안 미디어렙이 광고주와 합의한 총 시청률(Gross Rating Points)을 보장해 주는 제도다. 계약된 보장시청률에 미달할 때는 미달한 시청률만큼 추가 방송광고 시간을 제공하는 제도다.

편성 프로듀서는 평소에도 다른 방송사 채널과의 경쟁우위를 유지하기 위해 다양한 편성전략을 구사한다. 전통적인 편성전략으로 다음과 같은 것들이 있다.

① 띠 편성(strip programming): 주 5일 이상 같은 시간대에 동일한 프로그램을 편성하는 기법으로, 시청자의 시청습관을 고착시켜 시청자의 충성도(royalty)를 높이는 전략이다. 각 채널들은 메인 뉴스를 일정한 시간대에 고정해 놓고 시청자들의 시청습관을 고착시키려 한다. 아침시간대 뉴스, 생활정보 시간대도 대체로 이런 편성전략을 구사한다.

② 장기판 편성(checkerboard programming): 띠편성과 달리 동일한 시간대에 매일 다른 프로그램을 편성하고 주간 단위로 같은 프로그램을 편성하는 전략이다. 시청자의 다양한 취향을 만족시키는데 유용한 기법이다. 밤 11시대 매일 다른 프로그램을 편성해 다양한 욕구를 만족시켜주는 편성이 이런 사례에 속한다.

③ 구획 편성(block programming): 주부시간대, 유아시간대, 청소년시간대, 드라마시간대, 심야오락시간대 등 하루를 몇 가지 시간대로 구획하고, 그 시간대 시청자를 대상으로 한 프로그램을 집중적으로 편성하는 전략이다. 장시간 동안 강력한 프로그램을 편성해서 동질의 시청자들을 확보 유지하는 기법이다. 지상파 방송사들이 토·일요일 오후 5시 시간대에 3시간에 이르는 리얼 버라이어티 프로그램을 배치해 청소년 시청자를 묶어두려고 하는 편성이 대표적으로 이에 속한다.

④ 대안 편성(alternative programming): 방송에서 소외된 특정 계층을 대상으로 전문화된 프로그램을 편성하여 공익적 성격을 강화하는 편성이다. 어린이, 노인, 장애인, 국악인뿐만 아니라 고학력으로 생활수준이 높은 계층도 방송 소외 계층이다.

⑤ 함포사격 편성(blockbuster programming): 90분, 2시간, 그 이상의 강력한 단일 프로그램을 편성한다. 끝장 토론, 재난 특보, 대선 후보 토론회 등 사회적으로 강력한 의제설정 기능이 있거나 생명과 재산의 안정성을 보장하기 위한 것이다. 한편으로는 상대 방송사의 짧은 프로그램보다 일찍 시작하고 늦게 끝냄으로써 시청자를 장악하는 전략이다.

⑥ 대응 편성(counter programming): 동일한 시간대에 동일한 시청자를 대상으로 전혀 다른 성격의 프

로그램을 편성하는 전략이다. 밤 11시대에 타 채널들이 예능 프로그램을 편성하고 있을 때 홀로 심층탐사 프로그램을 편성하는 방식으로, 시청자들의 다양한 시청권을 보장한다는 측면도 있다.

⑦ 엇물리기 편성(cross programming): 경쟁 방송사의 프로그램보다 조금 앞서 편성하거나 아예 상대 방 프로그램의 가운데쯤 강력한 프로그램을 편성하는 전략이다. 프로그램 전후 광고와 토막광고 시간에 대거 채널 이동이 일어나는데 이때 이동하는 시청자들을 흡수하려는 전략이다.

⑧ 끼워넣기 편성(sandwich hammockimg): 불확실한 프로그램을 인기있는 기존의 두 프로그램 사이에 끼워넣는 전략이다. 앞뒤 강력한 프로그램의 전이효과를 노리는 전략이다.

⑨ 양면 걸치기 편성(tent-poling): 인기있는 강력한 프로그램 앞뒤에 새로운 프로그램을 편성하는 전 략으로 전이효과를 기대하는 편성 방식이다.

지상파 방송이 고수해 온 기존 편성은 아침 이른 시간대부터, 그리고 오후 시간대부터 시청자의 흐름(flow)을 형성하여 프라임타임(primetime) 시간대까지 그 흐름을 유지하려는 전략이었다. 흐름에서 이탈하는 시청자층을 방지하기 위해 인접효과(adjacent effect)를 극대화하는 편성전략이 근간이었다. 저녁 8시 30분 경에 일일드라마를 띠편성하고 이를 그대로 9시 메인뉴스로 유입되도록 '이음새없는 편성(seamless programming)' 전략을 구사해 온 KBS1 채널의 편성전략이 대표적인 것이었다.

1980년대 이후 방송환경이 급변하면서 기존 편성전략은 급격하게 실효성이 떨어지고 있다. 대부분의 방송·통신 기기가 리모트 콘트롤이 가능한 RCDs(remote control devices)로 교체되면서 중간을 건너뛰는 채널이동 현상(zipping, zapping)이 일상화되었다. 한 채널로 시청층의 흐름을 유지하기는 힘들다. 거기에다 시청자들은 지상파, 케이블, 위성 등의 방송을 떠나 IPTV, OTT, 인터넷 방송, SNS 동영상서비스 이용 쪽으로 이동하고 있다. 한국에서도 이제 코드 커팅(cord cutting)이나 코드 세이빙(cord shaving) 현상이 낯설지 않게 되었다. 시청행태도 바뀌면서 실시간 시청을 고수하던 대선 후보 토론회, 청문회 등이나 스포츠 중계도 자신이 편한 시간에 VOD 서비스를 더 많이 이용하고 있다. 실시간 방송은 재난재해 방송이나 특별한 킬러 콘텐츠(killer contents) 서비스가 있을 경우에만 이용하고 있을 뿐이다. 드라마를 몰아보는 시청행태(binge viewing) 현상도 어렵지 않게 목격할 수 있다. 이런 상황에서 과거 편성전략의 근간으로 삼았던 인접효과는 현저하게 약화되었다. 봄·가을 대대적 개편이란 관행도 점점 '수시개편' 개념으로 대체되고 있다. 취약한 프로그램을 개편 때까지 기다릴 것 없이 대안을 마련해 취약점을 바로바로 보완한다는 전략으로 바뀌고 있다.

마케팅 또한 방송광고 의존도는 점점 하락하고 있다. 정확한 타깃 설정이 어려운 방송매체보다 이를 용이하게 파악할 수 있는 통신과 인터넷 기반 플랫폼 윈도우로 이동하면서 입소문 마케팅(mouse-to-mouse marketing), 1:1 모바일 마케팅, 게릴라식 프로모션 등 다양한 마케팅 기법을 활용하고 있다.

편성 프로듀서는 채널 전체의 안정성과 영향력 그리고 경쟁력을 향상시키기 위해 노력한다. 지금까지 편성 개념은 국민생활시간대에 맞춰 어떤 프로그램을 어떻게 배치할 것(programming)인가에 힘을 쏟았다. 미디어 환경이 멀티 플랫폼 N스크린 시대로 변한 지금 편성 개념의 진화와 편성 기능의 혁신이 필요하다. 무엇보다도 편성 개념을 하나의 채널 내에서 프로그램을 어떻게 배치할 것인가라는 좁은 개념을 넘어서야 한다. 무수한 채널이 경합하고 있는 상황에서 지상파 채널도 이제 1/N에 불과하다.

제작 프로듀서는 서구적 개념의 디렉터에 가깝고, 편성 프로듀서는 서구적 개념의 프로듀서에 가깝다고 볼 수 있다. 제작 프로듀서는 자신이 제작하는 프로그램의 완결성을 높이고 시청률까지 확보하기 위해 제작에 전심전력을 다한다. 프로그램의 표현력에 책임지는 역할이다. 한국의 영상 콘텐츠 제작방식도 디렉터와 분리하여 프로듀서의 기능을 강조하는 방식이 필요하다. 편성 프로듀서가 이런 기능을 수행해야 할 것이다. 편성 프로듀서에게 필요한 것은 전략 마인드다.

심층시사탐사 프로듀서

교양 프로그램은 방송통신위원회 정의에 따르면 보도 프로그램을 제외하고 정보 전달을 목적으로 하는 프로그램을 말한다. 보통 지상파, 종편, 보도전문채널에서 편성을 한다. 시사교양 제작부서에서는 다시 심층탐사, 다큐멘터리, 생활정보, 문화예술정보 프로듀서 등으로 구분할 수 있지만 칸이 뚜렷이 나뉘어져 있는 것은 아니다. 한 범주에 속해 있지만 제작하는 프로그램이 달라지면서 맡게 되는 역할일 뿐이다. 제작방식이나 프로세스에 뚜렷한 차이가 있는 것도 아니다. 형식은 비슷하고 내용만 다를 뿐이다. 각 장르의 내용적 특성을 알아보면 각 프로듀서가 하는 일의 차이점이 드러난다.

영국 방송위원회인 오프콤(Ofcom)은 시사탐사 프로그램을 다음과 같이 정의한다. 시사 이슈, 정치·경제적 논란, 공공정책 관련 문제를 다루는 프로그램이다. 중요한 현안을 다루는 심층탐사 프로그램도 포함한다. 가능한 한 빠르게, 때로 약간의 분석만 곁들여서 사안을 전달하는 일반적인 뉴스 보도와는 다르다. 최근의 사안을 민첩하게 토론하는 뉴스 매거진 형식과도 다르다(ofcom.org.uk).

시사 프로그램은 최근에 일어났거나 현재 진행중인 사안에 대한 세부적인 분석과 논쟁들을 강조하는 방송 저널리즘의 한 장르다. 이에 해당하는 영국 프로그램으로는 BBC의 '파노라마(Panorama)', '퀘스천 타임(Question Time)', '디스 위크(This Week)', '데일리 폴리틱스(The Daily Politics)', ITV의 '투나잇(Tonight)', 채널4의 '디스패치(Dispatches)' 등이 있다.

시사 프로그램의 세계적 모델인 〈파노라마〉는 세계 방송사상 가장 긴 역사를 자랑하는 BBC의 간판 시사 프로그램이다. 일요일 저녁 방송되는 이 프로그램은 약 300만 명이 시청한다. 〈파노라마〉가 지키는 가장 중요한 원칙은 영국과 세계에서 일어나는 사건과 그 배경을 철저하게 자료와 현장을 조사해서 전체적 문맥 속에서 권위있게 밝히고 이를 세계에 알린다는 것이다. 이를 통해 〈파노라마〉는 매번 전 세계에 실질적인 영향을 미치곤 한다.

올림픽 부정을 보도한 심층탐사물은 IOC 윤리위원회로 하여금 관련 혐의를 조사하고, 즉시 관련 위원의 직무를 정지시키는 발표를 하도록 했다. 이 내용은 전 세계 5,000 언론의 1면 헤드라인을 장식했다. 반진정제 Seroxat을 조사한 3편의 연속 시리즈는 〈파노라마〉 시청자들에게는 약물에

'다이애나, 웨일즈의 공주'에서 인터뷰 하고 있는 마틴 배셔(오른쪽).
1995.11.20.
자료: http://www.telegraph.co.uk

대한 각성을, 약물규제 당국에게는 규제를 강화하도록 영향을 미쳤다. 노인 가정 요양 실태를 파헤친 심층탐사물을 본 시청자들은 정부 기준을 높이라는 900여 항의성 이메일을 보냈다. 이 프로그램은 다양한 방면으로 심층탐사물의 폭을 넓히는 계기가 되었다.

BBC 마틴 배셔가 다이애나 왕세자비와 인터뷰한 내용이 삽입된 '다이애나, 웨일즈의 공주'는 2,280만 명이 시청하는 기록을 세웠다.

미국에서는 ABC의 '20/20', '프라임타임(Primetime)', CBS의 '48시간(48 Hours)', '60분(60 Minutes)', PBS의 '와이드 앵글(Wide Angle)', '프론트라인(Frontline)' 등의 심층탐사 프로그램이 방송되고 있다. 우리나라에서는 KBS의 '추적 60분', 'KBS스페셜', MBC의 'PD수첩', SBS의 '그것이 알고 싶다' 등이 이에 속한다.

보통 방송사는 다섯 종류의 굵고 튼튼한 프로그램 기둥을 땅 위에 박고 싶어 한다. 최고의 신뢰도를 자랑하는 메인 뉴스 프로그램, 정치·경제·사회 이슈를 심층적으로 분석해서 깊이있게 제시하는 심층탐사 프로그램, 세계적인 브랜드를 자랑하는 다큐멘터리, 인간과 삶에 대한 통찰과 혜안을 보여주는 품격있는 드라마, 삶을 윤택하게 해주고 즐거움을 주는 최고의 오락 프로그램이 그것이다. 보도는 그날의 사건을 나열식으로 보도하고 때로는 약간의 해설이 부가된다. 그래서 보도와 심층탐사는 상호보완적 기능을 수행한다. 심층탐사가 보도의 영역인가, 제작의 영역인가라는 문제가 한국 저널리즘 영역에서 뜨거운 쟁점으로 90년대 이후 등장했는데, 지금도 해소되지 못한 쟁점으로 내재화되어 있다.

프로듀서들이 제작해온 심층탐사 프로그램은 "저널리즘적 가치구현보다는 주관적 진실추구의 성격이 강하기 때문에 공정성의 비판을 받게된다. 주제적 측면에서는 탐사저널리즘에 충실했지만, 인터뷰

대상자에 대한 익명처리 부분이 지나치게 많고, 감성적 자극을 줄 수 있는 영상효과를 사용함으로써, 객관적 보도영상 구성수칙과는 차이를 보이고 있었다(최민재, 2009).”는 부정적 평가를 받았다.

“객관보도 관행의 병폐와 한계가 낳는 저널리즘 모델에 대한 필요와 사회개혁에 대한 욕구의 표출로, 저널리즘의 가치 중 하나인 탐사보도의 지평을 넓히고 심층적이고 장기적인 탐사를 통해 여론 형성 및 고발하는 역할을 수행했으며 사건 중심의 취재, 편집, 보도와 한국 사회 구조에서 오는 문제해결 환경감시 기능을 능동적·심층적으로 해결(원용진 등, 2008)”하려는 노력을 보여주었다는 긍정적 평가도 있다.

드라마 프로듀서

2016년 드라마 화제작은 단연 KBS2 채널로 방송된 ‘태양의 후예’였다. 4월 14일 방송된 마지막 16회는 국내에서 최고시청률 41.6%(닐슨 코리아 수도권 기준)를 기록해 침체하고 있던 지상파 드라마를 일거에 일으켜 세웠다. 중국에서는 인터넷 누적조회수 114억 뷰라는 전무후무한 기록을 세웠고, 한국의 대중문화와 유행을 열광적으로 추구하는 ‘하한(哈韓)’이란 사회적 이슈를 발생시키기도 했다. 열풍이 과열되자 중국 광전총국은 ‘태양의 후예’ 홍보를 전면 금지하는 결정을 내리기까지 했다.

이 드라마가 초대박을 거둔 것은 첫째, 참신한 대본을 쓴 작가의 힘, 둘째, 100% 사전제작과 한·중 동시 방영. 셋째, 영화제작사 NEW(넥스트엔터테인먼트월드)의 노하우를 방송드라마에 쏟아 부었기 때문이라는 평가를 받고 있다. 이 드라마는 김원석 작가의 원작을 김은숙 작가와 공동집필한 대본을 바탕으로 했다. 두 스타 작가의 공동집필은 드라마의 스토리텔링을 빈틈없이 맞물리게 하는 탄탄함을 보여주었다(〈태양의 후예〉 빅데이터 분석, 2016). 쪽대본에 의존하는 한국 드라마가 100% 사전제작을 한 것은 중국의 규제 강화로 방영 3달 전에 중국 광전총국의 사전검열을 완료해야 한다는 조건 때문이었다. 제작사는 이를 정면 돌파했다. ‘태양의 후예’ 중국 판권 계약은 중국 인터넷 동영상 플랫폼 아이치이(愛奇艺)와 이루어졌다. NEW는 회당 150만 위안, 총 45억 원에 이르는 판권료와 한·중 동시방영을 조건으로 아이치이와 중국 판권을 독점 계약했다. ‘별그대’의 회당 판권료가 18만 5000위안이라는 점을 감안하면 놀랄 만한 수준이다. ‘부러진 화살’, ‘피에타’, ‘7번방의 선물’, ‘신세계’, ‘변호인’ 등을 제작한 영화사 NEW가 처음으로 방송드라마 제작에 참여하면서 영화 제작의 노하우가 가세해 드라마의 완성도를 높일 수 있었다는 점도 이 드라마 성공의 주요 요인으로 언급된다.

‘태양의 후예’ 성공사례에서 볼 수 있는 점은 이 과정에 드라마 프로듀서의 역할은 미미하다는 것이다. 동남아시아에 한류 열풍을 불러일으킨 단초는 2000년대 초 ‘겨울연가’, ‘대장금’, ‘별그대’ 등의 방송드라마였다. 이때만 해도 드라마 제작과정에서 프로듀서의 역할은 중요한 부분을 점하고 있었다. 그러나 현재 드라마의 성공 여부에 드라마 프로듀서가 차지하는 비중은 작가나 배우에 비해 역전되었다. 오늘날 드라마는 대부분 독립제작사가 제작해 방송사에 공급하는 구조를 취하고 있다. 이 때문에 드라마 기획, 작가와의 계약, 배우 캐스팅 등 제작의 상당 부분을 독립제작사가 주도하고 있다. 이 과정에서 제작사는 스타감독이라 불리는 연출자 대신 방송사 소속 연출자를 기용한다. 이런 구조에서 드라마 프로듀서의 '연출 행위'는 신속하게 효율적으로 촬영하는 것을 요구받는, 좀 더 기계적인 것으로 변모하게 되었다(김경희, 2012). 이는 드라마 기획과 제작의 주체가 방송사 내부 제작에서 독립제작사로 이전되면서 기존의 연출자 중심의 제작에서 흥행성이 입증된 배우와 작가 중심으로 옮겨간 것을 의미한다. 작가의 역할이 드라마 제작에서 핵심적인 요소로 부상한 반면, 상대적으로 연출기능이 약화된 것이다(김미숙, 2016).

노동렬(2013)은 1991년 이후 2014년까지 드라마 제작산업 경쟁 상황의 변화를 시기별로 나누면서 구체적으로 드라마 제작 시스템의 변화를 정리했다. 드라마 제작에 참여하는 요소(프로듀서, 작가, 배우 등)들이 드라마 제작과정에서 어떤 역할을 하며 경쟁하는지에 주목하였는데, 제1기와 제2기인 1991년에서 1997년까지는 프로듀서 중심으로 제작이 이루어졌고, 제3기인 1998년에서 2002년까지는 스타 프로듀서들이 설립한 제작사들이 PBO(Project Based Organization) 시스템을 기반으로 드라마를 제작하였으며, 제4기인 2003년에서 2007년까지는 한류 영향으로 제작 중심이 연기자 쪽으로 쏠리며 연기자들을 주축으로 제작이 이루어졌다고 보았다. 제5기와 제6기인 2008년부터 2014년까지는 작가 중심으로 제작이 이루어진 것으로 파악했는데, 이는 드라마 생산에서 작가의 비중이 점점 커지게 되었다는 것을 의미한다(김미숙, 2016 재인용).

외주비율 중심의 외주정책은 제작시장의 제작요소, 제작 시스템 등에 변화를 야기시켰는데, 무엇보다도 상업화 추세 속에서 스타 연예인 및 작가의 위상이 크게 높아졌다. 특히 그동안 방송사 간의 상호 합의를 통해 억제되었던 스타 배우들의 출연료가 자본주의 시장수급 원리에 따라 가격이 형성되는 시스템으로 전환되었다(김진웅, 2008). 그런 환경 속에서 배우와 작가 중심의 드라마 제작시스템은 시청률 경쟁에 매몰되면서 점점 고착되어갔다.

케이블 드라마의 성장과 웹 드라마의 등장은 드라마 제작환경을 바꾸어 놓고 있다. 2016년에는 세계 50여 개 국가에서 6,500만 명의 가입자를 거느린 세계 최대 인터넷 기반 TV 서비스 사업자 넷플릭스(Netflix)가 한국에 진출했다. 넷플릭스는 한국에서 오리지널 한국 드라마를 만들 계획도 세우고 있어 드라마 제작환경이 다시 한 번 바뀔 것으로 전망된다. 이런 변화는 드라마 프로듀서들에게도 적지 않은 변화를 가져올 것으로 보인다.

4. 디지털시대의 프로듀서

지상파TV, DMB, 케이블TV, 위성방송, IPTV, 인터넷 방송, OTT 등등 다종의 플랫폼을 통해 다매체 시대를 맞은 지 오래인 상황에 더해 이제는 다양한 스마트 기기를 기반으로 모바일 플랫폼까지 시청 환경이 확대되면서 '멀티플랫폼 다매체' 시대가 도래했고, 시청자들이 접할 수 있는 스크린의 수는 셀 수 없이 많아졌다. 이에 따라 하나의 콘텐츠가 만들어지면 시공간을 넘어선 다종의 플랫폼과 스크린으로 제공되는 N스크린 시대가 구현되었다. 다른 한편 매체 수의 증가로 매체 간 경쟁이 심화되었다.

초연결사회 미디어 생태계의 현황

다음 그림은 네트워크로 전 세계가 연결된 개념도이다. 네트워크 기술은 디지털화와 함께 발전을 거듭하며 각 국가는 광대역통합망(BcN, Broadband Convergence Network) 구축을 완료했거나 완료에 박차를 가하고 있다. 각국은 광대역 통합망보다 더 발전한 양자 통신(Quantum Communication)망 상용화에 박차를 가하고 있다. 이 기술을 한 발 앞서 실현한 한국은 이 망을 기반으로 음성·데이터·동영상, 유·무선, 통신·방송 융합형 멀티미디어서비스를 언제 어디서나 편리하게 이용할 수

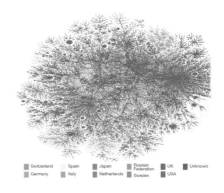

자료: http://www.nature.com/

있는 서비스를 실현하고 있다. 이것이 초래한 현상이 융합(Convergence)이다. 전통적으로 구분되었던 전화통신·인터넷·방송은 서비스 면에서나 단말기기 면에서 융합 현상이 가속화되었다. 이제는 과거 독자적으로 구분되었던 각 서비스가 융합되고, 단말기기(device)도 융합되고, 사업자들도 융합되면서 통합된 하나의 시장을 형성했다. 과거 통신망을 활용해 전화 서비스를 제공하던 KT, SKT, LGU+ 같은 통신사업자가 광대역망을 활용해 IPTV 같은 멀티미디어 방송사업에도 뛰어들고 있다. 인터넷 포털들도 다양한 형식의 영상 스트리밍, VOD 영상 서비스를 제공하고 있다. 이들은 융합된 시장 속에서 비슷한 서비스를 제공하면서 사업자들 간의 경쟁은 한층 치열해지고 있다.

OTT(Over-The-Top) 방식을 기반으로 한 새로운 사업자들도 이에 가세했다. 이들은 PC뿐만 아니라 set-top box를 가진 TV 단말기를 통해서도 서비스를 제공한다. 미국에서 비디오 대여점을 하던 넷플릭스(Netflix)가 영화와 드라마 등을 월정액을 받고 인터넷 동영상을 서비스하는 OTT 기업으로 변신했다. 미국을 포함한 50여 개 나라에 진출했고, 가입자 규모도 2016년 6월 기준 8천만 명

에 이른다. 자체 제작한 드라마 〈하우스 오브 카드〉의 성공으로 국내에도 이름을 알렸다. 이들의 급속한 성장세는 1차적으로 IPTV 사업자를 위협하며 경쟁관계를 구축했지만, 다른 사업자들에게도 영향을 미치면서 미디어 생태계 전체를 변화시키고 있다. 한국에서도 지상파콘텐츠연합 플랫폼의 OTT인 '푹(pooq)', CJ헬로비전의 '티빙(tving)', 현대HCN의 '에브리온TV'에 이어 이동통신사의 모바일 연계 서비스인 KT의 '올레TV 모바일', SKT의 '옥수수' 등이 출시되어, 2015년 7월 기준 2,500만 건 이상의 가입자 규모를 실현했고, 2020년까지 약 8천만 건으로 확대될 것으로 추산하고 있다.

이들의 성장으로 TV 종말론, 즉 실시간 지상파 방송 제공 서비스의 한계가 드러나고 있다. 시청자들은 다양한 플랫폼으로 다양하게 제공되는 콘텐츠 서비스를 다양한 방식으로 소비하고 있다. 더 이상 과거와 같이 실시간 방송을 고수하는 콘텐츠 소비행태를 고수하지 않는다. 언제 어디서나 어떤 단말기로든 시청할 수 있는 'TV everywhere'(anywhere, anytime, any device, AWATAD) 현상이나, 실시간보다 자신이 편한 시간대에 주문형 비디오(VOD)를 즐겨 보는 콘텐츠 이용맥락(use context)의 '비일치성'이 증대하고 있으며, 드라마 시리즈

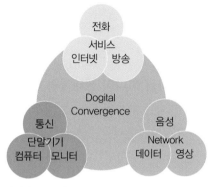

광대역 통합망을 기반으로 서비스, 단말기, 사업자가 융합되고, 방송, 통신, 인터넷 사업자가 통합시장을 구축하면서 경쟁이 가속화하고 있다.

를 자기 시간에 맞게 TV·고정형 인터넷·모바일을 연계해서 시청하는 연계이용(sequential usage) 또는 동시이용(simultaneous usage), 자기 마음에 드는 콘텐츠를 SNS 등을 이용해 추천하고 공유하는 사교적 시청(social viewing), 주말이나 휴일에 밀린 콘텐츠를 한꺼번에 몰아보는 몰아보기(binge viewing), 인터넷 상향채널(return path)을 활용해 자신의 의견을 적극적으로 개진하는 능동적 시청행위(active viewership) 등으로 시청행태가 바뀌고 있다(최세경, 2016). 이들 서비스는 시청료(subscription fee)에 기반한 상업주의(Commercialism)를 폭발시키고 있으나, 서비스를 개인 맞춤형으로 제공하고 소비방식도 편리해 시청자들은 이런 서비스를 선호하고 있다. 이 때문에 무료 기반이지만 콘텐츠 소비를 실시간에 맞추어야 하는 지상파방송 무용론까지 대두되고 있다.

프로듀서와 디렉터의 유기적 길항관계

이 같은 매체 환경의 변화는 프로듀서들의 직무에도 변화를 가져오고 있다. 예를 들어 기존 지상파 방송사들이 방송을 '제작'이라는 전통적인 관점에서 교양, 예능, 드라마, 라디오, 스포츠 등으로 나누어 '프로그램' 측면으로 구분해 프로듀서를 지칭하는 경향이 유지되는 반면, 이미 다매체시대에 출발해 '채널' 간 경쟁에 익숙한 케이블TV나 위성방송, DMB, IPTV 등 뉴미디어 방송사들은 프로듀서

의 주요 직무를 개별 프로그램보다는 '채널' 전체의 관점에서 '편성'과 '제작'이라는 큰 부류로 재편한 개념을 적용 중이다. 그 중에서도 '편성' 관련 프로듀서의 업무가 중요해지는 추세를 보이고 있다.

아래 내용은 케이블TV 최다채널 보유사인 CJ E&M의 직무소개 사이트에 올라온 안내 글이다.

[미디어 편성] – 역할

프로그램을 기획하고 배열(scheduling)함으로써 채널의 목표 또는 이념을 달성한다.

미디어 편성 직무는 채널의 핵심가치를 기준으로 브랜드 빌딩전략을 수립하고 콘텐츠를 기획, 수급, 편성하여 시청률과 매출 목표를 달성한다. 둘째로, 콘텐츠 시청가치 및 시청자 만족도를 향상시키기 위해 시청률 분석과 리서치를 바탕으로 변화하는 시청행태 및 시청자 니즈를 파악하고 콘텐츠의 가치를 극대화하기 위한 프로모션을 기획, 실행하는 역할을 수행한다. 더 나아가 제작, 마케팅, 콘텐츠 구매 및 판매, 광고영업 등의 유관부서와 커뮤니케이션 네트워크를 형성하여 각각의 업무를 이해하고 필요에 따라 조합 및 조율을 통해 업무 효율성을 향상시키는 역할을 담당한다(recruit.cj.net).

CJ E&M에는 일반적인 제작PD 외에도 MCN 콘텐츠와 디지털 콘텐츠 제작을 담당하는 디지털콘텐츠 제작PD, 위 소개에서와 같은 미디어 편성, 그리고 미디어마케팅과 매체기획/영업 업무를 따로 두고 있다. 최근과 같은 다매체 환경이 채널의 PD 직무에 대해 어떤 영향을 주고 있는지 그 단면을 살피는데 유용한 자료라 할 수 있다. 즉, 채널 간 치열한 경쟁의 구도 속에서 기존 지상파 방송사와 같이 전 시간대를 거의 모두 '제작' 프로그램으로 운영하기보다는 채널의 특성화 및 이에 맞는 편성 전략에 따라 외주 제작, 외부 판권 구매 등 다양한 방식으로 수급하고 있다. 여기에 특집 편성, 시청자 분석 등 마케팅적인 능력이 요구되고 있는 최근의 매체 환경을 반영하고 있다.

현재의 미디어 환경에서는 과거처럼 제작 위주의 업무만을 프로듀서의 역할이라고 할 수 없다. 최근 제작 부문은 전문화된 독립제작사들이 드라마부터 다큐, 예능, 쇼까지 다양한 장르에 걸쳐 디렉터 부문의 전문적 업무를 맡는 시스템으로 변화하는 추세다. 이에 비해 방송사 내부에서는 프로듀서의 직무가 점차 직접적 디렉터로서의 역할보다 기획과 마케팅을 포함한 제작 전반을 통괄하고 예산 관리도 책임지는 프로듀서 역할이 더 중요해지고 있다. 프로그램 단위를 넘어 채널 전반의 그림을 그려내는 전문적인 편성 및 마케팅 기획자로서의 역량이 중요하게 평가되고 있다. 미국에서 영화가 초기와 중기를 거쳐 현재에 이르는 미디어산업 환경의 변화를 겪으며 프로듀서와 디렉터 간 관계의 전이가 지속해서 뒤바뀌는 역사와 비슷하다.

프로듀서라는 용어는 미디어환경 변화에 따라 그 안에서 변화하는 주요 생산 주체들 간 관계와 균형에 따라 그 역할이 변화한다. 이들의 중심 업무는 지속적으로 변화와 진화를 거듭하고 있는 유기체적 속성을 보여주고 있다. 미디어 환경에 따라 프로듀서의 역할이 유기적으로 진화해야 한다는 인식을 분명히 해야 할 시점이다. 이에 대해 프로듀서가 되기 위해 준비하는 학생들이나 일반인들, 나아가 현직 방송사 프로듀서들도 제대로 인식하고 있는가 하는 점은 의문이다.

프로듀서 하면 흔히 '1박2일'이나 '신서유기'를 제작한 나영석, '무한도전'을 제작한 김태호, '응답하라'를 제작한 신원호 등을 떠올린다. 디렉터로서의 프로듀서 역할에 인식이 고착되어 있다. 다플랫폼 다채널 N스크린 시대의 프로듀서는 방송 현장에서 촬영을 지휘하고 연출, 편집하는 디렉터만으로는 충분하지 않다. 시청자에 어필할 프로그램을 최초로 기획하고, 일관된 스토리라인을 유지하면서도 다양한 플랫폼을 통해 콘텐츠를 효과적으로 릴리스하고 콘텐츠 소비자를 끌어모으는 편성·마케팅 기획자가 되어야 한다. 또한 기획안을 사내외에 설득시키고, 제작진도 기존처럼 사내 인력만이 아니라 외부의 유능한 인력을 결합시키는 능력을 구비해야 하며, 제작비 확보와 효과적인 집행까지 책임지는 프로듀서가 되어야 한다. 지금의 할리우드 시스템을 완성시킨 제리 브룩하이머, 1960년대 '영국의 침공(British Invasion)'이라 불리며 미국 시장을 초토화시킨 팝의 영원한 전설 비틀즈를 만들어낸 브라이언 엡스타인 같은 존재가 점점 필요해지는 시점이다.

심화학습을 위한 토론 주제

1. 한국에서 프로듀서가 되기 위해 필독해야 한다고 생각하는 책 100권을 집단토론을 통해 선정해 보자.
2. '최첨단 편집: 영화 편집의 마술'을 시청하고 편집이 영상 콘텐츠의 스토리텔링을 어떻게 완성시키는지 토론해 보자.
3. 다음 영화가 확립한 영상문법은 어떤 것인지 정리해 보자.
   - 에이젠시타인의 '전함 포템킨', 그리피스의 '제국의 탄생'
   - 오손 웰스의 '시민 케인', 알프레드 히치콕의 '현기증', 비토리오 데시카의 '자전거도둑'
4. 디지털시대 영상의 특성에 대해 토론해 보자.

2부
디지털
스토리텔링

성공한 프로그램에는 이유가 있다. 프로듀서들은 새롭게, 다르게 만들기 위해 끊임없는 변신과 실험을 시도한다. 장르별 기본기를 바탕으로 한 비틀기, 장르융합, 디지털시대에 맞는 스토리텔링과 크로스미디어 없이는 생존 불가능한 시대다. 리얼예능은 다큐멘터리를 지향하고 예능 집단창작시스템으로 드라마가 만들어지며, 현실과 웹 세계가 경계를 넘나들며 팩추얼드라마, 판소리뮤직다큐멘터리드라마 같은 새로운 형식의 성찬이 펼쳐지고 있다. 이 시대 최고 화제의 프로그램 PD 인터뷰를 통해 그들만이 가진 생생한 제작노하우를 체험한다. 2부는 새롭게 시도하는 디지털시대 PD론, 프로그램 제작론이다.

〈삼시세끼〉, 〈꽃보다 할배〉

나영석PD

2001년 KBS에 입사해 〈스타 골든벨〉, 〈해피 선데이〉, 〈인간의 조건〉을 연출했다. 2007년 부터 2012년 2월까지는 복불복 등 연예인의 생생한 리액션을 담아낸 리얼 예능 〈1박 2일〉을 만들었다. 2013년 1월 CJ E&M으로 옮겼으며 2015년 예능 PD 최초로 백상예술대상 대상을 받았다. tvN에서는 〈꽃보다 할배〉, 〈신서유기〉, 〈삼시세끼〉를 연출했다. 어촌과 농촌, 할배, 누나, 청춘 등 형식은 같으나 장소와 출연진을 바꾼 모든 변주 프로그램이 성공해 나영석 PD의 이름값을 높였다. '예능계 미다스의 손'이라는 별칭보다 '촌스런 보통사람'이라 불리길 좋아한다. 무조건 웃겨야 한다는 예능이 아니라 공감을 통한 작은 쉼표 같은 예능, 일상 속에서의 발견, 결과보다 과정을 주목해 다큐멘터리 같은 예능이란 평가도 받는다. 본인은 자신의 프로그램이 '선한 힐링'을 지향한다고 설명한다. 포털 웹예능 〈신서유기 1, 2〉를 거쳐 지금은 〈신혼일기〉, 〈윤식당〉을 연출하며 여행과 먹방, 쿡방이 결합한 새로운 실험을 보여주고 있다. 나영석표 예능으로 불릴 정도로 예능 프로그램 분야에서 독보적인 존재다.

선한 버라이어티로
힐링 밥상 차려주기

어촌편 예고 봤어요. 이서진 씨가 다시 돌아왔더라고요.　원래 〈삼시세끼〉는 이서진 씨가 맡고 있는 농촌편이 메인이에요. 차승원, 유해진 씨가 하는 어촌편은 스핀오프 프로그램이었는데, 이번에 그분들과 두 공간을 바꿔보자는 생각을 했죠. 그래서 차승원 씨가 고창에 온 거고, 이서진 씨가 어촌으로 가게 된 거죠.

멤버들이 에릭과 윤균상으로 바뀌었어요. 촬영은 잘 되고 있습니까?　한 번 다녀왔는데요. 나쁘지 않았던 것 같아요.

현장의 느낌이나 배우들의 캐릭터들이 달라진 게 있어요?　이번에 멤버를 크게 바꾼 거예요. 이서진씨는 그대로지만, 에릭 씨랑 윤균상 씨는 처음이거든요. 가능하면 두 사람이 매력적으로 보이길 원하죠. TV 화면을 통해서 매력적으로 보인다는 게 저희가 이런 성격이 매력이 있으니까 이렇게 하라고 해서 되지 않거든요. 캐스팅할 때부터 염두에 두고 있는 부분이 있죠. 에릭 씨는 말은 많지 않지만 4차원 성격 같은 것들,

그러면서도 자기 할 일은 제대로 하는? 윤균상 씨 같은 경우는 어리고 젊은 만큼 성실하고 매사에 하고 싶어 하는 포지티브한 매력들이 잘 드러나길 원하죠.

건드려 사람의 진짜 모습 끄집어내기

나 PD는 주인공의 캐릭터, 매력을 끄집어내는 능력이 탁월한 것 같아요.　성격이란 부분은 누구나 가지고 있는 거예요. 그 성격이 매력적일 수도 매력적이지 않을 수도 있지만. 매력이 없는 친구를 캐스팅하고, 그 사람을 매력적으로 만드는 것은 사실 불가능하고요. 어느 사람이나 장단점이 있고 좋은 점, 나쁜 점이 있기 때문에 저희는 가능하면 좋은 부분을 시청자들에게 걸러서 보여드리려 노력하죠. 에릭 씨나 윤균상 씨도 어두운 면과 단점, 사람들이 싫어하는 부분도 분명히 있겠죠. 가능하면 편집을 통해 밝고 좋은 부분을 필터링해서 보여주죠.

신문에 난 사진을 표현하면, 좀 뭣하지만 악동 같은 느낌이 있어요. 순진무구한 악동, 그러면서 텁텁한 느낌, 어떻게 생각해요?　그렇게 생각해주시면 좋죠. 하하.

때로는 깐죽거리면서 약 올리는 게 밉지만 그 멤버들의 진정성을 끄집어내는 능력, 캐릭터의 특성을 끄집어내는 능력이 탁월해요. 〈꽃보다 할배〉에서 이서진 씨가 힘들 때까지 두었다가, 못 견딜 즈음 등장해 위로 한번 하고 이서진 씨를 원래 짐꾼으로 돌려보내는 그런 역할. 평상시 성격이 그런 거예요? 아님 프로그램을 위해서 그러는 거예요? 의도적으로 다가가거나 프로그램을 위해서 그런 행동을 할 때도 있어요?　음, 평상시에도 있겠죠. 근데 프로그램을 연출할 때는 평상시 모습보다 연출자로 돌아오죠. 카메라 뒤에서 가면을 쓰고 서 있는 연출자는 의미가 없는 거니까. 제가 리얼리티 장르를 하고 있는데, 사람의 모습을 가지고 장사를 하는 장르예요. 할아버지의 모습, 이서진 씨의 모습, 차승원, 유해진 씨의 모습. 사람들이 매력을 느끼는 건 음식을 만드는 차승원 씨거든요. 저희가 집중하고 보고 싶은 것은 사람이고. 그 사람이 진짜 어떤 사람인지 보기 위해서는 계속 건드려줘야 해요. 연못이 있는데 돌을 던지지 않으면 뭐가 떠오르는지 볼 수가 없거든요. 인간도 똑같아서 그 사람을 극단적인 상황에 집어넣었다가 풀어줬다가 계속 상황을 만들어줘야 진짜 그 사람이 튀어 나와요. 평상시에는 평정심을 유지하다가 너무 힘든 상황이라면 입에서 자기도 모르게 욕이 나오듯이. 적절한 게이지라는 게 있어요. 너무 과도하면 출연자가 기브 업하게 되거든요. 할아버지들이 내일부터 안 한다고 할 수 있잖아요. 그 선을 잘 봐야 하고 어디까지 저 사람들을 밀어 붙여서 어디까지 뽑아 낼 것인가를 현장에서 잘 보죠. 저 사람의 게이지는 여기까지구나 하면 거기까지 밀어붙이고 그 이상 넘어가면 그 사람이 당황하지 않도록 신경을 많이 써요.

굉장히 익숙하되 굉장히 새로운

〈꽃보다 할배〉부터 이야기하죠. 왜 꽃보다 할배였어요?　사람들에게 새롭고 익숙한 것을 해야겠다고 생각했어요. 너무 새로우면 사람들이 처음 보는 거니까 안 보고, 너무 익숙하면 흔해 빠져서 안 보는데. 그 지점을 찾기가 사실 힘든데, 치열하게 회의했죠. 여행프로를 하고 싶은데 누구를 데리고 여행 갈까. 그러다가 나온 게 할아버지들을 데리고 여행가는 거였어요. 할배들을 모르는 국민은 우리나라에 없거든요? 예능 프로그램에 나와서 뭘 한 적도 없어요. 굉장히 익숙하되, 굉장히 새로운 그림일 수도 있겠구나. 이분들이 그냥 그 연세의 처음 보는 할아버지들이었다면 사람들은 안 봤을 거예요. 평소 드라마에서 보던 준거모습이 있고 그거에 대비해서 실제 모습이 있으니까 재미를 느낄 수 있을 거라고 생각했죠. 익숙하되 새로운 것을 만들자는 고민 속에서 할아버지라는 캐릭터들을 예능 안으로 들여온 거죠.

여행 프로그램이라는 콘셉트는 기본적으로 있었네요. 현재 트렌드이기 때문인가요?　음. 그런 부분도 분명히 있었고요. 제가 〈1박2일〉을 했을 때는 국내 여행이었어요. 소재를 선택할 때 시청자가 감정이입을 하게 하기 위해서는, 시청자의 동의가 필요해요. 〈1박2일〉을 기획할 때만해도 해외여행하면 제일 처음 댓글에 남기는 게, 수신료 낭비하지 말라는 거였어요. 내 피 같은 돈으로 왜 연예인들 놀러 다니는 데 쓰냐는 거였죠. 시간이 3~5년이 지나 〈1박2일〉을 마무리하고 tvN으로 옮길 때쯤에는 사람들 인식이 해외여행도 누구도 가는 거라는 수준으로 올라왔다고 생각했어요. 제가 여행 콘텐츠를 좋아했고, 국내여행이라는 것을 했고. 해외여행도 한번 다뤄보고 싶었죠. 저는 대중들이 싫

어하는 콘텐츠는 절대 만들지 않거든요. 이제는 대중들이 해외여행에 돈 낭비한다는 말을 하지 않을 것이라 생각했고, 게다가 이 여행을 하는 사람이 가수나 개그맨이 아니라 할아버지를 모시고 간다고 했을 때, 사람들의 심리적인 거부반응이 분명 줄어들 거라고 생각을 했어요. 해외여행이라는 소재에 할아버지라는 캐릭터, 배낭여행, 버킷리스트, 여러 가지가 한 톤으로 묶이는 게 있었죠.

방송이 세상을 투영한다고 하잖아요. 다큐멘터리는 현재를 기록한다는 느낌이 있거든요? 예능을 할 때, 시청자들의 현재 니즈, 욕구, 마음, 고통 등을 반영하려고 노력하나요?　물론이죠. 그걸 생각 안하고는…….

짧지만 판타지로 위로 건네고 싶어

현재 시청자들의 가장 큰 니즈, 욕구가 뭐라고 생각해요? 혹은 트렌드나 문화코드라고도 할 수 있겠는데. 뭘 가장 우선하고 싶어요?　저는 위로라고 생각해요. 예능이 건넬 수 있는 손은 분석도 아니고 비판도 아니고. 그냥 그렇잖아요. 누가 힘들 때 그 고통을 벗어나려면 이렇게 해야 한다고 가르쳐주는 친구도 있고, 네가 처음부터 잘못한 거라고 나무라는 사람도 있지만, 예능이 할 수 있는 것은 위로 정도인데. 그 위로는 방송에서 "여러분 잘 살고 있어요." 말하는 것이 아니죠. 그것은 어쭙잖은 거죠. 시청자를 우습게 보는 거죠. 요즘 시청자는 가르치는 걸 좋아하지 않거든요. 요즘 시청자는 예능 프로그램의 효용성을 이렇게 생각하는 것 같아요. 이걸 보는 순간만이라도 저 복잡한 모든 것을 잠깐 잊자. 사회 비판을 한다거나 현실을 투영하는 방식이 다르다고 생각하는데, 그래서 제 TV 세계는 좀 비현실적이에요. 장르는 리얼리티쇼지만, 일어날 수 없는 일들이 일어나요. 누가 저 할아버지를 모시고 배낭 여행을 가겠어요. 어떻게 직장이 있는 사람들이 시골에 가서 밥만 해먹고 살 수 있겠어요. 사실은 그렇게 할 수 없거든요. 이것을 리얼이라는 말로 포장하고 있지만, 다 판타지라고 생각하죠. 사람들도 다 알아요. 다만 방송 볼 때 '아이고, 나도 저렇게 한번 해봤으면 좋겠네', '나도 그랬으면 좋겠네' 하고 끝나면 TV 끄고 자는 거예요. 다음 날 또 지옥 같은 삶이 돌아가는데, 한 시간이라도 그런 감정을 제공하는 게 저희들의 일이라고 생각하죠.

그렇다면 나 PD는 세상사는 것이 힘들다, 고통스럽다 인식하는 건가요?　모든 시대가 그렇지 않을까 싶지만.

위로하고 싶다고 이야기하니까. 나 PD의 마음이 뭔지 알고 싶어요. 위로가 필요한 친구나 젊은 후배를 볼 때 위로를 해준다는 것은 무엇인가요?　저는 원래 세상을 바꾸고 싶었어요. PD가 되려고 했을 때는 혁명가가 아니라 계몽주의 같은 게 있어요. 모르는 걸 가르쳐주고 싶고 세상에 파장을 건네고 싶었어요. 〈1박2일〉 할 때는 그런 기획들도 많았어요. 외국인 노동자 특집도 있고 시청자참여도 했고, 예를 들어, 네팔에서 온 외국인이 힘들게 살다 가족이 그리워서 같이 여행가서 가족을 만나서 펑펑 울던 장면을 담았어요. 그걸로 칭찬도 많이 받고 상도 많이 받았어요. 그런데 그런 생각이 들었어요. 사람들은 저기서 이렇게 비판을 했으니까, 그걸 보는 것만으로도 내가 할 일을 다 했다고 생각해요. 어느 날 그런 작업들의 한계를 느꼈다고 할까? 내가 참 어쭙잖은 짓을 하고 있구나 하는 생각이 들었고. 진짜로 사람들이 원하는 것은 조금 더 작고 소박한 거라는 생각이 들더라고요. 제가 하는 프로그램은 보는 순간만이라도, 그게 재미든 힐링이든 여유든. 예능으로서 역할을 다하고 싶다는 생각을 해요.

조금 전에 세상을 바꾸고 싶다고 말했는데 처음부터 예능 PD를 하려고 했어요?　　네.

사람냄새 나는 따뜻하고 선한 버라이어티

다큐멘터리 PD나 기자나 아니구요?　　저는 메시지를 전달하는 가장 쉬운 방법이 코미디라고 생각했어요. 대학교 때 연극을 했는데, 연극을 하다가 자괴감에 빠질 때가 있어요. 예를 들어, 통일을 앞당겨야 한다는 주제로, 두 달 동안 연습을 하거든요. 그럼에도 메시지가 전달이 잘 안 되고. 이렇게 연습하고 이럴 열정이 있으면 학교 정문에서 통일을 앞당기자고 외치는 게 훨씬 더 많은 사람들이 들을 텐데, 왜 군이 돌려서 힘들게 전달해야 하는지. 코미디는 훨씬 쉽게 메시지를 전달할 수 있는 장르예요. 제가 예능 PD가 됐던 것도 코미디 프로그램을 하고 싶어서였어요. MBC의 김영희 선배가 했던 공익적 예능프로그램을 어릴 때 좋아했어요. 나도 사회에 선한 영향력을 행사할 수 있는, 코미디라는 웃음을 매개체로 해서 전달하는 사람이 되면 좋겠다고 생각했죠. 지금은 돌아서 여기 있지만.

김영희 PD와는 톤이 전혀 다른 거 아시죠?　　그럼요. 그것은 시대가 요구하는 게 있는데, 아무도 이제 김영희 선배 스타일의 프로그램을 하지 않죠. 내 의지보다 중요한 것은 시청자의 의지예요. 시청자가 보고 싶지 않은 예능 프로그램은 의미가 없다고 생각해요.

아이디어를 내거나 제작할 때 '시청자가 원하는 걸까' 하고 항상 염두에 둡니까?　　KBS에 있으면서 돈 벌어야 하고 시청률이 나와야 한다는 것을 배웠어요. 그게 없으면 아무 의미가 없다는 것을 뼈저리게 느꼈어요. 예능은 그런 곳이고. 거기서 뜬구름 잡는 소리를 하고 싶지 않아요. 제가 명확하게 선한 버라이어티를 하는 것도 사람들이 좋아하니까 하는 거예요. 사람들이 좋아하지 않으면 다른 것을 할 거예요.

선한 버라이어티라.　　나쁜 건 안 나오니까.

지금 보면 〈꽃보다 할배〉도 그렇고 나영석 PD의 프로그램에서는 사람 냄새가 나요. 단순한 인물의 캐릭터 말고 사람 냄새. 이런 것들을 어떻게 끄집어내나요?　모든 사람이 가진 수많은 캐릭터에 주목하죠. 예를 들어 유해진 씨, 유해진 씨를 사람들이 대게 좋아하거든요. 그 사람이 방송에 나오는 면을 보고. 그런데 분명 사람들이 싫어하는 면도 있어요. 방송은 유해진을 비판하려고 만드는 것도 아니니, 저는 사람들이 좋아할 법한 면들을 합성해서 보여주려고 하죠. 그것은 그에게 좋은 면들이 있어야 가능한 거예요. 없는 사람을 데려다가 시킬 수 없죠. 그럴 거면 연기를 시켜야 하는데, 요즘 사람들 너무 똑똑하니까, 진짜 모습인지 만들어낸 모습인지 금방 알거든요. 그러니까 애초에 그런 모습이 있는 사람을 캐스팅해서 좋은 부분이 드러날 수 있는 세팅 안에 넣는 거죠. 유해진 씨는 동물을 사랑하고 자연을 좋아해요. 그 사람의 매력을 십분 나타내도록 오리를 키우고 농사를 짓게 하는 거죠. 그 상황만 제공해주면 논에 가서 논을 돌보고 피를 뽑는 것을 자기가 좋아서 하는 거죠. 그런 모습을 보고 사람들은 '저 사람 좋네', '나도 저렇게 살고 싶네' 이런 생각을 하는 거죠.

사람을 처음 볼 때 어떤 특징을 통해서 사람 냄새를 전달할 수 있겠다는 느낌이 오나요?　사람을 잘 봐요.

선천적인건가요? 숙달되는 건가요?　숙달되는 거예요. 100% 직업을 통해서 연마된 스킬이구요. 예능 프로그램을 하면서. 저는 사람에게 크게 관심이 있는 사람은 아니었어요. 낯가림도 심하고 누구를 만나는 것도 좋아하지 않았고요. 〈1박2일〉을 오랫동안 하면서, 여러 멤버들의 캐릭터를 처음으로 찾아가는 프로그램이었는데, 그걸 하면서 나도 모르게, 강호동 씨의 멘탈은 어떤지, 저 사람 성격상 이런 걸 시키면 어떤 반응을 할지, 그 반응 속에서 어떤 재미가 나올지. 이런 것들을 매번 생각할 수밖에 없거든요. 이제는 한두 번 만나보거나 영상을 통해서 그 사람이 하는 이야기만 들어도 저 사람은 리얼리티 쇼를 한번 해봐도 좋겠다, 저 사람은 캐스팅을 하면 안 되겠다 판단할 수 있죠.

과정 지켜보며 의미와 캐릭터의 매력 발견하기

나PD 프로그램에서 느끼는 첫 번째가 사람 냄새였고, 두 번째로는 과정을 참 중시한다는 것이었어요. 과정이라는 것이 장치로 만들어지는 거잖아요. 요즘은 점점 장치를 빼버리고 기다려주는 느낌을 많이 받는데, 과정을 더 지켜보려는 의도인가요?　사람의 성격이나 캐릭터를 보려면 쭉 지켜보는 수밖에 없어요. 예를 들어 예전에 버라이어티는 여기서 저기까지 달려서 '얘가 이겼습니다, 진출', '누가 이기고 지나'로 재미를 주었다면, 지금은 내일이 경기인데 마음이 떨려 이걸 어떻게 하지 고민하고 그 안에서 이렇게 훈련을 해야지 생각하고 동료가 옆에 와서 등을 두드려주고 그런 과정부터, 그럼에도 불구하고 경기에서 졌다는 풀 스토리를 다 보고 싶어 해요. 그래서 저희도 〈1박2일〉 할 때는 게임 찍고 쉬고 게임 또 찍고 그랬거든요. 그런데 점점 더 그 경계가 허물어지면서 요즘은 저희가 촬영할 때 스탠바이 시간도, 취침 시간도 없고 쉬는 시간도 없어요. 우리는 출연자한테 '내일 아침 기상 몇 시입니다, 일어 나세요' 해 본 적이 없어요. 알아서 일어나고 그들이 일어날 법한 시간에 준비하고 있는 거지. 먼저 깨운 적도 없고. 그들이 왜 이렇게 늦게 자냐, 늦게 일어 나냐고 뭐라 한 적도 없어요. 그들이 일어나면 자연스럽게 우리도 촬영을 시작하고 그들이 잠들면 우리도 촬영을 접는 시스템까지 왔어요.

〈1박2일〉이 시도했던 복불복, 까나리 같은 장치가 처음에 나왔을 때는 어색하고 저래도 되냐 했는데 점점 더 익숙해졌죠. 〈삼시세끼〉는 그냥 과정을 지켜보는 게 많아졌고. 다큐멘터리가 현장을 기록하며 발견하며 의미를 찾는데, 나 PD는 과정을 기록하며 의미를 발견하는 능력이 참 탁월한 것 같아요.   그 발견이라는 단어가 제가 후배들한테 가장 많이 쓰는 단어예요. 많은 사람들이 어떻게 그렇게 될 줄 알고 찍었어요. 그 사람이 이런 성격일줄 알고 섭외했어요, 물어요. 물론 저희도 이렇게 되지 않을까 수많은 시뮬레이션을 통해서 예상을 하지만, 50%는 예상하고 나머지 50%는 빈 공간으로 남겨둬요. 촬영을 해봐야. 이런 부분은 내 생각대로고, 예상 외로 이런 모습도 있음을 알고, 거기서 발견한 것 중에 매력적인 부분은 편집을 통해서 보여주는 거죠. 이게 100% 발견이에요. '아무것도 하지 마, 촬영하기 전까지, 캐릭터는 네가 준비하는 게 아니야, 우리가 발견하는 거지, 그러니까 아무것도 하지 마.' 이효정 작가가 한 말인데. 저랑 10년 이상 작업을 했으니까 그런 느낌이 통하는 거죠. 저희가 눈으로 보고 저 부분은 매력적이에요, 빛나는 구나, 저런 부분을 빛나게 하려면 유연하게 대처해야 하죠. 내일 원래 계획은 이걸 시키려고 했는데, 이걸 한 번 더 시키자, 그러면 이걸 한 번 더 볼 수 있겠다. 현장에서 유연하게 찍고 촬영 분을 가지고 한 번 더 필터링을 하고, 그 속에서 주인공의 매력적인 성격과 재미있는 내용을 만드는 거죠.

상황설정도 연출도 뺀 다큐멘터리 같은 예능

장치는 점점 더 없어지는 것 같아요. 이젠 설정조차도 안하려고 하는 것 같아요. 더 다큐멘터리적으로 발견의 재미를 강조하고 싶어선 가요? 리얼리티적인 요소를 위해서?   맞아요. 점점 더 빼고 있어요. 이제는 게임도 안해요. 미션이 있는 것도 아니고. 〈삼시세끼〉는 상황 자체가 미션이니까. 오늘까지 뭘 하세요. 인삼 천개를 캐세요. 이런 걸 이젠 안하거든요. 스태프도 빼고 있고, 가능하면 사람도 빼고 있고, 계속 간결하게 해 나가고 있는데 그렇게 해야 그 사람이 오롯이 보여요.

그걸 예능이라고 해도 돼요? 다큐멘터리라고 해야 하는 거 아니에요? 그동안 예능이 해 온 상황을 만들어놓고 웃기는 일반 공식이 있잖아요.　작업하는 방식만 보면 거기에 연예인이 들어가지 않고 일반인이 들어가면 다큐멘터리라고 불러도 돼요. 과연 이 상황에서 이들은 어떻게 할까요? 하면서 소프트하게 다큐멘터리를 만들 수도 있겠죠. 그런데 목적이 다르겠죠. 명확하게 이 프로그램은 사람들로 하여금 이걸 보면서 즐거움과 잠깐의 휴식을 얻게 하려는 거지. 인간의 깊은 면모를 고찰하려는 거는 아녜요. 목표가 다르죠.

나영석 PD가 보는 예능은 뭔가요? 예능관이라든가 예능 프로그램이란 이런 거다라는.　글쎄요. 굳이 예능이 뭔지 모르겠지만, 저는 사람들이 원하는 밥상을 차려주는 게 예능이라고 생각해요. 저는 늘, 물론 제가 원하는 소재가 있어요. 하지만 시청자가 원하지 않으면 전혀 하고 싶은 생각이 없어요. 늘 시청자들이 먼저 인거죠. 돈값, 시간 값을 하는 게 예능이어야 한다고 생각하고. 그들이 1시간 TV 시청을 했다면 거기에 걸맞은 휴식을 제공해주는 것이 예능의 의무라고 생각해요.

다큐멘터리는 객관성을 강조하기 위해서 제작자나 카메라를 노출 안 시켜요. 대상만 보여주며 이 다큐가 아주 객관적이고 냉정하게 만들었음을 강조해 시청자의 신뢰를 획득하죠. 근데 마이클 무어는 달라요. 카메라를 노출시키고 상황에 개입하고 촉진시키죠. 이 과정을 통해 시청자가 보는 진실이라는 것이 사실은 만들어진 것임을 돌아보게 한다고 해서 성찰 다큐라 부르죠. 나 PD의 프로그램은 성찰적 요소가 강한 것 같아요.　그런 점이 있어요. 어느 스님이 참선을 하다가 깨닫는 장면이 다큐멘터리에 나오는 거예요. 고개를 들어서 하늘을 봤더니 아무것도 없더라 하는 장면을 찍는데, 그 스님이 고개를 들었을 때 헬기 숏으로 저 위에서 점점 더 멀어지는 장면을 찍고 싶어요. 그러자면 스님 한번만 더 고개를 들어 주세요 하고, 헬기 숏으로 찍는 거잖아요. 그 콘셉트는 진실이지만, 촬영장은 만들어진 거죠. 어느 순간 시청자가 그런 부분을 알게 되었다고 생각해요. 패를 다 보여주는 거예요. 우리 이렇게 찍고 있어요. 카메라도 있고 이렇게 만들어진 공간입니다. 출연진들은 이렇게 생활하는 거예요, 알려주는 거죠. 아무것도 안 나오면 차라리 드라마라고 생각하는 거죠. 짜인 것이라 알려주기 위해서 〈1박2일〉할 때 저는 일부러 스태프들이 짐을 옮기고 있을 때 찍힌 장면들을 넣은 적이 있어요. 안 넣어도 되는 장면인데 넣어서 사람들한테 얘네 진짜로 하는 거라는 거짓말의 거짓말을 얻는 걸지도 모르겠지만.

다큐멘터리에서 카메라로 대상을 기록하는 방법이 두 가지가 있죠, 있는 그대로 기록하는 것과 간섭하고 촉진시켜 숨겨진 진실을 드러내는 것. 어느 쪽인가요? 후자의 방법을 쓰는데 대신에 점점 더 교묘하게 우리 존재를 가리려고 노력해요. 이미 드러났지만 선이라는 게 있어요. 양념으로서만 기능해야지. 〈삼시세끼〉에서는 가능하면 스태프가 개입하는 걸 빼고 있어요. 〈1박2일〉 할 때는 스태프들이 어울려서 놀고 그랬는데. 〈삼시세끼〉에 오면서 훨씬 더 다큐처럼 가고 있어요. 사실은. 우리 존재를 더 축소시키고, 오롯이 출연자들의 모습만 찍으

려고. 물론 순간순간 제가 드러나고 카메라의 존재가 나오지만 전작들보다는 줄어들고 있죠. 점점 다큐멘터리로 가는 거죠. 한 인터뷰에서 예능의 끝은 다큐멘터리일 것 같다고 이야기한 적이 있는데, 제가 하는 예능의 끝을 말하는 거예요. 모든 예능이 그렇지 않고. 연출진의 모습을 빼고 있어요. 요즘 제가 관심이 있는 건 어느 순간 제 모습까지 뺄 방법은 무엇일까 생각하고 있어요.

변주, 스핀 오프는 성공한 상술

〈꽃보다 할배〉, 〈꽃보다 누나〉, 〈꽃보다 청춘〉을 보면 변주한다는 느낌이 들어요. 〈삼시세끼〉도 농촌과 어촌, 출연진을 바꾸며 변주되구요. 변주는 되지만 메인 스트림은 하나인 거죠. 아까 스핀오프라고 했는데, 〈꽃보다 할배〉와 〈삼시세끼〉를 스핀오프 하는 변주는 어떻게 이루어지나요? 아, 근데 이건 상술이죠. 성공한 콘셉트가 있으면 그것을 차용해서 제작하는 게 안정적이니까. 〈꽃보다 할배〉가 성공했으니까 이와 비슷한 포맷을 다른 출연진에게 적용하면서, 사이에 선생님들과 한 번 더 하고, 그 뭐랄까, 우린 속된 표현으로 물 빠진다고 말하는데, 그렇게는 하고 싶지는 않으니까요. 변주를 하더라도 조금이라도 새롭지 않으면 사람들이 안 봐요. 그러니까 안정적인 포맷을 가져가되 새로움을 더해서 〈삼시세끼〉도 '농촌편' 하다가 어느 정도 자리를 잡으니까 새 멤버를 캐스팅해서 '어촌편'을 간다든지. 매번 새 프로그램을 할 수 없고, 또 한 번 했던 프로그램을 계속하면 금방 이미지가 소진되니까 타협점을 찾은 거죠.

〈삼시세끼〉를 보면 커트 하나하나가 다큐멘터리 커트예요. 점점 개입하는 요소도 빼고, 보고 느끼고 발견하고, 자막

으로 의미를 툭툭 던지죠. 나영석PD가 어디까지 가는 건가 궁금해요.   〈삼시세끼〉라는 프로그램은 자연에서 음식을 만들어 먹는 건데, 제가 사실 좋아하는 거예요. 저도 다큐멘터리를 굉장히 좋아하거든요. 어릴 때 굉장히 많이 봤어요. 자연 다큐멘터리, BBC에서 해주는 것들, 너무 좋아하고 예능 보다 훨씬 재미있어요. 저도 초창기에는 코미디에 빨리 농담을 많이 하게 하고, 빨리 다음 농담으로 넘어가고 그랬다면 요즘은 재미란 무엇일까 생각해요. 시청자를 붙들어 놓는 힘이 재미라고 생각하거든요. 다큐멘터리가 왜 재미가 없겠어요. 웃음이 아닌 것뿐이지 보게 만들잖아요. 예뻐서 보고 지식이 신기해서도 보는데, 그런 것들을 떠나서 저는 자연을 좋아해요. 아날로그적인 향취를 좋아하거든요. 그래서 요즘은 비가 온다면 비가 오는 그림만 보여줘요. 그런데 시청자들이 안 좋아하면 안 했을 거예요. 시청자들은 코미디언들의 농담만큼 자연을 좋아해요. 예전에는 나만 좋아하지 싶었는데, 특히 나 〈삼시세끼〉에서는 논을 찍어도 석양의 논을 예쁘게 찍고 싶었죠. 굳이 연예인이 안 나와도 '아 좋다'라고 생각할 수 있거든요.

자연에 가서 세끼 식사해결을 통해서 말하고 싶은 것도 위로인가요?   제가 말하는 위로는 '여러분 잘하고 있어'라고 달래는 위로가 아니라, 그냥 그 시간에 아무 생각 안하고 편한 마음으로 방송보고 침대에 누웠을 때 포근하게 잠들 수 있는 위로예요. 얼마나 단출해요. 누구나 꿈꾸는 삶이 아닐까 싶어요. 저희가 상정하는 시청자는 30~40대 도시에 거주하는 시청자거든요. 그 사람들이 좋아하는 프로그램을 만들려고 하죠. 그 사람들한테 삼시세끼라는 공간은 손에 넣고 싶어도 넣지 못하는 공간이거든요. 어떻게 아무 고민 없이 세끼 밥만 해먹고 살 수 있어요. 그렇게 살게 해준다고 해도 그 사람들은 안 갈 거예요. 이미 익숙해져 있어요. 맨날 불평하지만 저 사람들에게 도시를 소거하면 못살아요. 그럼에도 지금 상황이 버겁고 싫거든요. 저희는 그런 사람들에게 잠깐 약을 한 사발 주는 거예요.

선한 예능, 선한 리얼리티라 했는데 〈삼시세끼〉 공간은 현실에선 불가능한 허구여서, 시청자가 현실로 돌아왔을 때 더 큰 좌절 혹은 허무를 느끼지 않을까요?   아니요. 시청자는 저게 거짓말이라는 것도 알아요. 알고 본다는 거죠. 저는 시청자가 저보다 100배 똑똑하다는 말을 잊지 않으려고 해요. 알면서 보는 거죠. 우리의 경험은 간접체험이잖아요. TV 잠깐 봤다가 껐다고 너무 허무하고 좌절하거나 하지 않아요. 저분들은 저거 볼 때 행복했다가 끄는 순간 다 잊을 거예요. 실제로 그렇게 되길 바라요. 그렇게 중독성이 강하지 않으니까.

지금은 정교한 다품종 소량생산 예능시대

요즘 예능 트렌드는 뭔가요? 버라이어티인가요? 리얼리티인가요?   아무래도 리얼리티 프로그램들이 예전에 비해 많이 생겼죠. 누군가를 관찰하고 보여주는 포맷인 〈진짜 사나이〉는 군대라는 환경 속에서 저 사람들이 어떻게 행동하느냐를 보여주는 거죠. 부부처럼 살게 만들면 어떨까, 같이 살게 하면 어떨까, 따로 살게 하면 어떨까. 많은 기자 분들이 물어봐요. 지금 예능 트렌드는 뭐냐고. 저도 사실 모르죠. 저는 스펙트럼이 넓은 PD는 아녜요.

그럼에도 나PD가 선도하고 있잖아요.   모르겠어요. 저는 제 작업을 10년 동안 15년 동안 단련시키고 있는 거지 이게 어떤 영향을 끼치는지 큰 관심은 없어요. 뭐가 트렌드고 뭐가 주류가 되는지는 모르겠는데, 주류가 없는 세상이 올 것 같다는 생각은 해요. 옛날에는 예능 프로 하나가 히트하면 다 똑같았거든요. 〈출발드림팀〉이 히트할 때는 채널만 돌리면 다 뛰고 있고, 요즘은 어딜 틀어도 음식하고 있거든요. 이런 얘길 많이 해요. 예전에는 소품종 대량 생산시대였다면, 앞으로는 다품종 소량생산의 시대가 올 거라고요. UCC나 개인 창작물이 뜨는 것을 봐도. 예전에는 유행이 있으면 확 몰려갔는데 요즘은 '너 이거 좋아해? 나 이거 좋아하니까' 시대가 오고 있다고 생각하거든요. 지금 당장은 먹방이니 쿡방이니 선도하는 트렌드가 있지만, 5~10년이 지나면 소재나 내용에 대한 트렌드는 사라지지 않을까 싶어요. 굉장히 다양한 소재와 트렌드가 어떤 방식으로 소비되느냐가 주가 되겠죠.

〈꽃보다 할배〉는 여행 콘셉트이고요. 〈삼시세끼〉는 오지에서 캠핑하는 것이잖아요. 이것도 시대의 트렌드를 반영한 것이라고 봐도 되나요?   〈삼시세끼〉는 시골에서 사는 얘기인데, 저는 그게 트렌드라고 생각하지 않아요. 지금 사람들이 시골 가는 기운이 감지되는 것도 아니고, 오히려 그 소재는 그냥 익숙한 소재이길 바라요. 우리는 그 익숙한 소재가 새롭게 보이도록 작업을 하는데, 여행도 음식도 같아요. 예능은 시청률에 민감해서 너무 첨단의 앞서가는 소재보다는 많은 사람들이 공감할 수 있는 소재를 선택하려고 노력해요.

프로그램의 구성요소라고 할까요. 캐릭터, 스토리텔링 방식, 장소, 이야기, 상정된 조건 등 예능에 필요한 장치들이 있잖아요. 연출력, 카메라 워킹, 편집과 자막처리 같은 요소들도 있구요, 나 PD는 무엇을 중시하나요?   다 중요해요. 예전에는 어느 연예인만 캐스팅하면 프로그램이 된다고 했어요. 제가 KBS에 있던 10년 전에는 유재석 섭외하면 30% 나온다 했거든요. 지금은 그런 시대가 아녜요. 유재석, 강호동이 나온다고 시청률이 나오지 않아요. 모든 요소가 다 중요해졌어요. 옛날에는 주인공이 어느 공간에 있는지가 중요하지 않았는데, 저희 〈삼시세끼〉는 고창이라는 공간의 매력 때문에 간 것이 크거든요. 예전보다 장소를 훨씬 더 주의 깊게 선정해요. 예전에는 대충 산 있고 물 있으면 좋지 뭐 이랬는데, 요즘은 훨씬 더 세심하게 보고 결정하죠. 동네, 계절, 전통 등 예전에는 한두 개 핵심 전력만 봤다면 지금은 다 조금씩 모든 요소를 갖추어야 하죠.

시즌제로 박수칠 때 떠나는 예능 가능해져

〈삼시세끼〉 제작에 카메라 몇 대 동원되죠?   개수는 큰 의미가 없는데, 방마다 고정되는 카메라가 있고 카메라 감독들이 움직이면서 찍는 카메라가 있고 고정된 카메라는 15~20대. 움직이면서 찍는 것들은 5~6대.

과정을 하나도 놓치지 않는 것은 리얼리티 때문인가요? 현장을 오롯이 담으려는?   다 기록하죠. 다 기록하면서 그 안에 재미난 게 있지 않을까. 20분이나 찍었는데 5초라도 재미있는 순간이 기록되어 있지 않을까 하는 기대로 찍는 거죠.

일주일에 하나씩이 소화가 돼요? 그게 불가능할 것 같은데.   힘들죠. 사실은 힘든 작업이고, 모든 PD가 다 같이 촬영하고 다 같이 편집하는데 숙련된 PD 5명이 거의 일주일 내내 해요.

그게 매주 계속 굴러가는 거잖아요.   그래서 한 팀이 한 시즌이상 못해요. 세 달 정도 작업하면 걸레가 돼요. 그래서 저는 제작팀을 A팀, B팀 운용해요. 큰 계획이나 스케줄은 같이 짜되, 번갈아 가면서 하는 거예요. 예를 들어, 고창 팀이 최근에 작업이 끝났어요. 그러면 한 시즌 해온 이들은 무조건 일주일 쉬게 해요. 다음 프로그램 기획을 시작하죠. 지금 제작 중인 이서진 씨 나오는 어촌팀은 고창 방송할 때 준비해온 팀이에요. 한 팀이 끝나면 다른 팀이 들어가죠.

시즌제를 정착시킨 것도 나 PD가 했죠?   그렇죠. 제가 큰 역할을 한 것 같아요. 하하.

예능에 시즌제가 정착되면서 오히려 예능이 힘을 받는 것 같아요.   저는 어떤 일에 확신을 갖는 경우가 드문데, 유일하게 확신을 가지고 있는 건 시즌제예요. 그동안 예능 프로그램은 항상 시청률이 바닥나서 끝났어요. 아무리 성공한 프로그램이여도 엔딩은 비참했어요. 프로그램이 최고일 때 끝내주면 연기자들도 최고일 때 끝나요. 그러면 종방연도 할 수 있는 거예요. 예능 프로그램에서 종방연이라는 게 없었어요. 아무도 기뻐하지 않죠. 왜냐면 시청률 2%일 때 끝나니까. 10%일 때 절대 끝내주지 않아요. 더 뽑아 먹어야 하니까. 더 이상 안 되겠다 싶을 때 폐기처분하는 거죠. 드라마 종방연 보면 얼마나 기뻐요. 수고했어요. 잘했어요. 다음에 만나서 더 좋은 작품 하자. 그렇게 할 수 있는데 예능은 PD 아이디어가 소모되고, 연기자는 체력이 소모되고. 모두가 소모된 상태로 끝나니까 함께 죽는 거죠. 이서진 씨와 차승원 씨가 몇 번이고 같이 할 수 있는 이유도 그들이 최고의 순간에 끝내줬기 때문이라고 생각해요. 이서진 씨가 〈꽃보다 할배〉 시리즈 두 개 연속으로 하고 회사에서는 더 하고 싶어 했을 때 말했어요. 하지 마, 드라마 한 개 찍고 와. 그때 다시 하자. 그랬어요. 그게 그 사람한테도 좋고 저한테도 좋고.

아날로그, 사람냄새 좋아하는 촌사람

예능PD하면 무진장 화려한 것으로 생각하잖아요. 덥수룩한 머리, 헐렁한 청바지, 후드티 차림의 나PD 신문 사진은 텁텁한 느낌이 나요. 캡션은 '컴맹이고 기계치고 어수룩하고 빈틈 많다'고 달려있어요.   실제로 그래요.

프로그램 만들려면 치밀하게 계산해야 하지 않나요?   프로그램을 할 때는 그렇게 하려고 하죠. 근데 치밀하게 계산해야 한다는 게 그래요. 계산 끝에 나온 것을 더 열어주고 더 많은 공간을 내줘야 저희가 얻으려는 결과가 나오거든요. 제가 아까 50%는 시뮬레이션을 하고 나머지 50%는 어찌 될지 모르는 가능성을 연다고 했잖아요. 망할 수도 있지만, 1시간 지났는데 연기자가 아무것도 안하고 있어요. 점심 지어놓고 앉아 있다면 저희도 조바심이 나요. 이거 방송 분량이 나올까. 지금이라도 일을 시켜야하나. 바다라도 다녀오라고 해야 하나. 하지만 가능하면 그들이 어떤 행동을 할지 참고 지켜보려고 하는 편이에요.

조금 전에 읽어드렸던 나PD에 대한 느낌이 프로그램과 연관이 돼요.   그런 것도 있는 것 같아요. 왜냐면 시골도 좋아하고 자연도 좋아하거든요.

본인을 촌사람이라고 생각해요?   음, 제가 알기로는 촌사람이라고 생각해요.

촌스럽다는 것은 어떤 것인가요?   아날로그적인 것을 좋아하고 사람 냄새 나는 것을 좋아해요.

〈1박2일〉 때부터. 제 성향이에요. 제가 좋아하는 소재이기도 하죠. 그런 소재로 작업을 할 때 마음이 편하고 좋은 결과물이 나오고 그러죠.

PD가 뭐라고 생각하세요?　제 영역의 PD, 예능PD는 시청자들이 소비하는 시간만큼 거기에 합당하는 엔터테인먼트를 돌려줘야 하는 사람이라고 생각해요. 그게 다예요. 극장이면 돈값을 해야 하잖아요. KBS에서 일을 하다 처음에 CJ 왔는데, CJ에 와서 〈꽃보다 할배〉를 할 때였어요. 자료화면으로 설국열차 한 커트를 쓸 일이 있었어요. 열차가 막 지나가는 거. 그거 한 커트를 썼는데, 심의실에서 전화가 온 거예요. 영화 화면 쓰시면 안 된다고, 저작권에 위배된다고. CJ에서 만든 영화고 상업적인 용도도 아니고 프로그램에 한 커트 넣는 건데 그게 왜 문제가 되냐고 심의실이랑 싸웠어요. 왜냐면 KBS에서는 늘 그런 식으로 썼거든요. KBS에는 영화 인디케이트가 있어서 아무 때나 가져다가 쓰잖아요. 심의실에서 메일이 왔는데, 이랬어요. "PD님 심의 규정상 이렇습니다. 그리고 PD님 저희가 만드는 모든 프로그램은 상업적인 프로그램입니다." 저는 한 번도 그런 생각을 한 적이 없었어요. KBS에서 작업할 때. 공익을 위해서, 사람을 위해서 한다는 생각을 하잖아요. 물론 예능국에 있으니까 돈도 벌려고 하지만 기본적으로는 봉사를 해야 한다, 좋은 것을 돌려줘야 한다는 마인드로 일을 했는데. 현실을 깨달았다고 하나? 사실 KBS에 있을 때도 그렇고 지금도 그렇고, 내일도 예능 프로그램의 본질은 엔터테인먼트죠. 저희가 이 세상을 변화시키는 작업을 하는 게 아니잖아요. 다큐나 뉴스처럼 그것 자체 의미로 뭔가를 하는 게 아닌데. 웃기려면 제대로 웃겨야죠. 감독을 주려면 제대로 해야지. 시청자가 제 채널을 보는 것을 저한테 소비하는 시간이라고 생각하고. 그 사람이 그걸 다 봤을 때 시간이 아깝지 않다고 생각하는 게 제 목표예요.

예능은 사람 사는 이야기, 누군가의 마음을 톡 건드려주는 게 내 몫

예능도 시간의 경과에 따라서 70년대 버라이어티, 80년대 버라이어티, 2016년도 버라이어티가 다르잖아요. 지금 예능이 현재 지향하는 가치를 키워드로 뽑는다면?　저는 예능이 결국 사람 사는 얘기라고 생각해요. 전 세계적인 트렌드를 보면 결국 예능은 사람 사는 얘기를 해요. 얘가 정글에 가면 어떨까? 돈이 없으면 어떻게 살까. 돈이 많으면 어떻게 살까. 대학생이면 어떻게 살고 할아버지면 어떻게 살까.

재미와 의미. 두 개를 놓고 본다면 지금 나PD가 말하는 것은 의미가 강한 것 같은데?　아니요. 재미도 똑같이.

저는 재미와 의미 모두가 필요하다고 생각하거든요. 시청자는 너무 영악해서 웃기기만 하면 또 안 봐요. 섞어줘야 해요. 같이 주려고 고민하는데 둘 다 줄 수 있는 건 사람밖에 없어요. 사람이 웃기기도 하고 사람이 감동도 주는 거지. 나머지 미장센들은 장치인 거고.

나PD가 말하는 사람 냄새라는 것이 나PD가 지향하는 예능이라 할 수 있겠네요. 나PD의 예능 프로그램은 발상이 독특하다. 창의적이에요 라는 평가는 어떻게 생각해요?   그렇지는 않아요. 여행이나 시골에서 사는 소재가 처음 시도된 소재가 아녜요. 수없이 반복되어 오고 수없이 변주되어 왔던 소재거든요. 오히려 제가 표현하는 방식이 새로운 거지. 그 소재 자체가 새로운 것은 아니기 때문에. 창의적이라기보다는 저만의 영역이 있는 것 같아요. 저만 쌓아온 노하우가 있고 그래서 제가 하는 프로그램이 달라 보여서 그런 거지. 창의적인 사람이라고 생각하지 않고. 오히려 한 우물만 계속 판 사람 같은 거죠.

새롭게 준비하고 있는 게 있나요?   준비하고 있는 것이 하나 있긴 한 데, 지금 말씀드리기는 그렇고.

지금과는 다른 포맷인가요?   아뇨. 거의 비슷해요. 그런 고민을 대게 많이 했어요. 여행하고 있고 삼시세끼 하고 그 다음에 뭘 할 거냐. 그걸 해봐도 그다지 떠오르지도 않고. 근데 저는 이 소재만 가지고 변주하면서 외길을 가보고 싶어요.

아까 말한 점차 다큐멘터리적으로 가고 있다는 게 다시 떠오르네요.   물론 저도 서브 브랜드들이 있어요. 예를 들어서 무조건 좋은 게 아니고. 사람들이 예전 방식들을 보고 싶어 할 때가 있거든요. 그럴 때는 저도 옛 방식들을 다시 시도해요. 실제로 〈신서유기〉라는 프로그램에서, 저희끼리는 10년 전 방식으로 작업하자고 생각한 프로그램이에요. 게임하고 미션하고 막. 이런 것 할 때 재미있기도 하고. 근데 그건 재미있는 사이드 작업 같은 거고. 제 본령은 조금 더 다큐멘터리처럼 가고 있어요, 현재는. 물론 아니다 싶으면 돌아 나올 수도 있겠죠.

나PD는 누구인가, '누군가의 마음을 톡 건드려주는 게 내 몫'으로 뽑은 신문기사 제목이 눈에 들어왔어요. 사람 냄새를 풍기게 하는, 뭔가 발견하고 의미를 주는, 마음을 전해주는 사람. 참 제목을 잘 뽑았다는 생각이 드네요.   하하. 그런 말을 제가 했나요.

아직 본격적인 웹예능 시장 안 열려

마지막으로 디지털로 바뀌는 환경에 대한 이야기인데, 웹예능을 했잖아요. 〈신서유기〉라는 브랜드가 웹예능이었어요.

〈신서유기〉를 옛날 방식으로 만들고 싶다고 했는데, 디지털 플랫폼이 바뀌면 디바이스가 바뀌고 플랫폼이 바뀌고 제작 방식도 바뀌어야 하는 것 아닌가요? 그러니까 저도 해본 거죠. 좋으냐 싫으냐 가치 판단의 문제는 두 번째 문제이고. 현실로 디지털시대가 오고 있으니까요. 나도 해봐야겠다고 생각해서 리트머스 실험지 같이 해본 것이 웹예능인데. 위기감이라면 위기감이고 먼저 준비하고 싶다는 생각도 했죠.

웹예능하고 지금 하는 TV 예능이랑 다르나요? 소재, 접근방법 어떻게 다른가요? 저는 큰 재미를 못 봤어요. 웹예능을 하면서 사람들은 최초 시도라면서 크게 의미부여를 해줬지만, 저는 내부적으로는 글쎄라는 퀘스천 마크가 있어요. 솔직히 이야기하면 이미지 메이킹 같은 사기였던 게, 제작 방식이나 하는 방법은 기존 예능 방식과 똑같이 했거든요. 웹이니까 비속어를 자유롭게 쓰거나, 상표명이 조금 노출됐다는 것만으로 그걸로 언론 플레이도 하고 특이하다 그랬지만, 그건 속임수 같은 거죠. 본령은 TV 방송이랑 똑같은 걸 웹에서 튼 것뿐이에요. 그랬더니 반응이 좋긴 좋았죠. 웹예능의 기반을 흔들거나 지금 성장 중인 웹콘텐츠와는 달랐어요.

인풋(INPUT)이라고 세계공영방송대회에서 확인한 웹콘텐츠는 달라요. 플랫폼이 달라지니, 소재가 다르고 제작기법이 달라져요. 달라야 한다는 생각이 들고요. 지금은 할 수가 없는 거예요. 인풋 대비 아웃풋이 안 나와요. 돈이 안 돼요. 제가 나서서 뭔가를 하면 그만큼의 부가가치를 만들어야 해요. 아직까지는 웹시장이 돈이 되는 시장은 아닌 거예요. 저희가 내린 결론은 유보. 더 스트럭처가 나아지면 그때 들어가도 되지 않을까 싶어요.

웹예능은 기존 예능과 이런 점은 달라져야 한다고 생각하는 게 있나요? 웹예능이라는 게 없어요. 있긴 있는데, 스낵컬처 몇 분 동안 지속돼야 볼까. 요즘 1~2분만 지나가도 안 보고. 그게 옳은가 문제제기하는 사람들도 있는데, 현실이 그렇다는 거죠. 뭘 만들기가 겁나요. 사실 할 수도 없고. 그래서 더 성숙해지길 기다리는 거죠. 저는 이 웹의 1세대가 한번 정리가 될 것 같아요. 마치 예전의 야한 거 하면 시청률 잘 나온다고 생각했는데, 사실은 그렇지 않았거든요. 아주 자연스럽게 정리돼요. 오히려 사람들의 의식이나 가치나 고고한 면이 있기 때문에요. 지금 사실 이분화 된 것처럼 하이어 그라운드는 지상파가 하고 케이블은 서브컬처처럼 하는 경향이 있는데, 우리 같은 어른들이 보면 저런 거 왜해? 하는 게 있는데. 저는 그렇게는 못하겠어요.

프로그램이 형식과 내용이라고 할 때, 디지털시대에 무엇이 중요할까요?　모르지만, 전 내용이 더 중요할 것이라고 생각해요. 제가 한번 정리될 것 같다고 말하는 건 결국 사람들은 더 옳은 것, 더 나은 것을 선택한다고 믿어요. 소재가 천만 개라고 해도 글쎄요. 저는 자연스럽게 도태될 것은 도태되고 남은 것들은 남게 되죠. 아직 저쪽 결승주자가 정해지지 않은 거라고 생각해요. 저기서도 1등 먹는 애가 나올 것이고, 어떤 흐름이란 게 한번 생기지 않을까. 그렇게 남게 된 결승 주자와 저희 같은 구세대 PD 최종 주자들이 혈투를 벌이게 되지 않을까.

하하. 나PD는 자신을 구세대 PD라고 표현하나요.　네. 구세대 PD라고 생각해요.

젊은 10~20대를 잡기 위한 작전이 필요하지 않을까요? 기존의 것을 그대로 가도 될까요?　그런 고민을 딱히 안하려고요. 저는 그런 생각을 했어요. 예전에 가수들 보면 일본이나 미국 가수들이 부러웠어요. 내한공연 온 60~70대를 보면 저 PD 처음 시작할 때만 봐도 가수가 스물 중반 넘어가면 다 정리하고 처럼 미래가 없는 거예요. 근데 지금 대한민국은 바뀌었어요. 젝키라는 옛날 가수가 컴백해서 옛날 같은 인기를 얻고 있고, 이승철과 50~60대 가수들을 소비하는 층이 또 있어요. 옛날처럼 어린 애들 만 문화를 즐기는 것이 아니고, 전세대가 문화를 소비하는데, 그렇다면 질 소비하는 세대층이 있을 거 아녜요. 근데 제가 이 모든 것을 커버하고 싶지 않아요. 제가 하고 싶은 것을 하고, 그렇게 해서 메이저에서 조금씩 멀어지더라도 받아들이려고요.

최고의 PD는 시장에서 각광받는 PD

마지막 질문 할게요. 다른 예능PD에게 최고의 예능PD가 누구냐고 물었더니 나영석PD와 김태호PD라고 대답하더라고요. 나영석PD는 최고의 예능PD가 누구라고 생각하나요?　하하. 저는 그런 거 생각해본 적도 없어요. 제가 잘하는 PD인 것 같기는 해요. 그것은 제가 느끼는 것이 아니라 여전히 시장에서 각광 받고 있으니까 미루어 짐작하는 거죠. 그게 크게 의미가 있을까요? 내일모레 훅 갈수도 있는데. 하지만 김태호 PD의 존재는 옆에서 객관적으로 봤을 때 대단하다고 생각해요. 제가 저에 대해서 평가하긴 그렇지만.

미뤄 짐작할 때 내가 최고의 PD라고 생각한다고 해도 될까요?   그렇지는 않아요. 저는 의미 없는 얘기인 것 같아요. 그런 질문들을 가끔 하세요. 그게 무슨 의미가 있을까요. 마치 H.O.T와 젝스키스가 있는 데 최고의 가수가 누구입니까 묻는. 지금 순간에 중요한 질문일지 몰라도 3~4년만 지나도 의미 없는 질문인데, 저는 최고의 PD는 시장에서 각광 받는 PD라고 생각해요. 그것은 확신하고 있어요.

팩트를 확인하고 싶은데, 어디서 그런 이야기를 들었어요. 나영석PD는 PD 시험 보기 전에 6개월 동안 프로그램 비틀기만 연습했다더라.   비틀기가 뭐예요?

기존 프로그램을 다른 방식으로 만드는 법을 생각하는 것 말이에요.   아 맞아요, 그랬어요.

입사시험을 공부할 때 6개월 동안 비틀기만 했다는 이야기가 있던데.   상식도 공부했죠. 다 했어요. 다 하긴 했는데, 워낙 저는 상식이나 이런 거는 공부해도 늘지 않더라고요. 실제로 그런 식으로 공부했어요. 스터디는 거의 안하고. 저때 기획안 시험이 있었어요. 그 뒤로 시험이 어떤지 모르겠는데, 저는 그 생각을 했어요. 결국은 저기서 판가름 될 거라고 생각했는데, 논문이나 상식은 큰 차이가 안날 것 같은 거예요. 기획안은 100개를 읽으면 99개는 쓰레기고 보석이 몇 개 없을 것 같은 느낌이 드는 거예요. 내가 시험관이라면 딴 게 후져도 기획안이 확 도드라지면 합격시켜 주지 않을까 생각했어요.

어떤 식으로요?   방송을 보죠. 1999년인데 방송을 보면 대부분 재미없거든요. 재미없어요. 나 같으면 이렇게 바꾸면 재미있을 텐데. 그런 걸 쓰죠. 써 놓고 예를 들어, 추석 특집 이런 거 하잖아요. 나라면 추석 특집을 하면 어떤 걸 할까 써 보고 연습해보고.

모방을 통한 창조 이렇게 표현해도 되나요?   뭐 그렇게 말해도 상관없죠. 그게 도움이 됐어요. 그걸 비틀기라고 표현하는 걸 저도 오늘 처음 알았고요.

바꿔보기, 다른 방식으로 생각하기.   네, 그런 것들을 많이 연습했어요.

긴 시간 고마웠어요.   네.

디지털시대,
프로듀서와
프로그램을 묻다

JTBC 〈썰전〉
김은정PD

SBS에서 JTBC 개국 이후 자리를 옮겼다. JTBC에서는 〈속사정 쌀롱〉, 〈미스코리아 비밀의 화원〉 등을 연출하다 전임 김수아 PD의 뒤를 이어 〈썰전〉을 맡았다.

신개념 이슈리뷰 토크쇼를 지향하는 〈썰전〉은 '독한 혀들의 전쟁'이란 슬로건처럼 성역과 금기가 없는 '하이퀄리티 뉴스털기' 프로그램이다. 사석에서 뒷담화 하듯, 공석에서 하지 못했던 뉴스의 이면까지 털어내 이슈의 본질을 드러낸다. 김은정PD는 시청자들이 원하는 현실의 리얼리티를 '날것' 그대로 전달하는 프로그램이라 설명한다. 개그맨 김구라가 사회를 보며 한 주간의 주요 이슈를 주제로 토론한다. 유시민 전 보건복지부 장관과 전원책 변호사를 영입해 〈썰전〉은 제2의 전성기를 열었다. 블랙 배경에 삼각테이블 세트뿐인 모던한 스튜디오, 3명의 출연자의 다양한 표정을 잡아내는 다양한 앵글, 정교한 자막처리 기법은 시청자들을 몰입시켜 시사토크 쇼의 정점을 찍었다.

2016년 4월 총선 때 시청률 5.8%를 기록한 뒤, 최순실 비선실세 논란을 다룬 2016년 11월 27일 자체 최고 시청률 6.1%를 기록했다. 2016년 12월 21일 한국갤럽이 발표한 '한국인이 좋아하는 TV 프로그램' 조사에서 〈무한도전〉에 이어 9.2%의 선호도로 2위를 차지했다.

'날것'으로 전달하는
뉴스의 숨은 의미

시사IN 조사에 따르면 〈썰전〉이 전체 프로그램 중 랭킹 5위입니다. 갤럽 조사에서는 한국인이 가장 좋아하는 시사 프로그램 6위로 꼽혔습니다. 지난 8월에는 시청률 5%에 재진입했습니다. 비결이 뭐라고 생각합니까?　개인적으로, 프로그램마다 각자 운을 타고 태어난다고 생각하기 때문에 보편적으로 적용할 수 있는 '시청률의 비결'이라는 것은 없다고 생각합니다. 굳이 찾자면 〈썰전〉이 요즘 트렌드와 잘 맞아 떨어진 것 같습니다.

요즘 트렌드는 어떤 것인데요?　'가공된 것이 아닌 진짜를 찾는 트렌드'가 있다고 생각합니다. 예전에는 대본과 편집 과정 등을 통해, 기획자의 의도에 따라 프로그램이 몇 차례 재가공되고 시청자들이 그 묘미를 즐겼다면, 요즘 사람들은 '날것' 그대로를 보고 싶어 하는 경향이 있는 것 같습니다. 〈썰전〉은 내용과 형식적 측면에서 그런 트렌드에 부합하는 면이 있습니다.

〈썰전〉은 가공되지 않은 '날것'을 제공
예능 형식 뉴스털기로 뉴스의 숨은 의미 전달

〈썰전〉 로고가 재미있습니다. 낼름 내민 혓바닥 색을 빨갛게 강조했어요.　로고를 만들 때는 강조하고 싶은 것에 포인트를 둡니다. '독한 혀들의 전쟁'이라는 부제에 걸맞게 혀를 강조한 것입니다. 주목도가 높은 '옐로—블랙'의 조합으로 바탕색과 제목 색을 정하고, '썰' 자 가운데 빨간 혓바닥을 배치해 상징성을 강조한 것입니다.

〈썰전〉이 지향하는 콘셉트나 기획의도가 무엇인가요?   저는 이 프로그램에 참여한 지 1년 반 정도 됐고, 제가 기획한 프로그램이 아니기 때문에 말씀드리기 조심스럽지만, 기본적인 콘셉트는 '독한 혀들의 전쟁 썰전', '하이퀄리티 뉴스 털기'입니다.

우선 '독하다'는 표현에 대해 이야기하자면, 기존의 시사 영역 프로그램은 조심하는 게 많았고, 뉴스 그 이면의 뒷이야기까지 듣기는 어려웠습니다. 반면, 〈썰전〉은 예능의 형식을 차용했기 때문에 기존 시사 프로그램에서 담을 수 없었던 표현이나 내용까지도 담을 수 있었습니다. 그런 점에서 기존 시사 프로그램의 기준으로 평가했을 때 '독하다'는 수식어를 설명할 수 있을 것 같습니다.

또한 '뉴스 털기'란 '먼지를 턴다'는 말처럼 밖으로 잘 드러나지 않는 것을 끄집어낸다는 의미입니다. 어딘가 붙어 있지만 모르고 지나치는, 우리가 털어줘야 공기 중에 떠다니고, 사람들이 보고, 알게 되는 것들을 적극적으로 털어 뉴스의 숨은 의미를 전달하겠다는 겁니다.

〈썰전〉은 탐사, 보도 프로그램이 아니기 때문에 새로운 정보를 직접 취재해 보도하는 다른 시사 프로와는 다릅니다. 이미 다른 매체를 통해 보도되어 우리 주변에 산재해 있지만 붙어 있어서 잘 알지 못하고 스쳐가는 뉴스들을 〈썰전〉이 털어서 사람들이 잘 볼 수 있게 해주는 역할을 합니다.

홈페이지 〈썰전〉의 설명에서 몇 가지 키워드가 보입니다. '시청자들의 눈높이에 맞췄다', '신개념 리뷰 토크쇼', '성역과 금기가 없어요', '다양한 시선의 각계각층 사람들 입담', '세상 바라보는 시선을 한층 업그레이드 시켜준다'입니다. 다른 건 알겠는데 신개념이란 무엇인가요?   기존의 정치 토크쇼들에 비해 예능적 요소가 많이 결합됐습니다. 그간 정치토론의 대표 프로그램은 〈100분 토론〉이었습니다. 서로 대립되는 입장을 가진 분들이 나와서 진중하고 깊이 있는 토론을 했습니다. 가볍고 즐겁게 소비할 수 있다는 느낌은 적었습니다. 뉴스의 가치를 떨어뜨린다는 의미가 아니라, 가치 있는 뉴스를 조금 유쾌하고 쉬운 방식으로 소비해 보자는 방식적 측면에서의 신개념입니다.

〈썰전〉은 토론 프로그램인가요, 토크 프로그램인가요?   토론과 토크가 혼재돼 있습니다. 의견이 부딪치는 사안에서는 토론을 하고, 의견을 나누는 수준에서는 토크를 합니다.

현재 토론 프로그램의 한계는 무엇이라고 생각하세요?   섣불리 판단하기는 어렵지만, 보통 생방송으로 진행되기 때문에 발언시간에 제한이 있다보니 쌍방향 토론이라기보다는 일방향 주장 전달에 그치는 면이 있는 것 같습니다. 간혹 토론 프로그램을 시청하다 보면 상대가 던지는 질문에 대해 정확한 정보와 논리적 답변을 통해 토론을 이어가는 것이 아니라, 본인들이 주장하는 바를 방송에 노출하는 것에 더 애쓰는 출연자들을 많이 보게 됩니다. 시청자 입장에서 서로 주장만 하다 끝나는 토론 프로그램을 보는 것 자체가 뉴스 현안에 대한 피로도를 높이는 결과로 이어지는 것 같습니다.

지향하는 타깃 층이 있습니까, 가령 젊은 층을 지향한다 라든지.   프로그램 초반에는 젊은 층, 2049 세대를 겨냥했습니다. 시간이 지난 지금은 폭이 훨씬 넓어져 전 계층이 보고 있기 때문에 다양한 세대를 고루 배려하려고 노력합니다. 매주 프로그램 시청층을 분석하는데 주 시청층은 30~49세대지만 타 프로그램에 비해 10~20대 시청률도 높은 편입니다. 인터넷이나 SNS를 통해 프로그램이 확대 재생산되는 것을 보면 젊은 층에서 확실히 반응이 많이 오는 것 같습니다.

요약하고 의미와 맥락을 짚어내는 MC
두 출연자 캐릭터 살려 치열한 토론 이끌어 내

지상파는 젊은 층이 다 빠져 나가 고민인데, 30대가 메인 시청자라니 부럽습니다. 앞서 설명한 홈페이지에 실린 그림을 보면 두 출연자는 권투선수처럼 싸우는 자세로 서로 맞서고 있고, MC 김구라는 팔짱을 끼고 지켜보고 있습니다. 진행자와 출연자의 역할이 궁금합니다. 세 사람의 관계를 어떻게 설정하고 있나요?   김구라 씨는 기본적으로 진행자입니다. 주제 안에서 키를 잡고 질문을 던집니다. 패널의 이야기를 들으며 진행을 해 나가죠. 유시민 작가와 전원책 변호사는 주어진 주제에 대해 자신의 생각을 피력하며 논쟁도 하고, 토론도 합니다. 프로그램 진행은 제작진이 큰 흐름만 잡고, 토크는 전적으로 출연진에게 맡깁니다. 출연진이 자유롭게 발언할 수 있도록 하기 위해섭니다. 지식이나 정보가 뒷받침 돼야 시청자가 이해할

수 있겠다고 판단되는 사안에 대해서는 제작진이 설명을 요청할 때도 있습니다. 그 외에는 출연자의 의지대로 순전히 자신의 의견과 주장을 펼치게 합니다.

〈썰전〉을 다른 시사 교양 토크 프로그램과 다르게 만들어주는 매우 큰 요소는 바로 MC 김구라 씨입니다. 시사 프로그램의 진행자로 중심을 잡아 가지만 때론 논쟁에서 빠져 나와 토크를 지켜보는 시청자의 역할도 하고, 때론 윤활유 역할도 합니다. 두 패널이 사안에 대해 격돌하도록 바람도 잡고, 유 작가와 전 변호사가 너무 흥분하거나 강하게 충돌할 때 적절한 유머와 멘트로 중재자 역할도 합니다. 김구라 씨는 주장과 주관이 뚜렷한 두 출연자를 끌고 가는 노하우를 잘 알고 있습니다.

'김구라 아니고는 〈썰전〉 진행을 못할 것이다' 라는 세간의 평가도 있던데요.   김구라 씨는 기본적으로 뉴스에 관심이 많고, 본인 스스로가 새로운 것을 알려는 의지가 강합니다. 통찰력도 있고 정보를 들었을 때 소화 능력이 좋습니다. 본질을 파악하고 습득하는 능력이 빠르죠.

정치에 관심을 가져온 기간이 길기 때문에 현재 일어나는 사건과 인물의 맥락을 꿰고 있습니다. 방송 캐릭터상, 친절하게 말하는 사람은 아니지만, 복잡한 사건의 의미와 맥락을 시청자의 눈높이에 맞춰 적절한 예와 단어를 사용해 사안의 본질을 꼭 집어낼 줄 알죠. 두 패널은 일종의 정치 전문가이기 때문에 일반 시청자가 이해하기 어려운 대화를 나눌 때도 있습니다. 그 때 두 분의 대화를 알아듣기 쉬운 말로 '이거라는 거죠'라고 단숨에 요약해 냅니다. 치열하게 진행되는 두 출연자의 논쟁을 무심한 척 지켜보다 시청자들이 사안을 이해하기 위해 필요한, 놓칠 수 있는 맥락을 짚어내고 풀어내는 거죠.

시작은 이철희, 강용석이었습니다. 중간에 이철희, 이준석을 거쳐, 현재의 유시민, 전원책까지 왔습니다. 역대 출연진을 어떻게 평가합니까. 진화라고 봅니까, 변화라고 봅니까?   2013년 2월 첫 방송 이후 만 4년째인데 어느 대가 좋았다 평가하기는 무리입니다. 저는 변화라고 생각합니다. 예전 〈썰전〉을 더 좋아하는 분들도 계시고 지금 〈썰전〉을 좋아하는 분들도 계십니다. 시청률 늘어난 것은 맞지만 취향의 차이도 있다고 저는 생각합니다.

예전 〈썰전〉 출연진은 초창기 의도에 맞게 뒷이야기, 야사에 강하고 젊은이들이 반응할 만한 감각의 진행자들이었다면, 지금 〈썰전〉 진행자들은 연륜에 맞게 통찰력과 분석력, 사안을 해석하는 능력이 강한 것 같습니다.

두 출연진은 보수주의, 진보주의 진영을 대표 하나요?   패널을 섭외할 때 보수와 진보 성향을 보이는 분을 각각의 진영을 대표한다는 느낌으로 선정한 건 맞습니다. 하지만 '진영의 대표역할을 해주세요'라고 말씀 드린 건 아닙니다. 그럼에도 두 분이 대부분의 이슈에서 보수적 입장과 진보적 입장을 잘 피력하고 있다고 봅니다.

대본 없는 뉴스 리뷰 토크쇼 지향
솔직한 패널의 주장과 한줄 평이 생명

〈썰전〉이 성공하려면 두 출연자의 캐릭터가 분명히 드러나고, 또 치열한 논쟁이 진행돼야 할 텐데요, 클립영상에서 전원책 변호사 캐릭터를 '욱 + 흥분 + 분노'로 표현한 걸 봤습니다. 그렇게 해달라는 주문인가요? 진행할 때 발언의 강도를 주문도 합니까?　발언에 대한 주문은 하지 않습니다. 제작진은 단지 이슈에 대한 질문만 던집니다. 대본이라고 표현하지만 사실은 질문지에 가깝습니다. 큰 주제 안에는 다양한 소주제로 많은 질문이 담겨 있습니다. 그 갈래까지는 질문지에 포함되죠. 본질적으로 리뷰 토크쇼이기 때문에 언론 보도를 기반으로 질문을 준비합니다. 내용이나 답변에 대한 가이드는 없습니다. 답변에 도움이 될 만한 자료를 추리고 정리해서 패널에게 제공할 뿐입니다. 그 다음은 출연자들의 몫입니다.

전원책 변호사는 보수의 입장인데, 진보 쪽 대표보다 훨씬 원칙적이고 명쾌한 기준을 가지고 있고 해법도 단호하다는 인상을 받습니다. 두 사람의 역할이 바뀐 게 아닌가요?　역할이 바뀌었다기보다는 과거와 비교했을 때 마치 역할이 바뀐 것처럼 느껴지는 측면이 있는 것 같습니다. 기존에는 진보 측이 우리가 놓쳐서는 안 될 원칙을 더 중요하게 강조하고, 보수 측은 그 원칙이 왜 타협과 조정을 거칠 수밖에 없는지 현실을 고려해 판을 읽어주는 역할을 했습니다. 반면 현재의 〈썰전〉은 유시민 작가와 전원책 변호사 두 사람이 걸어온 길이 잘 반영되는 것 같습니다. 유시민 작가는 국회의원, 장관, 정당 대표 등 현직 정치 경력이 길기 때문에 원칙과 현실을 고루 말합니다. 그리고 전원책 변호사는 긴 시간동안 정치 평론가로서 현실 정치에 대한 비판적 입장을 고수해왔기 때문에 '현실에도 불구하고 마땅히 그래야 하는 것'을 더욱 강조합니다. 지금은 두 분의 그런 커리어가 토크에 잘 녹아나고 있다고 봅니다.
기준이 명쾌하고 해법이 단호한 것은 두 분 모두에게 해당되는 것 같습니다.

제목처럼 두 사람이 치열하게 싸워줘야 하는데 요즘은 현안에 너무 쉽게 의견이 일치한다는 인상을 받기도 합니다. 독설가였던 유시민 작가는 지금은 너무 부드러워졌다는 느낌을 받습니다. 무뎌졌다고 할까요? 두 사람이 프로그램을 위해 더 싸워줘야 하는 것 아닌가요?　두 패널에게 특별히 주문을 하지는 않습니다. 그래야 프로그램에 두 사람의 색깔이 잘 녹아날 수 있기 때문입니다. 〈썰전〉 출연자는 단 3명입니다. 출연자가 어떤 사람이냐에 따라 프로그램 색깔이 결정됩니다. 출연자가 스스로를 가공하기 시작하면 바로 티가 나고 두 분의 캐릭터가 살아나지 않게 됩니다. 시청자가 '저 사람이 진짜 그렇게 생각하는 걸까'라는 의심을 품을 수도 있고요. 저희는 출연자가 자신의 감정을 솔직히 드러내며 하고 싶은 말 다하게 조건을 만들어 주고 거기서 만들어지는 토론, 해프닝, 주장을 그대로 담으려고 노력합니다.

앞서 설명한 '날것과 같은 개념' 이네요. 주제 선정은 어떻게 합니까?   화제가 되고 사람들이 많이 보는 뉴스를 선정합니다. 정치 뉴스는 기본적으로 다룹니다. 제작진이 몇 가지 이슈를 선정한 다음 최종 대본을 쓰기 전에 두 패널과 의견을 교환합니다. 제작진이 놓치는 점이 있을 수 있기 때문입니다. 패널에게 다루고 싶은 이슈가 있는지 묻기도 합니다.

〈썰전〉에서는 본 주제뿐만 아니라 서브 부제들과 각 코너가 끝날 때 마지막 한 줄 총평이 더 재미있습니다. 예를 들어 184회에서 대선 주자들을 다루며 모병제 이야기를, 검사수뢰 문제에서 김영란 법을 끄집어내는데, 오히려 그 이슈들이 더 뜨거웠던 거죠. 기획 단계부터 계산되어진 건가요?   184회에는 4개의 큰 토픽이 있었고, 모병제 이슈는 〈대권 잠룡〉 주제 아래 소주제로 이미 대본에 포함돼 있었습니다. 사실 여러 대권 잠룡들의 근황도 궁금한 부분이지만, 그 회차에는 남경필 지사가 제안한 '모병제'가 저희가 다루고 싶었던 주요 이슈였죠. 모병제도 다루면서 더 풍부하게 이야기를 풀어내기 위해 살을 붙여 '잠룡들의 이야기'로 엮어 냈습니다. 다른 대선 주자들의 이슈와 함께 녹여 낸 겁니다. 방송의 기본적인 구성 방식이라고 생각합니다.

마지막의 한 줄 평은 어떻게 합니까? 출연진이 결정하나요?   제작진이 전혀 개입하지 않습니다. 각자 준비를 해 옵니다. 한 줄 평은 출연진이 이슈에 대해 꼭 하고 싶은 말을 촌철살인의 멘트로 요약 정리하는 것입니다. 때문에 그 메시지가 워낙 강하고, 인상적이어서 많은 분들이 좋아하고 기억해주시는 것 같습니다. 전 변호사님은 우스갯소리로 '한 줄 평 하러 온다.'고 말하기도 합니다.

심플하지만 다용도의 스튜디오 세트와 조명
토론에 필요한 정보자막과 다양한 앵글잡기에 유용

〈썰전〉 스튜디오를 보면 유럽의 단아한 프로그램 보는 느낌을 받아요. 블랙 처리된 스튜디오에 삼각형 테이블 하나,

심플하지만 〈썰전〉의 콘셉트를 구현하기에 적절한 세트로 보입니다. 어떤 효과를 노린 건가요?　블랙 암전 된 스튜디오는 집중도도 높고 후반 작업에 활용도도 높습니다.

토크쇼는 기본적으로 활동이 적은 정적인 장르입니다. 말에 의존하는 프로그램이기 때문에 시청자가 말하는 사람을 주목할 수 있도록 해야 하죠. 블랙은 출연자에게 시선을 집중시키는 색깔입니다. 주목과 집중을 돕죠.

〈썰전〉은 다소 전문적인 정치·시사 이슈에 대해 토론하는 프로그램이기 때문에 시청자의 이해를 돕는 정보 전달 장치가 필요합니다. 관련 정보 전달은 후반작업에서 자막과 CG를 많이 활용하는데, 스튜디오의 블랙 바탕은 CG작업할 때 큰 장점이 있습니다. 인물 배경이 여타의 복잡한 세트가 아니라 깔끔한 블랙이기 때문에 다른 작업 없이 카메라 화면 그대로에 CG나 자막처리를 할 수 있습니다. 큰 장점입니다.

2015년 상반기에 회사 브랜드 이미지를 총괄하는 부서에서 기존의 블랙 바탕이 아니라 다른 CG 백을 활용해달라고 해서 어쩔 수 없이 부분적으로 짙은 회색의 사선 CG 백을 사용하고 있는데, 개인적으로는 기존의 블랙 바탕이 훨씬 효과적이고 세련된 제작방법이라고 생각합니다.

〈썰전〉의 삼각형 테이블은 상황에 따라 다양한 각도에서 필요한 앵글을 잡을 수 있는 장점이 있습니다. 원 숏, 투 숏, 오버숄더 숏, 풀 숏이 모든 게 가능하고, 논쟁하는 두 사람의 리액션과 화면분할로 두 사람을 동시에 잡기에도 용이합니다. 세 명의 토크에 필요한 모든 앵글을 잡을 수 있는 거죠.

예전 방송은 이런 원형 구도일 때 반대 방향에서 상대방을 잡는 카메라가 화면에 나오는 게 보기 싫다고 기피하는 경향이 있었습니다. 세트는 깔끔한 화면을 위해 한 방향을 향해 지어졌고 출연자는 정면을 바라봤습니다. 그런 배치는 방송이 시청자를 향해서 이야기를 전달한다는 느낌을 줍니다. 〈썰전〉이 원하는 연출은 '출연진이 서로 진지하게 이야기를 나누고 시청자가 그 모습을 들여다보는 느낌'을 주고 싶은 것인데 그런 의도를 살리기엔 기존의 한 방향 세트는 부족한 면이 있습니다.

요즘 시청자는 예전과는 다릅니다. 방송이 전달해주는 것을 그냥 받아들이는 게 아니라, '너네끼리 무슨 이야기하는지 내가 지켜보겠어' 하는 시청자로 바뀌었죠. 이젠 시청자가 프로그램에 참여하고 몰입하는 느낌을 강화시켜야 합니다. 방송용 토크가 아니라 진짜 토크를 들여다보는 느낌을 주는 거죠. 삼각형 테이블 세트는 그런 점에서 강점이 있습니다.

삼각 테이블은 디렉팅 측면에서 출연자 3인과 관련된 모든 숏을 다 구현할 수 있는 구도인 거죠. 카메라는 몇 대를 사용하나요?　카메라 수가 초기에는 6대였는데 지금은 카메라 8대를 씁니다. 삼각 테이블이 전반적으로는 효과적이지만 편집할 때 답답한 측면도 있습니다. 연출하다 보면 세 사람의 표정 모두가 궁금할 때가 있는데 삼각 테이블은 세 얼굴을 한번에 다 잡을 수 없는 구도입니다. 그래서 분할 숏을 씁니다. 분할을 했기 때문에 1차 가공된 화면입니다. 스튜디오에서 일어나는 일들을 한 화면에 있는 그대로 표현하고자 하는 저희로선 아쉬운 측면입니다.

어떤 상황에 특정 리액션을 잡아 달라든지 디렉팅 할 때 컷팅 원칙이 있나요? 요즘 제작 방식에서는 아이소 장비로 모든 장면을 다 잡고 있기 때문에 별도로 주문하는 건 없습니다. 프로그램 자체가 움직임도 없고, 출연자도 3명으로 단출하기 때문에 기본적인 카메라 워킹만으로도 충분합니다.

전문적이고 심층적 분석과 이해를 돕는 정교하고도 미학적인 그래픽 자막

모던 블랙이 가진 디자인적 측면과 토크쇼 본질을 드러내는 앵글을 잡아낼 수 있는 삼각형 구도의 장점 외에 자막이나 그래픽 처리가 뛰어난 것 같아요. 풀 숏 화면의 블랙 공간이나 화면의 반을 잘라서 그 곳에 자막처리 한다든지, 이미지를 강조하는 그래픽 요소가 필요하거나 토크와 관련된 중요한 정보가 요구될 때는 별도 화면으로 정교한 CG를 만들어 삽입하고 있죠. 이 자막 정보들이 뒷받침되면서 토크에 활력이 살아난다고 할까요. 자막 처리 기준이 있나요? 토크를 이해하는 데 필요한 정보는 최대한 알려주려고 합니다. 자막정보도 주고 그래픽으로 이미지를 전달하기도 하죠. 법률 정보가 예입니다. 최근 방송한 김영란 법의 경우 관련 인물사진과 자막, 그래픽을 활용해서 큰 개요와 내용을 한눈에 알기 쉽게 전달했습니다. 토론자가 주장하는 내용을 시청자가 잘 파악할 수 있게 전달하는 것이 목표죠.

두 패널이 무엇에 대해, 어떤 맥락에서 말하고 있는지 자막과 그래픽이 이해를 돕습니다. 토론 주제에 대한 자막과 CG는 이해를 돕는 역할 이상도 이하도 넘지 않으려 합니다. 이해를 돕는 선에서 만화에서 보는 말풍선을 삽입하기도 하고요. 어려운 용어는 쉬운 말로 풀어줍니다. 패널의 말에 행간을 이어야 할 경우, 예를 들면 '왜냐하면'이 없는 경우 자막을 통해 맥락을 잡아주기도 합니다. 가끔 웃음을 위한 양념들을 쓰기는 하지만, 불필요한 자막은 최대한 배제하려고 합니다.

메시지를 강조할 때는 중요한 정보를 전체화면으로 처리하거나, 불필요한 말을 생략하고 핵심 단어만 자막으로 표기해서 정보를 처리하는 방법을 씁니다. 정보양이 많을 때는 전체 화면을 이용해 전달하기도 하지만, 말하는 사람의 표정과 함께 보여주고 싶을 때는 화면을 반으로 분할해 사용합니다.

그러자면 후반 작업에 상당한 시간과 노력이 필요할 것 같아요. 녹화는 월요일에 합니다. 방송은 그 주 목요일이기 때문에 오디오 가편부터 최종 마무리까지 모든 후반 작업을 3일 안에 마쳐야 합니다. 〈썰전〉은 토크쇼이기 때문에 오디오 가편을 가장 중요하게 신경 씁니다. 세 사람이 발언한 내용을 왜곡하지 않으면서 스튜디오의 실제 녹화느낌이 생생하게 살아날 수 있도록 하기 위해 오디오 가편에 많은 공을 들입니다.

   마지막까지 신경 쓰는 부분이 자막입니다. 컷이나 편집의 현란함이 중요한 프로그램이 아니기 때문에 자막 내용, 출연자의 의도를 왜곡하지 않았는지 점검합니다. 또한 사실과 다른 부분이 있는지, 팩트가 틀린 부분이 있는지 확인하는 것이 매우 중요합니다. 〈썰전〉은 이해당사자가 많은 민감한 이슈를 다루기 때문에 정확한 팩트 체크는 절대적입니다. 한 회당 제작기간이 짧다 보니 제작 인력만으로는 손이 부족할 때가 있습니다. 방송에는 드러나지 않지만 팩트체커(팩트 확인 전담요원)를 따로 둘 정도로 신경을 씁니다. 수요일 밤에 자막을 넣기 시작해 목요일 아침이면 자막본이 나옵니다. 기본적으로 작가와 PD들이 확인 작업을 거치지만 혹시라도 놓친 부분이 있을 수 있기 때문에 사실관계를 확인하는 팀과 함께 자막을 다시 체크합니다. 팩트체커는 주로 대학생을 프리랜서 아르바이트 형태로 씁니다.

전 변호사는 CG 요정
시사토크지만 재미적 요소 최대한 활용

〈썰전〉이기 때문에 프로그램 제작에 특별히 신경 쓰는 부분은 어떤 것이 있을까요? 재미를 줄 수 있는 요소가 있다면 최대한 활용하려고 노력합니다. 예를 들어 전원책 변호사가 희극적 표정이나 재미있는 말을 할 때 그 장면을 더 극대화시키기 위해 CG를 많이 활용합니다. 저희 팀에서 전 변호사를 CG요정이라고 부르는데 어떤 CG도 잘 소화하기 때문입니다. 본인도 재밌어 합니다. 가끔은 자막으로도 재미 요소를 가미합니다. 시청자가 웃으면서 보는 것이 프로그램 내용을 효과적으로 전달하는 데에도 도움이 된다고 봅니다.

PD상은 심사기준으로 '잘 만들었는가, 재미있는가, 새로운가, 의미 있는가'를 적용하는데, 〈썰전〉에는 이 네 가지

요소가 다 있어요. 그 중에서 재미요소도 대단히 중요하죠. 〈썰전〉이라면, 토크쇼 자체의 재미, 말 자체가 재미, 다루는 사안의 재미가 포함되겠죠. 제작 PD는 몇 명인가요?　　저를 포함한 PD 4명이 만들다가 두 달 전에 신입 PD가 배치되어 5명이 제작하고 있습니다. 덕분에 한숨 돌렸지만 매주 숨가쁘게 전력 질주합니다.

새로운 변신을 준비하는 게 있나요?　　현재는 안정화 단계인 것 같습니다. 프로그램을 런칭했을 때나 출연자를 바꾸는 개편을 한 직후에는 컨벤션 효과가 있습니다. 안 보던 그림, 못 듣던 이야기에 화제성으로 보는 사람들이 많았습니다. 지난 4월 총선과 맞물려 정치적 관심이 높았던 측면도 있었죠. 지금은 안정기입니다. 좀 더 현재 상태를 유지하며 지켜보겠지만, 제작진 입장에서 다음 단계로 도약하고 싶은 욕심이 있습니다. 그런 준비도 해나가야겠죠.

플랫폼이 바뀌면 그에 따라 프로그램 포맷도 변화가 필요한데, 요즘의 웹드라마, 웹예능 등 모바일 디지털 플랫폼 기반의 중요성이 커지고 있습니다. 콘텐츠의 소비 패턴에도 변화가 나타나고 있고 젊은이들은 더 이상 TV를 보지 않습니다. 어떻게 대응하고 있나요?　　프로그램 내용과 관련해서 특별히 하고 있는 건 없습니다. 물론 디지털 플랫폼과 유통에 대한 고민을 본격적으로 해야 할 단계가 곧 올 것이란 생각은 합니다.

　다만 짧게 잘라낸 영상클립이 많이 소비된다고 해서 디지털 환경에 맞춰 〈썰전〉의 주제, 대화 내용, 호흡 등을 조정하는 것은 아직 아니라고 봅니다. 오히려 〈썰전〉은 시청자를 더 집중시키고 몰입해 끌고 가는 것에 집중해야 합니다. 무리한 편집과 시도가 오히려 맥을 끊을 수도 있습니다. 예를 들어 최근 다룬 이슈 중, '미르 재단 관련 의혹'은 35분 이상 방송 분량을 할애했습니다. 충분히 이야기를 들어야 이해가 되는 사안도 있습니다.

　〈썰전〉의 경우 화면을 캡처해서 블로그 등에 스토리보드처럼 유통되는 게시물이 많습니다. 제작진이 개입하지 않은 시청자들의 자발적인 콘텐츠 유통입니다. 〈썰전〉이 출연자 말을 화면에 자막으로 요약해 넣어주기 때문에, 스토리보드식 블로깅이 용이한 면이 있죠. 김영란 법의 경우, 방송된 〈썰전〉의 화면 캡처만 봐도 사안의 본질을 이해할 수 있습니다. 우리가 특별히 의도하지 않았지만, 소비자들이 스스로 김영란 법 콘텐츠를 재가공해 유통하는 거죠. 소비자가 방송된 콘텐츠를 재가공해 새로운 콘텐츠를 만들 수 있도록 더 정확한 정보를, 맥락을 이해하기 더 쉽게 만드는 것이 제작진 역할이라고 생각합니다. 〈썰전〉은 형식도 물론 중요하지만 담고 있는 내용이 훨씬 중요하다고 봅니다.

184회가 끝난 뒤 시청자 게시판에 각 대선 후보들 주장의 차이점을 도표로 만들어 올린 걸 봤습니다. 이 정도로 시청자를 배려하는구나 해서 전 감동받았는데, 제작진이 시청자를 위해 특별히 서비스 하는 게 있나요?　　제작진은 게시판을 시청자의 반응을 확인하는 용도로 씁니다. 시청자 홈페이지 관리팀이 따로 있지만, 말씀하신 도표는 제작진이나 관리 팀이 만든 게 아닙니다. 아마 우리 프로그램에 적극적으로 참여하는 시청자가 만들어 올렸을 겁니다. 〈썰전〉에는 이런 적극적 시청자들이 많이 존재합니다. 요즘 시청자들은 굉장히 적극적으로 참여하고 자기가 좋아하는 정보를 나누는 경향이 있다고 봅니다.

다양한 시사이슈를 통해 전달하는
'나는 지금 어디에, 누구와 어떻게 살고 있는가'

지금 한국 사회에서 시사교양 프로그램이 어떤 기능을 할 수 있을까요, 어떤 길을 가야 한다고 생각하세요? 저는 사실 예능 PD라서 감히 시사교양 프로그램이 어떠해야 한다고 말씀드리기는 어려울 것 같습니다. 다만 장르를 떠나 공통적으로 모든 프로그램은 '지금 나는 어디에서 어떤 사람들과 어떻게 살고 있는가'를 보여주는 역할을 한다고 생각합니다. 예를 들어 〈썰전〉은 다양한 시사 이슈를 통해 '내가 지금 어떤 정치적 환경 속에서 살고 있는지'를 보여줍니다. 사람은 내가 어디서 살고 있는지를 알아야 어떻게 살 것인지도 생각하고, 그 다음 행보를 결정할 수 있습니다. 그런 맥락에서 〈썰전〉은 '나는 지금 어디에 살고 있는가'를 시청자와 함께 열심히 이야기하는 프로그램입니다.

디지털 시대,
프로듀서와
프로그램을 묻다

SBS 〈K팝스타〉

박성훈PD

1998년 SBS에 입사해 〈헤이헤이헤이2〉, 〈미스터리 특공대〉, 〈일요일이 좋다〉, 〈SBS 인기가요〉를 연출했다. 2011년 SBS표 오디션을 지향하는 〈K팝스타〉의 연출을 맡은 뒤 현재 시즌 6 라스트 찬스에 이르기까지 6년간 이끌어 왔다. 〈K팝스타〉는 K팝 열풍을 이어갈 차세대 스타 발굴을 표방하며 대한민국의 최대 가요 기획사로 꼽히는 YG, JYP, SM 3개 엔터테인먼트사 음악프로듀서가 참여한 것만으로도 화제를 모았다. 초기에는 양현석, 박진영, 보아가 각 기획사를 대표해 참여했고 3회 때부터 보아가 유희열로 바뀌어 프로그램의 변신을 꾀했다. 프로듀서의 눈으로 뽑는 최초의 오디션 프로그램으로 우승자에게는 상금 3억과 함께 기획사 한 곳을 택해 바로 데뷔할 수 있는 기회가 주어져 선망의 대상이 됐다. 처음부터 사연이나 프로그램의 스토리텔링보다 음악자체를 중심에 두는 '진짜 오디션' 프로그램을 지향했고, 시즌마다 '성장, 동행, 공감' 등 주제를 살려 연출했다. 자신의 역할은 출연자가 빛나게 이들이 최고의 무대를 펼치도록 조건을 만들어 주는 것이란 연출자 말에서 〈K팝스타〉의 진정성이 드러난다.

음악 자체의 감동을 추구해 온
진짜 오디션 6년

시즌5가 끝난 뒤 바로 한 달 만에 기자회견을 하셨더라고요. 시즌6은 전혀 다른 오디션이라고요. 형식을 다르게 한다는 뜻인가요?   사실 저희가 전혀 다르다, 뭐 세상에 없던 형식이에요 이런 표현을 한 건 아닙니다. 그날 기자 간담회가 전과 달라지는 부분에 대해서 설명하기 위한 자리인 것은 맞고요. 돌이켜보면 저희는 〈K팝스타〉 시즌1을 시작할 때부터 기존 오디션과 다르게 하겠다고 늘 선포해왔습니다. 그날 이번이 마지막 시즌이라고 선언한 것도 오디션에서 좀 새로운 방식의 마무리를 해보자는 의미였고요. 지금까지 예능 프로는 수명을 질질 끌다가 사람으로 치면 늙어 죽는 형식의 전성기를 보내고 죽는 것이었어요. 이번에는 마지막이라고 선언하고 마지막이니까 할 수 있는 일들을 좀 해보자는 거였죠. 기존 시즌에는 참가할 수 없었던 연습생과 기성 가수들에게도 문호를 개방하고 우승자는 세 기획사가 공동 프로듀싱의 기회를 주기로요.

마지막이어서 더 새로운

지난 9월에 시작한 〈슈퍼스타 K〉도 변신하면서 시즌8을 버리고, 〈슈퍼스타 K 2016〉으로 개명했어요. 심사위원을 7명으로 늘리고, 진행방식에 '20초 타임 배틀'을 도입하는 등 형식을 다 바꿨죠. 〈슈퍼스타 K〉의 변신을 보면서 어떤 느낌이 드셨나요?   아직 2회 방송만 나간 상태라서 속단할 수는 없지만 상당히 재미있다고 느꼈고, 동종 프로그램 연출자로서 약간 경계심도 들었습니다. 하지만 그 이전에, '저 프로그램도 우리가 생각해왔던 오디션의 흐름으로 방향을 바꾸고 있구나'라는 생각이 더 크게 든 것 같습니다. 이렇게 말하면 좀 건방지지만…

어떤 방향으로 바꾸고 있다는 뜻입니까? 저희가 오디션을 시작할 때쯤에는 전 세계 오디션이 경쟁위주였어요. 아주 살벌한 비교를 통해서 어떤 재단 위에 경쟁자를 올려놓고 평가하면서 거기서 오는 갈등상황, 비교적 선한 사람들과 상대적으로 그렇지 못한 사람들이 선악구도를 그리며 심리적인 밑바닥을 드러내는 방식이었어요. 저희는 시작할 때 그런 부분을 좀 많이 바꾸고 싶었습니다. 다른 오디션이 "누가 더 잘 하는가"를 평가하는 개념이었다면, 저희는 "이 사람이 잘하는 것이 무엇인가"를 찾아나서는 방식이었어요. 다른 아홉 가지가 부족해도 이 사람만이 잘 해낼 수 있는 한 가지 가능성에 주목하는 거죠. 나이도 어린 친구들이 아직 음정을 잘 못 맞추고 아직 많이 부족하더라도 그 사람만의 감성이 특별하다거나 새로운 무언가를 가지고 있다면 그걸 세 심사위원이 함께 극대화 시켜보자, 이런 거죠. 가능성들을 찾아내고 같이 키워보자라는 콘셉트라고 할까요? 그런 작업을 해낼만한 자격이 있는 세 프로듀서가 심사위원들로 구성됐기 때문에 그 콘셉트가 멋진 결과를 만들어내는 게 가능했죠.

또 하나는, 이전의 오디션 프로그램들이 "평가 내리기 그 자체"가 주는 냉정함으로 시청자들에게 재미를 주는 형식이었다면, 저희의 포인트는 "같이 환호하고 박수 쳐주는" 행위에서 오는 감동을 강조하는 쪽으로 흐름을 잡았습니다. 지금은 그게 당연하게 느껴지는데 저희가 시작할 때는 그렇진 않았거든요.

오디션 프로그램의 성공은 결국 음악

〈슈퍼스타 K〉가 변신했다고 보시는군요. 그렇죠. 지금 합격자 중심의 편집과 좋았던 무대를 풀로 보여주는 형식에, 무대에서 다른 그 어떤 요소보다 '노래'가 더 잘 들리도록 바꿔나가는 건, 전의 〈슈퍼스타 K〉의 방향과는 좀 다른 것이었습니다. 새 방식은 저희가 추구해온 방향과 일맥상통해 보이고요, 어쨌든 새 〈슈퍼스타 K〉가 저희를 긴장하게 만드는 부분은 이전의 관습들을 버리고 완전히 새롭게 시작했다는 점, 그래서 완전히 새로운 프로그램처럼 느껴지기까지 한다는 점이지요.

물론 솔직히 말씀드리면 "새로운 느낌을 준다"는 점 그 자체가 프로그램의 성공을 보장하는 것은 아니라고 생각합니다. 굉장히 많이 바꼈지만 제 생각과 경험상 사실 오디션 프로그램으로서의 성공은 결국 음악에 있고 거기서 어떤 스타가 나오느냐에 있다고 보거든요.

결국 본질은 음악이군요. 네. 저희도 몇 시즌 동안 시즌별로 테마도 잡아보고 이런 저런 뭐 노래 변화도 발표하고 약간씩 룰의 변화도 시도해 봤는데 시청자들은 그런 변화를 거의 느끼지 못하고 다만 이번에 누구를 새로이 만났는가, 그가 우리에게 어떤 새로운 음악을 들려줬는가에 더 집중을 하는 것 같아요. 그래서 한편으로는 우리 프로그램이 상대적으로 좀 낡아 보이지 않을까라는 걱정을 하면서도 한편으로는 그래도 결국은 음악이야라고 생각하는 거죠.

그 날 'The Last Chance'를 강조하는 이벤트를 하셨다고 들었어요. 지난 6년 동안 〈K팝스타〉를 끌고 오신 거잖아요, 'The Last Chance'가 가지는 의미가 뭐가요.   첫 시즌을 준비할 때도 우리는 완전히 뭔가 달라야한다 라는 콘셉트로 〈K팝스타〉를 시작했고 모든 심사위원들이 그 부분에 흥미를 느꼈기 때문에 지금까지 함께 해 왔죠. 그래서 우리가 하는 마무리도 다른 프로그램들과 달라야한다 생각했고요. 매년 아주 리추얼하게 벌어지는 이벤트가 아니라 출연자도 시청자도 심사위원석들도 가슴이 뛰어야 하는데 뭐가 가슴을 뛰게 할까, 더 많은 사람들에게 또 다른 의미를 부여해서 무대에 서게 해주는 것들을 찾아보자는 거였죠. 저희를 위한 선언이기도 하고 참가자를 위한 선언이기도 하고 무엇보다 시청자를 향한 선언이었죠.

음악 오디션이 이제 수명이 다한 것이 아니냐는 세간의 평가도 반영된 건가요?   오디션 예능이 여러 유형의 음악 예능 중에 가장 나이가 많은 형식 중 하나가 돼 버린 것은 맞아요. 하지만 오디션이 유효기간이 다하지는 않았다고 생각합니다. 세계적으로도, 특히 한국인에게 새로운 음악과 새로운 얼굴에 대한 갈증이 다른 나라보다는 강하다고 생각해요. 좀 이상하게 비춰질 수는 있겠지만 저희 프로그램 시청률은 계속 오르고 있습니다. 시즌이 기듭될수록 조금씩 상승해 왔어요. 물론 시청률이 모든 것을 대변 하지는 않지만 방송사의 지표상으로 나쁘지 않거든요. 사실 사내에서도 우리가 마지막 선언을 하는 것에 대해서 반대했어요. 제가 기자 간담회 들어가기 직전까지.

동의 안했군요.   제 입으로는 마지막이라는 말을 하지 말라는 거였죠. 회사 입장에서는 혹시나 하는 여지는 남기고 싶었던 거죠. 상당히 당황스러웠습니다. 그 말을 안 하고는 진행할 수가 없었거든요. 회사 입장에서는 방송사의 경영지표상으로 없애야 할 이유가 전혀 없는 그런 프로였죠.

시장 이미지는 여전히 강하고 반응도 여전히 유효하다고 보신다는 말씀이시죠.   네. 물론 지금 새로운 형식으로 더 개선되고 새로운 포맷으로 나오는 음악 예능이 많은 건 사실이죠. 저희가 예전에 비해서 어려운 것들은, 똑같은 퀄리티의 콘텐츠를 던졌을 때 저희에게 돌아오는 공감대와 감동의 크기는 계속 작아질 수밖에 없어요는 점이에요. 누가 무엇을 들고 나와도 '저건 작년에 봤던 누구와 비슷하네'라는 생각이 들 수밖에 없는 거죠. 경쟁 프로그램들은 물론이고 작년, 재작년의 저희와도 싸워야 한다고 할까?

시작은 SBS표 '진짜' 오디션

〈K팝스타〉의 지난 6년의 의미를 한번 돌아보죠. 처음 〈K팝스타〉가 시작할 때 슬로건이 '최고를 넘어 모두의 꿈으로' 였어요. '차원이 다른 우승 혜택, SM YG JYP 중 한 곳을 골라 바로 데뷔'가 카피였구요, 당시 최고의 아이돌 기획사들의 공동참여는 화제였죠. 프로듀서들이 직접 심사했고. 시작했을 때 목표를 한 번 더 설명해 주세요.   그때가 〈슈퍼스타 K〉가 시즌3으로 참가자 200만 명을 돌파하고, MBC에서는 〈위대한 탄생〉, KBS는 〈탑밴드〉를 방송하고 있었죠. 오디션이 가장 핫 해져 있는 상태로 오디션 프로가 너무 많은 거 아니냐 하는 얘기까지 나오는 상황에서, 회사가 이제 오디션이 예능의 중요한 장르가 됐으니 SBS표 오디션 예능을 만들라는 숙제를 저에게 준 거죠. 세 번째 주자로서 기존과 확실히 달라야 되는데 오디션에서 새로운 포맷을 만드는 게 쉬운 건 아니거든요. 심사위원이 있고 무대에서 노래를 하고 합격 불합격을 선고하고 계속된 경연과정을 거치며 한 명의 우승자가 나오는 기본 형식을 지키면서 달리 가야 했죠.

심사위원 섭외 전에 저희가 생각했던 새로움에 대한 핵심은 '진짜'라는 두 글자였어요. 진짜. 진짜 오디션. 그 전의 오디션들은 저희가 보기에 노래 대회였다고 생각했어요. 1등을 뽑고 박수 치고 끝나는. 물론 스타는 나오지만. 옛날의 대학가요제가 우승자를 뽑고 상금주고 끝나듯이. 하지만 오디션은 다르죠, 오디션은 같이 갈 사람들을 뽑는 거죠. 예를 들면 뮤지컬 오디션은 오디션을 해서 끝나는 것이 아니라 그게 프로젝트를 위한 사전작업이잖아요. 함께 뮤지컬을 할 사람을 찾아내고 함께 가는. 그래서 생각했죠. 지금까지 방식과 달리, 새로운 얼굴의 발굴로 끝나는 게 아니라 그들을 영입해서 스타를 키워나가는 사람들이랑 함께 전 세계의 케이팝스타로 같이 육성하는 작업까지 다 해버리면 어떨까. 그게 진짜 오디션이자 전 세계에 한 번도 없었던 오디션이지 않을까. 그래서 세 회사를 설득하기 시작했죠.

세 회사가 같이 한다는 건 쉬운 일이 아니었죠? 네. 경쟁하는 회사들이라 간단치 않았습니다. 그러다 이거 새롭고 재미있  겠는데 하고 다 동의했고요. 그들이 동의하게 된 지점 역시 "진짜 오디션"이라는 새로운 관점이었죠.

진짜 오디션이라는 것은 결국 세 회사의 프로듀서들이 심사위원으로 나와서 프로듀싱도 하고 선발해서 직접 키우겠다는 거잖아요.   그렇죠. 실제 프로듀서 심사위원들이 평소 기획사에서 일하는 것처럼 솔직하게 하자는 거였죠. 저희 심사위원들은 전문방송인들이 아니었습니다. 〈K팝스타〉라는 오디션 방송에서 자신이 사무실에서 평소에 하는 일을 여기서 하겠다, 자신의 방식과 기준으로 마음에 드는 사람을 뽑을 거고, 내 방식대로 영입해서 키울 거고, 그런 선언을 하고 왔죠. 내가 같이 일할 사람을 뽑을 거기 때문에 이건 방송이 아니다, 나는 정말로 진심으로 오디션에 참여하겠다는 그런 마음들이 있었고요. 방송인으로 접근하지 않는 심사위원들을 그 자리에 앉혀놓고 보니까 정말 음악 중심으로 갈 수밖에 없더라고요. 출연자가 무대에 오르기까지의 사연 혹은 무대 밑에서 벌어지는 갈등 같은 상황은 방송을 만드는 입장에서는 전혀 없으면 안 되지만, 심사위원석에 앉아있는 사람한테는 전혀 가치 없는 일인 거예요. 당연히 프로그램 자체가 음악 중심으로 갈 수밖에 없고, 그렇게 되니 굉장히 새롭게 여겨진 부분도 많았고요.

시즌2는 성장, 시즌3은 동행, 시즌 4는 공감이 키워드

시즌별로 계속 변화를 주었죠. 칭찬하는 방식이 바뀌고, 시즌3에는 유희열 씨가 들어오면서 새로운 느낌이 살아나고… 시즌5까지 끝났는데, 제작자 입장에서 각 시즌에서 변화를 줬던 부분을 설명해주시면?   첫 번째 시즌은 말씀드렸던 것처럼 진짜 오디션을 지향하면서 자연스럽게 색깔이 잡혀갔고요. 매 시즌 시작하기 전에 이번 시즌의 키워드는 뭘까 고민하는 과정을 꼭 거쳤죠.

두 번째 시즌의 키워드는 뭔가요?   성장. 사실은 모든 시즌에 성장이라는 요소는 들어가 있기는 해요. 매 시즌 첫 녹화 시작 직전에 심사위원들이랑 저랑 CP 다섯 명이서 양현석 사장의 아지트 같은 와인집, 조그만 방에 모여 서로 의견을 나누는 자리를 가지는데요. 두 번째 시즌을 앞두고 모인 자리에서 대화를 나눠보니, 우리가 지금 완성돼 있는 1등을 뽑는 게 중요한 게 아니라는 거였어요. 예를 들면 B+라는 점수를 전 과목에서 받는 친구들을 찾는 게 중요한 게 아니라, 설사 C와 D가 대다수 섞여 있어도 확실한 A+를 가지고 있는 친구들을 찾자, 부족한 나머지는 우리가 채워줄 능력이 있으니까 같이 한 번 키워보자, 그게 우리가 찾는 새로운 가치 아니냐, 그런 정서를 가지고 심사를 하자는 거였고요. 저희가 편집하는 과정에서도 기준점으로써 중요한 거였죠. 시즌3에서는 동행이라는 키워드를 잡았어요. 우리가 너를 성장시켜 주겠다는 생각 자체가 한 시즌 지나면서 좀 건방져 보이기도 하고, 또 돌이켜보니 참가자만 성장을 겪고 있는 게 아니라 심사위원과 제작진도 이 친구들을 만나면서 같이 성장하는 게 있다는 생각을 하게 됐고요, 그런 취지에서 동행이라는 키워드를 중심에 놓게 됐습니다.

시즌3 때 유희열 씨가 들어오면서 또 변화가 많았죠?   그렇죠. 유희열 씨가 들어오면서 음악 장르가 넓어졌어요. 음악을 심사한다고는 하지만 백 프로 객관적일 수는 없거든요. 무대에서 가능성을 찾고 감동을 하려면 경연자의 실력도 중요하지만 그들이 부른 곡이 심사위원이 좋아하는 음악 장르냐 아니냐도 어쩔 수 없이 영향을 받죠. 트로트를 안 좋아하는데 트로트를 부르는 사람한테 감동을 받기가 쉽지는 않잖아요? 그동안 박진영 씨가 담당하는 음악장르의 폭이 있고, 양현석 씨가 담당하는 장르의 폭이 있었다면 유희열 씨가 들어오면서 그 폭이 굉장히 다양해진 거죠. 음악적으로 이론적으로 경험적으로도 또 다른 경험을 쌓아온 사람이기 때문에 거기서 오는 예능적인 긴장감도 당연히 생기고요. 다른 장르의 음악을 했으니, 다른 의견을 서로 표출한다든가… 또 한 가지 유희열 씨의 합류 이후 달라진 포인트는, 그 전의 심사위원들이 카리스마로 뭉쳤다면 이 분은 '나는 심사가 처음이에요'라는 낮은(?) 자세로 심사에 임했다는 점이죠, 때로는 참가자보다 더 불안해하고, 눈물도 보이고, 그런 점을 감추지 않았기 때문에 주는 신선함도 굉장히 컸다고 봅니다.

유희열 씨를 영입할 때 그런 느낌을 보강하겠다는 의도가 있었는지 궁금했거든요?   유희열 씨에 대한 선택은 꼭 그 분이 따뜻하고 새로운 캐릭터 때문만은 아니었어요. 저희 프로는 음악도 잘해야 되고, 얘기도 잘하고, 또 사람들을 데려가서 키울 능력이 있어야 하는데 그 모든 조건을 동시에 충족하는 분들이 대한민국에 많은 건 아니거든요. 당시로서는 거의 유일한 대안 같은 느낌이었습니다. 그런데 막상 모시고 녹화를 떠보니까 그게 완전히 새로운 느낌을 주는 거죠. 시즌3 첫 회 편집이 뭐였냐면, 보통 오디션 프로그램의 1회 프롤로그는 얼마나 대단한 사람들이 모였는지 혹은 스케일이 얼마나 큰지 헬기가 떠서 지원자들의 규모를 보여주는 식이었는데, 저희는 유희열 씨가 얼마나 긴장하고 있는지를 보여주는 걸로 시작했어요. 잠도 못 자고, 본인의 심경을 표출했다가 떨기도 하고, 그러다가 무대에서 첫 참가자 노래를 본인도 벌벌 떨면서 듣다가 막상 심사가 시작되자 원래 있던 두 사람과도 완전히 다른 음악적인 카리스마를 확 보여주는 걸로 구성을 했죠.

시즌4는 키워드가 뭐였나요?   시즌4가… 공감이었습니다, 공감. 시즌3까지가 심사위원과 출연자들의 관계였다면 시즌4에서는 모든 시청자들과 같이 가는 방식으로 했어요. 예를 들면 노래가 하고 싶어 시골에서 혼자 올라 온 우녕인이라는 참가자가 있었어요. 흔히 말하는 예쁜 외모도 아니고 그냥 시골에서 막 올라온 것 같은 분위기에…

시골틱한… 네, 서울에 혼자 노래하고 싶어서 올라왔고 고시원을 빌려서 지냈는데, 노래 연습을 못해요 거기서, 시끄러우니까. 그 친구가 턱 하고 노래를 불렀는데 역시나 전형적으로 잘하는 노래는 아니에요. 부모님들도 '야 이 미친 것아 니가 무슨 가수를 한다고 서울을 가냐, 너는 가수감이 아니다' 했고요. 이런 이야기를 듣다가 처음으로 무대 위에서 노래를 불렀는데… 그런데 이상하게 사람들을 감동에 빠져들게 하는 거예요. 그 친구가 참가 지원서 위에 '나는 사람들을 감동시키는 세계적인 가수다.'라고 써놨어요. 물어 봤어요, 인터뷰하면서. 자기가 하루에 한 번씩 꼭 쓰는 문구라는 거예요. 그래서 이 친구가 노래를 마치고 세 심사위원으로부터 생애 처음으로 칭찬을 받고 얼떨떨하게 걸어 나가는 뒷모습의 여운 위에 자막을 한 번 더 얹었어요. '나는 사람들을 감동시키는 세

계적인 가수다.' 그러면서 바로 다음 커트에 처음으로 시도를 해본 게, 보통 스튜디오 안에서 벌어지는 것 중심으로 편집을 하게 되는데, 그날 밤에 서울 거리를 무심코 걷는 사람들, 야경과 서울 시민들의 무심한 일상들이랑 연결시켜서 새로운 방식의 확장과 감동을 주는 편집을 시도했죠.

우리 일상 혹은 우리의 삶 쪽으로 확장시켰다는 말씀이네요. 네. 지금 현재 너의 삶은 어떠니, 라고 묻는 거죠. 시청자들 입장에서는 새롭네, 이런 느낌과는 또 다르게 뭔가 이상하게 가슴으로 다가오는… 자기도 모르게 자신을 돌아보게 되고. 그 노래에 대한 감동이 더 짙어지는… 오디션 프로그램에서는 볼 수 없는 새로운 접근방식이었고, 좋았다고 생각을 했어요. 시즌4는 그런 식으로 진행됐죠.

음악경연도 서바이벌 장치보다 감동이 중요

시즌3의 화면자료를 보면 개인의 밀착된 인터뷰, 연습이나 경연을 준비하는 생활모습을 관찰카메라로 담은 장면, 멘토와 함께 토론하고 교감하는 프로세스들이 보여요. 오디션 프로그램의 여러 장치나 요소들 중에서 특별히 고민

한 부분은 무엇이었나요?   사실 다른 오디션 프로그램과 형식적인 차이가 크지는 않습니다. 차이점을 찾는다면 프로그램이 어디를 향하고 있느냐에 있었죠.

서바이벌 프로그램에 12가지 장치(혹은 요소)가 있다고 해요. 상징적인 존재로서의 MC, 심사위원단, 기상천외한 도전 과제, 미션 수행을 도와주는 멘토, 무대와 조명 장치들, 탈락자 결정방법, 최종 우승자 선정방법, 상금과 특전, 단체 합숙소, 미션 수행하는 작업실, 출연진의 솔직담백한 인터뷰, 개성 넘치는 캐릭터. 제 질문은 이런 장치들 고민을 어떻게 하셨는지 궁금해서…   당연히 필요한 요소들인 건 맞고요. 저희 쪽에서는 오히려 극복 대상이었다고 말씀드리고 싶어요. 전형적으로 꼭 필요한 요소들이지만 할 수만 있다면 배제해 버리고 싶었던 요소들이랄까? 무시하느냐 아니면 그대로 가져가느냐의 기준은, 좀 뻔한 이야기 같지만, 딱 하나였습니다. 음악을 감상하는 데 도움이 되느냐 안 되느냐. 예를 들면 이런 겁니다. 전의 오디션 프로그램이나 서바이벌에서는 주인공이 누군지 보여주는 게 중요합니다. 사람들이 노래에 몰입하게 하려면, 길 가던 사람을 붙잡고 갑자기 '저 노래 한번 해볼 테니까 들어보시겠어요?'해서는 안 되잖아요. 그 사람에 대해서 연결고리가 있고 관심을 가질 끈이 있어야죠. 그래서 이 사람이 누군지 VCR을 만들고 그 사람의 생활모습을 보여줘, 무대에 선 사람에게 몰입시키는 방식이었죠. 저희들이 달리했던 부분은 이야기만 들어도 눈물이 주르륵 나오는, 이 사람을 응원하지 않을 수가 없는 슬픈 사연을 가진 사람이라도 저희들의 기준에 부합하지 않으면, 다시 말해 무대 자체가 감동적이지 않으면 다 배제했다는 겁니다. 아예 방송에 내보내지 않았죠. 그건 다 껍데기이기 때문에. 기존의 모든 서바이벌 오디션 프로그램이 한 방식을 버린 거죠.

'브리튼스 갓 탤런트(영국 오디션 프로그램)'의 폴 포츠나 수잔 보일 같은 경우라도요?   그들은 극적인 사연 이전에 그 자체로 뛰어난 실력이 있으니까 좀 다르죠. 보통은 사연과 캐릭터가 드라마틱한 그런 분들이 방송의 중심에 놓이는 경우가 많았거든요. 대부분의 오디션 프로그램에서. 물론 우승을 하지는 못했지만.

폴 포츠는 정말 감동적이었죠. 전혀 기대가 없었다가 목소리가 탁 터지는데 그냥 전율이 쫙~ 왔어요. 그런 생각을 했어요, 이런 감동을 위해 음악 예능이 가진 독특한 형식적 요소들이 있겠구나, 〈K팝스타〉의 비결은 그게 무얼까요?   아, 네. 제가 처음 시즌1을 준비하면서 새로운 걸 만들어야 되는데 새로운 형식을 만들기 어려운 장르가 오디션이라고 말씀드렸잖아요. MC가 필요하고 심사위원이 필요하고 그 다음에 도전 과제가 필요하고 무대도 필요한데, 어떻게 다르게 가지? 그래서 심사위원은 그냥 '노래를 잘하니까 평가해 볼게'가 아니라, 직업이 좋은 인재를 찾아 제작해 온 전문 프로듀서를 앉힌 게 차별점일 거고.

도전 과제의 예능적 재미도 그래요. 이거는 대외적으로 공개돼도 되는 내용인지 모르겠지만, 어느 국내 오디션 프로그램이 처음에 미국의 한 오디션 프로그램을 굉장히 연구한 걸로 알고 있습니다. 이 미국 오디션 프로그램 제작 백서에 따르면, 출연진에게 일부러 며칠간의 합숙기간 동안 밥을 잘 안 준다는 거예요. 그래서 감정이 극에 달하게 만든 다음에 팀 미션을 수행하게 하면 완전히 인간성이 다 드러나는 거죠. 너 때문에 그랬다 뭐… 그런 장치들이 전 세계 오디션 프로그램들의 전형적인 제작 방식이었던 거죠. 저희의 목표는 그런 것들 전부 안 하기였어요. 도전 과제에 미션이 꼭 필요하다면 진짜 본질, 앞서도 말씀드렸지만 이 사람들이 더 좋은 음악을 만들게 하려면 어떻게 해야 할까. 연습 시간이 더 필요하나? 연습 시간을 더 주자. 녹화 사이에 간격이 좀 더 충분히 있어야 더 좋은 무대를 만들 수 있겠구나. 그럼 좋아. 우리가 방송일정에 지장을 안 주면서 참가자들에게 충분히 연습시간을 줄 수 있는 방법은 뭐지? 그런 것들을 연구하는 쪽이었어요.

앞서 얘기한 음악에 집중하는 것이었군요. 〈K팝스타〉 초기에 우리 프로그램에 나오는 사람들은 실력자들이 많더라는 얘기가 있었어요. 약간의 차이야 있을 수 있겠지만, 어떤 오디션엔 실력이 있는 사람들만 지원하고, 어떤 오디션엔 실력 없는 사람들이 지원하고 그렇지 않거든요. 결국 어느 프로그램에서 음악에 더 조명했느냐의 차이였다고 생각해요. 저희 프로그램에만 실력자들이 몰려 온 게 아니라 저희들이 노래를 잘할 수 있는 여건을 만들어주고, 편집과정에서도 다른 껍데기들 대신 노래라는 본질을 잘 보여줄 사람들 중심으로 방송에 선보였던 차이가 있었던 것 같습니다.

음악 예능, '평가의 오디션'에서 '긍정의 오디션'으로 이동 중

다시 돌아가 보죠. 이제 마지막으로 정말 문 닫는 건 맞나요?   예. 일단은 다들 마지막이라는 마음으로 하는 게 중요하다고 생각하고 있습니다. 다시 가슴이 뛰는 어느 순간 하게 되겠죠.

음악 오디션 프로그램은 〈브리튼스 갓 탤런트〉나 〈아메리칸 아이돌〉에서 시작해서 한국까지 건너와 〈슈퍼스타 K〉, 〈K팝스타〉로 발전했고, 이제 새로운 모색을 준비 중이잖아요? 오디션 프로그램은 어디로 가고 있는가요?   이렇게 말씀드릴 수 있을 것 같아요. 지금 오디션 프로그램들이 욕먹는 지점들이, 과도한 사연 팔기다, 악마의 편집이다 하는 것들이잖아요. 오디션 프로그램의 속성들이 원래 그랬습니다. 앞서 말씀드린 갈등을 이끌어내기 위한 극단적인 제작 기법도 그렇고요. 서구의 시청자들은 그런 장치들을 부담 없이 즐겼어요. 한국 오디션 장르의 역사가 미국이나 유럽보다 10년 정도 늦는데, 국내에 오디션 프로가 빨리 도입되지 못했던 이유도 그런 점에 대한 거부감이었다고 봐요. 초기에는 서구적인 리얼리티 프로들이 잘 안 먹혔죠. 한국 사람들은 살벌한 리얼리티는 부담스러워 했으니까. 그걸 대신해서 일반인들이 아닌 예능인들이 하는 적당한(?) 수준의 리얼리티, 리얼 버라이어티가 있었다고 보고요. 원래 오디션도 그랬다 보시면 돼요. 서구의 오디션 시장에서 유일하게 살아남아 있는 포맷이 〈더 보이스(THE VOICE)〉입니다. 가장 늦게 나오기도 하지만 아직 인기를 끌고 있거든요.

음악을 추구하기 때문인가요? 한국에서만 실패했고 다른 데서는 다 잘 됐는데요. 〈더 보이스〉 포맷의 탁월한 점은, 음악이 주는 감동에 주목하는 데 있어요. 감동을 극대화시키는 포맷인 거예요.

음악 자체의 감동? 네. 그 포맷이 뭔지 아세요? 다른 오디션 프로그램이 무대를 바라보며 앉아서 심사하고 오 엑스를 주는, 아까 말씀드린 얄궂은 인간의 본성들에 주목하는 반면에, 〈더 보이스〉는 얼굴을 보지 않아요. 심

사위원들이 뒤돌아 앉아 있습니다. 뒤돌아 앉아 노래를 듣다가 좋으면 버튼을 누르고 의자를 돌려서 얼굴을 확인해요. 목소리에 주목한다는 점에 탁월함이 있을 뿐만 아니라, 의자가 돌아갈 때 희열감이 상당합니다.

오히려 단순한 장치네요. 네. 제 생각에 요즘 시청자들이 오디션 프로그램에서 노래를 듣는 이유는, 노래를 잘했는지 못했는지 붙을지 떨어질지 등에 대한 궁금증을 해소하기 위해서가 아니에요. 그저 좋은 노래를 듣고 막 흥분하고 싶은 거예요. 〈더 보이스〉의 포맷을 보면 알아요. 누군가 심사위원 등 뒤에서 노래를 시작하죠. 시청자들은 오 좋은데, 이러면서 노래에 점점 마음을 빼앗기기 시작하고 자신보다 훨씬 전문가인 심사위원의 눈치를 살피죠. 나랑 같은 의견이면 좋겠다 이러면서… 그때, 세 명의 심사위원이 나처럼 우와 하면서 버튼을 누른 뒤 우르르 돌아갈 때, 역시 감동에 빠질 준비가 되어있던 시청자들의 감정이 막 카타르시스로 치닫는 거죠. 이 프로그램은 그 순간을 극대화시키는 거고요. 그래서 살아남았다고 생각하거든요.

감정의 공유군요. 네. 좋은 것이 주는 흥분, 긍정. 전의 오디션들이 '평가의 오디션'이었다면 지금은

'긍정의 오디션'이고, 긍정의 오디션의 첫 번째 주자가 〈더 보이스〉라는 포맷이죠. 오디션 프로그램의 방향, 예능 프로그램의 방향, 음악 예능의 방향이 그쪽으로 가고 있다고 생각하고요.

지금 오디션을 대체하고 있는 새로운 음악 예능들이 나타나고 있잖아요. 〈복면가왕〉, 〈히든싱어〉 같은. 이들도 그런 방향인가요? 그렇죠. 오디션과 프로그램들과 다른 음악 예능들이 많이 생겨나면서 오디션 예능이 좀 더 힘들어진 부분도 그 지점인 것 같아요. 〈복면가왕〉, 〈히든싱어〉, 〈너의 목소리가 보여〉 같은 경연이나 일반인이 참여하는 〈판타스틱 듀오〉, 〈듀엣 가요제〉는 시청자도, 출연자도 그저 감동하면 되는 포맷입니다. 거기에 반해서 오디션 프로그램의 심사위원단은 자기가 칭찬을 할 때 부담감이 있어요. 냉정하게 평가하는 자리이기 때문에 내가 저 노래에 대해서 이렇게 얘기해도 되나? 쟤를 떨어뜨려야 되는 거 아닌가? 내가 너무 과하게 칭찬하고 있는 거 아닌가? 근데 〈복면가왕〉의 패널은 본인이 아무리 뛰어난 김형석이라는 작곡가든 누구든 그냥 감동해주면 돼요. 좋은 것만 이야기해주면 되거든요. 그게 시청자의 니즈와 딱 맞아떨어지는 거라고 생각합니다. 시청자가 누구인지도 모르는 사람의 노래를 들으며, 어쩌면 어느 탤런트일지도 모르는데, 아 누가 이렇게 노래를 잘하는 거야, 이러고 있을 때 패널들 역시 감동의 눈물을 흘리는 리액션으로… 그 감정을 공유하고 확대하는 거죠.

요즘엔 너무 과장하는 것 같아요. 네. 어쨌든 그냥 사람들이 편하게 음악을 즐기는 데는 도움이 되는 겁니다. 편집도 노래의 감동을 강조해도 되는 포맷이니까 어떤 공정성의 문제도 없으니까요. 공정성을 지켜야 되고 냉정함을 잃지는 않아야 되는 오디션 포맷들은 상대적으로 손해를 보죠. 뭔가 이상하게 저기는 좀 밋밋해 보이고 이렇게 할 수는 있죠. 〈아메리칸 아이돌〉에서부터 〈더 보이스〉까지, 초기의 〈슈퍼스타 K〉에서 지금의 바뀐 〈슈퍼스타 K〉 혹은 〈K팝스타〉의 모습이 그거거든요. 좋은 노래에 감동하는 포맷으로 바뀐 겁니다. 지금은 냉정한 척 하는 걸로 재미를 만들지 않아요, 저 무대가 얼마나 훌륭했는지에 대해서 감탄하는 쪽에 포인트를 두죠. 음악 예능의 흐름은 크게 음악으로 돌아온 부분이 하나고, 긍정하고 공감해주는 쪽으로, 비평 대신 긍정으로 바뀐 게 또 하나입니다.

음악 예능도 '있는 그대로, 자연스럽게'가 중요

〈삼시세끼〉의 나영석PD를 인터뷰했어요. 나PD가 처음 리얼리티 할 때는 조건을 부여하고 개입도 하면서, 거기에 나오는 출연자들의 반응에서 감동요소를 발견해 전달했는데, 지금은 감동 느낌을 더 주기 위해서 부여하는 조건들을 줄여 나간다고 해요. 예능적 조건들을 다 빼고 기록하고 발견하는 건 다큐멘터리다 했더니, 그게 나영석표 예능이고 〈삼시세끼〉를 보면서 사람들이 힐링 받을 수 있으면 그만이라 하더군요. 음악 예능도 세상의 니즈, 사람들이 요즘 느끼는 경쟁, 외로움 같은 걸 반영하나요?   나PD가 가는 그 방향, 결국은 다큐멘터리가 될 거라는 데 공감하는 게, 앞으로의 예능은 어느 쪽이 더 자연스럽냐의 방향인 거 같아요.

예능 프로그램인데도?   부자연스럽게 방송되던 부분들을 하나씩 하나씩 치우고 있는 거죠. 저는 모든 예능이 다 그쪽으로 가고 있다고 생각을 합니다. 그쪽으로 가야 한다고 믿고요. 뭐가 더 자연스럽냐의 싸움이라 생각해요, 음악 예능도. 시즌1에서 진짜 오디션을 추구했다고 말씀드렸지만, 그것도 저는 뭐가 더 자연스럽냐의 이야기였다고 생각하거든요. 사람들이, 음악 하는 사람들이, 심사위원들이 모였는데, 방송이니까 방송적인 가치가 있는 사람들의 숫자를 찾아내는 게 아니라, 자기가 하던 일을 그대로 하는 것, 실제로 이 산업에서 벌어지는 일들을 그대로 보여줄 수 있다면 그게 전 세계 예능 프로그램이 가고 있는 자연스러움으로의 방향이라고 봐요. 우리도 음악 예능에서 그걸 해야 된다고 생각했던 건데.

기자회견에서 박진영 씨는 '〈K팝스타〉의 우리(음악성)'와 '사무실의 우리(상업성)'의 괴리를 토로했고, 유희열 씨는 '기존의 답습' 때문에 음악이 실종했다고 아쉬워했는데…   심사위원들이 얘기한 부분은 결국 한계였죠. 실제로 해보니까 똑같이 갈 수 없었던 부분이 있었으니까. 방향은 분명해요. 저희가 시즌에서 공감이라는 키워드로 TV를 보고 있는 시청자에게 잘사니? 물음표를 던져 보고 한 것들은 결국은 사람들에게 진짜 힐링이 필요하고, 힐링이 그 어느 때보다 예능 프로그램에 중요한 가치라고 생각해요. 세상의 니즈를 반영해야 한다는데 동의합니다.

세상의 트렌드나 코드를 잘 읽고 있다고 생각하시나요?   저는 그게 빠른 편은 아니었어요. 결국은 사람들이 보게 만들어야 되고, 그러자면 사람들의 어디를 긁어 주느냐에 따라 달라진다고 생각하기 때문에 트렌드를 못 쫓아가면 빨리 쫓아가서 따라잡아야 하겠죠. 이상적으로는 조금 앞서 사람들을 끌고 갈 수 있다면 좋겠지만, 저는 상상도 못 하겠고요 사실. 제 능력으로는요.

우문입니다만, 재미와 의미 중에 어느 쪽이신가요?   재미가 더 중요하다고 생각해요. 어떻게 보면 당연한 이야기지만 사람들은 "저게 의미 있으니까 봐야겠다"고 하지 않아요. 의미 있는 게 재미있을 때 사람들이 보죠. 〈그것이 알고 싶다〉에서 아무도 다루지 않았던 민감한 소재를 다룬다, 예를 들면 세월호 문제를 다루었을 때 시청률이 더 올라가는 것은 '세월호가 의미가 있잖아'라는 관념 때문이 아니라, 그런 의미가 흥미를 유발했고, 또 재미있게 풀어냈기 때문이라고 생각해요.

〈그것이 알고 싶다〉가 즐겨 쓰는 미스터리 기법도 중요한 작용을 하니까요.　기법이 아니었다고 해도 의미 있는 것들에서 재미를 찾는 사람들도 있다고 생각해요. 저도 다큐멘터리를 아주 좋아하는데 다큐가 의미 있기 때문에 좋아하는 건 아닌 것 같아요. 그냥 그 자체가 재미있는 거죠. 듣고 싶은 얘기가 재미있는 법이니까요. 뭐가 재미있느냐는 사람마다 다르겠지만 결국은 기반은 다 재미이지 않을까요.

〈시그널〉의 김원석PD를 인터뷰했는데 의미로 소재를 잡고 재미로 전달한다고 하더군요.　제가 예능PD라서 재미를 우선하는 건 어쩔 수 없는 것 같습니다. 저는 재미가 우선입니다. 중요한 것은 지금 이 시대에 사람들이 정말 듣고 싶어 하는 이야기는 무엇인가겠죠.

너무 힘들기 때문일까요? 좀 웃고 싶어서 그럴까요?　아니요. 시대가 평화로워도 그랬을 겁니다. 그냥 저는 제가 몸담고 있는 매체가 그 일을 하는 거라고 보기 때문에. 사람들이 듣고 싶어 하는 이야기가 의미 쪽이라면 달라지겠죠.

제작자에게는 방송이지만 출연자에게는 인생

이 시대의 예능 프로듀서는 뭘 해야 될까요?　예능PD들한테는 가장 어려운 질문인데.

그럼 예능은 빼고 프로듀서라고 하죠.　저는 프로듀서가 이야기를 들려주는 사람이라고 생각합니다. 역시 예능PD라서 이렇게 말씀드리게 되는지도 모르겠지만, 사람들이 듣고 싶어 하는 얘기를, 혹은 들어야 하는 이야기일 수도 있겠지요, 한 시간도 놓치지 않고 몰입해서 들을 수 있도록 하는 일이라고 생각해요. 입사하기 전에는 제가 만드는 프로그램으로 세상에 영향을 미칠 수 있다는 것이 굉장히 신나고 가슴 떨리는 일이었는데, 시간이 지날수록 방송을 통해 무언가를 해내야겠다는 생각보단, 최소한 내가 하지 말아야 되는 것들을 안 하는 게 더 중요하다는 생각이 많아지는 것 같아요. 예를 들면 아주 사소하게는 제 프로 나오는, 제 프로 출연을 결심해준 연예인이 제 프로 때문에 허접해 보이지 않았으면 좋겠고요. 더군다나 저는 지금 몇 년째 일반인이 나오는 프로그램을 하고 있기 때문에 출연자들에게 굉장히 조심하는 부분도 많죠.

출연자 한 사람 한 사람을 배려하시는군요.　출연한 사람이 설사 이게 이 사람의 진짜 모습일지언정 안 좋은 모습을 방송에 하고 싶지는 않아요. 그게 진실을 반영했나, 악마의 편집이냐의 문제가 아니라,

예를 들면 입장 바꿔서 제가 TV에 평생 처음으로 나왔는데 무심코 코 후비는 장면이 방송에 나오긴 싫을 거잖아요. 그런 마음으로 방송해야겠다는 생각. 후배들한테도 그런 얘기를 많이 하죠, 편집할 때. 이게 너면 이 상태에서 저 표정으로 방송 나갔으면 좋겠니? 이 표정은 빼자 라든가. 그냥 제 프로에 나왔던 사람이 나쁘게 비치지 않기를 바라죠.

사람이, 있네요. 지금 말씀 중에… 저는 다큐멘터리 출신인데, 다큐멘터리 PD에게 필요한 정신 첫 번째가 인간정신이라 생각해요, 장르는 달라도 프로듀서는 생각이 이렇게 같은가요… 고맙네요. 다른 질문인데 프로그램은 뭐예요? 〈K팝스타〉는 내게 어떤 존재예요?   글쎄요 뭐, 제가 뭐 자아실현을 하려고 하는 것 같지는 않고요. 아주 솔직하게 말씀드리면 저한테는 숙제였습니다. 시작도 그랬고, SBS표 오디션 하나를 만들어 보라는 과제를 받았죠. 어찌됐든 회사에서도 굉장히 많은 돈을 투자했고, 일단 섭외되어 있는 심사위원들이나 출연자에게 누를 끼쳐서는 안 되겠다는 마음, 그 조바심… 우리에게는 방송이지만 저희 프로그램에 온 사람들에겐 인생이에요. 저희끼리 그런 얘기 하거든요. 제가 그 얘기 한 번 했더니 유희열 씨가 그 표현이 굉장히 공감 간다면서 몇 번 인용을 하기도 했습니다만.

우리한테는 방송이지만 온 사람들에겐 인생이다, 좋은 표현이네요, 마음이 이쁘네요.

내 스토리텔링은 정박자 속에 엇박자 두기

프로그램 만들 때 나만의 이야기 방식이 있나요? 박성훈표 예능 스토리텔링 방식?   저는… 아까 말씀드렸는데 뭐가 더 자연스럽나, 그리고 자연스럽게 보이느냐 입니다. 예를 들면 일부러 음악을 싹 빼고 좀 거친 앵글들을 골라서 쓴다든지, 다큐멘터리에서도 그렇게 많이 하실 거라 생각합니다만 예능에서도 좀 일부러 그렇게 가는 게 훨씬… 나영석PD의 방법도 그거라고 생각합니다만, 뭐가 더 자연스러운지를 고민해요.

결국 리얼리티, 있는 그대로 표현한다는 말씀이네요.   네. 외국 리얼리티 프로그램들 보면 카메라가 절대 안 나옵니다. 그건 그들의 제작 노하우겠죠. 카메라를 잘 숨겨서 이 상황이 실제처럼 느껴지게 만드는. 한국은 달라요. 외국보다 한 걸음 더 나간 자연스러움이 카메라가 노출되는 거라고 생각하거든요. 숨기는 것 자체도 이제 가식적인 거죠. 카메라가 있는 게 당연하잖아요. 연출자가 있는 것도 당연하고. 그것들까지 공개하면서… 남들이 안 하던 방식의 자연스러운 요소들을 계속 찾아보는 것?

저 혼자서 가끔씩 생각하는 연출관이랄까요. 좀 이상한 표현인데, '엇박자론'이라는 게 있습니다. 이건 방송뿐만 아니라 모든 문화 장르에 통용된다고 저 혼자 생각하는데, 음악에 엇박자라는 개념이 있죠. 모든 게 박자가 딱딱 맞아가다가 어느 한 순간 예상을 깨고 이상한 포인트에 리듬을 주는… 음악이 아닌 모든 것들에도 중요한 어느 한 순간 엇박자가 있어야 예술이 완성된다고 생각하고요. 다만 엇박자가 존재하려면 정박자가 훨씬 중요하죠. 99개의 정박자가 있고 가장 중요한 위치와 타이밍에 단 하나의 엇박자가 딱 들어가면 사람들이 확 카타르시스를 느끼거든요. 그래서 저는 기본적으로 무엇인가 자연스러운 토대가 쫙 깔려 있는 상태에서 한 가지 포인트로 엇박자가 들어가는 것, 그것이 어디냐, 언제냐, 어떤 모습이냐가 결국은 재미를 완성한다고 생각하죠.

너무 많이 엇박자여도 안 된다. 정박자가 중심에 있고.　　그렇죠. 99개의 엇박자들끼리만 모여 있으면 그게 또 정박이 돼버리는 거죠.

아, 엇박자끼리 모이면 또 정박일 수 있네요.　　네. 그래서 그건 또 아닌 것 같고요.

좋은 스토리텔링 기법이라고 생각합니다. 정박을 중심에 놓고 엇박자를 하나씩 만드는… 언제, 어디서, 어떻게, 어떤 엇박자를 넣을지 고민한다…　　네.

마지막 질문입니다. 지금 웹시대, 디지털시대, 제로 TV시대라서 더 이상 젊은이들이 TV를 안 봅니다. 이제 지상파는 어디로 가야 하는지, 방송 콘텐츠는 어떻게 만들어야 되는지가 화두가 되었고요. 그래서 내가 만드는 방식을 이렇게 바꾸지 않으면 안 된다, 고민해본 적 있나요?　　이건 단일 프로그램을 더 잘 만들기 위한 고민 차원을 넘어서는, 산업적이고 시대의 흐름적인 부분도 있다고 봐요. 답은 정말 모르겠지만요. 너무 거창해서 어떻게 가는지 알고 싶어서 좀 알아보는 정도? 지금 어

떤 시청자들은 SBS 8시뉴스보다 〈스브스 뉴스〉를 좋아하고, 이제 지상파 방송사에서도 어쩔 수 없이 인터넷을 위한, 그리고 〈비디오 머그〉라는 짧은 클립을 따로 만들고… 저희 회사도 모바일을 위한 '모비딕'이라는 팀까지 만들었죠. 거기서 짧은 콘텐츠들을 새로운 문법으로 만들어 나가는 실험을

하고 있기는 한데 또 어떤 사람은 SBS가 그런 콘텐츠를 만들 게 아니라 새로운 플랫폼을 만들어야 되는 게 아니냐는 이야기도 하죠. 제 아이들이 뭘 보는지는 관찰하는 편인데…

아이들은…　제 큰 아이가 중학교 2학년인데요, 애가 보는 콘텐츠가 완성도가 있고 우리가 편집으로 완성하는 그런 콘텐츠들이 아니라, 지극히 거칠고 짧고 자기들의 해석이 가능한 것들이었어요. 제목이 잘 생각이 안 나는데 애들이 막 검색을 하는 것들은 '니가 내 흥을 다 깨버렸으니 책임져.' 이런 것들 있잖아요, 그런 짧고 단순하고 명확한 '장난감'을 가지고 그걸 패러디하거나 공유하며 시간을 보내고 있더라는 거죠. 자기들 식의 이해와 해석이 가능한 것들, 자기들의 참여가 가능한 것들, 아까 말씀드린 것처럼 복잡하지 않으면서 그냥 자연스럽게 받아들일 수 있는 어떤 요소가 한 가지만 명확하게 있는 것들 말예요. 예전처럼 엄청난 전략과 계산, 예산투입, 오랜 후반작업 등이 필요한 콘텐츠보다는 다소 덜 가공되고 거칠어도 보다 자연스럽고 가볍게 툭툭 가지고 놀 수 있는 "어깨에 힘 뺀" 콘텐츠들의 시대가 되는 것 같아요. 사실 어색하고 부자연스럽고 무거운 것들을 하나씩 제거해나가기 시작한 예능의 흐름과도 맞닿아 있는지도 모르죠. 거기까지는 알겠는데 방송에서 어떻게 해야 될지는 아직 숙제인 것 같습니다. 그렇다고 무슨 쌍방향 방송으로 해결되는 것도 아닌 것 같고요. 계속 고민하고 있어요.

오늘, 고마웠습니다. 그리고 재미있었습니다.　저도 재미있었습니다.

디지털시대,

프로듀서와

프로그램을 묻다

MBC 〈W〉

정대윤PD

MBC TV제작본부 드라마국 프로듀서로 〈나야 할머니〉, 〈그녀는 예뻤다〉 등을 연출했다. 16부작 드라마 〈W〉(2016년 7월 20일~9월 14일)는 장르(만화와 실사)와 차원(가상공간과 현실)의 두 세계를 넘나드는 판타지로 각광을 받았다. 독특한 소재, 신선함과 박진감으로 3회 만에 수목극 1위를 차지했고, 9.3%로 마지막 회가 끝났을 때 현실로 돌아오기 싫다는 시청자반응까지 나올 정도로 사랑을 받았다. 실재적인 웹툰과 그래픽을 활용해 판타지와 리얼리티가 영상으로 절묘한 조화를 이루며 대작의 이미지를 만들어냈고, 정PD는 일약 차세대 유망연출가로 부상했다. 드라마가 장안의 화제가 되면서 'W는 무엇인가'라는 질문이 이어졌고, 송재정 작가는 'Who, Why(누가, 왜 죽었는가)'이자 'Wonder Land(이상한 나라)'라고 설명한 바 있다. 드라마 속에서 만화가 오성무가 자신이 만들어낸 웹툰 세계 속의 주인공 강철에게 "너는 내가 만든 설정값"이라 말하는 장면은 '신이 창조한 인간'을 떠올리게 한다. 마지막에 오성무가 죽고 강철이 살아남자 인간의 의지가 더 강했다는 해석을 낳기도 했다.

웹과 현실, 두 세계로
그려낸 인간의 조건

〈W〉는 7월 20일 1화가 시작해서, 9월 14일 16화로 끝났죠. 3회부터인가 계속 1위를 달렸고, 마지막 시청률은 9.3%를 기록했어요. 시청자들은 아직 현실복귀가 안 된다는 반응이고요, 지금 소회는 어떠신가요?　너무 감사하죠. 이렇게까지 사랑 받을 줄 몰랐거든요. 일반 드라마와 많이 달라서 시청률에 대한 기대는 크지 않았어요. 대박은 아닐지라도 이 정도만 해도 대단한 반응이라고 생각해요. 확실히 품이 많이 들었기 때문에 끝나고 나니 진짜 시원섭섭한 마음도 들고요.

시각적으로 형식적으로 새로운 드라마

시청자의 반응을 보면, 완성도라든지 새로운 실험성에 대한 평가가 높은 것 같아요. 〈W〉 만들 때 이런 것을 정말 하고 싶었는데 그것이 먹혔다고 할 게 뭔가요?　이야기를 할 때 좀 새로운 방식으로 접근해 보면 어떻겠나, 모두 어떤 목마름이 다 있잖아요. 연출들도 그렇고 작가들도 그렇고, 작가님이 웹툰 세계를 넘나드는 이야기를 말씀하셨을 때 굉장히 와 닿더라고요. 아, 이거 새롭겠다. 시각적으로나 형식적으로 새롭게 다가올 수 있는 이야기이겠구나 하고요. 이야기라는 거는 원형이 있잖아요. 그 원형을 따라서 내용과 형식을 조금씩 바꿔가면서 계속 새로운 드라마가 나오는데, 이왕이면 표현하는 방식을 혁신적으로 바꿔보자 했을 때 참 좋다 했죠. 〈W〉도 영웅서사시고 여행을 떠나야 되는데, 어디로 떠나냐, 보통은 새로운 직장이나 익숙치 않은 공간으로 떠나는데 우리는 웹툰 속으로 간다. 이게 굉장히 새로운 거예요. 지금까진 없었던. 아, 이게 중요한 포인트가 되겠구나, 승부처가 되겠구나 했죠.

학교에서 아이들 가르치며 '새롭게, 다르게(Something New, Something Different)'를 강조해요. 내용과 형식 두 가지를 얘기하는데, 어느 것이 더 중요하다고 생각하세요?　드라마의 경우는 이야기가 본질이다 보니 내용이 더 중요한 것 같아요. 내용을 잘 써야 하는데, 그게 사실 너무 어려운 일이죠. 수많은 사람들이 비숫한 플롯과 이야기를 써왔기 때문에 잘 써도 차별하기가 어려운 상황이잖아요? 그래서 형식의 새로움도 중요해지는 것 같아요.

⟨W⟩는 뭐예요?　대본에는 Who와 Why의 약자로 나와 있죠. 누가 왜 가족을 죽였는지 찾아가는 이야기. 작가님이 얼마 전 인터뷰에서 Wonder World의 약자라고 밝히기도 했죠. ⟨이상한 나라의 엘리스⟩처럼 이상한 세계에 빨려 들어간 연주의 시선에서 본, 달콤살벌한 만화 속 세상. 우리끼리도 농담처럼 얘기를 했어요. ⟨W⟩에 정답이 있을까? 일단 W는 월드잖아요. 뭔가 새로운 세계. Double, You. 이렇게 분해하면 두 개의 당신, 두 개의 차원에 있는 당신. W는 win, 승리를 상징하기도 하고요. 그러니까… 상상하는 경우의 수만큼 답은 많아요.

⟨W⟩에 안 알려진 다른 의미가 또 있나 싶어서 물어본 거예요.　⟨W⟩라는 제목이 생각할수록 좋더라고요. 일단 좌우 대칭이라 거울에 비친 것 같은 느낌도 있고… 두 개의 세계를 표현하는 것 처럼요. 타이틀 로고를 일부러 홀로그램 느낌으로 만들었거든요. 가상현실의 느낌을 주기 위해서요. RGB색을 투명하게 써서 현실인지 가상인지 모를 묘한 느낌을 줬을 때 굉장히 잘 어울리는 알파벳이었어요. 조형적으로 보나 의미로 보

나, ⟨W⟩라는 이름이 드라마를 상징적으로 잘 표현하는 것 같아요.

왜 살아야 하는가 묻는 복합장르 드라마

⟨W⟩를 통해서 무슨 얘기를 하고 싶었어요?　이 드라마는 사실 전형적인 영웅서사시이고 휴먼드라마예요. 남자, 여자 두 주인공이 새로운 세계로 가잖아요? 한 사람은 만화 속 세계로 가고, 다른 사람은 현실 세계로 나오고. 그러면서 자기의 숙명이 뭔지를 깨닫죠. 강철의 경우에는 자신의 근원적 실존

을 찾는 게 숙명이고, 연주는 강철을 살리고 강철에게 영속성을 부여하는 게 숙명이 되는 거고. 그걸 막는 사람이 스승이자 안타고니스트인 오성무 작가거든요. 그런데 웹툰이라는 설정을 가지고 작품을 만들다 보니까, 주인공이 굉장히 실존적 고민을 할 수밖에 없더라고요. 우리가 왜 살아야 되는지를 묻는. 어떻게 보면 이 드라마가 자살 중독 드라마라는 오명을 살 정도로 자살시도 장면이 많이 나와요. 강철도 세 번이나 자살하려고 하고, 오성무도 자살하려고 하고. 그게 끊임없이 내가 왜 살아야 되는지를 고민하고 반문하게 했어요. 강철처럼 내가 만화 속 주인공이라는 걸 알게 됐다면, 그리고 삶의 목표라고 생각하고 쫓았던 진범이 허구라는 사실을 알게 됐다면… 지금까지의 내 삶은 의미가 뭐지? 이후에 나는 왜 살아야 되는 거지? 답은 사랑이고 가족이었죠. 아버지의 입장에서도 옥상에서 뛰어내리려고 하다가, 살아남은 건 딸 때문이거든요. 딸에 대한 사랑. 그런 울림을 주려고 했죠.

두 개의 세계, 두 개의 당신이라는 〈W〉의 형식 때문에 다른 드라마들과 스토리텔링 방법상에서 차별화 한 것들이 무엇이었나요? 영화 〈스텐바이 미〉가 있죠. 소년이 여행을 떠나서 어른이 되는 전형적인 이야기잖아요. 〈W〉도 이야기는 같아요. 대신 스릴러 장르로 긴장감을 주고 그 다음에 반전, 그리고 멜로. 이런 다양한 재미를 추구했죠. 요즘엔 복합장르가 유행이잖아요. 드라마도 그래요. 〈W〉에는 로맨스, 코믹, 스릴러에 공포도 있어요. 여러 가지 장르가 섞였어요. 심지어는 메디컬적인 느낌도 있고. 처음부터 다양한 장르를 섞기로 하고 대본작업을 한 거죠. 16부작을 계속 긴장감 있게 채우기 위해 했던 선택이었어요.

저는 사실 미니시리즈가 16부작이나 되는 걸 반대해요. 너무 길어요. 지금 드라마 산업이 16부작이 중심이라 안 할 수 없지만, 12부작 정도가 적당한 크기인 것 같아요. 항상 이야기가 8회까지는 속도감을 낼 수 있는데, 그걸 넘기면서 늘어지곤 해요. 8회까지 달려온 동력으로 중반을 가다가 13, 14회 정도 돼서야 마지막 스피치를 올리고 끝내거든요. 중간에 한 4~5화 정도가 큰 동력이 없이 가는데 12부작으로 하면 중간에 탄력으로 가는 부분들을 빼고 굉장히 스피드하게 끝까지 갈 수 있거든요. 영드나 미드는 8부작인 거 되게 많아요. 일본 드라마는 아예 그냥 11부작, 12부작으로 정해져 있고요.

대작의 영상미가 던지는 운명적 리얼리티

〈W〉가 현실세계와 상상의 웹툰 세계를 넘나들어야 하기 때문에, 리얼리티를 부여하기 위해서 만들었던 장치는 무엇인가요? 주인공이 웹툰과 현실을 넘나드는 순간이 이 드라마가 인정을 받을지 아닐지를 가르는 고비라고 봤어요. 앞뒤의 대본 맥락, 연기자들의 연기력, 화면의 구도, 질감, CG의 퀄리티 이런 모든 것들이 기존에 나왔던 웬만한 영화, 웬만한 영상물의 수준을 넘어서지 않으면 시청자들을 잡기 어렵다 보았죠. '뭐야 유치하네, 어린이 드라마야?' 하면 실패하는 거죠.

아무리 대본이 좋아도 영상적으로 표현이 안 되면 유치한 거고, 영상적으로 잘 표현이 되어 있어도 맥락 없이 이야기가 들쭉날쭉하면 또 납득이 안 가는 거고. 그 둘이 좋아도 연기자의 연기가 어색하면 시청자들이 공감을 못하게 되는 거고. 두 세계를 넘나드는 순간, 여러 가지 요소를 최대한 잘 녹여서 시청자들이 두 세계의 설정에 빠져들게 하는데 중점을 둬야 한다고 생각했어요.

어느 한 부분에 문제가 아니라 포괄적이고 복합적으로 고민했다는 거네요. 네. 음악도 시청자들이 감정을 몰입할 수 있도록 굉장히 많이 리서치를 하고 준비를 오랫동안 해서 만들었어요. 현실에서 웹툰으로 건너가는 첫 장면이, 호텔 옥상 위에서 연주가 발밑에 죽어가는 강철을 놓고 새로운 세계를 발견하는 장면이었어요. 그 신의 느낌을 넓고 크게 표현하기 위해서 헬리캠을 썼어요. 장소도 일부러 옥상으로 한 거예요. 옥상에서 전체적인 세계를 조망하면서, 여기는 새로운 세계다, 라는 걸 넓은 풀 숏으로 보여주고 싶었거든요. 거기에 뭔가 거대한 운명과 뒤틀리는 세계관을 표현할 수 있는 웅장한 음악을 준비했어요. 이를테면 〈인셉션〉에 나오는 그런 음악, 새로운 세계, 거대한 운명의 느낌이 나는 음악으로. 음악만 들어도 대작이라는 것이 확 느껴지도록. 시청자들이 '굉장한 이야기가 펼쳐지겠구나'라는 느낌을 그 한 커트로 무의식적으로 알아채야 한다고 생각한 거죠.

대작 얘길 했는데… 대작의 퀄리티라는 건 어떤 걸까요? 대작이냐 아니냐는 실제 사이즈보다는 느낌의 차이인 것 같아요. 어떤 사람들은 저희 드라마를 대작이라고 말해요. CG가 많고 왠지 돈이 많이 들었을 것 같고. 근데 실제 다른 드라마에 비해서 돈이 많이 들지는 않았거든요. CG도 내부에서 거의 공짜로 하다시피 한 거고. 세계관이 독특하다 뿐이지 대작은 아니에요. 인물도 굉장히 단순해요, 나오는 사람이 몇 명 안 되거든요. 그래서 대작이라고 할 순 없는데, 시청자들에게 소품이 아니라는, 이 드라마는 앞으로 16회 동안 볼 가치가 있고, 굉장히 본질적인 이야기를 다루는, 엄청나게 거대한 이야기라는 느낌을 심어줄 필요가 있었어요. 그래야 사람들이 내 아까운 시간을 투자해야겠다는 생각을 하거든요. 그러니까 저는 정확히 말하면 이 드라마가 대작이라는 것보다는 '당신이 시간을 투자할 만한 가치가 있는 드라마입니다.'라는 걸 표현하고 싶었던 거죠.

현실과 웹툰 두 세계가 서로를 들여다보는 액자구조

〈W〉가 가지고 있는 두 세계는 어떤 이미지인가요? 웹툰 세계는 판타지고, 현실 세계는 살아가기 힘든 현실인가요? 현실 세계와 웹툰 세계가 무엇을 상징한다기보다는, 두 세계의 구조가 중요한 것 같아요. 액자구조를 아시죠? 저는 국문과를 나와서 소설에 대해서 공부를 했거든요. 액자구조는 이야기 속에 이야기잖아요. 〈W〉는 전형적인 액자구조거든요. 오성무와 오연주가 사는 세계에서 바라본 웹툰 세계가 있는 거죠. 새로운 건 현실 세계에서 그 액자 속 이야기로 들어간다는 건데… 근데 따지고 보면 연주가 강철을 보듯이, 우리가 연주를 보고 있잖아요. 이렇게 순환하거든요. 거울 속 거울처럼 무한히 반복되는 세계관이에요. 이게 묘한 느낌이 있더라고요. 우리가 드라마에 감정이입을 해서 연주를 보고 강철을 보다가, 강철이 웹툰 세계관의 진리를 깨닫는 순간, 엄청난 감정의 소용돌이가 있거든요. 그 순간 시청자들이 강철에 감정이입 되면서, '어? 나도 그 세계의 일부가 아닐까? 우리세계도 연쇄적이고 누군가 나를 관찰하고 있는 건 아닐까?'라는 생각을 하게요.

맞아요, 그런 인상을 강하게 받았어요. 시청자들이 엔딩을 예측할 때도 강철과 연주의 세계, 그리고 그에 상응하는 또 다른 세계가 연쇄적으로 있는 것을 보여주면서 〈W〉가 끝날 수도 있겠다는 생각을 하더라고요. 이 드라마의 가장 재미있었던 피드백이었던 것 같아요. 강철의 세계가 판타지이고 연주의 세계가 현실의 세계라는 느낌을 주기 위해서 차별성을 두진 않았어요. 강철의 세계를 최대한 현실적으로 그리기 위해서, 강철의 세계가 절대 가짜 세계로 보이지 않기 위해 노력을 했거든요.

리얼리티가 있어야 하니까요. 네, 리얼리티를 살리려 하다 보니 아이러니하게 거기에 틈도 생기더라고요. 드라마 속에서 현실과 웹툰을 넘나드는 설정을 납득시키기 위해 물리법칙에 한 번의 예외를 만들었잖아요. 그러고 나니 강철이나 연주에게도 뭔가 물리법칙에서 벗어나는 능력을 주는 게 가능해졌어요. 시간이 멈춘다거나 시간이 강철의 시점으로만 빨리 지나간다든가, 총을 맞아도 죽지 않는다든가 말이죠. 그런 설정들은 드라마적으로 써먹을게 많죠. 스릴러를 살리거나 반전을 주거나 이런 장치들을 만드는데 좋더라고요. 그런데 이런 예외가 몇 개 되다 보니까 나중에 가서는 극 세계관에 일관성을 주면서 끌고 가기가 어려워져요. 예외법칙이 가능해지면서 드라마적 기회를 얻었지만 또 그게 세계관의 위기로 다가오더라고요.

두 세계를 넘나드는 영상처리도 고민이 많으셨겠어요. 시간이 멈추고 주인공이 다른 세계로 넘어가는 신을 준비할 때, 그 신을 최대한 사실적으로 그리는 게 중요하다고 생각했고 CG팀하고 여러 번 회의를 했어요. 그 결과가 드라마 속 장면이었던 거죠. 그 키(key) 신들에 시청자들이 압도당해 '이게 뭐야, 말도 안돼.'라는 생각을 할 수 없게끔 빨려 들게 만들고 싶었어요. 그 장면들이 완벽하진 못했지만 어느 정도 성공했다고 자부해요.

'너는 내가 만든 설정 값이야'가 던지는 강렬한 메시지

홈페이지에 캐릭터 설명은, 블루 색깔로 된 강철의 웹툰 세계, 흰색의 연주가 살고 있는 현실 세계, 그 중간에 오성무가 그려져 있어요. 시공간과 캐릭터를 창조하는 것은 드라마나 영화에서 가장 핵심이잖아요. 강철, 오연주, 오성무 세 캐릭터에게 부여하고 싶었던 의미나 이미지가 있었나요?   의미를 저희가 부여하기보다는 시청자들이 어떻게 받아들이는 지가 더 중요한 것 같아요. 아무리 의미를 부여해도 시청자들이 그런 느낌을 받지 않으면 소용이 없고, 별 의미 없었던 지점에 시청자들이 빠져들면 그 자체로 의미가 생기는 거고. 드라마 외적으로 캐릭터의 의미를 따로 설명하는 건 별로로 좋은 게 아닌 것 같아요. 대신 연기자의 역할이 정말 중요했다는 말씀은 드리고 싶어요. 연기자가 부리는 마법이 있거든요. 처음에 생각했던 강철의 이미지와 이종석 씨가 연기한 강철의 이미지와 다른 게 있어요. 강철은 처음에 굉장히 마초적인 이미지를 생각하고 만든 캐릭터거든요. 그걸 이종석 씨가 연기하면서 더 입체적이 되었죠. 종석 씨가 굉장히 소년적인 이미지고, 어린 연기자이긴 하지만 내면적 연기를 하거든요. 입체감을 보여주더라고요. 만화 속이어도 현실에 가까운 세계였으면 좋겠다고 생각했는데 이종석 씨가 그 느낌을 잘 살린 거죠. 오히려 오연주가 더 만화 속 주인공 같은 느낌이 있었어요, 순정만화의 주인공 같은. 두 밸런스가 저는 상당히 좋았다고 생각해요. 오성무는 생각했던 이미지와 굉장히 비슷했고 중심을 잘 잡아줬어요. 뭐라 그럴까요. 신이죠. 신인데 우리가 생각하는 완벽한 신이 아니에요. 성경도 보면 하나님이 소회할 때도 있고 계획을 바꿀 때도 있죠. 신 스스로가 완전히 무결하다고 할 수 없다는 건 성경책이 자인하고 있거든요. 우리가 봤을 때 성무는 실패한 인간인데, 실패한 인간이 신일 수도 있다는 거죠. 세계에 균열을 일으킬 수 있고, 파국으로 치달을 원동력을 줄 수도 있는.

웹툰은 작가가 만든 가상 세계잖아요, 그런데 만화 속 주인공 강철에게는 현실 세계죠. 작가가 강철을 만들었고, 강철은 거기에 반항하는 거잖아요? 혹 오성무는 신의 영역, 강철은 인간의 영역이란 설정이 있었나요?   실존적인 것도 종교적인 부분과 맞닿아있다고 생각해요. 강철은 자신을 만든 창조자가 있다는 걸 알고 내 삶이 의미가 있나 묻지만, 교회 다니는 분들은 신이 없다고 하면 내가 왜 사는 거야 하고 오히려 반문하겠죠. 5부에 강철과 오성무가 대면하는 신이 나오는데, 신과 인간이 대면하는 느낌이 많이 나요.

처음부터 의도했지만 시청자들이 어떻게 받아들이고 해석하느냐가 결과적으로는 더 중요한 것 같아요. 작가나 연출가가 '의도가 이거였어.'라고 직접 얘기하는 건 세련된 게 아닌 거 같아요. 드라마는 시청자들이 환경과 본인의 생각에 따라서 여러 가지 구조로 끼워 맞출 수 있게 원형적인 구조를 만들 뿐이죠. 이렇게 이야기하는 사람도 있어요. '오성무는 하나님이고 강철은 예수님이고 연주는 천사다.' 또 어떤 사람은 성무는 드라마작가고 강철은 연기자고 연주는 네티즌이라고 말하기도 하죠. 이 세 축은 항상 서로 압력을 행사하려고 해요. 주변에서 그런 다양한 해석들을 듣다 보니까 우리 인물관계가 꽤 원형성이 있구나 했죠. 사람들이 빠져들기 쉬운 구조라는 거죠.

'너는 내가 만든 설정 값이야.'라는 멘트가 제겐 어마어마한 메시지로 다가왔어요.   성경에서는 신이 인간에게 자유의지를 줬다고 말하지만 오성무의 입장에서는 하느님보다 좀 더 강하게 이야기한 거죠. 너는 내가 원하는 방향으로 가야 돼, 너는 그냥 피조물이고 내가 시키는 대로 해야 하는 부속품에 불과하다고.

신이라고 했던 오성무는 죽고 오히려 설정 값이자, 피조물인 강철이 나중에는 주인공이 되고 살아남죠, 주어진 조건을 뛰어 넘는 인간의 의지를 보여주고 싶었나요?   종교적인 생각을 한 것도 있지만, 기본적으로 〈W〉는 영웅서사시예요. 아까 얘기했던 대로 소년이 스승의 도움을 받아 여행을 떠나서 수많은 적들을 만나 어른이 되는 이야기예요. 결론에서 스승은 죽고 주인공의 새로운 세대가 시작되는 거죠. 미국이 크면 영국이 죽듯이. 그러한 서사시인데, 그런 이야기 구조에 맞추면 마지막에 오성무가 죽는 게 맞죠.

정교한 CG가 두 세계 이동에 현실감 부여

웹과 현실을 넘나들잖아요, 공간이동에서 영상적인 요소를 강조하기 위한 촬영기법이나 장치들은 어떤 것들이 있었나요?   웹툰을 예로 든다면, 실제로는 대다수의 웹툰이 캐리커처 수준으로 간단하게 그리는데 우리는 그래픽노블 수준으로 그려야 시청자들이 현실로 느끼고 빠져들 수 있을 거라 생각했어요. 오케이 컷을 뽑아내기 전에 거의 50번씩 수정해 실사적인 느낌을 강조했죠, 오성무라는 신이 만든 세상의 느낌이 날 수 있게끔 굉장히 현실적이면서도 작품적인 느낌까지 줄 수 있는, 콘셉트를 여러 개 잡아 시도를 해보고 그 중 다시 한두 개를 골라서 시행착오 수십 번을 거쳐 가면서 만든 결과물이었죠. CG도 같은 콘셉트로 준비했고, 웹툰과 실사 연결에 공을 많이 들였죠. 두 세계 사이의 공간이동 장면이나 물속으로 가라앉는 장면, 윤곽이 사라진 얼굴 등 판타지도 살리면서 리얼리티와의 조화를 고민했죠. CG팀이 굉장히 고생을 많이 했어요.

자신만의 영상 이미지를 만드는 방법이 있었나요? 어떤 느낌을 살리기 위해 잘 쓰는 기법들이 있나요, 카메라워킹은 어떤 무빙을 좋아한다든지 하는? 저는 약간 루즈한 화면 사이즈를 좋아해요. 영화는 요즘 앵글을 되게 타이트하게 잡아요. 연속극은 클로즈업 사이즈가 기본 사이즈가 된 게 오래고요. 저는 루즈한 바스트 사이즈를 기본 사이즈로 생각해요, 숏 안에서 그 사람이 있는 주변과의 관계가 보이거든요. 멜로 같은 경우에는 두 사람의 느낌이 중요하잖아요. 웨이스트 사이즈는 한 사람을 잡아도 결국 화면 비율 때문에 투 숏이 되거든요. 코미디도 주변사람과 관계가 보여야 진짜 웃기거든요.

진짜 공들여 찍어서 꼭 기억되었으면 좋겠다고 하는 숏이 있다면요? 모든 장면을 정말 공들여 찍었어요. 특수촬영도 많았고요. 어느 하나를 얘기하기가 그래요.

대사는 어떤가요? 연기자한테 이 대사는 꼭 좀 살려줬으면 좋겠다, 당부한 게 있었나요? 많죠. 3부 엔딩 장면인데 엘리베이터 앞에서 연주가 강철에게 '나는 당신이 해피엔딩이기를 간절히 바라는 사람이에요.'라고 말해요. 그 장면은 드라마가 어떻게 흘러가고 끝날 건지 함축적으로 보여주는 신이라고 생각했어요. 두 사람이 처음에 장난처럼 대하다가 점점 진지해 지고 사랑을 깨닫게 되고 앞으로 닥칠 위험을 걱정하다가 마지막에는 해피엔딩을 염원하는 내용이거든요. 그 한 신 안에 이 드라마가 통째로 들어가 있는 거죠. 이 신을 살리기 위해 공을 들였고 결국 엔딩으로도 썼죠. 많은 사람들이 좋아했고요.

엔딩에 대한 설왕설래가 굉장히 많았잖아요. 해피엔딩에 대해 행복해 하는 사람도 있고, 기가 막힌 장치들을 가지고 마지막을 그렇게 설렁설렁 끝냈어? 혹평하는 사람도 있고요. 결말을 어떤 식으로 할지는 드라마를 끌고 가면서 정하기도 하는데, 〈W〉는 처음부터 결말은 해피엔딩으로 하는 것으로 정해져 있었어요. 영웅의 이야기는 항상 일상으로 돌아와서 끝나거든요. 강철과 연주 두 사람이 설정 값들을 덜어내고 보통의 인간으로 돌아온 거잖아요. 그거 이상의 엔딩을 낼 수 있었을까요?

사는 게 그런 거죠, 이런 의미인가요? 더 극적으로 표현할 수도 있을 거 같아요, 하지만 벼랑 끝에 매달려서 시즌2를 한다고 말하고 싶지 않았어요. '이런 식의 이야기 어때요, 재미있었죠?'라는 의미로 족한 거죠.

그래도 아쉬움은 없어요? 　아쉬움은 많죠. 작가님이 거의 무한대의 판을 깔아놓은 거예요. 뭘 해도 말이 되고, 뭘 해도 시청자들이 저럴 수 있지 하는 판을 기막히게 깔아놓은 거죠. 그 판에서 더 신나게 놀았어야 했는데 사실은 시간에 너무 쫓겼어요. 사전제작이었다면 얼마나 좋을까 생각을 몇 번이나 했어요. 더 퀄리티 있고 더 짜임새 있고 더 극적인 기승전결로 마무리했더라면 하는 아쉬움이 커요. 시청률에 대한 아쉬움도 있고요.

〈W〉 이후 드라마는 새로운 맥락을 준비해야

어느 평론가가 '새로운 맥락 드라마 〈W〉 이후를 대비해야 된다.'라고 썼어요. '이제 드라마는 자연스러운 상상력으로 말한다, 논리적 근거, 현실성, 과학적 논리를 따지는 구태의연한 스토리텔링은 다 버려라, 새로운 드라마를 고민할 때가 왔다'는 내용이에요. 읽어 보셨나요? 　지금도 작가나 연출가들이 충분히 다르게 하고 있다고 생각해요. 시청자들이 진부한 것들에 대해서 즉각 평가를 내리잖아요. 요즘 잘나가는 대부분의 드라마들은 다 새로워요. 심지어 통속드라마 조차요. 통속드라마라고 하면 욕인가요? 저는 칭찬인데. 요즘 멜로들은 사랑에 빠질 때 왜 사랑하는지 설명 안 나와요. 1회부터 바로 사랑해요. 예전엔 어떻게 눈이 맞고 어떻게 감정을 느끼게 되고 설명했거든요. 그 최첨단을 달리는 게 막장드라마예요. 맥락이 없어요. 설명을 따로 안 해요. 그런데 이미 시청자들은 받아들일 준비가 되어 있거든요.

평소에 소재를 잡을 때 어떻게 하나요? 　제일 중요한 건 재미있는가라고 생각해요. 시청자들이 과연 보고 싶을까, 이건 모든 사람들이 마찬가지일거 같아요. 형식적인 건 재미 안에 포함되어 있는 거죠. 새롭기 때문에 재미있는 거거든요. 하지만 형식적 새로움이 주는 재미는 오래가지 않아요. 진짜는 내용적인 재미가 있어야 하는 데 그게 정말 어려운 것 같아요.

주제나 소재를 찾을 때 자기만의 방법이 있나요? 　뭐 다들 비슷하지 않을까요? 평소 일상 속에서 순간순간 이건 어떨까 하고 느끼는 거죠.

요즘은 PD가 되려는 사람들이 처음부터 드라마, 예능, 다큐멘터리 등 영역을 정하고 시작하죠, 드라마PD한테 필요한 소양이 있다면 무엇일까요? 　잘 모르겠어요. 사람들마다 다 장단점이 있잖아요. 그런데 그게 꼭 장점이고 단점인건지 잘 모르겠어요. 어떤 사람한테 저건 독이야라고 생각했던 게 꼭 독이 아닐 수도 있고 사실 약일 수도 있거든요. 너무 유치해서 사람들이 넌 왜 이렇게 유치해? 그러는데 오히려 그런 사람들이 드라마를 잘 만들 수 있어요. 시청자들한테 쉽게 다가갈 수 있잖아요. 각자 생긴 대로 하다보면 방법이 나오는 거 같아요.

본인은 특징이 뭔가요?　굉장히 진지했어요. 영화도 독립영화 위주로 보고 책도 이상한 책들만 봤는데 방송국 들어오고 나서 고치려고 많이 했죠. 시청자들과 교감하는 게 우리의 일인데 그러면 안 되겠구나. 한 때 진지한 적이 있었기 때문에 그런지 뭘 할 때 항상 그냥 하지는 못해요. 그게 장점인지, 단점인지 잘 모르겠어요. 너무 한 방향으로만 가면 안 되는 거 같아요.

지금은 관심 있는 분야가 뭔가요?　점점 세상이 예뻐 보이지 않아요. 시간이 지날수록 염세적이 되어 간다고 해야 하나? 염세적 세계관은 드라마 본질과 안 맞아요. 미국의 넷플릭스처럼 드라마가 영화가 되고, 영화처럼 돈을 내고 보는 사람이 있으면 염세적 드라마도 할 수 있겠죠. 그런데 우리는 초대중적인 드라마를 만들지 않으면 안 되거든요. 초대중적인 영화와 염세적인 드라마는 거리가 멀죠.

다음 작품은 무엇을 하고 싶으신가요?　인간의 내면을 깊이 있게 파고드는 내실 있는 드라마를 한번 해 봤으면 해요.

결국은 사람이네요? 사람들의 무엇을 이야기하고 싶은데요?　사람은 우리가 생각하는 거보다 훨씬 다층적인데 드라마에서는 너무 한 면만 보고 있잖아요. 밝은 결론으로 가기 위한 장치들밖에 없는 것 같아요. 다양한 모습을 보여주려면 현재 드라마 산업구조와는 맞지 않기 때문에 어떻게 하는 게 좋을까 고민하고 있죠.

MBC 내부에서 정대윤PD가 차세대의 드라마PD라는 평가가 있던데요?　부담스럽고, 못들은 척 하려고요.

마지막 질문입니다. 이제 디지털시대예요. 플랫폼과 소비자들의 소비패턴이 바뀌면서 젊은 층은 더 이상 TV를 보지 않고, 지상파는 심각한 재정위기를 맞고 있죠. 이런 시대에 PD들은 어떻게 살아야 될까요?　TV의 본령은 초대중적인 거잖아요. 초등학생부터 70~80대 할머니까지 공감할 수 있는 이야기를 담는 거요. 이런 구조에서는 선택의 폭이 넓지 않아요. 거기에 고민이 있는 거죠. 뭔가 새로운 거를 하려면 항상 내로 우해지는 지점이 있는데, 그걸 어떻게 대중적으로 돌파할건지가 너무 어려운 거죠. 새로운 플랫폼이라면 드라마나 예능의 방향도 바뀔 거 같아요. 뭔가 더 본질적인 걸 건들 수 있지 않을까 하는 희망이 있어요. 지금의 공중파에서는 그게 어렵죠. 수위에도 한계가 있고… 답 없는 답을 찾기 위해 항상 고민 중입니다.

디지털 시대,
프로듀서와
프로그램을 묻다

KBS 〈시대의 작창 판소리〉

손성배PD

1995년 KBS에 입사해 본사 교양국, 기획제작국, 전주방송총국에서 프로그램을 만들었다. 3부작 〈시대의 작창 판소리〉는 판소리의 새로운 해석, 형식실험의 창조성으로 호평을 받았다. '알고 듣고, 보는 즐거움이 있는 판소리'를 모토로 새 형식 '판소리뮤직다큐드라마'를 시도했다. 1부 〈범법자 춘향 재판기〉는 판소리 '춘향가'가 민중들이 꿈꾸던 평등한 세상에서 나왔다 해석한다. 신분을 초월한 사랑을 시도하다 범법자가 된 춘향이 재판을 받는 과정을 담았다. 2부 〈신흥재벌 흥부의 경제학〉은 경제적 불평등과 모순이 극대화된 시대를 배경으로 금융자본가의 탈을 쓴 고리대금업자가 된 놀부를 그린다. 시대상을 다루는 다큐멘터리, 전문배우의 연기와 화려한 영상의 드라마가 창자들이 시간(현재와 과거)과 공간을 넘나들며 부르는 판소리와 절묘한 조화를 이룬다. 특히 1부에서의 주사위놀이, 2부에서 흥부가 박을 탈 때 시도한 그림자극, 놀부가 현대 재판정에서 고리대금업자로 재판받는 장면, 놀부가 휘젓고 다니는 현재 명동 사채골목 장면은 강렬하다. 명창 박애리와 조통달이 창자(唱者)로 나섰다. 드라마 대본, 내레이션을 직접 썼으며 2015년 방송대상, 한국PD대상, 캐나다 반프월드대상을 받았다.

'판소리뮤직다큐드라마'로
풀어낸 시대정신

미국에서 기획된 〈시대의 작창 판소리〉

학교에서 지역 프로그램을 설명할 때, 예로 드는 프로그램이 KBS 〈시대의 작창 판소리〉예요. 특화된 지역소재, 실험성, 탁월한 영상문법까지 모범적이면서도 독창적인 프로그램이라고 소개하죠. 어떻게 기획된 건가요?　KBS 대기획 〈시대의 작창 판소리〉의 시작은 한국이 아닌 미국이었어요. 제가 이 작품 전인 2011년 4월에 방송된 KBS 대기획 〈동아시아 생명대탐사 아무르〉를 만들었습니다. 그 후에 미국으로 연수를 가게 됐는데요, 미국인 친구가 온라인을 통해 노래 한 곡을 들려줬어요. 독특한 동양 음악이란 소개를 덧붙이면서요. 그게 놀랍게도 판소리였습니다. 그 친구는 북 하나에 맞춰 인간이 낼 수 있는 한계치의 음을 구사하는 노래에 흠뻑 빠져 있었는데요. 독특한 복장을 한 가수와 노래 가사 뜻도 알고 싶어 했습니다. 그 친구에게 판소리 관련 설명을 하는 둥 마는 둥, 자꾸만 멍해지는 저를 발견했습니다. 역설적으로 미국에서 재발견한 판소리의 가치였죠.

그 전에는 판소리를 잘 알고 있었나요?　KBS에 입사해서 처음 근무했던 곳이 남원입니다. 지역 특성상 판소리 관련 라디오 프로그램 제작을 많이 했는데, 〈시대의 작창 판소리〉는 그 때 오디오로 했던 작업을 영상화한 것이라 할 수 있습니다. 남원이란 도시는 직장 때문에 처음으로 가게 된 지역입니다. 저도 그 당시는 나름 X세대였는데 판소리 동편제의 중심지인 남원에서 살고, 게다가 방송국에서 근무하다 보니 판소리를 듣고 싶지 않아도, 들을 수밖에 없는 상황이었죠. 프로그램에서도 소리꾼들이 출연해 "오늘은 흥부 떡 받아먹는 대목인데…" 하면서 소리대목을 설명하고 가르칩니다. 어떤 분들에게 판소리는 공부였지만, 저에게는 생활이었습니다. 뜻을 알아가자 리듬도 따라오기 시작했어요. 자진모리, 휘모리 등 자연스럽게 장단을 알아듣는 수준까지 됐습니다. 그 덕택에 〈시대의 작창 판소리〉의 대본과 내레이션을 남들보다 편안하게 쓸 수 있지 않았나 생각합니다. 판소리를 어쩔 수 없이 듣고 익힐 수밖에 없었던 남원 생활이 〈시대의 작창 판소리〉 제작의 기반이었습니다.

전체 내레이션이 무척 간결해서 인상적이었는데, 내레이션을 직접 썼군요.

다큐멘터리와 드라마, 뮤직비디오 형식까지
새 장르를 개척한 판소리뮤직다큐드라마

'판소리뮤직다큐멘터리드라마'란 장르를 만들어낸 동기도 사실 생활 속에 있었습니다. 미국 연수 후 어린이판소리명창대회 중계차 녹화를 했습니다. 편집을 마치고 자막을 뽑는데 잊고 있었던 판소리가 들리기 시작했어요. 어린 소리꾼이 엮어내는 손짓, 몸짓 등 세세한 동작까지도 보였습니다. 자막과 곁들인 판소리는 어린 명창들이 무엇을 말하는지, 어떻게 소리를 내는지 느끼는데 큰 도움을 줬어요. 그 때 갑자기 이런 생각이 들었습니다. 우리들은 여태껏 판소리를 그냥 보존해야 할 전통음악 정도로 생각한 것은 아닐까? 관심이 없으니 제대로 듣지 않고, 단지 소리만 질러댄다고 생각했던 것은 아니었을까? 그렇다면 판소리를 들리게, 느끼게 해 주자!

기획의도에 나와 있는 '알고 듣는 판소리, 보는 즐거움이 있는 판소리' 한마당의 의미가 그것이었군요. 판소리를 아름다운 영상의 드라마로 재현한 뒤, 주요 장면에 판소리를 입히고 그 가사를 자막처리 한 건 판소리도 이해시키고 감동도 주는 좋은 장치였어요.　　네, 제일 먼저 생각한 것이 요즘 시대의 트렌드에 맞는 영상 작업이었습니다. 군이 설명하지 않아도 남녀노소, 세계인 모두가 쉽게 이해할 수 있는 매개체는 단연 영상입니다. 그래서 판소리를 뮤직비디오 형태로 만들면 어떨까? 라고 생각했던 거죠.

그럼에도 단순한 뮤직비디오로 끝나지 않은 건 어떤 과정으로 가능했나요.　　어느 시대든 유행하는 대중가요는 당대의 사회상을 반영하고 있잖아요, 판소리 또한 마찬가지입니다. 판소리는 그 시대 사람들의 가려운 곳을 긁어줬던 노래입니다. 유행가를 들으면 눈물이 나잖아요. 왜 눈물이 나겠어요?

시대를 담아내니까.　　네, 그리고 내 이야기를 하니까요. 지극히 개인적인 사랑 얘기부터 가슴을 탁하고 가로 막는 현실을 비판하고 풍자하는 내용까지, 판소리는 그런 조선 후기의 모습을 담고 있거든요. 조선후기는 상평통보가 전국적으로 유통되면서 돈의 폐해가 발생하기 시작하는 때입니다. 고리대금이 극심해지자 돈 때문에 죽는 사람들마저 생겨나고, 돈만 있으면 양반도 살 수 있는 세상이 된 것입니다. 조선사회를 지탱해오던 신분제도, 즉 봉건체제가 붕괴되기 시작한 겁니다. 판소리에는 조선후기 극심한 사회 혼란과 격변기를 살아가던 민초의 바람이 드라마틱하게 투영되어 있습니다. 그렇다면 그 시대를 이해하는 다큐멘터리적 해석에 판소리 사설이 갖고 있는 극적인 요소를 가미하면 어떨까? 라고 생각했습니다. 그러한 생각들이 모여 창은 뮤직비디오로, 사설은 재해석을 통한 드라마로, 역사적 배경은 다큐멘터리를 통해 설명하는 판소리뮤직다큐드라마란 실험적인 형식, 새로운 장르를 도출해 낼 수 있었습니다.

'판소리 뮤직다큐드라마'란 형식과 명칭은 처음 사용한 거죠?   그렇습니다. 〈시대의 작창 판소리〉가 한국전파진흥원 제작지원금 경쟁다큐멘터리 부문에 선정 될 수 있었던 요인도 '판소리뮤직다큐드라마'란 형식이 도움이 됐습니다. 선정 당시의 평가를 보면 기존 글로벌 다큐멘터리와는 차별화된 전통적인 아이템, 게다가 판소리뮤직다큐드라마란 제작형식의 독창성 그리고 당시 심사위원이었던 BBC, 내셔널지오그래픽 프로듀서들이 인정한 명품다큐멘터리로서의 가능성까지 다양했습니다. 그 중에서 특히 좋은 평가를 받았던 부분은 판소리뮤직다큐드라마란 새로운 장르였거든요, 새로운 실험에 대한 성공 가능성에 대한 투자로 시작된 프로그램이라 할 수 있죠.

과거와 현재, 허구와 실재를 넘나들며
소리꾼이 풀어내는 시대의 아픔과 분노

메인타이틀에 작창(作唱)을 붙인 이유는 무엇인가요? 판소리가 그 시대를 소리로 드러낸다는 의미인가요?   그렇습니다. 지을 작, 소리 창. 즉, 소리를 만든다. 〈소리를 작창한다〉와 〈노래를 작곡한다〉둘 다 유사한 개념이죠. 판소리는 요즘 세태를 반영하고 표현하는 좋은 매개체 중의 하나입니다. 전통적인 장르지만 판소리는 끊임없이 변화하고 있습니다. 그래서 요즘 판소리를 하는 젊은 친구들은 관객들과 소통하는 방식도 기존의 판소리 공연과는 차별화된 다양한 시도를 합니다. 판소리도 선생님한테 배운 대로 똑같이 부르지 않습니다.

자신만의 스타일을 만든다?   네, 판소리는 따로 악보가 있지 않습니다. 선생님이 부르는 것을 보고 따라하며 배우는 도제방식이죠. 재미있는 점은 판소리가 단순한 전승에 멈추지 않는다는 것입니다. 요즘 소리꾼들은 요즘 관객들의 공감을 얻기 위해, 새로운 형식의 판소리 공연을 시도합니다. 작창을 통해 새로운 판소리를 만들어 내기도 합니다. 〈시대의 작창 판소리〉 시리즈 중 제3편이 바로 창작판소리를 다룬 다큐멘터리죠. 〈오래된 미래 판소리〉란 제목을 달았는데 현재의 사회모습을 작창하고 시대정신을 공유하는 현장과 소리꾼의 작업들을 담았습니다. 예를 들면 통일을 소재로 한다거나, 우리 이웃 아줌마의 얘기를 담는다든지 사회와 시대의 모습을 끊임없이 반영해 가며 진화하는 창작판소리에 관한 이야깁니다. 지금 이 순간에도 판소리는 시대에 맞게 끊임없이 변화하고 있습니다.

판소리가 그저 옛날 전통형식이 아니라, 지금도 여전히 시대를 말해야 한다는 거네요. 프로그램 기획의도에 '판'의 의미를 강조한 것도 그런 뜻인가요? '판'은 소통하는 장소입니다. 즉 사람과 사람을 연결하고 교류하는 공간이죠. 그 판을 움직이는 중심이 소리꾼입니다. 그래서 판에서 소리꾼의 역할이 중요합니다. 판은 사람들이 알고 싶은 것, 불편한 것, 슬픔과 고통, 분노 이 모든 것들을 응축해서 던지는 공간입니다. 예를 들면 엄혹한 봉건주의 체제에서 신분타파, 평등 이런 것을 공개적으로 이야기하고 공유할 수 있겠습니까? 가능한 곳이 있었습니다. 바로 판소리의 판입니다. 소리꾼은 이 공간에서 민초들의 얘기를 직설적이면서도 은유적으로 풀어냅니다. 우리들 가슴 깊이 쌓인 응어리, 그 한을 대신 풀어내는 겁니다. 소리꾼은 서민들의 대변자였고, 그런 소리가 터져 나오는 판은 서민들의 가슴을 보듬어 안은 공간이었습니다.

〈시대의 작창 판소리〉에서는 그런 소리꾼의 역할을 적극적으로 구현합니다. 프로그램 내에서 조선시대 소리꾼은 오늘날 현대 공간으로 순식간에 이동을 합니다. 과거와 현재, 허구와 실재라는 '판'을 오고가며, 민초들의 아픔을 위로하고 대변하는 '소리꾼'의 역할을 충실히 하는 것, 그것이 바로 〈시대의 작창 판소리〉에서 구현하려 했던 판과 소리꾼의 기능입니다.

드라마 속의 놀부가 서울의 밤 뒷골목에 나타나 돈놀이 하는 현장을 헤집고 돌아다니고, 소리꾼은 과거에서 노래하다 현재로 와서 건물 옥상에서 돈 뿌리고 다시 과거로 돌아가요. 근데 아무 저항이 안 느껴져요. 과거와 현재를 그냥 컷으로 편집했는데 전혀 어색하지 않아요. 과거 메시지는 여전히 현재도 유효하다는, 과거와 현재의 '판'이 정서적으로 통했기 때문에 가능했다는 거네요. 맞습니다. 흥부가 속 얘기는 조선 후기지만, 돈을 쫓는 인간의 무한욕망은 지금도 유효하다. 돈을 버는 행위 자체는 나쁘지 않다. 다만 어떻게 벌어 어떻게 써야 하느냐? 이런 메시지들이 2부 〈신흥재벌 흥부의 경제학〉에 함의되어 있죠.

모두가 평등하다는 민초들의 꿈
범법자 춘향 재판기로 그려내

〈시대의 작창 판소리〉의 가장 큰 장점은 당시의 상황과 현재를 연계해 완벽하게 그 의미를 재해석해 낸 점이죠. 춘향전부터 얘기해 볼까요, 1부의 제목이 '범법자 춘향 재판기'예요, 제목부터 도전적이고 상징성이 있어요. 프로그램에서 제일 중요한 건 제목이죠. 제목은 프로그램의 얼굴입니다. 내용, 형식 등 프로그램의 모든 것들이 제목 한 줄에 철저하게 녹아들어 있어야 합니다. 저는 기본적으로 제목에서 그 프로그램의 성공여부가 결정된다고 생각합니다. '범법자 춘향 재판기'를 예로 들어보겠습니다. 제목을 보면 춘향은 죄인입니다. 그런데 우리는 춘향이가 범법자라고 생각해 본 적이 한 번도 없어요. 지아비인 이몽룡만 기다린 16세 소녀 춘향, 그녀는 왜 범법자일까요? 제목에서 던진 질문이 바로 프로그램의 주제입니다. 기생 신분인 춘향이가 이몽룡이라는 양반 자제를 사랑하고 심지어는 혼인했어요. 이 이야기 자체가 그 당시 사회법규에서 보면 신분질서를 무너뜨린 범법 행위입니다. 하물며 모든 사람이 평등하다는 춘향의 주장은 어떤가요? 역으로 변학도는 그 당시 사또라는 관직을 가진 법집행자예요. 그의 입장에서 춘향은 사회질서의 근간을 어지럽힌 천민이자 결코 용서받을 수 없는 중죄인이죠. 따라서 변학도는 그런 대역 죄인을 단죄해야 할 의무가 있는 거죠.

'범법자 춘향 재판기'는 춘향의 저항과 법집행관 변학도가 주고받는 서로의 주장을 '재판기'형식을 통해서 전달했습니다. 이처럼 제목은 프로그램의 내용과 이야기 전개방식까지 함의하는 거죠.

당시 사회구조에 정면도전하는 범법자 춘향과 사회 기본질서를 지켜야 하는 사또 변학도. 네, 춘향은 신분질서를 깨고 자신만의 사랑을 지키겠다고 주장합니다. 춘향가는 저항하는 춘향과 사회질서를 수호해야 하는 변학도와의 싸움이죠. 그걸 극명하게 살릴 수 있는 형식이 바로 재판이었

어요. '춘향아 너는 이거 잘못했다. 지금 18세기야, 제도는 이건데, 너는 규칙 1, 2, 3 다 어겼어.' 이렇게 말하는 거죠. 후일담이지만 처음 재판기 형식을 취한다 했을 때 너무 파격적이란 시각도 있었습니다. 그 지적은 역설적으로 예측 가능한 것은 재미없다, 더 파격적이어야 한다 생각하게 됐고, 재판기 형식은 기존의 판소리 춘향가를 새롭게 재해석 할 수 있는 원동력이 됐습니다. '범법자 춘향 재판기'에서 우리에게 친숙한 춘향과 이몽룡의 만남과 사랑, 이별 같은 장면 등은 재판 과정 중 회상장면으로 처리했는데요. 드라마 장면들은 재판에서 격렬한 논쟁을 일으키고 춘향의 결백을 주장하는 반박장치로 사용돼, 프로그램을 더욱 흥미롭게 만들었습니다.

변학도를 굉장히 긍정적으로 그렸어요, 왕을 대신해서 당시 사회제도를 충실히 시행하는 원칙주의자 관리로요. 사실 처음에 변학도 역은 유아인 같은 배우가 했으면 좋겠다고 생각했습니다. 프로그램에서 이몽룡은 좀 많이 부족하게 그려져 있습니다. 반면 사또 변학도는 완전무결한 남자입니다. 법을 집행하는 관리니까요. 당시 시대적 관점에서 봤을 때 춘향의 신분은 기생입니다. 그러나 재판이 진행되면서 고을 주민들은 춘향의 주장에 점차 동화됩니다. 왜 기생은 사랑하는 사람을 내 마음대로 결정할 수 없을까? 서민들은 신분제도의 부당함을 재판과정을 통해 깨닫게 됩니다. 모두가 평등한 세상을 꿈꾸었던 거죠. 춘향전은 민초들이 원했던 그 당시의 시대정신을 표현하고 있는 것입니다. 그 시대정신을 강조하기 위해서 오히려 탐관오리가 아닌 완벽한 법 집행자로서 변학도의 캐릭터를 살릴 연기자가 필요했던 거죠.

재미있는 사실은 '범법자 춘향 재판기'에서 민초들이 그렇게도 간절히 원했던 평등한 세상이 1894년 동학농민운동을 통해서 부분적으로 실현된다는 사실입니다. 평등을 간절히 원했던 민중들의 외침, 〈춘향가 中 어사출두대목〉은 동학농민운동군의 진군가로 쓰이거든요.

1994년에 동학농민전쟁 100주년 드라마다큐멘터리를 만들었는데 그 때는 춘향가가 동학군의 진군가로 쓰였다는 사실을 몰랐어요. 그래서 장흥 벌판에서 동학군이 몰살당하고 어린아이가 시신 사이를 다니며 '암행어사 출두야' 부르짖는 장면이 너무 슬펐어요. 제 드라마다큐도 장흥에서 마무리 지었는데 그 때 갔던 장흥바닷가, 동학군이 학살당하는 전투장면이 다시 떠올랐거든요. 시간은 다시 반복되는구나, 그 때나 지금이나 백성은 누굴 믿고 살아야 하나 생각도 들고. 시청자들로부터 그 장면이 매우 인상적이었다란 소리를 많이 들었습니다. 동학농민군이 패한 상황에서 어린아이가 외쳤던 암행어사 출두의 의미는 '범법자 춘향 재판기'의 주제 의식과 연결돼요. "소리꾼이 저자거리 '판'에서 '소리'를 통해 외쳤던 모두가 평등한 세상은 동학농민군의 패배로 인해 한 순간 꿈으로 끝났다. 그러나 어린아이의 목소리로 다짐한 외침, 모두가 평등한 세상을 향한 민초들의 바람은 어떤 시련 속에서도 꺾이지 않는다."라는. 그 민초들의 바람은 1894년 갑오경장을 통해 실현되는데요. 동학농민혁명이 끝난 이후 고종이 신분제와 노비제를 공식적으로 폐지하게 됩니다.

시공간 넘나들며 드러내는
인간의 탐욕과 경제 불평등

2부 '신흥재벌 흥부의 경제학' 이야기로 넘어갈까요. 판소리 〈흥부가〉 속 세상은 '빈익빈부익부'로 표현할 수 있습니다. 물론 그 시대는 자본주의 체제가 아니었죠. 2부 '신흥재벌 흥부의 경제학'은 상평통보가 전국적으로 유통되면서 필연적으로 발생할 수밖에 없는 인간의 욕망, 경제 불평등에 대한 이야기입니다.

지금의 금수저와 흙수저 같은? 그렇다고 할 수 있습니다. '신흥재벌 흥부의 경제학'은 현재와 과거를 넘나드는 독특한 서사 구조를 갖고 있습니다. 두 시간과 공간을 이어주는 매개체는 바로 돈입니다. 2부는 기본적으로 돈이 갖고 있는 원죄에 대한 얘기입니다. 돈이 나오기 전에는 부의 축재 수단이 쌀이었

죠. 그 때는 쌀로 창고만 채우면 더 이상 보관할 공간이 없습니다. 그 정도의 부였고, 욕심이었어요. 그러나 돈이 나오면서 축재수단이 바뀝니다. 돈은 부피가 작아 창고에 무한대로 저장할 수 있습니다. 덩달아 돈에 대한 인간의 욕심도 무한대로 커졌습니다. 돈이 인간의 탐욕을 끝없게 만든 거죠. 돈에 대한 무한욕망을 가진 인간, 돈을 위해서라면 수단과 방법을 가리지 않았습니다. 돈이 갖고 있는 기능적인 원죄 때문입니다. '신흥재벌 흥부의 경제학'은 돈의 폐해로 생겨난 18세기 판 금수저, 흙수저 이야기입니다.

놀부가 없는 자의 돈을 뺏을 때, 돈을 갚지 못해 사람을 대신 붙잡아 갈 때, 농사 작황을 망치기 위해 농작물을 박살내는 장면들을 리얼하게 그려냈어요. 그런 장면을 통해서 돈의 폐해를 강조하고 싶었던 건가요? 이 프로그램의 핵심은 돈을 버는 행위자체 혹은 돈을 가진 자가 나쁘다는 얘기가 아닙니다. '신흥재벌의 경제학'은 '돈을 어떻게 벌고 어떻게 써야 하나?' 라는 경제정의에 대한 얘기일 수도 있고, 어떻게 보면 노블리스 오블리제에 관한 이야기일 수도 있습니다. 놀부처럼 다른 사람을 속이고 착취해서 돈을 버는 경제 행위에 대해 문제를 제기하는 거죠. 우리 모두 돈을 올바르게 벌고, 올바르게 쓰자가 이 작품의 기본 주제입니다.

흥부가 재산을 늘리는 방법이 기가 막혀요. 쌀 한 가마가 어떻게 세 가마가 되는 지, 고리대금을 어떻게 운영하는 지

정확하게 보여줘요. 전체적으로는 드라마로 당시 상황을 그려내고, 다큐멘터리로 오늘의 고리대금업이 성행하는 뒷골목 장면을 그려내고 있어요.　그 장면이 제가 좋아하는 장면 중 하나입니다. 놀부는 아들에게 고리대금의 원리와 방식을 설명하고 곳간 밖으로 나갑니다. 그런데 문을 열고 나간 곳은, 놀랍게도 현재의 도시 한복판입니다. 파격적인 설정과 편집이죠. 그 때 오토바이가 지나가면서 명함을 뿌립니다. 고리대금을 쓸 수 있는 방법과 전화번호가 적힌 명함입니다. 명함에 눈길을 끄는 용어도 있습니다. 바로 '흥부 일수'라는 문구입니다. 조선시대 흥부가 빌려 썼던 일수가 현재에도 흥부일수라는 명칭으로 사용되고 있는 현실을 확인한 것입니다. 이 장면은 제가 대본을 쓸 때 길거리에서 실제로 목격한 현장을 '드라마'화 한 것입니다.

그게 실제였어요? 재밌네요, 만든 줄 알았거든요.　판소리 〈흥부가〉에는 실제 고리대금에 관한 대목이 있습니다. 흥부가 매품을 판 대가로 돈을 벌어옵니다. 그러자 흥부처가 너무 좋아하며 돈의 출처를 묻습니다. 어디서 돈을 얻어왔느냐? 일수냐? 체계변전이냐? 이처럼 각종 고리대금의 명칭을 사용하는 대목이 나오죠. 그 장면에서 사용되었던 흥부 일수가 오늘날까지 통용되는 현실이 한편으로는 재미있으면서도 한편으로는 씁쓸했습니다. 요즘 말로 '웃픈' 현실이었거든요.

　사실 뒷얘기지만 조선시대 소리꾼이 현대로 와 옥상에서 서민들에게 돈을 뿌리며 돈타령을 하는 장면이 있습니다. KBS 전주총국 옥상에서 찍었는데요. 원래는 상징성을 배가시키기 위해 미국 경제 심장부 맨하탄에서 찍을 계획이었죠. 제작비 문제로 인해 못했는데, 개인적으로는 아쉬운 장면입니다.

프로그램 내 전문가 인터뷰를 보니, 60~70년대 흥부가를 없애려 한 적이 있더군요.　〈흥부가〉 자체를 없애려는 게 아니라 교과서에서 흥부 관련 내용을 삭제하려는 시도가 있었습니다. 60~70년대는 경제가 어렵던 시기였습니다. 산업화를 추구하던 당시는 경제 성장만이 모든 목표의 종착점이었죠. 그러다 보니 기존과 다른 흥부에 대한 시각이 나타납니다. '흥부는 착하지만 경제적 무능력자다. 가족을 부양할 능력이 없다. 그런데 무책임하게 자식을 30명 가량이나 낳았다.' 경제적으로 무능한 흥부가 교과서에 오른다는 것 자체가 성장 중심주의자들에게 결코 용납될 수 없었을 겁니다. 그런데 시대마다 가치 판단의 기준은 바뀝니다. 인구절벽이 심각한 사회 문제가 된 오늘, 흥부의 무리한(?) 자식농사가 이제는 칭송받는 일이 됐습니다.

세상을 반영하는 프로그램
명확한 시선과 영상의 창조가 중요

1부 '범법자 춘향 재판기'는 당시 신분질서를 타파하고 평등한 세상을 꿈꾼 민초들을, 2부 '신흥재벌 흥부의 경제학' 은 물물경제에서 교환경제로 넘어가던 시기의 경제적 불평등과 민초들의 고난을 그려냈어요. 프로그램을 기획한다 는 건 세상을 바라보고 해석한다는 것일 텐데, 소재를 어떻게 바라보고 해석하나요? 　 세상을 바라보는 시선, 그 자체가 프로그램입니다. 만드는 기법은 테크닉이에요. 무엇을 이야기할 것인가, 어떻게 풀어나갈 것인가가 가장 중요한 거죠. 단편적으로 판소리를 들려주고 보여주는 방식으로 구성한다면 그건 좋은 프로그램의 우선순위를 버린 것이라고 생각합니다. 프로그램을 만드는 핵심요소는 바로 기획입니 다. 기획을 통해 어떤 것을 담아낼 것인가? 어떻게 표현할 것인가? 먼저 시선을 명확히 결정해야 합니다. 그리고 생각들을 글로 구체적으로 옮겨야 합니다. 그래야 명확히 무엇을 어떻게 만들지를 결정할 수 있습니다. 그 다음에는 좋은 영상을 창조해야 합니다. 영상을 있는 그대로 촬영하는 것은 누구나 할 수 있습니다. 영상을 창조하는 작업은 다릅니다. 시청자들의 높아진 눈높이에 맞는 철저 히 계산된 영상 작업이 동반되어야 하나의 좋은 작품이 나올 수 있습니다.

다큐멘터리 요소에서 객관성을 위해 활용한 전문가 인터뷰를 짧게 처리하고 전체적으로 내레이션이 간결해서 좋았 다고 생각해요. 특히 1부의 '판소리는 시대의 작창이다', 2부의 '모두가 잘 사는 세상 그것이 흥부의 경제학이다.' 라 는 엔딩 멘트가 인상적이었어요. 　 PD가 생각한 이미지를 마지막으로 구현하는 것이 영상이라면, 원고 는 메시지와 영상에 대한 이미지를 함께 아우르는 작업입니다. 간결하지만 정확하게 메시지를 전달 하는 것이 원고의 핵심이죠. 요즘은 제작할 때 원고, 촬영, 연출 등 세분화가 이뤄지고 있는데, 원고 를 PD가 직접 쓰는 것도 나쁘지 않다고 생각합니다. 세상과 소통하는 방식을 하나 더 가질 수 있기 때문입니다.

프로그램의 영상미가 정말 탁월했는데 제작에는 어떤 장비들을 사용했나요? 　 기억에 남는 장비는 동학농민 군과 관군들이 골목에서 전투를 벌일 때 사용했던 세그웨이입니다. 카메라 감독이 세그웨이를 타고 관군과 동학농민군 간에 전투가 벌어지는 골목길을 빠르게 지나가며 촬영했는데요. 전쟁의 긴장감 과 역동감을 생생하게 담을 수 있었습니다. 촬영 뒷얘기지만, 사실 시청자들이 봤던 이 전투 장면은 원래 생각했던 촬영의 일부분에 지나지 않습니다. 사실 세그웨이를 탄 카메라 감독과 연기자의 충돌 로 인해 그 이후의 영상은 허공을 향했기 때문입니다. 카메라 감독의 경미한 부상으로 끝난 촬영이 라 다행이었습니다.

〈시대의 작창 판소리〉를 보면서 다시 '가장 지역적인 것이 가장 세계적인 거다'라는 말을 떠올렸어요.   네, 맞습니다. 제가 기획에 대해서 말할 때 항상 꺼내는 문장이 바로 '가장 한국적인 소재가 가장 세계적인 것이다.'라는 겁니다. 〈시대의 작창 판소리〉는 방송위원회방송대상에서 대상, 캐나다 반프TV페스티벌에서 최우수작품상을 수상해 국내외적으로 큰 주목을 받은 작품입니다. 그 이유가 무엇일까요? 제가 생각한 답은 가장 한국적인 소재와 거기에 담긴 정서를 반영했기 때문에 가능했다는 겁니다. BBC 등 세계 유수의 방송사 PD들은 판소리를 알지도 못합니다. 설령 안다고 해도 〈시대의 작창 판소리〉를 만들려는 시도를 하지 않습니다. 시도를 한다고 해서 우리처럼 그 정서와 의미를 담아낼 수 없습니다. 가장 한국적인 소재를 찾아내고 해석할 수 있는 강점을 가진 사람은 바로 대한민국 PD들입니다. 우리가 가장 잘 할 수 있는 아이템을 찾아야 합니다. 세계인들이 경험하지 못한, 경험할 수 없는 대한민국의 고유한 정서와 문화가 담긴 프로그램이 경쟁력입니다.

프로그램은 세상을 반영해야 한다고 생각해요?   세상과 격리된 프로그램은 없습니다. 모든 프로그램에는 세상사가 반영되어 있습니다. 단지 시사프로그램처럼 구체적으로 이야기하느냐, 단순 세태를 담아내느냐 하는 그런 정도의 차이가 있을 뿐이라는 생각입니다. 지금 이 순간에도 PD들은 세상과 소통하며, 그 세상을 프로그램에 담아내고 있습니다.

그렇다면 세상을 어떻게 바라보고 어떻게 해석해야 할까요?   어려운 질문이지만, 내가 처한 상황에서 내가 할 수 있는 가장 합리적인 것을 담아야 한다고 생각합니다. 어떤 하나를 특정화 시키는 것은 아니라 생각해요. 단지, 본인이 속한 분야에서 세상을 솔직하게 바라보고 그것과 대화하는 것. 어떤 PD는 〈추적60분〉에서, 누구는 〈6시 내 고향〉에서 세상사와 솔직하게 대화하고 표현하는 것, 그것이 바로 이 시대 PD정신이 아닌가 생각합니다. 솔직함을 이길 수 있는 무기는 없습니다.

마지막 질문인데, 디지털시대에 다큐멘터리PD는 무엇을 해야 할까요?   미디어는 트래디셔널 미디어와 뉴미디어로 구분됩니다. 뉴미디어는 말 그대로 새로 생긴 미디어, 즉 새로운 플랫폼이라고 말할 수 있습니다. 그동안의 경향을 봤을 때 뉴미디어는 짧은 주기 속에서 생성됐다 소멸되면서 올드미디어로 바뀝니다. PD들은 트래디셔널 미디어라 일컫는 공중파에서 변화하는 뉴미디어에 계속 적응하며 콘텐츠를 생산해 왔습니다. 시대가 바뀌어도 PD들이 콘텐츠를 생산한다는 명제는 결코 바뀌지 않습니다. 다만 뉴미디어, 새로운 플랫폼에 적응하는 새로운 방식을 요구받을 뿐입니다. 디지털시대 PD의 변신은 적응(ADAPTION)입니다. 뉴미디어, 새로운 플랫폼 구조에 맞는 속칭 '짤방' 등의 형식은 적응에 대한 일련의 과정입니다. 변화는 순응하고 적극 받아 들여야 합니다. 시대의 흐름을 거역할 수 없습니다. 그러나 이 적응은 콘텐츠의 형식을 바꾸는 것이지 그 정체성을 바꾸는 것은 아닙니다. 요즘 우리가 흔히 칭하는 뉴미디어, 새로운 플랫폼 적극적으로 적응하고 이용하면 됩니다. 콘텐츠 생산과 소비의 방식이 바뀌면 바뀌는 대로 그 시대에 적응하면 됩니다. 지금까지 그래왔고 앞으로도 그 변화는 계속될 것입니다. '오늘의 뉴미디어는 내일의 올드미디어입니다.'

디지털시대,
프로듀서와
프로그램을 묻다

KBS MCN 사업팀장
고찬수PD

1995년 KBS에 입사해 〈연예가 중계〉, 〈슈퍼TV 일요일은 즐거워-보고 싶다 친구야〉, 〈시 사터치 코미디파일〉, 시트콤 〈선녀가 필요해〉, 〈부부클리닉 사랑과 전쟁〉을 연출했다. 예 능프로듀서이면서 디지털 분야에 능통해 현재는 디지털 콘텐츠사업 일을 하고 있다.

2014년 10월 N스크린 기획팀장으로 웹드라마 〈프린스의 왕자〉, 〈연애탐정 셜록K〉를 만들 었다. 2015년 7월에는 MCN(다중채널네트워크, Multi Channel Networks) 팀장으로 〈예띠 스튜디오〉를 맡아 지상파 MCN 사업을 시작했다. MCN은 1인 크리에이터(개인 콘텐츠제 작자)들과 협업을 통해 모바일 콘텐츠를 제작한다. 1인 창작자들의 제작·마케팅·방송을 지원하기 때문에 '스튜디오'라는 명칭을 붙였다. '예띠(YETTIE)' 이름은 '젊고(Young)', '기 업가적(En-Trepreneurial)'이며, '기술에 바탕을 둔(Tech based)', '인터넷 엘리트 (Internet Elite)'의 머리글자에서 따왔다. 블로거, 트위터, 페이스북을 통해 활발한 글쓰기 와 강연을 하며, 《PD가 말하는 PD(2012)》, 《쇼PD의 미래 방송이야기(2009)》, 《스마트TV 혁명(2011)》, 《플랫폼을 말한다(2015, 공저)》 등의 저서가 있다.

예능과 디지털 넘나드는
'미래 미디어 공상가'

인터넷 베이스 콘텐츠제작과 유통에서
성공신화를 만드는 게 목표

현재 하고 있는 일은 무엇인가요, N-Screen 팀장으로서?　조직 개편하면서 팀 이름이 MCN 사업팀으로 바뀌었어요. 요즘은 N-Screen이란 단어를 잘 안 쓰고, 워낙 MCN이라는 게 핫해서 인구에 회자되기 때문에요. 사업은 처음 팀을 만들면서 했던 일과 일관돼요. KBS가 그동안 방송 콘텐츠를 만들었다면 시대변화에 맞추어 인터넷 베이스의 플랫폼에 맞는 콘텐츠를 만들어야 되지 않나, 그걸 기획해서 제작해 사업과 유통까지 시험해보고 성공사례를 만드는 일이었어요.

새 사업팀을 만들 수밖에 없었던 배경은 무엇인가요?　KBS, SBS, MBC 모두 같은 고민이 있었어요. 급격하게 광고수입이 줄어드는 게 첫 번째고, 콘텐츠 수입도 증가속도가 줄어드는 게 눈에 보였어요. 이제 새로운 수입원을 만들어 내야 되는 거 아니냐는 컨센서스가 형성됐죠. 우리나라 기술발전 속도는 굉장히 빨라요. 디지털이라든지 모바일이라든지 하는 거에 대해서 관심을 가지지 않으면 뒤쳐진 사람이라는 인식을 받죠. 방송사 경영진들도 디지털 모바일에 대해서 관심을 갖고 우리도 최소한 실험을 해보자 해서 시작했는데, 지금은 워낙 수입문제가 강조하는 상황이 되어 MCN 사업이라는 이름을 붙여 수익을 내라는 주문까지 들어와 있어요. 그런데 불행하게도 아직까지 디지털 영상 콘텐츠 관련해서 돈을 버는 사업자는 한국엔 없어요. 이 이야기는 수익이 조금은 생기고 있지만 제작비를 상회하는 수준으로는 돈을 벌기 어렵다는 뜻이에요. 예를 들어 유튜브나 네이버에서 영상에 광고를 부쳐서 수익을 내는데, 1인 크리에이터들이 돈을 벌 수 있는 이유는 제작비가 굉장히 작기 때문이에요. 1인 크리에이터들의 영상은 제작비가 거의 0원에 가까워요. 개인이 좋아서 자기시간 내서 촬영, 편집하니 본인의 노동력 외엔 제작비가 들어가는 개념은 아니에요. 그런데 제대로된 방송제작 시스템을 이용해서 제작을 하는 디지털 콘텐츠는 제작비를 최대한 낮춘다고 해도 방송 3사가 비슷할 건

183

데 최대한 제작비를 낮추면 300~500만 원 정도가 들어가요.

인건비 시설비 다 빼고 순수제작비만 말하는 건가요?   그렇죠. 더 줄일 수 있지만 그러면 퀄리티가 문제 돼요. 500만 원 아래로 만들 수는 있지만, 방송사가 내놓는 건 최소한의 퀄리티는 보장돼야 하니까. 그런데 수익은 100만 원이 안 나와요. 광고비가 클릭 한 번에 1원, 2원이에요. 500만 원 제작비 뽑으려면 500만 클릭이 나와야 하는데, 100만 클릭이 넘는 영상도 거의 없죠. 최근에 SBS가 모비딕 모바일 콘텐츠를 시작했어요. 수입모델을 만들어서 연말까지 돈을 벌겠다고 들어왔는데, 대표적 콘텐츠인 개그맨 양세형 씨가 인터뷰를 진행하는 〈양세형의 숏터뷰〉의 실제 클릭수가 편당 10만이 조금 넘어요. 인터넷 콘텐츠 중 클릭수가 많은 아이돌 뮤직비디오는 올려 놓고 오랜 기간 지나면서 조회수가 쌓인 거예요. 인터넷은 TV처럼 한꺼번에 많은 사람이 보는 게 아니라 하루에 몇 만씩 들어와서 쌓여 어느 정도 볼륨이 형성돼요. 광고주 입장에서는 최소한 볼륨이 나와야 하는데 10만도 안 나오니 광고를 붙이기는 애매모호하죠. 한편으로 모바일 콘텐츠를 보는 사람들은 거의 10대 남자들이에요. 광고주들 주 타깃은 20, 30대 여자들이에요. 20, 30대 여성들은 모바일 콘텐츠를 보는 게 아니라 여전히 TV드라마, 버라이어티쇼를 스마트폰으로 봐요. 보는 거는 같은데 분명히 플랫폼이 바뀌었죠. 네이버를 통해서든 SK텔레콤이든 보는 플랫폼은 바뀌었는데 아직도 광고 주력소비자가 TV콘텐츠를 못 벗어나고 있는 거예요. 여기서 전략을 어떻게 세워야 하느냐는 고민이 있죠.

디지털 혁신은 현장의 인식전환과
조직의 리드가 동시에 필요

N-Screen팀 첫 사업이 〈크로스플랫폼 콘텐츠 공모〉였어요. 무엇을 하고 싶었나요?   처음 이 팀을 만들 때 당장 수익모델을 만드는 것은 어렵다고 생각했어요. 그래서 돈이 당장 되지 않더라도 소비자들이 가진 KBS의 변화에 더딘 보수적 이미지를 상쇄시켜주는 효과가 첫 번째 목표였고, 미래의 수익모델에 대해 노하우라든지 시장이 어떻게 되는지 알아야 되니까 시행착오를 해보며 경험한다는 차원으로 접근했어요. 〈크로스플랫폼 아이디어 공모〉도 KBS 이미지 개선을 하고 새로운 시도로 노하우를 쌓는 일이었어요.

했던 일을 구체적으로 설명하면?   아이디어 사내 공모를 통해서 여러 가지 아이디어가 제출됐어요. 그 중 〈걸어서 세계 속으로〉(이하 걸세)PD가 굉장히 구체적으로 아이디어를 갖고 있었죠. 생각은 단순

했어요. 당장 돈 벌겠다는 게 아니라 〈걸세〉가 방송된 뒤 사람들의 리액션을 보고 싶다는 거였어요. 콘텐츠 소비자들의 리액션을 확인하기 위한 작업으로 젊은이들이 좋아하는 클립형식으로 잘라내고 메타데이터를 입력해서 검색하기 쉽게 만들어서 유통시키자. 이게 발전되면 수익모델까지 갈 수 있지 않겠느냐는 것이었죠. 저희 팀에서 예산을 지원해서 〈걸세〉팀이 데이터 입력하고 유통하도록 했어요. 현재 〈걸세〉 홈페이지는 검색이 잘 되도록 굉장히 잘되어 있어요. 그 전에 〈걸세〉가 유튜브에서 3년 동안 광고로 번 돈이 5만 원도 안 됐는데, 지금은 검색해서 찾아보는 양도 몇 배 이상 늘었고 수입액수도 덩치는 크지 않지만 예전에 비하면 굉장히 늘었죠. 그 성과자체를 굉장히 중요하다고 봐요. KBS 같이 큰 회사는 회사 전체를 갑자기 바꾸는 건 어렵고 〈걸세〉 같이 작은 성공사례를 만들어서 그걸 확산시키는 것이 중요해요. 실제 〈걸세〉 이후 여러 프로그램에서 다양한 시도가 이루어졌어요.

외부 강연에서 디지털사회연구소 강정수 소장이 〈걸세〉와 〈명견만리〉 사례를 칭찬하는 걸 들었어요. 내가 물어봤죠. 그게 전체 디지털 전환과정에서, 소위 올드미디어들이 가야할 디지털혁신이라는 총체적 시각에서 봤을 때 어느 정도 의미가 있는가, 가야할 길이 100이라면 얼마 정도의 의미가 있는가 하고. 그의 대답은 0프로였어요. 그것은 BBC가 조직개편과 BBC3 채널의 모바일 전환 등을 통해 '언제, 어디서나, 모든 장치(Anytime, Anywhere, Anydevices)'를 통해 BBC 콘텐츠를 볼 수 있게 한다는 전략과 대비할 때 극히 미미하다는 뜻일 거예요. 그 부분에 대해선 어떻게 생각해요?　BBC처럼 큰 틀에서의 변화도 의미가 있지만, 당장은 KBS에서 그렇게 하는 게 어려울 거라 생각해요. 조직을 바꾼다고 해서 사람이 바뀌는 건 아니니까. 아직 우리는 모바일이 중요하다고 인식하는 정도예요. 그것도, 큰 변화죠. 2년 전엔 더 어려웠어요. 지금은 상층부도 디지털 전환이 중요하다고 생각하니까. 거기까지 변했는데 조직을 확 변화시키면 갑자기 거부감이 올 수 있어요. 너무 큰 변화가 오면 조직원이 뱉어낼 수도 있으니까 〈걸세〉 같은 성공사례를 만드는 게 중요해요. 지금 TF를 운영하고 있는데, 이번에 디지털 서비스 국장이 외부에서 왔어요. 게릴라부대를 두고 서포트해 주며 성공사례를 만들고, 회사가 방향성을 보여주면 사람들이 변화를 받아들일 수 있을 거라고 생각해요.

회사 쪽 노력, 프로듀서들의 인식전환 중 무엇이 더 중요한가요? 두 가지가 동시에 필요한가요?　제작자들의 관심이 높아졌어요. 이 때 회사차원의 대응이 중요하다고 생각해요. 드라마나 버라이어티를 제작하든 〈걸세〉를 하든, 모바일 작업하는 PD에게 인센티브를 주거나 인사고과를 높여주면 하지 말라고 해도 자연스럽게 옮겨 가요. 아직까지 회사는 TV나 라디오 중심이라 성과에 대한 평가도 보상도 그곳에 구심점이 있어요. 회사 차원의 변화 없이 PD들한테 희생하라고 할 순 없죠. 지금은 혼자서 희생해라 하니까 PD들이 못 움직이는 거예요.

플랫폼이 바뀌면 포맷이 바뀌어야
웹콘텐츠는 소재, 형식, 제작방식이 달라

두 번째 프로젝트가 웹드라마 제작이었어요. 2015년
6월에 공개된 '프린스의 왕자'는 네이버 TV캐스트에
방송하고 심야에 TV방송까지 했어요. 네이버 검색순
위 1위를 차지하는 반응도 좋았고, 웹드라마 제작은
어떻게 했나? 웹드라마는 웹예능까지 포괄하는 개념
인가요?   대부분의 방송사의 사람들은 처음
웹콘텐츠를 시작할 때 방송콘텐츠를 만드는
거하고 비슷할 거라 생각해요. 팀을 시작한 당
시 이미 웹드라마가 유행이었는데 KBS 내부
에서는 드라마를 만드는 것은 우리가 하면 더
잘 하지 않을까?라는 생각이 지배적이었어요.
그래서 자연스럽게 웹드라마 사업이 팀의 첫
번째 사업이 되었죠. 물론 웹드라마 사업은 보
기에는 그럴듯해도 수익 모델이 마련되어 있
지가 않아요. 웹드라마 사업을 추진하면서 일

단 웹드라마 제작사들을 하나하나 만나봤더니 공통점이 하나 있었어요. 정말 노력해서 있는 돈, 없
는 돈 긁어모아서 웹드라마를 만들어 네이버에 올려놓았는데, 자신들의 웹드라마는 그 많은 콘텐츠
중에 하나일 뿐이어서 수익은 없고, 네이버 말고는 올려놓을 데도 없고. 당시 제일 많이 클릭된 게
30만이었으니까 1억에 가까운 돈을 들여 30만 원 수익을 올렸어요. 이런 상황을 파악하고 웹드라마
제작사 대표들에게 제안했어요. KBS가 웹드라마를 할 생각인데 우리는 돈이 없다, 하지만 KBS 홈
페이지도 있고 myK라는 플랫폼이 있는데 네이버보다 약하긴 하지만 메인에 내주겠다, KBS랑 같이
하는 제작사로 우리 브랜드를 활용해라, 그래서 12개 회사가 함께 하는 웹드라마 협의체를 만들 수
있었고 웹드라마 사업을 시작했어요.

12개 협의체에 주요한 웹드라마 회사는 다 들어 온 건가요?　KBS 이름을 걸었으니 주요 회사들만을 받아야 했어요. 그 때 당시 나름 괜찮은 회사들은 다 모였어요. 참여한 웹드라마 제작사가 기존에 제작한 드라마는 KBS 홈페이지에 올려놓고 myK에도 올려놓고. 새로운 웹드라마를 제작하는 제작사들과는 함께 작업을 진행했어요.

웹드라마를 시작할 때 제작사들도 당장 돈이 된다고 생각은 안했어요. 이들의 목표는 웹툰시장의 전략과 같았어요. 웹툰의 역사는 오래됐지만, 돈이 된 건 웹툰 원작의 드라마가 제작되면서 부터죠. 웹드라마 제작사들 생각은 웹드라마를 단막으로 만들고, 이것이 성공하여 사람들에게 인기를 끌게 되면 이 IP를 활용하여 미니나 영화를 만들어 수익을 낼 수 있다고 생각한 것이었어요. 웹드라마는 일종의 프롤로그인 셈인데, 성공한 웹드라마가 거의 없고 웹드라마에서 이미 본 것을 다시 영화나 미니시리즈로 제작하려는 시도도 거의 없어서 그 전략이 안 먹혔어요. 그래서 지금은 웹드라마 시장이 많이 위축돼 있어요.

삼성이 웹드라마로 기업광고를 한다든지, 주연급 배우와 탤런트가 웹드라마에 출연하며 화제가 된 적도 있지 않은가요?　한창 웹드라마가 괜찮을 때는 삼성도 들어와서 광고같은 웹드라마를 만들었는데 광고효과가 확실하진 않았어요. 삼성이 이제는 더 이상의 웹드라마 제작을 안하고 있어요. 지자체가 홍보영상을 웹드라마로 많이 찍었죠. 지자체는 홍보영상 비용이 있어요. 홍보영상 3개 찍을 걸 모아서 웹드라마 하나를 폼 나니까 만들었는데, 만들고 보니까 굳이 다음번에 또 만들 필요는 없었죠. 요즘 웹드라마는 기존의 TV드라마 스타일에서 '72초 드라마'라는 웹드라마가 크게 성공을 하면서 재기발랄하고 새로운 형식으로 가고 있어요. 웹드라마의 본질이 그랬어야 했는데, 초기의 웹드라마 목적이 미니시리즈의 프롤로그를 만들어서 그 다음에 본격적으로 미니를 제작하고 싶어 했기 때문에 TV드라마를 웹드라마 형식으로 쪼개놓은 형태가 대부분이었어요.

'72초 드라마'가 나오면서 웹드라마라는 새로운 플랫폼 콘텐츠는 새로운 형식에 담아야 된다는 인식이 생겼다고 볼 수 있나요?　기존의 웹드라마 시장은 확 죽고 72초 같은 콘텐츠가 웹드라마의 주류가 되었지만 근데 그쪽도 여전히 수익 모델은 확보가 안되고 있어요. '72초 드라마'로 제작사는 유명해졌죠. 광고도 찍어달라고

하고 일이 많이 들어와서 수익이 생기지 콘텐츠 자체 수익은 아직까지 확실치 않아요.

72초에 대한 시청자반응은 기존 것들보다 나은 건 사실인가요? 웹드라마가 72초 같은 새로운 형식으로는 커나갈 가능성이 있다고 보나요?　그건 의견이 좀 갈려요. 72초가 재기발랄하고 감각적 영상이나 편집으로 성공했는데, 이어지는 콘텐츠가 72초가 처음 만든 콘텐츠랑 너무 비슷해요. 새로운 것이 계속 있어야 되는데 아이디어라는 게 계속 새로운 게 나오기는 어려우니까 한계가 있죠. 요즘 드는 생각은 72초도 뭔가 새로운 걸 터트리지 못하면 열기가 식어요. 그래서 좀 지켜볼 필요가 있어요. 분명히 역량이 있는 제작사라서 기대는 하고 있어요.

웹콘텐츠 형식도 중요하지만
산업의 흐름 파악이 더 중요해

웹드라마나 웹예능 같은 웹콘텐츠가 지금 필요한 것은 맞나요? 필요한데도 여전히 수익구조가 만들어지지 않는 건 아직까지 시장이 형성되지 않았기 때문인가요? 아니면 플랫폼이 바뀌면 포맷도 바뀌어야 하는데 플랫폼에 적절한 포맷을 접합시키지 못했기 때문인가요?　더 중요한건 콘텐츠 형식보다 웹콘텐츠 산업이 현재 어떻게 움직이고 어디로 갈 것인가 큰 흐름을 읽는 거예요. 네이버라든지 SK, KT 등 현재 디지털플랫폼을 갖고 있는 회사의 움직임이 굉장히 중요해요. 미국 콘텐츠 플랫폼업체인 Netflex가 드라마 〈하우스 오브카드〉를 직접 제작했어요. 플랫폼회사는 여러 제작사가 만든 콘텐츠를 보여주고 돈을 버는데, 그 콘텐츠가 인기가 있을수록 제작사는 콘텐츠 가격을 올려요. 매출은 늘지만 제작사에 돈을 많이 줘야 하니까 문제가 생기죠. 그래서 플랫폼회사가 직접 제작해서 성공을 시킨 뒤, 콘텐츠 제작하는 사람한테 너희 까불면 우리가 직접할거야 하고 경고한 거예요. 한국 회사들도 비슷한 전략을 쓰고 있어요. 주 광고 타깃인 20, 30대 여성들이 여전히 TV콘텐츠를 좋아하니까 네이버, SK가 지상파 콘텐츠를 가져가요. 현재 네이버에서는 클릭 수에 따라 수익이 나면 방송사가 수익의 90프로 가지고 10프로를 네이버가 가져요. 네이버가 자체적으로 운영하는 비용이 20퍼센트 넘게 들어요. 그러면 네이버가 무조건 마이너슨데 네이버 입장에서 계속 이렇게 가겠나. 그래서 방송콘텐츠 옆에 MCN 콘텐츠라든지 웹드라마를 끼워놓고 팔아요. 방송콘텐츠 보는 사람한테 '이런 것도 있어' 하면서. 다른 쪽 콘텐츠를 보는 사람이 늘어날수록 네이버의 협상 파워가 커지고, 일정 정도 비율이 넘어가면 관계가 역전이 될 거예요. 우리도 플랫폼을 가질 수 있다면 좋을 거예요. 마이케이가 있고 홈페이지가 있는데 이를 네이버처럼 키우려면 거의 5~10년 동안 몇 조 예산을 부어야 해요. 그렇게 할 수 있을까요.

통신사들하고 제휴하면 안 되나요? 영국 지상파들의 연합플랫폼처럼 우리도 지상파들의 연합체를 만들거나. 그럴 통신사가 있는지 모르겠어요. 왜냐면 통신사도 네이버같이 하고 싶어 하니까. SK는 '옥수수 플랫폼'을 만들어 놓고 자신들이 제작한 오리지널 콘텐츠와 방송사 콘텐츠를 보여줘요. 오리지널 콘텐츠를 만드는데 몇 백 억씩을 쏟아 붓고 있어요. 통신사도 욕심이 있고, 통신사 입장에서 지금이 기회라고 생각하는 거 같고. 말씀하신대로 방송사가 연합이라도 할 수 있으면 좋겠는데 회사마다 연합 하자고 하면서 딴생각들을 하니까.

세계공영방송대회인 인풋(INPUT)에 3년동안 참석하며 세계 공영방송들이 디지털시대에서 생존하는 방법을 보았어요. 방법은 크게 두 가지였죠. 하나는 오히려 전통 저널리즘을 강화해 공영방송의 의무를 다하는 것이었어요. 탐사와 역사프로그램에 어마어마한 투자를 해서 최고의 프로그램을 만들어요. 다른 하나는 새로운 플랫폼에 대비한 새로운 포맷을 찾아내 제작하고 다양한 플랫폼을 동시에 활용한 크로스미디어 전략으로 생존하는 것이었어요. 웹드라마는 기존 드라마와 소재, 이야기 방법, 음악과 자막처리 등 제작 방법이 전혀 달랐어요. 10분물 제작 형식도 과학공상물, 뮤지컬에 이르기까지 어마어마한 돈을 투자해요. 플랫폼이 바뀌었기 때문에 웹드라마는 웹드라마 발상이 필요하다는 거죠. 웹드라마를 만들며 그런 고민은 없었나요? 새로운 스타일 콘텐츠를 시도하는 사람들이 막 나오기 시작했어요. 요즘 웹콘텐츠를 만들려고 하는 회사들은 완전 다른 스타일에, 보지 못했던 새로운 형식들을 만드는 데 콘텐츠도 잘 만들어요. 방송사처럼은 아니지만 돈도 꽤 투자해서 만드는데 문제는 아직 시장이 형성되지 않았다는 거예요. 20, 30대가 시장에 안가니까 앞서 나갔던 콘텐츠 괜찮다고 하는 회사들조차 위험하다는 얘기마저 들리죠.

더 관망을 해야 된다고 보나요? 웹콘텐츠 시장은 두 가진데, 하나는 20, 30대 웹쪽을 보는 사람들이 조금씩 늘어나면서 생기는 광고시장이에요. 광고주들이 웹콘텐츠에 광고를 하는 광고시장이 의미있는 수준으로 커지는데 빠르면 1년, 길면 5년 걸린다고 봐요. 다른 하나는 네이버, SK가 콘텐츠를 사는데 돈을 쓰기 시작했다는 거예요. 아직 큰돈은 안 쓰고 있지만, 콘텐츠가 필요하니 조금씩 늘리고 있죠. 네이버는 3년간 500억을 쓴다 하고 SK도 올해에 거의 500억 가까이 쓰겠다고 해요.

그럼 지금 당장 돈을 벌진 못하지만 시장선점을 위해 투자할 가치는 있나요? KBS가 웹콘텐츠도 잘 만들어, 소비자들한테 KBS꺼는 봐줄만 해, 이런 걸 각인시켜놓지 않으면 시장이 웹 오리지널 콘텐츠로 넘어갔을 때 대응하기가 어려워져요. 잘 만드는 경험이 있는 누군가가 파트너가 필요할 때 그 파트너가 KBS가 되도록 해야 해요. 그리고 새로운 시장에 대한 경험과 노하우를 가지고 있어야 하기 때문에 일정 정도의 투자는 필수적이라고 생각해요.

적자만 안본다면 KBS가 몇 번의 성공사례를 만들어야 하겠네요.   예산이 워낙 적어요. 웹드라마 사업 때도 그랬지만 예산이 많이 없으니 주로 외부와 공동 작업을 하면서 노하우를 쌓는 것에 치중하고 있어요. 현재는 72초가 잘나가니까 72초와 함께 작업해요. 72초도 KBS랑 하고 싶어 하고요. KBS가 브랜드가 살아있으니까 공동제작을 기획하고 있어요. 웹예능 쪽에서도 어떤 콘텐츠를 만들어야 관심을 끌 수 있을까, 돈을 많이 들일 순 없으니까 고민이 많아요. 콘텐츠 사업은 결국 의미있는 투자가 있어야만 소비자에게 관심을 받는 것을 만들어낼 수가 있는데 그 단계를 아예 시도하지 못하고 있는 거예요. 성공 사례를 만들어내고 싶은데 예산이 없으니 아이디어로 승부를 볼 수 밖에 없어요. 그래서 다른 사업자들보다 먼저 움직여서 새로운 분야를 선점하려는 전략을 생각하고 있어요. 지금 중점적으로 하고 있는 드론 관련 콘텐츠 제작 사업이 그 예라고 할 수 있죠.

웹콘텐츠 제작에 그치지 않고
크로스미디어 전략으로 다양한 플랫폼 동시에 이용해야

팀이 진행한 세 번째 프로젝트가 MCN 사업이었어요. 어떻게 시작하게 되었나요?   MCN은 처음 한국에서 1인 크리에이터들을 모아 매니지먼트 하는 사업으로 소개되었어요. 1인 크리에이터들 한 사람, 한 사람이 다 기업이고 창조경제와 연관이 되어 정부차원에서 권장했어요. 우리는 작년 7월 '예띠(Yettie)스튜디오'라는 이름의 신규브랜드로 사업을 출범했어요. 우리 콘셉트는 1인 크리에이터를 할 수 있는 사람을 오디션으로 뽑아서 아프리카TV나 유튜브에서

그들이 수익을 만들어 낼 수 있게 매니지먼트 해 준다는 거였어요. 한 달 간의 오디션을 통해 12명의 크리에이터를 선발했어요. 유튜브나 아프리카TV의 유명인이 아니라 오디션으로 뽑힌 신인이 성과를 내기까진 오랜 시간이 필요했죠. 1인 크리에이터가 스타가 되기 위해서는 일반적으로 최소한 2~3년을 매일 콘텐츠를 올려서 시청자를 확보해야 해요. 하지만 MCN 사업을 시작하면서 2~3년을 기다려달라고 얘기할 수는 없었어요. 그래서 방송사의 장점을 살려서 연예인 섭외가 가능하니까 크리에이터들과 연예인들의 컬래버레이션을 시도했어요. 당시에는 연예인들도 MCN에 관심이 있었

고, KBS 브랜드가 있으니까 잘나가는 연예인은 아니더라도 꽤 알려진 연예인이나 외부의 유명 1인 크리에이터를 초대해 우리가 선발한 신인 1인 크리에이터들과 컬래버레이션하는 형태로 시작을 했어요.

그 과정에서 MCN 시장의 한계를 읽었죠. 크리에이터를 매니지먼트를 해서 수익을 내야 MCN 회사가 돈을 버는데 이 친구들이 한계가 있다는 게 드러난 거예요. 만약 기존 팬이 100명이면 매니지먼트를 하면 10,000명으로 늘어나야 하는데 그게 안 되는 거예요. 겨우 200으로 더디게 늘어나니까 광고수익의 증가가 거의 안 됐죠. MCN에서 광고 수익이 없으면 협찬이라도 붙어야 하는데, 그것도 마땅치 않았어요. 만약 100만 팬들을 갖고 있는 유명 크리에이터를 데리고 삼성광고 비슷한 콘텐츠를 만들었다면 100만 팬이 봐야 하는데, MCN 콘텐츠를 좋아하는 소비자들은 MCN 콘텐츠를 보고 싶은 거지 광고를 보고 싶지는 않은 거예요. 싫어하죠. 당연히 광고 협찬했던 회사가 떨어져 나가요. 물론 게임, 장난감, 뷰티 등 몇 개 분야는 아직도 협찬이 활성화 돼있고 돈을 많이 벌어요. 하지만 나머지 분야들은 효과가 없으니까 수익모델이 없어진 거예요. 그래서 MCN 업계가 지금은 약간 정체기에 들어갔어요. 그러면서 새로운 돌파구로 등장한 것이 '오리지널 콘텐츠'예요. 현재 MCN 회사들이 다 모바일 콘텐츠를 제작하고 웹드라마나 웹예능을 제작하고 있어요. 1인 크리에이터들을 데리고 제작을 하기도 하고 연예인을 데려다가 찍기도 해요. 지금 MCN 회사는 다 제작사예요. 매니지먼트 회사에서 제작사로 모두 변화를 택한 거죠.

현재 '예띠스튜디오' 사정은 어떤가요?　여기도 사정은 비슷해요. 처음에는 선발된 신인 1인 크리에이터들이 모두 의욕적으로 콘텐츠를 제작했어요. 하지만 시간이 지나면서 본인들이 지쳐서 나가떨어진 사람이 50프로고 나머지 5명 정도가 활동 중이에요. 지금은 예띠스튜디오도 저희 팀이 직접 제작비를 들여서 만든 콘텐츠들이 대부분 업데이트되고 있어요. 이제 우리도 매니지먼트에서 제작이 더 중요한 비중을 차지하게 됐죠.

'예띠TV' 들어가 봤더니 12월이 마지막이고 동영상이 안 올라오던데요?　그동안 매주 수요일 myK와 아프리카에서 동시 생중계하고, 이것을 편집해서 금요일 새벽에 2TV를 통해 방송되었어요. '예띠TV'는 지난 12월까지 방송됐어요. 심의에서 많은 부분이 지적되고 시청자위원회에서도 방송에 부적합하다는 의견이 있었죠. TV방송과는 맞지 않는다는 판단으로 작년 12월에 방송을 그만두었어요.

방송을 중단했군요. 영향력이 약화되었겠네요.　TV방송을 그만 둔 후 MCN 사업을 아예 포기한 것으로 아는 외부인들이 많았어요. 그만큼 방송사는 여전히 TV방송을 해야만 그 존재감이 보인다는 반증인 거죠. 사실 TV방송을 그만둔 후에도 '이세돌 바둑중계'나 '갓티비'라는 제목의 인터넷 생방송을 꾸준히 진행했어요. 중국의 1인 방송 플랫폼인 롱쥬TV에 직접 생방송으로 콘텐츠를 제작해서 중국 진출을 시도하기도 했고요.

현재는 두 가지 기준을 가지고 제작하는데, 하나는 우리가 돈을 벌 수 있거나 최소한 돈을 못 벌면 협찬을 받을 수 있는가이고, 다른 하나는 이게 돈은 안 되도 한번 해볼만한 의미가 있는가예요.

SK텔레콤에서 2억을 받아서 제작한 '아이돌 인턴왕'이란 콘텐츠와 KBS 아나운서들이 참여한 요리콘텐츠 등은 모두 제작비를 외부에서 협찬을 받아 진행을 했어요. 외부 자금을 협찬 받은 것은 자유로운 창작을 해서 새로운 콘텐츠를 만드는 데는 제한이 있지만 해외 시장이나 웹시장 유통을 실험해볼 수 있어서 의미를 두고 있어요. 현재 팀에 PD가 3명 있는데, 전체 프로듀싱은 우리가 하지만 제작은 외부에 맡겨요. 올 하반기에는 웹드라마 하나, 웹예능 2개 모두 3개를 기획중이에요.

MBC가 엠빅TV, SBS가 모비딕, tvN이 티브이엔고, JTBC는 디지털기획팀을 꾸리고 모바일 콘텐츠를 제작하고 있죠. 이들과 KBS랑 뭐가 다른가요? KBS는 예산이 별로 없어서 여러 분야에 걸쳐 협찬을 받아 테스팅하는 개념이 강해요. 새로운 분야의 콘텐츠를 기획제작해서 시장에 유통해보고 수익 모델이 혹시 만들어질 수 있는지 계속 시도해보고 있죠. 사실 수익이 확실하게 나는 것이 아니면 거의 협찬으로 제작을 하고 있어서 콘텐츠 제작이 활발하게 이루어지지 못하고 있는 것이 사실이에요. MBC는 모바일 콘텐츠로 새로운 아이템을 찾아 실험을 해보고 성공하면 이를 티비 콘텐츠로 만들어보는 형식이죠. '꽃미남 브로맨스'는 모바일에서 그나마 성공한 케이스예요. 목적을 그런 쪽에 두고 있어서 수익을 만드는 것에는 큰 관심은 없어요. 예능국 안에 팀이 만들어져 있고 PD가 수익에 대한 고민보다는 새로운 아이템을 찾는 것에 중점을 두고 있는 듯 해요. SBS 모비딕은 비즈니스매니저 이런 사람들이 다 들어가 있고 수익이 목적이죠. 제작비를 쓴 만큼 돈을 벌어야 된다 해서 수익에 조급해 있어요. tvN은 TV방송과 웹을 같이하며 수익을 높일 방법이 있나 테스팅해요. 웹드라마를 찍는 과정을 TV 프로그램으로 만드는 식이죠. TV 제작하는 사람, 웹 제작하는 사람들이 같이 만들고, 같이 마케팅하고, 같이 광고를 붙여서 같이 수익을 만들어 보는 시험을 해요.

다양한 플랫폼을 활용한
웹콘텐츠 성공신화가 필요한 때

그 이야기 들으니까 INPUT에서 세계 공영방송사들이 크로스미디어 실험을 하던 장면이 떠올라요. TV, 라디오, 모바일, 인터넷, SNS, 유튜브를 총동원해서 제작하죠. 장르 명칭도 다양했어요. 인터랙티브, 웹, 크로스 플랫폼, 애니메이션 다큐멘터리, 인터랙티브 게임 등 다양한 이름들은 그들이 하는 크로스미디어 실험들의 다양성을 상징해요. '컬처럴 쇼크'라는 이탈리아 방송은 자신의 뿌리체험에 참여할 젊은이 선발에 인터넷과 유튜브를 통해 2달 동안 진행해 일단 그 자체를 화제로 만들었어요. 국민경선으로 집시 후손들이 뽑혔는데 이들이 불가리아로 가는 과정을 웹으로 올리고, 라디오 TV로 생중계 방송해요. 아이들도 자신들이 찍은걸 SNS에 올리며 모든 과정을 시청자들과 함께 하죠. 프로세스 자체가 방송인거죠. 시리아 난민이 그리스까지 가는 과정을 기존의 지상파 장비 하나 없이 모바일과 노트북으로 인터넷을 중계한 스위스 방송도 있어요. 생존을 위한 디지털 혁신은 두 가지였어요. 새로운 플랫폼에 맞는 포맷을 찾아내는 거, 플랫폼들을 크로스미디어라는 이름으로 함께 활용하는 방법을 고민하는 거. 고 팀장은 이런 혁신들을 위해 지상파가 뭘 해야 된다고 보나요? 프로듀서들은 어떻게 변화해야 한다고 보나요? 이제 프로듀서라고 불리는 사람들에게 어느 플랫폼인가는 중요한 게 아닌 거 같아요. 다양한 플랫폼을 어떻게 활용하는지, 여러 플랫폼을 활용해야 한다면 어떻게 할지에 대한 전략적인 로드맵을 그릴 줄 알아야 하죠. TV뿐 아니라 인터넷 포털로의 유통이 필요하다면 네이버 같은 포털과도 협의할 수 있어야 하고, 웹 쪽의 플랫폼들과도 함께 프로그램을 만드는 과정을 고민해야 해요. 그동안은 콘텐츠 연출이 중요했다면 이젠 전체 프로젝트가 성공할 수 있도록 관장하는 프로듀서적인 개념이 중요해진 거 같아요. 미래의 프로듀서는 전체 미디어환경을 이해하고, 콘텐츠 제작과 유통에 가장 효과적인 것을 조율할 수 있는 것을 찾아낼 수 있는 사람인 거예요.

담아낼 그릇은 어떻게 만들어내야 하나요? MCN 팀도 평가나 인정을 받아야 움직일 수 있지 않은가요? 디지털 콘텐츠에 대한 인식이 많이 달라졌어요. 그럼에도 여전히 기존의 방송 중심적인 생각이 우선인 것도 사실이죠. 미래의 디지털 콘텐츠에 대한 담론만 가득하고 아직 성공 사례 같은 실질적인 실체가 없기 때문이에요. 회사에서 볼 때 수익적인 성과나 의미가 있는 걸 누군가 만들어내는 것이 필요한데 그를 위해서는 일정 정도의 지원과 인내는 필수적이에요. 회사의 지원으로 가까운 미래에 작은 성공 사례를 만들고 이를 회사에서 미래의 방향으로 인정하고 있다는 시그널을 주게 되면 조직 전체가 빠르게 움직일 거예요. 조직의 구성원에게 일관된 메시지로 디지털 콘텐츠가 미래의 방향이라는 것을 얘기하고 소통해야만 원하는 변화를 만들어 낼 수가 있어요.

어디든 성공신화는 필요한 법이에요. 지금 신경 써서 하고 있는 것 중 하나가 드론 레이싱이에요. 개인적인 판단이라 확신하긴 어렵지만, 내년이면 드론 레이싱 관련 콘텐츠가 자체 수익을 내면서 시장이 서서히 만들어질 거라 판단하고 있어요. 드론 레이싱이나 드론 파이팅 대회는 그동안 TV방송사의 영역이었던 스포츠 중계와 유사한 성격이 있어요. 그래서 그동안의 중계 노하우를 활용할 수 있는 분야로 KBS가 선점을 할 수 있도록 네트워크와 노하우 확보를 차근차근 진행하고 있어요.

모바일 콘텐츠 실험은 웹드라마 하나, 웹예능 두 개 등 세 개 정도를 만들려고 하는데 이건 성공 사례를 만들기에는 주변 여건이 녹녹치가 않고, 예산이나 인적 자원 등 우리 팀이 가진 것이 너무 없어서 또 하나의 의미있는 실험에 그칠 가능성이 높지만, 시도하지 않고는 어떤 것이든 얻을 수 없기에 냉철한 판단을 가지고 부딪쳐 볼 생각이에요.

IT기술과 플랫폼까지 아우르는
자칭 '미래 미디어 공상가'

고 팀장 개인 사이트에 들어가 봤더니 자신을 '미래 미디어 공상가'로 적었던데요?　방송사에 근무하면서 우연한 기회에 IT 쪽과 교류가 많아 IT 하시는 분들과 얘기를 많이 했어요. 관심 분야가 미래에 관한 것이고 주로 방송이나 미디어 얘기를 하니까 미래 미디어라고 했고, 공상이라는 표현엔 내 자신을 좀 낮추는 것도 있어요. 내가 맞다가 아니라 틀릴 수도 있지만 이런저런 얘기를 해보는 사람이라는 뜻으로 공상가라고 했어요. 미래의 미디어 환경을 자유롭게, 그러나 IT 기술의 발전을 바탕으로 상상하고 이런 걸 편하게 얘기할 수 있는 사람으로 보여졌으면 좋겠다는 차원으로 이해를 해주시면 좋을 듯해요.

블로그도 하고, 트위터 팔로워 1,796명, 페이스북 친구가 2,668명이더군요. 유튜브에 동영상을 올리거나, 생활 속에서 실천 등 디지털시대에 프로듀서가 디지털 방식으로 살아간다는 것은 어떤 건가요. 동료들에게 제안하고 싶은 힌트는 없나요?　디지털 방식이라는 말이 저에게는 조금 과장되어 있다고 생각해요. 제 활동은 그저 제가 사람을 만나는 행위의 연장선상이에요. IT 쪽에 있는 친한 분들이나 페이스북 친구로 소통을 하는 사람들은 관심사가 비슷한 사람들이에요. 관심이 비슷한 사람과 정보를 공유하고 서로 비슷한 관심사를 가지고 있다는 연대감인 셈이죠. 방송 쪽에 있으면서 IT에 관심을 가진 지 꽤 오래됐어요. 처음에는 외로움도 있었어요. 방송 제작하다 시간이 나면 IT 관련 트렌드를 알고 싶어서 틈틈이 인터넷에 들어가서 검색을 하고 미디어 관련 글도 읽고 했는데, 같이 제작을 하던 선배들의 눈에는 그동안 열심히 일하던 애가 갑자기 이상한 짓을 한다고 좋지 않게 보기도 했죠. 동료나 선후배들이 대부분 방송 제작에 모든 걸 걸고 있을 때 IT에 관심을 가지고 내 시간을 쪼개서 공부를 하던 것이 진짜 쓸데없는 짓을 하는 건가 이런 생각이 들 때도 많았어요. 그럴 때마다 IT 쪽의 지인 분들과 디지털 방식으로 소통하면서 끊임없이 내 자신의 생각을 확인하곤 했는데, 그런 게 없었으면 여기까지 오긴 어렵지 않았을까 생각해요. 지금도 디지털 방식으로 소통을 하는 지인들은 제게 큰 도움을 주고 있어요. 정서적으로도 그렇고 새로운 지식을 전달해주는 면에서도 그렇죠. 요즘은 팀에서 콘텐츠 유통 사업적인 부분도 하고 있어서 인터넷에서의 연결뿐 아니라 실제 프로젝트를 함께 진행하는 연결에서도 큰 도움을 받고 있어요.

블로그에 쓴 글들을 읽어 봤어요. 첫 글이 '소셜티비'(2009. 8.20)였고, 초기에는 TED, 구글티비, 추노와 레드원 카메라, 무선혁명 등 용어의 개념을 설명하는 성격이 강했어요. 최근의 글을 보면 VR과 360도 VR, MCN의 미래, 2016 미디어 전망 등 이론과 실제 경험, 전망에 이르기까지 깊어졌어요. 7~8년의 연륜동안 관심사는 어떻게 변화해 왔나요?   초반에는 새로운 개념이 등장하고 이해를 해서 그 개념에 함의되어 있는 비전이 보이더라도 나의 생각에 대한 자신이 없었고, 또 IT 쪽 고수들에게 나의 생각을 말하기가 어려웠기 때문에 대부분의 글이 용어를 정리하는 정도의 수준이었어요. 그러면서 점차 IT 관련 이해의 폭이 넓어졌고 이제는 2년간의 실전 경험치도 생겨서 과거와는 다른 약간의 자신감이 생기기 시작한 거예요. 이제는 새로운 개념이 등장하면 그것의 정의보다는 그것이 함의하고 있는 의미가 무엇인지, 방향은 어디로 가는지를 생각해요. 예를 들어 드론이라면 드론이 우리 사회에 앞으로 어떤 영향을 끼칠 거라는 전망을 더 중요하게 생각하게 되고 그러다보니 글의 방향도 바뀌게 된 거 같아요.

공동집필한《PD Who & How》외에《쇼 PD의 미래방송 이야기》(2009),《스마트티비 혁명》(2011)은 전문서적이에요. PD만을 대상으로 한 건 아니겠지만, 두 책을 통해 방송 PD들한테 하고 싶은 얘기가 있었나요?   IT에 처음 관심을 갖게 된 건 꽤 오래됐어요. '리얼 오디오'라는 게 나왔을 때였는데 처음에 그걸 보고 딱 든 생각이 앞으론 방송이 다 인터넷으로 가겠구나, 였어요. 그게 IT에 관심을 가지게 된 계기예요. 그러면 앞으로는 인터넷이라는 걸 모르고는 방송을 이야기할 수는 없게 될 거라 생각하고 제 생각을 블로그에 하나하나 올리며 정리를 해나갔죠. 이제 방송 산업에 종사하는 사람은 인터넷이라는 미디어의 속성을 이해해야만 하는 세상이라는 것을 이야기하고 싶었어요.

두 책으로 세상에 얘기하고 싶은 것과 지금 MCN 팀장으로 하는 게 일맥상통하나요?   지금의 팀을 만들고 디지털 콘텐츠 관련 업무를 직접 하게 된 것은 제겐 아주 좋은 기회였다고 생각해요. 제가 생각을 해오던 것을 직접 추진해 볼 수 있는 기회였고 사실 힘든 과정이 많았지만 책으로는 배울 수 없는 많은 것을 얻게 되었죠. 전에는 이론적인 애길 했다면 지금은 현업을 하니까 현실적인 얘기도 할 수 있게 되었어요.

책에 쓴 게 맞았나요?　솔직히 틀린 것도 많아요. 제 예측 중에 가장 크게 빗나간 것은 스마트TV의 형태에 관한 것이었어요. 저는 초기 스마트TV 시장을 고급 소비재 시장으로 봤어요. 이 시장에서는 저렴하고 합리적인 제품보다는 다른 사람들의 눈에도 자랑할 만한 제품이 더 잘 팔린다고 생각을 했고 그래서 스마트TV는 셋탑박스 형태가 아니라 비싼 일체형의 제품이 주류를 이룰 것으로 예측했어요. 하지만 스마트TV 시장은 예상과는 다르게 움직였고 지금은 구글캐스트 같은 저렴한 셋탑박스 형태가 더 일반적이 되었어요. 스마트TV를 제조하는 삼성 같은 회사들이 시장을 주도할 거라 생각했는데 그 예상은 빗나갔죠. 오히려 OTT 서비스가 활성화되면서 콘텐츠를 가진 사업자나 서비스를 만들 수 있는 사업자들이 스마트TV 시장의 발전을 주도하고 있어요. 책에서는 전체 큰 틀에서 예측이나 기술적 트렌드에 대해 얘기한 건데, 실무를 해보면서 요즘은 시장 얘기에 더 관심을 두고 있어요. 수익이라는 것을 생각하면서 프로젝트를 진행해야 하기 때문에 시장이라는 현실에서 어떤 실행 계획을 세워야 하고 주어진 상황에서 어떻게 추진을 해야 하는지 고민해요.

《플랫폼을 말한다》(2012)는 플랫폼 전문가 그룹 22명이 공동집필한 책이에요. 산업계, 학계 등 모두 쟁쟁한 멤버 속에 방송PD가 포함돼 있어 자부심을 느꼈어요. 이 책을 내면서 느낀 점은 뭐였나요?　포털, 전자책, 인터넷, SNS 전문가 등 다양한 분야의 사람들이 참여했어요. 그들이

각자의 전문 분야에서 바라보는 플랫폼을 얘기하니까 범위도 넓어지면서도 내용은 훨씬 더 디테일 해졌죠. 이 모임은 두 달에 한 번씩 오프 모임이 있어요. 모임에 나가면 제가 생각하는 범위를 벗어나는 얘기를 많이 하니까 많이 배워요. 그들도 방송을 몰라서 제가 얘기하는 걸 재밌어하고. 서로 배우는 그런 자리예요. 다양한 분야의 전문가들과 교류를 하는건 요즘 같은 세상에서는 너무나 소중한 일이에요. 다들 기본적인 지식을 가지고 자기 분야의 전문성을 겸비하고 있어서 미디어 전반을 이해하는 바탕을 마련하는 시간이 되어주고 있어요.

모든 형태의 콘텐츠를 다양한 플랫폼에
효과적으로 전하는 오케스트라 지휘자를 요구

KBS PD협회보에 《KBS 미래 방송 간담회》를 시리즈로 연재하고 방송의 미래에 대한 전망을 하며 첨단 디지털미디어 현장에 있는 사람들과 인터뷰한 걸 봤어요. 앞의 책들과 PD협회 미래준비위원장, 그리고 지금 하고 있는 MCN 사업팀장 이 셋을 연결해서 PD들한테 하고 싶은 얘기가 있나요? 프로듀서의 개념이 달라지고 미션이 달라진 거 같아요. 전에는 프로그램을 제작하는 사람으로 생각했는데 이젠 이벤트 기획자가 돼야 될 거 같아요. 그동안은 어떤 소재를 정하고 어떤 이야기를 할지를 정하는 것과 이를 영상화 하는걸 주로 고민해 왔다면 이젠 전하려고 하는 메시지가 어떤 형식으로 전달되는 게 효과적인가도 같이 고민하고, 다양한 플랫폼을 통해 전달할 방법을 찾는 것도 필요한 능력이 되었죠. 사진, 동영상, 오디오 등 모든 형태의 콘텐츠를 다 이용해서 오케스트라 지휘자처럼 모든 플랫폼에 가장 효과적인 방식으로 유통시켜야 하며 사업적인 고민도 할 수 있어야 해요.

지금도 예능PD라고 생각해요? 《PD Who & How》에 쓴 글을 읽어봤더니 예능PD의 매력을 '재미있다, 영향력이 크다, 자신의 이야기를 여러 사람에게 할 수 있다, 창의성을 맘껏 발휘할 수 있다, 다양한 세상 사람들을 만날 수 있다, 대중문화를 만들 수 있다' 등으로 표현했어요. 오래전에 한 얘기인데, 이 생각엔 변함이 없나요? KBS 공영방송 PD는 시대흐름에 대해 제시하는 게 있어야 한다고 생각해요. PD의 좋은 점 중에 내가 뭔가 세상에 말하려고 하는 게 있고 이런 걸 내가 제작하는 콘텐츠로 사람들한테 얘기하는 게 최고의 매력인 거 같아요. 이건 예능PD든 교양PD든 드라마PD든 모두에게 공통된 것이라 생각해요. 물론 저는 여전히 예능PD라고 생각해요. 예능PD로서 20년을 살아왔고 의미 있는 시간을 만들어왔다는 자부심이 있죠. 하지만 예능PD라는 것에 그저 머물러있고 싶지는 않아요. 새로운 미디어 환경에 대한 도전은 예능PD라는 것을 뛰어넘어 새로운 PD의 상을 요구하고 있어요.

제작시절, '사랑과 전쟁'을 만들 때 '생방송 문자 투표 사랑과 전쟁 아이돌 특집 드라마'를 만드는 등 실험적 프로그램 시도가 많았죠. 다르게 만드는 걸 좋아하나요? 고찬수식 스토리텔링은 무엇인가요? 뭔가 새로운 걸 하는 거에 재미를 느끼는 편이에요. 소비자에게 재미로 선택을 받는 콘텐츠를 만들어내는 것 뿐 아니라 새로운 시도로 소비자들에게 새로운 경험을 줄 수 있는 콘텐츠 제작에도 관심이 많죠. 그런 시도에 큰 의미를 부여하려 해요. 그래서 요즘 또 그동안 해왔던 MCN과는 성격이 많이 다른 드론 레이싱, 드론 파이팅 등 드론 관련 콘텐츠 제작과 사업에 도전을 하고 있어요.

새로운 것을 좋아하는 건가요, 얼리어댑터인가요?   얼리어댑터는 아니에요. 저는 새로운 것이 나오면 먼저 그것에 대해 호기심을 가지고 공부하고 나서 그것이 의미가 있다고 판단이 서야 움직여요. 새로운 것을 좋아하지만 확신이 있어야 움직이죠. 특히 사업은 그런 치열한 고민이 필요하다고 생각해요. 가지고 있는 예산이나 자원이 적은 상황에서는 남들보다 먼저 시도를 하고 선점하는 것이 좋은 전략이지만 이를 실행에 옮길 때는 사업적인 면에서 의미가 있는가를 충분히 숙고해야 한다고 믿어요.

이제는 PD가 콘텐츠 제작 능력만 가지곤 안 된다, 플랫폼을 운영하는 능력이 필요하다, 여기까지 와 있어요.

학교에서 학생들에게 '이제 새롭고 다른 것(Something New, Something Different)' 만으론 안 된다, 플러스 알파가 뉴 플랫폼이라고 가르치지요.

현장에서의 새로운 시도와 고민, 오늘 많이 배웠어요.

디지털 시대,
프로듀서와
프로그램을 묻다

tvN 〈시그널〉, 〈미생〉

김원석PD

KBS에서 드라마 〈대왕세종(2008)〉, 〈파트너(2009)〉, 〈신데렐라언니(2010)〉, 〈성균관 스캔들 (2010)〉을 연출했다. 2011년 CJ E&M으로 옮겨 〈미생(2014)〉, 〈시그널(2016)〉을 만들었다. tvN 〈시그널〉은 시청률 12% 이상을 올리며 성공하기 힘들다는 장르물의 새로운 지평을 열었다는 평가를 받았다. 백상예술대상, 서울 드라마어워즈를 수상했다. 드라마는 무전기 를 매개로 20년의 시공간을 넘나들며 '우리의 시간은 이어져 있다.', '간절함이 보내준 신 호'라는 메시지를 판타지로 살려낸다. 김혜수, 조진웅, 이제훈은 장기 미제사건을 수사하 며 사회정의 실현을 꿈꾸는 형사 역을 절박하게 연기해 호평 받았다. 극의 소재는 김윤정 유괴 공소시효 문제, 경기남부 연쇄살인, 한영대교 붕괴, 인주 여고생 집단 성폭행 사건 등 실제사건에서 따왔다. '진짜 범인이 처벌받지 않는 현실'을 고발하며 무거운 문제의식을 극적으로 소화해냈다.

윤태호 웹툰을 원작으로 한 〈미생〉은 '살아있지 않은 돌(바둑의 미생마)'의 신분인 비정규 직의 애환을 리얼하게 그려냈다. 드라마 방영 후 주인공 장그래는 '장그래법', '이 시대의 장그래' 등 현실을 드러내는 보통명사가 될 정도로 인구에 회자되기도 했다.

장르드라마 성공신화 쓴 '석테일'

〈시그널〉 광팬이었어요, 〈미생〉도 그랬고. 〈시그널〉이 끝난 지 한 6개월 됐죠? 주인공들과 드라마의 장면을 여전히 기억하나요?   어제도 연기자, 스태프들이 모였어요. 보통 연출은 프로그램을 책임진다고 생각하니까, 드라마가 아무리 잘 안 돼도 애착이 있는데, 연기자와 스태프들이 작품을 못 잊어서 계속 만나는 건 드문 경우죠. 만나서 하는 얘기는 똑같아요. 〈시그널〉 할 때가 좋았다고.

장르 드라마 안 된다는 통념 깬 〈시그널〉

〈시그널〉은 시청률도 좋았고, '조진웅을 살려내라'는 시청자의 반응도 뜨거웠어요. 한편으로 우리 드라마에서 장르물의 새로운 경지를 만들었다는 평도 있잖아요. 그런 얘기 들을 때 어때요?   너무 기분이 좋죠. 우리나라 드라마 역사상 장르물, 수사물, 추리물은 해보니까 안 되더라는 말이 있어요. 제가 음악 드라마를 한 번 해봤는데, 우리 시청자에게 확실히 새로운 장르, 새로운 드라마에 대한 니즈가 있어요. 근데 그것보다 더 큰 게 새로운 걸 낯설게 생각하는 성향이에요. 예능이나 다큐멘터리는 그게 좀 덜한데, 드라마의 경우에는 항상 좋아하는 내용을 가지고 변주되는 걸 즐겨왔더라고요.

그런 면에서 장르물 하는 건 지옥에 떨어질 작정을 해야 할 수 있는 거죠. 추리물의 재미, 머리를 써야 되는 상황을 그리는데, 그거를 시청자에게 일일이 설명해주거나 시청자가 그 추리의 과정을 이해하도록 하는 데 너무 주안점을 두면 추리 과정이나 내용이 너무 쉬워지고 뻔해져요. 그러면 안 되니까 굳이 이해시키려고 노력하지 말자, 예를 들면 의학드라마에서 의사가 아무리 어려운 의학 용어를 말해도 "당장 수술하지 않으면 죽습니다."라는 뒤따르는 말이 있으면 의학적인 지식 없어도 이해되는 것처럼.

그래서 수사의 추리는 우리끼리 잘 짜놓고, 보는 사람이 허술하다고 느끼지 않도록 하자, 장르물의 재미보다는 드라마로서의 재미를 주자, 사람들이 따라가면서 응원하고, 감정을 공유하는데 더 치중하자 이렇게 했는데, 그것 때문인지 모르겠지만 〈시그널〉을 많이들 봐주셔서 한숨 돌렸죠. 장르물이 성공한 예를 하나 만들었다고나 할까요.

마지막 장면이 떠오르는데, 인터넷 보니까 '열린 결말'이라고 표현했더라고요. 해변 길을 롱테이크로 카메라가 쭉 따라가면서 끝났는데 무슨 메시지를 주고 싶었어요?   작가님과 계속 얘기했던 건 첫 번째로 우리나라 얘기를 한다, 우리나라가 굉장히 상처받았다, 암울하다는 것이었어요. 돈과 권력에 의지해서 잘못한 사람이 제대로 벌 받지 않은 게 여전히 유효한 진리이고. 심지어는 요즘처럼 정부가 아예 대놓고 국민에게 상처를 주는 상황에서 드라마로 그 상처를 어루만져 줄 수 있었으면 좋겠다. 마지막 장면에서 우리가 포기하지 않는다면 미래에는 가능성 있다는 걸 보여주고 싶었어요. 거대 악이 조진웅을 죽이려고 하는 상황에서 그 위험이 똑같이 닥칠 거잖아요.

그럼에도 두 사람은 그를 만나러 가요. 그런데 가는 표정이 굉장히 비장한 게 아니라 모든 걸 다 내려놓은 듯한 미소죠. 그 사람이 살아 있고 함께라면 세상을 바꿀 수 있다, 어떤 위험도 우리가 각오한다, 이런 의미였죠. 물론 시즌2를 생각한 것도 있지만 시즌1의 엔딩으로 봐도, 무책임하게 열어놓은 건 아니라는 목표로 만들었는데 많은 분들의 호불호가 갈리더라고요.

시즌2로 가나요?   시즌2는 해야 할 것 같아요. 잘해야 하니까 작가님과 당장은 하지 맙시다 했어요. 작가님이 준비하는 드라마가 있고, 제가 준비하는 프로젝트도 있고요.

언제 예상하나요?   〈니모를 찾아서〉가 2003년 나오고, 속편 〈도리를 찾아서〉가 나오기까지 13년 걸렸어요. 그만큼 속편을 만들기 힘들었단 거죠. 가능하면 빠른 시간 내에 했으면 좋겠지만 하려면 잘해야 하니까 많이 오래 걸릴 수도 있겠다는 생각이 들어요. 〈도리를 찾아서〉처럼요. 스태프들과 배우들의 스케줄도 맞아야 하고요.

〈시그널〉은 '간절함이 보내온 신호'

타이틀이 〈시그널〉이고 카피가 '우리의 시간은 이어져 있다. 간절함이 보내온 신호'였어요. 〈시그널〉을 통해서 어떤 메시지를 주고 싶었나요?   처음에 스태프와 포스터 이미지를 얘기하면서, 이게 장르물인데 포스터나 티저, 예고의 이미지는 〈굿 윌 헌팅〉 포스터의 이미지였으면 좋겠다 말했죠. 로빈 윌리엄스하고 맷 데이먼이 벤치에 앉아서 환하게 웃고 있는데, 저들이 나누는 이야기가 어떤 얘기일까 궁금해지고 애기에 대한 궁금증 이전에 저 두 사람 참 따뜻해 보인다. 저렇게 따뜻했던 사람에게 어떤 상황이 벌어져 시련을 겪는 얘기다. 기본적으로 그런 감정을 전달하는 이미지였으면 좋겠다고 해서 이런 포스터가 나왔고요. 헤드라인 카피인 '간절함이 보내온 신호'는 회의에서 나온 아이디어예요. 〈시그널〉은 어떤 간절함으로 연결된 신호라는 거죠.

일종의 '헬프 미' 같은 건가요?   우리의 보편적 정서인 '한(恨)'인 거죠. 주인공의 범인을 잡고자 하는 마음이 너무 사무쳐서 무전이 열렸다는, 굉장히 한국적인 발상이죠. 보통은 개기일식, 오로라, 흑점 폭발 이런 식으로 개연성을 부여하려고 하거든요. 아직까지 범인이 잡히지 않은 미제 사건을 얘기하는데, 미제 사건을 수사하려면 증인과 증거가 소멸된 문제가 있고…

과거에 연결되는 어떤 끈이 있다면 좋겠다. 저희는 전화기, 편지 등 다양한 커뮤니케이션 중에서 무전기를 선택했는데… 무전이 왜 열렸을까 하는 극적인 개연성이 필요했고요. 과학적으로 설명하면 말하려는 바가 희석되니까, 아예 한국적인 정서로 범인을 잡고자 하는 사무침이 강하게 표현하면 된다 싶었죠. 이 포스터를 만들면서 간절함이 보내온 신호를 웃는 표정으로 연출하니까 포스터 디자이너가 '우리의 시간은 이어져 있다'를 넣었어요. 그렇게 카피가 결정된 건데 우리가 말하고자 하는 메시지와 정확하게 맞았죠.

포스터 사진은 다른 시·공간의 두 사진을 붙여 놓았잖아요. 김혜수와 이제훈이 사는 현재와 조진웅이 사는 20년 전을. 두 개의 시공간을 '시그널'로 연결한 거죠. 그게 간절함 때문에 가능했다는 거네요. 다른 두 시공간을 연결하는 무전기가 상징하는 특별한 의미가 있었나요?   말씀드렸듯이 장기 미제사건을 해결하기 위해 과거형사와 현재 형사가 소통하는 끈이 필요했는데 그건 전화기일수도, 편지일수도 있지만 직업이 형사다 보니 자연스럽게 무전기가 선택이 된 거예요. 무전기는 너무 부각이 되지 않길 바랬죠. 그렇게 되면 비현실성이 너무 강조되어 시청자의 감정이입을 방해하니까요. 그래서 어떻게 과거와 무전이 가능하게 되었는지 애써 설명하지 않았어요. 무전기보다는 범인을 잡고자 하는 인물의 캐릭터가 더 잘 살기를 바랐고 그렇게 되면 무전기의 당위성도 시청자가 자연스럽게 받아들일 거라고 생각했어요.

드라마는 시공간을 자유롭게 재창조하잖아요. 시공간을 넘나들 때 무전기가 상징적이면서도 굉장히 효과적이라 생각했어요. 그래서 작가가 상징한 게 더 있지 않을까 싶었죠.   엄밀한 의미에서는 〈시그널〉의 무전기도 그렇고, 〈응답하라〉 시리즈의 제목도 소통의 욕구라고 생각해요. "나만 그래?", "거기도 그래요?", "그 시절도 그랬나요?" 이런 느낌이죠. 무전기나 〈응답하라〉 제목이 지향하는 바는 소통이고, 좀 더 나가면 연대다, 저는 그렇게 생각하고 만들었어요. 혼자는 세상을 바꿀 수 없으니까 힘을 합쳐서 바꾸자는 의미였어요.

〈시그널〉 성공은 연기자와 극본 덕분

주인공들의 연기가 좋았다는 평이 많았어요.   연기자들은 되게 화려한 생활의 스타로 살아온 사람들과 소박하게 연기만 잘하고 싶은 목적으로 살아온 사람들이 있는데, 우리 주인공들은 연기를 잘하고 싶어 하는, 그러면서도 우리 사회에 대해 굉장히 고민을 많이 하는 분들이에요. 크게 설득이 필요 없었어요.

김혜수 선배는 드라마의 메시지를 워낙 좋아해서, 하겠다고 했고. 조진웅 씨는 판타지 드라마인 줄 알았다가, 대본을 읽도록 설득하는 데 시간이 오래 걸렸죠. 이제훈 씨도 정말 성실하게 작품에 임해줬고요.

모두 기대 이상으로 연기를 잘해 주셨어요. 시그널이 장르물이고 어두운 이야기로 비춰질 수 있어서 시청자의 관심을 받지 못할 여지도 많았는데, 초반부터 시청자의 사랑을 받은 건 특히 김혜수 선배의 캐스팅이 결정적이었다고 생각해요.

이재한 형사(조진웅 분)는 〈시그널〉 타이틀이 가지고 있는 '간절함'이라는 메시지를 자신의 간절함으로 잘 살려냈어요, 연기를 참 잘하더라고요.   연기를 유니크하게 한다고 해야 할까요. 연출자가 대본을 보고 이렇게 연기해주면 좋겠다 상상하는 게 있을 때, 상상한 그대로 해서 좋은 연기자가 있고 상상한 거랑 다르게 해서 좋은 연기자가 있는데, 조진웅 씨는 후자예요. 대본을 넘어서는 거죠 결국은.

드라마를 잘 모르지만, 드라마 3요소라면 극본, 연기, 연출이잖아요. 이 중 기본이 극본이잖아요, 작가와의 호흡은 어땠나요?　　지금까지 전통적인 드라마 작가님들은 문학가 베이스의 작가님들이 성공한 예가 많았어요. 그 분들은 대하드라마나 연속극과 같이 긴 호흡의 드라마를 통해 문학적인 대사와 굵직굵직한 서사의 매력으로 어필하죠. 그런데 미니시리즈 같은 경우에는 확장된 영화로 인식되는 경향이 있거든요.

　미국이 그렇거든요. 긴 영화 같은 느낌. 영화적이라는 것은 스케일뿐만 아니라 화면의 질감, 미술, 플롯 등 많은 영화적 요소를 다 포함하는 건데, 많은 사람들이 협업을 하는 큰 프로젝트여서, 연출과 함께 작가가 선장으로서의 역할을 해야 하고, 소통에 능해야 해요. 자기의 비전을 제시하고 다른 사람들의 아이디어를 받아서 한 묶음으로 연결하는 거죠. 그런 능력이 문학가의 능력과 조금 다른 부분이에요.

　문학가로서 트레이닝 받아 온 분들은 여러 사람이 회의해서 쓰는 걸 싫어하거나, 그렇게 하고 싶어도 잘 못 하시더라고요. 여러 사람이 얘기하면 내버려 두라고 얘기하고. 그런데 최근 잘된 드라마 작가님들은 협업하는 부분에 되게 장점이 많아요. 김은희 작가도 그 케이스죠. 상당히 유연한 사고로 많은 얘기를 다 듣고 쓰는…

연출역량이 백이면 드라마는 천이 나와야

사실 현실이 두 개 나오잖아요, 그러니까 두 현실을 연결하는 연출이 중요하다고 할 수 있죠. 김PD를 설명한 글에, 등장인물의 감정선을 손에 잡힐 듯 섬세하게 묘사한다고 해서 별명을 '석테일'(김원석 + 디테일)이라고 붙였더군요. 이재한 형사가 사는 20년 전 장면은 디테일이나 소품(자동차, 현장 배경 등)이 구체적으로 재현되었고요. 연출할 때 신경 썼던 점은

요? 〈시그널〉도 그렇고 〈미생〉도 그랬어요. 시청자가 카메라의 움직임이 자연스럽고 이 사람이 연기하고 있구나 하고 느끼지 못하게 하는 연출이 제일 좋다고 생각해요. 본인이 직접 현장에서 보는 것 같은 느낌, 임장감이라고 얘기하죠, 마치 현장에 있는 것 같은. 그게 박진감일 수 있고, 공감일 수도 있고요. 그렇게 하기 위해서 저건 좀 아닌 것 같다는 상황, 예를 들어서 사람들이 커피숍에서 얘기할 때 커피숍에 있을 수 없는 보조 출연자, 소품이 있으면 걸리잖아요. 그렇게 상황이나 감정에 방해가 되는 요소를 없애려고 하는 편이에요. 제가 생각하는 디테일은 그림을 풍성하게 하거나, 예쁘게 하는 디테일이 아니에요.

〈미생〉 때 장그래 책상 위의 소품을 일일이 챙겼다면서요? 장그래가 받은 메일도 구체적이었구요, 평상시에도 꼼꼼한 편이에요? 〈미생〉 경우에는 신입사원이 처음 일할 때는 책상 위에 별거 없다가 시간이 지나면서 점점 많아지게 했어요. 주인공이 이도 닦고 휴지도 쓰고 지우개도 조금씩 닳아지면, 아 시간이 지났구나 하고 그림으로 느끼게 해주는 그런 게 필요한 거죠. 화분의 식물이 선인장이라면, 선인장 꽃도 폈다 자랐다 변화가 있어야 하는데 그런 건 못했죠. 그런 거 하고 싶었는데, 드라마는 시간 순서로 찍는 게 아니기 때문에 여러 종류의 화분을 준비해야 해서 포기했죠.

드라마적인 세트가 아니라 실제 일하는 신입사원들의 모습을 담아내는 그런 리얼리티, 매 장면마다 항상 리얼리티를 강조하나요? 드라마에서의 연출은 연기를 이끌어내는 사람이죠. 연출자로 책임을 져야 할 게 많은데, 본인이 직접 하는 거는 의외로 많지 않아요. 연출자가 편집 기사 옆에서 참견은 하지만 편집은 편집기사가 하죠. 음악감독에게 어떤 지점에 어떤 느낌의 음악이 있었으면 좋겠다고 얘기하지만, 음악을 만들고 넣는 건 다 음악감독들이 하죠.

　모든 일들을 다 전문가들과 같이 하는데, 현장에서 연기가 오케이냐 아니냐를 콜 하는 거만큼은 연출자가 하잖아요. 그건 누가 대신할 수 없는 거잖아요. 대본에 나와 있는 대로 메일을 클릭했는데, 실제 메일이 떠요. 그걸 바라보는 연기를 해요. 블루 스크린을 띄워 놓고 상상하는 연기보다 실제 연기가 편하겠죠, 쉽고. 가끔은 준비가 안 될 때도 있어요. 그렇지만 연출자는 뭔가를 주문했었고 준비 안 된 것을 포기는 했지만, 소품을 챙기라고 한 연출자의 메시지는 남는 거죠. 나는 너한테 사실적이고 자연스러운 연기를 원한다는.

　연기자도 자신의 연기가 자연스럽지 않으면 저한테 얘기를 해요. 저 이런 상황에서 이렇게 안 할 것 같은데요?라고. 그때 제 메시지가 잘 전달이 된 걸 알죠. 연출이 백을 가졌는데 드라마가 백점이라면 전 실패했다고 생각해요. 드라마는 적어도 천이 나와야 해요. 제가 가진 것만큼 다른 사람도 투입하기 원하는 거죠. 그러려면 그런 메시지를 전달해야 해요. 히딩크가 '난 아직 배고프다, 난 더 많은 걸 원해, 난 네가 할 수 있다는 걸 알아'라고 말하는 것과 같은 메시지인 거죠.

백이 아니라 천이라, 욕심꾸러기시네요.   대본보다 못한 드라마는 연출의 잘못이에요. 대본보다 못하다는 얘기는 결국은 극을 만들기 위해서 노력한 스태프들이 헛수고했다는 거잖아요. 드라마보다 대본으로 보는 게 더 낫다는 거잖아요. 그런 면에서 대본만큼 나왔다고 해도 그건 실패한 연출이에요. 대본보다 조금이라도 좋아야 성공한 거죠.

연출이라는 것은 있는 스태프들의 능력을 극대화시키는 거라는 거네요.

탁월한 감정선 묘사, 세밀한 디테일로 얻은 별명 '석테일'

'석테일'이라는 별명 좋아해요?   영광스럽죠. 그게 원래는 '봉테일'에서 나온 거잖아요. 전 그 별명 자체보다, 많은 사람들이 인지하는 별명의 메시지가 좋아요. 쟤는 웬만해선 만족 안 되는 애기 때문에 우리가 단단히 마음을 먹고 일해야 해, 하고 전달되는 이 메시지가 좋은 거죠. 그 메시지가 잘못 전달되지 않기를 바라죠.

'석테일'이라는 별명을 얻은 또 하나 이유가 등장인물들의 감정선을 손에 잡힐 듯이 묘사하는 섬세한 연출 때문이라고 하더군요.   그렇게 생각해주시면 고맙죠, 디테일은 제가 지향하는 연출 방식이에요. 시청자가 투명인간이 되서 저 사람 어떤 생각할까 옆에서도 보고 싶게 만드는 거.
제가 제일 좋아하는 카메라워킹이 패닝(카메라를 좌우로 움직이는 기법), 틸팅(카메라를 위아래로 움직이는 기법)이에요. 시점 숏을 찍을 때 사용하는 기법이죠. 카메라가 움직이는 이동 숏이 멋있긴 하지만 그것 보다는 카메라를 놔두고 사람을 움직이거나 주인공의 시선을 따라가는 걸 좋아해요. 사람이 보는 방식, 시선이 강조되거든요. 이 사람의 연기를 제대로 만들면, 몰래 훔쳐보는 쾌감이 살아나죠.
    저는 기본적으로 드라마든 영화든 기본 본능은 타인의 모습을 훔쳐보고 싶은 욕망이라 생각해요. 어떻게 생각하는지, 어떻게 사는지 보고 싶은 거죠. 그러자면 주인공의 연기가 진짜 같이 만족스러워야 하고, 카메라가 내려온 지점에, 바라보는 시점에 뭔가 있어야 하죠. 리허설이 당연한데, 드라마에서 리허설 없이 찍으면서 신을 정하는 경우가 있어요. 예를 들어 대화하는 신이에요, 그럼 투 숏 원 숏 이렇게 촬영하는데 아무리 간단한 연기라도, 그냥 앉아 있을 수 있지만 뒤로 기댈 수도 있잖아요?

연기자의 연기 동작을 촬영 감독이 카메라로 자연스럽게 따라가서 잡아 줄 때는 아주 해피하죠. 연기자나 스태프에게 말하죠. 두 번 나오는 연기를 원하지 않는다. 그리고 저는 그 좋은 장면을 놓치지 않으려 하는 거죠.

다큐멘터리에서는 이렇게 말해요, '어느 현장을 표현하는 숏은 딱 하나밖에 없어요 그걸 찾아내야 한다' 라고요. 사실 다큐멘터리 같은 드라마를 지향해요. 다큐멘터리, 특히 휴먼 다큐멘터리를 즐겨 보면서 감동을 받거든요. 한국 남자들은 드라마를 보면서 울지 못하더라고요. 저는 남자들이 볼 수 있는 드라마를 만들고 싶은 욕심이 있어요. 한국 남자들은 휴먼 다큐 좋아하니까. 휴먼 다큐는 한 주인공이 보이는 다큐멘터리인데, 결국은 드라마도 주인공이 더 잘 보이도록 현실이 재구성된 거죠.

연기도 거꾸로 얘기하면, 메소드 이론이 연기자가 그들의 생각과 감정을 배역에 완전히 몰입시켜 실제처럼 연기하는 기법인데, 여기에는 연기자가 자신을 버리고 배역에 다가가는 방법도 있지만 배역을 자신에게 끌어당기는 방법도 있다고 생각해요. 본인이 가지고 있는 걸 굳이 버리거나 숨기지 않고 자기 방식으로 주인공을 연기하는 거죠.

예를 들어 관객은 잭 니콜슨이 어떤 배역을 연기했다고 하면 잭 니콜슨과 전혀 다르게 연기하는 걸 기대하기 보단 잭 니콜슨만의 특징이 그 배역과 합쳐졌을 때 무엇이 나올까 하는 기대감으로 영화를 본다는 거예요. 잭 니콜슨이 투덜이 할아버지 연기를 한다면 어떻게 할지 궁금하고, 영조를 송강호가 하면 어떨지 궁금한거죠.

조진웅 씨가 어떻게 이재한을 연기하나 보고 싶은 거죠. 김혜수, 이제훈 씨도 마찬가지죠. 이제훈 씨가 욕심이 많고 되게 성실해요. 극중 박해영의 캐릭터는 자연스럽게 연기하기에 힘든 캐릭터였어요. 분석적인 말을 쏟아내야 하는 프로파일러를 어떻게 연기해야 자연스럽다는 걸 알고 있다는 사람은 거의 없거든요. 제가 처음에 원했던 건 외국드라마의 포커페이스적인 프로파일러가 아니라 인간적인 체취가 느껴지는, 슬픈 감정을 못 숨기는 프로파일러였어요. 저나 제훈 씨나 워낙 열심히 하는 스타일이라 초반에 조금 과해 보일 순 있었겠지만 결과적으로 잘해주었다고 생각해요.

20년 전 형사 조진웅 대사에 핵심 메시지 실어

드라마가 전하는 메시지 중에서 가장 강렬했던 게, 과거의 이재한 형사가 시간이 지났으니 유전무죄 무전유죄인 세상, 돈 있고 힘 있는 자의 정의가 조금은 달라졌을 것 아니냐며 던지는 "그래도 20년이 흘렀는데 뭔가 달라졌을 거 아녜요?"였어요. 드라마에서 전하려던 모든 핵심 메시지는 조진웅 씨의 대사에 있죠. 이재한 형사는 꼭 경찰이어서가 아니라 적어도 자신의 직분을 다하는, 정의를 구현해야 할 사람의 캐릭터였으니까요. "잘한 사람 상 주는 게 대통령이 해야 할 일 아닙니까." 이런 거죠.

연출자로서 좋았던 대사나 강조하려 했던 대사는요? 성수대교를 모티프로 한 한영대교 붕괴사건도 단순히 미제 사건인데 천재지변을 가장한 인재였잖아요. 끊임없이 되풀이되어온. 세월호 얘기를 하고 싶었던 거예요. 모든 사람에겐 트라우마가 있어요, 왜 이렇게 사는 게 힘들지?라는. 선실에 물이 차오르는데 어른들의 기다리라는 말을 듣고 조용히 기다리는 그 동영상… 동생, 친구 구하러 올 거야 하면서… 걔네들이 어른들 말을 믿지 말고 박차고 나갔어야 하는데… 그 이미지 그대로. 어느 순간 물이 차고 나서는 두드렸겠죠. 그 이미지가 너무 강해서 사실은, 그 얘기를 하려고 한영대교를 넣은 거고, 그거를 실제로 그리고 싶었어요. 결국은 잘못한 사람 벌주는 걸 떠나서.

시즌2를 한다면 정말 하고 싶은 얘기는 2차 폭력이에요, 권력에 의해서 행해지는. 예를 들어서, 백남기 농민 사망 사건은 정말 가슴 아픈 일이에요, 공감하면 어디가 덧나요? 솔직히 말하면 거기에는 실려서는 안 되는 문자도 실려 있었고. 이 상황에서는 역시나 책임을 통감한다, 이 정도 얘기를 왜 못 하죠? 시위를 하다 죽었어요. 동영상으로 촬영되었어요. 심지어 조문도 안 갔어요. 경찰 책임자나 대통령이. 인간적인 도리가 아닌 거예요. 조문을 하면 잘못했다는 걸 인정하는 게 아니라 잘못 안 했더라도 조문할 수 있다고 봐요. 심지어 진료 기록까지 있는데, 정확히 사인도 알고 있어요, 그치만 부검을 해 봐야겠다고 얘기하는 게 폭행인 거죠. 엄청난 폭력인 거죠.

그런 의미에서 〈시그널〉에서는 폭력까지는 미처 다루지 못했어요. 그런 얘기는 하고 싶어요, 천재지변을 가장한 인재에서도 책임져야 할 사람을, 공권력을 가장한 폭력까지요. 그땐 생각 못 했어요. 시즌2를 한다면 그 얘기까지 할 수 있지 않을까. 정말 잘못한 사람을 벌주지 못한 점에서 이것도 미제다, 범인을 못 잡은 게 아니라 안 잡고 은폐한 거다. 이재한 형사가 오기를 기다리는데 김범주 반장이 와서 "그 사람이 바빠서 내가 왔어, 어떻게 도와주면 될까?"라고 얘기하면서 "괜찮아." 하죠. 그를 믿어서 애가 한 말, "걔가 당했다는 증거를 가지고 있고요. 제가 이렇게 하는 이유는 우리 부모님과 동생이 저 때문에 뿔뿔이 흩어지게 됐는데. 제가 억울함을 풀어서 가족이랑 살고 싶어요." 말하죠. "절대 포기하지 않겠구나, 너는?" "네, 전 꼭 밝히고 싶어요." "알았다." 하고 죽이잖아요. 걔는 믿은 죄밖에 없어요. 자기를 도와줄 누군가가 있다고 믿은 죄밖에 없어. 원래 대본에 없는 얘기를 추가했죠, 조진웅 씨랑 같이. "그러고도 네가 어른이냐?" 어떻게 보면 너무 선언적이지만 그런 얘기를 하고 싶었던 거죠. 원래는 "그러고도 네가 사람이냐?"였어요.

　우리나라는 모든 영역에서 어른이 없어요. 그러면서 동방예의지국을 가장하고 있죠. 결국은 어른이 잘못해서 그런 건데, 결국은 어른이 없는 불행이죠.

소통하고 연대하는 드라마 만들고 싶어

대사를 통해서 오늘의 현실을 표현하고 싶었군요. 〈미생〉의 주인공 장그래도 고유명사가 청년의 현실을 대변하는 보통명사가 되어버렸잖아요. 21세기 한국의 비정규직과 비주류인 흙수저 계급의 상징으로요. 드라마를 만들 때 세상의 현실을 들여다보는 편이에요?　저는 용기가 있고 이타적이거나 행동주의적이거나, 행동을 적절한 시기에 하는 부류의 사람은 아니지만 부채는 가지고 있는 것 같아요.

　드라마가 너무 선언적이거나 하고 싶은 메시지를 전하기 위해서 사용돼서는 안 된다고 생각해요. 기본적으로 드라마는 재밌어야 해요.

　한국에서 드라마를 만들면서 사회에 좋은 일을 한다고 생각하고 싶은 부분은, 지금 사회가 너무 소통이 안 된다고 할까요? 어떤 현상이나 대상을 놓고 얘기하다 보면 공감대가 형성이 안 된다고 할까요? 생각해 볼거리, 얘기해 볼거리를 제시하는 정도는 던져야겠죠. 해결책까지는 아니더라도… 해결책을 제시하지 못한 부분에 한계가 있다고 비판하는 분들도 있겠지만요.

지금은 다큐멘터리도 하기 어려운 일이에요. 〈미생〉도 그런 세상에 대한 표현이었나요, 어떤 메시지를 전하고 싶었어요?　핵심은 '열심히 해도 안 되는 사회지만 열심히 해도 안 되는 게 네 잘못이 아니야, 너는 충분히 했어.' 정도의 드라마를 생각했어요. '네 잘못이 아니다.'라고 얘기해주는 사람이 '우리 같이 일하자.' 손 내미는.

사람과의 관계가 인상적이었어요, 손을 내밀어주고 잡아주고. 극중의 오상식 과장 같은 사람은 세상에서 찾기 어렵지요.　그게 판타지이죠. 〈미생〉을 작가님과 정의할 때, 본인이 정말 원했던 것에 실패한 어떤 청년이 사람을 만나는 얘기라고 정했어요. 제가 가진 해답은 '연대'예요. 힘을 합쳐야 한다. 그리고 힘을 합쳐서 실력을 보여주지 않으면 절대로 안 바꿔준다. 투표로 연대할 수도 있는 거고 비폭력적으로.

자기 잘못이 아닌데 기회가 없어진 건 자기 잘못이 아니에요. 기성세대 잘못인데, 기성세대를 탓하기보다 '제가 얘보다 낫거든요, 절 좀 써주세요. 제가 잘할 자신 있어요.' 이렇게 말하면 희망이 없다고 생각해요.

〈미생〉처럼 힘든 노동현실을 다룬 드라마로 〈직장의 신〉, 〈송곳〉도 있고요. 〈시그널〉, 〈베테랑〉은 권선징악을 바라는 내부 구조적인 문제를 다루고 있죠. 지금 시대에 드라마 PD는 뭘 해야 하나요? 서로 소통할 수 있는 화젯거리를 안겨주는 일이 제일 중요하다고 봐요, 서로 이해할 수 있는. 〈미생〉은 재미 측면에서도 하고 싶은 얘기가 있었어요. 부부가 맥주 한 캔 마시면서 아내가 남편에게 '그렇게 힘들 게 살았어?' 하고 묻는 그런 부부간의 소통이 됐으면 좋겠다는. 그래서 에피소드를 하나 만들어 넣었죠.

원작 웹툰 〈미생〉에서는 오과장이 술을 안 마시는 사람이었는데, 드라마에선 흔한 한국의 직장인인 맨날 술 마시는 캐릭터로 바꿨죠. 남편이 얼마나 힘든지 안다고 주부들은 말하지만, 사실은 잘 모르니까… 사실 표현은 잘 안 됐지만 오과장 같은 사람은 '나는 밖에서 맨날 술 먹어도 우리 애들은 아빠를 최고로 알고 너무너무 좋아해, 내가 잠깐이라도 잘 놀아주거든' 이러지만, 그것이 가능한 것은 엄마 역할이 있었기 때문이었다고 보여주고 싶었는데, 분량이 넘쳐서 못 보여줬어요.

윤태호 작가가 〈미생 2〉를 연재하고 있는데, 보고 계신가요? 〈미생〉도 시즌2가 있나요? CJ E&M이 〈미생 1〉 판권을 살 때 〈미생 2〉 판권도 같이 샀어요. 아직 나오지 않은 걸 산 거죠. 그래서 시즌2는 나올 거라고 생각하고 있어요. 언제 나올지, 누가 연출할지, 누가 출연할지 등등은 정해지지 않았지만요.

〈미생〉은 웹툰이 원작이었고 〈시그널〉은 사회 현상이었는데 소재를 어떻게 잡아요? 제가 기본적으로 성장물을 해 왔잖아요. 그 전에는 〈성균관 스캔들〉이었고요. 〈몬스타〉라는 고등학생 드라마, 〈미생〉까지는 제가 하고 싶은 주제예요, 어린 시절의 꿈과 관련된. 제가 주목하는 건 꿈을 이루기 힘든 사회가 아니고, 꿈을 안 꾸는 사회예요.

요즘 애들이 이민을 꿈꿔요. 고등학생 70%가 이민을 생각한다 하더라고요. 이건 아니잖아요. 꿈 꾸는 사람 이야기, 꿈이 좌절된 사람, 꿈이 없는 사람 얘기를 하려고 드라마PD가 됐는데 그런 얘기를 찾다 보니까 〈미생〉을 하게 된 거고요.

〈시그널〉 같은 경우는 저도 한번 다른 거에 도전을 해보자, 소통 거리, 화제를 던질 수 있는 주제에 대해서 생각하다 결정한 거고요.

웹툰과 드라마가 스토리텔링 방법이 다르잖아요. 웹툰을 가져와서 드라마할 때, 김 감독이 생각하는 드라마 스토리텔링 방식, 나만의 방식이 있다고 할 수 있을까요?　제가 좋아하는 방식은 사건이나 상황을 먼저 보여주는 것보다 캐릭터를 먼저 보여주는 거예요, 사람의 매력을. 제일 좋은 소재는 큰 사건과 연결해 사람의 매력이 자연스럽게 나오면 좋은 거고. 사건보다 사람을 먼저 보여주는 걸 좋아하는 편이에요. 사람이 먼저 보여 지고, 다른 사람을 만났을 때 이 사람이 얼마나 재밌을까? 사람이 같이 있을 때 불편한 상황 있잖아요. 안 맞거나 싫어하거나 관심이 없거나 이런 불편할 상황을 만드는 것이 아니라. 사람을 따라가다 보면 얘기가 보이는 방식을 좋아해요.

다큐멘터리를 만들 때도 사람을 따라가는 구성이 있어요.　제가 휴먼 다큐를 참 좋아해요. 점점 더 좋아하고 점점 더 많이 보고 있죠. 저는 EBS를 많이 봐요. 휴먼 다큐는 〈인간극장〉 같은 프로그램도 좋지만, EBS의 동행을 좋아해요. 아주 사이가 안 좋은 두 사람을 여행을 시켜요. 과거에 얼마나 섭섭했는지, 여행한다는 거 자체로 마음을 여는 게 너무 좋더라고요.

디지털시대라도 질 높고 재미있는 콘텐츠가 우선

디지털시대를 맞아 플랫폼이 바뀌었어요. 젊은이들은 TV를 전혀 보지 않아 '모바일 온리, 티비 제로'로 불리고, 제작 방식이나 소재를 바꿔야겠다는 그런 고민하나요?　작년부터 기회가 닿아서 미국을 다니면서 드라마 하는 미국사람들 만나 보면 최근 10년, 그러니까 HBO가 새로운 패러다임을 만든 이후, 말하자면 영화의 확장된 개념으로 미니시리즈가 시작된 이후 지금이 드라마 최고 전성기라고 얘기하더라고요. 실제로 할리우드 스튜디오가 드라마 제작에 빌려주느라고 영화는 다른 데서 찍더라고요. 많은 드라마가 방송되고 있고, 넷플렉스 홀루 같은 플랫폼이 성장하고 있고요.

디지털시대가 왔는데 뭔가 짧고 특화된 콘텐츠를 제작해야 하는가 고민할 수 있지만, 기본적으로 플랫폼은 상관없이 콘텐츠가 보여 질 윈도우가 많아진 거고 그 속에 드라마가 들어갔기 때문에 드라마가 발전할 거라 봐요. 플랫폼 고민은 다른 거죠.

시청하는 드라마 편수가 줄어드는 건 맞는 거 같아요. '빈지와칭'이라고 해서 몰아보기가 트렌드가 된 거죠. 예전에는 한 시리즈에 23부 정도가 기본 에피소드였어요. 지금 HBO는 한 시즌이 8개에서 10개가 기본이고, '시리얼라이즈드 스토리텔링'이라고 해서 CSI처럼 해당 에피소드가 달라지는 게 아니라 쭉 가는, 한 번에 보고 싶어 미치게 만드는 방식으로 바뀌고 있는 거죠.

모바일 플랫폼에 적응은 하지만 더 재밌게 만들어야 한다는 거에는 큰 차이가 없다고 생각해요.

우리나라는 새로운 걸 빨리 받아들이려고 하는데, 제 생각엔 플랫폼이 다양해지는 거에 맞춰서 뭘 바꾸기보다는, 재미가 없어져 시청자의 관심에서 멀어진 드라마로 시청자를 견인하는 것이 먼저라고 생각해요. 오히려 드라마가 수용자의 여러 가지 니즈를 충족시킬 현실을 드러낼 수도 있거든요.

해외 시청자는 한국 드라마에서 원하는 건 로맨스예요. 장르물은 더 잘 만드는 나라가 많거든요. 한국식 로맨스, 한국 특유의 절절한 로맨스를 원하면 그걸 만드는 거죠. 만드는 건 문제가 없어요. 하지만 100% 다 로맨스만 만드는 건 문제가 있어요. 다양한 드라마가 존재해야 하는데 모든 자원이 한 곳에 투입되는 게 문제인 거죠. 웹드라마나 모바일 플랫폼 전용 드라마가 만들어지는데 그것 역시 로맨스물이 주거든요.

소재가 더 다양해져야 한다고 생각해요. 특히 남자들은 이미 하나의 경향에서 벗어났다고 봐요. 생각 없이 그냥 틀어놓는 드라마 말고, 적극적으로 찾아서 보는 드라마를 원해요. 〈모래시계〉나 〈여명의 눈동자〉 같은. 그런 드라마는 우리 돈으로 만들어야 하잖아요. 일본이나 중국은 역사적으로 민감한 부분에서 태클을 걸 수 있으니까요.

우리나라 안에 드라마 시장이 있어야 해요. 드라마를 돈 주고 보는 시장이. VOD 시장이든 페이퍼뷰 시장이든. 우리나라는 VOD 시장은 너무나 미미했고, 여태까지 '드라마 시장은 없다'였어요. 광고 시장만이 있을 뿐이었죠. PPL 커머셜 광고 같은. 해외에 파는 한국 드라마 시장만이 있는 거죠. 한국 사람이 원하는, 한국 사람이 좋아하는 드라마 시장이 필요해요. 영화는 시장이 있으니까 다양한 영화, 다큐멘터리 영화든 소규모의 의미 있는 영화가 나오잖아요. 저는 드라마도 그렇게 돼야 한다고 생각해요. 근데 그게 될까 싶은 거죠.

저는 플랫폼보다 콘텐츠의 질을 높이는 방향성이 우선이고, 그 방향성에 외면당하지 않는 콘텐츠를 만드는 게 먼저라고 생각해요.

의미로 소재 찾고 재미로 이야기하는 드라마

다음 작품은 어떤 걸 준비하고 있어요?   내년쯤 촬영을 목표로 대본을 만들고 있어요. 바뀔 수는 있어요.

보통 재미와 의미가 함께 가기 어렵다고 말하는데, 재미보다 의미를 강조하는 것 같아요.   시작은 의미이긴 한데, 대본을 만드는 과정에서는 의미를 생각하지 않아요. 일단 재미예요. 의미를 재밌게 표현하는 거죠. 재미가 먼저라기보다는 아이템을 정하는 거는 의미인 거죠. 이 얘기를 하고 싶었어. 그런데 어떻게 재미있게 하지, 이게 다음인 거죠. 재미가 없으면 안 하죠. 지금 대본을 만드는 단계인데, 재밌는 대본이 나오면 하고 못 나오면 안 하는 거죠.

KBS 재팬에서 채널 사업을 담당할 때 드라마를 엄청 봤어요. 드라마 장르가 내가 만들고 싶은 모든 세상을 그려 낼 수 있는 매력적인 장르라는 걸 알았죠. 우습지만 그 때, '내가 왜 다큐를 했지 드라마를 할 걸' 했어요.   말씀대로 드라마는 굉장히 매력적인 장르예요. 사실 다큐멘터리와도 연결되어 있어요. 다큐멘터리 출신 영화감독도 많아요. 〈응답하라〉의 신원호PD 같은 경우는 동기에다 스터디도 같이 했어요. 영화를 하고 싶어 했고, 지금도 언젠가 영화를 만들고 싶대요.

　〈임진왜란 1592〉를 만든 김한솔PD는, 잘 모르지만 제 후배일 텐데, 다큐멘터리로 드라마를 한 거잖아요. 재활용을 잘했어요. CG컷도 영상소스나 소품이나 다… 그러면서 기름기나 드라마적인 허세를 쫙 빼고 하고자 하는 바를 딱 말하는 드라마를 보여준 거죠. 드라마PD들에게 자극이 됐을 거라 생각해요. 장르를 넘어 콘텐츠를 만드는 사람들이 같이 서로 자극하고 전체가 발전하는 분위기가 만들어 졌으면 좋겠어요.

귀중한 시간 고마웠어요.

디지털 시대,
프로듀서와
프로그램을 묻다

KBS 〈임진왜란 1592〉
김한솔PD

KBS 교양국 소속으로 그동안 〈추적 60분〉, 〈소비자고발〉, 〈역사 스페셜〉 등을 만들었다.
5부작 〈임진왜란1592〉 중 1~3편 연출을 맡았다. 드라마로, 영화로, 다큐멘터리로 수없이
다루어져 온 진부한 소재 임진왜란의 한계를 극복하기 위해 국내 최초로 '팩추얼 드라마
(Factual Drama)' 형식을 시도했다. 역사적 사실로 역사의 빈 공간을 추론하고 드라마화
하는 팩추얼 드라마를 도입, 다큐멘터리보다 더 사실적이고 극적으로 임진왜란을 그려냈
다. 〈임진왜란〉은 임진왜란을 동아시아 최초의 국제전쟁으로 해석하고, 히데요시와 당시
에 버려졌던 민초들의 이름을 살려냈다. 연출자가 자신의 3부작을 '이름(에 관한) 전쟁'이
라 부를 정도다. 〈임진왜란〉은 다큐멘터리 연출자가 직접 시나리오를 쓰고, 스토리보드 작
업도 했다. 김PD의 파일 넘버 228은 그가 시나리오를 228회 수정했다는 걸 말해준다. 영
화광으로 좋아하는 국내외 영화감독들의 명장면을 오마주해 프로그램 곳곳에 녹여냈다.
KBS와 중국 CCTV가 합작했다. 2014년 8월부터 2년간 제작했고 컴퓨터 그래픽장면만
1,680컷, 제작비는 13억 원이 들었다.

관점과 형식이 바뀌면
내용이 달라진다

〈임진왜란 1592〉에 대한 언론의 관심이 컸어요, 시청자의 반응은 어땠어요?　요즘 매체가 다양해져서 TV 시청률 자체가 낮아요. 〈임진왜란 1592〉는 1회 9.2%부터 시작해서 평균 8% 정도 나왔습니다.

최근 KBS가 별 주목을 못 받았다는데 〈임진왜란〉으로 확 떠버린 것 같아요.　방송 나가는 순간까지 좌불안석이었습니다. 사무실에서 방송을 혼자 봤죠. 새로운 장르를 시도한 만큼, 이도 저도 아닌 변종으로 보여 대중이 못 받아들일 수도 있다는 생각을 했거든요. 특히 1편이 나갈 때 불안했어요. 1편이 끝나고 엄청난 반응이 와서 충격도 받았고 기분이 좋았죠. 새로운 형식을 내놨는데 사람들이 잘 받아줘서 고마웠죠. 3편이 끝난 후에는 '아, 사람들이 이런 걸 원하고 있었구나.' 생각했고요.
　언론 시사회를 이례적으로 2번 했어요. 방영 전에 기자 발표회를 하고 1편 나간 뒤에 한 번 더 했거든요. 댓글 반응이 너무 좋았어요. '수신료의 가치를 다했다. 공영방송 역할을 다 했다.' 긍정적 기사가 뜨기 시작했고, 언론사가 자발적으로 이런 기사를 쓴 게 신기하고 감사해서 기자 발표회를 한 번 더했어요. 대체적으로 칭찬 분위기였습니다. 기사 논조는 '지금 KBS가 할 수 있고, 사람들이 KBS에 원하는 것을 했다', '드라마지만 혜안이 있고 현실에 기반을 두고 역사에 기반을 둔 실제 이야기를 풀어냈다.'로 요약할 수 있겠네요.
　더 중요했던 것은 현실과 맞물려서 오늘에 대한 이야기를 할 수 있었다는 점이었어요. 사실 임진왜란이 그동안 이야기 되지 않았던 이야기는 아니죠. 그동안 다큐멘터리로 했던 이야기를 드라마라는 극적 장치를 들여와서 사람들이 잘 먹을 수 있게 새롭게 요리하고 예쁘게 포장했더니 파급력이 커진 것 같습니다.

외부 평가와 김PD가 전달하고자 했던 바가 같았나요?　역사이야기를 하고 싶었지만 〈역사스페셜〉을 반복 하는 것은 시대에 맞지 않다고 봤죠. 지금까지와 다른 다큐멘터리와 드라마를 합친 새로운 장르를 해보려고 시도했어요. 장르를 완전히 바꾼 것이죠. 새로운 것을 시작하려니 대본 쓸 사람이 없어서 직접 써야 했어요.

제작과정은 완전히 미로학습이었어요. 제가 지향한 '팩추얼 드라마'가 처음이라 모델이 없었거든요. 다큐멘터리도 정해진 포맷이나 작법이 있는 것은 아니잖아요. '팩추얼 드라마'도 저 자신만의 기준을 세워 낸다면, 그것이 바로 '팩추얼 드라마'일 것이라고 생각하고 작업했어요.

세계사로 바라본 임진왜란
새로운 형식 팩추얼 드라마로 그려내

내용과 형식 중 무엇이 더 중요하다고 생각해요? 내용이 형식을 지배할 수도 있고 형식이 내용을 지배할 수도 있는데… 대학 때 배운 맥루한의 '미디어가 메시지다'를 기억해요. 미디어가 메시지를 좌우한다는 거잖아요? 실제로 내용을 어떤 형식에 담아내느냐는 대단히 중요한 문제라고 생각합니다. 특히 역사물을 기획할 때 늘 부딪치는 벽이 내용의 반복이었거든요. 어떤 소재를 잡고 나면 주변에서 '그거 이미 다 했어'라고 말해요. 심지어 KBS 선배들은 누가 했는지도 다 꿰고 있어요.

형식에 변화를 주면 시각도 달라질 수 있다고 봤죠. 그동안 〈역사스페셜〉을 제작할 때는 새로운 유물이 발굴되거나 학설이 기준이었는데 이번에는 '어떻게 볼 것이냐'는 새로운 관점과 '형식이 내용을 지배한다'에 치중하기로 한 거죠.

관점에 변화를 줄 수 있는 방법은 임진왜란을 자국사가 아닌 세계사로 접근하는 것이었죠. 취재 단

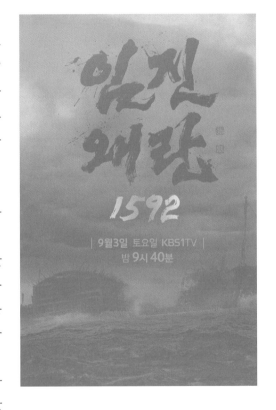

계에서 일본통인 서울대 김시덕 선생님을 만난 게 행운이었어요. 임진왜란이 임진년에 왜군이 조선을 침략한 전쟁이 아니라, 동아시아 최초 삼국 대전이었다는 관점을 세울 수 있었죠. 김시덕 선생과 신생 학자들은 세계사 관점에서 임진왜란을 바라보는데, 삼국의 역학 관계를 주목하죠. 그들은 임진왜란을 '아시아 파워 시프트 원'이라는 용어로 부릅니다. '시프트 투'는 러일 전쟁, 태평양 전쟁이고

요. 사람들이 이순신 장군을 잘 안다고 생각하는데, 장군이 왜 싸웠는지 그 본질은 잘 몰라요. 임진왜란을 한중일 관계를 중심으로 보면 장군이 왜 싸우는지가 분명해져요. 조선의 바다는 단순히 전라도, 경상도 앞바다가 아니거든요. 도요토미 히데요시가 본국에서 물자를 보내는 보급루트인 동시에 명으로 가려는 일본의 해상 루트였죠. 세계사로 시야를 확장해보면 이순신 장군은 단순히 매일 싸우고 이기는 사람이 아니라, 아시아 삼국전쟁에서 주요 길목을 지켜야만 했던 입장이 분명해져요.

무엇보다 '팩추얼 드라마'라는 새로운 형식이 가장 큰 차별화였어요. 요즘은 하이브리드 시대잖아요. 리얼리티 프로그램들에서 보듯, 이제 예능, 드라마, 다큐멘터리 장르가 복합적으로 프로그램 제작에 활용되고 있어요. 〈임진왜란 1592〉도 이러한 장르 융합의 새로운 형식이 사람들에게 먹혔던 것 같아요. 처음 시도한 거라 이번에는 부족한 게 너무 많은데, '팩추얼 드라마'를 더 발전시켜 '팩추얼 드라마 끝판왕'을 사람들에게 보여주고 싶은 욕심이 나요.

'팩추얼 드라마'란 구체적으로 어떤 형식인가요?　서양에서는 '팩추얼 드라마' 장르가 브랜드화 돼 있어요. BBC조직에는 '팩추얼 드라마' 파트가 따로 있는 것으로 알고 있고요. BBC의 드라마 〈히어로즈〉를 보면서 '이건 영화다'라고 생각했어요. 대단한 건 그 드라마가 모두 다 사실을 근거로 했다는 것이었죠. 그럼에도 완성도가 높았고, 이야기에 진정성도 있었어요.

우리나라에서는 '팩추얼 드라마'를 처음 시도하는 거라 전례가 없었죠. 〈임진왜란 1592〉 대본을 쓰면서 울기도 했죠. 너무 막막했거든요. 대본을 수도 없이 수정했는데, 파일넘버링이 228번까지 갔어요. 그만큼 많은 시행착오를 반복했죠. 대본을 수없이 수정하다보니 제 나름대로 '팩추얼 드라마'의 세 가지 기준이 생겼고, 그 내용을 다이어리 첫 장에 써 뒀어요.

첫째, 모든 이야기는 사실에 근거한다.

둘째, 이야기는 인물과 스토리로 진행된다(인물, 스토리를 위해서 사실을 왜곡하지 않는다).

인물과 스토리를 넣다보면 허구를 넣지 않을 수 없는 상황이 올 거라 생각해 세운 기준이죠.

셋째, 역사적 사실이 없는 빈 공간인 블랭크를 채워나가는 게 '팩추얼 드라마'의 백미다. 그 블랭크는 역사 전문가들의 합리적 추론과 판단으로 채워나간다.

역사적 사실을 나열하며 스토리를 엮어 나가다가 보면, 그 중간에 어떤 기록도 없는 빈 공간이 생기게 되는데 그 공간에 픽션을 넣어 채우자는 거였죠. 물론 그 픽션은 철저히 역사적 근거를 가지고 만들어야죠.

팩추얼 드라마의 백미는
역사의 빈 공간을 추리로 채우는 것

역사적 블랭크에 대한 첫 질문은, '임진왜란 최종병기인 거북선이 첫 출격한 사천해전에서 왜 이순신이 총에 맞았을까?'였어요. 이순신 장군은 임진왜란에서 두 번 총을 맞아요. 첫 번째가 사천해전이고, 두 번째가 장군이 사망한 노량해전이죠. 거북선이 출격했던 첫 전투에서 이순신 장군이 왜 총을 맞았을까. 역사적 기록이 없어요. 알고 싶었죠. '팩추얼 드라마'의 정수는 그 이유를 픽션과 추론으로 메워 나가는 것이라고 생각했어요.

거북선 전문가를 만났습니다. 거북선은 돌격선입니다. 돌격선의 역할은 전투를 시작한 즉시 적군 사이를 파고들어 적진을 흔들어 교란시키는 거죠. 적의 공격을 다 받아내면서 판옥선 본대가 진을 형성해서 포를 쏠 수 있는 상황을 만드는 역할이죠. 전투 때는 거북선이 먼저 적진에 들어갔고, 이순신 장군은 나중에 들어갔을 거예요. 그런데 이순신 장군이 총에 맞았어요. 전문가들에 따르면 임진왜란 당시 조총이 갑옷을 뚫고 치명상을 입히려면 50보 안이어야 해요. 이순신 장군이 사정거리 50보 안에 들어갔다는 거고, 실수로 들어갔을 리 없어요면 장군이 의도적으로 적진에 들어갔다는 결론이 나와요. 왜 들어갔을까요?

취재 결과 근거리 타격 전술 때문이라는 결론을 얻었죠. 흔들리는 바다 위에서 먼 거리 적을 맞히기는 현대전에서도 어렵다는 것이 전문가의 의견이죠. 승리를 위해 이순신 장군은 근거리타격전을 시도했고, 타격전의 선봉이 거북선이었던 거죠. 지금까지 임진왜란 수군 전투는 원거리 타격이 일반적이었지만 실제 당시 전투는 근거리 전투였다는 추론이었지요. 역사적 블랭크였던 당시 해전을 〈임진왜란 1592〉는 처음으로 근거리 타격전으로 해석했고, '팩추얼 드라마'로 재현한 리얼했던 근거리 타격 전투 신이 시청자로부터 큰 반응을 얻었던 겁니다.

〈임진왜란 1592〉가 찾아낸 두 번째 역사적 블랭크는 이름이었어요. 전체 5부작 중에 이순신 장군을 다룬 1, 2, 3편에 제 나름대로 '이름 3부작'이라 명명한 이유도 거기에 있죠.

이름은 크게 두 분류로 묶을 수 있어요.

첫째는 도요토미 히데요시의 이름이에요. 포르투갈 선교사 루이스 프로이스의 기록에 의하면 도요토미 히데요시는 임진왜란을 시작하기 전에 이렇게 말했다고 해요. "다른 것은 필요 없다, 내 이름이 불멸의 영예로서 역사에 기억됐으면 좋겠다." 무서운 이야기죠. 이름 욕심 때문에 수십 만 명이 죽었잖아요.

둘째는 이순신 장군의 장계에 나오는 이름들이죠. 장계를 처음 봤을 때, '아무개가 몇 명을 죽였다.'라고 세밀하게 기록된 내용에 놀랐어요. 이순신은 죽을 힘을 다해 싸운 사람들을 본 바대로 기록했어요. 장계에는 노비도 있고 말단 사병의 이름도 있죠. 이순신은 그렇게 이름을 기록하고 기억하는 사람이었어요. 정작 장군 본인의 공은 기록하지 않으면서요.

임진왜란은 역사에 이름을 남기겠다는 도요토미 히데요시가 전쟁을 일으키고, 이순신 장군이 이름을 기록하고 기억한 모든 사람들이 함께 싸운 전쟁이었죠. 〈임진왜란 1592〉에는 다른 역사 드라마와 달리 모든 단역, 격군(노 젓는 사람) 하나까지 이름이 있어요. 촬영현장에서도 그 이름을 불렀죠. 허구의 인물이 아니라 이순신 장군이 장계에 써 둔 이름이요.

그런데 딱 한 명의 이름이 없어요. 바로 '막둥이 아빠'죠. 그 사람이 장계에 안 나오는 유일한 허구의 인물이거든요. '막둥이 아빠'는 2005년 6월에 발굴된 동래성 학살 현장에서 따왔어요. 〈KBS 역사스페셜〉에서 다뤘던 사안이죠. 동래성 학살은 임진왜란 때 벌어진 조선판 홀로코스트예요. 처참하죠. 학살의 증거는 발굴된 시체에서 생생하게 드러나요. 한 20대 여인은 무릎을 꿇고 두개골이 반으로 잘려 살해당했어요. 다섯 살 어린이는 바로 뒤통수에 조총을 맞았고요. 발굴된 유골 중에 가장 작은, 어른 주먹 정도 작은 크기의 두개골은 총알이 뒤에서 들어와 앞으로 뚫고 나갔죠. 울컥했어요. 이 꼬마도 가족이 있을 텐데, 아빠가 있었을 텐데 생각했죠. 이 유골의 아버지를 상상해 이순신 장군 밑에서 싸운 인물로 만들었어요. 그가 '막둥이 아빠'였고 〈임진왜란 1592〉에서 중요한 역할을 하죠. 실제 당시 경상도 사람들이 전라도로 피난 와서 이순신 휘하에 많이 모이기도 했어요. 이렇게 역사적 추론으로 역사의 블랭크를 채우고 인물을 만들어 내는 게 '팩추얼 드라마'의 묘미라 생각해요.

다큐멘터리에 드라마를 처음 도입한 프로그램은 1992년의 〈임진왜란〉 5부작이었고, 본격적으로 역사다큐멘터리와 드라마가 결합한 건 1993년의 〈다큐멘터리 극장〉이었어요. 역사를 왜곡하지 않으면서 극적 요소를 주기 위해 실제 증언을 토대로 드라마를 재연했죠. 그 형식을 '드라마 다큐멘터리'라 불렀는데, '팩추얼 드라마'는 '드라마 다큐멘터리'와 어떻게 다른가요? 팩트를 그대로 찍는 것은 재현이죠. '팩추얼 드라마'는 관점을 심고 해석을 심는 건 '드라마 다큐멘터리'와 같은데, 역사적 블랭크를 채워나가는 추론의 픽션이 있다는 게 다르죠. 재현만으로는 사람들에게 감동을 못 준다고 생각해요. 책에 나오고 〈역사 스페셜〉에 나오지 않은 것을 보여 줘야 해요. 거북선이 어떻게 싸웠을까는 기록되지 않은 역사적 사실이고 이를 역사적 추리와 판단에 근거한 드라마적 요소로 보여주는 것이 '팩추얼 드라마'라고 할 수 있죠.

임진왜란 이야기를 하는데 '팩추얼 드라마' 형식이 어떤 기여를 했나요? 　 드라마는 말랑말랑하고 재밌게 다가오는 장점이 있죠. 드라마 형식이 들어왔을 때 시청자들이 편하고 감정을 몰입해 볼 수 있거든요. 김진명 소설 〈글자전쟁〉 머리말에 이렇게 적혀 있어요. '허구라는 장치를 통해 사실의 나열에서 볼 수 없는 진실을 추구하는 작가로 기억되고 싶다.' 드라마라는 허구의 장치를 썼지만, 오히려 드라마를 팩트 발굴 장치로 쓴 거죠.

　장치 면에서도 드라마는 매력적이에요. 드라마는 감정을 건드리기 때문이죠. 감정을 건드리면 안 된다는 기존 다큐멘터리 공식과 충돌할 수도 있지만, 저는 달리 생각해요. 드라마를 철저히 장치로 쓴다면, 팩트를 왜곡하지 않는다면 감성 자체도 팩트라고 생각해요. 기계적인 객관성으로 사안을 바라보는 것만이 다큐멘터리라고 생각하지 않거든요.

역사추리를 통한 극적재미와 감성을 강조하는군요. 그 점은 심리상태와 감정을 강조하는 '애니메이션 다큐멘터리'나 허구를 도입해 극적요소를 강조하는 '페이크 다큐멘터리' 같은 최근 다큐멘터리 제작경향과도 관통하네요. 모두 진실을 드러내는 데, 무엇이 더 효과적인가에 초점이 맞춰져 있거든요. 대본을 직접 쓰고 촬영에 필요한 전체 스토리보드도 직접 그렸다고 들었는데, 드라마 영상작법을 따로 공부했나요?

대본 수정작업 228회, 스토리보드 직접 그리고
드라마 곳곳에 존경하는 감독의 오마주 신 숨겨

스토리보드를 만들 수밖에 없었어요. 제작비가 적어서 불필요한 장면을 찍지 않기 위해서요. 근접 전투에 꼭 필요한 장면만 찍고 나머지 장면은 그동안 KBS가 만든 임진왜란 드라마 영상을 사용했죠. 특히 '으악새는 찍지 말자'고 했죠. '으악새'는 '으악'하고 죽거나 비명을 지르는 장면인데 누가 찍든 비슷하거든요. 제작하면서 KBS 대하사극의 촬영장비 노하우, 소품 등 그동안 축적된 기술과 물품, 있는 것은 다 가져다 썼습니다. 그 결과 진짜로 그려내고 싶은 주제 신에 제한된 제작비를 전부 집중시킬 수 있었죠.

　한편으로는 CG가 많아서 스토리보드를 안 짤 수가 없었어요. 〈임진왜란 1592〉에 CG만 1,680컷이 들어갔습니다. 〈임진왜란〉 3부작 전체가 3,000컷 정도였으니 절반 이상이 CG였죠, 전체 CG, 부분 CG, 배경 CG를 포함한 개수입니다. 단언컨대 방송 역사상 이렇게 많이 CG가 들어간 작품은 없을 겁니다. CG를 이렇게 넣을 거니까 이렇게 찍어주세요 주문하려면 대본과 촬영이 연동 돼야 했죠. 대사보다 지문이 더 길었기 때문에 상황을 잘 설명하기 위해서는 스토리보드가 꼭 필요했어요.

내가 뭘 찍을 것인지, 무엇을 어떻게 찍을 것인지 먼저 글로 표현한 후 다시 그림으로 그리는 작업을 단계별로 진행했어요.

〈임진왜란 1592〉에 대한 영상평가가 좋았어요, 특히 힘을 들인 영상들은 무엇이었나요?　임진왜란에서 가장 큰 미스터리 중 하나가 거북선이에요. 거북선이 어떻게 싸웠는지를 아무도 모르죠. 〈임진왜란 1592〉는 '모든 촬영 리소스를 거북선 전투에 투입한다', '역사 고증을 거쳐 리얼한 거북선 전투를 보여준다'에 역점을 두었죠.

　도요토미 히데요시 영상에는 상징과 미장센 요소를 강화했어요. 왜색을 짙게 표현하면서도 상징적 요소를 많이 넣어서 해석을 많이 가미하려고 했죠.

촬영장비는 어떤 것을 썼습니까?　KBS가 가진 모든 첨단 장비를 거의 활용했어요. 대하 사극을 찍는 장비 '레드 드래곤', 서브카메라 'f55', 지미짚 등을 썼습니다. 촬영할 때는 항상 CG를 위한 그린매트가 항상 뒷 배경에 따라 다녔고요. CG는 영화 〈명량〉을 제작한 〈매크로그래프〉 팀의 도움을 받았어요. 거북선은 〈명량〉에 제대로 나오지 않죠. 〈매크로그래프〉팀에게도 거북선 연출은 큰 도전이었고, 해보고 싶은 소재였죠.

극본을 228회 수정했다고 했는데, 대본을 쓰는 일은 전문분야에 속하죠. 대본의 스토리텔링도 좋았고요. 극본공부도 했나요?　별도로 공부한 적은 없어요. 다큐멘터리PD들이 기본적으로 어느 정도 글을 쓰잖아요. 본인이 구성을 하고 편집도 하잖아요. 그런 작업들이 기본이었고요. 초등학교 때부터 영화를 '심하게' 많이 봤어요. 영화를 정말 좋아해서 어렸을 때 집에서 TV를 화면조정 시작 시간부터 끝나는 시간까지 봤어요. 매일 TV만 보니까 부모님이 걱정을 많이 하셨죠. 영화마니아라서 제작에 도움이 됐어요. 어제도 영화를 5편이나 봤죠.

인터뷰에서 곳곳에 오마주 신들을 숨겼다던데 어떤 장면들인가요?　적군이 거북선 위에 뛰어 오르고 총소리가 날 때, 수군 대사 중에 "인생 구멍 나는 소리요." 가 있어요. 김지운 감독의 〈달콤한 인생〉에서 따왔어요. 이병헌이 황정민에게 총을 쏜 후 택시를 타죠. 택시기사가 이병헌에게 "손님, 무슨 소리 안 났소?" 묻자, 이병헌이 "인생 빵꾸 나는 소리요." 답하는 대사를 오마주한 거죠.

　초등학교 때 조지 밀러 감독의 〈매드맥스〉를 TV에서 처음 보고 정말 놀랐어요. 이번에 리메이크 된 〈매드맥스, 분노의 도로〉에는 '워보이'란 인물이 새롭게 등장해요. 한 사람의 광기가 집단최면을 걸어 일어난 전쟁이 임진왜란이죠. '워보이'의 대사는 임진왜란의 집단광기와 맞아 떨어져요. 〈임진왜란 1592〉3부에 히데요시가 장군들에게 출격을 명령하는 장면이 나와요. 복도에 도열한 장수들이 히데요시가 자신을 바라보자, "내 눈을 보셨어. 나보고 명나라로 가자고 하셨어."라며 감격해 하죠. 이 집단 최면성 대사가 바로 '워보이' 대사에서 오마주한 것입니다.

스탠리 큐브릭 감독은 영화에서 상징으로 말하기를 좋아하죠. 〈임진왜란 1592〉에도 상징을 많이 넣으려고 했어요, 그 자체가 오마주니까요. 처음에는 히데요시가 보통 가면을 쓰고 나와요. 2편에선 도깨비 가면으로 바뀌죠. 악이 발현해버린 것을 상징하죠. 오다 노부나가가 칼로 찍어 주는 떡을 히데요시가 먹는 장면도 상징이에요. 실제 역사에서는 말똥을 찍어 먹이면서 충성을 맹세시켰다고 하죠. 드라마에서는 히데요시가 떡 이야기를 하며 자신이 쌓은 제방을 오르는 장면이 나오는데, 굴욕의 떡을 먹으면서라도 신분 상승을 이뤄가는 히데요시의 인생역정을 상징하려고 했던 거죠.

제작을 위해 도요토미 히데요시가 나오는 작품을 많이 찾아 봤어요. 〈플로팅 캐슬〉이라는 영화에 히데요시가 권력을 잡는 일생일대 터닝 포인트 장면이 나오죠. 히데요시는 물로 성을 공격하다가, 오다 노부나가가 죽었다는 소식을 듣자마자 역사적 회군을 해 권력을 잡아요. 이 영화에 버금갈 장면을 찍을 돈도 없고 CG도 약하지만 영화보다 더 사실적인 히데요시를 보여주고 싶었죠. 드라마 첫 세 컷을 〈플로팅 캐슬〉과 똑같이 찍었죠. 영화를 모르는 사람은 모르겠지만, 소위 역사 덕후는 알겠죠. 이른바 '후킹'을 했던 거죠. 지금부터 똑같은 장면으로 아주 다른 이야기를 해주겠다는 일종의 싸움 걸기라고나 할까요?

이순신과 히데요시, 수군과 민초들
인물 재해석으로 전쟁의 비극과 악 그려

〈임진왜란 1592〉에서는 이순신의 개성이 약하다는 느낌이었어요. 어떤 의도가 있었나요? 지금까지 이순신 장군 배역은 스타급 배우들이 훌륭한 연기를 보여줬죠. 107부작을 찍은 〈불멸의 이순신〉의 배우 김명민, 최근에는 〈명량〉의 배우 최민식도 있어요. 이순신을 연기하려는 배우들에게 기존의 이순신을 뛰어 넘어 어떻게 새로운 이순신을 연기할 것인가가 숙제이자 도전일 겁니다. 〈불멸의 이순신〉 때도, 〈명량〉 때도 그랬을 거라 생각해요.

우리는 '더욱 더 사실적인 이순신'을 목표로 잡았어요. 〈난중일기〉를 읽으며 캐릭터를 찾는데 소름이 돋았어요. 이순신 장군의 캐릭터를 키워드 네 개로 좁혔죠. 코피, 토사광란, 술, 악몽이었어요. 〈난중일기〉에서 이순신 장군은 술 없이는 잠을 못 자요. 악몽을 계속 꿔요. 〈난중일기〉에는 '갑자기 새벽에 코피를 흘렸다'는 구절도 나오죠. 이순신은 슈퍼맨이 아니었어요. 뱃전 모서리에서 웅크리고 있었던 적도 있어요. 네 키워드를 중심으로, 오히려 힘들었고 고통 받았고 항상 고민 했던 이순신을 그리고 싶었어요. 김훈이 그린 〈칼의 노래〉와 궤를 같이 한다고 할까요. 죽음에 대한 두려움이 있겠지만, 어떻게 싸울 것인가 고민도 함께 했을 겁니다. 자기가 어떻게 싸우느냐에 따라 전라 좌수영과 전체 조선 수군의 미래, 나아가 조선의 미래가 달라질 테니까요. 네 가지 키워드를 안고 있어서 오히려 더 객관화된 이순신. 죽음과 전략에 대한 두려움이 내면에서 소용돌이치는, 〈난중일기〉에 '술, 악몽, 토사광란, 코피'로 기록된, 있는 그대로의 이순신을 그리자 생각했죠.

배우 최수종 씨에게 역을 맡아 달라고 했을 때 그가 '제가 왜 해야 합니까. 제가 어떤 이순신이 돼야 합니까?' 물었어요. 이렇게 설명했죠. 고통스럽고 힘들지만 조선을 이끌어야 하는 운명을 지닌 이순신. 철저히 두려움에 떨며 삶과 죽음의 원초적 고민을 하고 자신이 죽으면 전라 좌수영 병사도 죽고, 가족들도 죽고, 조선이 죽는 압박감에 떠는 이순신이라고요. 최수종 씨에게 말했죠. "우리의 이순신 장군은 지하철 1호선 막차 타고 가는, 술에 절어 있는 50대 가장의 모습이었으면 좋겠다."라고요. 그러자 최수종 씨가 "하겠다."고 배역을 수락했어요. 최수종 씨는 촬영현장에서 내내 더 늙고 초췌하고 어두운 이순신 장군으로 그려달라고까지 부탁할 정도로 새로운 이순신 연기에 몰입했죠. 사실 우리가 그려낸 유약한 이순신에 대해서 많은 사람들이 싫어하거나 제작진을 비난할 거라고 생각했어요. 거꾸로 이해해주는 사람도 있을 것이란 생각도 했고요. '바로 저거야', '나도 저래'라는 반응도 있을 것이라 믿었죠. 역사의 한 장면과 내 삶의 한 장면이 함께 어우러지는 순간, 동질감을 느끼는 그런 기회를 시청자가 가질 수 있기를 바랐던 거죠.

그동안 우리 드라마는 일본의 영웅 도요토미 히데요시를 너무 바보로 그려왔어요. 이번에는 히데요시의 광기도 보였지만 비교적 객관적으로 그려냈어요.　〈임진왜란 1592〉의 대 주제는 '전쟁, 살인, 폭력을 통해 이야기하는 평화' 여야 한다고 생각했어요. 히데요시를 통해 그 주제를 살려내고 싶었죠. 도요토미 히데요시의 명대사는 "전쟁은 기회다."였어요. 실제 역사에 이런 대사는 없어요. 픽션이죠. 그럼에도 왜 이 대사가 가능하냐면, 히데요시는 바늘 장사부터 시작해 전쟁을 계속하면서 신분이 수직상승하기 때문이죠. 전쟁은 그 사람한테 기회였어요. 히틀러도 그랬지만 역사적으로 전쟁을 기회라고 생각하는 사람이 나타날 때마다 큰 전쟁이 일어났어요. 지금도 전쟁이 기회라고 생각하는 사람들이 많죠. 그 사람이 나 일수도 있고요. 전쟁의 기회를 이용해 이득을 추구하려는 욕구에 대한 계속적인 성찰과 비판. "전쟁은 기회가 아니다, 전쟁은 살육이고 악이에요"는 이야기를 하고 싶었어요.

　〈임진왜란 1592〉를 통해 도요토미의 악이 탄생한 과정을 보여주고 싶었어요. 과거로 다시 돌아가 임진왜란은 왜 일어났는가, 전쟁을 일으킨 악은 어떻게 탄생하는가를 보여주려 했죠. 히데요시에겐 전쟁을 일으킬 만한 주변 상황이 형성돼 있었어요. 포르투갈 상인들이 왕래하면서 조총이 들어왔고, 전국 통일을 이뤄 충분한 군사력이 있었거든요. 이런 일본 사회를 배경으로 하고 히데요시 개인에 대한 팩트를 중심으로 도요토미 히데요시를 그려내려고 했던 거죠.

　실제로 히데요시는 대단한 사람이에요. 임진왜란 직전 당시 삼국의 리더들이 무엇을 하고 있었는지를 비교해보면 잘 알 수 있죠. 조선의 선조는 전쟁의 고변을 무시해버렸어요. 전란 9년 전의 10만 양병설, 1년 전의 통신사 고변을 흘려버렸어요. 임진왜란은 조선건국 200년 만에 일어났어요. 조선 건국 당시의 평화가 영원토록 갈 것이라고 착각했죠. 중국의 만력제는 조례에 조차 나오지 않았던 게으르고 주색에 탐닉한 황제였고요. 임진왜란은 이런 시대배경에서 일어난 동아시아 최초이자 최대의 국제 전쟁이었던 거죠.

이순신, 히데요시의 재해석도 있지만, 그동안 가려졌던 우리 수군과 민초들을 재해석해 낸 부분들이 돋보였어요. 돌격대장 이귀남이라든가 노꾼들의 이름까지요.　이름 3부작 중 1, 2부 제목이 '조선의 바다에 그가 있었다.'였어요. 제목이 너무 약하고 도식적이라며 바꾸자는 의견이 있었죠. 그럼에도 바꾸지 않은 건, '그'라는 대명사가 이기남, 김말손, 나대용, 노꾼, 민초들 모두가 될 수 있기 때문이었어요. 거북선일 수도 있고요. '그' 자리에 누구의 이름이든 끼워 넣을 수 있는 여지를 남겨놓고 싶었어요. 이 대명사를 채워나가는 것 자체가 이야기의 흐름이 되는 구성을 하고 싶었거든요.

드라마에 일본군이 백성들을 학살하는 장면을 리얼하게 그렸어요. 민초를 재해석하면서 민초들의 핍박과 고통을 보여주고 싶었나요?　임진왜란은 민초들의 승리라고 이야기하잖아요. 경상 좌병사 이각은 백마 타고

도망가요. 장군은 도망가지만 전국에서 의병들이 일어나 싸우죠. 당시 그림을 보면 여자들이 지붕에서 기와를 던지며 싸우는 장면도 있어요. 이런 민초들의 힘은 어디서 나올까, 궁금했어요. 이순신 기록을 보면 집종 김말손이 나와요. 그는 한산대첩에서 격군으로 싸우다 죽어요. 사노 귀새라는 이름도 있어요. 노를 젓다가 죽습니다. '그들은 왜 싸울까, 무엇을 위해 싸울까, 나아가 우리는 왜 싸우는가, 무엇을 위해 싸우는가?' 굉장히 궁금했죠. 결론은 민초도 이순신과 싸우는 이유가 똑같았다는 것이었어요. 그들은 죽지 않기 위해 싸웠어요. 배가 고프니까 밥을 먹는 것과 같은 원초적 이유였어요. '내가 안 죽으면 내 가족을 지킬 수 있다'는 책임감이 있었어요.

역사는 반복 된다
다큐멘터리는 관점으로 세상을 기록하는 일

〈임진왜란 1592〉가 시도한 두 가지 재해석이 인물의 재해석과 역사적 팩트의 재해석이죠. 근접전 전투, 직격포를 쏘는 거북선의 외양, 해상 전투 전략, 수군의 모습이 기존과 달랐어요.　이미 밝혀졌지만 주목 받지 못했던 팩트가 거북선의 근접포예요. 일본 자료인 〈고려선 전기〉에 거북선이 약 30cm 앞에서 포를 쐈다는 내용이 나와요. 이 책에 따르면 거북선은 적의 코앞에서 포를 쏘는 전법을 썼어요. 이 책의 새로운 접근을 받아들였죠. 원거리포 대신 근거리포를 쐈을 것이라는 재해석은 근래 몇 년 동안 제기 됐던 설이었어요.

　한편으로 자국사가 아니라 세계사로 접근하니까 이순신 장군의 역할에 의미가 더 깊어졌죠. 동시에 도요토미 히데요시가 더 잘 보이게 됐어요. 흔히 히데요시를 조선을 침공한 사람으로 여기지만, 사실 히데요시는 명나라를 침공하고 싶어 했거든요. 조선은 '정명향도'라는 말에 잘 드러나듯 명으로 가는 '징검다리'였을 뿐이죠. 여기서 '향도'는 앞잡이라는 뜻인데, 이 앞잡이의 뜻은 '길을 알려 달라는 것'이 아니라 '선봉에 서라는 것'입니다. 히데요시는 조선이 대 명나라 전쟁에 선봉에 서라고 요구했다는 것이 새로운 관점이죠. 이 관점에서 봤을 때 전쟁의 판도가 넓어지고, 이순신 장군의 역할도 의미가 증폭되죠.

〈임진왜란 1592〉에서 전하고 싶었던 메시지는 무엇인가요?　다이어리에 주제를 이렇게 써 놨어요. '역사는 반복된다. 지금도 반복되고 있다.' 역사를 공부하는 가장 큰 이유는 반복되기 때문이라고 생각해요. 아시아에서 '파워 시프트'가 일어날 때 항상 조선 땅은 전쟁터가 됐죠. 그때마다 조선은 선택을 강요받았어요. 명나라가 지고 후금이 떠올랐을 때, '너 명나라야, 우리야?' 선택을 요구받죠. 광해군은

'명이지만 후금 편'이라고 중립적인 외교를 선택했어요. 대동아 전쟁도 양상이 비슷했어요. 데라우치 총독이 조선을 강제병합 하는 사인을 하고 샴페인을 터뜨리면서 시를 짓죠. "지금 달을 임진왜란 제2선봉장 가토 장군이 봤을 때 감회가 어땠을까?" 이 시를 듣고 이토 히로부미 최측근이 답가를 짓습니다. "도요토미 히데요시를 땅에서 깨워보리라. 고려 산에 흔들리는 일장기를 보여주겠다." 그들은 300년 뒤, 또 다른 임진왜란을 일으켰던 겁니다. 지금도 엄청난 '파워 시프트'가 일어나고 있습니다. 우리는 '미국이냐 중국이냐' 질문을 받고 있습니다. 역사는 반복되는 것이죠.

프로그램은 어떻게 세상을 반영해야 할까요?　다큐멘터리는 세상을 반영해야 한다고 생각해요. 세상과 유리된 다큐멘터리란 없죠. 다큐멘터리를 보면 지금 상황이 보이죠. 다큐멘터리가 무엇인지 사실은 잘 모르겠어요. 원어를 그대로 해석하면 '기록'인데, 다큐멘터리 PD는 세상을 정확한 관점으로 기록하는 사람이죠. 세상을 기록하는데, 그 기록이 그냥 녹음기가 아니라 어떤 관점을 갖고 기록한다고 생각해요.

　5.18 때 푸른 눈의 목격자로 불리는 독일기자 인위르겐 힌츠페터가 뉴스를 보고 광주를 찾아가 당시 벌어지고 있던 현장을 기록했어요. 그가 광주에 가지 않았다면 기사는 나오지 않았겠죠. 또 광주를 어떻게 기록하느냐에 따라 다큐멘터리가 완전히 달라졌겠죠. 그는 광주에 갔고, 사실을 있는 그대로 기록해서 당시 광주에 대한 분명한 관점을 세상에 보여 주었죠. 사람들은 엄청난 충격을 받았어요. 지금도 세상에는 엄청나게 많은 일이 일어나고 있고 그것을 기록하고 기억해야 하는 사람이 다큐멘터리 감독이라 생각해요.

사람마다 세상을 바라보는 눈, 그것을 해석하는 방법, 현실을 선택하는 방법이 모두 다르죠. 다큐멘터리 PD는 어떤 가치 기준으로 세상을 바라보고 기록해야 할까요?　100명의 다큐멘터리 PD는 100개의 다른 시선이어야 한다고 생각해요. 대중에게 평가를 받죠. 혼자 글을 써서 일기처럼 갖고 있는 것이 아니라, 방송이라는 매체로 브로드캐스팅 되죠. 제 시선이 틀렸다면 시청률이 떨어지거나 욕먹을 겁니다. 시청률이 나오지 않더라도 "그래, 니 말이 맞다"는 대중의 평가가 분명히 존재하죠. 세상에는 정말 다양한 시각이 존재하고 있어요. 이 모든 시선이 다큐멘터리PD를 통해 기록되고, 그 기록을 대중 앞에 내놨을 때 평가되고 욕먹고 버려지고 선택되는 과정을 겪게 되는 것이라 생각해요.

다큐멘터리의 인간정신, 시대정신, 작가정신을 가르쳐요. 좋은 다큐멘터리란 무엇일까요?　개인 한 사람 한 사람이 다르다는 게 가장 중요하다고 생각해요. 보도와 다큐의 공통점은 기록, 차이점은 관점이라 생각해요. 보도는 관점을 가지면 안 된다고 배우죠. 다큐멘터리는 관점을 갖되, 그 관점이 동의되고 인정받는 이야기여야 한다고 생각해요. 우중이라는 말도 있지만, 다수의 판단과 평가는 틀리지 않는다고 믿거든요. 어떤 다큐멘터리스트는 '임진왜란은 이순신의 승리였다.'고 볼 수 있어요. 동시에 '민초들의 승리였다', '선조의 승리였다'는 관점도 존재할 겁니다. 자신의 관점을 대중에게 던졌을 때, '그래 니가 맞구나' 하는 공감과 반향을 일으키는 이야기가 좋은 다큐멘터리 아닐까요.

평소에 아이디어를 어떻게 얻고, 소재를 어떻게 찾으세요. PD란 누구일까요?　정말 고민을 많이 했지만 아직도 잘 모르겠어요. 하나는 알아요. PD는 한 명 한 명이 빵 틀이라고 생각해요. PD가 네모나게 생겼으면 프로그램은 네모나게 나오죠. 동그랗게 생겼으면 어떤 소재를 다루든 동그랗게 나와요. 결국 내 빵틀을 어떻게 만들어갈 것인가가 PD의 가장 중요한 철학이자 노력이지 않을까요. 자신의 빵틀을 다듬기 위해 계속적인 단련과 수신이 있어야겠지요. 아리스토텔레스가 말한 "이야기꾼"과 같은 존재가 PD라고 생각하며 살아왔어요. 어떤 이야기를 재미있게 잘 전달하는 사람, 잘난 척 하지 않고 친절하고 재미있게 이야기를 전하는 사람, PD는 이런 이야기꾼이지요.

JTBC 〈히든싱어〉

조승욱PD

1997년 KBS 예능PD로 입사해 〈슈퍼TV 일요일은 즐거워〉, 〈해피투게더-쟁반 노래방〉, 〈윤도현의 러브레터〉를 만들었다. 2011년 JTBC로 옮긴 후 〈히든싱어〉를 시리즈4까지 연출해 '종편최대 예능히트작'이란 찬사를 받았다. 예능 CP로 남성4중창단 경연 〈팬텀싱어〉, 할머니들의 힙합도전기 〈힙합의 민족 1,2〉, 솔로들의 러브버라이어티 〈솔로워즈〉 등을 총괄해 왔다.

〈히든싱어〉는 가수와 모창자가 블라인드 뒤에서 한 소절씩 노래를 부르고, 청중 평가단 100명이 '진짜 가수'를 찾는 과정을 담아낸다. 그동안 아이돌댄스 위주의 '보는 음악'에서 벗어나, 노래 자체에 주목하는 '듣는 음악'을 표방하는 신개념 뮤직버라이어티 쇼다. 음악 예능에 미스테리 기법을 도입한 변주, 모창의 재발견과 스타와 팬과의 끈끈한 유대를 통한 감동을 선사해 호평을 받았다. 2012년 12월 21일 박정현이 첫 회 출연한 이후 김경호, 성시경, 김종서, 장윤정, 이문세 등 대한민국을 대표하는 가수들과 모창 도전자들이 경연을 벌였다. 조성모 편에서는 진짜 가수 조성모가 2회전에서 탈락하는 이변을 낳으며 화제를 모으기도 했다.

듣는 음악 예능으로
종편 최대 히트작 만들어

석 달 동안 진행했던 러브버라이어티 〈솔로워즈〉가 끝났죠. '100명의 솔로 청춘남녀들의 커플 만들기 도전'이란 슬로건이 화제였는데, 시즌은 계속되는 건가요?   10회로 끝났어요. 시청률이 잘 안 나왔어요. 화제도 잘 안 되고.

시즌1으로 끝내나요?   네, 시청자에게 외면 받았다 판단하고 그냥 접었죠. 제작진이 이 프로그램 아이디어를 처음 얻은 건 2년 전 여의도에서 열렸던 솔로대첩이라는 행사였어요. 인터넷상에서 몇 날, 몇 시 여의도에 솔로들 다 나오세요. 우리 단체미팅 합시다. 알렸죠. 근데 여자들은 안 나오고 남자들하고 비둘기 떼만 있었다는. (웃음) 거기서 영감을 얻었죠. 대규모로 남자 50명, 여자 50명을 어떤 제한된 장소와 시간, 어떤 게임의 틀 속에 넣었을 때 그들이 과연 어떻게 그 속에서 생존과 연애를 할 것인가를 보는 러브 서바이벌이죠. 요즘 젊은이들의 연애 및 사람을 만나는 풍속, 세태를 보자는 것이 연출했던 담당 PD의 기획의도였죠.

프로그램을 책임지고 있는 CP로서 시청률이 잘 안 나온 이유는 뭐라고 생각해요?   본 사람들은 재밌다, 완성도도 좋다, 신선했어요 이런 얘기도 했는데… 기존의 〈짝〉이라든지, 연애 버라이어티는 주인공이 3~4명에서 8명 정도여서 집중해서 스토리를 끌고 나갈 수 있었는데, 이 프로그램은 너무 집단이어서 이야기가 분산되다 보니까 사람들 하나하나에 대한 재미를 끌고나가는 힘이 약했던 것 같아요.

게임적인 요소가 너무 강했던 것은 아닌가요? 사람의 느낌이나, 러브라인은 약하고?   그냥 그런 걸 관찰하는 건데, 그 관찰이 큰 스토리가 나오질 못하고, 단편적인 이야기들의 집합체가 되었던 것 같아요. 많이 아쉬워요.

종편 최대 예능 히트작 〈히든싱어〉
보는 음악에서 듣는 음악의 시대 열어

KBS에서 〈러브레터〉, 〈해피투게더-쟁반노래방〉을 연출했고, JTBC로 옮겨서는 〈히든싱어〉, 〈솔로워즈〉를 만들거나 CP를 맡았고, 지금은 할머니들의 힙합도전기인 〈힙합의 민족, 시즌2〉와 남성 4중창그룹 경연인 〈팬텀싱어〉를 준비하고 있죠? 그중에서 조승욱 CP가 제일 애정이 가는 프로는 무엇인가요?　아무래도 〈히든싱어〉가 제일 대표적인 프로그램이라 애정이 가장 많이 가죠. 처음 JTBC로 이적해서 연출했던 프로그램이 잘 안 됐어요. 약 일 년 동안 자리 잡기까지 혼란을 겪었고 힘든 시기였죠. 회사를 옮긴 것에 대해 후회도 하다가, 다시 잘 달려보자 해서 〈히든싱어〉를 하게 됐는데 반응이 좋았고, 그래서 기억에 더 남는 것 같아요.

〈히든싱어〉에 애정이 가는 다른 이유는 없나요?　이 프로그램을 하면서 PD는 시청자들에게 자기가 만든 프로그램이 많이 관심 받고 사랑을 받을 때 제일 기쁘다는 걸 다시 확인했어요. 그만큼 시청자들에게 많이 사랑받았고요, 또 출연했던 가수들이 이 프로그램을 통해 재발견 돼서, 새롭게 재도약할 수 있었던 점들이 좋았어요. 방송에 출연했던 사람들이 인생이 달라지기도 했고요.

지식창고를 검색했더니 〈히든싱어〉를 '종편 최대 예능 히트작'이라 소개하고 있더군요, 2012년 12월 21일 박정현 편으로 첫 방송을 시작한 뒤, 2016년 1월까지 시즌4로 이어지는 동안 평균 시청률이 7%를 육박했죠, 이 프로그램의 아이디어는 어디서 얻었어요?　같이 준비했던 작가랑 일반인들이 출연하는 예능을 해보자는 얘기를 하다가 모창얘기가 나왔어요. 모창자들이 재능을 대결하는 〈팔도모창대회〉 같은 게 있었잖아요? 그래서 모창과 모창의 원조가수가 한 무대에 서는 프로그램을 만들면 재밌지 않을까 생각했죠.

시즌4 홈페이지에는 기획의도가 없었어요, 앞의 시즌에서 이 프로그램 콘셉트를 확인했더니 '신개념 버라이어티쇼'라고 되어 있던데, 어떤 의미인가요?　음악을 소재로 했지만 계속 음악만 들려주는 쇼는 아니잖아요? 이야기도 있고 게임적인 요소도 있고, 음악을 소재로 한 버라이어티 쇼이기 때문에 음악 버라이어티 쇼라고 했죠. 기존의 대표 음악 예능이 〈나는 가수다〉잖아요? 그 프로그램이 가수들끼리의 무한경쟁이었다면, 거기에 가수와 모창자들의 어떤 이야기들을 복합적으로 담는 쇼를 만들고 싶었어요.

'보는 음악에서 듣는 음악'이란 설명도 있어요.　이 프로그램 캐치프레이즈가 여러 가지 있어요. '진짜 가수 찾기가 시작된다', '보는 음악에서 듣는 음악으로', '가수가 진짜 가수가 되는 곳' 등이 그것이죠.

그 중 '보는 음악에서 듣는 음악'은 사실 우리도 처음 녹화하기 전부터 의도를 한 건 아니고 녹화하면서 뒤늦게 깨달은 부분이었어요. 원조가수와 모창가수를 블라인드 세트 뒤에 감춰둔 채 음악을 들려주고 누가 진짜인지를 찾다 보니까, 평소 우리가 음악을 들을 때처럼 화려한 조명, 안무, 뮤직비디오를 즐기는, '보는 음악'이 아닌 거예요. 우리는 요즘 '보는 음악'의 홍수 속에 살고 있잖아요. 근데 이 프로그램에서는 노래 부르는 가수의 얼굴을 보여주지도 않고 진짜를 찾으라고 했잖아요? 목소리만 듣고. 그래서 목소리에 집중하게 되고, 사실 노래가 가지고 있는 기본적인 게 오디오잖아요? 오디오에 더 집중하게 되니, 그 노래의 가사 하나하나가 더 잘 들리게 되는 거죠. 우리 프로그램은 회가 거듭하면서 음악의 본질, '듣는 음악'에 더 집중하는 프로그램이 되지 않았나 생각해요.

노래자체, 가사와 노래가 전달하려는 의미 같은 것들 말이죠?　네, 우리는 원곡을 가지고 가수와 모창자들이 대결하는 거잖아요? 요즘 대부분의 음악예능 프로그램은 음악을 새롭게 재해석하고 리메이크 하는데 우리는 원곡 그대로, 원래 그 노래를 부른 가수가 부르죠. 노래가 나온 지 10~15년 지나면 부르는 창법도 바뀌고 가수도 스타일이 많이 바뀌거든요. 하지만 우리는 그 노래가 나왔을 때 그 당시의 편곡과 그 당시의 반주로, 우리가 그 노래를 처음 들었을 때의 그 감성 그대로를 재연해 보이는 쇼거든요.

옛날 추억을 리마인드 시키면서도 그 음악을 새로 재발견한다는 거군요.　그래서 어떻게 보면 가장 원곡에 충실한 음악프로그램이지 않았나 생각해요. (웃음)

추리와 등장형식의 변주로
극적효과와 흥미 높인 새로운 예능

KBS 방송아카데미 특강에서 '보는 음악에서 듣는 음악으로' 만들기 위한 여러 가지 장치들을 고민했다고 했는데, 〈히든싱어〉에서 만든 다른 음악 예능과 다른 장치들은 무엇인가요?　가장 다른 부분은 보이지 않는 무대 뒤에서 노래를 부른다는 점이 아닐까요? 목소리로만 진짜와 가짜를 구별해보자는 아이디어가 가장 차별화된 포인트였던 것 같아요. 제일 고민했던 것은 그 장면을 과연 어떻게 비주얼화 할 것 인가였죠, 노래를 한 소절씩 나눠서 부르는 것도 되게 고민해서 생각해 낸 거예요.

극적 느낌을 강화한다는 거죠?　그렇죠, 만약에 전 곡을 한꺼번에 불러서 비교를 한다면 원조가수와 모창가수를 너무 쉽게 찾아내겠죠. 노래를 한 소절, 한 소절 잘라서 부르다 보니까 진짜 이 노래를 즐겨들었던 팬들조차 노래가 순식간에 지나가니까 헷갈릴 수 있고, 거기서 재미있게 추리할 수 있는 음악 게임이 성립할 수 있었죠. 이렇게 추리로 재미를 찾는 부분이 만들어 졌고, 그 다음에는 과연 어떻게 정답을 보여줄 것인가가 문제였어요. 누가 진짜고 가짜인지를 어떻게 보여줄 것인가 고민하다가, 마지막에 택한 방법이 2라운드에서 후반부에 노래를 부르면서 등장하는 방식이었고 그게 드라마틱한 효과를 냈어요. 두 장치를 만들어 놓고는, '몇 번 방에 누가 있습니다.' 하고 보여줄까 생각하다가 그 방법보다 사실 노래를 부르면서 나오게 만들고 노래와 함께 그 사람의 정체가 드러나게 했죠. 이런 식의 구조가 만들어 지면서 보여지는 쇼로서의 〈히든싱어〉가 완성이 되었죠. 말씀 드린 이런 추리와 등장의 형식들이 〈히든싱어〉에 극적인 효과를 주었고 노래가 가지고 있는 드라마틱한 점과 잘 맞물렸던 것 같아요. 프로그램 초기에는 이런 방법이 과연 '보는 음악'에 익숙해진 사람들한테 먹힐까 하고 고민을 많이 했어요. 통 안에서 노래를 부르고 통에 불 켜지는 것만 보여주는데 과연 시청자들이 지루해하지 않고 볼까. 현장에서는 게임을 위해서 관객들에겐 보여주면 안 되겠지만, 시청자들한테까지도 무대 뒤를 안보여주면 화려한 무대와 볼거리를 제공해도 채널을 돌리는 이 시대에 과연 정면승부가 될 것인가. 그래서 사실은 처음에 파일럿 프로그램을 녹화하고 편집을 할 때, 편집을 두 가지 방향으로 했어요. 한 바퀴 정도는 히든으로 가고, 두 번째 돌 때 시청자들한테는 안에서 노래하는 사람을 보여주는 거였죠.

관객은 모르는 상태로 말이죠.　네, 시청자들은 알면서 출연자들이 정답을 어떻게 맞히는지, 퀴즈 프로그램에서 중간에 가르쳐주는 경우도 있잖아요. 처음엔 그런 식으로 하려고 했는데, 고민을 거듭하다가 그것보다는 그냥 정면승부를 해보자, 그래서 정면승부를 했는데 다행히 저희가 거는 게임에 시청자들도 흥미를 가져 주었죠, 고맙게도.

음악 예능도 변주가 필요하다는 인터뷰 기사를 읽었어요, 〈히든싱어〉는 무엇이 변주인가요?   아까도 말씀드렸지만 〈나는 가수다〉는 진짜 가수들이 노래로 대결하는 승부였다면, 우리는 누가 노래를 잘 부르느냐에 대한 경연은 아니잖아요? 누가 가장 진짜처럼 부르나, 진짜 가수가 몇 번방에 있는지 맞추는, 뭔가 흥미진진한 추리게임의 요소가 저희 프로그램에 들어갔죠. 〈나는 가수다〉가 경연이라는 콘셉트를 도입한 뒤 음악 예능의 패러다임이 바뀌었다면, 〈히든싱어〉는 추리시스템이란 장치로 변주해서 또 다른 음악 예능을 시도한 거죠.

〈나가수〉부터 시작된 음악 예능의 변주
음악 예능의 핵심은 여전히 노래 자체

〈나는 가수다〉가 가수경연이라는 시스템을 도입했을 때 반응은 격렬하게 갈렸죠, 어떻게 노래 스타일이 다르고 창법이 다르고 메시지가 다른데, 가수를 경쟁시키느냐고.   저도 사실 처음엔 부정적인 시각으로 봤어요. 부정적인 견해가 훨씬 더 컸죠. 근데 결과적으로는 경연을 통해서 멋있는 무대, 정말 좋은 노래를 많이 들을 수 있었기 때문에 초반의 우려를 다 잡아먹어 버린 것 같아요. 더 중요한 것은 〈나가수〉를 통해 아이돌 중심의 음악에서 연령, 장르를 넘어선 다양한 음악들이, 다양한 가수들이 다시 살아났다는 겁니다. 그런 의미에서 〈나가수〉는 음악 예능이 진화하기 시작한 첫 번째 단추라고 할 만해요.

음악 예능의 변주가 시작된 것이 〈나가수〉다? 그런 것 같아요, 저도 KBS의 〈불후의 명곡〉을 주말마다 빠트리지 않고 보는데 너무 감동적이에요. 노래를 저렇게 잘 부를 수도 있구나, 저렇게 해석할 수도 있구나, 하면서 노래의 맛을 즐기고 있죠.   결국은 음악을 소재로 한 예능에서 가장 중요한 것은 음악인 것 같아요. 바로 노래 말이죠. 여러 가지 다른 프로그램과의 차별되는 요소, 재미 요소나 흥미 요소들이 각각의 프로그램에 들어가겠지만 결국은 노래 그 자체의 힘이 가장 핵심이 아닐까 싶어요. 음악 예능에서 정말 들을만 한 노래, 들을만한 무대가 없으면 앙꼬 없는 찐빵이죠.

최근에 가수 세 명만 나와 준다면 시즌5를 하고 싶다고 인터뷰했던데, 그 가수들을 지정한 이유가 있나요? 특정 가수만 출연해주면 하겠다는 뜻은 아니고요. 〈히든싱어〉가 되려면 네 곡 이상의 히트곡을 가진 원조 가수가 있어야 하고, 원조가수를 따라 부를 수 있는 모창자들이 있어야 하잖아요. 〈히든싱어〉 시즌4 까지 49명의 가수가 출연했거든요. 대한민국에 내로라하는 가수를 거의 다 했어요. 〈나가수〉라든지 〈불후의 명곡〉 같은 음악 예능들은 사실 가수가 다시 나오기도 하는데, 저희도 리매치를 해보려고 준비를 한번 해봤는데 처음 나왔던 출연자들을 훨씬 뛰어넘는 모창자들을 거의 찾을 수가 없더라고 요. 언젠가 리매치를 하긴 해야 할 것 같은데… 지금은 벌써 49명의 가수를 방송했으니 이젠 나올 수 있는 가수는 많지 않고, 그래서 시즌1부터 섭외를 무수히 했지만 방송에 안 나온 가수 중에 세 분 정도만 나와 주셔서 방송을 계속할 수 있었으면 좋겠다고 말한 거예요.

누구인가요? 조용필, 이소라, 박효신, 김동률, 이승철… 이런 가수들이에요. 이 분들은 사실 우리 가 모창자들도 어느 정도 찾아 놓았고, 연습까지 했어요. 워낙에 좋은 노래도 많으니까 한번 했으면 좋겠다 욕심낸 거예요. 섭외하러 찾아도 가고, 몇 번 미팅한 분도 있었는데, 워낙 방송을 잘 안하시 는 분들이라서…

아직까지는 시즌5를 계속할지 잘 모르겠네요? 네, 회사나 시청자, 우리 프로그램을 좋아하시는 분들은 빨리 시즌5가 돌아 왔으면 하는데 쉽지가 않네요. 모르겠어요, 좀 전에 말씀드린 위시리스트 속 가 수들 한두 명이 하겠다든지, 새롭게 떠오르는 가수가 히든싱어에 나올만한 가수가 되든지, 아니면 예전에 출연 했던 가수인데 새로운 능력 있는 모창자들이 나온다든지 할 때 까지는…

음악 예능과 리얼리티 전성시대
음악이 주는 재미와 감동, 위로가 힘

지금 예능의 트렌드는 음악 예능과 리얼리티 버라이어티가 중심인 거 같아요. 그 중에도 음악 예능의 전성기가 계 속되고 있죠. 현재도 거의 20여 프로그램이 방송 중인데, 음악 예능이 이렇게 인기 있는 이유는 뭐라고 생각하나 요? 상품도 그렇잖아요, 뭐가 좀 인기를 끌면 유사한 상품들이 쏟아지잖아요. 예능 프로그램도 그래요. 최근에 인기를 모았던 것은 음악 예능, 쿡방 프로그램들이었죠. 〈냉장고를 부탁해〉가 잘되면서 음식관련 프로가 엄청 많이 나왔잖아요. 그런데 이렇게 유사한 프로그램이 쏟아지면 시청자들의 피로도가 올라가요. 요리, 음식 예능 프로그램들도 인기의 최고점을 찍고 요즘은 살짝 하향세를 보이는 듯한데, 음악 예능도 이제 너무 많아지다 보니까 시청자들한테 피로도가 쌓여서 다소 식상한 인상을 주기도 하는 것 같아요.

반면 리얼 버라이어티는 〈무한도전〉, 〈1박2일〉 같은 게 나온 지 벌써 십년 넘었는데 아직까지 꾸준히 인기가 있어요. 그런 대표 프로그램 덕인지 리얼 버라이어티는 보다 생명력이 긴 장르로 여전히 예능의 중심에 있죠. 음악 예능이 그럼에도 여전히 인기 있는 이유를 물어보셨죠? 글쎄요… 그건 우리나라 사람들이 워낙 가무를 즐기는 노래와 흥의 민족이어서 그런 게 아닐까 싶네요. 여전히 음악을 소재로 한 예능을 하면 기본 이상 한다는 인식이 있어요. 지난 추석특집 때 방송된 여러 파일럿 프로그램 중에 가장 시청률이 높았던 게 KBS의 〈노래싸움-승부〉였어요. 유일하게 10%가 넘었거든요. 그래서 역시, 여전히 음악 예능을 해야 하는 것 아니냐는 얘기가 나왔으니까요.

〈불후의 명곡〉을 보면 객석의 관객이 노래를 듣다 우는 장면이 나와요. 그걸 보면서 그 눈물의 의미는 무얼까 생각해요. 음악은 힘든 세상을 살아가는 사람들의 마음과 현재의 세상을 반영하고, 그것이 관객의 감동이나 공감의 눈물로 나타나는 건 아닐까 하고.　　그렇죠. 예능프로그램을 통해서 사람들이 얻고자 하는 건 재미, 감동, 휴식 같은 것들이죠. 특히 음악을 소재로 한 음악예능 프로그램에서 음악 자체가 가지고 있는 힘은 굉장히 강하다고 생각해요. 음악이 즐거움도 줄 수 있지만 말씀하신 것처럼 감동도 주고, 위로도 해주거든요. 다른 예능 프로그램에서는 백 마디 말과 재미와 몸 개그로 판을 벌리고 해야 할 것을 노래 하나로 모든 게 설명되니까요. 음악 예능은 노래가 가지고 있는 힘을 그냥 이용하면 되는 거니까 그런 면에서 우위가 있죠.

예능PD로서 시청자들의 니즈, 그게 힐링이든 위로든 감동이든, 개인적으로 표현하거나 전달하고 싶다는 게 있나요?　　예능PD들도 사람마다 다르겠지만 저는 시청자들에게 즐거움과 위안을 주고 싶어요. 일단은 제가 만드는 프로그램을 사람들이 재밌게 봤으면 좋겠고요, 재미와 함께 뭔가 잔잔한 여운과 감동까지 줄 수 있다면 더할 나위 없겠죠. 팍팍한 삶 속에서 웃음거리나 기분전환 할 게 필요한 시대잖아요. 그런 걸 줄 수 있다면 좋겠어요.

사람 마음에 주목해 온 세상 바라보기
〈히든싱어〉도 가수와 모창자의 마음 엮기

프로그램이 현실 세계를 반영한다면, 나만의 세상을 바라보는 방식 같은 게 있나요?　예능 프로그램이 워낙 다양하기 때문에 저만의 스타일이라기보다는 각 프로그램이 지향하는 바를 향해 달려왔던 것 같아요. 그 속에 어떤 저의 스타일이나 시선 같은 것들이 스며들어 있겠죠. 그게 무엇일까요? 그냥, 인간에 대한 관심? 사람에 대한 관심? 좀 사람을 따뜻하게 바라보려는 마음? 〈히든싱어〉도 처음엔 이렇게 하면 재미가 있겠다 해서 시작했는데, 모창자를 뽑아 연습을 하다보니까 어떤 특별한 재능보다 왜 모창을 하게 됐는지 그 사람의 마음이 보이더라고요. 모창하는 마음은 결국 팬심이었고 가수가, 노래가 얼마나 좋았으면 따라 부르게 되었을까 하는 마음을 주목한 거죠. 단순히 모창 하는 게임에만 머물렀으면 단순한 음악게임 프로그램이 되었을 텐데, 그 속에서 사람들이 모창을 하게 된 팬심과 드라마틱한 사연을 찾아냈죠. 이야기도 풍성해지고, 가수가 팬들을 통해서 부정했던 자기의 과거를 껴안기도 하고 함께 음악을 공유하는 마법 같은 감동의 순간도 있었거든요.

예를 들면요?　가수 김진호는 SG워너비로 활동했을 당시 자신의 창법을 싫어했어요. 강요된 소몰이 창법이라 생각해서 끊임없이 자기만의 색깔을 찾으려 창법을 변화시켜 왔어요. 그런데 누군가 자신의 창법을 좋아해 따라하고, 그 노래가 그에게는 인생이었다는 걸 알았죠. 그런 팬을 만나면서 오히려 가수가 팬에게서 위로 받고 도망가고 싶었던 자기의 과거를 포용하게 돼요. 모창자도 마찬가지예요. 이수영 편에서는 남자 모창자가 나왔어요. 그 남자는 중학교 시절 때 목소리가 너무 여자 같다고 놀림 받았는데, 이수영 노래를 부르면서 자신을 극복했죠. 이 친구한테 그 노래는 힐링이었고, 자기 인생의 노래였던 거죠. 당시 가수도 여러 가지 고민도 많고, 활동도 예전만큼 활발하지 않았는데 이 친구가 나와서 그 얘기를 하니까 자신도 위로받았죠. 팬들은 항상 언제나 그 자리에 늘 기다리고 있었고, 10년이 지나서는 오히려 그 팬이 가수를 위로를 해주고, 그래서 가수가 다시 기운을 얻는 장면들이 많이 연출됐어요. 〈히든싱어〉가 단순히 진짜 가수를 찾는 게임프로그램만은 아니었던 거죠.

예능도 사람으로 간다는 말이네요. 프로그램은 사람을 위해서 있고, 프로듀서도 우선 사람이 돼야 한다고

생각하는데, 예능에서도 같은 사람의 감동, 사람의 진리에 대한 얘기를 듣네요.   네, 그렇습니다.

예능제작의 중요한 요소로 시청자라고 꼽았더군요, 왜 그런가요?   저는 방송이라는 게 사람의 마음을 움직이는 일이라고 생각하거든요. 대상인 시청자들의 마음을 움직여야 하잖아요? 시청자에게 외면당한 방송은 의미 없다고 생각하죠. 사람 마음을 움직이는 방송이 좋은 방송이라고 생각하기 때문에요.

디지털시대에도 여전히 중요한 건 콘텐츠
새로운 예능 콘텐츠 형식실험에 관심

디지털시대라고 합니다. 시장이 바뀌고 더 이상 TV를 안보는 'TV제로 세대' 혹은 '모바일 온리 세대'인 10대, 20대를 붙잡기 위한 방법은 무엇이라 생각하세요?   방송사에 근무하는 사람들은 다 고민이잖아요. 그럼에도 불구하고 가장 중요한 건 콘텐츠인 것 같아요. 과거에 지상파TV로 콘텐츠를 수용했다면 이제는 IPTV나 모바일로 본다든지 소비하는 방식이 다양해지고 있지요. 결국 그래도 콘텐츠잖아요. 아직까지도 지상파 메이저 방송사나 tvN, JTBC 이런데서 만든 콘텐츠들을 가장 많이 소비하고 있어요. 이제 점점 다양해지겠죠. 그럼에도 결국은 잘 만든 콘텐츠는 누군가에게서 반드시 소비된다는 게 맞는 거 같아요. 여전히 완성도 있는, 볼만한 콘텐츠를 만드느냐가 중요하다고 봐요.

〈히든싱어〉는 다른 플랫폼을 어떻게 이용하고 있나요?   JTBC 예능 프로그램들은 일단 본 방송 나간 뒤 다른 케이블이나 IPTV에 방송하죠. 요즘은 일분 이분짜리 클립들도 많이 만들어 네이버 TV캐스트나 다음 같은 데 올리잖아요? 올해부터는 영상에 붙는 광고수익을 포털이랑 방송사가 나눠 갖기 시작했고, 그 수익이 점점 더 올라가고 있어요. 콘텐츠를 어떻게 재가공 하느냐에 따라 새로운 사업이 만들어지는 거죠.

플랫폼이 바뀌면 그에 따라 그에 맞춘 새로운 포맷과 제작방식이 필요하죠. 웹드라마, 웹예능 준비는 어떻게 하고 있나요?   JTBC는 디지털콘텐츠 팀이 있어서 거기서 디지털용 콘텐츠를 만들고 있어요. 저희는 아직 편성시간표를 공중파만큼 다 채우질 못해 본 방송이 완벽히 궤도에 올랐다고 보기 어려워서 일단 방송을 만드는 쪽에 주력하고 있는데, 디지털 콘텐츠 제작은 계속해서 고민해야 할 부분이라고 생각해요. 지금은 10분짜리, 5분짜리 콘텐츠를 재가공하거나 부가적으로 만들고 있는데, 앞으로는 디지털 플랫폼에 맞게 기획해서 5분짜리, 10분짜리 프로그램도 만들어야 겠죠. 지금까지 몇 개 콘텐츠를 만들기는 했어요. 〈마녀사냥〉을 약간 변주한 웹콘텐츠 같은 거요. 크게 호응을 얻지는 못했는데 저도 기회가 되면 새로운 예능 콘텐츠를 만드는 데 관심이 있습니다.

JTBC는 다름다움과 다채로움을 추구
시청자와 마음으로 소통하고 공감해야

〈냉장고를 부탁해〉, 〈비정상회담〉, 〈히든싱어〉, 〈썰전〉 등 히트작들이 계속 나오면서 JTBC를 예능왕국으로 부르기도 하던데, 예능에서 JTBC가 추구하는 특별한 방식이 있나요?   PD들에게 기회를 많이 주려고 하고, PD들이 잘하고 또 하고 싶어 하는 것을 우선시 해줘 새로운 도전을 두려워하지 않고 계속해서 도전해 볼 수 있다는 거예요. JTBC가 추구하는 색깔은 '다름다움'이라는 말이에요. 회사에서 만들었어요. 남들과 다른 것을 만들자. 새로운 도전을 두려워 하지 말자. 이런 것을 독려하고 격려하는 분위기죠. JTBC 이미지나 로고에서도 볼 수 있는 다채로움이 JTBC의 색깔이라 할 수 있죠.

다름과 다채로움… 그 가치가 예능 쪽에서 드러나고 있다고 보면 되겠네요.   네, JTBC가 일 년 동안 혼란을 겪고 난 뒤 다시 젊은 PD들이 도전해서 나온 콘텐츠들이 〈히든싱어〉, 〈썰전〉, 〈마녀사냥〉 같은 기존 방송에서 볼 수 없던 콘텐츠였어요. 이런 프로그램들이 시청자들의 주목을 끌면서 저희 위상이 올라갔다고 생각하거든요.

앞서 얘기한 방송 아카데미에서 방송은 소통하고 공감하는 거라고 말했더군요. 예능에서의 소통과 공감은 어떤 것을 말하나요?   마음과 마음이 통하는 것이 소통이잖아요. 출연하는 사람들끼리 마음이 통하는 장면에서 감동이 나오고, 그걸 보는 시청자들도 그 마음에 감동하는 게 소통이라 생각해요. 시청자들의 반응을 프로그램에 잘 반영하는 프로그램이 오래 유지되죠. 대표적인 프로그램이 〈무한도전〉인데, 이 프로그램은 10년이 지나도 계속 진화하고 변주해가고 있잖아요? 제작진들의 재능도 뛰어나지만 그들이 제일 잘하는 것은 시청자들의 소리에 귀 기울인다는 것이에요. 발 빠르게 시청자들이 좋아하는 것을 찾아내고 또 만들어내죠. 이런 프로그램들이 오래오래 사랑받지, 인기 있다고 자기 세계에만 빠져 있으면 오래 못가죠.

인터뷰하는 PD 모두에게 묻는데, 프로그램을 만들 때 재미와 의미 중 어디에 더 힘주나요?   예능PD 입장에서 보면 너무 이분법화 하는 것 같아요. 우리나라 사람들은 재미에 관한 죄의식 같은 게 있어요. 재미

그 자체가 곧 선일 수도, 미덕일 수도 있다고 생각해요. 방송사가 몇 개밖에 없어서 시청자들의 선택 폭이 적었을 때는 방송사가 주는 대로 시청자들이 봤어요. 이제는 시청자들도 똑똑해지고 오히려 제작자 머리 위에 있어서 시청자들이 취사선택해요. 일단 재미없는 프로그램, 재미는 있는데 뭔가 좀 떨떠름한 프로그램은 시청자들에게 외면 받아요. 저는 재밌기만 해도, 재미를 준 것만으로도 의미를 가진다고 생각해요. 세상에서 재미있는 거 만드는 게 제일 어려운 일 같아요.

PD상 심사기준이 4가지가 있어요. 잘 만들었는가, 재미있는가, 새로운가, 의미 있는가. 예능을 만들 때 재미와 의미를 구별하는가를 물어보고 싶었던 건데… 제작진들은 프로그램을 만들면서 끊임없이 의미를 자문할 수밖에 없죠. 의미 없이는 프로그램의 자체 목표를 이룰 수 없거든요. 재미에 치중하다가도 처음 기획할 때 이 프로그램을 통해 무얼 얘기하고 싶었는가를 고민해야 해요. 결국에는 하고 싶은 이야기가 프로그램에 나와야하는 거잖아요. 의미를 묻는 일은 제작진의 몫으로 맡기고, 시청자에게는 온전한 재미를 드릴 수 있으면 좋겠습니다.

팍팍하고 각박한 현실이 힐링과 위로 요구
관찰과 편집이 강조되는 예능 스토리텔링

'한국의 버라이어티'라는 자료를 보면 예능프로그램이 90년대부터 지금까지 장르별로, 소재별로 계속 진화해 왔음을 볼 수 있어요, 그것이 변주든 진화든. 그 변화는 지금 사람들이 무얼 고민하는가, 무얼 아파하는가, 무엇을 요구하는가를 반영했다고 봐요. 현재의 음악 예능은 시청자의 어떤 니즈나 욕구를 반영해야 한다고 생각하나요? 시청자들은 힐링 받고 싶어 하는 것 같아요. 삶이 워낙 팍팍하고 각박해서, 이런 현실 속에서 자신을 위로하고 싶은 거죠. 복고적인 소재가 잘 먹혔던 것도 그런 이유 때문이겠죠. 새로운 것에 대한 욕구도 있는 것 같아요. 저희 회사에서 정기적으로 트렌드 분석 보고서를 내는데, 봄 호에 나온 트렌드의 키워드는 낭만적 생존주의였어요. 홍보마케팅실에서 만드는데 지금 뭐가 인기가 있고, 사람들이 뭐에 관심이 있는가를 공유하기 위해 만들죠.

예능이 이야기하는 방식은 다른 장르와 다른 어떤 특징이 있나요? 예능도 스토리텔링이 중요하죠. 특히 편집을 통해서 스토리텔링 하죠. 드라마는 대본에 스토리텔링이 다 담겨져 있잖아요? 예능은 촬영하고 그걸 편집하며 재구성하는 부분의 포션이 커요. 무엇을 더 중요하게 강조하고 어떻게 더 효과적으로 이야기를 전달할 것인가는 편집구성에서 많이 만들어지는 거죠. 드라마나 다른 장르 보다 편집을 통한 재창조가 강조된다고 할까요? 그런 다음 자막이나…

재배열, 재창조하고 편집된 영상에서 발견한 의미를 자막처리 한다는 거네요. 다큐멘터리가 사실을 기록한 뒤 재배열하고, 재해석해서 의미를 발견해 내죠.　예능은 결국 자막에서 PD가 가지고 있는 성향이 나온다고 할 수 있거든요. 자막을 통해 뭘 이야기하고 싶은지, 뭐가 재미있고 아름다운지 표현하니까요. 지금의 예능PD는 자막도 써야 하기 때문에 인문학적인 소양과 감각적인 재치, 관찰하고 발견하는 수련이 더 필요한 것 같아요. 어떻게 보면 다큐멘터리를 할 수 있는 감성을 가지고 있어야 예능프로그램도 더 잘할 수 있을지도 몰라요. 아무 생각 없으면 아무 생각 없는 자막밖에 안 나오거든요.

예능 시즌제가 일반화된 느낌이에요, 〈히든싱어〉도 그렇구요. 시즌제의 장점은 뭔가요?　'예능프로그램은 망해야 끝난다.'는 말이 있어요. 지금까지 예능프로그램은 인기 있으면 돈벌이가 되니까 완전히 망할 때까지 계속 가야했죠. 박수 받으면서 끝나기가 어려웠어요. 시즌제는 끝을 정해놓고 달려가기 때문에 완성도도 더 높일 수 있고, 매주 똑같은 프로그램을 하다보면 시청자들도 지겨워지고 싫증을 느낄 수밖에 없는데 그런 구조에서 탈피할 수 있죠. 뉴스 같은 데일리 레귤러 프로그램은 매일 새로운 소식, 뉴스들이 들어가잖아요. 그래서 변화를 줄 수 있는데 예능프로그램은 고정출연자와 정해진 포맷이 있어서 피로도가 생기고, 싫증이 날 수 밖에 없거든요. 시즌제 프로그램은 신선함을 유지하면서 실험도 해볼 수 있는 장점이 있죠.

옆에서 바라보며 안쓰러워었어요. 매주 올인하는 걸 보며 저렇게 어떻게 버티나, 그랬거든요.　외국에도 그런 프로그램들은 별로 없잖아요. KBS에서 프로그램 만들 때 외국에서 시즌제하는 게 제일 부러웠거든요. 쉴 때 쉬고 다시 재충전한 뒤 기획해서 새로운 프로그램 내는. K선후배 PD들과 시즌제로 일할 수 있는 구조를 만들었으면 좋겠다고 얘기하곤 했죠.

타 장르 형식실험이 가능한 예능
지금은 장르보다 메시지가 중요한 시대

장르 융합이 일반화돼서 예능에 드라마, 다큐멘터리 요소들이 가미돼 더 이상 장르들이 의미가 없다고 말해요. 플랫폼도 지상파와 모바일, 웹, 인터넷과 SNS가 결합된 크로스미디어(플랫폼 융합)로 가요. 장르, 플랫폼 융합시대에 어떤 대비가 필요하다고 생각하세요?　예능의 가장 좋은 점은 예능 안에서 모든 걸 다 실험할 수 있다는 것이에요. 드라마를 해볼 수도 있고 다큐를 해볼 수도 있어요. 창의성과 방향성이 있다면 여러 장르를 실험 해볼 수 있는 분야라고 생각해요. 드라마 PD는 드라마만 할 수 있잖아요. 저는 다큐멘터리에 관심이 있어서 다큐멘터리 예능을 해보고 싶은 욕심이 있어요, 심지어는 완전 다큐멘터리를요.

그 생각을 못했네요. 드라마에, 다큐멘터리에도 예능을 넣을 수 있겠다고는 생각했는데, 예능에는 드라마와 다큐멘터리 뭐든지 넣을 수 있는 강점이 있군요. 다큐멘터리 요소라면 MBC 김영희PD가 공익예능을 만들며 다큐멘터리적 실험을 많이 했었죠.   실험에도 불구하고 예능적 성격이 더 강했죠. 저는 웃음기마저 뺀 것을 해보고 싶어요. CJ 가서 〈응답하라〉 시리즈를 만든 신원호PD도 원래 예능PD잖아요. 전부터 시트콤이나 드라마에 관심이 많았는데 〈응답하라〉 시리즈를 통해 새로운 도전과 가능성, 좋은 성공의 예를 보여주었죠. 아까 말씀 드렸지만 이젠 어떤 콘텐츠를 만드느냐가 중요한 것 같아요. 예능인가 드라마인가 다큐인가 장르가 중요하진 않은 것 같아요.

이제는 나는 다큐멘터리 PD, 나는 드라마PD, 나는 예능 PD가 아니라 PD가 무슨 얘기를 어떻게 할 것이냐가 중요하다는 거죠?   그렇죠. 각 장르마다 노하우나 전문성 같은 게 있잖아요. 그 전문성을 따라잡을 준비나 공부가 되어있다면, 그것을 잘할 파트너가 있다면, 장르를 불문하고 도전해볼 수도 있다는 거죠. 신원호PD도 예능을 했지만 시트콤도 경험하고, 본인이 드라마에 관심을 가지고 노력했기 때문에 드라마PD보다 완성도 높은 드라마를 만들어낼 수 있었다고 생각해요.

〈응답하라〉는 대성공이었죠.   네, 〈지금 만나러 갑니다〉라는 다큐멘터리 성격의 예능을 만든 적이 있어요. 김제동과 함께 했던 '해외 입양아 가족상봉 프로젝트'인데, 부모와 해외로 나간 입양아가 서로 오케이가 되면 부모를 해외로 데려가서 성인이 된 자식을 만나게 하는 프로그램이었어요. 주말 버라이어티 시간에 6개월 정도 했는데 그 시간대가 경쟁이 치열하고 계속 해외촬영을 해야 해서 아쉽게 접었는데, 나름대로는 시청률도 올리면서 감동도 많이 줬거든. 당시엔 주말 버라이어티 시간이어서 예능적인 요소를 많이 넣어서 재미를 주려 했는데, 지금 그 프로그램을 다시 만들라고 하면 진짜 완전 다큐멘터리 식으로 만들고 싶어요. 소위 공익예능. 김제동과 여자 연예인이 현지에 가서 재미있는 오프닝을 하는 그런 양념들 다 빼고 그 사람들의 만남에 초점을 둬서 더 진득하게 사실대로 그리고 싶어요. 더 다큐멘터리처럼요.

이제 장르는 중요하지 않다, 오히려 메시지가 중요하다는 걸로 인터뷰를 마무리해야겠네요. 마지막으로 질문 하나만 더, 조CP가 꼽는 이 시대 최고의 예능 PD는 누구인가요? 〈무한도전〉의 김태호PD와 〈삼시세끼〉, 〈꽃보다 할배〉의 나영석PD가 아닐까요. 김태호PD는 10년 동안 프로그램을 혼자 뚝심 있게 끌고 온 것만으로도 칭찬 받을 만한데, 그동안 해온 작업을 보면 존경심마저 들고요. 나영석PD의 경우는 이렇게 타율이 좋은 타자가 있을 수가 없거든요. 하는 프로그램마다 성공하다니, 이게 말이 안 되는 타율이거든요. 프로야구에서도 타자가 4할 대 타자가 되기 어려운 거잖아요. 그런데 만드는 작품마다 성공하다니 정말… 시대와 프로그램을 잘 읽는 능력을 가진 뛰어난 PD인 것 같습니다.

오늘 귀중한 시간 내줘 고마웠습니다.

EBS 〈악기는 무엇으로 사는가〉
백경석PD

EBS 음악공연 프로그램 〈스페이스 공감〉을 2004년부터 7년간 이끌며 공연을 1,500여 회 연출했다. 이 경험을 바탕으로 음악이 어떻게 우리를 감동시키는지 영상으로 보여주는 〈음악은 어떻게 우리를 사로잡는가(2012)〉 3부작을 만들었다. 음악을 시간과 여행의 콘셉트로 풀어내고, 탁월한 영상감각으로 음악을 영상화 해 예술을 대중화 하고 다큐멘터리 영역을 확장했다는 평가를 받았다. 후속 〈악기는 무엇으로 사는가(2015)〉 3부작은 음악을 만드는 악기에 주목한다. 1부 〈악기들의 무덤〉은 강원도 횡성에 악기들의 무덤이라는 가상 공간을 만들어 놓고 장인들이 악기를 복원하는 과정을 통해 악기 작동 원리를 소개한다. 2부 〈악기가 악기를 만났을 때〉는 악기와 악기가 만나 발생하는 앙상블을, 3부 〈이것도 악기일까요?〉에서는 물방울 피아노, 병 오르간 등 10여 종의 새로운 악기를 만들어 음악과 악기의 고정관념을 깬다. 백PD는 이 3부작을 악기의 해부학, 사회학, 미래학이라고 부른다. 〈음악은…〉의 1부 〈시간의 주인〉에서 시도한 음악의 영상화, 〈악기는…〉의 1부 악기 무덤 신의 영상기법과 스토리텔링은 압권이다.

영상으로 그려낸
음악다큐멘터리의 지적탐험

〈음악은 어떻게 우리를 사로잡는가〉와 〈악기는 무엇으로 사는가〉 두 음악다큐 시리즈는 아주 독창적인 프로그램으로 평가를 받았어요.　　음악은 영화제에서 뮤직 다큐멘터리라는 섹션이 따로 있을 정도로 인기 있는 다큐멘터리 소재예요. 그런데 지금까지의 뮤직 다큐가 대부분 '음악가 다큐'거나 '음악 이벤트(페스티벌이나 투어, 앨범 녹음 등)를 다룬 다큐'였어요. 음악 자체에 주목한 것은 아니었죠. 저는 음악 자체를 바라보는 방법을 찾아보고 싶었어요. 그래서 다큐를 본 사람들이 음악을 찾아서 듣는데 도움이 되는, 그런 효과로 나타났으면 좋겠다는 열망이 있었죠. 그 열망은 제가 〈EBS 스페이스 공감〉을 7년 하면서 가지게 된 문제의식이었어요. 방출구를 모른 채 가지고 있던.

그 문제의식이 '음악이 어떻게 사람들에게 감동을 주는가'였나요?　　그렇죠. 처음엔 '음악'과 '다큐'란 화두만 놓고 음악 전반에서 주제를 모색해 들어갔죠. 결국 어떤 음악에 사람은 감동을 하는가? 왜 감동을 하는가? 하는 이야기를 해보고 싶었고, 그것이 과학다큐는 아니었으면 했죠. 그걸 과학적으로 해명하는 게 아니라 음악듣기의 사회적 실천으로 연결되면 좋겠다고 생각했다고 할까요. 과학적 해명은 실천으로 이어지지 않죠. 아 그런거야? 고개를 끄덕끄덕, 하고 말잖아요. 사람들이 제 다큐를 보고 '아 그래? 그럼 나는 다음에 이 음악을 찾아 들어볼까' 하는 실천으로 연결되기를 바랐어요. 그 방법을 찾다가 음악 이론이나 구조를 들여다보게 된 거죠.

두 음악 시리즈는 서로 연결돼 있는 건가요?　　의도했던 건 아니에요. 첫 번째 시리즈 〈음악은 어떻게 우리를 사로잡는가〉는 음악 이론을 중심에 두었는데, 두 번째 악기시리즈를 시작하면서 조사연구가 진행되다 보니까, 첫 시리즈에서 이야기되지 않은 영역이 보완, 확장되는 모양이 되었죠.

해부학, 사회학, 미래학으로 풀어낸 악기 3부작

〈악기는 무엇으로 사는가〉에서 악기를 주목한 이유는 무엇인가요? 악기가 음악의 주인공이기 때문인가요?   부끄러운 얘긴데, 출발은 되게 충동적이었어요. 첫 번째 작업에서 눈에 보이지 않는 음악이론을 다루려다 보니까 새로운 영상 스타일이나 이야기 방식을 찾아내야 했고, 그게 고통스러웠어요. 그래서 이번에는 음악다큐를 하되, 피사체가 있는 것을 하겠다는 아주 단순한 생각에서 출발했죠. 악기에 대한 오랜 관심도 있었으니까, 어떻게든 그동안 다뤄지지 않은 방식으로 악기를 다뤄보자 생각했죠. 결과적으로 큰 이야기의 두 번째 편이 되겠다는 생각은 한참 제작이 진행된 뒤에 깨닫게 됐어요. 말하자면 첫 번째 시리즈는 음악의 발생에 관한 것이고, 두 번째는 악기로 대변되는 음악의 매개라거나, 전달이라는 것이 되었죠.

악기 3부작을 통해서 전체적으로 하고 싶었던 얘기는 무엇이었나요?   악기라는 통로를 통한 음악에 대한 새로운 이해였어요. 악기는 음악 소리의 출발점이면서, 당대 음악의 성과가 다시 몸에 새겨지는 존재죠. 우선 악기라는 물리적인 존재를 통해서 음악을 다시 느끼게 해보고 싶었어요. 그게 1부가 됐고요. 다음으로, 첫 번째 시리즈에서 개별 음악가들을 다뤘었는데(3부 음악가들) 음악은 대부분 혼자 연주되는 경우는 없으니까, 2부에서는 연주가들이 악기를 들고 함께 모였을 때 벌어지는 앙상블을 다루게 됐어요. 1부가 악기에 대한 해부학, 또는 고고학이었다면 2부는 악기들의 사회학이랄까요. 악기란 소리를 내야하고, 당대 음악과 기술의 결정체죠. 모여서 낯선 악기를 만들어보자, 그런 과정에서 현재 악기의 존재를 해명할 수 있지 않을까, 하고 악기의 미래학으로 접근한 게 3부였고요. 어떤 소재와 경로를 선택하든 목표나 출구는 역시 음악이었어요. 악기들과 악기 연주자들의 릴레이션이나 인터랙션의 관계로 음악을 들여다보자, 악기라는 것 자체가 가진 물리적인 운명이 있잖아요? 이렇게 세 가지 프로젝트 성격으로 3부작을 만들었죠.

1부는 해부학, 2부는 사회학, 3부는 미래학. 재미있는 스토리텔링이에요. 1부 〈악기들의 무덤〉에 나오는 창고는 세팅한 것인가요?   세팅했어요. 미술가 친구의 작업장을 빌려서 만들었죠.

못쓰게 된 악기를 버리는 창고라는 가상공간을 만들어 놓고, 버려진 악기들이 서로 제가 최고라고 자랑하게 한 뒤, 전문가가 악기를 해부해가면서 수리해 가는 과정을 통해 악기 하나하나를 들여다보는 스토리텔링은 독창적 판타지였다고 생각해요.   1부에서 주목한 키워드는 악기의 원리와 구조였어요. 이상적인 방법은 악기가 만들어지는 걸 보여주는 거였죠. 근데 여건이 좋지 않았어요. 우선 대표적 악기인 피아노의 국내 공장이 싹 사라져 해외취재를 해야 했어요. 한 때 영창 피아노가 전 세계 생산 1위였다는데 말이죠. 현악기, 관악기들도 장인들의 제작비를 감당할 수 없겠더라구요. 어쩔 수 없이 악기의 제작이 아닌 복원으로 가야 했어요. 근데 너무 재미없잖아요. 그래서 복원을 죽은 애를 살리는 것으로 생각해보면 어떨까? 우리

는 한 가지 악기만 다룰 건 아니니까 다양한 악기들을 모아놔야 하는데, 그래? 무덤이네? 이런 식으로 생각이 진행됐죠. 창고가 떠올랐고 거기를 무덤으로 만들자, 우리의 주인공은 장인이 아니라 악기였으면 좋겠다. 악기가 스스로 말을 하게 만들자. 해서 악기들의 자랑 배틀 장면이 만들어졌고 거기에 기초 정보를 담았죠. 1부 오프닝 시퀀스가 10분 가량인데 사람이 안 나와요. 10분 동안 움직이지 않는 악기밖에 안 나온다. 나름 도전이었는데 고집을 부려본 거였죠.

앙상블은 나섬과 물러섬의 조화

사회학으로 풀어간 2부 〈악기가 악기를 만났을 때〉는 어땠나요? 2부는 정말 백지에서 시작했어요. 자문 이상의 스토리 메이킹을 맡으시고 출연까지 해주신 정경영 교수님이 '앙상블'이라는 화두를 먼저 제안하셨고, 백지에 다이어그램을 그려가며 핵심 논리가 만들어졌죠. 거기에 재즈 평론가인 김현준 씨가 가세하셨구요. 악기가 함께 연주될 때의 그 인터랙션과 케미스트리를 해명해보자. 오랜 토론을 통해 이론적인 틀거리를 만들어냈고 프리젠터라는 형식을 대입시키는 작업을 했죠. 프리젠터 개인의 삶을 들여다보고 그 사람의 활동영역을 확인한 다음에, 그것을 이론적인 틀거리에 맞춰서 장면을 만들어갔습니다. 악기 사이의 분업과 밀당, 대화를 하듯 눈짓을 주고받고 서로의 물러섬과 나섬이 조화를 이룰 때 모두가 주인이 된다라는 내용으로 발전됐고, 그래서 말하자면 사회학이 된 거죠. 처음에는 어떤 스토리텔링으로 해야지 하는 생각보단 우리가 도달해 만들어낸 정보를 효율적으로 전달하고 싶은 열망만 있었어요.

'나섬과 물러섬의 조화' 같은 비유가 악기의 사회학이라는 의미를 쉽게 받아들이도록 만들어요. 평상시도 비유를 많이 쓰는 편인가요? '나섬과 물러섬'은 비유라기 보단 핵심적인 양상 그 자체라고 봤습니다. 비유는

손쉽게 오류에 빠질 수 있다고 봐요. 집착하게 되면 원래의 알맹이가 왜곡될 가능성이 있거든요. 저는 일부 (방송)작가들이 흔히 쓰는 문학적 비유에 대해서 가혹해요. 안 좋아해요. 핵심을 설명하는 데 성공하는 비유만 쓰고 싶었어요.

내용 구성과 내레이션은 혼자 한 것이 아닙니다. 전문가와 작가와 PD의 집단창작이었다고 하는 게 정확한 표현일 것 같아요. 기획과정에서 끝없는 토론을 했죠. 2부만 4개월 이상 전문가, 작가들과 토론했어요. 저희 집에 모여서, 한 번 회의하면 5~8시간씩, 한 쪽 벽에 포스트잇을 덕지덕지 붙이고 옮겨가며 작업했어요. 아예 작업 방을 만들어놓고 허리 아프니까 전문가도 눕고 연출부도 눕고 작가도 눕고 나도 눕고. 한참 시간이 지난 후 들여다보면 포스트잇 자체가 이야기를 하더라고요. 그런 과정에서 나온 스토리텔링이었죠.

다큐멘터리를 만들 때 중요한 것이 무엇이라고 생각하나요?　발견인 것 같아요. 이야기 내부에서 스스로 탄생하는 발견. 미리 사전지식이 있어야 되는 것이 아니라, 그냥 따라왔는데 그 안에서 핵심적인 사건이 벌어지고 목격이 되고, 그것이 의미를 띠게 성장한 다음에 문제부분이 해소되는 것까지, 다 그 안에서 생생한 날것으로 잡히는 것. 이게 전통적인 다큐멘터리가 지향하는 것이잖아요. 내가 음악에 대해서 잘 알고 있어서가 아니라 음악에 대한 관심과 의문 때문에 어떤 이야기를 하고 싶은데, 그 열망으로 만들어내는 이 영상물이 다큐멘터리일 수 있는 근거는 무엇일까 하고 스스로에게 많이 물었는데요. 전통적인 의미의 '사건'이 작품 내에서 리얼하게 벌어지지는 않지만, 사건이 진행되고 풀어지는 과정 자체가 다큐멘터리적 발견의 과정이 될 수 있다면 그것도 다큐멘터리라고 할 수 있지 않을까요?

3D프린팅 기술을 이용해 만들어 낸 새로운 악기

지금 말씀대로 하면 3부 〈이것도 악기일까요?〉야말로 발견의 과정이겠네요. 기존의 악기와 전혀 다른 새 악기를 만들어내고, '소리는 뭐지? 악기는 뭐야?' 하고 묻잖아요.　그렇죠. 당시에 '3D 프린팅' 기술이 막 생겨나 화제였어요. 제 관심도 컸고, 너무 재미있어서 그걸 무조건 써 먹겠다 맘먹었었죠. 사실 3부는 초기 기획보다 크게 축소됐어요. 스타일도 많이 달라졌고요. 원래 바랐던 스타일은 1부의 연장이었어요. 에일리언의 부화장에 가면 알이 그물처럼 뻗어 숨 쉬고 자라잖아요? 그런 이미지에 사로잡혔었어요. 1부 〈악기의 무덤〉에서 복원돼 살아난 피아노가 에일리언처럼 신체가 왜곡돼 자라나고, 어느 날 장인이 일과를 마치고 돌아와 창고 문을 열었더니 변형된 피아노가 천정에 붙어있고 에일리언의 부화장이 돼 있는, 거기에서 기기묘묘한 악기가 생겨나는… 그러면 '악기의 무덤에서 악기가 태어난다'는 콘셉트도 탄탄해지고, 전체 이야기도 다크(dark) 스토리로 완결성을 갖출 거라 생각했어요. 근데 못했어요. 1부를 만들며 제작비의 2/3를 써버렸고, 상상했던 이미지도 큰 제작비가 들 수밖에 없었으니까요.

아쉽네요, 성사되었다면 멋진 판타지가 되었을 텐데. 그럼에도 3부는 악기와 음악의 고정관념을 깨는 기상천외한 악기를 만들어 내고 새로운 소리, 새로운 형태를 그려냈어요. '3D프린팅으로 피아노를 만들자'는 게 착수할 때의 욕심이었죠. 권병준이라는 멋진 아티스트가 프로젝트를 맡아줘서 든든하기도 했구요. 근데 피아노 부품이 만 개가 넘어요. 약 한 달이 지나면서 불가능하다는 걸 깨달았죠. 피아노를 실물로 프린트하는데 시간도 돈도 엄청나게 필요하다는 것을요. 메이커(maker)라는 무브먼트가 있어요, 잡지도 있고. 뭐든지 직접 만들어서 쓰는 사람들이죠. 인공위성을 직접 만들기까지 해요. 권병준 씨가 메이크 무브먼트의 자장 아래 있는 전위적인 예술가들을 규합했습니다. 건축가, 음악가, 조경설계자, 발명가, 악기제작자 등으로 활동하는 분들이었죠. 어떻게든 3D 프린팅을 활용해서 세상에 없는 악기를 만들자는 것이었죠. 기존 악기를 변형시키거나 아예 새롭게 탄생시켜서 악기의 개념을 새롭게 정립해보자는 것이었죠. 자성 페인트를 묻힌 톱니바퀴들은 전기코일 주변을 돌아가면서 일렉트릭 기타 소리를 내고, 장난감 권총이 쏘아대는 비비탄이 실로폰 건반을 때리며 맑은 타격 음을 냈죠. '빛이볼'이란 이름의 악기는 공 모양의 공기주머니가 빛에 반응해 수축과 팽창을 하며 스스로 굴러 다니며 바람소리를 냈어요.

그때 만든 악기 10개 중에서 특히 애정이 가는 악기는 무엇이었나요? 하나하나 다 사랑스러웠지만 굳이 꼽으라면 권병준 씨가 만든 '하이브리드 피아노'예요. 원래 피아노는 해머가 현을 하나 때리면 그 진동이 음향판에 전달돼 소리가 울리는 게 원리인데, 이 피아노는 전기장치로 모든 현이 항상 진동하게 해놓고 전기 픽업으로 특정 부분의 소리를 증폭시켰죠. 결과가 좋았어요. 피아노라는 악기 자체가 아주 맑고 큰 소리를 낼 수 있게 진화해왔는데, 피아노의 강력한 현 울림과 음향판을 살려놓은 채로 변형했기 때문에, 소리가 컸고 많은 음을 동시에 낼 수 있었죠. 피아노의 장점이 어느 정도 반영이 된 거지만 소리는 달랐어요. 당장 음악 연주에 활용할 수 있는 그 소리의 매력 때문에 일단 이 피아노를 제일로 꼽고 싶어요.

새로운 악기를 만들면서까지 말하고 싶었던 것은 무엇이었나요? 기존의 악기와 비교해 보면 새로 만든 악기는 말도 안 되는 소리가 나지만, 그 낯선 제작과정은 방법적인 것이었어요. '이게 악기예요, 아니에요?'라고 악기의 경계를 묻는 것 자체가 '어떤 소리가 음악이에요?'라고 묻는 것과 똑같은 것이었죠.

기존의 틀을 깨라 주문하는 건가요?　음악의 경계는 이렇게 물렁물렁하다, 랄까요? 모든 게 그렇지만 기술의 발전과 역사에 따라 음악의 경계도, 음악적인 소리에 대한 개념도 확장되고 변형되고 있다는 거죠. 그것이 현대음악의 태도이기도 하고요. 전체적으로 그런 이야기가 될 수 있기를 기대한 거죠.

함께 작업했던 미디어아티스트 권병준 씨와 백PD의 인터뷰 기사에 이렇게 쓰여 있어요, 이 프로그램은 '인간이 어울리고 행복해지는 과정에 대한 이야기다.' 라고.　그건 기자의 의견이 가해진 것 같아요. 저는 오히려 그렇게 되는 것을 싫어하는 편이었다고나 할까요. 제가 프로그램을 제작하면서 경계했던 게 '결국은 사람이에요'라는 식의 말이었거든요. 많은 연출자들이 그런 말을 하죠. 근데 저는 제가 만든 다큐멘터리가 결국에는 휴먼다큐가 되는 것을 원하지 않았어요. 그것이 틀렸다는 게 아니라, 인간적인 감정과 정서에 호소하는 것으로 마무리되거나 귀결하고 싶지 않았던 거죠. 음악이 주인공이 되고 음악에 관심이 가야 한다고 생각했어요. 결국은 사람의 일이에요, 하고 말하는 것은 아주 강력한 설득의 수단이기도 하지만 어떻게 보면 굉장히 보수적인 결론을 끌어내거나 정서적으로 봉합하고 말기 십상이거든요. 그런 이야기는 다른 분들이 하시고, 나는 음악을 다루고 싶다 생각했죠.

해체과정 없이 새로운 발전 없어
음악자체, 악기에 이어 다음은 듣기

〈악기는 무엇으로 사는가〉를 끝낸 소회는 어떤가요?　직업적인 삶에서 가장 잊을 수 없는 순간을 이번 악기 다큐를 만들면서 체험을 했어요. 제작하는 1년 반 동안 회사가 전혀 간섭하지 않는데, 방송을 한 달 반 남기고 합동시사회를 해요. 혹평을 받았죠, 오줌 싸고 도망가고 싶을 정도로. 〈EBS 다큐프라임〉 대부분의 PD들이 비슷한 경험을 해요. 시사회가 다가오면 밥도 못 먹고 시름시름 앓죠, 스트레스가 너무 심해서. 대부분 박살나거든요. 어느 정도는 의도된 제도죠. 왜냐면 PD가 2년간 한 가지 주제를 파다보니, 자기가 제일 잘 알고 최선의 결과라고 착각하거든요. 그 착각과 바이어스는 절대 혼자 깰 수 없어요, 깰 수 있다면 그 사람은 성인일 거예요. 그걸 깨주는 거죠, 엄청난 수치심을 안겨주면서. 저도 박살났죠. 일단은 집에 못 가요, 망했거든요 2년 동안의 농사가. 다시 편집기 앞에 앉아서 하염없이 밤을 새죠. 그렇게 작가와 함께 이야기를 다 뜯어 놓고 2주간 밤을 새다가, 어느 날 새벽에 깨달음이 오더라고요, 방송 2주 전에. 프로그램은 제작과정을 거치면서 주제 자체도 재료도 끊임없이 성숙해요. 그런데 저는 어떤 사건, 이벤트의 순간을 영상으로 포착해 놓고, 편집기 앞에 앉아서 처음 시작할 때의 기획의도만으로 가공하려고 했던 거죠. 멘탈이 붕괴되는 2주 동안의 탈진을 겪고 나니까 재료가 사실은 다른 이야기를 하고 있다는 것을 그때서야 볼 수 있었던 거죠. 그래서 이야기를 다 바꿨어요. 그때 반드시 재료가 한 번은 해체되어야 한다는 걸 절감했어요. 이후 프로그램 제작뿐만 아니라 모든 삶의 과정을 그렇게 받아들이기로 생각하게 된 계기가 됐어요. 저한테는 너무 귀한 경험이었죠. 그 다음부터는 다른 작업을 하더라도 스트레스가 오면, '아 뭔가 발전하려고 하나 보다' 하는 생각을 자동으로 하게 되고 스트레스도 덜 받게 되었어요. 그 화학적 변화의 과정을 가능하게 해주신 작가님에게 새삼 감사하네요.

1부 〈악기들의 무덤〉을 보면 폐기된 악기들의 세팅이나 조명장치, 악기들을 촬영한 영상기법이나 자막, 음악 처리 기법이 대단히 모던해요. 특별히 다른 공부를 했나요?　직업이 PD니까 모든 영상텍스트가 내 공부죠. 어떤 영상을 보든 학습이 되긴 해요. 초기에 입사해서 드라마 연출을 했던 감각에 영향을 좀 받아요, 숏을 구성하고 장면을 배열할 때 드라마적인 선택을 자꾸 하게 된다고 할까요. 미적 완성도에는 카메라 감독의 역량과 헌신이 차지하는 비중이 지대합니다. 헌신적으로 작업해주신 미술감독의 지분도 크고요.

그동안 EBS가 〈다큐프라임〉을 하면서 쌓은 노하우가 발현된 것이라고도 할 수 있겠네요.　당연히 축적된 노하우와 제작 시스템의 영향이 크죠. 잘 아시다시피 〈EBS 다큐프라임〉은 내외를 막론한 엄격한 공모제로 진행되죠. 공모에서 떨어지면 PD는 부서에서 나가야 하고 붙으면 발령을 내는, 자원 부대 같은 것이에요. 기획안이 채택되면 제작비와 방송날짜를 지정해 주고 간섭을 최소화해요. 자율성을 보장하는 대신에 결과를 100% 책임지라는 거죠. 가혹하게 평가하고요.

〈PD 저널〉에 쓴 제작 후기를 봤어요. '음악 소리는 악기를 출발했으나 아직 우리 귀에 도착하지 않았다. 그러면 내가 앞으로 도착할 소리를 듣고 싶다.'라고 썼더군요.　세 번째 음악다큐 시리즈를 제작하고 싶다는 뜻이었어요. 첫 번째 시리즈에서 음악이 탄생했고, 두 번째 시리즈에서는 악기에서 음악이 출발했다고 제 나름 표현해 본다면, 그 다음에는 출발한 음악이 우리에게 도착해서 벌어지는 이야기를 하고 싶다는 말이었습니다. 두 시리즈를 만들고 보니 큰 이야기의 완결을 위해서 반드시 필요한 주제들이 남아 있었고, 그 중 한 덩어리가 듣기와 듣는 사람에 대한 것이죠. 그것을 내가 할 수 있기를 바라고, 이제까지 하지 않은 다른 방식의 이야기 스타일도 찾고 싶네요.

그 음악이 아니면 안 되는 필연성 연구

음악 다큐멘터리를 얘기하려면 7년 동안 맡아온 라이브음악 프로그램 〈스페이스 공감〉을 얘기할 수밖에 없는데, 그때 경험이 다큐멘터리 제작에 어떻게 도움이 되었나요?   엄청 도움 됐죠. 제가 담당한 공연도 2,000개가 넘고, 오디션한 팀도 2,000팀이 넘어요. 문제의식의 출발은 신인 오디션이었어요. 신인 밴드 2,000팀을, 최소 2,000곡 이상의 새로운 음악을 들었다고 할 수 있는데 그때마다 고민했어요. 이 음악이 저 음악보다 더 가치 있다고 말할 수 있는 근거가 무엇일까를. 그리고 항상 죄스러웠죠. 나한테 그런 권리나 권한, 아니 지식과 전문성이 있는가. 그게 항상 과제였어요.

어떻게 해결했나요?   음악공부를 하면서 내린 결론, 내 스스로를 납득시킨 것은 이거였어요. '저들이 저 음악을 통해서 하려는 이야기가 저 음악이 아니면 안 되는가?' 저 음악이 아니어도 되는 이야기면 저 음악은 없어도 되는 거잖아요. 저런 형태의 소리에 담겨야만 할 필연성이 있는가를 판단의 기준으로 삼았죠. 아니야? 그럼 흉내 내고 있는 거다, 꼭 있어야 할 필요 없잖아. 근데 저 음악의 힘은 저 음악가의, 저런 형태의 사운드와 태도에서밖에 안 나오는 독창적인 거라면? 점수를 더 주게 되는 거죠. 이걸 직업적으로 고민하다 보니 그게 음악을 대하는 가장 큰 저의 문제의식이 됐죠.

7년 동안 〈스페이스 공감〉을 하며 음악은 무엇이다 하고 느낀 게 있나요?   뭐랄까, 한 번도 얘기한 적이 없지만 제 음악다큐 시리즈에 깔려 있는 서브텍스트인데요. 이렇게 생각하게 됐죠, 우리는 생각보다 훨씬 동물적이에요, 음악을 대할 때도. 사실 상업적인 음악일수록 진화심리학적으로 우리를 동물로 다루고 있어요. 강한 비트라든지, 반복적인 사운드를 활용해 동물적 감각으로 몰입시키는 거죠. 음악은 왜 감동적인가? 하는 질문도 같은 맥락의 대답이 가능하죠. 내가 얼마만큼 음악에 동물적으로 반응하는 존재인지 깨달으면, 본능에 대한 호소와 예술적인 호소를 구별할 수 있게 되는 거죠, 아니 그렇게 되길 제가 바라는 거죠. 〈음악은 어떻게 우리를 사로잡는가〉에서도 결국 얘기하고 싶었던 것은, 진화적으로 동물의 습성을 보존하고 있는 나의 리자드 브레인에 호소하는 음악에 빠져서 시간을 허비하지 말자는 것이었죠. 나의 정신을 고양시키고 예술적으로 나를 확장시키는 음악도 많다, 그런 음악을 듣는 것이 인생에 훨씬 더 의미가 있지 않은가. 그런데 대부분의 상업 음악은 리자드 브레인을 공략해요. 동물적인 공포와 동물적인 쾌감을 자극하고 거기에 약간씩의 양념을 바꿔가면서 음악을 만들죠. 물론 그런 과정에서도 크리에이티브하고 매력적인 음악이 탄생하기도 해요. 요즘 클럽 뮤직을 조금 듣는데, 기본적으로 동물적 흥분을 노리는 음악이지만 한편으론 극히 세련되고 아름다운 발상들도 많더라고요. 음악의 그런 면들을 구분할 수 있을 때 나를 조종하는 보이지 않는 손으로

부터 자유로워지는 거죠.

비트나 박자에 맡겨버리는 것도 어느 정도 필요하지 않나요? 저는 재즈를 좋아하는데 술 한 잔 먹고 그냥 동물적인 감각, 느낌들에 몸을 던져 버리거든요.   네, 그래야죠. 그러기 위해서 음악을 듣는 거고, 그게 음악의 큰 기능이죠. 그런데 알고 맡기는 것과 내가 조종당하는 줄 모르고 즐기는 것과의 차이는 크지 않을까요? 내가 느끼는 감동 중에서 얼마만큼이 내가 속고 있는 것인가를 알게 되면 그만큼 더 자유로워지는 것이니까요.

말씀을 들어보면 프로그램을 제대로 만들려면 한 분야에 엄청난 전문성을 쌓아야 하는구나 생각이 드네요, 프로듀서들이 얼마나 전문성을 가져야 할까요?   프로듀서가 모든 것을 알 수도 없고 알 필요도 없지만, 어떤 대상을 이 사회에서 지금 다룰 가치가 있는지, 어느 수준과 방식으로 다뤄야 할 지 분별할 정도의 전문성은 필요하죠. 그리고 어떤 전문가가 더 적절한 올바른 전문가인지를 선택할 수 있고, 그에게 휩쓸려서 끌려 다니지 않을 만큼의 전문성이 있어야 한다고 생각해요. 훌륭한 전문가들에게 의지한다고 좋은 다큐멘터리가 탄생하지는 않죠. 그들의 전문성과 결합해서 영상을 통한 이야기라는 독자적인 형식의 결과물이 생성되는 거죠. 서로 자극을 주며 서로 접근하는 거죠. 나는 음악적으로 점점 전문가가 돼 가고, 그 사람도 점점 내가 원하는 방식으로 다가오고, 두 가지가 딱 만나면 터지는 거죠. 그때의 행복감이란!

음악이 감동적인 이유 찾기

첫 음악다큐 시리즈로 돌아가죠. 〈스페이스 공감〉을 떠난 뒤에 〈음악은 어떻게 우리를 사로 잡는가〉를 만들었어요. 기획의도를 설명해 주세요.   앞서 말씀드렸듯이 출발은 '음악은 왜 감동적인가'였어요. 왜 감동적인가를 해명하고 싶은 것은 〈스페이스 공감〉에서 프로듀서로서 (매우 건방지지만) 음악을 감별하거나 판단해야 하는 저의 직업적인 주제의식이었어요. 어떤 음악이 감동적인가. 동물적인 호소에 휘둘리지 않고 예술적인 어떤 발견을 주는 것이 좋은 음악이라는 생각은 갖고 있었는데, 그것을 탐색하는 프로젝트를 해보고 싶었죠. '왜?'에서 시작한 이야기는 '어떻게?'로 옮겨갔죠. 어떻게 해서 음악이 나를 사로잡는지 이해하면, 그때부터 음악을 더 적극적으로 이해하고 더 자유로운 청자가 될 수 있지 않을까 생각한 거구요.

1부 〈시간의 주인〉에서는 리듬 얘기를 했고, 2부 〈집으로 가는 길〉은 화성과 조화를, 3부는 뮤지션들의 인터뷰를 담았어요. 이렇게 분배한 데는 어떤 뜻이 있었나요?　음악으로 사람 마음을 움직이려 노력했던 역사가 음악 이론 발전의 역사니까 이론을 다루고 싶었죠. 당연히 멜로디, 리듬, 화성 이런 음악의 기본 요소들에서 출발했어요. 근데 BBC에 아주 유사한 시리즈가 이미 제작돼 있었어요. 음악을 들여다보는 새로운 카테고리 작업이 필요했죠. 자문을 맡아주신 전문가들과의 연구와 고민 끝에 1부는 현대음악에서 중요성이 점점 부각되고 있는 리듬을 중심으로 가고, 2부는 조성(tonality)을 다루게 됐죠. 조성은 이야기 구조와 곡의 형식의 근간이기도 했어요. 이 이야기의 구조는 리듬, 멜로디, 화성이라는 카테고리 만으로 해명되지 않는, 음악의 핵심적인 부분이죠. 설득의 방식이에요, 그 핵심을 표현하자면 '익숙함과 낯섦의 변주'였고요. 너무 낯설면 안 듣고 너무 익숙하면 지루한. 이건 모든 음악을 관통하는 핵심인데, 그것을 '익숙함과 낯섦의 여행'이라는 비유를 통해서 해명하고자 했죠.

알고 있는 모든 인맥을 동원해서 일단 음악가 인터뷰에 착수했죠. 장님 코끼리 만지는 질문 하나만 갖고 갔어요. 정명훈 선생을 비롯해 30~40명의 음악가분들께 '선생님 음악은 왜 감동적인가요?', '뭐라구?' 한 마디 하시면 꼬투리 잡아서 계속 한 시간이고 두 시간이고 질문을 던지고… 음악가들에게서 무엇을 찾고 싶었죠. 거기서 바로 해답을 찾을 순 없었어요. 대신에 인터뷰가 쌓이니까, 음악가가 그 주제를 바라보는 시선이 하나의 덩어리가 돼 있었어요. 그래서 최초의 구성을 버리고 리듬과 조성으로 1, 2부를 갔고, 여기에서 채 포섭되지 않는 수많은 진실을 3부에 담았죠, 음악가들의 이야기를.

음악을 시각화한 영상과 그래픽
대중음악부터 고급까지 공평한 음악선곡

1부 〈시간의 주인〉에 인용된 영상화 작업들이 인상적이었어요. 리듬의 박동을 달리기의 발이나 박수에 비유하고, 악센트는 톱질이나 망치질로 보여줘요, 음은 높이가 다른 화분으로 영상화했고요. 연습실이라는 세트 설정도 스토리텔링을 쉽게 했고요.　음악 교재와 관련 텍스트를 무작위로 읽었어요. 외국에는 좋은 음악 교재가 많더라고요. 장면의 아이디어는 음악

적 재료를 모으며 작가와 같이 계속 생각해 만들어 낸 것이죠. 예를 들면 변주는 일상의 작은 일탈로 표현했죠. 싱코페이션은 계단 내려오는 발걸음이나 붉은 악마의 '짝짝~짝짝~짝' 박수응원, 심수봉의 〈그 때 그 사람〉 노래로 설명하는 식이었죠. 주요 무대로 연습실 세트라는 공간을 제시해준 것은 작가였습니다. '음악가의 방으로 가자'고요. 1부 주제가 '음악은 시간의 주인, 곧 인간의 시간적 삶을 재구성해낸다'이잖아요? 연습 공간이자 음악이 탄생하는 공간이 되면서 동시에 뒤편 창을 통해 보이는 계절의 변화로 1부 주제인 시간을 상징할 수 있었어요.

새로운 리듬의 변주나 형식을 보여주기 위한 음악 선곡이 심수봉의 대중가요부터 수준 높은 클래식까지 다양해서 좋았어요. 정서적으로도 다가오고 구성에도 도움이 되는 곡들이었죠.　　선곡에는 보이지 않는 엄청난 노력이 들어가 있어요. 선곡에 있어서 기본원칙은 사람들이 싸구려 음악이라고 생각하는 뽕짝부터 아주 고급이라고 생각하는 난해한 클래식까지 공평하게 다루자는 거였어요. 위계를 나누지 말자, 그리고 가능한 한 다양한 음악들을 다룬다. 한 편에 쓸 수 있는 음악의 개수는 정해져 있잖아요. 음악의 종류를 다양하게 배분하고 싶었어요. 전문가들의 도움을 받았고, 해당 장면의 연주자들과 협의해 선곡한 것도 많아요. 새로 만든 곡들도 있고요. 공연 기획을 해봤기 때문에 음악가들이 무엇을 할 수 있는지를 아는 편이에요. 무엇을 요청하면 음악가들이 신나게 일을 하는지, 감이 좀 생긴 거죠. 다수의 음악들이 그 장면에 출연하는 음악가들이 만든 것이에요. 예를 들면 진행자이자 연주자인 박종훈 씨가 프로그램 서두에 다섯 살 때 다쳤다거나 피아노를 시작했다는 얘기를 하잖아요? 그 장면도 제가 '이런 거 얘기하고 싶은데 어떻게 할까요?' 요청하니 연주자들이 고민해서 그 장면에 꼭 필요한 음악을 만들어 온 거예요. 쇼팽을 매우 서정적이고 품위 있게 재즈로 편곡할 수 있을 음악가에게 이렇게 장면구성을 하고 싶으니, 테마 잘 들리게 해줘요, 그러면 신나게 해오시고요. 음악의 완성도는 음악가들이 나서서 높여 놓는 시너지가 발휘된 거죠.

음악을 시각화한 그래픽은 음악을 이해하기 쉽게 만들어 주었고, 사이사이에 삽입한 일상이나 시간의 흐름, 인류의 고민을 몽타주로 편집한 영상은 생각하는 시간도 주었어요.　　처음에는 표현보다 해야 할 이야기 정리에 몰두했어요. 그렇게 이야기를 정리하다보면 꼭 찍고 싶은 장면이 떠오르곤 했어요. 그 장면을 찍고 싶어서라도 이 이야기를 해야겠다는 그런 시각적 아이디어들이 하나씩 생겨났죠. 그럼 유튜브를 찾아봐요. 내가 생각하는 이런 영상이 있나. 아무도 안 찍었어요. 그럼 내가 찍어야겠다, 하는 거죠. 그 예가 〈악기는 무엇으로 사는가〉에서 바이올린 몸통 속에 사운드 포스트를 세우는 장면이었어요. 악기 안에다 카메라를 집어넣어서 꼭 찍고 싶다는 생각에 사로잡혔어요. 피아노 두 대를 각각 평균율과 순정률로 조율해서 동시에 연주하는 장면도 그랬어요. 아무도 안 했더라고요. 너무 해보고 싶었죠. 어찌 보면 꼭 표현하고 싶은 장면이 떠오르는 데서 새로운 이야기나 스토리가 탄생하기도 하는 것 같아요. 〈음악은 어떻게 우리를 사로잡는가〉에서 시도했던 건 메트로놈 100대를 켜놓는 현대음악(리게티, 〈100개의 메트로놈을 위한 교향시〉)이었어요. 메트로놈 태엽이 다 풀리면 음악이 끝나는 거죠. 유튜브로 봤는데 시각적인 효과가 어마어마했죠.

그게 1부 엔딩 컷이었죠, 방안 가득히 메트로놈을 깔아 시간의 흐름을 전달한.　메트로놈이 비싸서 많이 못 깔았어요. 열 몇 개 밖에요. 대신 다른 흔들리는 물건들을 다 갖다 놨죠. 어떻게 해서든지 리듬의 폭포 같은 장면을 해보고 싶었거든요. 원래는 엔딩 장면이 아니었는데 편집하다보니 엔딩으로 갔어요. 그런 식

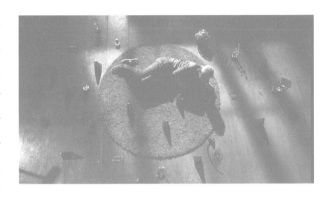

의 장면들이 쌓이면서 영상이 풍부해지기 시작했죠.

음악자체는 시간이 주인
멜로디는 떠났다 돌아오는 여행

1부 〈시간의 주인〉의 마지막 내레이션이 '음악이 흐르는 동안 우리는 시간의 주인이다.'였어요. 음악도 시간을 관리하는 것이기 때문에 '여러분의 인생을 관리하십시오, 음악도 시간이 주인입니다.'라는 메시지를 전하고 싶었나요?　그렇게 말할 수 있겠네요. '시간의 주인'이란 주제를 방송 2주 전에야 잡아냈어요. 1부 원안은 리듬을 설명하는 장면들이 점점 난이도를 높여가며 배치돼 있었지만, 뭔가 핵심이 빠져 있었어요. 너무 교재 같아져서 속이 상했죠. 방송은 다가오고 편집을 하는데 알맹이가 없는 거예요. 관통하는 메시지가 없었어요. 망한 거죠. 한 번도 들어가 보지 않았던 '아이튠즈 유(iTunes-U)'에 우연히 들어갔어요. 뮤직, 리듬을 검색어로 쳤더니 영상이 하나 나왔어요. 어느 미국 교수가 1분 강의한 영상이었는데, 거기에 '음악은 시간을 주무르는 것이에요.'라는 이야기가 나왔어요. 소름이 쫙 돋았죠. 그동안에 고민했던 답이 이거였다는 것을 깨달았죠. 우리는 모두 시간을 살고 있는 존재이고, 음악은 선형적인 시간을 비선형적으로 만드는 그런 행위라는 깨달음이었죠. 그게 리듬으로 나타나는 것이고요. 원래 있던 장면 하나를 고쳐 몽타주 신을 더했어요. 음악가가 흔들의자에 앉아 있고, 펜이

바닥에 떨어지면서 시작되는 몽타주가 그거죠. 사실 짧았던 그 장면을 편집하면서 이이언의 곡 「Bulletproof」를 얹어 놓고, 이 노래가 끝나지 않으면 좋겠다고 생각한 참이었어요. 계속될 수 있는 재료가 있었으면 좋겠어서 그 장면의 편집을 닫지 못하고 있었어요. 결국 주제를 담은 몽타주가 그 음악을 따라 흐르게 됐습니다. 그게 방송 2주 전이었어요. 전체 장면들을 다시 배열하고, 내레이션을 다시 썼죠. 핵심적인 얘기를 재정리하고, 찍어놓은 영상을 다시 뒤져 찾고, 자료 화면으로 보완해서, 뒤늦게 주제 시퀀스를 만들어낸 거죠. 자랑이 아니네요.

음악교재의 느낌에 시간 개념이 들어오면서 의미가 형성되고 영상과 만나면서 하나의 메시지가 만들어진 거군요.   네, 방송 2주 전이라고 말했지만 사실은 제작과정 내내 그 고민을 해왔으니까 그 때쯤 터진 것이라고 생각해요. 아주 행복한 발견이었고, 지금 반추해 봐도 나쁘지 않은 주제라고 생각합니다.

2부 〈집으로 가는 길〉의 소재는 멜로디와 하모니인데, 여행으로 풀어냈어요.   여행의 비유는 취재를 시작하자마자 정경영 교수가 던져주신 겁니다. '음악은 떠났다 돌아오는 여행이다.'라고요. 그 말에서 이론이 스토리텔링으로 바뀔 수 있는 실마리를 얻었죠. 모든 곡은 다 떠났다 돌아옵니다. 으뜸음과 으뜸화음으로요. 으뜸음이라는 그 느낌이 조성(tonality)이고요. 그렇게 2부 〈집으로 가는 길〉은 조성에 대한 얘기였어요. 무조주의 음악이 나오기 전까지는 엄청나게 강력한 조성의 독재의 역사였죠. 여하튼 멜로디와 하모니를 여행으로 비유하는 콘셉트는 아주 일찌감치 잡혔고, 후반작업 과정에서 조성이라는 개념으로 묶인 거예요.

〈음악은 어떻게 우리를 사로잡는가〉 3부작을 통해 밝힌 음악이 아름다운 이유는 무엇인가요?   그게 3부의 동력이었습니다. 음악이 아름다운 이유를 음악가의 입을 빌려서 키워드를 만들어보자는 것이었죠. 그러나 그것도 답은 아니었습니다. 소리가 곱다, 인생을 찾을 수 있고 기쁨과 슬픔을 느낄 수 있다, 연주를 잘해야 한다, 진심을 담아야 한다… 이 모든 대답들도 음악가들이 감동을 주기 위해 중요하게 여기는 요소들이었을 뿐 답은 아니었죠. 답에 다가가기 위한 요점들이라고 할까요? 미술이 아름다움의 표본을 갖고 있지 않듯이, 결국 음악은 소리의 아름다움에 대한 탐구가 아닐까 생각해봐요.

음악 다큐멘터리에서 중요한 구성요소들을 꼽는다면 무엇일까요?   그건 잘 모르겠어요. 어쨌든 음악가나 음악 이벤트가 아닌 음악 자체를 바라보는 게 의미 있다는 것에 더 확신을 갖게 됐습니다. 〈음악은 우리를 어떻게 사로잡는가〉의 주제였던, 음악을 더 알아야 사랑할 수 있고 자유로울 수 있다는 입장도 바뀌지 않은 것 같고. 역설적으로 이렇게 말할 수 있을 것 같습니다. 시각적으로 아름답게 표현했다고 해서 음악이 더 좋아지거나 아름다워지지는 않는다. 음악은 음악 자체로만 아름답다. 제가 프로그램에 동원한 시각적인 요소들은 음악의 아름다움을 설명하기 위한 도구였을 뿐이었던 거죠.

다큐멘터리는 당대를 이야기하는 가장 혁신적 도구

세상을 50분이라는 시간으로 재구성하는 것, 삶을 논픽션으로 담아낸다, 시각적으로 최고의 영상으로 세상에 근본적인 질문을 던지며 지식발전소를 지향한다는 〈다큐프라임〉의 슬로건은 'Documentary is Life.'입니다. 세상의 삶을 기록한다는 의미인가요?　〈다큐프라임〉은 교육공영방송이라는 EBS 채널의 정체성이 반영된 다큐멘터리 시리즈입니다. 채널의 특성상, EBS의 경향상, 다큐멘터리의 속보성이나 시사성보다는 학자적인 방식으로 학술적인 가치에 가닿기를 추구하는 것이 〈EBS 다큐프라임〉의 컬러가 된 것이라 생각해요. 다른 다큐멘터리와 〈다큐프라임〉을 구별하는 지점인 것 같아요. 어떠한 주제든 학술적인 논의에까지 도달하려는 노력을 합니다. 제작시스템은 연출자에게 무한 자유와 무한 책임을 동시에 주는 시스템이고요.

이 시대의 다큐멘터리는 무엇을 해야 할까요? 세상의 무엇을 담아내야 할까요?　감히 제가 대변할 수 있는 질문은 아닙니다만, 다큐멘터리가 무엇을 담아야 하는지 고민하는 것이 다큐멘터리가 아닐까요? 현대는 영상의 시대인데, 영상의 혁신이 가장 활발하게 일어나는 분야가 게임과 다큐멘터리라고 생각해요. 영화는 상업성에 포섭돼서 혁신이 잘 안 터지고… 기술적인 혁신은 게임 영상에서 많은 것 같고요. 스타일이나 형식에 대한 반성은 다큐에서 더 많은 것 같아요. 그렇기 때문에 어떤 의미에서는 다큐멘터리가 당대를 이야기하는 가장 혁신적인 영상 도구라고 할 수 있지 않을까 생각합니다. 재즈는 어떤 특정한 화성과 리듬으로 표현하는 음악이라는 뜻에서 '단 한 번도 같은 연주를 다시 하지 않으려는 태도'를 의미하는 것으로 바뀌었죠. 현재의 다큐멘터리도 생생한 이벤트 현장에 카메라를 들이대는 형식만을 말하기보다는, '어떤 영상의 방식을 통해서든지 진실을 발견해내려는 태도'라는데 주목해야 하지 않을까요? 다큐멘터리는 반영하고 해석하고 변화시킵니다.

자신만의 소재나 아이디어를 잡고, 창의를 내는 비법이나 방식이 있다면요?　물론 스타일 고민을 해요. 하지만 스타일은 주제에서 나옵니다. 먼저 무엇을 얘기하는 것이 의미 있는지 오랫동안 고민해요. 그리고 무엇을 얘기해야 한다고 믿게 된 순간, 스타일을 떠올리죠. 고민하다보면 조금씩 답들이 보이고요. 스타일에 대한 열망이 없다면 거짓말이지만, 스타일을 먼저 고민할 수 있는 문제는 아닌 것 같아요. 그런데 다음에 제작할 다큐멘터리에 대해서는 스타일보다 주제에 접근하는 방식으로 해보자는 어떤 바람이 생겼어요. 그 형식과 이야기를 찾아내기 전까지는 3번째 다큐에 착수하지 못할 것 같아요. 똑같은 스타일을 또 하나 만들고 싶은 생각은 없으니까요. 그 그물코를 찾아낼 수 있기를 바라면서 계속 안테나를 열어두고 있습니다.

그럼 다음 다큐는 언제쯤?　그물코를 찾으면 기획안 공모에 내봐야죠.

디지털 플랫폼에 활용할 원천콘텐츠가 중요

디지털시대예요. 젊은 층은 콘텐츠를 모바일로 보고, 시장 구조가 바뀌고, 소위 올드 미디어는 혁신하지 않으면 생존할 수 없는 시대입니다. 광고가 안 되니까 재정적인 압박도 심하고요. 디지털 혁신의 시대에 PD는 어떻게 살아야 할까요? 무엇을 바꾸어야 할까요?　어려운 얘기입니다. 저는 그냥 PD라기보다는 교육방송의 PD라는 정체성이 더 세요. 교육방송을 만드는 월급쟁이지 여기를 그만두고 나가서 프리랜서PD가 될 생각은 없는 사람이죠. 그 말은 방송콘텐츠의 생존보다는 공영성을 우선적으로 생각하는 직업관에 길들여진 사람이라는 뜻이죠. EBS PD로서 어떻게 살아야 할지만 생각해 왔어요. 디지털 감수성이랄까, 다변화되고 있는 매체를 통해서 콘텐츠를 새로운 플랫폼에 맞게 변형시키고, 그것을 활용해서 홍보를 하고 새로운 수익을 이끌어내는 것들에 대한 노력은 반드시 필요하죠. 그런데 궁극적인 경쟁력은 사적 매체들이 넘볼 수 없는 전문성이 아닐까, 그 전문성을 키우는 게 궁극적인 생존력이 아닐까 생각해요.

결국은 좋은 콘텐츠가 중요하다는 얘기인가요?　그렇습니다. 중요한 주제를 본격적으로 이야기하는, 이 시스템이 아니면 할 수 없는 콘텐츠를 본격적인 방식으로 다루고 그 결과물을 내는 것이죠. 그것이 대형 조직인 방송국에 속한 PD의 궁극적인 경쟁력이 아닌가 싶어요.

세계 공영방송대회인 인풋(INPUT)을 3년 다니면서 두 가지 경향을 읽었어요. 하나는 디지털시대일수록 역사와 탐사 등 전통 저널리즘을 강화하는 것이고, 다른 하나는 디지털 플랫폼에 맞는 새로운 형식의 프로그램들을 만들어 모든 디바이스에 유통시키는 혁신을 통한 생존이었어요. 온갖 이름을 내걸고 프로그램들의 장르적 실험을 하고 있었어요.　지금 하고 있는 프로그램은 다큐는 아니고요, EBS 유아 콘텐츠 중에서 가장 상업적인 동원력이 센 '번개맨'이 나오는 〈모여라 딩동댕〉입니다. 번개맨을 중심으로 다양한 캐릭터 사업을 벌이는데, 원천 소스를 제공하는 게 제가 지금 만들고 있는 프로그램이죠. 뮤지컬, 영화, 캐릭터 상품, VR, 웹드라마 등 온갖 종류의 콘텐츠가 만들어지고 있습니다.

　말하자면 PD가 그 모든 플랫폼의 전문가일 필요는 없다는 건데요, 다양한 콘텐츠 유통이 잘 되기 위해서는 원천 콘텐츠가 어떤 미덕을 갖고 있어야 하는지 고민하고 있습니다. 선명한 캐릭터성과 상품화가 가능한 캐릭터 디자인, 선명한 이야기 구조, 이런 것들을 고민해요. 결국 원천 콘텐츠가 동원력을 만들어 줘야 다매체로 이야기가 푸시될 수 있기 때문이죠. 말씀한 주제는 지금 하고 있는 일에서도 실감을 하고 있어요. 급변하는 환경에서 EBS도 많은 고민을 하고 있어요.

디지털시대,
프로듀서와
프로그램을 묻다

tvN 〈응답하라〉시리즈
신원호PD

KBS에서는 〈올드미스 다이어리〉, 〈해피선데이〉를 연출했다. tvN으로 옮긴 뒤 〈응답하라〉 시즌제를 세 번 연속 성공시키며 신원호표 예능적 드라마의 불패신화를 열었다. 〈응답하라 1997(2012)〉, 〈응답하라 1994(2013)〉, 〈응답하라 1988(2016)〉로 이어진 시리즈는 90년대와 80년대 당시의 대중문화와 사회상을 배경으로 로맨스를 엮으며 복고 코드를 선도했다. 전작은 실패한다는 관례를 깨고 〈응칠〉의 10%대 시청률은 시리즈가 계속되며 오히려 높아져, 〈응팔〉은 역대 케이블 최고인 19.6%를 기록했다. 이우정 작가를 비롯한 예능작가들과의 예능집단창작시스템을 드라마에 적용해 '뉴케드(새로운 케이블 드라마)'라는 용어를 만들어 내는 등 새로운 스타일의 드라마를 창조했다는 평가를 받는다. 신인연기자 중심의 배역, 과거와 현재 시점을 오가며 여주인공의 남편이 누구인지 맞추는 '남편 찾기'구조나 염소 울음소리 등 예능적 요소의 도입, 단편적 에피소드식 스토리텔링, 마지막 장면에 "뜨겁고 순수했던, 그래서 시리도록 그리운 그 시절. 들리는가, 들린다면 응답하라."라는 내레이션은 여전히 장안의 화제다.

예능집단창작시스템으로 만든
복고드라마 신화

니치와 케이블라이크

〈응답하라〉 시리즈는 속편은 성공하기 어렵다는 속설을 깨고 계속 전편의 기록을 뛰어 넘더니, 마지막 시리즈인 〈응답하라 1988〉이 케이블 역대 최고인 19.6%의 시청률을 기록했어요. 〈응답하라〉시리즈가 시청자를 끌어들인 힘은 무엇이라고 생각하나요?　프로그램 할 때마다 고민하는 부분이에요. 〈응답하라〉도 매 시리즈 마다 시청자들이 좋아해주실까 고민하면서 만든 거라서 저도 그 키가 정확히 뭔지는 모르겠어요. 아마 연습된 부분이 있는 것 같아요. KBS에 있을 때 기획제작국에 먼저 입사했다가 예능국에 10년 있었어요. 그 중에서도 〈해피선데이〉를 7년 반 했는데, 예능국의 가장 핵심프로그램이고 시간대도 일요일 저녁 시간대다 보니까 늘 신경 써야 했죠. 세 살부터 여든까지, 초등졸업부터 박사까지 봐야 한다는 걸 염두에 두고 프로그램을 만들었어요. tvN에 처음 왔을 때 그 부분이 제 발목을 잡았죠. 당시만 해도 tvN은 지상파랑 경쟁하겠다는 생각보다 케이블만의 '니치'를 찾아서 젊은 세대를 잡는다는 승부수를 갖고 있어서 '케이블라이크(cable-like)'라는 단어를 굉장히 많이 썼어요. 지상파스러우면 안 되고 케이블다운, 케이블만의 콘텐츠를 만들어야 한다고 했어요. 제가 지상파에만 10년 넘게 있어서 그게 어떤 개념인지도 알 수 없었어요. 이런 저런 과정을 거쳐 드라마를 하게 되었는데 처음에는 '케이블스럽게 만들어야 한다는데 그걸 어떻게 하지' 하고 고민했어요. 그러다 '모르겠다, 그냥 원래 DNA대로 만들어보자, 망하면 그 때 알겠지' 해서 원래 갖고 있던 더듬이대로 만들었죠. 그 과정에서 지상파에서 배웠던 전 세대를 아우르는 일종의 DNA 같은 게 많이 발현이 되었던 것 같아요. 케이블에서는 잡기 쉽지 않은 연령층을 포괄하면서 각 세대의 반응을 다 이끌어 낼 수 있었던 것 같아요.

'케이블라이크', '니치'라는 표현이 인상적이에요. 〈응답하라〉 시리즈를 성공시킨 지금은 어떤가요?　'니치'는 여전히 모든 콘텐츠 만드는 사람들이 찾아야 할 부분이지만, '케이블라이크'라는 용어는 이제 쓰는 사람이 아예 없어졌어요.

이제 지상파와 당당히 경쟁할 수 있다는 뜻인가요?   수치 면에서 분명히 뒤지는데 화제성부분에서는 대등한 수준까지 올라왔다고 생각해요. 요즘은 시청률보다 화제성이 더 중요해요. 시청률이 반 토막만 나올지라도 화제성 있는 프로그램을 하는 게 훨씬 경쟁력과 경제성이 있어요. TV시청이 구매로 이어지지 않는 계층에 소구하는 프로그램보다 구매력과 활동력 있는 세대를 대상으로 하는 게 훨씬 경쟁력이 있다고 생각해요.

tvN이 지금의 입지에 올라서기까지 〈응답하라〉 시리즈가 큰 역할을 했다는 평가에 대해선?   그 당시에는 몰랐어요. 〈응답하라 1997(응칠)〉이 끝나고 동기인 김원석PD가 술자리에서 이런 얘기를 했어요. 지금은 아무도 모를지 몰라도 3~4년만 지나면 〈응칠〉은 대한민국 방송계에서 굉장히 중요한 위치에 서는 프로그램이 될 거라고. tvN 프로그램들 중에 성적으로도, 화제성으로도 큰 결과를 얻긴 했지만 그렇게까지 역사적인 전환점일까 의문이었어요. 사실 프로그램이란 건 만들어놓으면 더 이상 내 것이 아니에요. 〈응칠〉을 저와 격리시켜 생각해보면 저도 그 생각에 동의해요. 제가 그 찬사를 받겠다는 게 아니에요.

예능방식으로 풀어낸 90년대 팬덤문화

〈응답하라〉 시리즈의 연도는 어떻게 결정했나요?   어떤 연도가 좋을까 회의를 해보니 사건이 도드라진 연도들이 있었어요. 정치, 문화, 사회, 경제 다 통틀어서 희한하게 유난히 일이 많았던 해였죠. 영화나 가요 히트작이 많고 정치적 사건도 많은 해들을 뽑으려 했어요. 그게 1997, 1994, 2002, 1999년이었죠. 〈응답하라 1997〉은 서태지와 H.O.T, 젝스키스, 그리고 IMF와 경제위기의 기억들을 불러냈어요. 〈응답하라 1994〉는 김건모와 농구장의 오빠부대, 삐삐 호출의 기억, 그리고 김일성 사망, 성수대교 붕괴, X세대로 불리는 신세대의 등장이 있었어요.

그 중에서도 1997, 1994, 1988 세 해를 선정한 이유는?   그 해 일어났던 사건들을 극적으로 끌어 들여서 재미있게 녹일

수 있는 사건, 히트한 음악들이 많았기 때문이에요. 대중문화도 결정하는 데 영향을 많이 받았어요. 처음엔 80년대는 생각하지 않았어요. 90년대가 신선할 거라고 생각했어요. 90년대는 너무 가깝다고 생각들을 하니까 제대로 다뤄진 적이 없었기 때문이에요.

처음 아이디어는 어떻게 나왔나요?   회의 과정이 굉장히 난상토론이었어요. 6~7명이 농담 반, 음담패설 반, 말장난하며 밤새도록 이야기를 했죠. 이런 얘기 저런 얘기 맥락 없이 얘기를 하다 보면 어떤 재미있는 이야기에 연결고리가 되어서 다른 얘기가 나와요. '그 에피소드 재미있다', '내가 아는 게 있는데', '아 그 사람 재미있다' 이렇게도 하고, 혹은 '어떤 사람이름이 이건데 예쁘지?', '그거 나도 예쁘다고 생각했어' 하다가 나온 이름이 윤윤제였어요. 드라마 작법을 배운 적이 없어서 예능적 방식대로 할 수 밖에 없기 때문에 오히려 새롭게 만들 수 있게 된 것 같아요. 이런 얘기 할까 저런 얘기 할까 하다가 기존 드라마는 이런 점에서 재미가 없더라, 난 이런 게 좋더라 하는 얘기를 했어요. 특히 예능은 새로운 것에 대한 강박이 강해요.

처음엔 복고보다 팬덤문화에 대한 이야기를 먼저 했어요. 작가 중에 H.O.T 팬클럽 활동을 한 사람이 있었고 다른 작가는 젝스키스, 또 다른 작가는 god를 좋아했어요. 내가 그들과 수년을 일했는데 과거에 빠순이 경험이 있는지 몰랐던 거죠. 그게 너무 재미있었어요. 내가 이걸 왜 몰랐지? 너네는 왜 말 안했냐 했더니 창피했다는 거예요. 자기들끼리는 너무 공감하는데 밖의 시선이 어떤지 알기 때문에 얘길 안 했다는 거였어요. 여성들은 그런 경험이 적어도 한 번씩 있는데 남자들은 들어본 적이 없다면, 여자들은 공감을 하고 남자들에겐 신선하니까 소구력이 있을 거라 생각했죠. 이전엔 누구도 이걸 다뤄본 적이 없었고, 예능이고 드라마고 빠순이를 한심하다고 취급했는데 듣다 보니까 그들만의 룰과 철학이 있고 재미도 있었어요. 예를 들면 오늘은 나한텐 아무 의미가 없는 날인데 그 친구들은 토니 오빠 생일이라서 너무 행복한 거예요. 행복할 거리가 많은 친구들이었죠. 그런데 그 소재를 현재로 다루면 여전히 한심하게 보일 것 같았어요. 아이돌을 좋아하는 고등학생 주인공이라면 지금과 다를 게 없었어요. 팬덤문화를 대표한다면 역시 H.O.T, 젝스키스이고 그들이 1세대니까 그 시절로 가자고 했어요. 팬들은 이제 30대 중반쯤 되었고, 추억이라는 이름으로 외부의 한심한 시선을 거둘 수 있을 것 같았어요. 문제는 방영시점이 지금부터 겨우 15년 전인데 그걸 복고라고 할 수 있을까 하는 거였어요. 당시 복고라면 TV소설에서 다루는 70년대, 80년대가 통념이었어요. 우리가 복고라는 이름을 붙이든 아니든 사람들은 '15년 전이 뭐 옛날이야' 생각할 거였죠. 그런데 생각을 해 보니까 90년대하고 지금하고는 워낙 바뀌어서 너무 다른 느낌이었어요. 15년 전이지만 거의 30년 정도의 간극이 있는 걸로 느껴졌어요. 변화의 속도가 워낙 빨라서 이를테면 삐삐나 PC통신 같은 것들이 너무 먼 얘기처럼 느껴졌고, 이거면 충분히 복고로 소구할만한 포인트가 있겠다 싶었어요.

한편으론 처음으로 시도되는 90년대 복고이기도 했고요.

응답하라는 명령어 속에는
따뜻함과 위로를 넘어선 공허함과 애틋함이

시리즈의 제목들은 공통적으로 '응답하라'를 달고 있어요. 마지막은 '뜨겁고 순수했던, 그래서 시리도록 그리운 시절/ 들리는가, 들린다면 응답하라/ 나의 90년대여(쌍 팔 년도 내 젊은 날이여)'로 끝나요. 간절함이 담긴 청유형, 혹은 명령형의 이런 통일된 호칭을 통해 전달하고 싶었던 메시지는 무엇인가요?   통상적으로 드라마들이 짓는, 스토리 안 깊숙한 곳에서 뽑아내는 제목들을 피하고 싶었어요. 스토리 보다는 극을 둘러싸고 있는 어떤 틀거리에서 제목을 뽑으려 했어요. '이 드라마 제목은 기존의 제목 작법과 굉장히 다른데' 하고 느끼게 만들어 확실한 복고로 자리매김 하고 싶었죠. 처음엔 제목을 정하고는 우리도 생경해서 조금 더 생각해보자고 했어요. 마지막 날에 영상을 찍고 "응답하라 나의 90년대여"라는 대사를 더빙해서 넣고 나서야 제목의 느낌이 확 다가왔어요. 분명히 응답하라는 명령형이었는데 절대 응답할 수 없다는 걸 알면서 던지는 명령. 그 애틋했던 시간, 결코 다시 돌아올 수 없는 지나간 시간에 던지는 명령. 우리가 과거의 이야기를 보여주긴 하지만 이건 다 지나간 거다, 하고 드라마가 끝났을 때 오는 공허함. 다른 드라마와 다르게 마지막에 '응답하라, 나의 90년대여'라고 말하는 그 때, 그제야 드라마를 보던 사람들도, 만드는 사람들도 이게 다시 못 돌아오는 거구나 하며 소름이 돋으며 깨닫는 거예요. '그 시간들은 다시 돌아올 수 없구나, 내가 이만큼 나이를 먹었고, 앞으로 시간은 계속 흘러가 결국 죽겠구나' 하는 등 여러 가지 생각들이 한번에 들게 만드는 명령어였죠. 드라마를 보고 나서 '이게 무슨 기분이지' 하는 사람들이 많았어요. 시청자는 꼭 그 세대가 아니더라도 나의 그 젊은 시절이, 지금보다 훨씬 젊었던 시절이 〈응답하라〉를 보는 동안에 나한테 응답했으면 좋겠고, 다시 한번 내 눈앞에 펼쳐진다면 좋겠다고 생각해요. 그러다가 마지막의 그 간절한 부름에 누구도 응답할 수 없다는 사실을 마지막 회 때 알게 되면서 이 드라마의 전체 정서에 감싸이게 되죠. '아, 응답할 수 없는 시대가 지금까지 꿈꾼 것 같이 이미 지나간 시간이었구나' 하고.

응답할 수 없음에도 위로가 되는 건가요?   다른 인터뷰에서는 이런 얘길 안 하는데… 드라마는 따뜻하거나 위로가 되는 이야기들인데 마지막은 좀 잔인한 느낌이 있어요. 〈응팔〉 마지막 내레이션에 '시간은 기어코 흐른다' 고 썼어요. 시간은 이미 흘렀고 지금도 흐르고 있고 앞으로도 흐를 거다, 그때 살아계셨던 분은 지금 죽었고, 우리도 시간이 흐르면 죽게 될 거다. 죽음이 맞닿아 있다 보니까 약간은 암울한 정서가 느껴질 수밖에 없어요. 의도한 바는 아니었는데 시간을 다루는 드라마니까 마지막에 피치 못하게 느껴지는 정서가 그거였어요. 따뜻하게 실컷 봤는데 느껴지는 그 헛헛함, 허전함이 저는 그거라고 생각해요.

화두를 던지는 드라마 만들고 싶어
복고를 통한 풋풋함과 따뜻한 정서 그려

시청자가 97년에는 이런 느낌, 88년엔 이런 느낌들을 받았으면 좋겠다는 것들이 있었나요?　드라마뿐만 아니라 예능을 만들 때 교조적인 방식을 안 좋아해요. 교훈을 가르치려 드는 톤은 되도록 빼려고 노력해요. 굉장히 촌스럽고 거부감을 느끼게 될 수도 있기 때문이에요. 저는 예능이든, 드라마든 끝나고 나서 이야깃거리가 남기를 바라거든요. 재미있게 보고 바로 다른 거 틀고 잊어버리는 콘텐츠가 아니라, 그것이 사회적이건 개인적이건 '너 그거 봤냐?' 대화를 하게 되는, 화두를 던지는 콘텐츠 말이죠. 이게 의도적으로 되지는 않아요. 〈남자의 자격 - 합창단〉이 끝났을 때 사람들이 하모니를 얘기하고 리더십을 얘기해요. 만화 영화 주제곡들에 대한 추억이면 어떤가, 수많은 얘깃거리들을 던져놓는 콘텐츠가 되었으면 좋겠다고 생각했어요. 시리즈 모두 다 첫사랑과 따

뜻한 정서를 관통하고 있긴 하지만, 〈응칠〉에서는 10대라면 누구나 다 가지고 있었던 풋풋함을, 〈응사〉는 여러 지방에서 올라온 이방인들이 서울 하숙집이란 공간에 모여 어우러져서 살아가는 따뜻한 정서를 얘기하고 싶었어요.

　〈응팔〉은 정말 대놓고 따뜻하고 싶었어요. 첫사랑의 포션을 확 줄였죠. 〈응팔〉 배경자체가 그랬어요. 그 전에 이미 〈응팔〉을 한다면 무조건 가족 이야기, 골목 이야기를 하자고 이야기를 한 적이 있었어요. 99년도를 배경으로 하면 골목 이야기는 맞지 않아요, 아파트 문화니까. 저도 장사를 하는 입장이라, 처음에 88년을 하자 했을 때 사람들이 좋아할까, 너무 오래되지 않았나 걱정됐어요. 저나 이우

정 작가나 둘 다 94학번이고 88년엔 중학교 1학년이었어요. 대학생, 우리 아버지, 어머니 세대가 어떻게 살았는지에 대한 기억이 없죠. 우리가 너무 잘 아는 1994년, 1997년을 그린 만큼의 자신이 〈응팔〉때는 없었어요. 너무 오래된 과거, 너무 윗세대인데 그 때 음악도 과연 소구될까, 젊은 세대가 응답을 할까 고민이 많았어요. 결정적 계기가 세월호였어요. 한창 회의 중에 사고뉴스가 나오는데 회의를 못 하겠더라고요. 모든 국민한테 상처였으니까, 우리나라 사람들이 이 땅에서 너무 힘들게 사니까 조금 이라도 위로가 되었으면 좋겠다는 생각을 했어요. 그래서 망해도 좋다, 따뜻한 얘기 해보자 해서 훈훈 하고 따뜻하고 판타지적인 가족이고 이웃을 결정했어요. 더 판타지스럽게 만들고 싶었어요. 지금이 너무 힘드니까, '그때가 좋았어.'가 아니라, '우리 원래 사는 거 이랬어, 우리 충분히 이렇게 살 수 있어.'라는 얘기를 해주고 싶었어요. 보고 나서 뭔가 훈훈한 체온이 돌아오게 만드는 콘텐츠를 만들고 싶었어요.

복고는 공학적 목적으로 시작
소재는 과거라도 오늘의 이야기 담아내야

〈응답하라〉 시리즈를 관통하는 건 복고였고, 현재의 복고열풍을 주도했어요. 왜 복고였나요?　처음 〈응칠〉을 만들 때는 복고를 하겠다기보다 공학적인 부분이 더 컸어요. 우리는 드라마를 하던 팀이 아니어서 서사를 16편, 20편까지 끌고 가는 걸 배운 적이 없어요. 예능은 단편으로 한 회에 완결하는 형식이 죠. 〈남자의 자격〉을 보면 한 회에 미션이 끝나고 다음 주에는 또 다른 미션을 해요. 〈1박2일〉도 이번 주 여기 가고 다음 주에는 다른 곳으로 가죠. 큰 서사는 어차피 못하니 드라마 서사 방식인 정서적 신과 대사는 다 빼고, 예능 방식으로 꼭 필요한 대사와 신 만으로 밀도 있게 가보자고 했어요. 그런데 현재를 배경으로 한 평범한 이야기들을 예능식으로 만들면 소구력이 없을 것 같았어요. 그 얘기들은 너무 많은 곳에서 수십 년간 썼으니까 안 나온 이야기가 없어요. 출생의 비밀이든 기억상실이든 드라마적으로는 갈등을 주는데 우리는 그런 체질도 아니고, 예능은 리얼을 바탕으로 하니까 우리는 밖이 아니라 안에서 디테일을 가지고 승부수를 던져보자고 했어요. 그래서 현재보다 과거의 잊고 있는 작은 것들을 끄집어내면 사람들이 섬세하다고 봐줄 것 같고, 기억을 끄집어내면서 재미를 줄 수 있다면 경쟁력이 있겠다는 공학적이고 상업적인 목적으로 복고를 시작한 거였어요. 시리즈 후반으로 가면서 이 틀이 어떤 정서를 뿜어내고 전달하는지 알게 되었고, 점점 복고를 강화하는 쪽으로 발전했어요. 그러면서 완성도와 작품성도 신경 쓸 수 있게 되었어요.

《응답하라》 시리즈가 과거 이야기지만, 오늘의 현실을 반영해야 한다고 생각하나요? '과거의 이야기는 배경으로만 둘 뿐, 현재 이야기를 하는 방식이어야 한다.'가 철저한 원칙이었어요. 시대와 시절은 미장센일 뿐이에요. 97년은 배경일 뿐이고 이야기나 소재의 도구일 뿐이죠. H.O.T나 젝스키스도 소재에요. 거기서 말하려고 하는 이야기들은 지금의 이야기들이어야 해요. 지금 살고 있는 사람들이 봐도 이해가 되는 현재적인 이야기여야 한다고 생각했어요.

약자들이 공포 느끼지 않을 따뜻한 페이소스

《응팔》의 주제는 가족이라고 했는데 《응칠》, 《응사》의 키워드는 무엇이었나요? 《응사》는 하숙집, 상경, 이방인, 어우러짐, 더 깊이 들어가면 지역적인 것에 대한 탈피 같은 것이었어요. 《응칠》은 뜨거웠던 시절에 대한, 젊었을 때 열정적이었던 것, 그것만 좋아하고 미친 듯이 짝사랑했던 것, '그 시절, 당신도 뜨거웠던 적이 분명히 있습니다.' 이런 거였어요. 지금 젊은이들은 그렇게 못사는 것 같아요. 《응칠》에서의 고등학생 삶이, 《응사》의 대학생이 지금과 비슷할 수 있는데, 지금 젊은이들의 삶은 옛날과 너무 달라요. 옛날에는 낭만도 있었지만 지금은 상대적으로 희망 없이 살아가는 시절이니까, 위로라기보다는 '1994년처럼 이렇게 살 수도 있는데, 왜 우리는 이러고 살까요?'라는 이야기를 전달하고 싶었어요.

프로그램은 세상을 반영해요. 프로그램을 만들 때 세상을 어떻게 바라보고 표현하나요? 어렸을 땐, 그러니까 10년 전만 해도 웃기면 된다고 생각했어요. 예능PD였으니까. 이우정 작가도 저도 뾰족하고 냉정한 편이었는데 나이 드니까 따뜻한 게 좋아지고 눈물도 많아지더라고요. 눈물이 원래 좀 많긴 했지만 나이 들면서 더 심해지고 미담 기사만 봐도 눈물이 고이니까. 아닌 척 했는데, 나이 40을 넘기면서 그냥 둘 다 이렇게 따뜻한 게 좋다고 커밍아웃하게 되었죠. 따뜻함을 찾는 데 많은 비판이 있어요. 저도 KBS 있으면서 노조활동도 했고, 그런 정서에 대한 비판적인 시각도 갖고 있어요. 제가 생각하는 정의는 갖지 못한 자도 공포를 느끼지 않는 거예요. 따뜻한 시각을 가지려는 이유는 그것 때문이죠. 지금은 프로그램을 만들면서 가장 주목하는 정서가 따뜻함이에요. 돈과 권력을 갖지 못한 약자들이 공포를 느끼지 않는 세상이었으면 좋겠어요.

방법론으로 세상을 표현하는 방법이 코미디예요. 《개그콘서트》처럼 대놓고 웃기자는 게 아니에요. 일상에 배어 있는 페이소스를 끌어내는 것을 말해요. 어떤 콘텐츠든, 진지하게 말하거나 심지어 《곡성》이나 《아가씨》에도 코미디가 있어요. 코미디는 페이소스를 끌어내는 장치이고 감정의 곡선을 그리는데 가장 중요한 역할을 해요. 웃겨놓고 울리는 게 참 쉬우니까. 그게 방법론적으로 제가 갖고 가는 장치예요.

대중문화 향수와 무명배우 캐스팅이 성공요인

〈응답하라〉 시리즈의 성공요인을 꼽는다면?   음악과 대중문화 자체에 빚을 많이 졌어요. 전에는 외국에서 향수병이 생겼을 때 한국식당에 가서 해소했어요. 근래에는 맥도날드에 가서 심리적 안정감을 받아요. 상업적인 대중문화에 익숙해 졌기 때문이에요. 과거에는 엄마얘기, 가족얘기 등 그리움을 환기시켜 주는 정서적 코드나 사건이 복고적 코드였다면, 2000년대 들어와서는 대중문화, 상업적인 것들, 핸드폰 같은 상품이 복고적 코드가 되었어요. 전에는 이런 핸드폰이었는데 지금은 이런 핸드폰 사용하지, 그때 맥도날드가 처음 생겼지, 어떤 가수의 어떤 노래, 어떤 영화가 빅 히트를 쳤지. 이런 것에서 향수를 느끼게 된 시대가 된 것 같아요. 우리는 그런 부분을 적극적으로 끌어들여온 거예요. 그게 옳은가, 그른가를 떠나서 시대를 기억하는 방식이 대중문화, 상업적 브랜드, 유행했던 상표들이 되어버렸으니까. 사람들이 그렇게 기억한다면 우리도 그걸 상기시키는 게 맞다고 생각했어요.

또 하나는 배우들이에요. 기존에 보던 연기자들이 아니었으니까. 처음부터 의도한 건 아니었어요. 드라마를 처음 한다니까 주위에서 무조건 주연급을 쓰라고 했죠. 그런데 우리 드라마에 주연급 사람들이 해줄 리가 없었어요. 예능에서는 잘 했다고 해도 드라마는 처음이니까. 히딩크가 갑자기 야구감독을 하겠다면 누가 4번 타자를 하겠다고 나서겠어요. 그때 상처를 받았어요. 섭외하는 데 시놉이나 대본을 보고 거절하는 게 아니라, 연출자와 작가 보고, tvN이라고 안 합니다 하고 끊으니까. 계속 거절당하다, 대본 읽어보겠다는 옛날에 잘나갔던 주연급 배우들 답을 기다리며 조연급 신인들 오디션을 봤어요. 거기서 서인국과 정은지를 발견했는데 이 둘을 쓸 용기가 없었어요. 남들은 다 주연급 쓴다는데 이래도 되나, 말도 안 되지 않나 해서. 그러다 어떤 드라마를 보는데 정말 재미없었어요. 주연이 스타급이었는데, 그 사람 때문에 이 드라마를 볼 것 같지 않았죠. 그 때 내가 다른 동네와서 남 얘기만 듣다가 사고가 마비된 게 아닌가 하는 생각이 들었어요. 예능에 대입해 상상해 봤어요. 그때 내 상황이 마치 이경규, 유재석, 강호동에게 까이고 김구라, 신동엽한테까지 까인 다음, 이윤석 연락을 기다리고 있는 거였어요. 만약 이윤석이 MC를 허락해도, 이윤석 때문에 이 프로그램 꼭 봐야지 할 사람은 없을 것 같았어요. 어차피 주연급 배우들 때문에 볼 거 아니면 차라리 신선한 게 낫겠다 싶었어요. 그래서 그냥 미쳤다 생각하고 오디션에서 역할에 딱 맞던, 서인국, 정은지를 데리고 했어요. 하면서 이제 망할 거라고 생각했어요. 〈응칠〉이 성공을 하고 나서야 자신감이 생겨서 연기 잘하고 신선한 마스크 가진, 우리 캐릭터에 딱 맞는 친구들로 이어가게 된 거예요. 기존 드라마들이 왜 주연급으로 갈 수 밖에 없는지는 뒤늦게 알았어요. 우리는 tvN에서 편성을 받으니까 가능했는데, 지상파 드라마는 외주제작사들이 편성을 따내기 위해서 스타 배우, 스타 작가, 스타 PD를 데려와야 했던 거예요. 또 하나, 우리 드라마의 가장 중요한 이야기 축 하나가 남편 찾기인데, 만약 주인공이 김수현이면 누가 봐도 김수현이 남편이겠죠. 우리한테는 스타 캐스팅이 불가능한 형식이고 차라리 무명 캐스팅이 나은 형식이었어요. 다행히 서인국, 정은지 두 친구가 너무 잘 해줬고, 신인들의 매력이 살아나면서 좋은 반응을 얻었어요.

예능적 재미와 한 회로 끝나는 에피소드
남편 찾기, 효과와 음악을 통한 차별화 시도

극본을 쓸 때 기존 드라마와 차별화하려고 했던 것은 무엇인가요? 처음에 헌법같이 정했던 건 타이트한 드라마, 밀도 있는 드라마였어요. 드라마는 16편을 끌고 갈 서사가 있고 사람들은 궁금해 하며 그 줄거리를 따라가요. 예능은 내러티브가 굉장히 약한 장르예요. 캐릭터나 스토리를 부여하지만 드라마 서사에 비할 바 못 되죠. 예능이 승부하는 방식은 채널이 돌아가기 전에 계속 타이트하게 질문을 던지는 거예요. 가위바위보를 하는 장면을 슬로우로 잡은 뒤 '과연?' 자막을 넣고 '제발 궁금해 해 주세요, 5초만 10초만 더 봐주세요.'라고 해요. 결과가 나오면 웃기는 얘기를 이어 붙이고, '더 재미있는 얘기 나오니까 채널 돌리지 마세요' 하면서 다음 예고를 넣고. 이렇게 계속 1분을 붙들면서 가는 타이트함의 미학으로 가는 장르가 예능이에요. 예능PD인 제가 드라마를 봤을 때 드라마는 조금 루즈해요. 예능PD 시선으로 루즈해 보이는 부분을 다 들어내고 타이트하게 가고 싶었어요. 우리가 만드는 드라마는 한 신도, 대사 한 줄도 기능이 없으면 다 버려요. 에피소드는 명쾌하죠. 이 캐릭터에게는 이런 에피소드, 저 캐릭터에게는 저런 에피소드, 각 에피소드들이 따로 가다가 마지막에 만나면서 반전처럼 생각지도 못한 결말로 끝나게 해요. '이게 세 이야기를 관통하는 지점이구나', '아, 이런 반전이구나', '그래서 이런 내레이션이 깔렸구나' 하면서 무릎을 탁 치게 되는 구조죠. 3~4개 에피소드가 얽히면서 밀도 있는 신들과 대사로 구축하는 드라마예요. 다만 한 회로 완결되는 에피소드 형식이라서 다음 회를 기다리게 만드는 포인트가 없었어요. 그래서 도입한 게 전체 16편을 뚫는 쾌인 남편 맞추기 멜로였어요. 이 멜로를 따로 갖고 가면서 완결성도 높이고 다음 이야기를 궁금하게 만들었어요.

현재와 과거 회상을 넘나드는 액자식 구성도 그런 차별화 전략이었나요? 그것도 공학적 이유였어요. 남편 찾기라는 미션을 수행하는데, 과거는 내 남편이 누굴까 질문을 던지는 기능을 하고, 현재 신이 마지막 답을 알려주는 역할을 수행하죠. 또 과거만 보여주면 과거와 현재가 얼마나 간극이 있는지 모르는데, 현재랑 같이 붙이면 '아, 16년이 흘렀구나' 실감이 나요. 과거 장면이 더 공고히 되는 거죠. 예능은 늘 뭔가 새로운 장치를 고민해요. 현재 신도 〈응칠〉은 동창회, 〈응사〉는 집들이를 넣었어요. 또 〈응사〉의 집들이는 그 안에 내 남편 김재준이 있는데

별명으로만 불러 궁금증을 높였어요. 〈응팔〉은 2인 1역을 만들어 정환이와 택이 중 도대체 누가 덕선이 남편 김주혁이냐는 식으로 장치를 만들었어요.

남편 찾기 장치는 드라마와는 다른 좋은 예능적인 장치였어요. 기존 드라마와 차별화를 두기 위해 시도한 다른 장치들은 어떤 것들이 있나요? 기존 드라마와 달라야 한다고 생각해서 예능장치를 넣은 건 아니었어요. 우리는 우리식대로 예능의 DNA를 가진 드라마가 되어야 한다고 생각했어요. 이를테면 염소 울음소리는 예능에서 많이 쓰는 장치예요. 드라마나 영화는 가사 있는 음악, 기존에 알려져 있는 이런 음악들을 잘 쓰지 않아요. 가사가 들리면 대사에 몰입해 집중력이 떨어지고 산만해져요. 우리 드라마에서 음악은 미장센처럼 깔리며 과거의 상황과 심리를 설명하고 그 시절의 정서를 더 강화시켜 주는 역할을 해요. 시청자의 몰입도를 더 강화시켜 주죠. 편집을 제가 하면서 그런 음악을 적극적으로 틀었어요. 음악 깔고 편집하고 촬영하고 대본보고 직접 다 해야 하니까 조금 힘들긴 하지만 그런 부분들에서 변별력이 나온 것 같아요. 이우정 작가는 예능을 정말 잘하는 작가고 저도 함께 하는 친구들도 예능을 전공했으니까 기존 드라마와 다를 수밖에 없죠.

예능집단창작시스템으로 밀도 있고
기존과 다른 새로운 드라마 탄생

〈응답 시리즈〉가 '집단창작시스템'이라는 새로운 제작시스템을 도입해 드라마를 성공시켰다는 평가를 받는데 작가들의 집단 창작 체제란 어떤 것인가요? 지금까지 드라마는 작가 혼자 이야기를 만들어내는 방식이었어요. 취재를 도와주는 작가가 있지만 통상적으로 메인 작가 혼자서 작업해요. 우리는 혼자 쓰는 법을 배운 적이 없으니까 예능제작처럼 다 같이 머리를 맞대고 회의를 했던 거예요. 그런 얘기를 했어요. 어디 가서 우리 이렇게 회의 했다고 얘기하지 말자고. 창피했어요. 우리보고 사람들이 무식하다 할 거라 생각했어요. 지금이야 이우정 작가 역량이 웬만한 드라마 작가 이상으로 좋아졌지만 그때는 대사 한 줄까지도 같이 밤새며 회의했어요.

집단 체제의 장점은 무엇인가요? 드라마가 훨씬 밀도 있고 명확해져요. 한 사람의 천재의 머릿속에서 나올 수 있을 만한 이야기는 나올 만큼 나왔어요. 결국 머리를 맞대지 않으면 안 돼요. 다양한 정서와 히스토리를 갖고 있는 개인들이 만나서 서로 갖고 있지 못하는 부분을 보충해주는 거예요. 극을 만드는 동안 막내작가가 단 한번 아이디어에 도움이 되었다고 해도 의미가 있어요. 제가 생각을 못했던 거니까. 현장에서 드라마 연출자는 연기, 조명, 카메라, 소품 이 모든 것들을 혼자 결정해야 해요. 스태프들에게 물어보다가는 한도 끝도 없죠. 저도 이전에 〈올드미스다이어리〉 야외 연출을 1년 할 때 그랬어요. 대본을 보고 100이라는 그림을 그려 가는데, 제가 그려놓은 100이 안 나왔어요. 예능은 달라요. 하나하나를 펼쳐놓는 게 아니라 리얼하게 벌어지는 일들을 모아서 나중에 이야기를 끌어나가는 거니까 현장을 믿고 가야 해요. 예능을 수없이 하고 나서 드라마를 했더니 스스로 바뀌더라고요. 100을 그리는데 굉장히 유연한 100이 되었죠. 확고하게 생각한 신들이 있지만 많은 부분을 느슨하게 그려놓고 가요. '앵글 이렇게 잡아줘요.' 하면 카메라가 '이건 어떠세요?' 하고 물어요. 저는 죽었다 깨어나도 생각 못할 앵글이에요. 조명도 제가 죽어도 생각 못했을 방식이 나와요. 연기자가 오면 디렉션 안 주고 먼저 해보라고 시켜요. 그들은 캐릭터 전문가고 자기 캐릭터를 훨씬 많이 생각하고 연구하니까 좋은 제안이 나오면 그대로 가요. 그 과정으로 드라마는 제가 그린 처음의 100을 훨씬 넘어서게 되는 거예요.

〈W〉의 송재정 작가, 〈뿌리깊은 나무〉의 김영현 작가, 〈시그널〉의 김은희 작가, 〈별에서 온 그대〉의 박지은 작가 등이 예능 출신으로 알고 있어요. 이들이 주목받는 이유가 예능적 발상법으로 드라마에 기존과 다른 판타지나 재미를 가져다 줬기 때문이라고 생각하나요? 드라마 제작자는 원래 드라마에서 배운 부분이 있어 어떤 경향성을 띨 수밖에 없을 거예요. 예능도 마찬가지죠. SBS에서 교양국과 예능국이 합쳐지면서 프로그램 〈짝〉이 나오는 것처럼, 외부로부터의 새로운 시각, DNA가 들어오면 새로운 프로그램들이 만들어져요. 우리 드라마가 잘 만들어서 잘 된 게 아니라 다르게 만들었기 때문에 잘 됐다고 생각해요. 기존의 드라마와 다르다는 것 자체가 경쟁력이 될 수도 있어요. 판타지는 드라마 하는 분도, 예능 하는 분도 만들 수 있는데 다른 영역의 DNA가 강점이 되어서 경쟁력이 생긴 게 아닌가 해요. 소소한 재미도 경쟁력이 될 수 있다고 생각해요. 이를테면 〈태양의 후예〉에서 독특한 말투가 유행이 되어서 여기저기 기사를 인용할 때도 쓰이고 프로그램의 상징이 되었어요. 김은숙 작가 전작인 〈상속자들〉 같은 경우도 "나 너 좋아하냐?" 이런 식의 특이한 어법을 구사하면서 드라마의 시그니처가 되었으니까. 그런 장치들, 재미요소들이 모여서 경쟁력이 된다고 생각해요.

〈응팔〉은 결핍 딛고 해피엔딩하는 성장드라마

〈응답하라〉에서 어떤 캐릭터를 만들고 싶었나요?　〈응팔〉은 기본적으로 완성의 캐릭터보다 성장의 캐릭터를 그려내고 싶었어요. 결핍이 있고 이를 이겨내고 메워가는 과정, 성장기를 그리는 게 굉장히 드라마틱하다고 생각해요. 시청자가 같이 주인공의 성장을 보면서 카타르시스, 대리만족을 느끼죠. 가족구성도 그래요. 〈응팔〉에서 덕선이는 가난하고, 선우는 아빠가 없고, 택이는 엄마가 없고, 정환이는 결국 사랑을 얻지 못하는 결핍을 갖고 있는데 그게 메워져 가는 과정이죠. 〈응칠〉의 성시원은 그당시 뜨겁게 고등학교 시절을 살았던 어린 친구들을 그렸어요. 성시원도 언니가 죽었다는 결핍이 있고 윤제는 부모님이 안 계세요. 〈응사〉도 주인공 나정의 오빠가 죽었고, '쓰레기'(김재준)는 가장 친한 친구를 잃었지만 성장해가요.

〈응팔〉에서 택이는 최고의 프로바둑기사, 칠봉이는 최고의 야구선수, '쓰레기'는 최고 의사였어요. 이렇게 최고를 부여한 것도 그런 의미였나요?　극적 재미를 키우기 위한 장치였어요. 결핍과 결부가 되고, 뭔가 좀 부족한 친구들이 잘 됐으면 좋겠다는 느낌을 주고 싶었어요. '우리 다 결과적으로 잘 살아요, 걱정하지 마세요, 힘들었지만, 결핍을 가지고 있지만 잘 살아'라는 걸 시청자에게 보여주고 싶었어요. 다른 드라마는 결핍 있는 재벌들로 나타나는데, 이들을 중산층으로 끌어내려서 같이 어울리게 만들면 그 자체가 일종의 판타지가 될 수도 있고 마음 편하게 보게 만들 수 있죠. 〈응팔〉의 정환이 가난한데 공부도 못해서 대학도 못 가는 결말보다 공부 열심히 해 좋은 직업을 가지는 결말이 편하고 좋을 것 같았어요. 어차피 이 드라마는 끝나고 나면 공허한 느낌이 들 수밖에 없는 구조라서 사람들만이라도 해피엔딩을 주고 싶었어요.

〈응답하라〉에서 가장 애정이 가는 인물은 누구인가요?　　호야가 연기한 강준희요. 시리즈 모두를 통틀어서 가장 가슴 아픈 사람이에요. 절대 이뤄질 수 없는 사랑, 한 번도 입 밖으로 내본 적 없는 사랑, 가슴 아픈 사랑을 하는 이 친구 캐릭터가 계속 애정이 갔어요. 〈응사〉 때 〈응칠〉 아이들이 카메오로 나와요. 1년의 간극이 있는 동안 술자리도 하면서 종종 봤어요. 그런데 카메오로 불러 촬영한 영상을 모니터하는데, 지난 1년 반 동안 호야는 실제로 만났지만 강준희라는 캐릭터는 못 봤구나 하는 느낌이 강하게 다가왔어요. 모니터 안으로 들어온 강준희를 보는데, 제가 만든 캐릭터지만 '저 친구 잘 살고 있구나' 그런 느낌이 들어서 눈물이 나더라고요.

성동일, 이일화 부부를 세 드라마를 관통하면서 엄마, 아빠 역할로 캐스팅한 이유는?　　〈응사〉를 만들 때, 〈응사〉가 〈응칠〉의 속편인데 시대도 다르고 등장인물도 전혀 다른 작품이라 너무 동떨어져 있다는 생각이 들었어요. 제작자 입장에서 속편이라고 했을 때 사람들이 재탕이다, 우려먹기다 비난할 게 예상되니 새로운 것, 신선한 걸 만들어야 하지만 너무 다른 지점에 와 있어서 고민이었어요. 그래서 드라마나 영화의 속편을 예를 다 뽑아서 봤어요. 묘하게 전작과 속편의 작가, PD가 다 달랐어요. 모든 제작자가 박수 칠 때 떠나는 멋있는 사람이고 싶었던 거예요. 우리도 그러고 싶었어요. 구질구질하게 전편을 등에 업고 속편을 만드는 사람이고 싶지 않았죠. 그런데 지상파보다 훨씬 상업적이고 이윤을 내야 하는 회사 입장에선 명시적으로 해라 하진 않았지만 해줬으면 좋겠다는 눈치가 보였어요. 그걸 피해 다른 거 해서 망한다면, 독박에 독박을 쓸 것 같아서, 하겠다고 했어요. 속편을 만든다는 건 전작의 정서가 그리워서 보겠다는 사람이 많기 때문인데 전작과 너무 다르면, 전작의 그림자를 싹 걷어내면 배신감이 느껴져요. 그래서 인물의 상당부분에 연속성을 준 거예요. 새롭지 못한 놈들 평을 들을지언정 '속편은 속편다워야겠다.'라는 생각을 했어요. 정서적으로도 이어지고 사투리도, 전체 틀거리의 느낌도 비슷하게 가져왔어요. 등장인물이 너무 다르니까 성동일과 이일화, 이 둘을 계속 가져가면서 이 시리즈의 시그니처로 삼자 생각했어요. 강준희 같은 경우는 카메오로 나오지만 〈응칠〉에 출연했기 때문에 실제 1997년에 살았던 친구처럼 느껴지니까 〈응사〉에 카메오로 등장시켜 〈응사〉가 리얼하게 살았던 사람들의 이야기라는 생각이 들게 만들었어요.

가슴 아팠던 〈응팔〉의 라스트 신

인물의 캐릭터는 극 중 대사로 표현될 텐데, 시리즈에서 가장 기억에 남는 대사를 꼽는다면?　하나만 꼽기가 힘들긴 한데, 우선 〈응팔〉 20화에서 선영이가 골목에서 이사 나가면서 마지막에 "좋은 사람들하고 좋은 세월 다 보내고 갑니다"라고 말하는 대사예요. 그게 너무 북받쳐서 선영이도 그 대사를 하면서 엄청 울었어요. 그게 드라마 마지막 부분이라 나도 현장에서, 편집하면서 눈물이 많이 났죠. 멜로 라인에 관한 건 많은 분들이 얘기해 줬지만, 〈응칠〉에서 이 대사가 안 터지고 안 멋있으면 드라마 망한다 했던 대사가 있어요. 〈응칠〉 2화 마무리에서 윤제가 유정에게 사귀자는 고백을 받고 사귈지 말지 시원에게 물어봐요. 시원과 윤제는 워낙 오래된 친구라 맨날 소원 들어주기, 뭐 해주기 쿠폰 같은 걸 해주는 사이죠. 윤제가 시원한테, "유정한테 고백 받았다. 만나지 말까? 만나지 말까? 만나지 말까?" 이렇게 똑같이 세 번을 물어봐요. 시원도 이상한 낌새를 눈치 채요. 윤제가 소원 무조건 들어주기 쿠폰을 주면서, "만나지 마라 캐라"라는 대사를 해요. 그게 안 터지면 이 드라마는 망한다 생각했어요. 그 대사가 예고로 나갔을 때 이미 반응이 나오고, 여기저기 클립으로 돌아 다녔죠. 굉장히 고마운 대사였어요.

세 번의 시리즈 중 가장 인상적인 장면은 무엇인가요?　제일 가슴 아프고 이게 응답의 정서구나 하고 저도 정확히 알게 되었던 게 〈응팔〉 마지막 신이에요. 시간이 흘러서 폐허가 된 골목 장면인데, 그게 그렇게 셀 줄 몰랐어요. 인물이 한 명도 등장하지 않고 쌍문동 골목을 카메라로 트레킹하면서 보여주는 장면이에요. 사실 촬영 때는 지긋지긋했어요. 죽을 것 같이 힘들어서 골목이 미웠어요. 부숴야 되고 폐허로 만들어야 하니 유리창 깨면서 제가 다 부수고 다녔어요. 편집할 때 마지막 장면을 보는데 너무 가슴 아팠어요. 쌍문동 골목이 이젠 없구나 실감하면서. 카메라가 폐허가 된 곳곳을 쭉 훑다가 택이 방에 딱 들어서면 카메라가 덕선이 시선이 돼요. 방에는 여전히 쌍문동 남자애 네 명이 앉아서 1화 때처럼 영웅본색을 보고 있어요. 약간 판타지적인데, 덕선은 나이가 든 덕선이고 남자애들은 어린 덕선으로 봐요. 덕선이가 '니들이 여기 왜 있어?' 물으면 정환이 '우리가 어디에 갔었는데?' 반문해요. 그 대사가 아, 진짜 판타지다. 돌아올 수 없는 시절에 대한 이야기를 하는 거다. 〈응답하라〉 전체가 주는 마지막 정서가 정확히 구현이 된 신이었어요. 아이들이 1회랑 똑같이 앉아 있고, 엄마는 밥 먹으라고 부르고, 1회 첫 장면 다시 나오는데 이번엔 어린 아역들로 바뀌고. '정말 돌아갈 수 없는 시절이구나' 하는 아련함이 더 세게 느껴지는 거였어요.

시청자들이 어떻게 살고 무슨 생각하고 사는지 느껴야
나는 드라마 만드는 예능PD

다음은 언제인가요? 세간에는 2002년을 얘기하는 사람들도 있어요.   〈응팔〉을 시작할 때 인터뷰에서, 〈응사〉까지는 제 의지로 했지만 그 뒤부터는 제 의지로 그만둘 수 없는 시리즈가 되어버렸다고 답했어요. 정말 처참하게 망해서 후속작을 아무도 기대하지 않을 때 끝내게 될 거라 생각해요, 그게 이번 작품이 될 것 같다고. 당분간은 아닐 것 같아요. 이게 여파가 너무 세 가지고 좀 잊힐 때쯤, 최소한 2~3년은 지나야 할 것 같아요. 중간에 다른 드라마 하고 다시 돌아와야 할 것 같아요. 지금도 해마다 벌어졌던 일들과 사건을 중심으로 업데이트 취재를 하고 있어요. 나중을 위해서 해놓는 거고 본격적으로 회의를 하지는 않고 있어요.

프로그램은 시대를 반영한다고 생각하나요?   네.

예능과 드라마는 각각 시대를 어떻게 반영해야 하나요?   지금은 예능과 드라마 구분이 의미가 없는 시대가 아닐까 해요. KBS 예능국만 봐도 다양한 프로그램들이 모여 있어요. 〈1박2일〉 같은 리얼버라이어티, 퀴즈, 음악, 다큐멘터리를 닮아 있는 〈사랑의 리퀘스트〉도 있고 드라마를 닮은 〈사랑과 전쟁〉도 있어요. 정통 드라마, 다큐멘터리가 아닌 모든 것들이. 장르라고 하기도 애매한 것들도 있어요. 어떻게 보면 조직 편의적으로 나누었던 국 체제에 따라서 만들어졌던 거니까요. 처음에 〈응칠〉 할 때 기자들이 시트콤이냐고 물어서 드라마라고 답했어요. 나중에는 시트콤이든 드라마든 뭐라 불리든 상관없으니 재미있는 60분짜리 이야기를 만들겠다고 답했어요. 그런 구분에 의미가 있나 하는 생각도 들고.

그럼 드라마, 예능 구분 없이 프로그램은 시대를 어떻게 담아야 하나요?   PD가 어떤 자질을 갖춰야 하는지는 교양PD냐 예능PD냐에 따라 달라요. 교양은 저널리스트, 아티스트적 느낌인데 거기에 엔터테인먼트 요소도 필요하죠. 예능은 엔터테인먼트적이지만 세상이 어떻게 돌아가는지에 관심도 가지고 저널리스트로서 개념도 탑재되어 있어야 해요. 드라마도 마찬가지예요. 시대상이라는 걸 어떻게 담아야 할 지 명확히 말하긴 어렵지만 더듬이는 늘 세우고 있어야 한다고 생각해요. 시청자들이 어떻게 살고 어떤 생각을 가지고 있는지, 어떤 고민을 하는지, 생각이 무엇이 다른지 느끼고 알고 있어야 하죠.

지금 이 시대를 대표하는 문화코드, 가치, 키워드는 뭐라고 보나요?   한 가지 키워드로 설명이 될 수 없는 시대예요. 우리나라도 취향이 세분화되고 채널도, 콘텐츠도, 제작자도 다양화되고 있으니까. 한 가지 키워드로 설명하기는 어려운, 다양성이 존중받는 디테일의 문화시대가 시작되는 시기라고 봐요.

다음 준비하는 건 드라마인가요?   네.

본인은 드라마PD인가요, 예능PD인가요?   예능PD요.

지금 드라마를 만들고 있는데?   드라마를 만드는 예능PD라고 말할 수 있어요. 저를 보호하기 위한 전략이라고 할 수도 있죠. 제가 드라마를 잘 할 수 있었던 건 예능 DNA 때문이고, 예능을 단 한편도 안 하고 드라마만 만들지라도 결국 지금의 위치를 유지할 수 있는 건 예능 DNA 때문이에요. 예능의 시각으로 드라마를 만드는 PD. 드라마 몇 편 사랑받았다고 쪼르르 드라마PD라고 얘기하고 다니면 예능후배들은 서운해 할 것 같고, 드라마 영역에 계신 분들 입장에서도 그다지 달갑지 않아 할 것 같아요.

자기만의 스토리텔링 방법이 있다면요?   우리 팀이 갖고 있는 컬러는 리얼을 신봉한다는 거예요. 이것도 예능의 DNA인데 뭔가를 가공해서 이야기를 꾸며내면 오그라들어요. 그래서 사람들 인터뷰를 하고 그들의 에피소드를 차용하죠. 실화에서 극적으로 재미있는 기승전결이 나오지는 않지만 실화에 결을 첨부한다거나, 중간에 단초를 추가하면 훨씬 설득력 있고 재미있으니까. 〈응팔〉 때도 어마어마한 취재를 했어요. 아빠 없는 친구, 엄마 없는 친구, 바둑기사들, 당시 88년 쌍문동에 살았던 사람들… 〈응사〉에서는 칠봉이를 위해 야구선수들, 의대 다니는 사람들 다 취재를 하며 당시 무슨 일이 있었는지 물었어요. 덕선이 캐릭터를 위해 둘째 딸들이 갖는 서러움들을 물었고. 리얼에서 나오는 힘이 제일 큰 것 같아요. 가공하기도 하지만 기본적으로 많은 부분을 실제 일어났던 일들에서 가져와요.

자유로운 시선으로 새로운 플랫폼 적응도 해야

디지털 플랫폼이 바뀌었고 콘텐츠를 소비하는 방식도 바뀌었어요. 무엇을, 어떻게 해야 하나요?   누군가는 선도하고, 누군가는 따라가고, 누군가는 뒤늦게 따라가요. 우리보다 늘 앞선 기술을 보여주는 국가들,

특히 미국을 늘 주시하며 맨 앞에 가고 싶다는 생각을 많이 해요. 지금 준비하는 드라마도 원래는 웹콘텐츠로 만들고 싶었는데, 안팎에서 아직은 이라는 반응이었어요. 우리나라가 미국의 넷플렉스 방향으로 가긴 힘들 것 같아요. 네이버나 티빙 같은 매체나 SKT, KT처럼 망을 갖고 있는 회사들이 새로운 콘텐츠를 만들겠다는 마인드를 가졌다면 저도 가고 싶은데 그런 의지는 없는 것 같고, 다른 방식으로 빨리 옮겨가야 한다고 생각하는데, 그 뒤에 벌어질 효과나 상업적인 이윤들은 잘 모르겠어요.

매체가 달라졌을 때 다른 이야기를 할 수 있다고 생각해요. 특히 표현의 수위를 높일 수 있다고 생각해요. 이번에 웹콘텐츠를 하고 싶었던 건 드라마의 형태로 영화적인 걸 보여줄 수 있기 때문이었어요. 16편, 20편 혹은 그거보다 짧아도 상관없고 분량이 30분이어도 괜찮아요. 웹에서는 방송에서는 담기 어려웠던 욕설이나 선정적 장면이나 정치이야기를 더 강하게 할 수 있기 때문이죠. 병신새끼야 이런 일상적 욕도 TV에서는 경고를 받아요. 선정적인 것도 베드신을 하겠다는 게 아니라, 여자들의 일상을 다룰 때 집에 들어와서 브래지어 벗고 옷 갈아입는 그런 일상적인 신들이요. TV라는 매체적 제약이든, 자기 검열이든 그동안 터부시되었던 부분을 영화적으로 표현할 수 있다면 처음 보는 그림이 될 거예요.

디지털시대의 PD들은 어떻게 바뀌어야 한다고 생각하나요? 시선을 자유롭게 둬야 할 것 같아요. 사람이 혁신적이기는 쉽지 않아요. 아무리 PD라고 해도 지금 있는 그대로 있고 싶어 하는데, 그 귀찮음에서 벗어나야 할 것 같아요. 시선을 새로운 데로 돌려야만 해요. 귀찮더라도 골고루 보고, 두렵더라도 적극성을 갖고 엉덩이를 옮기는 게 본인의 수명을 연장하는 일이에요. 제가 예능에서 드라마로 옮겨오면서 수명이 연장되었던 것처럼. 단순히 장르를 바꾸는 것만으로 다른 것들을 만드는 사람처럼 보이니까 플랫폼을 바꿔도 그런 효과를 볼 수 있을 것 같아요. 저는 다큐멘터리도 하고 싶고, 영화도 만들고 싶었어요. 그런 식으로 계속 옮겨 타야만 새로워져요. 지금의 변화로 우리 포장을 다르게 할 수 있는 여지가 생길 것 같아요. 새로운 플랫폼이 힘을 받기 위해서는 능력 있는 제작자가 먼저 가야 해요. 망해도 상관없으니까. 웹드라마 수익 구조도 아직 불분명하고 다른 플랫폼, KT나 망을 통한 회사도 아직 불안하지만 그럼에도 한 번 가서 시작해보고 싶어요. 투신하겠다는 건 아니고 해보고 올게 이런 자세요. 이것도 해보고 저것도 해보고, 이것에 맞으면 이것을 하는 자유로움을 갖고 싶어요.

3부
실전,
프로그램
제작론

1장 프로그램 제작의 기초
2장 프로그램 제작과 실습

디지털시대, 프로듀서와 프로그램을 묻다

일러두기

프로그램은 커뮤니케이션을 목적으로 한다. 이를 위해서는 프로그램 구성 요소들을 결합시키는 방식에 일정한 원칙이 필요하다. 이를 '영상문법'이라고 한다. 문자언어의 문법은 논리적 정확성을 목표로 하지만, 방송의 영상문법은 의미와 감성의 미묘한 차이를 풍부하게 표현할 수 있게 해주는 강점을 가지고 있다. 영상문법은 그 틀을 오래 유지하면 클리셰(cliché)가 되어 버리므로 창조적 파괴를 숙명으로 한다. 3부는 프로그램의 표현적 수단인 비디오와 오디오의 결합을 통해 스토리를 만드는 기획구성론을 구체적인 사례와 실습을 통해 논한다. 문법의 창조적 파괴는 각자의 몫이다.

1장
프로그램 제작의
기초

1. 프로그램 제작 3단계

- 기획과 준비 단계(Pre-production): 기획안과 촬영 및 배포 관련 사항을 토론하고 확정하는 단계
- 제작 단계(Production): 실제 촬영 단계
- 제작 후 단계(Post-production): 편집 등 방송을 위한 후반 제작 단계

할리우드 스튜디오는 프로그램 제작 과정을 위의 3단계로 구분해 제작하는 방식을 정립했다. 오늘날에는 전세계 제작사들이 이 모형을 따른다. 할리우드 스튜디오가 이런 모형을 정립한 것은 영상 콘텐츠의 제작과정 상의 특성 때문이다. 우선 영상 콘텐츠는 초기 투자비용이 크다. 2009년 개봉작 '아바타'는 제작비 약 2억4천만 달러, '호빗: 또 다른 시작'은 2억7천만 달러, '캐리비안의 해적-세상의 끝에서'는 3억 달러를 투입했다. 둘째, 이렇게 막대한 규모의 제작비가 투입되면서도 그 집행을 일반 제품 생산과정처럼 제대로 통제하기 어렵다. 제작과정이 공장에서의 제품 생산과 달리 불규칙적일 뿐 아니라 돌발변수가 많이 발생하기 때문이다. 셋째로는 그럼에도 불구하고 완성품이 어떤 품질이 될지 예측하기 어렵다. 공장 제품은 일정한 품질의 제품이 어셈블리 생산라인을 통해 생산된

다. 영상 콘텐츠는 완성 후 관객들의 반응을 받아보기 전에는 완성도를 예측할 수 없다.

이런 특성은 영상 콘텐츠 산업을 도박적인 성격이 짙도록 만들었다. 영화 제작은 대규모 초기 투자금을 회수하기 어려울 수 있다는 위험을 항상 안고 있다. 영상 콘텐츠를 유력한 산업으로 구축하고자 한 스튜디오들에게 이는 극복되어야 할 요소였다. 제작비 투입의 적정선을 파악하고, 이를 효율적으로 집행해야 하며, 일정한 품질도 보증되어야 한다. 할리우드에서 영상 콘텐츠는 예술이라기보다 산업으로서 철저하게 흥행성을 담보해야 하는 생산품이다. 이를 위해서는 기획과 준비단계 기간을 최대한으로 늘리고, 비용이 많이 투입되는 촬영단계는 최소한으로 줄여야 한다. 또한 기획단계에서 작품성과 흥행성을 담보할 수 있도록 사전에 조율되어야 한다.

일반적으로 스튜디오들은 다음 절차에 따라 영화를 제작한다. 처음 스튜디오는 영화의 기본 아이디어를 구상한다. 프로듀서가 하는 일이다. 프로듀서는 이 콘셉트에 따라 대본을 쓸 작가를 고용한다. 이때 프로듀서는 콘셉트를 흥행성이 높은 스토리로 발전시키기 위해 여러 명의 작가들을 고용해 스토리를 작성하게 할 수도 있다. 집단창작 방식이다. 프로듀서는 작가들이 완성한 대본들을 모아 흥행이 되는 스토리로 짜깁기하거나, 특히 마음에 드는 하나를 선택하거나 한다. 스튜디오는 시나리오를 영상으로 표현할 감독을 고용하고, 감독은 촬영팀을 구성해 촬영에 들어간다. 감독은 마음대로 시나리오를 수정할 수 없다. 수정을 하려면 프로듀서와 협의해서 승낙을 받아야 한다. 촬영기간도 정해져 있다. 이 역시 더 촬영하려면 프로듀서 그리고 제작진과 협의를 거쳐야 한다. 비용이 더 들어가고 제작진도 각각 자신들의 일정이 있기 때문이다. 촬영이 끝나면 스튜디오가 고용한 편집인이 프로듀서 및 감독과 협의해 편집한다(임정수, 2010).

단순화시킨 감이 있지만, 이런 과정을 거치는 이유는 앞에서 말한 이유, 즉 제작비 집행의 효율성과 작품의 품질을 최대한 보증하기 위해서다. 작업의 분업화를 통해 한 사람의 독단에 빠지는 것을 견제하고 이 과정 전체를 프로듀서가 조율하는 방식이다.

다음은 할리우드 제작시스템을 텔레비전 제작 프로세스에 적용해 도식화한 일반적인 텔레비전 프로그램 제작 15단계다. 왜 이런 과정을 밟는지 전체 과정에 대한 감을 익히고 나면 스토리와 대본에 따라 규모나 과정을 늘이거나 줄일 수 있다.

① 제작 목적을 분명히 하라

이 과정이 가장 중요한 단계다. 프로그램 제작 목적과 목표를 분명히 하라. 제작 목적과 목표에 대한 명료한 확신이 없으면 제작의 성공 여부를 평가할 수 없다. 프로그램의 목적이 정보 제공인지, 즐거움을 주고자 하는 것인지, 또는 문화적 자부심을 불러일으키려고 하는지, 정치적·사회적·종교적 욕구를 표현하려는 것인지, 아니면 시청자들의 욕구를 드러내서 어떤 행동을 취하게 하려는 것인지 등등이다. 상업방송의 경우, 경제적인 목표도 부가된다. 될수록 많은 시청자들의 흥미를 결집시켜야 한다. 프로그램은 대부분 하나 이상의 목표를 가지고 시작한다.

② **목표 시청층을 분석하라**

나이, 성, 사회경제적 지위, 교육수준 등에 따라 세분화되는 목표 시청층에 따라 프로그램 내용의 우선순위가 달라진다. 도시·지역중소도시·농어촌 등 지역 특성에 따라서도 우선순위가 달라진다. 우리나라는 지역에 따르는 시청행태의 차이는 근소한 편이다. 그러나 광고주들은 주로 서울·수도권 시청층을 중시한다. 그들이 지역 시청층보다 구매력이 높다고 평가되기 때문이다. 이런 경향은 프로그램 제작자들에게도 영향을 미친다.

프로그램에서 드러나는 선정성에 대한 태도는, 일반적으로 도시지역 거주자, 젊은 연령층, 고학력 자들이 농어촌 지역 거주자, 고연령층, 저학력자들보다 더 관대한 것으로 나타나고 있다. 프로그램 에서 드러나는 폭력성에 대해서는 그 반대로 나타나고 있다. 시대적 트렌드도 연령층과 성별, 교육 수준 등의 시청층에 따라 다르게 나타난다. 프로그램 기획에서 특히 이 요소는 중요하게 고려해야 한다. 시청자들을 제대로 파악하라는 것이다.

③ **유사한 프로그램들을 체크하라**

과거에 제작된, 그리고 현재 방송되고 있는 비슷한 프로그램들을 조사하는 것이다. 이 과정을 게 을리하면 새로운 프로그램을 제작할 가능성이 그만큼 줄어든다. 스스로에게 몇 가지 질문을 던져 답 을 구해야 한다. 내가 제작하고자 하는 프로그램의 기획 목표와 방향은 다른 사람이 제작했거나, 제 작하고 있는 프로그램과 어떻게 다른가? 왜 그들은 그렇게 했는가? 더 중요한 점은 왜 그들은 이렇 게 하지 않았는가 이다.

④ **프로그램의 가치를 제시하라**

광고주들은 그들이 지급한 광고료에 대한 보상을 원한다. 내가 제작한 프로그램에서 시청자들을 얼마나 끌어들일 수 있을까? 시청자 규모가 클수록 광고주들이 선호하지만, 규모만 중요한 것은 아 니다. 젊은 층들에게 어필하는 스포츠화나 청바지 제품을 생산하는 광고주에게는 전체 시청률은 높 지만 젊은 층은 얼마 되지 않는 프로그램보다는 전체 시청률은 낮지만 젊은 시청층은 많은 프로그램 을 더 선호한다. 많은 프로그램들이 시청률이 낮아서가 아니라 잘못된 시청층 때문에 폐지된다. 분 명히 비용이 수익을 초과한다는 것은 문제가 있다. 상업적 프로그램은 일반적으로 제작비용을 많이 투입할수록 광고판매 수익도 늘어나는 순관계를 보여준다. 그러나 상업적이지 않더라도 그 프로그 램에서 시청자들이 기대하는 도덕적, 정치적 입장이나 정신적 위로 또는 인간관계 형성 때문에 타의 추종을 불허하는 프로그램이 되기도 한다.

⑤ **프로그램 초안을 발전시켜라**

초안을 종이에 기록하라. 프로그램 제안이나 초안이 승인된 다음 단계는 완전한 스크립트를 작성하는 것이다. 스크립트의 첫 번째 버전은 수많은 수정 과정을 거치면서 개정판이 뒤따른다. 시청자들이 필요로 하는 것과 흥미를 느끼는 요소는 무엇인지 세밀하게 검토하고, 이야기 속도도 조절할 수 있으며, 특별한 집단의 이익을 침해할 가능성은 없는지 등등을 다양한 관점에서 토론하고 그 결과를 보완해야 하기 때문이다. 마침내 최종 대본이 완성된다. 그러나 이 버전조차도 최종적인 것은 아니다. 촬영과 편집 단계에 들어가서도 얼마든지 수정되고 보완될 수 있다.

⑥ 잠정적인 제작 일정 결정

일반적으로 방송 또는 배포 기한을 지키기 위해 제작 일정을 지정한다. 또한 다양한 제작 요소를 준비해야 할 시점도 표시해야 한다. 조심스럽게 계획을 세우지 않으면 결정적인 기한을 놓치거나 제작을 쓸모없게 만들 수도 있다.

⑦ 핵심 제작 인력 선정

프로듀서, 작가 외에 나머지 제작 스태프를 구성해야 한다. 프로듀서와 작가 외에도 AD(Assistant Director), FD(Floor Director), BM(Business Manager) 등 연출부와, 스태프인 카메라 감독, 기술·영상·음향 엔지니어, 아트 디자이너, 의상 담당, 소도구 담당 등의 인력이 필요하다. 1인 제작시스템인 경우 혼자서 이 모든 일을 담당해야 한다. 흔히 VJ(Video Journalist)라고 불린다. VJ는 독립제작시스템에서 활용되고 있으나 제작할 수 있는 장르, 범위는 한정적이다. 연출부는 기획과정부터 제작, 완료 전 과정에 참여하지만 스태프들은 전 과정에서 맡은 역할만 수행한다.

⑧ 주요 야외 촬영장소 결정

메이저 프로덕션에서는 대본에 제시된 분위기와 느낌을 주는 야외 촬영장소를 찾고 섭외하기 위해 로케이션 스카우터(location scouter) 또는 로케이션 매니저(location manager)를 고용한다. TV 스튜디오에서 촬영하는 것이 더 완벽한 촬영환경을 제공하고 촬영하기도 쉽지만, 시청자들은 야외 촬영, 특히 극적인 스토리의 프로그램일 경우 야외촬영을 좋아한다. 주요 도시에서는 TV 및 영화 제작을 장려하고 해당 지역의 촬영 장소 사진이나 비디오 테이프를 제공하는 필름 커미션을 운영하기도 한다. 또한 사용료 및 연락할 사람의 이름 정보도 제공한다. 촬영 도중에 촬영장소를 변경해야 하는 경우도 있다. 예를 들어, 방을 다시 만들거나 새로 장식해야 하는 경우도 생기고 눈에 보이는 표시가 변경될 수도 있다.

⑨ 배우, 의상 및 세트 결정

드라마에서 제작의 성공은 이 단계에 크게 의존한다. 드라마의 경우, 우리나라에서는 배우 품귀 현상 때문에 대본 초기 단계에 이미 섭외가 시작되어야 한다. 간혹 배우가 먼저 섭외되고 배우에 맞춰 대본을 쓰는 경우도 있다.

일단 배우를 결정하면 의상 선택을 시작할 수 있다. 의상은 스크립트에 이미 제안되어 있는데, 세트와 야외촬영 장소, 스토리의 일관성을 유지하기 위해 현장에서 수정될 수도 있다. 세트 디자이너가 결정되면 디자이너는 스크립트를 검토하고 감독과 초기 아이디어를 상의하게 된다. 합의가 이루어지면 세트 설계 승인 후 실제 세트 공사가 시작된다. 오늘날 일부 세트는 컴퓨터에만 존재하며 배우는 전자적으로 삽입된다. 이 경우 스케치는 컴퓨터 아티스트가 담당한다.

그런 다음 테이블 리딩(table reading), 드라이 리허설, 드레스 리허설 등을 진행한다. 테이블 리딩에서 대사의 강약, 억양, 리듬, 극적인 분위기 연출 등을 출연자 전체가 모인 가운데 연습한다. 세트가 완료되면 블로킹(세트, 가구, 카메라, 배우 등의 위치 설정) 드레스 리허설이 진행될 수 있다.

⑩ 나머지 제작 참여 인력 결정

주요 인력 외 보조인력을 결정해야 한다. 필요한 장비 대여를 포함하여 주요 기술인력, 장비 및 시설도 준비해야 한다. 이 시점에서 운송, 식사 및 숙박시설도 준비해야 한다.

⑪ 각종 허가 취득 및 보험 가입

촬영을 원하는 장소로 이동하여 장비를 설치하고 바로 촬영을 시작할 수는 없다. 현장 뉴스나 짧은 다큐멘터리를 제외하면 주요 시설물에 대한 액세스 허가, 라이센스, 보안 및 보험 가입 등이 필요하다. 쇼핑몰과 같은 반 공공장소에서는 촬영허가가 필요하다. 프로그램에 따라 다르지만 대부분 책임보험이 필요하다. 직접적으로나 간접적으로 제작과정에서 사고가 발생할 수 있기 때문이다. 어떤 지역이나 특정 시설물은 특정 지역 및 특정 시간으로 제작 허용 사항을 제한하기도 한다. 교통이 영향받는 거리 장면에서는 특별 경찰을 준비해야 할 필요도 있다. 이 과정에서는 사전 녹음 된 음악 사용 허가부터 제작물을 스튜디오로 다시 전송하는 위성 시간 예약에 이르기까지 다양한 허가나 예약이 필요하다. 이런 사항이 필요할 때 이루어지지 않을 경우를 대비해서 대안을 마련해 놓기도 해야 한다.

⑫ 비디오 인서트물, 스틸 사진 및 그래픽 선택

제작 비용을 줄이고 적절한 장면을 사용할 수 없거나 작품의 요구를 충족시키지 못하면 필요한 부분을 제작하기 위해 특별조치를 취해야 할 때도 있다. 대본상으로 울릉도의 극적인 장면이 필요하지만 대규모 출연진과 제작진이 갈 수 없다면, 배우들의 액션을 연기하는 신은 서울에서 촬영하고, 울릉도 배경은 따로 촬영해 편집할 수 있다. 서울의 달동네 외경은 실제 달동네를 촬영하고, 집안에서 일어나는 에피소드는 스튜디오에서 촬영해 편집하는 식이다.

⑬ 리허설 및 촬영 시작

제작 유형에 따라 실제 촬영 몇 분 전 또는 며칠 전에 리허설을 할 수도 있다. 녹화하지 않고 리허설하는 것이다. 워크 스루 리허설, 카메라 리허설 및 드레스 리허설 등이 포함된다.

⑭ 편집 단계 시작

촬영이 끝나면 프로듀서, 감독 및 편집기사가 푸티지(footage)를 검토하고 편집을 시작한다. 최근의 디지털 발전으로 인해 구별이 희미해졌음에도 불구하고 편집은 온라인과 오프라인의 두 단계로 진행된다. 오프라인 편집은 일반적으로 원래 녹화된 푸티지의 저해상도 사본을 사용한다. 따라서 편집할 때 원래의 푸티지가 변경되는 것은 아니다. 온라인 편집에서 원본 푸티지를 사용하여 최종 편집된 버전의 편집본을 만든다. 후자는 훨씬 더 빠르며 뉴스 제작에 많이 활용된다. 최종 편집단계에서 사운드 믹싱, 색상 밸런싱 및 시각 효과가 추가된다. 편집은 창의적인 제작과정에서 매우 중요하다.

⑮ **포스트 프로덕션 후속 작업 수행**

대부분의 제작 인력은 프로그램 최종 편집이 끝날 때 역할이 끝나지만 프로듀서는 마무리 후속 작업을 완료해야 한다. 재무제표 합산, 청구서 지불, 프로그램 평가 등이 그것이다. 텔레비전 프로그램의 성공 여부는 프로그램 평가 및 시청률, 시청자 피드백 등을 통해 결정된다.

15단계를 기본으로 하여 제작하는 프로그램의 성격과 준비 정도에 따라 생략하거나 특별히 보완해야 하는 경우도 있다. 프로그램의 포맷이 다양해지고, 웹이나 모바일 기반의 콘텐츠를 제작하는 경우도 빈번해지고 있으며, 중국이나 일본 등 외국 콘텐츠 시장에 동시에 출시하는 콘텐츠도 늘어나고 있다. 이에 따라 좀 더 다양하고, 콘텐츠에 최적화된 제작 프로세스가 요청되기도 한다. 기본단계를 응용하여 이에 대응하면 될 것이다.

2. 프로그램의 '의미'는 어떻게 창출되는가?

프로그램은 수많은 비디오적 요소와 오디오적 요소의 결합이다. 그 결합은 일정한 의미를 창출한다. 앞에서 특히 영상의 숏 단위가 어떻게 의미를 창출하고, 숏과 숏의 연결이 또 어떻게 의미를 창출하는가를 살펴보았다. 여기서는 영상을 포함해서 프로그램을 구성하는 내적 요소들의 결합이 어떻게 의미를 창출하는지 뿐만 아니라 프로그램과 외부적 요소와의 관계, 예를 들면 제작자와 프로그램의 관계, 프로그램과 수용자의 관계, 프로그램과 사회와의 관계 속에서 어떻게 의미가 창출되는지 살펴보기로 한다. 이런 접근은 프로그램의 의미를 어떻게 해석할 것인가라는 비평적 관점과 연관된다.

기호학(semiotics)적 관점

기호학적 관점에서는 단어, 문장, 이미지, 교통신호, 꽃, 음악, 의학적 증상 등 모든 것을 기호(sign)로 간주한다. 텍스트/프로그램은 수많은 기호의 집합체라고 할 수 있다. 제작자는 특정한 기호를 선택해 의미를 창출하고, 시청자는 기호를 통해 의미를 해석하거나 재구성한다.

기호는 '기표(signifier, 記標)'와 기의(signified, 記意)의 결합이다. 기표는 감각적 지각이고, 기의는 감각적 인지와 연관되어 있는 개념이나 의미이다(F.소쉬르, 일반언어학 강의). '비'라는 한글 자음과 모음의 묶음은 시각적으로 인지된 기표다. 이 문자를 읽을 때는 청각적으로 인지된다. 시각적이거나 청각적으로 인지된 기표는 '하늘에서 떨어지는 약간 차가운 느낌이 나는 물방울'을 의미하는데 그것이 기의다. '만델라'라는 시각적 인지 기표는 '인종차별정책 반대, 인종 평등' 등의 기의를 내포하고 있다. 작가/제작자는 텍스트/프로그램 속에서 수많은 기표를 적절하게 사용하면서 기의를 암시하거나 드러낸다. 독자/시청자들은 작가/제작자가 제시하는 기표를 통해 기의를 파악하고, 거기에 동의하고 감동하거나, 동의하지 않고 비판하는 등의 반응을 나타낸다. 여기

자료: linkedin.com

서 중요한 것은 '기호의 의미가 무엇인가'를 규정하는 것 보다 '기호의 의미가 어떻게 창출되는가'를 찾아내는 것이다.

롤랑 바르트는 파리 마치지에 실린 사진을 기호학적으로 분석했다. 사진은 '프랑스식 거수경례를 하고 있는 흑인 병사'의 이미지로 기표다. 기의는 '표지의 사람은 소년으로, 흑인이며 군인으로서 프랑스 국기를 바라보고 거수경례를 한다'는 것이다. 이 기표와 기의가 결합해 1차적 기호가 완성된다. 1차적 기호는 2차적 기호체계에서 기표가 된다. 이때 기의는 '프랑스의 아들들은 피부색이나 나이의 구분 없이 프랑스에 충성한다'는 것이다. 이 기표와 기의가 결합하여 2차적 기호가 된다. 이는 다시 기표로 작동하면서 기의를 파생시킨다. 그것은 '위대한 프랑스 제국'으로 부지불식간에 우리가 받아들이는 지배적 가치, 신념으로 내면화된다. 바르트는 자기자신도 의식하지 못한 채 대중에게 내면화되어 있는 신념을 '신화'라고 했다(R. 바르트. 기호학원론, 1965).

2003년에 개봉한 봉준호 감독의 미스터리 스릴러 〈살인의 추억〉은 1980년대 경기도 화성에서 10여 차례나 일어난 연쇄살인 사건을 소재로 한 영화다. 71세 할머니부터 13세 여중생까지를 대상으로 한 최초의 연쇄살인 사건이라는 점에서 사회적 충격이 컸다. 봉준호 감독은 범인을 추적해가는 경찰의 모습을 보여주지만, 범인의 체포 여부보다는 그 과정에 80년대의 한국 사회상을 드러내는 여러 가지 기표를 미장센으로 깔고 있다. 감독은 전근대적이고 주먹구구식인 조사, 용의자를 단정지은 뒤 원하는 진술이 나올 때까지 고문하는 장면, 간단한 유전 정보 분석기도 없이 범인으로 추정되는 사람의 체모를 구하기 위해 목욕탕을 전전하는 장면 등의 기표를 제시하고 있다. 이후 유력 용의자는 도주한 뒤 실종된다. 스토리는 사건 수사과정을 따라가면서 허술한 공권력의 자화상과 시대상황을 차가운 화면과 미장센을 통해 전한다. 봉준호 감독이 제시하고자 한, 또는 관객이 받아들이게 되는

기의는 사건의 해결이 아니라, 사건 수사과정에서 드러나는 허술한 공권력과 시대상황의 자화상이다(백선기, 영화 그 기호학적 해석의 즐거움, 2007).

미국 NBC 채널을 통해 1980~1990년대에 방송된 '코스비 쇼(The Cosby Show)'의 오프닝 타이틀(opening credit sequence)은 흑인 가장 빌 코스비가 흑인 부인과 다섯 명의 자녀를 차례로 한 명 한 명 소개하는 영상으로 구성되어 있다. 그들은 모두 세련된 의상을 입은 중상류층으로 보인다. 코스비는 탭댄스를 추면서 역시 춤을 추는 가족들을 프레임 인/아웃 하면서 한 명 한 명 소개한다. 그들은 모두 행복한 표정과 몸짓들을 한다. 당시 미국 사회는 인종차별, 백인우월주의, 흑인들의 높은 실직률과 빈곤 등으로 특징지을 수 있는 사회였다. 이런 상황에서 '코스비 쇼'는 높은 인기를 장기간 누렸다. 오프닝 크레딧 시퀀스의 기표 속에 내포된 기의는 무엇일까? 가장이 중심이 되는 가부장적 가족 구성과 흑인들의 빈곤은 자신들의 무능 때문이라는 보수적 가치관을 암시하는 것이었다(R. 알렌, 1992).

사례에서 보는 것처럼 텔레비전 프로그램의 의미는 프로그램을 구성하는 비디오적 요소와 오디오적 요소들을 기호로 간주하고 이들의 기의를 일정한 방향으로 유도함으로써 발생한다.

서사이론(narrative theory)적 관점

이 관점에서는 보도 프로그램과 개별 뉴스를 포함한 모든 프로그램을 '이야기(story)'와 '담화(discourse)'로 간주한다. 스토리는 '누구에게 어떤 일이 일어났는가?'라는 내용 그 자체를 말하고, 담화는 '그 이야기가 어떻게 전달되고 있는가?'라는 이야기 방식을 말한다. 이 관점에 의하면 일반 프로그램은 말할 것도 없고 뉴스, 토론, 토크쇼, 스포츠 중계, 광고, 뮤직 비디오, 게임쇼, 공연 프로그램은 모두 스토리와 담화를 내포하고 있다. 작가/제작자는 스토리와 담화의 의미를 구성하기 위해 스토리 또는 담화의 구조를 어떻게 텍스트/프로그램 내에 구조화할 것인지 고민한다. 독자/시청자 또한 스토리 또는 담화의 구조를 파악해 의미를 도출하고자 고민한다.

고전적으로 이 관점에서 프로그램의 의미를 구조화시키는 작가/제작자들에 의하면 텍스트/프로그램 내의 스토리는 인물(character), 인물들간의 관계(relations), 사건(event), 구성(plot) 방식이라는 네 가지 요소에 의해 구조화된다. 주인공인 프로타고니스트(protagonist)와 반주인공인 안타고니스트(antagonist)의 대립, 갈등으로 사건과 플롯이 생성된다. 신화학자 조셉 캠벨(Joseph Campbell)은 〈천의 얼굴을 가진 영웅〉(이윤기 번역, 2004), 〈신의 가면〉(정영목 등 번역, 1999) 등의 저서에서 세계의 모든 신화 스토리에 내재하는 '영웅서사구조'를 분석해 냈다. 17단계로 분석한 캠벨의 영웅서사구조는 조지 루카스 감독의 '스타워즈' 스토리 창작에 큰 영향을 미친 것으로 알려져 있다. 보글러(C. Vogler)는 이를 시나리오 스토리텔링에 실용화시키기 위해 캠벨의 17단계를 12단계로 압축시켰다. 그는 실제로 할리우드 영화와 드라마 제작 자문으로 활동했다. 이 주제는 스토리텔링에서 더 상세히 논의한다.

담화는 이야기라는 요소에 발화자(narrator, addresser)와 수신자(receiver, addressee)라는 요소가 추가된다. 담화 = 발화자 + 이야기 + 수신자로 구조화된다. 발화자가 이야기하는 방식의 패턴에 따라 수신자는 다르게 반응한다. 실제의 시공간은 발화자의 이야기 방식에 따라 재구성되기도 한다. 발화자가 어떤 위치에 서 있느냐에 따라 이야기가 다르게 구조화되기도 한다. 발화자는 전지적 위치, 객관적 관찰자, 1인칭 체험자 등의 위치에서 이야기를 전개시켜 나갈 수 있다.

'장항갯벌'을 다룬 두 개의 다큐멘터리 KBS 〈환경스페셜〉과 EBS 〈하나뿐인 지구〉는 담화 방식의 차이를 보여주고 있다. KBS 〈장항갯벌, 제2의 새만금이 되는가?〉에서는 환경의 중요성에 대해 사실에 근거하여 자신의 관점이나 주장을 내세워 특정 입장에 대해서 직설적이고도 강력하게 주장을 펼침으로써 환경다큐멘터리의 전형적인 담화 관습을 보여주고 있다. EBS의 〈갯벌의 권리〉에서는 환경보존의 가치를 전달한다는 명확한 가치를 객관적으로 이야기한다. 갯벌의 생태계를 있는 그대로 보여주면서 환경보호를 통한 교육적 메시지를 강조하는 담화 방식이다. 갯벌 매립을 둘러싼 갈등에 대해서도 양측의 입장을 공평하게 제시하고 있다. 두 개의 환경다큐멘터리는 동일한 소재를 다루고 있지만 차별화된 서사방식과 장르관습을 통해 환경문제에 대한 의미구성과 환경보존이라는 가치 구축 방식에 차이를 보여주고 있다(김재영, 나미수, 2011).

수용미학(reception theory)적 관점

텍스트/프로그램의 '의미'는 언제 창출되는가? 작가/제작자가 텍스트/프로그램을 제작하면서 의미를 구성하는가, 텍스트/프로그램 자체 내에 내장되어 있는가, 독자/시청자가 읽을 때/시청할 때 만들어지는가?

전통적인 관점에서는 텍스트/프로그램은 작가/제작자의 창조물이라고 보았다. 의미는 작가/제작자가 가지고 있으므로 독자/시청자는 텍스트/프로그램을 분석해서 작가/제작자의

생각을 읽어내야 텍스트/프로그램의 의미를 파악할 수 있다고 본다. 이 관점에서는 텍스트/프로그램 자체보다 작가/제작자의 전기적 요소가 중요한 분석 대상이다. 작가/제작자가 특정 시대적 배경에서 살아왔고, 이때의 생각이 텍스트/프로그램 속에 내재되어 있으므로 텍스트/프로그램의 의미는 '이것이다'라는 식이다.

다른 한편, 의미는 텍스트 내에 구조화되어 있다고 보는 관점이 있다. 이들은 텍스트를 제작한 제작자나 시대적, 사회적 배경을 배제하고 텍스트 자체의 구조를 밝히고, 이를 통해 텍스트의 의미를

찾아내고자 하는 형식주의(formalism)적 입장을 고수한다. 서사이론적 관점이 대표적이다.

수용미학적 관점에서는 독자/시청자가 텍스트/프로그램을 읽는/시청하는 과정을 통해 의미가 생성된다고 본다. 텍스트는 더 이상 불변의 속성을 가지고 있지 않다. 텍스트가 출판/방송되면 그것은 원래 작가/제작자의 의도와 별개로 존재하며, 여러 가지로 해석 가능한 하나의 가능성으로 존재한다고 본다. 독자/시청자는 텍스트의 빈 곳, 틈을 메꾸면서(gap-filling) 새로운 세계를 창조하는데, 이 때 의미가 만들어진다(meaning-making)고 본다.

독자/수용자들은 무엇을 위해 텍스트/프로그램을 읽는가/시청하는가? 대부분의 시청자들은 시청 행위를 통해 자기정체성을 강화시킨다. 한 사회의 사회적, 문화적 맥락 내에서 텍스트를 해석하는 '해석 공동체'적 성격이 존재하는 것이다. 비슷한 상황적, 사회적 문맥을 공유하는 집단은 텍스트의 의미를 공유하고 소비한다. 〈나는 가수다〉, 〈슈퍼스타 K〉에 열광하는 시청자들은 무한경쟁을 강요하는 신자유주의 체제 속에서 경쟁을 뚫고 최종적으로 승리하는 영웅의 모습에 자기자신을 투사하는 방식으로 프로그램을 소비한다. 텍스트에 대한 해석적 공동체가 생성되면서 프로그램은 꾸준하게 인기를 끌고 있다. 한류 드라마 〈겨울연가〉가 일본 중년 여성들에게 대단한 감동을 준 것도 해석적 공동체의 존재 때문이라는 평가다. 1945년 패전을 경험했던 일본 단카이세대(団塊の世代)의 여성들은 전후 경제부흥을 위해 동원된 삶을 살면서 꿈같은 소녀시대, 소녀적 감수성을 잃어버린 세대였다. 한 여자를 지고지순하게 사랑하는 '욘사마(배용준)'를 상대로 그들은 애타게 찾고 있던 소녀적 감수성을 되찾은 것이다.

장르적 관점

아리스토텔레스 이래로 장르와 포맷 자체가 텍스트/프로그램 내용의 상당 부분을 이미 결정한다는 관점이 존재한다. 텍스트/프로그램의 장르 분류는 생물학의 종 분류와 비슷하다. 어떤 문(門), 종(種)으로 분류되느냐에 따라 그 생물의 특성과 기능이 드러나듯이 어떤 장르와 포맷을 채택하느냐에 따라 텍스트/프로그램의 의미가 규정된다는 것이다.

서부극, 마카로니 웨스턴, 필름 느와르, 홍콩 느와르 등의 장르 영화는 주제와 표현방식의 유사성이 내재되어 있다. 한국 일일드라마나 아침드라마도 마찬가지다. 휴먼 다큐멘터리도 일반적으로 주제와 소재에서 장르적 유사성을 보여준다. KBS의 〈다큐 3일〉은 주인공을 쫓아가는 방식을 탈피하고 한 장소에서 일어나는 일을 담아냄으로써 이런 장르적 유사성을 넘어선 사례라고 볼 수 있다. 할리우드 영화는 서부극, 뮤지컬, 로맨틱 코미디, 공포영화, 어드벤처 등의 장르 영화로 분류된다. 텔레비전 프로그램은 시추에이션 코미디(situation comedy), 범죄극, 소프 오페라(soap opera) 등의 장르로 분류해 놓고 각각의 장르 특성에 맞게 텍스트 구성 요소를 조합한다. 이는 '대중들은 완전히

새로운 이야기가 아니라, 그들이 잘 알고 있는 친숙한 이야기가 조금 다르게 보여지는 것을 원한다'
는 심리적 현상에 근거하고 있다. 고향이 익숙하고 친근한 것처럼 대중은 익숙하고 친근한 이야기를
좋아한다는 것이다.

유사한 주제와 소재가 반복되므로 제작비도 상당히 절감할 수 있다. 할리우드는 장르 영화와 드라
마를 꾸준히 개발해 왔다. 서부극 〈하이 눈〉, 〈OK 목장의 결투〉, 〈용서받지 못한 자〉의 존 웨인은
클린트 이스트우드의 마카로니 웨스턴(스파게티 웨스턴, 이탈리안 웨스턴)으로, 이는 다시 케빈 코
스트너의 〈늑대와 춤을〉으로 이어진다. 다른 한편으로는 서부극의 전통은 어두움, 진지함, 비정함
등 소재보다 분위기를 강조하는 홍콩 느와르(noire)로 발전하기도 했다. 미국 3대 네트워크의 소프
오페라 〈General Hospital〉(ABC), 〈Days of our Lives〉(NBC), 〈bold and beautiful〉(CBS) 등은
한국의 일일드라마처럼 장르적 특성을 무기로 장기간 높은 인기를 누렸다.

장르적 특성은 무기가 되기도 하지만 부정적인 의미도 내포하고 있다. 유사성이 진부함으로 느껴
지면 이는 클리셰(cliché)가 된다. 관례처럼 굳어진 주제와 소재, 틀에 박힌 연출로 생명을 잃어버리
고, 심하면 표절로 전락하기도 한다.

이데올로기적 관점

이 경우 텍스트/프로그램은 대체로 저널리즘 기능을 수행하게 된다.

미디어를 통해 드러나는 상부구조(superstructure)의 하부구조(base/infrastructure)를 분석하고,
하부구조의 단점과 결점에 대한 개선 방안을 제시하고자 하는 텍스트/프로그램은 이 관점을 취한
다. 하부구조에는 경제적 토대, 관료적 시스템과 부정부패, 특정 계급에 유리한 편향적 정책, 작동하
지 않거나 잘못 작동하는 제도, 경제적 이기심에서 비롯된 조직적 탈선행위 등을 고발한다. 이런 관
점에 서 있는 텍스트/프로그램들은 당대 사회를 살아가는 사람들에 대한 정치·경제·사회의 억압체
제가 소재고 주제다. 작가/제작자의 주장이 강하게 드러나고, 텍스트/프로그램은 자체의 미학적 완
결성보다는 주장을 드러내는 도구와 장치로 활용된다. 텍스트/프로그램 자체보다 작가/제작자의 생
각이 중요해지는 경향이 있다.

역설적으로 미디어에 의해 전달되는 관념, 가치, 신념은 대부분 지배계급의 이해관계를 반영하는
경우가 많다. 권력과 자본으로부터 독립하지 못한 미디어는 지배계급의 가치와 신념을 피지배계급
이 '자연스럽게' 받아들이게 하는 기능을 교묘하게 수행하고 있으며, 그 결과로 피지배계급은 자기
자신의 억압에 참여하게 된다. 부르디외(Pierre Bourdieu)의 '저널리즘의 장이론(thérie des
champs)'과 하비투스(Habitus) 개념(Sur la Télévision, 텔레비전에 대하여, 현택수, 1998), 이냐시
오 라모네(Ignacio Ramonet)의 타락한 제4권력(언론권력)론, 맥체스니(Robert Mcchesny)의 부자

미디어 가난한 민주주의론(Rich Media, Poor Democracy), 촘스키(Avram Noam Chomsky)의 선전모델로서의 언론은 이같은 입장에 서서 언론개혁을 요구하는 주장을 펼치고 있다.

현대 언론은 대체로 세 가지 방식에 의거해 저널리즘 기능을 수행한다.

첫째는 어젠다 세팅(Agenda-setting) 기능이다. 수용자는 미디어가 제시하는 어젠다를 한 사회 구성원 모두가 논의해야 할 중요한 의제로 인식하는 경향이 있다. 신문 1면 톱이나 텔레비전 뉴스 헤드라인을 장식하는 의제를 구성원들은 부지불식간에 중요한 의제로 받아들인다. 'What to think about…'을 미디어가 규정한다는 것이다.

둘째는 프레이밍(Framing) 기능이다. 미디어가 하나의 사건을 특정한 방식으로 해석하도록 만든다. 핵폐기장이나 혐오시설 유치에 반대하는 입장에 대해 NIMBY 프레임으로, 반정부 활동에 대해서는 종북 프레임으로, 노동조합의 파업에 대해 '경제 손실과 시민 불편' 프레임으로 보도하는 입장 같은 것이다. 'How to think about…'을 미디어가 규정한다는 것이다. 프레임은 신문에서 낱말이나 음절, 심지어 문장부호 하나의 디테일한 선택에 따라 달라질 수 있다. 텔레비전 보도에서는 컷의 선택, 컷의 촬영상태, 컷의 편집순서, 컷의 길이 등 미세한 변화에 의해서도 프레임을 교묘하게 변화시킬 수 있다.

셋째는 프라이밍(Priming) 기능이다. 사람의 기억 용량은 한정되어 있어 정치적 판단을 하거나 의사결정을 할 때 가장 현저한 정보의 영향을 받아 평가하고 판단하는 심리적 현상을 이용해 미디어가 특정 이슈를 대대적으로 다루면서 다른 이슈를 묻혀버리게 하거나, 특정 이슈 다음에 다른 이슈를 다루어서 첫 번째 이슈의 의미가 다음 이슈에 전이되도록 하는 방식이다. 전자의 사례로는 천안함 피침 사건, 세월호 참사, 대통령 해외 순방을 대대적으로 다루면서 다른 중요한 이슈를 묻혀버리게 만드는 경우다. 후자의 사례로는 북한 미사일 개발 보도에 이어 특정 정치인 동향을 보도함으로써 그 정치인에게 이데올로기적 편향성이 전이되도록 하는 경우다.

임종수는 KBS 텔레비전 프로그램의 역사를 '국가 만들기 양식'과 관련해 논의하기도 했다. 그는 KBS 프로그램이 근대화된 가족, 국가, 민족을 호명하고 그것을 근대 한국의 문화적 가치로 양식화해 온 것으로 평가했다. KBS 텔레비전은 이러한 가치를 보다 보편타당한 가치로 끌어 올리는 것, 당대의 시대정신을 정확하게 결합하고 있는 프로그램 양식을 개발하는 것을 역사적 책무로 부여받고 있다고 했다(임종수, 2011).

정신분석학적 관점

미디어를 통해 전달되는 텍스트들에 내재하는 '무의식적 기제'를 밝혀내고 이를 통해 텍스트가 드러내려는 의미를 파악하는 관점이다. S. 프로이드는 인간의 생활은 현실원리(reality principle)가 작동하는 의식적 활동이지만, 그것은 유아기 시절에 형성되어 내재해온 리비도(성적) 에너지를 억합한 결과라고 보았다. 따라서 '무의식'은 충족되지 않은 욕망이 거주하는 곳이며, '정신의 드라마'가 상영되는 또 다른 장이다.

미디어는 무의식에 내재하는 욕망(결핍)을 어떻게 드러내고 활용하는가? 최근 일류 남성 모델을 기용한 여성 화장품 광고가 늘어나고 있다. 일류 남성 모델의 카운트 파트로 등장하는 여성 모델은 저가 화장품의 경우에는 무명의 여성 모델이, 고가 화장품에는 유명 여성 모델이 등장한다. 저가 화장품의 주고객은 구매력이 취약한 10대, 20대가 많으므로 소비자는 무명 여성 모델에게 자신의 무의식적 욕망을 투사하기에 용이하다. 남성 모델이 여성 모델을 자상하게 보살펴 주고, 예쁜 모습에 감탄하는 스토리 라인이다. 고가 화장품의 주고객은 구매력이 있는 30대, 40대가 많으므로 소비자는 유명 여성 모델에게 자신을 동일시한다. 대체로 남성 모델과 여성 모델이 서로 성적 탐닉을 암시하는 스토리 라인을 보인다.

페미니즘적 관점

미디어에 표상되는 여성의 차별적 표상을 분석하여 텍스트의 의미를 규정하는 관점이다. 미디어에 여성이 등장하는 횟수, 역할, 언어(history와 herstory 등), 대상화 정도 등을 분석한다. 제작자 또한 텍스트 속에 의도적으로 여성을 대상화시킴으로써 흥행을 보장받으려는 경향이 있다. 로라 멀비(Laura Mulvey)는 "시각적 즐거움과 내러티브 영화(Visual Pleasure and Narrative Cinema)"(1975)에서 페미니즘의 입장에서 왜 남성 관객이 할리우드 영화를 보며 쾌락을 얻는지를 밝혔다. 그에 따르면 서부극에서 여자 주인공을 향한 남자 주인공의 시선, 카메라 앵글, 관객의 시선 세 가지 시선의 일치를 통해 여성이 대상화된다. 남자 주인공의 시선은 여자 주인공을 대상화하고, 카메라 앵글은 남자 주인공의 시선을 따르며, 관객들은 이렇게 설정된 시선을 따라 여자 주인공을 대상화한다. 멀비는 '영화 관람은 일종의 관음적 쾌락이다'라고 언급했다.

페미니즘은 대체로 세 가지 층위에서 논의된다.

- 부르조아적 페미니즘: 남성과 여성의 차이점을 인정하지만, 차이가 차별이 되어서는 안 된다. 자본주의 체제 내에서 여성의 평등한 권리와 자유에 관심을 기울인다.
- 마르크시스트 페미니즘: 여성에 대한 억압은 지배-피지배로 규정되는 자본주의의 커다란 구조와 관련 있다는 관점이다. 사회적 구조로부터 파생된 사회적 소수는 여성뿐만 아니라 소수민족, 노동계급, 성소수자 등도 포함된다. 이들은 다른 소수 그룹과 연대를 통해 억압구조를 개선하려 한다.
- 급진적 페미니즘: 여성을 남성과 다른 존재로 보며, 여성의 특정한 욕구와 욕망 충족을 위해 독립된 여성공동체의 설립을 추구한다.

3. 스토리텔링(Storytelling)

'의미'가 중요한가, '재미'가 중요한가

수용자들은 진지하고 의미있는 것을 싫어하고 재미만 추구한다고 불평하는 프로듀서들이 많다. 이 불평은 정당할까? 바꿔 질문해보자. 의미없는 것을 사람들은 재미있어 할까? 재미만 추구한다고 불평하는 프로듀서들은 대부분 시사교양 장르 제작자들이다. 그러나 시청자들이 알아야 하는 정보를 제공하는 뉴스, 환경감시 기능을 수행하는 심층탐사 프로그램, 삶의 트렌드와 힐링을 제공하는 생활정보, 문화예술정보 프로그램들은 영원한 스테디셀러다. 시청자들이 이런 프로그램들을 외면한다면 이 프로그램들이 제공하는 정보가 정확하지 않거나, 핵심이 아닌 잡다한 것들만 다루거나, 신뢰할 수 없거나, 사안을 분석하는 깊이가 어설프거나 할 때이다. '재미'는 '의미'와 긴밀히 결합되어 있다. 의미 없는 것들에 대해 시청자들은 재미를 체험하지 못한다.

예를 들어 순수한 말장난(pun)을 하면서 우리가 재미를 느낀다면, 그 말장난을 통해 뜻하지 않은 의미를 발견하기 때문이다.

"어느 회사든 '똑똑'해야 문 열어줘"

"니 말대로 난 모자라서 항상 니 머리 위에 있어"

웹에 떠돌아다니는 말장난들이다. 이런 말장난은 말의 중의적 사용을 통해 역설과 역전, 패러독스 같은 것들과 연결되어 있다고 보이지 않는가? 말장난은 단순히 말을 유희적으로 사용하지 않는다. 말장난이 뜻밖의 새로운 의미를 제시할 때 우리는 재미를 체험한다. 펀치라인(punch line)은 짤막한 콩트나 농담에서 폭소를 터뜨리게 하는 결정적인 대사를 말한다. 힙합 가사에서 동음이의어를 사용해 중의적인 의미를 담아내는 표현에서도 이 용어를 쓴다. 꼭 동음이의어가 아니라 하더라도 다른 가수와 구분될 만한 자신만의 가사 센스를 지칭할 때도 쓰인다. 이때도 그것은 의미와 연결되어 있다. 상상도 하지 못했던 새롭고 기발한 의미와 연결될 때 말장난(pun)도 재미있다(fun). '재미가 없다'는 것은 새로운 표현이긴 하지만 새로운 의미와 연결되지 못할 때 보이는 반응이다. 말장난조차도 기발한 의미, 새로운 경험과 연결될 때 재미있다.

나무위키에서는 소설, 드라마, 영화나 이야기 등을 읽거나 시청하면서 재미를 느끼는 요소를 다음 다섯 가지로 분류해 놓았다. 문맥을 고르게 하기 위해 일부 수정했다.

1. 긴장감
2. 정치적 코드, 호기심을 끌거나 자극적인 요소
3. 흥미있는 정보를 받아들이는 것
4. 감정이입 및 공감을 통한 카타르시스

5. 시각적이거나 청각적인 즐거움

이들은 '어떤 주제나 소재를 다루느냐' 하는 점과 더불어 '주제와 소재를 어떻게 제시하느냐' 하는 점과 관련이 있다. 정치적 코드, 흥미있는 정보, 카타르시스 같은 것은 '무엇을 제시하느냐'와 관련이 있는 항목이고, 긴장감, 호기심, 자극적인 요소, 카타르시스, 시각적이거나 청각적인 즐거움 같은 것은 '어떻게 제시하느냐'와 더 관련이 있는 항목이다. 재미는 흥미를 끌만한 내용이나 의미를 긴장감 있게, 자극적으로, 시각적이고 청각적인 즐거움을 곁들여 제시했을 때 경험할 수 있는 감정적 반응이다.

콘텐츠 소비 트렌드를 측정하기 위해 CJ E&M과 닐슨코리아가 기존의 시청점유율 지수와 다른 측정방식으로 '콘텐츠파워지수(CPI, Contents Power Index)'를 선보여 활용하고 있다. 기존의 시청점유율은 가정의 거실에 놓여 있는 TV 모니터만 대상으로 하기 때문에 집에서 실시간 방송을 시청하는 노령층 인구를 과다대표하는 문제점이 있다. 최근 콘텐츠 소비행태는 웹과 모바일로 이동하고 있고, 실시간보다 VOD 콘텐츠를 선호하는 경향이 뚜렷하다. 이런 경향을 반영하기 위해 새롭게 만든 지수가 콘텐츠파워지수다. 이 지수는 (1)화제성 높은 프로그램, (2)관심/관여도 높은 프로그램, (3)몰입이 높은 프로그램 세 분야를 각각 온라인에서의 미디어 이용행위를 통해 측정, 3개 행동 항목의 개별 표준 점수를 평균으로 표준화해서 만든다. '재미'라는 추상적 개념보다 화제성, 관심/관여도, 몰입도라는 세 개의 지수를 사용해 시청자들이 콘텐츠를 소비하는 트렌드를 객관적으로 파악해

콘텐츠파워지수 상위 프로그램(CJ E&M, 닐슨코리아)

| 순위 | 2015 | | 2014 | |
	프로그램	장르	프로그램	장르
1	tvN, 응답하라 1988	드라마	SBS, 별에서 온 그대	드라마
2	MBC, 그녀는 예뻤다	드라마	tvN, 미생	드라마
3	MBC, 무한도전	연예/오락	SBS, 괜찮아 사랑이야	드라마
4	KBS2, 프로듀사	드라마	SBS, 신의 선물 14일	드라마
5	MBC, 일밤-복면가왕	음악	SBS, 피노키오	드라마
6	SBS, 냄새를 보는 소녀	드라마	SBS, 쓰리데이즈	드라마
7	Mnet, 쇼미더머니4	음악	MBC, 기황후	드라마
8	sbs, 용팔이	드라마	MBC, 무한도전	연예/오락
9	tvN, 삼시세끼, 어촌편	연예/오락	SBS, 닥터 이방인	드라마
10	MBC, 킬미힐미	드라마	KBS2, 연애의 발견	드라마

보고자 한 것이다. 온라인에서의 미디어 이용행위를 통해 측정하기 때문에 젊은 세대들의 체감 인기를 잘 반영하기도 한다. 위 표는 이 방법을 통해 2014, 2015년 인기 프로그램을 측정한 결과를 보여주고 있다.

2014년에는 콘텐츠파워지수 상위 랭크 프로그램이 대부분 드라마 장르에 몰려 있다. 10위권 안에 든 연예/오락 프로그램은 〈무한도전〉이 유일하다. 2015년에는 변화를 보여 비드라마 프로그램이 4개로 늘어났으나 여전히 드라마 장르의 우세다. 화제성, 관심/관여도, 몰입도가 높은 프로그램이 대부분 드라마 장르라는 사실은 시청자들이 역시 의미보다는 재미를 추구한다는 사실을 반증하는 것이 아닐까? 그렇다면 드라마는 재미만 추구하고 의미는 없는 것일까? 그러나 드라마가 어떤 의미든 내포하고 있다는 사실을 부정할 수는 없을 것이다. 드라마는 우리의 삶을 가상의 구체적인 상황에 던져 넣는다. 시청자들은 자기자신을 투사한 캐릭터가 스토리 속의 현실에서 고난을 겪으면서도 이를 극복해나가는 과정을 함께 체험한다. 체험은 카타르시스를 동반한다. 주인공과 함께 절망하고 또 희망을 향해 나아간다. 드라마가 호응도, 관심/관여도, 몰입도가 높은 것은 드라마 장르가 가지는 스토리텔링의 힘 때문이다.

'부모에게 효도해야 한다'라는 가치와 신념를 사서삼경은 엄격한 덕목으로 가르치지만, '심청전'은 흥미진진한 스토리를 통해 제시한다. 그 스토리텔링을 따라가면서 우리는 어느새 자기자신도 모르는 사이에 '효'라는 가치가 내면화되고 있다는 것을 느낀다. 을지문덕 장군이 수나라 양제의 대군을 절묘한 전략으로 패퇴시키는 스토리를 읽으면서 우리는 을지문덕과 함께 전쟁에 임한다. 그리고 나도 을지문덕 같은 장군이, 영웅이 되고 싶다는 욕망을 느낀다. 드라마뿐만 아니라 모든 프로그램들은 스토리텔링을 내재하고 있다. 최근 열풍을 타고 있는 '쿡방' 프로그램도 스토리텔링을 내재하고 있다. '삼시세끼'는 세끼를 차려 먹는 것 외에는 아무 것도 하지 않는 완벽한 힐링을 체험할 수 있게 해준다. '냉장고를 부탁해'는 냉장고 구석에 쳐박혀 있던 식재료가 맛있는 요리로 변하는 마술을 체험하게 해준다. '집밥 백선생'은 초보자도 쉽게 요리할 수 있는 방법을 체험하게 해준다.

최근에는 모바일 콘텐츠가 젊은 세대들의 생활양식과 밀접하게 맞물리면서 인기를 끌고 있다. 모바일 콘텐츠의 특징은 '짧게 짧게'다. 60초 동영상, 72초 TV, 인스턴트 아티클 서비스 등 이동하면서 콘텐츠를 소비한다는 특징 때문에 짧은 동영상이 다양하게 생산되고 소비되고 있다. 이 때문에 지나친 압축과 단순화로 콘텐츠의 본질을 훼손하거나, 가볍기만 한 콘텐츠가 사고와 문화의 깊이를 얕게 한다는 우려가 크다. 한없이 가벼워진 콘텐츠는 콘텐츠 산업의 침체를 가져올 것이란 우려도 있다. 스낵컬처는 저비용 고효율방식인데, 상대적으로 많은 비용이 투입되어야 하는 콘텐츠 산업이 침체될 수 있다는 것이다. 2015년 미디어 트렌드 조사에 따르면 20대가 생각하는 콘텐츠의 적정 길이는 텍스트 30줄, 동영상 43초, 그림/일러스트 17장, 사진/움짤 10장, 인포그래픽 9장이다.

EBS 〈지식채널 e〉는 5분짜리 짧은 방송시간을 가진 콘텐츠다. 이 프로그램은 방송 프로그램으로서는 이례적으로 각 에피소드 끝에 자료의 출처를 명시하여 시청자로 하여금 자연스레 원작 콘텐츠에 접근하도록 유도하고 있다. 넷플릭스의 〈House of Cards〉는 시즌4까지 방송된 긴 드라마였지만 많은 사람들이 모바일로 시청했다. 16부작 드라마 '태양의 후예'는 중국에서 모바일 시청자 100억 뷰 이상을 기록했다. 스낵컬처 시대지만 고품질의 콘텐츠는 재생시간이 길더라도 시청하는 경향을 보여주는 사례들이다. 40~50분짜리 웹드라마도 의미와 재미만 있다면 아무 저항감 없이 시청하고, 심지어 광고도 재미있다면 끝까지 시청한다. 2015년 전 세계에서 가장 많이 본 유튜브 영상 10위 중 4건이 광고였다.

모바일 콘텐츠 동영상에서도 '얼마나 오래 보았는가?'라는 척도를 성공 측정 기준으로 사용되고 있다. 동영상의 조회수(뷰) 보다 얼마나 오랫동안 재생했느냐의 '시청시간'이 중요한 척도라는 것이다. 길어도 사람들이 오래 본 동영상이 진짜 성공한 동영상이라는 것이다. 유튜브에서도 추천 동영상의 기준을 조회수가 아니라 '시청시간'으로 알고리즘을 조정했다. 길어도 오래 보게 하는 대표적인 방법이 스토리텔링 요소를 활용하는 것이다.

스토리텔링(storytelling)이란 무엇인가

스토리텔링은 스토리(story, 내용)와 텔링(telling, 말하기, 전달하기)이 결합한 합성어다. 스토리(story)는 이야기 내용 그 자체만을 한정적으로 지칭하는 것이다. 내용 그 자체만큼 문화적 근원성을 드러내는 것이 이야기하기(storytelling), 즉 이야기하는 방식이다. 스토리텔링에는 이야기하는 사람(이야기꾼, narrator, addresser)과 이야기를 듣는 사람(receiver, addressee)이 전제된다. 스토리텔링 = 이야기꾼 + 스토리 + 이야기를 듣는 사람으로 구조화된다. 이야기꾼에 따라 이야기하는 방식은 상당히 달라진다. "아침에 친구랑 싸웠어."라고 조용히 말할 때와 "싸웠어, 친구랑, 아침에"라고 급한 목소리로 말할 때 듣는 사람이 받아들이는 강조점과 느낌은 달라진다. 이야기하는 사람은 이야기를 듣는 사람을 고려해 이야기한다. 그들을 자극하기도 하고, 그들의 반응에 따라 이야기하는 방

스토리텔링의 다양한 방식

장르	스토리텔링 방식	스토리텔링 매체
구전설화	story-telling	음성언어
서사시	story-singing	음악+음성언어
영화, 연극	story-showing	영상·행위+음성언어
소설	story-writing	문자언어

식을 바꾸기도 한다. 스토리도 중요하지만, 그에 못지않게 이야기하는 방식도 중요한 것이다.

이야기하는 방식을 '말하기(telling)'라는 용어로 포괄하기에는 범위가 넓다. 구전설화의 경우에는 말하기의 영역에 들 수 있지만, 서사시는 언어와 음악이 결합된 노래하기(singing)의 영역이고, 소설은 문자로 이루어진 쓰기(writing)의 영역이며, 영화와 연극은 언어에 영상이나 연기가 결합된 보여주기(showing)의 영역이다. '말하기(telling)'로 모든 것을 포괄하면 혼동이 생기기도 하지만, 일반적으로 이야기하는 모든 매체와 방식들을 포괄하여 '스토리텔링(Storytelling)'이란 용어를 사용한다. 내러티브(narrative)가 스토리텔링과 비슷한 용어지만, 이는 스토리의 내적 구조를 강조하는 용어로 서사 또는 서사구조로 번역된다. 이에 비해 스토리텔링은 새로운 매체와 결합하면서 드러나는 이야기하기의 다양한 방식을 열어 놓는 개념이다(김광욱, 2008).

"세상에 대한 무수히 많은 스토리텔링이 존재한다. 스토리텔링은 무엇보다도 다양한 장르를 통해 구성된다… 스토리텔링은 언어, 이미지, 제스처, 그러한 요소들의 혼합에 의해 전달될 수 있다; 스토리텔링은 신화, 전설, 코미디, 그림, 영화, 뉴스, 대화 등에서도 나타난다. … 스토리텔링은 모든 시대, 장소, 사회에 존재한다; 스토리텔링은 인류 역사의 시작과 함께 존재했다. 스토리텔링이 없는 사회나 스토리텔링을 하지 않는 사람은 아무도 없다. 스토리텔링은 국제적, 초역사적, 초문화적이다; 인생이 그 자체로 존재하는 것처럼 스토리텔링도 그 자체로 존재한다(R.바르트, 1987)."

스토리텔링은 언어 습득이나 매체 종류를 초월하여 존재하며 시대와 장소를 초월하여 존재한다. 공기, 중력처럼 그 존재를 의식하지 못하지만 우리가 살아가는 주변 어디에나 존재하는 유비쿼터스(ubiquitous)적 존재다. 모든 문화적 활동은 스토리텔링과 결합하면서 소비자와의 접촉면을 확대하려 하고 있다. 그만큼 스토리텔링은 매력적인 요소이기 때문이다.

이야기꾼이 이야기하는 이야기 내용과 이야기 방식은 문화권에 따라 독특한 차별성을 가진다. 그것은 이야기 구조나 방식이 그 문화권의 옛 이야기 즉, 신화시대로 거슬러 올라가는 고대의 이야기 내용 및 이야기 방식이 시대에 따라 재생산되면서 현대사회에 이르렀기 때문이다. 그러므로 이야기 내용 및 이야기 방식은 그 문화권의 특성을 드러내는 가장 근원적인 기반이다. 한 문화권의 변별적 특성을 찾기 위해서는 무엇보다 그 문화권에서 통용되는 이야기 내용 및 이야기 방식의 특성을 찾아내면 된다.

특히 영상을 기반으로 한 텔레비전에서 스토리텔링은 매우 많은 요소를 포함하고 있다. 보편적 문자기호는 물론, 영상의 미장센, 편집에 의한 의미의 재생산같은 영상 언어로서의 기호가 있으며, 음악과 음향 등과 같은 오디오적 기호 또한 포함된다. 영화, 만화, 음악, 춤 등 다양한 표현방식을 통해 전하고자 하는 일종의 이야기(내용)가 있다면, 그 전달 과정에서 사용되는 언어, 문자, 음향, 동작 등 기호화된 모든 종류의 표현 양식과 이야기 내용을 포괄하는 전체를 총체적으로 지칭하는 것이 '스토리텔링'이다.

스토리텔링의 문화적 재생산

스토리텔링은 신화로 거슬러 올라가는 고대적 기원을 가지고 있는 경우가 많다. 스토리텔러들은 옛날부터 들어왔던 친숙한 이야기를 사람들에게 들려주고 있는데, 사람들에게 이는 즐거운 오락이자 교육의 장이기도 했다. 이야기 속에는 세계가 어떻게 창조되었고, 선조들은 어떻게 살았는가 하는 내용들이 포함되어 있다. 고대에 형성된 스토리텔링은 오랜 세월동안 전승되면서 사람들이 세계를 인식하는 패턴을 형성시킨다. 이야기를 통해 사람들은 세계가 어떻게 만들어졌고, 우리는 어떻게 살아야 하는가라는 문제에 대한 패턴 또는 체계를 내재화시켜 왔다. 스토리텔러들은 고대적 텍스트를 원형으로 하여 이를 시대에 맞게 새로운 방식으로 이야기하기도 한다. 시대에 따라 스토리텔링이 재생산되는 것이다.

기원전 7세기에 기록된 세계 최초의 서사시 호머의 〈오디세이아〉 제11권에는 그리스 신화 한 토막이 소개되어 있다.

그리고 나는 오이디포데스의 어머니 아름다운 에피카스테도 보았소.
그녀는 자기 아들과 결혼하여, 아무 영문도 모르고 엄청난 짓을 저질렀고,
그는 자기 아버지를 죽이고 자기 어머니와 결혼했소.
그러자 신들은 지체 없이 이 일들을 인간들에게 알려주었소.
그리하여 카드모스의 후예들의 통치자였던 그는 사랑스런 테바이에서
신들의 잔혹한 계획에 의하여 고통을 당했던 것이오.

기원전 5세기, 그리스 3대 비극작가 중 한 사람이었던 소포클레스는 몇 줄 되지 않는 이 내용을 바탕으로 〈오이디푸스왕〉(Oidipous Tyrannos)이라는 비극을 창작했다. 이 비극에서 오이디푸스는 운명에 지배되어 아버지를 살해하고, 어머니와 결혼하여 자식까지 낳는다. 결국 이 사실을 알게 된 오이디푸스는 자기 눈을 찔러 장님이 된 채로 방랑하다 죽는다는 장편 비극이다. 현재까지도 이 작품

은 세계 최고의 비극으로 손꼽히고 있다.

20세기 초, 정신분석학자 프로이드는 '무의식'이라 불리는 인간의 정신영역을 세계 최초로 밝혀내고, 무의식의 초기 형성 과정을 설명하기 위해 '오이디푸스 콤플렉스(Oedipus complex)'라는 용어를 사용했다. 기억하지는 못하지만 유아기 남자아이는 어머니를 사랑하고 아버지와 적대관계가 되는 과정을 거치면서 사회화 과정을 밟는다는 것이다. 의식의 영역 밑에 그보다 훨씬 근본적인 무의식의 영역이 존재한다는 프로이드의 발견은 세계 역사를 '근대'에서 '현대'로 넘어가게 하는 계기가 되었다.

1926년, 장 콕토는 오이디푸스 신화를 모티브로 희곡 〈지옥의 기계〉를 썼다. 박찬욱 감독은 2003년 개봉한 영화 〈올드보이〉에서 오이디푸스 신화를 모티브로 등장인물 '오대수(최민식)'와 '미도(강혜정)'의 관계를 설정했다. 〈올드보이〉 시나리오는 한국에서 가장 잘 만든 대본으로 꼽힌다. 할리우드의 파라마운트/드림웍스가 대본 판권을 구입해 영화를 미국판으로 리메이크하기도 했다. 2010년, 캐나다 출신 드니 빌뇌브 감독은 시리아 내전을 연상시키는 가상의 공간을 배경으로 오이디푸스 신화를 영화적으로 재창조한 〈그을린 사랑(Incendies)〉을 개봉했다. 일본 감독 이마무라 쇼헤이도 이 모티브를 사용한 영화를 제작했는데, 그에게 아버지는 '모든 사회적 억압'의 상징으로 사용된다.

스토리텔링의 유형

영웅서사 스토리텔링

세계에서 가장 흔한 스토리텔링 유형은 영웅서사 스토리텔링일 것이다. 각 나라의 고대 건국신화에 등장하는 건국시조부터 우리 주변에는 전설적인 왕들과 영웅, 호걸들의 이야기로 넘쳐난다. 나라의 개국, 영토를 넓힌 왕과 전쟁 영웅 외에도 학문·과학·문화예술·스포츠 분야에서 커다란 업적을 남긴 사람들에게도 영웅이라는 호칭이 붙는다.

영웅서사 스토리텔링에 대한 지칠줄 모르는 열광은 자신이 원하는 것을 가진 사람을 닮고 싶어하는 '목표지향적 동일시(goal-oriented identification)'라는 정신 현상과 관련이 깊다. 정신분석학자 자크 라캉에 의하면 인간의 사회화 과정은 '욕망의 확장 과정'이다. 욕망은 결핍이다. 그러나 인간의 본질적 욕망은 영원히 충족되지 않는다. 욕망은 이미지와의 동일시를 통해 충족될 수 있을 뿐이다. 동일시는 다음 네 가지 유형으로 나뉜다.

- 자아도취적 동일시(narcissistic identification)
  자신과 유사한 특성을 가진 대상과 자신을 동일시한다.
- 대상 상실 동일시(object-loss identification)
  자신이 원하는 대상을 상실했을 때, 사라진 대상과 같은 존재가 됨으로써 만족감과 충족감을 느낀다.

- 권위 있는 인물의 요구와 동일시(identification with the aggressor)

  억압자의 요구와 동일시하여 처벌을 피하려고 노력한다.

- 목표 지향적 동일시(goal-oriented identification)

  자신이 원하는 것을 가진 사람을 닮고자 한다(라캉, 에크리, 1966).

  신화학자 조셉 캠벨은 세계의 모든 신화, 영웅설화를 수집하여 이들 스토리의 내적 구조를 분석했다. 그에 따르면 모든 신화의 주인공은 17단계를 거쳐 영웅으로 탄생한다. 캠벨에 의하면 '신화는 고통과 시련을 통해 인간으로 살아가는 힘을 획득하는 재생의 삶을 가르쳐 준다.' 영웅은 고통과 시련을 극복하는 과정을 통해 살아갈 가치를 지닌 인간으로 성장한 존재다(천의 얼굴을 가진 영웅, 2004). 캠벨은 조지 루카스 감독의 '스타워즈' 대본 작성에 자문으로 참여했다. 영화 '스타워즈'의 스토리텔링은 캠벨의 영웅서사 모형을 따르고 흥행에 성공했다. C. 보글러는 캠벨 이론을 스토리텔링

캠벨의 영웅서사 17단계

구분	단계	내용
출발	1	주인공은 난제를 해결하기 위한 모험의 길을 떠나라는 소명을 받는다.
	2	주인공은 이 소명을 거부한다.
	3	거부에 따르는 처벌을 초자연적인 조력(자)를 통해 해결한다.
	4	모험을 떠나고 가벼운 첫 관문을 통과한다.
	5	고래의 배에 갇힌 성경의 요나처럼 본격적인 시련을 겪기 시작한다.
입문	6	다양한 시련을 계속해서 겪는다.
	7	여신(조력자)을 만나 시련을 극복한다.
	8	여신이 유혹자로 변하거나, 유혹하는 여성을 만난다.
	9	자신을 억압했던 아버지와 화해한다.
	10	화해를 통해 주인공의 인격은 신격화된다.
	11	궁극적인 홍익의 가치를 깨닫고 이를 신념화한다.
귀환	12	세상으로 돌아가 홍익이념을 펼치기를 요구받으나 주인공은 거부한다.
	13	혹독한 시련이 닥치고 주인공은 불가사의한 통로로 도주한다.
	14	외부의 조력자가 나타나 시련을 극복한다.
	15	자신이 떠났던 세상으로 회귀하는 관문을 통과한다.
	16	자신이 원래 속했던 세상과 모험의 길에서 만난 세계, 두 세계의 주인
	17	삶의 자유를 얻는다.

으로 실용화시키기 위해 12단계로 압축했다(신화, 영웅, 시나리오 쓰기, 2005). 단계의 선택과 집중을 통해 스토리의 극적 긴장감을 높이기 위해서다. 보글러 또한 수많은 할리우드 영화와 텔레비전 드라마 스토리텔링에 자문 역할을 수행했다. N. 프라이는 저서 〈신화 내려앉기〉를 통해 신화 스토리텔링을 일상생활 차원으로 확대 적용시키려고 시도했다(최민성, 2008).

신화 구조와 스토리텔링 모델

내려앉기 차원	주인공 지위	환경 대응력	주제	비고
신화	보통사람보다 절대 우월	환경을 뛰어넘는다	삶에 대한 총체적 비전	작품 세계와 별도로 존재
로망스	보통사람보다 우월	어느 정도 뛰어넘는다	보편적 진리 추구	초자연현상 인정, 반지의 제왕, 스타워즈
상위모방	보통사람보다 우월	뛰어넘지 못한다	사회·국가의 요구에 부응	〈시학〉의 테마, 인디애나 존스
하위모방	보통사람과 비슷	뛰어넘지 못한다	개인의 심리와 행위	리얼리즘, 패왕별희
아이러니	보통사람보다 열등	뛰어넘지 못한다	실존과 예술	신화로 재도약 포레스트 검프, 슈렉

　영웅서사 스토리텔링은 영화뿐만 아니라 모든 프로그램에 널리 활용되는 스토리텔링 구조다. 역사드라마를 비롯한 많은 텔레비전 드라마에서 주인공은 많은 시련을 겪지만 올바른 삶의 자세로 난관을 극복하고 삶의 자유를 획득한다는 스토리텔링 구조를 취하고 있다. 슈퍼스타K, 불후의 명곡, 보이스 오브 코리아 등 많은 오디션 프로그램들이 높은 시청률을 올리는 것도 도전자들이 자신이 처한 환경적 한계를 극복하고 정상에 오르는 스토리에 시청자들이 자신을 투사시키기 때문이다. 휴먼 다큐멘터리를 비롯한 많은 시사교양 프로그램도 그렇다. 스포츠 중계에서도 이 모형이 적용된다. 스포츠중계는 점점 경기 전체의 상황보다는 특정 선수를 주인공으로 내세운 극적 스토리텔링에 집중하는 경향을 보이고 있다.

미적 범주와 스토리텔링

우리가 일상적으로 나누는 대화에서부터 문학, 영화, 만화, 다큐멘터리를 포함한 방송 프로그램 등 모든 것은 스토리텔링의 결과물이다. 예외는 신문기사, 논문, 판결문 정도다. 스토리텔링은 우리의 삶을 총체적으로 지배한다. 대상·객체를 주관·주체가 어떻게 바라보는가 하는 문제를 '미적 범주'라는 개념으로 정리한 사람은 독일 미학자 니콜라이 하르트만이다. 국문학자 조동일은 이를 받아들여

스토리텔링 유형을 숭고미, 우아미, 비장미, 골계미 4가지 '미적 범주'로 체계화시켰다('한국 문학의 양상과 미적 범주', 1996). 미적 범주를 나누는 기준은 앞서 말한 대상·객체를 주관·주체가 어떻게 바라보는가 하는 문제와 관련이 있다. 주체는 '스토리' 속의 주인공이자 화자이고, 객체는 주인공이 바라보는 대상 또는 주인공을 둘러싼 세계다. 이에 따라 조동일은 미적 범주를 네 가지로 구분했다.

• 숭고미 범주

주체(현실, AS-BE)는 객체(이상, TO-BE)보다 열세다. 주체는 객체를 이상적 존재 또는 이상적 상황으로 인정하고 이에 순응하면서 합일을 추구한다. 이 유형의 스토리텔링에서 시청자들은 엄숙하고 경건한 숭고미를

느낀다. 헤세의 소설 '데미안', 영화 '피아니스트'와 '패션 오브 크라이스트', SBS 다큐멘터리 '최후의 제국' 중 3부 〈돈과 꽃〉, Bill Viola의 스크린 비디오 '해변 없는 바다' 등이 이에 속한다.

• 우아미 범주

주체와 객체는 동등하다. 갈등과 모순이 없는 상태로 조화·순응의 관계다. 이 유형의 스토리텔링에서는 우아미를 느낄 수 있다. 자연 속에서 안빈낙도의 삶을 사는 모습에서 우아미를 찾을 수 있다. MBC 다큐멘터리 '바람의 말'(2014), 다큐멘터리 영화 '님아 그강을 건너지 마오', '워낭소리', 영화 '집으로' 등이 이 사례에 속한다.

• 비장미 범주

주체는 객체보다 열세다. 객체는 이상적 상황이 아니며, 주체와 갈등·대립 관계다. 옳지만 열세인 주체는 정당하지 않지만 우월한 객체에 도전한다. 그리고 객체에게 패배당한다. 이때 시청자/관객들은 비장미를 느낀다. 가장 많은 스토리텔링 유형이다. 영화 '명량', '달콤한 인생', '변호인', '포화속으로', '도가니' 등이 이에 속한다.

• 골계미 범주

주체는 객체보다 현실적으로 열세지만 정신적 우위를 주장한다. 이때도 객체는 이상적 상황이 아니므로 두 존재는 갈등·대립 관계다. 주체는 객체에게 정면으로 도전하기보다 이의를 제기하고, 풍자·조롱한다. 4컷 시사만화, 웹툰 '가우스전자', 뮤직비디오 '강남스타일', 영화 '모던 타임즈', '허삼관', '왕의 남자' 등이 이 유형의 스토리텔링을 취하고 있다.

스토리텔러는 'AS-BE(현실)'에서 'TO-BE(이상)'로 향하는 과정에서 주체와 객체 간의 갈등을 발생시켜 비장미 혹은 골계미를 내뿜을 것이냐, 아니면 객체와의 조화나 융합을 통해 숭고미 내지 우아미를 발현시킬 것이냐를 고민한다. 그러나 시청자/관객들에게 어떤 아름다움을 느끼게 해줄 것인

지는 역사적 흐름, 사회 구조 변화, 시대정신(Zeitgeist) 등을 충분히 파악한 후에 결정해야 한다. 현실과 이상은 사람마다 그 거리가 천차만별이다. 공감을 불러일으키는 스토리텔러라면 자신만의 이야기를 대립과 융합의 아름다움 중 어떤 것으로 나타낼지 고민해야 한다.

　미적 범주는 미디어 콘텐츠의 스토리텔링에서 빠질 수 없는 이론이다. 라디오, TV, 영화, 웹툰 등 다양한 분야의 스토리텔러는 4개로 나뉜 미적 구조 이론을 바탕으로 자신만의 스토리를 창작할 수 있기 때문이다. 특히 방송 프로듀서는 매번 새롭고, 재미있고, 의미 있는 프로그램을 만들어 내야 하는 '이야기꾼'으로서 미적 구조 이론을 프로그램 기획 및 구성에 적절히 활용할 수 있다. 세세한 구성이나 극적 장치는 논외로 하더라도, 전체적인 아름다움의 형태가 미적 범주 프레임으로 설정된 프로그램은 그 기본이 탄탄해질 수밖에 없다.

사실주의 스토리텔링

사실주의 스토리텔링은 19세기 주류를 형성했던 유럽 리얼리즘 문학의 이야기 구성 방식을 차용한 것이다. 프랑스의 발자크와 플로베르, 영국의 찰스 디킨스와 조지 엘리엇, 러시아의 톨스토이, 투르게네프, 도스토예프스키, 독일의 토마스 만 등 기라성같은 소설가들은 삶의 부조리와 부르조아의 허위의식을

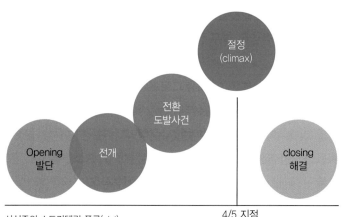

사실주의 스토리텔링 플롯(plot)　　　　　　　4/5 지점

객관적이고 정확한 관찰을 통해 비판하면서도 인간에 대한 이해를 바탕에 깔고 있는 사실주의 문학을 발전시켰다. 이들이 이야기를 전개해 나가는 방식으로 중시한 것이 플롯(plot)이다. 플롯은 사건을 나열식으로 배열하는 것이 아니라 인과적으로 배치시킨다는 것이다. 그러면서 전체 줄거리는 발단-전개-전환-절정-결말의 구조를 취하면서 극적 긴장감을 고조시키는 방식이다. 대부분의 스토리텔링은 이를 교과서처럼 받아들이고 있다.

　특히 할리우드 영화와 텔레비전 드라마는 19세기 유럽 사실주의 소설에서 그 원형을 찾을 수 있다. 그들은 이른바 '할리우드 스토리텔링 문법'을 완성했다.

• 문제발생

전체 스토리 전개 과정에서 원인과 결과를 단선적으로 설정한다. 원인과 결과를 이어주는 인과관계

가 복잡하지 않고 명확하다. 발단은 흔히 수수께끼 형식으로 제시한다. 긴장감을 높이는데 효과적이다. 이는 스토리 첫 부분에서 관객을 사로잡는데도 효과적이다(첫 5분의 법칙). 반전 기법이 사용되는 수가 많다.

• 완벽한 주인공

주인공은 스토리텔링의 매개체로 중심적 역할을 차지한다. 주변적 등장인물보다 주인공을 명확히 중심적 위치에 놓는다. 문제 해결에도 주인공이 중심적 역할을 수행한다. 이 때문에 할리우드 영화는 영웅서사 스토리텔링을 중심으로 하는 경우가 많다. 주인공으로 발탁된 배우의 출연료는 엄청나다. 스토리가 주인공의 활약에 집중되어 있기 때문이다.

• 완성도 높은 사실성

일상성을 배제하고, 스토리의 핵심에만 집중한다. 또한 허구이면서도 실제 현실보다 훨씬 강하게 사실성을 느끼게 만든다. 상징성과 완성도 높은 디테일한 세부 묘사를 대비시킨다.

• 공간적, 시간적 박진성

지루한 현실을 변형하여 긴박감 넘치는 허구적 세계를 창조한다. 시공간을 필요에 따라 극적으로 압축하거나 늘린다.

할리우드적 스토리텔링은 초창기 대도시 영화관객들에게 가장 친숙한 스토리 형식이었다. 이는 미국과 유럽 문화권 바깥의 관객들에게도 쉽게 받아들여질 수 있는 스토리의 보편적인 특성들을 가지고 있었다. 할리우드 스토리텔링의 보편성은 할리우드 영화가 문화적 차이로 인한 문화적 할인효과(cultural discount)에도 불구하고 세계 미디어 시장을 지배할 수 있게 해주었다.

현대에 이르러 할리우드 상업영화에 반대하는 일련의 영화 작가들이 등장했다. 이들은 먼저 할리우드 스토리텔링의 특성을 자신들의 프로그램 속에서 부정하려고 노력했다. 미니멀리스트나 구조주의 영화처럼 극단적으로 스토리텔링 자체를 없애버린 영화들이 등장했다. 유럽 예술영화, 소비에트 시적 영화, 제3세계 영화처럼 보편적이는 않지만 특정한 소수 관객들이 받아들일 수 있는 대안적 스토리텔링을 창출한 영화들도 등장했다. 그러나 이들의 영향력은 미미했다.

🔊 심화학습을 위한 토론 주제

1. 영웅서사 스토리텔링을 취하고 있는 프로그램 사례를 다큐멘터리, 드라마, 스포츠중계, 예능프로그램 각 장르에서 찾아보자.
2. 각각의 미적 범주에 해당하는 프로그램을 선정해서 스토리텔링을 분석하는 에세이를 써 보자.
3. 드라마, 웹툰, 게임, 예능 프로그램 중에서 한 작품을 선택해 정신분석학, 페미니즘 등의 방법론을 동원하여 비평 에세이를 써 보자.
4. 자기자신이 가지고 있는 프로듀서적 소양을 스토리텔링해 보자.

2장
프로그램 제작과
실습

1. 프로그램에 대한 이해

프로그램은 세상을 투영하는 거울

방송은 세상을 투영하는 거울이다. 시대와 현장을 오롯이 담아내 세상을 읽을 수 있게 한다. 방송을 통해 세상이 보이지 않는다면 그 방송은 거짓 방송이거나 고장이 난 방송이다. 방송은 삶의 현장을 기록하고, 공동체가 직면한 이슈를 제기함으로써 사회적 어젠다를 형성한다. 대중의 희로애락을 공유하며 재미와 웃음을 제공하는 책무를 진다. 방송의 세상을 반영하는 기능은 프로그램을 통해 이루어진다.

오늘 이 땅을 살아가는 사람들의 이야기

프로그램(Program)이란 '오늘 이 땅을 살아가는 사람들의 이야기'다. 프로그램이 '오늘, 이곳, 삶'의 이야기를 담아낼 때 역동성과 생명력이 있다. 이야기의 기본은 감동이다. 〈Britain's Got Talent〉에서 우승한 폴 포츠나 수잔 보일, 〈슈퍼스타 K〉의 최성봉 스토리는 우리에게 감동과 울림을 준다.

명량
1,800만 관객을 동원한 영화 〈명량〉은 이 시대가 요구하는 진정한 리더십을 일깨운다.

미생
'아직 살아 있지 않은 돌' 〈미생〉은 비정규직과 흙수저들의 아픔과 고단한 삶을 그려냈다.

〈삼시세끼〉는 힐링을 통해 위안을 주고 〈개그콘서트〉는 재미있는 풍자로 웃음을 준다. 이야기들은 시대의 맥락과 현실을 반영한다. 영화 〈변호인〉은 '사람은 어떻게 살아야 할 것인가', '국가란 무엇인가'라는 질문을 던진다. 드라마 〈미생〉과 〈직장의 신〉은 비정규직과 흙수저들의 아픔을 토로한다. 〈추적자〉와 〈시그널〉은 사법정의가 무너진 현실을 고발한다. 〈명량〉, 〈뿌리 깊은 나무〉는 이순신

애플의 〈1984〉
1984년 애플이 '매킨토시'를 출시하며 낸 광고 〈1984〉는 소설 '1984'를 패러디해, 기존의 IBM이 지배하는 데스크톱의 세계를 빅브라더로, 자신의 신제품은 독재자에 도전하는 영웅으로 그려낸다.

장군과 세종대왕의 영웅서사를 통해 자신들의 이익 챙기기에 급급한 좀팽이 지도자들을 향해 시대가 요구하는 진정한 리더가 누구인지 질타한다.

이야기는 상황과 조건에 따라 변형되어 유통된다. 대표적인 유형이 패러디다. 패러디는 잘 알려진 원작(영화, 동화, 인물, 역사적 사실, 소설 등)을 활용해, 메시지를 짧은 시간에 효과적으로 전달한다. 애플의 〈1984〉 광고는 패러디의 압권으로 꼽힌다. IBM의 데스크톱을 소설 〈1984〉의 독재자에 빗대며 이에 대항하는 애플의 신제품 매킨토시를 소개한다. 이 광고는 1984년 슈퍼볼 경기 때 단 한 번 공개됐지만 광고계의 모든 상을 휩쓸어 영상스토리텔링의 모범으로 꼽힌다. 영화 〈겨울왕국〉을 비롯한 히트 콘텐츠를 패러디한 동영상들을 지금도 인터넷이나 유튜브에서 쉽게 찾아볼 수 있다.

불황 때는 고난 극복형, 고향 회귀형, 주술형 이야기가 많아진다. 〈우리 생애 최고의 순간(2007)〉, 〈국가대표(2009)〉는 대표적 고난 극복형 스토리다. 최근 만들어진 〈국가대표2〉도 그 연장이다. 〈영웅본색(2008)〉은 홍콩 반환 직전 홍콩시민들의 불안한 심리를 가족애로 풀어냈다. 〈워낭소리(2008)〉, 〈님아 그 강을 건너지 마오〉, 〈국제시장〉, 〈응답하라 1988〉도 형제, 부부, 가족의 얘기로 고향의 따뜻한 품을 담아낸다. 단순하고 강렬한 감탄사를 반복해 용기를 북돋우는 광고나 대중가요들은 주술형 이야기의 전형이다. 모두 시청자가 위로받고 격려 받아 험한 현실을 살아갈 온기와 힐링을 제공한다.

프로그램의 이야기는 이미지(Image)와 가치를 반영한다. 연극인 윤석화가 출연한 맥심 광고 〈부드러운 여자〉를 본 사람들은 맥심을 마시며 자신이 부드러운 여자가 된다. 한류 드라마로 중국 여성들을 사로잡은 이민호, 김수현, 송중기가 입고·먹고·사용하는 물건들을 같이 입고· 먹고·사용하며 사람들은 스타가 된다. 이미지를 판매하는 사회를, 랄프 얀센(Rolf Jense)은 '드림 소사이어티(Dream Society)'라고 불렀다. 1981년 앨빈 토플러가 말한 '제3의 물결'이 정보혁명이었다면, '드림 소사이어티'는 꿈과 감성이 이끄는 '제4의 물결'이다. 장 보드리야르(Jean Baudrillard)는 이미지로 포장된 가치를 '시뮬라크르(simularcre)'로 설명한다. 애초에 상품은 사용가치(얼마나 튼튼하고 오래 사용하는가)가 중요했으나 교환가치(이 상품 하나를 다른 상품 몇 개와 바꿀 수 있는가)를 거쳐, 이제 기호가치를 중시하는 시대로 넘어왔다. 이제 소비자는 상품이 아니라 상품의 이미지를 구매한다. 보드리야르는 현실보다 더 현실 같은, 모사된 이미지를 '시뮬라크르'라고 이름 붙였다.

프로그램 이야기는 신화와 인문학이 지향하는 삶의 원형과 잃어버린, 그래서 다시 회복해야 할 가치를 반영하기도 한다. 이카루스의 신화는 세상살이에서 만나는 금기와 도전을 상징한다. 판도라의 신화는 기어이 금기를 깨고 마는 인간의 근원적 욕망의 원형을 제시한다. 인문학을 바탕으로 하는 박웅현의 광고는 사람을 지향한다. 그가 만든 〈KTF적인 생각〉, 〈사람을 향합니다〉, 〈e편한 세상〉 광고는 상품을 선전하는 광고라기보다 어떻게 살 것인가를 말하는 사회적 캠페인에 가깝다. 사람을

이카루스 신화
밀랍으로 붙인 날개를 단 이카루스는 태양 가까이 가지 말라는 아버지의 경고를 무시하고, 하늘로 솟아오르다가 밀랍이 녹아 떨어져 죽는다. 이카루스의 신화는 금기를 깨는 욕망을 나타내며, 동시에 무한한 인간의 도전 정신을 상징하기도 한다.

판도라
절대 열어보지 말라는 신의 금기를 깨고 판도라는 궁금증을 이기지 못해 상자를 연다. 열린 뚜껑 밖으로 온갖 재앙과 불행, 질병의 씨앗들이 쏟아져 나왔다. 다행히도 희망이 남아 있어 이들을 이겨낼 힘을 주지만.

박웅현 광고 〈KTF적인 생각〉
인문학적 가치를 중시하는 박웅현의 광고에는 그 중심에 늘 사람이 있다.

중심에 두고 인간관계와 자연, 지속가능한 미래를 얘기한다.

　나아가 프로그램은 상상과 새로운 발견을 통해 현실 세계를 재창조하고 더 나은 미래에 대한 의지를 드러낸다. 딕 포스버리(Dick Fosbury)는 1968년 멕시코 올림픽에서 기존 높이뛰기의 정반대 방식인 배면뛰기(등을 아래로 봉을 넘는 방식)로 2.27m 높이 바를 넘었다. 이전 기록인 1.77m를 50cm나 갱신하는 획기적 기록이었다. 러시아에서 시작한 소설작법, 기존과 다르게 '낯설게 보기 기법'을 스포츠에 적용한 사례다. 뒤집어보기, 다르게 보기는 미술에서도 즐겨 사용된다. 대표적인 사례가 메레 오펜하임의 〈모피찻잔〉이다. 그녀는 커피 잔과 받침에 밍크털을 입혔다. 평범한 커피 잔

메레 오펜하임의 〈모피찻잔〉
커피 잔과 접시가 밍크털을 만나 하나의 예
술품으로 승화하듯이 다르게 보기, 낯설게
보기 등 상상하고 발견하는 과정을 통해 전
혀 새로운 이야기가 탄생한다.

세트는 멋진 예술품으로 승화했다. 프로그램은 낯설게 보기, 뒤집어 보기, 다르게 보기로 세상을 발견하고 해석하고 창조하는 작업인 것이다.

영화 분야에서 상상과 발견의 대표 주자는 제임스 카메론 감독이다. 〈터미네이터(1984)〉에서 기계 인간을 현실 공간에 등장시키는 상상력을 선보인 그는 〈아바타(2009)〉에서 새로운 경지의 영상을 구현해낸다. 그가 개발해 낸 '이모션 캡처(emotion capture)' 기술은 단순한 동작을 넘어 배우의 표정하나 감정하나를 세세하게 잡아내, 실제보다 리얼한 애니메이션 영상을 창조해냈다.

프로그램은 때로는 영상이야기를 넘어 예술과 인류애로 승화되기도 한다. 사진가 올리비에로 토

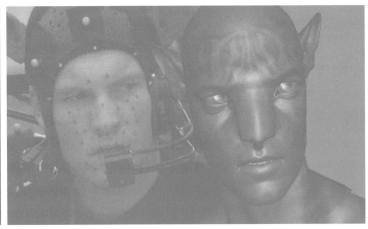

아바타 '이모션 캡처'
제임스 카메론 감독이 개발해 낸 '이모션 캡처' 기술은 실제 연기로 잡아낸 섬세한 표정을 애니메이션으로 전환해 리얼하게 그려낸다. 그의
영화 '아바타'는 애니메이션 영화의 신경지를 열었다.

베네통 광고 〈심장〉
컬러 옷을 만드는 베네통은 컬러를 인종과 민족, 성차별을 넘어선 인류애로 승화시킨다. 백인종, 흑인종, 황인종의 피부색은 달라도 피는 같은 인간이라는 메시지를 전하는 베네통 광고.

스카니(Oliviero Toscani)가 만들어낸 베네통 광고 〈United colors of Benetton〉과 〈증오와 이해〉시리즈는 단순한 의류 광고가 아니다. 베네통의 화려한 컬러를 인종과 민족, 성차별을 넘어선 인류애로 승화시킨다. 〈컬러 시리즈〉는 흑인, 황인종, 백인의 피부색은 다르지만 피는 같은 붉은 색이라는 메시지를 전한다. 〈심장〉 편은 더욱 강렬하다. 심장 사진 세 개를 나열하고 검은 글씨로 심장 가운데 인종표기를 해놓았다. 〈증오와 이해〉 시리즈는 그동안 적으로 지냈거나 증오했던 두 인물에게 입맞춤을 시켜 서로 사랑할 것을 주문한다. 중국의 후진타오 주석과 미국의 오바마 대통령이 사진 속에서 키스를 하는 식이다. 프로그램은 이처럼 이야기를 통해 인류가 지향해야 할 사랑과 평화의 메시지를 가슴으로 전하는 것이다.

사회와 문화코드, 트렌드를 담는 그릇

프로그램은 한 시대의 사회와 문화코드를 담는다. '코드'는 시대정신, 수용자의 니즈(Needs), 세상에 흐르는 트렌드를 반영하고 아우르는 지표다. 주창윤 교수는 〈우리 시대의 문화코드〉에서 사회와 문화를 상징하는 코드를 '유목민(테크놀로지), 참여, 섹슈얼리티, 몸, 역사적 상상력' 등 다섯 가지 키워드로 나눠 흐름을 분석한다.

우선 소통되는 장소와 도구의 테크놀로지를 설명하는 '유목민 코드'의 변천에 대해, 그는 〈싸이 월드 오픈(1999) - 인터넷 논객 확산(2003) - 디카·폰카의 대중화(2004) - UCC(2006) - 블로그(2007) - 스마트폰·페이스북·트위터(2010)〉의 과정으로 변화해 왔다고 설명한다.

'참여 코드'는 대중들의 정치·사회적 이슈에 대한 참여 방식으로 〈노사모 발족(2000) - 광장문화 / 효선·미선 촛불집회(2002) - 대통령 탄핵 소추안 통과 반대 촛불집회(2004) - 월드컵 광장응원(2006) - 광우병 촛불집회(2008) - 월드컵 거리응원(2010)〉의 흐름으로 정리했다. 여기에 지난해 광화문 광장의 촛불을 추가하면 정치사회적 사건이 발생했을 때 시민들이 어떻게 민의를 표출해 왔는지 흐름을 한눈에 파악할 수 있다.

트렌드 /사회문화 키워드 변화와 프로그램 제작경향의 흐름

연도	트렌드/사회문화 키워드	프로그램
2010	서바이벌 팟 캐스트 정의 위험사회	야생 / 짝짓기 / 오디션 / 춤 / 요리 〈나는 꼼수다〉 〈정의란 무엇인가〉 〈아저씨〉〈악마를 보았다〉
2011	오디션 풍자와 시사 멘붕	〈슈퍼스타K〉〈K팝스타〉〈코리안 갓 탤런트〉〈위대한 탄생〉〈톱 밴드〉 〈개그콘서트〉 – 비상대책위원회, 사마귀유치원 〈나는 꼼수다〉
2012	K-POP 1인 가구	싸이 열풍 〈나 혼자 산다〉
2013	공감(일반인) 여행예능 관찰예능 서바이벌 경쟁 갑을사회(신자유주의) 정의국가 지도자	〈안녕하세요〉〈스타킹〉 〈꽃보다 할배〉〈꽃보다 누나〉 〈인간의 조건〉〈진짜 사나이〉〈백년손님 자기야〉 셰프 / 창업 / 작곡 / 예술 〈학교〉〈여왕의 교실〉 〈직장의 신〉〈미생(2014)〉 〈추적자〉〈황금의 제국〉 〈뿌리 깊은 나무〉
2014	체험 리얼리티 예능 복고 가족예능 사회정의/국가 스낵 컬처	〈주먹 쥐고 소림사〉〈4남 1녀〉 〈응답하라 1997〉〈응답하라 1994〉〈백투 더 스쿨〉 부모+아이 / 사위 / 며느리 / 가족 / 부부 / 부녀 〈골든크로스〉〈쓰리 데이즈〉〈나쁜 녀석들〉〈정도전〉 웹드라마, 웹예능
2015	먹방·쿡방 음악예능 힙합 다중인격(이중성) 사회비판리얼 응징(3부작) 가족 크로스미디어	〈삼시세끼〉〈냉장고를 부탁해〉〈수요 미식회〉〈요리인류〉〈잘 먹고 잘 사는 법〉 〈한국인의 밥상〉〈식샤를 합시다1,2〉〈오늘 뭐 먹지〉 〈히든 싱어〉〈너의 목소리가 보여〉〈복면가왕〉 〈쇼미더 머니〉〈언프리티 랩스타〉 〈킬미 힐미〉〈하이드 지킬〉 〈앵그리 맘〉〈실종 느와르 엠〉〈어셈블리〉〈용팔이〉 〈암살〉〈내부자들〉〈베테랑〉 〈응답하라 1988〉 〈마이 리틀 텔레비전〉
2016	집방 사법정의 노인 웹툰 드라마 판타지 혼술·혼밥	〈내방의 품격〉〈헌집 줄께 새집 다오〉 〈시그널〉 〈디어 마이 프렌즈〉〈힙합의 민족〉 〈인어의 왕자〉〈국수의 신〉〈구르미 그린 달빛〉 〈W〉 〈혼술 남녀〉

정의란 무엇인가, 시그널
〈시그널〉은 2010년 마이클 샌델의 〈정의란 무엇인가〉에서 시작해, 수많은 변주 끝에 20년의 시공간을 뛰어 넘는 판타지로 이어진다. 모두 '정의'가 사라진, 금력과 권력 중심의 세태를 풍자하고 비판한다.

그가 제시한 '섹슈얼리티 코드, 몸 코드, 역사적 상상력 코드' 역시 연도별 사회적 상황과 연계해 일목요연하게 정리해, 세상의 변화를 읽어내는데 도움을 준다.

사회와 문화코드, 트렌드는 프로그램을 제작할 때 고려해야 할 주요한 변수다. 사람들에게 어필하는 프로그램은 어김없이 세상의 니즈와 코드, 트렌드를 정확하게 반영하고 있다. 역으로 말하면 대중들은 자신에게 필요한 욕구와 힐링을 반영하는 프로그램을 좋아하는 것이다. 프로그램 제작할 때 사회 문화적 트렌드와 코드를 어떻게 반영하는지는 방영된 프로그램들을 분석해보면 알 수 있다. 프로그램 분석으로 세상의 변화를 키워드 흐름과 프로그램 제작경향을 통해 읽을 수 있는 것이다. 2010년 이후 프로그램을 문화 트렌드와 관계로 정리한 표에서 보듯 트렌드와 사회·문화 키워드(코드)는 사회상의 변천과 대중들의 삶이 처해 있는 현실을 있는 그대로 드러낸다. 프로그램들은 정확히 그 흐름과 그에 따른 대중들의 니즈, 욕망을 반영하고 있다. 예를 들면, 무너진 사회정의에 대한 불만의 목소리는 〈정의란 무엇인가(2010)〉에서 시작해 〈추적자(2013)〉를 거쳐 2014년 〈골든크로스〉, 〈나쁜 녀석들〉, 2015년 〈실종 느와르 엠〉, 〈어셈블리〉, 〈내부자들〉, 〈베테랑〉에 이르러 절정을 이루고, 〈시그널(2016)〉까지 이어진다. 프로그램은 사법정의가 무너진 세상에서 스스로 응징에 나서거나 나쁜 녀석들이 더 나쁜 녀석들을 처벌하고, 20년 전 미결 사건을 무전기 판타지로 풀어내며 아픈 속살과 좋은 세상에 대한 희망을 그려 낸다.

비정규직이 일반화되고 갑을로 나누어진 세상에서 팍팍한 현실은 '아직 살아 있지 않은 바둑돌(미생)'이나 '전지전능한 능력을 가진 캐릭터(직장의 신)'로 그려진다. 힘든 세상살이에 밥 한 끼 편하게 먹어보고 싶은 열망은 먹방·쿡방을 낳았다. 경쟁 사회에서 내몰리는 삶과 국가의 안전망이 보장되지 않는 현실은 따뜻한 가족의 품으로 복고 된다. 이처럼 프로그램은 현실의 아픔과 좌절, 세상의 모든 염원과 고통을 오롯이 반영해 담아내고, 대중은 프로그램이라는 도피처에서 작은 위로를 받으며 살아가는 것이다. 모두 지금 우리 주변에서 일어나고 있는 사건이자 만나는 사람들의 현재 이야기로 우리 사회의 슬픈 자화상이다.

'미래전망서'를 통해 본 2017년 트렌드 역시 힘든 세상이 될 것임을 드러낸다. 2017 주요 키워드로 적시된 '1코노미(혼술·혼밥의 1인 경제), 픽미제너레이션(치열한 경쟁), B+프리미엄(가성비 높은 제품 추구), 펫밀리(반려견이 진짜 가족), 리얼리티(결혼 육아도 리얼리티 프로그램으로 체험)'라는 트렌드를 어떻게 프로그램에 녹여내 세상을 이야기할 것인가. 제작자들은 세상의 니즈와 트렌드 가치를 나타내는 키워드를 읽어내고 또 프로그램으로 구현해 내는 시대의 첨병이 되어야 한다.

전문가 전망에 따르면 2017년 역시 삶이 고단한 해가 될 것으로 보인다. 프로그램은 사회상을 드러내는 주요 키워드와 대중들의 니즈를 담아내고 세상을 반영하는 중요한 도구다.

자료: 조선일보(2016.11.1)   자료: 조선일보(2016.11.1)

디지털 플랫폼(Digital Platform)에 적합한 새로운 포맷

본격적인 디지털시대를 맞아 뉴미디어와 다양한 플랫폼이 등장하면서 콘텐츠 소비패턴도 바뀌었다. 젊은 층은 더 이상 TV를 보지 않아 'TV 제로, 모바일 온리' 세대로 불린다. 모바일, SNS, 인터넷으로 콘텐츠를 소비한다. 짧은 시간에 소비할 가벼운 터치의 스낵 컬처(Snack Culture)를 선호하고, 그들의 개인기호에 맞춘 1인 미디어가 유행한다. 새로운 디지털 콘텐츠 플랫폼을 겨냥한 짧고 감각적 스타일의 웹드라마와 웹예능 콘텐츠가 대세로 떠오르고 있다.

이제 지금까지의 일방통행식 공급에서, 시장의 변화와 수용자의 니즈를 읽고 반영한 맞춤 콘텐츠를 제작하지 않으면 안 된다.

새로운 플랫폼은 새로운 포맷을 요구한다. 소재, 스토리텔링 방식, 촬영·편집·자막·음악처리 등 제작기법이 전부 달라져야 한다. 국내 디지털 콘텐츠 제작은 아직까지 기존 지상파의 제작방식을 따르며 시간만 줄인 형태로 진행되고 있다. 하지만 전혀 다른 발상과 제작 기법을 실험하고 있는 세계 공영 방송사의 프로그램을 보면, 디지털시대에 올드 매체가 갈 길이 얼마나 멀고 험한지 알게 된다. 디지털시대에 맞게 조직을 혁신하고 디지털 플랫폼에 적합한 새로운 포맷을 개발해 내지 않으면 더 이상 생존이 불가능하다.

융합서비스 가치사슬 확장

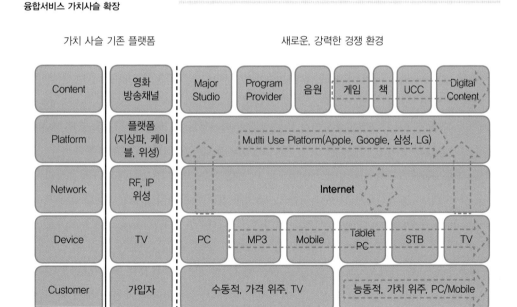

도표는 콘텐츠를 소비하는 플랫폼과 디바이스가 다양해지고, 콘텐츠 소비패턴이 수동적에서 능동적 양상으로 바뀌고 있음을 보여준다.
자료: 2010 방송통신 융합연구, 방송통신위원회

한편 프로그램 기획에서 기존의 TV·Radio뿐만 아니라, 인터넷·모바일·SNS·1인 미디어 등 모든 플랫폼을 아우르는 크로스미디어 전략이 절대적 고려 요소가 됐다. 방송 소재를 모으고 제작하는 전 과정에서, 방송 후 콘텐츠 활용까지 시청자가 참여하고 함께하는 인터랙티브는 필수조건이 되었다. 'Any time, Any where, Any Devices(언제, 어디서, 어떤 매체라도 BBC의 좋은 콘텐츠 를 보게 한다)'라는 슬로건을 걸고, BBC3 채널을 온라인 채널로 전환한 BBC의 사례는 앞으로 프로그램 제작 현장에서 디지털 변화를 어떻게 수용해야 할지 시사하고 있다.

좋은 프로그램의 평가기준

좋은 영화를 만나면 저절로 감동이 온다. 독특한 기법을 구사하는 별종 감독의 작품이라도 우리가 '아, 좋다!'라고 동의하는 건 무슨 이유일까? 사람들의 기호와 취향, 지식수준과 사회적 배경이 달라도 '잘 만들었다, 감동을 주는 좋은 프로그램이다'라고 공통적으로 인정받는 부분이 있기 때문이다. 좋은 프로그램, 잘 만든 프로그램을 평가할 객관적인 기준은 무엇일까.

2016년에 28회를 맞은 한국프로듀서연합회의 PD상은 심사기준으로 다음 4가지를 평가한다.

• 잘 만들었는가? (종합적 완성도– 주제, 스토리텔링, 영상, 제작기법 등)

• 재미있는가? (흥미나 관심을 끄는 요소)

• 새로운가? (실험성, 창의성)

• 세상에 이로운가? (사회적 책임과 의미)

프로그램 제작에서 가장 중요한 것은 완성도다. 주제가 분명하고, 주제를 적절히 살려내는 스토리텔링과 영상, 편집과 자막, 음악에 이르기까지 종합적인 퀄리티를 따진다. 재미요소도 중요하다. 아무리 완성도가 뛰어나고 사회적 메시지가 강해도 보지 않으면 그만이다. 사람들의 관심을 흡인해 보게 만들어야 한다. 재미는 오락적 요소만을 뜻하지 않는다. 감동, 지적탐구, 진지한 토론, 이슈추적, 몰입, 대사나 음악의 향유도 시청자를 끄는 재미요소다. 프로듀서 집단에서 특히 강조하는 것이 실험성과 창의성이다. PD상에 실험정신상이 별도로 마련돼 있을 정도다. 순위에서도 작품상보다 앞선다. 기존 패러다임과 제작기법을 넘어서 새롭게, 다르게 만드는 창의와 실험은 프로듀서에게 대단히 중요한 가치이기 때문이다. 사회적 메시지와 의미는 프로그램의 존재 이유다. 프로듀서들은 프로그램을 통해 세상의 변화를 꿈꾼다. 프로듀서는 프로그램을 통해 세상을 바꾸는 꿈을 꾸는 사람이다. 모든 프로그램은 사회적 메시지를 담고 있다. 다큐멘터리는 진실로, 음악은 감동으로, 드라마는 인간과 삶의 본질로, 예능은 풍자와 힐링으로 메시지를 전한다. 장르마다의 배점 기준의 차이는 있지만 PD상 심사기준은 좋은 프로그램을 평가하는 하나의 준거가 될 수 있다.

국제적 명성을 얻고 있는 에미상은 수상작 프로그램 선정 심사기준으로 프로그램의 콘셉트 부문

28회 PD상 시상식 장면
SBS 〈그것이 알고 싶다〉는 1,000회 특집 '대한민국의 정의를 묻다' 3
부작을 통해 사회적 책무를 다하고자 노력해온 점을 인정받아 제28
회 한국PD대상을 수상했다.

TV실험정신상은 인터넷방송으로 '쌍방향 소통'을 실험한 MBC 〈마이
리틀텔레비전〉(박진경/이재석)이, 라디오실험정신상은 KBS 글로벌
음악다큐 〈꿈을 그리는 소리, 자장가〉(박천기/김홍범)가 수상했다.

과 제작실행 부문으로 나누어 평가한다. 다음은 에미상의 심사기준이다.

- **콘셉트(Concept) 부문**: Deal with the creative value (창의적 요소 평가)
  - 상상력이 풍부하고 독창적인가?
  - 프로그램의 기획의도가 분명하고 납득 되는가?
  - 시청자의 시선을 사로잡는가?
- **실행(Execution) 부문**: Deal with the production value (제작 요소 평가)
  - 세트/ 카메라워크/ 조명/ 음향 등
  - 캐스팅/ 대본/ 연출/ 편집/ 의상디자인 등

　창의적 가치를 다루는 콘셉트 부문은 창의력과 상상력, 분명한 기획의도와 그 타당성, 시청자를 끄는 흡인력이 있는지 살핀다. PD상의 앞의 세 부분인 완성도와 재미, 실험성과 창의성과 닮아있다. 제작 부문에서는 제작요소와 제작기법을 구체적으로 평가한다. 우선 제작요소인 세트와 카메라 워크, 조명, 음향 수준이 프로그램을 확장하는지 살핀다. 다음으로 캐스팅, 대본, 연출, 편집, 소품, 의상디자인 등이 프로그램의 아이디어를 효과적으로 시청자들에게 전달하고 있는지 평가한다.
　PD상과 에미상의 심사기준은 프로그램 제작 전문가들이 오랫동안 고민해온 좋은 프로그램 평가 요소를 확인할 수 있다. 이처럼 좋은 프로그램은 보편적으로 납득될 수 있는 요건을 갖추어야 한다.

그 요건들은 오랜 훈련과 노력이 있어야 실현가능하다. 프로그램은 훈련된 체계적 과정의 결정체인 것이다.

프로그램은 '주제를 영상으로 구현한 이야기'

프로그램 만들기는 'Why, What, How'를 구현하는 작업이다.

Why는 '왜 만드는가?'로, 주제와 기획의도를 말한다. 주제는 프로그램의 핵심이다. 분명한 주제는 전체 프로그램을 관통하며 이야기를 끝까지 끌고 가는 힘이 된다. What은 '무엇을 이야기할 것인가'로, 프로그램에 담을 내용을 말한다. 프로그램은 디테일이 중요하다. 프로그램에서 얘기할 내용들은 아주 구체적이어야 한다. How는 '어떻게 만들 것인가'로, 제작방법과 기법을 말한다. 프로그램의 기본요소인 영상과 소리를 어떤 스토리텔링과 제작기법으로 구현할 것인가의 문제다. How는 프로그램의 구성요소 활용여부에 따라 전혀 달라진다. 좋은 프로그램의 평가기준에서 적시한 실험성과 창의성이 적용되는 부분이다. 제작현장에서는 '새롭게, 다르게(Something New, Something Different)'로 통용된다.

프로그램을 만들 때 고려요소 'Why, What, How'를 이용하여 프로그램의 제작방법을 설명할 수도 있다.

• Why: 프로그램은 분명한 목표가 있다.
• What: 프로그램은 이야기다.
• How: 프로그램은 영상으로 말한다.

종합하면 프로그램 제작행위는 '주제가 분명한 이야기를 영상으로 풀어내기'인 것이다.

프로그램 제작에서 가장 중요한 부분은 주제의 구현이다. 초보자일수록 제작과정에서 목표(주제)를 놓치고 관련 자료를 이것저것 다 모아놓고 프로그램을 만들었다고 생각하기 쉽다. 제작 현장에서는 이를 '종합 선물세트'라 부르는데, 자료들의 취합만으로는 프로그램이 될 수는 없다는 의미다. 프로그램은 주제를 중심에 놓고, 그 주제를 구현하기 위해서 관련 자료들을 재미있는 이야기로 엮어내고 풀어내야 한다.

프로그램은 이야기다. 앞에서 살펴보았듯이 프로그램은 이야기 방법을 변주하며 세상의 다양한 모습을 담아낸다. 모든 분야에 스토리텔링이 중시되고 있는 요즘, 설득력 있고 감동적이며 극적으로 세상을 이야기하는 구성 기법이 더욱 중요해졌다.

프로그램 이야기는 영상으로 표현된다. 프로듀서에게 주제를 영상 이미지로 표현(말)하는 영상 제작기법의 이해와 숙달은 필수적이다. 잘 표현된 영상은 영상 그 자체로 이미지가 돼서 수용자에게 말을 건다. 이미지는 대상을 떠올릴 때 수용자의 머리와 가슴에 맺히는 상(像)이다. 글을 쓸 때 한 대상이나 인물 상황을 표현하는 단어는 하나 밖에 없는 것(일물일어설, 一物一語說)처럼, 영상도 대상과 현장의 이미지를 상징하는 결정적인 한 장면이 중요하다. 영화감독이 한 숏 한 숏에 목숨을 거는 것도 그 숏이 자신이 생각하는 현장의 이미지를 단적으로 표현해내기 위한 치열한 싸움이기 때문이다. 프로그램은 '영상으로' 말한다.

프로그램이 '주제를 영상으로 구현한 이야기'라는 점을 이해하면, 방송사가 프로듀서를 선발할 때 어떤 능력을 요구할지 분명히 알 수 있다. 프로그램을 만드는 주체인 프로듀서에게는 다음의 능력이 요구된다.

첫째, 세상을 읽어내는 능력이다. 자신의 시각으로 세상을 바라보고 통찰하며, 건강하고 발전적인 주제와 비전을 찾아낼 수 있어야 한다.

둘째, 글쓰기·영상 구성 능력이다. 자신이 발견하고 해석해낸 주제와 의미를 독창적이면서도 설득력 있게 구성하고, 글과 영상으로 표현해내는 역량이다. 이 능력은 새로운 프로그램의 기획구성안 작성과 기존 프로그램을 개선할 방법 제시를 통해 아주 구체적이고도 실천적으로 증명해낼 수 있어야 한다.

셋째, 위의 두 가지 일을 수행하는 주체로서 '사람'이 가져야 할 인성의 영역이다. 방송은 사람을 위해 존재한다. 수단이 아닌 목적으로서 취재대상과 시청자를 대하려면 우선 제작자가 휴머니스트가 돼야 한다. 함께 아파하고 분노하며 울고 웃을 수 있어야 한다.

피카소는 평생 1만 3,500여 점의 그림과 700여 점의 조각품을 창작했다. 데생 작품까지 합치면 3만여 점에 달한다. 그러나 같은 작품은 단 하나도 없다. 피카소가 평생 새로운 실험을 했던 창의적 열정, 제작팀을 이끌 리더십과 인화력, 협동심, 목표한 영상을 찾아내기 위해 기다리고 천착하는 인내심, 항상 고개를 숙일 줄 아는 겸손함 등 제작자가 가져야 할 인성이다.

방송사 입사시험에서 강조되는 기획구성안 작성은 첫 번째와 두 번째 역량을 테스트하는 도구다. 프로그램의 뼈대인 기획구성안은 세상을 반영하며 자신이 읽어낸 세상의 트렌드와 니즈를 자신만의 영상으로 구현해내는 방법을 구체적으로 담아낼 수 있어야 한다. 자기소개서와 논술은 두 번째와 세 번째 역량을 판단하는 도구다. 세상을 어떻게 바라보는지, 바라본 세상을 어떻게 생각하고 정리해서 표현하는지, 그 일들을 해낼 인성과 역량을 가진 사람인지 증명해야 한다. 면접은 이 세 가지를 총체적으로 판단하고 측정하는 마지막 과정이다.

2. 프로그램 제작의 실제

프로그램 제작은 빈틈없는 준비와 계산, 치밀한 제작과정을 거치는 전문적이고 창의적인 행위다. 꽤 오래 제작을 해 온 사람도 새로운 프로그램을 시작할 때 치열하게 회의하고 고민을 반복한다. 초년병 시절 대가로 불리던 한 선배가 자신을 AD로 부려달라고 부탁한 적까지 있다. 후배가 어떻게 프로그램을 만드는지 훔쳐보고 싶을 정도로 프로그램을 만드는 일은 지난한 일이다. 프로그램은 하나의 소재라도 100명이 만들면 결과가 다 다르게 나온다. 백인백색으로, 어떻게 만드는 것이 옳다는 정답이 없다. 자신이 구성하는 것, 편집한 것을 주위에 보여주며 조언을 받고, 새로운 아이디어를 얻는 자세가 중요하다. 모든 프로그램이 그 자체로 하나의 새로운 창작물이기 때문이다.

프로그램 제작 프로세스(Process)는 이 정답이 없는 제작과정을 헤쳐 나가기 위한 나침반이다. 제작요소와 착안 포인트를 체크해 더 완성도 있고 창의적인 프로그램을 만들기 위해 착안된 정교하게 계산된 과정이다. 일반적으로 프로그램 제작은 다음의 과정을 거친다.

> 기획 – 구성 – 촬영 – 편집 – 원고작성 – 최종완성

각 단계에는 오류와 착오를 점검하고 반드시 반영해야 할 제작 포인트와 요령이 있다.

필요한 개념을 정리하고 고려하거나 반영하고 체크해야 할 요소들을 이해해 보자. 이 책에서는 방송사 입사 시험에 필수인 기획구성안 작성과 실무역량 평가에 요구되는 역량을 중심으로 공부한다. 각 단계 마지막에는 스스로 제작 역량을 키울 실전 실습을 배치했다.

'새롭게, 다르게' – 기획

기획은 'Why, What, How'를 구현한다
기획은 프로그램이 갖춰야 할 세 가지 요소인 Why, What, How를 결정하는 일이다.

- Why: 왜 만드는가? 프로그램의 주제와 기획의도
- What: 무엇을 말할 것인가? 방송 소재와 내용, 프 로그램에 담을 구체적 알맹이
- How: 어떻게 만들 것인가? 제작기법(영상, 스토리텔링, 편집, 음악, 자막, 그래픽)

리얼 농사실험 프로젝트
나는 농부다

기획의도

귀농 열풍이 한바탕 불더니 텃밭 가꾸기 열풍이 한창이다. 처음엔 생소했던 '도시농업'이라는 말도 이제는 흔한 단어가 되었다. 한국에서 농업은 사양 산업으로 취급받고, 우리 사회가 도시중심적인 사고방식으로 흘러가게 된지도 오래다. 그럼에도 불구하고 최근 점점 더 많은 사람들이 지속적으로 관심을 보이는 농사에 도전한다.

1. 이렇게 살아도 좋은가?
농사에 대한 관심이 늘어났다는 사실은 먹거리에 대한 고민, 삶의 방식에 대한 고민이 늘어났다는 것을 뜻한다. 안전한 먹거리에 대한 관심은 오래전부터 꾸준히 늘어나 왔고, 최근에는 도시에서의 삶을 반성하고 대안을 찾는 목소리도 높아지고 있다. 한국이 OECD 국가 중 자살률 1위를 차지한다는 점도 이와 무관하지 않다. 많은 사람들이 도시의 삶이 충족시켜 주지 못하는 것들에 갈증을 느끼고 있다. 기존의 생활방식에서 벗어나 새로운 삶, 새로운 가치관을 추구하려고 자본주의, 물질주의적인 도시의 삶을 반성한다.

2. "한 방울의 물에도 우주의 진리가 깃들어 있고, 한 톨의 쌀에도 중생의 수고로움이 깃들어 있다."
땅을 바탕으로 땀 흘려 일하는 삶을 잃어버린지 오래고, 우리가 먹는 음식의 소중함과 근원을 잊어버린지 오래다. '농사'를 통해 땅, 삶, 쌀 한 톨의 중요성과 땀 흘려 일하는 노동의 가치를 되새긴다.

3. 자연 친화적인 삶
우리는 물질주의적 도시 삶에 익숙해져 버렸다. 흙을 덮어버린 콘크리트를 밟으며 살아가는 우리, 문명의 이기에 익숙한 우리는 편안함은 누리고 있을지언정, 자연과 어우러진 삶을 살지는 못한다. 시청자는 흙을 만지고, 자연을 느끼고, 생명을 일구는 출연진의 모습을 통해 우리의 삶이 자연과 동떨어진 별개의 것이 아니라는 것을 깨달을 수 있을 것이다. 계절의 변화, 자연의 변화를 겪으며 순환의 원리, 생명의 원리를 되짚어볼 것이다.

4. '나' 보다는 '우리'
"죽은 지 몇 개월이 지나도록 이웃들이 몰랐다더라."는 뉴스가 더 이상 놀랍지 않은 사회에서 우리는 살고 있다. 마을 만들기 운동, 대안 공동체 운동 등이 활발해지고 있는 추세는 그만큼 개인주의적 삶에 염증을 느낀 사람들이 많다는 것을 뜻한다. 농사는 기본적으로 협동이 필요한 행위다. 서로 다른 사람들이 함께 밭을 일구면서 협동과 화합의 가치를 배울 수 있을 것이다. 또, 공동체의 가치가 중시되는 농사를 지으면서 도시에서의 삶을 되돌아 본다.

5. 농부의 삶을 살다
농사 실험을 통해 화려함과 거대함, 경쟁과 빠름을 추구하는 현대 사회에서 우리는 과연 잘 살고 있는 것인지, 앞으로 어떤 삶을 지향해야 할 것인지 알아본다. 초보 농부들이 좌충우돌하며 농사를 짓고 일과 마음을 나누는 모습을 통해 재미와 감동, 그리고 스스로의 모습을 발견하는 기회를 얻는다.

Why: 왜 만드는가   프로그램을 만드는 목적(기획의도)과 프로그램을 통해 전달하고자 하는 주제를 분명히 한다. 기획의도와 주제는 프로그램의 방향성과 전체 이야기의 흐름을 결정하기 때문에 대단히 중요하다. 분명한 주제는 타이틀, 프로그램의 시작인 프롤로그나 마지막 에필로그 결정을 쉽게 한다. 역으로 잘 녹여낸 주제와 상징적 메시지는 프로그램에 힘과 생명을 부여한다.

Why는 기획구성안에서 기획의도로 표현된다. 기획의도는 앞에서 설명한 키워드와 키센텐스로 주제를 구체적으로 설명하는 장치다. 주제는 한 단어의 키워드나 한 문장의 키센텐스로 요약한 뒤 분명하게 의도가 드러나도록 설명해야 한다.

예를 들어 '장애인 문제'는 포괄적이다. '장애인 이동권' 같이 구체적인 설정이 필요하다. 환경 이슈에서 '환경 문제에 대한 인식제고'라는 문장은 두루뭉술하다. '환경복원자로서의 인간'처럼 구체적으로 적시해야 한다. 키워드나 키센텐스 만으로 프로그램 제작목표 Why가 분명히 드러나 공유될 수 있어야 한다.

기획의도를 보면 왜 만드는지, 무엇을 얘기할 것인지, 어떻게 만들 것인지, 어떤 방송효과를 얻게 될 것인지 한눈에 들어온다. 기획의도가 구체적이고 명확하지 않으면 프로그램은 제작 과정 내내 표류하게 된다.

기획의도를 어떻게 작성하는지 〈기획구성론〉 수업시간에 학생이 작성한 기획안을 보자. 3년 전에 작성된 〈나는 농부다〉라는 제목의 기획구성안이다. '리얼 농사실험 프로젝트'라는 부제를 달고 있다. 기획의도는 이 프로그램이 왜 필요한지, 무엇을 할 것인지 명확히 전달하고 있다.

기획구성안은 단순한 아이디어를 적는 게 아니다. 주제를 어떻게 구현할 지, 구현할 역량이 있는지 드러나게 해야 한다. 구체적이고 실재적이어야 한다는 뜻이다. 소재나 주제에 대한 스터디나 고민 없이는 불가능한 작업이다. 작성요령은 학생의 실습 안에서 보듯이 최소한 4~5개 키워드나 키센텐스로 요약한 뒤 다시 설명을 붙이는 것이 좋다. 보기도, 이해하기도 쉽다.

What: 무엇을 말할 것인가   기획구성안에서는 방송내용으로 구현된다. 방송내용은 프로그램에 담아낼 내용과 알맹이를 구체적으로 적시한다. 국내에서 5.18 광주 민주화 운동을 최초로 다룬 〈광주는 말한다(89.3.7, 연출 남성우)〉의 방송내용은 다음과 같다.

• 광주 민주화 운동은 어떻게 촉발되고 발전 됐는가?
• 발포는 누가 명령했는가? 실탄은 언제 지급 됐는가?
• 진압과정은 어떻게 진전 됐는가?
• 당시 군부의 의도는 무엇이었는가?
• 광주 시민은 폭도였는가? 시민군 아래의 광주는 무법천지였는가?

• 광주는 우리에게 무엇인가? 지금 어디, 어떤 존재로 남아있는가?

〈광주는 말한다〉는 일지 형식으로 위에 적시한 내용의 질문을 던져가며 구체적 팩트로 진실을 하나하나 밝혀나가, 마침내 5.18의 실체를 적나라하게 드러낸다. 방송내용은 기획단계에서 미리 치밀하게 고민되고 계산된 것들이었다. 이처럼 구체적으로 적시된 방송내용은 프로그램의 방향성과 목표를 명확히 해준다.

주제를 구현하기 위해 동원되는 구체적 재료들을 방송 현장에서는 디테일(Detail)이라 부른다. 디테일에는 사례, 실험, 정치·경제·사회적 데이터, 관련자 증언, 전문가 인터뷰, 서류·사진·일기·메모·영상 같은 다큐멘트(자료) 등이 있다. 디테일은 방송 내용을 결정하는 소재이면서 프로그램에 구체성과 설득력을 제공하는 중요한 장치다. '무엇을 말할 것인가', '왜 만드는가'는 주제를 실현시키는 일이다. 방송에서 담아낼 큰 틀과 구체적 내용을 적시 한 뒤, 그 내용들을 백업할 소재나 재료들을 충분히 모아 적재적소에 배치할 수 있어야 한다.

How: 어떻게 만들 것인가　　프로그램을 만드는 구체적인 방법을 말한다. 프로그램을 만드는 방법은 제작자 성향에 따라 다르다. 어떤 관심을 갖고 있는지, 프로그램에 사용되는 구성요소들을 어떻게 활용하는지에 따라 같은 소재라도 100명의 프로듀서가 만들면 100가지 유형이 나온다.

프로그램 제작은 기존의 제작기법을 모방하는 것부터 시작해 창조의 과정으로 넘어간다. 제작기법 공부는 지금까지 개발되고 사용되어온 다양한 기법들을 모방하는 일이다. 먼저 모방하며 제작요소의 특성과 장점, 단점을 익혀야 한다. 그 다음에 자신만의 방식으로 기존과 어떻게 '새롭게, 다르게' 만들 것인지 연구해야 한다.

프로그램 제작에 동원되는 프로그램 구성요소는 형식적 요소, 내용적 요소, 기술적 요소로 나뉜다. 제작기법들은 이들 요소들을 활용하는 기술이다. 이들 요소들을 어떻게 적용 하느냐에 따라 프로그램은 천양지차 모습을 보인다.

• 형식적 요소
　　- 이야기 방식: 전개 방식 / 인칭과 화법
　　- 스튜디오(Studio) / 야외 촬영(ENG) / 혼합
　　- 진행자와 게스트 (1인 혹은 다수, 연예인 혹은 일반인)
　　- 시청자 참여 방식
　　- 연속물 / 1회용 / 시즌제

• 내용적 요소

  – 장르: 교양 / 다큐멘터리 / 예능 / 드라마 / 리얼리티 / 웹

  – 소재: 가족 / 요리 / 건강 / 음악 / 직업 / 청년, 할배

  – 프로그램의 예능적 요소와 리얼리티 요소: 흥미 / 감동 / 놀라움 / 웃음 / 사실성

• 기술적 요소

  – 카메라 운용: 화면 사이즈, 앵글, 카메라 무빙, 몰래카메라 사용여부

  – 편집기법 / 음악처리 / 자막 효과 / 특수영상(그래픽 등)

  – 세트 / 소품 / 의상 / 조명

프로그램 제작기법이란 제작에 동원되는 위의 세 요소를 어떻게 적용하느냐의 문제다. 프로듀서들은 제작현장에서 '새롭게, 다르게(Something New, Different)' 만들기 위해 매순간 고뇌한다. 제작에서 중요한 가치인 실험성·창의성은 전문가들도 쉽게 달성할 수 없는 지난한 숙제. 흔히 새로운 포맷은 모방과 비틀기에서 나온다고 말한다. 지금까지 사용되어온 기법을 어떻게 다르게 비틀고 기존과 다른 새로운 요소를 가미 할 것인가에 따라 달라진다.

CBS의 〈Survivor〉는 기존의 게임 퀴즈 형식에 오지탐험의 리얼리티와 상금 100만 달러를 타내려는 출연자들이 매주 한 명씩 탈락하는 형식을 도입해 대성공을 거뒀다. 어느 나라에나 있던 퀴즈 게임 프로그램을 활용해 새롭게 비틀기 한 것이다. MBC의 〈나는 가수다〉는 일반인들의 노래경연을 가수들에게 적용했다. 특성이 전혀 다른 가수들을 경쟁시키는 게 말도 안 된다고 초반에 엄청 욕을 먹었지만 새로운 음악 예능의 경지를 열었다. 음악성이 뛰어난 기성 가수들과 그들의 노래들을 재조명해, 아이돌 중심의 대중음악 패러다임을 바꾸었다. 〈나는 가수다〉를 계기로 다양한 음악들이 되살아나 음악 자체가 얼마나 감동적인지 체험케 함으로써 〈히든싱어〉, 〈너의 목소리가 보여〉, 〈복면가왕〉 등 새로운 음악 예능이 탄생하는 밑바탕이 됐다. KBS의 〈1박2일〉은 여행 프로그램에 연예인의 캐릭터를 부여했다. 연예인들의 1박2일 민낯여행을 통해 일상적 재미를 선사한다. 캐릭터들은 바뀌었지만 게임을 통해 한 끼 식사와 잠자리를 해결하는 흥미요소를 가미해 10년째 롱런 중이다. tvN 〈꽃보다 할배〉는 청년들의 전유물이었던 배낭여행에 할배들을 투입했다. 할배들은 지금까지 알려진 캐릭터와 다른 자신들의 모습을 드러내 소소한 재미와 의미를 부여한다. 지금 리얼리티 프로그램은 캐릭터적 요소인 드라마와 관찰하는 다큐멘터리 요소를 가미한 뒤, 예능의 재미를 찾아내는 장르융합의 전형으로 예시된다.

초보자인 경우, 창의적 기획연습은 기존 프로그램들을 분석적으로 모니터링하면서 모방을 통해 배우는 게 가장 효과적이다. 일선 프로듀서들도 자신의 제작역량을 키우기 위해 끊임없이 다른 프로

1박2일   **꽃보다 할배**

〈1박2일〉은 여행 프로그램에 연예인 캐릭터를 부여하고, 복불복 같은 게임장치를 도입해 흥미 요소를 더해 10년째 롱런 중이다. 〈꽃보다 할배〉는 젊은이의 전유물로 여겨졌던 배낭여행에 할배들을 투입시켜, 그들의 좌충우돌 하는 여행기 속에서 소소한 재미를 부여한다.

그램을 모니터링 한다. 많이 보는 게 새로운 아이디어를 찾아내는 가장 좋은 방법이기 때문이다. 다른 사람들이 만든 프로그램들을 보면서 현재의 트렌드와 수용자의 니즈가 무엇인지, 그리고 기존의 제작경향이나 기법이 바뀌는 시점이 언제인지 판단하고 현재의 추세를 거스르는 다른 방법을 고민해내야 한다.

새로운 프로그램 포맷 개발은 결코 말처럼 쉬운 일이 아니다. 나아가 디지털시대의 방송사는 현재 진행되고 있는 장르와, 플랫폼의 융합시대에 시대의 변화와 새로운 플랫폼에 맞는 새로운 프로그램 기획이라는 숙제까지 안게 됐다. 새로운 포맷 개발은 모든 방송사와 콘텐츠 제작사의 발등에 떨어진 불이다. 프로듀서가 되기 위해서는 많은 프로그램을 모방하면서 비틀기를 통한 자신만의 새로운 프로그램을 기획해 낼 역량을 키워내야 한다.

기획은 누가, 언제 하는가

기획은 누가, 언제 하는가. 기획의 수요는 정규물과 특집물로 나눌 수 있다. 정규물은 고정편성 된 프로그램에 대한 기획이다. 방송사에서는 정기물 개편을 봄·가을 2회 실시하는데, 요즘은 개편 시기도 고정적이지 않다. 상황에 따라, 필요에 따라 수시개편 형태를 취한다. 그만큼 시대와 기술 변화가 빨라졌다는 뜻이다.

특집물은 특정 사안이 나타나거나 새로운 니즈가 발생해 일회성으로 기획되는 프로그램을 말한다. 특집물은 '시의성'이 가장 중요한 기획 근거가 되는데 필요한 특정 시기에 꼭 필요한 프로그램을 방송하기 위해서 특별 제작팀을 구성해 단기간에 제작하기도 한다.

정규물과 특집물 중간쯤에 시즌제 기획이 있다. 미국드라마를 통해 이미 익숙해졌지만 최근 예능 프로그램에서 시즌제가 일반화되고 있는 중이다. 시즌제는 미니 시리즈 드라마처럼 단기간 내에 하나의 주제나 소재를 소화해내는 방식이다. 기존의 예능은 한 프로그램이 문을 닫을 때까지 지속됐지만 요즘 예능은 단타로 변화를 주며 이어가는 추세다. 시즌6을 진행하고 있는 음악 오디션 프로그램 〈K팝스타〉, 〈슈퍼스타K〉, 힙합 배틀 프로그램 〈쇼미더머니〉 등 음악 예능도 시즌제로 진행된다. tvN의 〈삼시세끼〉는 어촌편과 농촌편을 나누거나, 출연진에 변화를 주면서 한 시즌을 10회 정도에 맞추고 있다. 시즌제는 프로그램 생명력이 있고 캐릭터가 살아 있을 때 잠시 쉬었다가, 다시 프로그램의 콘셉트와 캐릭터를 살려내 재활용 할 수 있다는 장점이 있다. 당연히 프로그램의 생명력이 길고 여러 가지 변주도 가능하다.

> 프로그램이 최고일 때 끝내주면 연기자들도 최고일 때 끝나요. 그러면 종방연도 할 수 있는 거예요. 예능 프로그램에서 종방연이라는 게 없었어요. 아무도 기뻐하지 않죠. 왜냐면 시청률 2%일 때 끝나니까. 10%일 때 절대 끝내주지 않아요. 더 뽑아 먹어야 하니까. 더 이상 안 되겠다 싶을 때 폐기처분하는 거죠. 드라마 종방연 보면 얼마나 기뻐요. 수고했다. 잘했다. 다음에 만나서 더 좋은 작품 하자. 그렇게 할 수 있는데. 예능은 PD 아이디어가 고갈되고, 연기자는 체력이 소모되고. 모두가 소모된 상태로 끝나요. 모두 함께 죽는 거죠. 이서진 씨와 차승원 씨가 〈삼시세끼〉에서 몇 번이고 같이 할 수 있는 이유도 그들이 최고의 순간에 끝내줬기 때문이라고 생각해요.
> – 〈삼시세끼〉 나영석PD

설명한 기획 이외에 계기성 기획도 있다. 계기성 기획은 계절과 특정시기에 맞춘 기획이다. 신년 초에 새로운 희망이나 비전을 제시하는 신년 특집, 5월 가정의 달 기획, 설이나 추석 등 명절 때 온 가족이 함께 하는 기획, 연말의 따뜻한 정을 나누는 기획, 성탄절이나 불탄절 등 종교 휴일에 맞춘 기획, 광복절, 삼일절, 한글날 등 국경일 기획 등을 말한다. 계기성 기획은 평소 자신이 하고 싶은 소재나 주제를 정기적으로 돌아오는 특정일에 맞출 수 있기 때문에 사전에 기획을 준비해 두는 게 좋다.

그동안 기획의 주체는 제작자 자신이었다. 지금은 방송 내부에서도 기획과 제작이 분리되는 경향을 보이고 국제적으로도 본격적인 기획 전문화시대가 열리고 있다. 바로 글로벌 시대를 맞아 커지고 있는 프로그램 포맷시장이다. 네덜란드 〈엔데몰〉사, 영국의 BBC와 〈프리멘틀 미디어〉, 미국의 〈소니〉사는 대표적 포맷기획 회사로 전세계에서 이들의 프로그램들을 방송하고 있다. 세계적으로 방송되고 예능 프로그램인 〈Big Brother〉, 〈Survivor〉, 〈Who wants to be a millionaire〉는 이들의 기획물이다. 영국의 〈Britain's Got Talent〉는 한국에서 〈Korea's Got Talent〉로 방송되고, 댄싱·오디션 등 경연 프로그램들도 포맷이 수입돼 방송됐다. 수입만이 아니다. 〈나는 가수다〉, 〈아빠 어디가〉, 〈런닝맨〉 등 많은 예능 프로그램이 중국에 수출됐다. 〈꽃보다 할배〉는 중국 뿐 아니라 미국, 독일,

프랑스, 핀란드, 덴마크까지 수출돼 월드 와이드 포맷이라 불린다.

좋은 기획은 한 국가에 머물지 않고 국제적으로 유통되는 시대다. 좋은 기획은 글로벌 시장을 무대로 수익을 올릴 수 있다. 포맷의 국제화는 시장 확대라는 장점도 있지만, 역으로 우리 시장이 잠식될 수 있다는 뜻이기도 하다. 문이 열린 기획시장에서 우리가 살아남으려면 독창성과 보편성이 담긴 새로운 기획을 내지 않으면 안 된다. 현재 세계로 수출되고 있는 우리 프로그램 포맷을 보면 가능성이 보이지만, 앞서 언급한 3대 국제포맷회사의 규모와 포맷 기획능력에 비하면 걸음마 단계 수준에 그친다. 이제 프로그램 기획을 위해 국내 방송 모니터링뿐만 아니라, 세계 콘텐츠 시장의 동향과 기획 트렌드까지 살펴야 하는 시대가 됐다.

좋은 기획의 6가지 조건

기획이 성공하기 위해 꼭 갖추어야 할 조건이 있다.

첫째 조건은 분명한 주제의식이다. 왜 만드는지는 프로그램의 핵심이다.

두 번째는 니즈와 타이밍(시의성)이다. 타이밍은 적절한 방송시점을 말한다. 타이밍을 놓치지 않기 위해서는 수용자의 니즈, 시장의 트렌드와 추세를 잘 살펴 가장 적절한 타이밍에 제작되어야 한다. 급박한 현안은 생방송이나 긴급제작팀으로 꾸리는 탄력성도 필요하다.

세 번째는 '새로움(Something New)'과 '다름(Something Different)'이다. 성공했던 기획들은 기존 프로그램들과 분명히 다른 창의성과 실험성이 있다. 주제나 소재를 해석하는 발상이나 관점, 촬영, 편집, 음악, 자막처리 등 제작기법에서 기존과 다른 새로운 실험과 형식이 있다. 제작현장에서는 이를 '하늘 아래 더 이상 새로운 것이 없다', '모든 것은 소재다, 그러나 그 어느 것도 소재가 아니다' 두 문장으로 표현한다. 주변의 모든 대상이 다 소재가 될 수 있지만, 그들 대부분은 이미 수없이 다루었기 때문에 새로운 시각과 해석, 접근방법, 제작방식을 찾아내지 못하면 기획이 될 수 없다는 말이다. 그만큼 '새로움과 다름'을 찾아내는 일이 어렵고 또 중요하다는 것을 강조하고 있다.

네 번째는 '포지셔닝(Positioning)'이다. 같은 장르 안에서도 기획은 각자 다른 '자리매김(콘셉트)'을 갖는다. 예를 들면 휴먼다큐멘터리 장르에서 MBC 〈인간시대〉는 주변의 평범한 이웃들의 애환을 통해 자신의 삶을 돌아보는 콘셉트다. KBS 〈현장 기록 요즘 사람들〉은 부도나 자살, 직업병 등 상황 속에 던져진 개인을 기록해 삶의 조건을 살핀다. 현재 KBS 2TV에서 방송하는 〈인간극장〉은 하나의 이야기를 연속 스토리텔링으로 형식을 차별화했다. 이처럼 기획은 같은 소재와 장르에서도 '콘셉트 자리매김'을 어떻게 설정하느냐에 따라 전혀 달라진다.

다섯 번째는 '타깃(Targeting)'이다. 타깃은 연령, 성별, 직업, 교육수준 등 다양한 사회 계층 중 누구를 주요 시청자로 삼을 것인가를 결정하는 일이다. 광고와 대비하면 분명히 드러나듯, '타깃'은 기획에서 대단히 중요한 요소임에도 그동안 지상파는 어린이 시간대를 제외하고는 전 연령대를 대상으로 하는 프로그램을 만들어왔다. 프로그램 앞에 표기하는 시청연령표시는 심의 규제 차원에서 적용한 것일 뿐, 특정 대상을 타깃으로 한 프로그램은 거의 없었다고 해도 과언이 아니다.

특히 젊은 층을 대상으로 하는 케이블과 종편 프로그램들과 디지털 플랫폼에 적합한 새로운 웹 콘텐츠들이 등장하면서 이제 정확한 '타깃'의 설정은 아주 중요해졌다. 특히 광고주들의 주목을 받는 20, 30대 여성들을 대상으로 하는 소재와 형식 제작기법들은 콘텐츠 시장에서 해당 미디어 생존을 결정하는 요소가 됐다. 빅 데이터를 활용한 소비시장의 패턴을 읽고 소비자 니즈에 적합한 맞춤형 콘텐츠를 기획하고 제작해야 하는 시대가 온 것이다. 그만큼 '타깃'은 중요한 요소다.

마지막으로 '실현가능성'이다. 아무리 좋은 기획도 프로그램화 할 수 없다면 의미가 없다. 취재할 가능성이 있는지, 영상화가 가능한지, 내가 소화할 역량이 되는지 충분한 검토가 필요하다. EBS가 만든 〈시베리아의 호랑이〉는 시베리아 호랑이를 야생 상태에서 찍을 수 있을 때 가능하다. 음악을 영상으로 만든 다큐멘터리 〈음악은 어떻게 우리를 사로잡는가〉는 음악적 요소를 주변의 사물과 동작, 그래픽으로 시각화할 방법을 찾아냈기 때문에 가능했다.

기획, 어떻게 할 것인가? – 기획의 단계

기획은 철저한 준비와 치밀한 계산으로 이루어진다. 준비가 되어 있지 않은데 어느 날 갑자기 하늘에서 좋은 기획의 영감이 떨어지지 않는다.

세상에 대한 관심 – 세상에 말 걸기, 관찰하고 발견하기　기획은 일상에서 '세상에 말 걸기'부터 시작된다. 기획은 내가 세상에 관심을 갖고, 세상을 관찰하고 세상을 발견해내는 일이다. 플로베르는 "모래알 하나라도 똑같지 않게 묘사하라"고 말한다. 모래알 하나하나를 다르게 그릴만큼 평상시 대상을 세밀하게 관찰하라는 뜻이다. 그 속에서 대상의 본질을 꿰뚫을 수 있다는 것이다.

KBS 스페셜 〈세상의 모든 라면 박스(2006.6.3, 연출 최근영)〉는 일상에서 발견된 소재가 프로그램이 된 좋은 사례다. 어느 겨울날 버스를 타고 가던 PD는 라면 박스를 잔뜩 실은 리어카를 끌고 힘겹게 언덕길을 오르는 할머니를 보았다. PD는 스쳐 갈 뻔 했던 일상의 장면을 잡아채, 라면 박스의 '생산–유통–폐지 재활용' 순환과정과 할머니 5명의 삶과 연계해 프로그램을 만들어 냈다. 할머니들의 고달픈 삶은 리어카 바퀴로 상징되는 인생윤회로 상징되고 옴니버스 형식으로 그려냈다. 프로그램은 판소리를 도입한 뮤지컬과 화려한 컴퓨터그래픽, 일반인들의 몽타주 영상으로 형상화 해, 완성도와 형식적 실험성이 뛰어나다. 〈세상의 모든 라면 박스〉는 기획이 평상시 주변을 관찰하는 습관에서 시작된다는 것을 잘 보여준다.

세상에 대한 말 걸기는 관찰과 발견으로 이루어진다.

앞을 볼 수 없었던 헬렌 켈러는 촉감과 소리로 사물을 익혔다. 흐르는 물에 손을 넣고 물을 느끼고 손으로 얼굴을 만져 모습을 상상했다. 단 3일이라도 눈을 떠서 사랑하는 사람과 아름다운 세상을 볼 수 있기를 희망했던 그녀는 〈Three days to see〉에서 자신이 대학 총장이라면 '눈 사용법을 필수과목으로 넣겠다'고 까지 할 정도로 관찰과 발견의 중요성을 강조했다.

이토 게이치는 〈사물을 보는 시각의 차이〉에서 나무를 관찰 하는 방법을 단계별로 설명한다. 초보적 관찰은 '외형 살피기'다. '그냥 나무 보기 - 나무 종류 모양 보기 - 흔들리는 모양 보기 - 잎사귀의 움직이는 모양 보기'로 발전된다. 외양을 살피는 수준을 넘어서면 '내면 관찰'의 단계가 된다. '나무속 생명력 느끼기 - 나무의 모양과 생명력의 관계 알기 - 생명력의 사상 이해하기'로 이루어진다. 마지막 단계는 '나무 그늘에서 쉬고 간 사람들 느끼기 - 나무를 매개로 다른 세계 느끼기'이다. 나무 관찰이 나뭇잎과 결 모양에서 부터, 마침내 나무로 매개된 사람과 우주를 발견해내는 단계로까지 비약적으로 발전하는 것이다.

헬렌 켈러 〈Three days to see〉
오감으로 세상을 조우했던 헬렌 켈러는 두 눈을 가진 사람들의 관찰력을 키우기 위해 대학 커리큘럼에 눈 사용법을 넣어야 한다고 생각했다.

이토 게이치 〈사물을 보는 시각의 차이〉
이토 게이치는 나무관찰 방법을 통해 사물의 외형 관찰에서 출발해 드러나지 않는 내면과 철학적 요소까지 관찰하고 사유하는 방법을 가르쳤다.

관찰과 발견을 위해서는 오감이라는 감수성을 동원해 고정관념의 틀을 깨고, 어린아이 같은 새로운 시선과 관점으로 주변의 현실과 치열하게 만나야 한다. 그때 필요한 것이 포켓용 메모장이다. 일상에서 만난 느낌과, 관찰하고 발견한 사실을 늘 메모하라. 그 메모는 처음에는 단편이지만, 조금씩 살이 붙어 마침내 기막힌 하나의 기획으로 탄생할 것이다.

소재 찾기   프로그램의 주제와 소재는 서로 긴밀하게 연결돼 있다. 소재(대상)에서 주제를 찾아내기도 하고, 주제를 정한 다음 관련된 소재를 모으기도 한다. 소재와 주제를 찾기 위해서는 사전 시장조사와 자료조사가 꼭 필요하다. 시장조사는 기획과 관련된 주제와 소재가 방송된 적이 있는지, 있다면 어떻게 방송했고 '새로움과 다름'으로 그 방송과의 차별화가 가능한지를 확인하는 작업이다. 자료조사는 관련 서적이나 사례, 데이터, 증언 등(앞서 설명한 '디테일')의 수집과 전문가 자문, 사전 현장답사 등을 포함한다.

사전 답사도 당연시되고 전문 리서처를 이용해 더 치밀한 조사가 가능한 환경이 조성됐다. 한편으로 섭외나 자료조사를 위한 현장답사를 작가나 스태프에게 맡겨버리는 프로듀서를 본다. 스스로의 권한을 축소시키고 제작 역량을 퇴보시키는 것이어서 안타깝다.

방송소재는 프로듀서가 자신 있는 것, 좋아하는 소재를 선정하는 것이 좋다. 전문성이 높아지고 기획과 제작에 대한 열정이 담보되기 때문이다. 또 메시지가 분명한 것이 좋다. 앞서 살펴보았듯 기획단계에서 분명한 주제를 잡는 일이 중요하기 때문이다. 또한 디테일이 많은 소재가 좋다. 이야깃거리가 풍성해진다. 특히 영상이 풍부한 것이 좋다. 동시에 '실험성이 강한가', '실현 가능한가'를 스스로 되물어 보면서 소재를 잡아보라.

그렇다면 소재는 어디서, 어떻게 찾아야 할까?

손쉽게 소재를 찾는 방법은 우선 현재의 사회적 이슈에서 찾는 것이다. 촛불과 광장의 의미와 과제, 헌법복지와 성장의 분배, 국가의 의미, 남북문제, 청년 비정규직 문제를 비롯해 힐링과 행복, 정의, 요리, 여행 등 사회 심리적 이슈들이 현재의 화두다. 이들 이슈만 보더라도 대부분 현재의 중요한 정치, 경제, 사회적 맥락을 다 담고 있다. 신문, 잡지, 인터넷 등 미디어 매체도 주요한 소스다. 정기적으로 서점을 방문해 베스트셀러를 살피는 것도 좋은 방법이다.

마지막으로 일상 속에서 소재를 발견해내는 방법이다. 집에서, 학교에서, 통학 길에서, 여행하면서 가족과 친구들과 이웃, 주변의 대상을 살피는 일이다. 일상 속에 소재는 널려 있다. 우리가 관찰하지 않아 발견되지 못하고 있을 뿐이다.

콘셉트 결정   '콘셉트(Concept)'는 광고에서 차용한 용어다. 모든 광고는 타깃과 소구전략에 대한 분명한 콘셉트를 갖고 있다. '콘셉트'란 분명한 목표, 타깃(Target), 이미지 등을 포괄한 개념이다.

패션쇼를 떠올려 보자. 콘셉트가 '바다'라면 주제·의상·모델·무대·미술·조명·음악 등 패션쇼의 모든 요소가 '바다'라는 하나의 이미지를 향해 달리게 된다. 패션쇼가 '바다' 냄새에 흠뻑 젖게 되는 것이다. 콘셉트는 하나의 프로그램을 관통하는 그 프로그램만의 개성이자 색깔이다. 콘셉트는 주제, 스토리텔링, 영상기법, 이미지에 그대로 반영된다.

앞서 설명한 휴먼다큐멘터리를 예로 들어 보자. 〈인간시대〉의 콘셉트는 '평범한 이웃들의 소박하고 진솔한 삶'이다. 〈현장 기록 요즘 사람들〉의 콘셉트는 '특정한 상황과 조건 속에 놓인 인간'이다. 〈인물 현대사〉의 콘셉트는 '시대정신을 실현하기 위해 노력하는 인간의 고뇌'다. 프로그램 콘셉트는 한 단어 나 한 문장으로 요약된다. 기획단계에서 키워드나 콘셉트를 명확히 하는 일은 프로그램 전체 방향성을 결정하고 기획구성안 작성, 촬영, 원고, 음악, 자막처리를 비롯해 프로그램 전제를 결정한다. 콘셉트는 프롤로그와 타이틀부터 클로징에 이르기까지 스토리텔링이 물 흐르듯 자연스럽게 흘러가게 만들어 준 다. 프로그램의 콘셉트를 명확히 하는 일은 프로그램 이미지와 메시지를 만들어내는 일이기도 하다.

기획안 작성　이제 기획안을 작성한다. 기획안에는 제목, 기획의도, 방송내용, 제작방법을 구체적으로 설명하고 설명한 방법의 하나의 예시로서 구성안을 보여줘야 한다. 방송사의 기획안은 방송채널 과 방송시간, 제작형식을 비롯해 타깃과 제작팀 운용 방법, 예산과 홍보 계획까지 제작과 관련된 전 반사항을 모두 포괄한다. 그만큼 프로그램 제작에 고려해야 할 요소가 많다는 뜻이다. 샘플로 제시 한 프로그램 기획안을 꼼꼼히 살펴보라. 기획안 요소와 각 요소에 담길 내용이 어떤 것들인지 살피 고, 궁극적으로 제작단계에서 무엇을 어느 정도로 고민하고 구현해야 하는 지 알 수 있을 것이다.

기획안의 요소에서 확인하듯 기획단계에서 고려해야 할 사항은 많다. 그 중에서도 특히 중요한 요소는 녹색으로 표시했다. 기획안을 작성할 때 그 부분을 중점적으로 연습하기 바란다.

방송사에서 실제 기획안은 제작할 프로그램의 내용과 방법뿐만 아니라 제작인력 장비 예상 등 리 소스 운용, 제작된 콘텐츠의 편성 전략과 홍보, 사후 판매 대책까지 종합적으로 고려한다. 프로그램 의 전반을 결정하는 기획 단계가 그만큼 중요하다는 뜻으로, 현장에서는 기획 단계에서 이미 프로그 램 성공의 90%가 결정된다고 말하기도 한다.

작성된 기획안은 방송사 내부 의사결정 과정을 거친다. 편성 담당부서가 주관하는 편성제작회의 에서 제작여부가 최종적으로 결정된다. 내부 결재 과정이나 최종회의에서 프로듀서는 자신이 제작 할 프로그램의 당위성과 필요성, 제작기법과 내용을 설명하여 프로그램이 얼마나 완성도가 높고 새 로운지 설득해야 한다. 기획안이 아무리 좋아도 채택되지 않으면 무용지물이다. 기획의 마지막 단계 는 프리젠테이션이고, 기획안이 채택됨으로써 프로그램 제작은 시작된다.

생로병사의 비밀

프로그램명	생로병사의 비밀		제안자		
채널	1TV	**분류**	스튜디오 + ENG		
방송 시간	매주 화요일 밤 10시(50분)	**CP**		형식	ST + ENG 종합구성

기획의도	건강하게 오래 살기 위해 알아야 할 모든 정보를 시청자의 눈높이로 쉽게 전달함으로써 갈수록 높아지는 삶의 질에 대한 욕구를 충족시킨다.
주요 내용	1. 커버스토리-일반인들의 보편적인 관심을 끌 수 있는 기획성 아이템을 선정, 밀도있게 심층취재한다(25~30분). 2. 메디컬 포커스-최근 발표된 첨단 의학기술이나 실험 결과 등 시의성 강한 발생 뉴스형 아이템을 순발력있게 취재해 궁금증을 풀어준다(8~10분). 3. 기획 시리즈-일회성 정보위주의 아이템의 틀에서 벗어나 사회문화적 또는 휴머니즘적인 요소까지 곁들인 폭 넓은 성격의 아이템을 4~5회 시리즈물로 제작한다(10분).
구성 및 제작 방법	1. 구성: 원테마(ONE THEME) 종합 구성 ① MC를 비롯한 스포츠맨, 연예인, 전문가들로 이뤄진 건강정보 실사단 구성 ② 우리주변의 건강 상식을 실사단의 실험과 체험으로 검증, 분석 SOMETHING NEW를 찾아낸다. ③ 주요 정보와 관련 사례는 감각적인 VCR로 제작 ④ 그 날의 테마에 관한 한 최첨단의 연구성과를 소개한다. ⑤ 적절하고 흥미있는 사례가 프로그램의 관건! ⑥ 의학관련 에피소드를 발굴, 재구성 ⑦ 시청자 참여 유도해 국민건강 프로그램으로 확대 2. 제작방법 ① 버추얼 스튜디오를 활용, 각 아이템의 이미지를 특수영상으로 시각화한다. ② 메인MC의 독자진행으로 하되, 후반부 한 코너 정도는 서브MC를 활용한다. 　- VCR취재물 중 하나는 서브MC가 직접 현장취재를 할 수도 있다. ③ 딱딱하고 지루해지기 쉬운 의학(건강) 프로그램의 특성을 고려해, 세 코너로 섹션화함으로써 각 아이템의 밀도를 높인다.
타깃	40대 중장년층을 주 시청자로 설정하고, 지적인 호기심이 강한 젊은 층으로 그 대상을 점차 확대
예상경쟁력	현재 시청률이 50%에 이르는 〈SBS 야인시대〉의 영향을 받지 않을 수 없으나 동 시간대의 타 채널이 모두 드라마로 편성돼 있어 내용면에서 확실히 차별화 되는 효과가 있고, 또 갈수록 관심이 높아지고 있는 건강과 의학을 소재로 하고 있으므로 세련되고 고급스러운 이미지로서 시청자의 눈높이로 쉽게 전달하면서 충분히 가능성이 있을 것으로 판단됨
홍보계획	개편 1주일 전부터 프로그램 종합예고를 방송하고 매회 취재 내용 중에서 신문 등 타 매체가 관심을 보일 만한 정보를 지속적으로 제공함 으로써 기사화 할 수 있도록 할 계획임

MC안	1. 메인: 오유경(아나운서)
	2. 서브: 홍혜걸(의학전문 기자)
제작팀	1. PD 6명을 2인 3개조로 운용
운용안	2. 외주사 1~2개를 선정, 코너별로 부분 외주 운용
예산	

실전연습 기획구성안 작성 I

왜 '기획안'이 아니라 '기획구성안'인가

이 책에서는 일반적으로 사용하는 '기획안' 대신 '기획구성안'이란 용어를 사용한다.

그 이유는 최근 입사시험이 기획안 작성에 그치지 않고 구성방법까지 요구하기 때문이다. 이전 입사시험에서 기획안 작성은 소재와 아이디어를 제시하는 정도였다. 구체적인 내용까지 요구하지 않았다. 하지만 요즘은 분명한 주제와 콘셉트를 가진 프로그램의 기획안을 요구한다. 기존 프로그램과 차별화된 제작방법이나, 전혀 새로운 프로그램을 만들어 낼 구체적인 기법과 구성까지를 요구한다. 나아가 진화하는 디지털 플랫폼에 적합한 새로운 포맷과 TV를 떠난 젊은 층을 붙잡을 구체적인 기획안을 만들 역량이 있는지 묻는 시대가 됐다. 바로 이 책에서 '기획구성안'을 주창하는 이유다.

이제 프로듀서 지망생은 지원하는 방송사의 프로그램의 개선점과 그 프로그램을 대체할 새로운 프로그램의 구체적인 제작기법과 구성안까지 제시할 수 있어야 한다. 이 뿐만이 아니다. 디지털시대의 플랫폼에 맞는 새로운 포맷의 프로그램을 기획하고, 다양한 플랫폼을 크로스미디어로 제작할 역량이 있는지를 요구받는다. 이제 '기획구성안' 작성 역량은 언론고시에서 자기소개서부터 논술과 작문, 역량면접, 최종면접에 이르기까지 프로듀서 지망생들의 능력과 자질을 체크하는 핵심이 됐다. 우리가 충분한 기획구성안 실습과 훈련을 해야 하는 이유다.

'기획구성안' 작성 실습을 어떻게 해야 할까?

기획구성안 작성은 오랜 제작 경험을 가진 현업 프로듀서들도 어려워하는 부분이다. 하물며 전혀 제작경험이 없는 프로듀서 지망생이 전문적 스토리텔링기법과 영상언어를 기본으로 하는 기획구성안을 제대로 작성한다는 것은 지난한 일이다. 그러나 방법이 있다. 이미 만들어진 프로그램을 모니터링하면서 모방하며 배우면 된다. 현업 방송인들도 다른 사람의 프로그램을 보면서 새로운 아이디어와 기법을 배운다. 모방하며 얻어진 틀과 기법을 활용해 자신의 기획구성안을 연습하는 것이 가장 좋은 방법이다.

모니터링을 통한 모방과 자신의 기획구성안 작성 실습은 〈기획구성안 작성 II〉에서 하기로 하자. 〈기획구성안 작성 I〉에서는 프로듀서 지망생들이 작성한 기획안 사례를 통해 학생들이 작성한 기획안들이 가진 문제점들이 무엇인지 살펴보기로 한다. 수록한 3개 샘플은 세명대 저널리즘스쿨 대학원에서 여름·겨울방학에 실시하고 있는 언론인 캠프에 참가한 프로듀서 지망생들이 작성한 것이다. 자신들의 기획구성안을 직접 작성하기 전에 제시된 기획안들의 문제점을 분석하고, 부족한 점을 어떻게 보완할 것인지 먼저 검토해보기 바란다. 첨삭 의견을 참고하여 현재 자신이 하고 있는 기획안 작성의 수준과 미비점을 분석해 보고 〈기획구성안 작성 II〉에서 할 본격적인 기획구성안 작성 실전에 대비하기 바란다.

청진기가 사라진다

프로그램명	청진기가 사라진다
기획의도	청진기는 1816년 르네 라에네크에 의해 처음 만들어진 뒤 200년이나 지난 지금까지도 의학의 상징이 되어 왔다. 일반인들은 당최 구분하기 힘든 미묘한 심장소리의 차이를 통해 진단해왔던 의사들이기에 청진기는 곧 그들의 권위와 의료계의 독점을 나타냈다. 그런데 여기, 환자의 심장박동을 듣기 위해 청진기를 사용하지 않은 지 2년이 넘은 한 의사가 있다. 디지털 의료 혁명을 이끄는 의사 에릭 토폴이 바로 그 주인공. 그는 되레 세상에 반문한다. "심전도를 찍을 수 있고 심장도 볼 수 있는 고해상도 휴대용 초음파 측정기기가 있는데 왜 심장 소리를 들어야 합니까?" 디지털과 의료, 이 두 가지가 만나 지금까지의 의학 패러다임을 바꾼다! 인류 역사에서 처음으로 인간을 디지털화할 수 있게 된 지금, 인간의 몸은 언제 어디서든 삼차원으로 구성이 가능해진다. 의료기기의 가격은 내려가고 보편화되며 SNS 등을 통해 전문가의 조언을 구할 수도 있다. 이렇듯 의료평등화의 가능성을 보여주는 디지털 의료. 이미 혁명은 시작됐다!
편성	EBS 다큐프라임 (월요일 저녁 9:50)
분류	ENG촬영 + 내레이션
방송내용	• Intro – 디지털 혁명이 바꾼 의료계의 한 장면: 미국 캘리포니아 주립대 병원의 레지던트 앨빈. 그는 팀을 이끌고 환자를 돌아보던 중 한 나이 든 환자의 나트륨 수준이 매우 낮게 떨어지는 위급한 상황을 맞았다. 식염수를 주입해야 한다는 건 알고 있었지만 식염수의 농도와 양을 알맞게 택하지 않으면 환자가 사망할 수도 있는 상황. 그는 침착하게 호주머니의 아이폰을 꺼내어 MadCalc 앱을 작동시켰고 정확한 값을 찾아내 환자를 정상으로 되돌렸다. #1. 디지털 의학은 이미 완성되었다. • 디지털 의학이란 무엇인가: 미국 최고의 명의이자 디지털 의학 혁명의 선도자인 에릭 토폴에게 듣는 디지털 의학의 개념과 의의 • 디지털 의학은 현재진행형이다: 디지털 의료 기술이 상용화된 곳을 찾아가 이를 취재, 인터뷰 한다(기술 개발에 성공한 연구진-실제 기술 시연 장면. 기술을 사용 중인 의사, 이를 통해 건강을 되찾은 환자 인터뷰). #2. 디지털 의학은 의료의 문턱을 낮춘다. • 주요 사례 'Lab-on-a-chip(칩 안의 실험실)': 2달러짜리 스마트폰용 부착 장비로 안구의 굴절검사를 할 수 있는 세상이 왔다. 근시나 원시, 난시만이 아니라 모든 굴절력을 측정할 수 있는 이 장비를 통해 검안사를 찾기 어려운 지역에 거주하는 사람들은 시력을 되찾을 수 있는 기회를 얻는다. #3. SNS 의료시대의 개막 이제 소셜 네트워크로 온라인 의료, 건강 커뮤니티로 진단을 받을 수 있는 길이 늘어나고 있다. 의료 인프라가 구축되지 않은 지역에 있는 사람들도, 진료를 받기에 돈이 부족한 사람들도 SNS를 통해 진단을 받을 수 있다. • 주요 사례 – '페이스북을 통해 진단을 받은 소년': 여러 명의 소아과 의사에게 보였지만 아무도 진단을 내리지 못했기에 아들의 어머니는 사진을 페이스북에 올렸고, 이 어머니의 친구 중 한 명이 사진을 보고 진단을 내렸다. 진단명은 가와사키병. 치료를 받으면 정상으로 돌아갈 수 있는 병들 중 하나였다. • Ending: 우리나라 또한 이러한 혁명을 빗겨나갈 수는 없다. 우리나라의 사례를 소개한 뒤 컴퓨터 그래픽으로 세계 곳곳으로 디지털 의료가 퍼져나가는 모습을 시각화해 보여준 뒤 마무리

비엔나에는 비엔나 커피가 없다(가제)

프로그램명	비엔나에는 비엔나 커피가 없다(가제)	**총 방송량**	50분	**시청연령**	전 연령층

기획의도
Musikverein이 위치한 오스트리아의 수도 비엔나는 '음악신동' 모차르트, '악성' 베토벤, '가곡의 왕' 슈베르트, '왈츠의 황제' 요한 스트라우스 등 유명 음악가들을 배출한 세계 최고의 음악 도시이다. 그 외 하이든, 브람스, 브루크너, 슈트라우스, 쇤베르크 역시 음악의 도시 비엔나의 명성을 더해준다. 역사적 배경이 이렇듯, 오스트리아는 음악 대학만 13개 학교가 있으며, 음악을 공부하려는 유학생들과 음악 애호가들의 부푼 꿈의 세계를 현실로 잇닿아 주는 곳이기도 하다.

하지만 6월의 도나우 강을 찾은 300만 명의 관객과 2,000명의 아티스트, 1,500명의 자원봉사자들에겐 오스트리아가 '음악회'의 공연장이 아닌, '음악축제'의 air 이벤트 스테이지로 기억된다. 바로 6.5km의 도나우강을 따라 'Donauinselfest'가 6월 중순 경 2박 3일간 무료 축제로 열리기 때문이다. 장르도 pop부터 rock, jazz, hiphop, folk, house, reggae, punk, indie, electronic music까지 다양하다. 특히 2013년에 열리는 'Donauinselfest'는 30주년을 맞아 그 특별함을 더한다.

이 다큐멘터리를 통해서 그동안 '고전음악'과 '클래식'의 도시로만 인식 되었던 오스트리아 비엔나를 'Donauinselfest' 소개로 신 음악 세대의 음악 향유 방식을 보여주고자 한다. 그리고 'Donauinselfest'를 준비하는 과정에 담긴 사람들의 열정과 음악에 대한 애정을 보여주고자 한다.

제작방향
1. 고전음악의 도시로 알려진 오스트리아의 신(新) 음악 축제 '도나우인셀페스트'의 바람(구와 신의 교체 및 과도기적 단계)
① 도나우인셀페스트는 고전음악도시로부터 세대 교체를 통한 도시 이미지 변화를 꾀할 수 있는 오스트리아의 대표적인 축제이다. 그러므로 정적이고 웅장한 분위기의 음악회와 대조적으로 자유롭고 열광적인 축제인 점을 부각시킨다.
② 축제에 사용되는 음향 장비에서도 과거 쓰였던 악기들과의 차별성을 부각 시킬 수 있다.
2. 그럼에도 음악을 대하는 마음은 같은 것을 담음(아티스트 개개인마다 음악에 담긴 철학과 휴머니즘을 부각)
① 오스트리아인들의 민족성으로부터 물려받은 음악에 대한 열정과 사랑이 담겨있다. 그런 신 음악에 대한 젊은 세대의 애정과 구 세대의 인정을 담는다.
② 도나우인셀페스트의 콘서트를 위해 축제기간 전부터 연습과 리허설을 반복하는 가수를 섭외해 연습기간 동안의 모습을 담고 그 안에 담긴 휴머니즘을 끌어낸다(이왕이면 고전 음악을 공부했으나 진로를 바꿔 신 음악을 하는 가수로 섭외).
3. 비유적·상징적 브리지 컷을 이용해 기획자의 의도를 표현한다(프로가 줄 수 있는 시의성 부각).
4. 같은 공간 속, 각각 다른 목적으로 축제에 있는 사람들(연출진, 출연진, 자원봉사자, 관객들)의 이야기를 취재한다.
① 3일간의 도나우인셀페스트는 300만 명의 관객들이 참여하는 축제인 만큼 주최측인 다뉴브섬은 안전사고를 위한 경찰력을 비롯, 대규모의 자원봉사자와 연출진을 둔다. 이들은 모두 다른 목적으로 축제에 참여하고 있지만 축제가 잘 끝나길 바라는 소망은 같다. 하나의 축제를 잘 완성시킬 수 있게 정성을 쏟는 사람들의 음악에 대한 애정과 높은 시민의식을 보여준다.
② 또 취재를 통해서 알게 된 도나우인축제의 현장정보 및 2013년에만 알 수 있었던 내용의 인터뷰를 통해 자연스럽게 끌어낸다.

구성내용	〈Intro〉기획의도(신·구 음악의 교체)를 부각시키는 영상과 시청자들의 흥미유발
	기. 오스트리아, 비엔나의 기존 이미지와 축제란 무엇인가. 거시적 관점 의미 부각
	서. Donauinselfest를 준비하는 과정에 담긴 페스티벌 소개
	결. Donauinselfest를 즐기는 사람들 속에 음악에 대한 애정, 열린 마음
	〈Outro〉 6월의 비엔나에는 그리고, 2013년의 비엔나에는 우리가 생각했던 고전음악의 도시로서의 모습이 아닌, 신음악을 향유하는 모습이 나타나고 있다. 하지만 장르가 바뀌어도, 세대가 바뀌어도 그들의 음악에 대한 열정과 애정은 변함이 없다라는 메시지를 던져주며 마무리
소구 포인트 및 기대효과	1. 영상의 속도감 조절을 통한 말하는 휴먼다큐
	2. 비유적이고 상징적인 Title, bridge cut, Outro화면
	Title, bridge cut, Outro의 전혀 다른 분위기를 통해 '비엔나에는 비엔나 커피가 없다'는 메시지를 전달하면서 '오스트리아는 더 이상 우리가 알고 있던 고전 음악 도시로서의 면모가 아니다'를 부각
	3. 시사와 휴먼을 동시에 전달하고자 하는 다큐
	사회현상을 반영하는 것은 시사다큐지만 그것을 풀어내는 데 생각되는 사람들의 관념이나 생각들은 모두 휴먼다큐이다. 변화되는 음악 향유방식을 시사로 보여 주면서 음악가들의 철학을 휴먼으로 담는다. 이 두 다큐의 특성을 살려서 너무 딱딱하지도 감성적이지도 않은 다큐를 만들고자 한다.
	4. Donauinselfest가 지닌 영향력
	이 축제는 올해로 벌써 30주년을 맞이한다. 30주년에 맞추어 지난 역사를 뒤돌아보고 달라진 Line up을 기대한다.

※ 촬영제안서

	Video	Audio	비고
〈Intro〉	S#1. 그동안 무지크페라인의 신년음악회, 비엔나 거리의 악사연주, 오케스트라 빈 소년 합창단의 영상을 담은 다큐멘터리 혹은 단순 영상물을 각각 5~8초간 교차편집	현장음	느린 분위기와 속도감 위주로
	S#2. 거리의 악사 연주 뒤로 펼쳐지는 도나우 강의 풍경을 Tilting up 하면서 햇살을 담고 White out	무음	
Title-비엔나에는 비엔나 커피가 없다 (가제)	S#3. 축제의 한 장면으로 빠르게 Tilting down	현장음	빠른 장면전환 & 열광적인 축제 분위기
기	S#4. 커피를 준비하는 바리스타의 손, 고개를 숙인 상반신 위주로 촬영 + 투명한 커피잔에 담긴 끓는 물	현장음(+ 보글거리는 효과음)	타이틀 자막처리는 화면의 오른쪽 하단/ 최대한 투명하고 깔끔한 분위기 상황연출
	S#5. 무대에 집중한 공연팀의 Close up을 시작으로 숨죽이고 보는 관객들로 시선 이동	내레이션(축제의 의미, 함께 즐기는 것)	
	S#6. 한 해 오스트리아에서 달마다 열리는 축제의 일정 소개		도표 및 애니메이션 효과 이용
	S#7. 빈 축제를 시작으로 오스트리아의 클래식, 고전음악 도시의 명성과 관광객들의 반응	내레이션 + 인터뷰	

	Video	Audio	비고
	S#8. 페스티벌 출연자 중 축제 전 공연활동 모습(S#7과 이어지는 정적인 분위기 위주)	내레이션(오스트리아여행 중 알게 된 음악인과의 만남)	
	S#9. 그 가수의 공연 전 Donauinselfest를 대비해 연습하는 모습 + 공연 주최측과 가수와의 meeting	인터뷰	
서	S#10. Donauinselfest를 소개하는 기존 영상+언론기사	내레이션 (Donauinselfest)의 역사·유래·축제개요·소개·영향력·정부정책)	
	S#11-1. 공연 주최측의 축제 준비 과정(회의 및 섭외자들과의 미팅)	내레이션 + 인터뷰	
	S#11-2. 공연 주최측의 축제 준비 과정(음향 시설 설비팀 – The band)	내레이션 + 인터뷰	
	S#11-3. 공연 주최측의 축제 준비 과정(Supporter ex:라디오채널-FM4)	내레이션 + 인터뷰	
	S#11-4. 공연 주최측의 축제 준비 과정(Organizer 및 자원봉사자)	내레이션 + 인터뷰	
Bridge cut	Title 화면에 이어 투명한 커피잔에 담긴 물 위에 에스프레소를 넣고 휘핑크림을 얹음. 한 여자가 그 커피잔을 가져가고 손만 클로즈업. 뒷모습을 보여준다.		
결	S#12. Opening과 함께 시간대별 축제 즐기는 모습 + 인터뷰(음악에 대한 인식)	내레이션 + 인터뷰	
	S#13. 분주한 Organizer들과 자원봉사자들의 모습	내레이션	
	S#14. 3일간 축제 Closing과 주최 측 회식자리	인터뷰	
Outro	커피잔을 가져갔던 여자가 커피잔을 가지고 축제 속으로 들어간다.	내레이션(마지막 내레이션에는 '비엔나에는 비엔나 커피가 없지만 누구도 비엔나의 커피를 뭐라 하지 않는다. 그건 그 커피에 담긴 바리스타의 정성과 그것을 음미할 수 있는 여행자의 열린 마음 때문일 것이다'로 마무리)	

※ 기타

촬영 일정	예상 촬영 소요기간(섭외 제외한 15일) 축제기간은 매년 6월 중 2박 3일에 걸쳐서 하나 아직 확정된 날짜는 나오지 않음.
섭외대상	Donauinselfest 주최측 Organizer 공연 전 Contact해 연습 모습을 담을 공연 가수 1팀 관객들 + 음향설비팀, 서포터들

가면토론회 : 'The colosseum'

프로그램명　가면토론회 'The colosseum'

기획의도

---

1. The 콜로세움

콜로세움은 고대 로마 검투사들의 경기장이다. 생존을 담보로 한 검투사들의 사투는 관객들에게 카타르시스를 선사했다. 콜로세움의 원리가 인터넷 공간에서도 적용된다. 페이스북을 비롯한 SNS의 좋아요나 네이버 뉴스 댓글란의 추천, 비추천 제도는 흡사 검투사들을 향해 엄지손가락을 치켜세우는 시민들의 행위를 떠올리게 한다. 팔각링 안에서 얼굴공개를 두고 사투를 벌이는 네임드 논객들의 살벌한 토론이 이제 시작된다.

2. 우리의 일상, 커뮤니티

오프라인보다 온라인에서 활동하는 시간이 많아지는 지금. 현대인들은 네이버 뉴스를 비롯하여 자주 드나드는 인터넷 커뮤니티를 한두 군데씩 갖고 있다. 각자 자신의 신분, 직업과 직결된 사이트(로스쿨생, 엄마카페, 일간베스트, 메갈리안) 뿐만 아니라 디씨나 일베 등 특정 이념 및 취미를 기준으로 헤쳐 모여하는 현상이 발견된다.

3. 토론의 장, 커뮤니티

다양한 커뮤니티를 둘러보면 다양한 이야깃거리를 갖고 서로간 설전을 벌이는 것을 발견할 수 있다. 일례로 작년 무한도전 식스맨 특집에 나온 장동민은 과거 팟캐스트 발언으로 메갈리아 커뮤니티에서 입방아에 올라 논란을 빚었으며 결국엔 자진하차를 하고야 말았다. 뿐만 아니라 사법고시 존치여부를 둘러싸고 사법고시 준비생과 로스쿨생이 설전을 벌이기도 하였다. 이처럼 커뮤니티에서는 다양한 시사, 이슈, 사건들을 갖고 서로 활발하게 주고받는다.

4. 우리들의 일그러진 영웅, 네임드

이러한 커뮤니티에는 특정 다수로부터 지지를 받는 인물이 꼭 한둘씩 있다. 이들을 네임드유저(유명한 유저)라고 부르며 네임드유저는 활발한 커뮤니티 활동으로 인해 커뮤니티 안에서 높은 등급을 받고 나름의 영향력을 행사하고 있다. 네이버 야구뉴스에서 국거박(국민거품 박병호)이라는 아이디를 갖고 활동하는 유저는 야구팬들 사이에서 유명하다. 그의 발언 하나하나에 야구팬들은 열광을 하거나 야유를 보내기도 한다. 이는 유명인이 갖는 관심과 흡사하다.

5. 완장 찬 전문가들의 토론 No, 시민들의 활발한 토론 Yes

100분토론, 심야토론, 정치예능 썰전의 공통점은 전문가들의 토론이다. 하지만 토론은 전문가들의 전유물이 아니다. 2008년 서브프라임 모기지 사태를 예측한 것도 다음 아고라에서 활약하던 전문대 졸업생 '미네르바'였다. 사회적 성공을 힘의 원천으로 삼은 완장 찬 전문가들의 토론이 아닌, 실제 인터넷에서 활약하는 익명논객들도 화끈한 토론을 할 수 있다.

편성　　시사예능(금요일 밤 11시)

분류　　스튜디오(팔각 케이지)

방송내용

1. 커뮤니티 토론예능 (예: ID 파란만장 vs ID 미소천사)

UFC에서만 볼 수 있을 것 같던 8각 케이지 위에 테이블이 하나 올려져 있다. 테이블 좌우에는 각 커뮤니티를 대표하는 네임드 유저들이 가면을 쓴 채 앉아 있다. 가슴팍에는 자신의 아이디가 붙여있고 그들은 상대방이 누구인지 모른다. 서로 누군지 모른채 어색한 인사가 오가고 8각 케이지에 달려있는 VCR에서 최근 발생한 HOT한 시사이슈가 방송된다. 시사이슈는 출연진들의 이해관계가 걸린 문제가 방송된다. 1분 남짓한 시간동안 VCR은 재생되고 화면이 종료되자 방송된 시사이슈를 갖고 서로 토론을 하기 시작한다.

[팀 예시]

① 남녀 간 임금불평등 관련 VCR 방송

참석자: 메갈리아 대표 ID 골드맘 vs 디시인사이드 대표 ID 사이다

② 사법고시 존치관련 VCR 방송

참석자: 로이너스 대표 ID 로스구이 vs 사법고시연구회 대표 ID 개룡남

③ 미국 동성결혼 합헌 VCR 방송

참석자: 기독교단체 대표 ID 세례자 vs LGBT카페 대표 ID 레인보우

④ 야구선수 박병호의 메이저리그 진출 VCR 방송

참석자: 네이버 야구뉴스 ID 국거박 vs 박병호 팬클럽 ID 박뱅

2. 고대 콜로세움을 재현하다

토론의 승패는 방청객들의 투표로 결정된다. 방청객은 좋아요와 싫어요를 결정하며 좋아요가 많은 쪽이 승리한다. 마치 고대 콜로세움에서 검투사들의 승패 여부를 판정하는 시민의 역할과 같다. 승부에서 이긴 쪽은 상금 500만 원을 받고 진 쪽은 룰렛을 하여 벌칙을 정한다. 벌칙의 종류는 여러 가지가 있고 커뮤니티 1달 이용 제한이나 얼굴공개같은 혹독한 벌칙으로 구성되어 있다.

청진기가 사라진다

> 제목이 구태의연하고, 주제를 구현해 내지 못하고 있다.

제목 〈청진기가 사라진다〉는 제목이 디지털 의료 혁명을 상징하기엔 너무 약하고 과거 지향적이다. 명확히 주제가 드러나거나 압축적이고, 상징적이어서 시청자의 관심을 주목받을 수 있는 제목이어야 한다. 단순히 소재를 나열한 것으로, 역으로 제안자가 프로그램 주제와 제작방법을 고민하지 않았음을 들켜버리고 말았다.

프로그램명	청진기가 사라진다
기획의도 총론적이어서 왜, 어떻게 만들지 드러나지 않는다.	청진기는 1816년 르네 라에네크에 의해 처음 만들어진 뒤 200년이나 지난 지금까지도 의학의 상징이 되어 왔다. 일반인들은 당최 구분하기 힘든 미묘한 심장소리의 차이를 통해 진단했던 의사들이기에 청진기는 곧 그들의 권위와 의료계의 독점을 나타냈다. 그런데 여기, 환자의 심장박동을 듣기 위해 청진기를 사용하지 않은 지 2년이 넘은 한 의사가 있다. 디지털 의료 혁명을 이끄는 의사 에릭 토폴이 바로 그 주인공. 그는 되레 세상에 반문한다. "심전도를 찍을 수 있고 심장도 볼 수 있는 고해상도 휴대용 초음파 측정기기가 있는데 왜 심장 소리를 들어야 합니까?" 디지털과 의료, 이 두 가지가 만나 지금까지의 의학 패러다임을 바꾼다! 인류 역사에서 처음으로 인간을 디지털화 할 수 있게 된 지금, 인간의 몸은 언제 어디서든 삼차원으로 구성이 가능해진다. 의료기기의 가격은 내려가고 보편화되며 SNS 등을 통해 전문가의 조언을 구할 수도 있다. 이렇듯 의료평등화의 가능성을 보여주는 디지털 의료. 이미 혁명은 시작됐다! > 추상적이다. 구체적이어야 한다.
편성	EBS 다큐프라임 (월요일 저녁 9:50)
분류	ENG촬영 + 내레이션
방송내용 전체적으로 단편적 사실의 나열이다.	• Intro – 디지털 혁명이 바꾼 의료계의 한 장면: 미국 캘리포니아 주립대 병원의 레지던트 앨빈. 그는 팀을 이끌고 환자를 돌아보던 중 한 나이 든 환자의 나트륨 수준이 매우 낮게 떨어지는 위급한 상황을 맞았다. 식염수를 주입해야 한다는 건 알고 있었지만 식염수의 농도와 양을 알맞게 택하지 않으면 환자가 사망할 수도 있는 상황. 그는 침착하게 호주머니의 아이폰을 꺼내어 MadCalc 앱을 작동시켰고 정확한 값을 찾아내 환자를 정상으로 되돌렸다. #1. 디지털 의학은 이미 완성되었다. • 디지털 의학이란 무엇인가: 미국 최고의 명의이자 디지털 의학 혁명의 선도자인 에릭 토폴에게 듣는 디지털 의학의 개념과 의의 > 구체적이어야 한다. • 디지털 의학은 현재진행형이다: 디지털 의료 기술이 상용화된 곳을 찾아가 이를 취재, 인터뷰 한다(기술 개발에 성공한 연구진-실제 기술 시연 장면. 기술을 사용 중인 의사, 이를 통해 건강을 되찾은 환자 인터뷰). #2. 디지털 의학은 의료의 문턱을 낮춘다. > 내용을 압축하지 못한다. • 주요 사례 'Lab-on-a-chip(칩 안의 실험실)': 2달러짜리 스마트폰용 부착 장비로 안구의 굴절 검사를 할 수 있는 세상이 왔다. 근시나 원시, 난시만이 아니라 모든 굴절력을 측정할 수 있는 이 장비를 통해 검안사를 찾기 어려운 지역에 거주하는 사람들은 시력을 되찾을 수 있는 기회를 얻는다. #3. SNS 의료시대의 개막 > 구체적이지 않다. 이제 소셜 네트워크로 온라인 의료, 건강 커뮤니티로 진단을 받을 수 있는 길이 늘어나고 있다. 의료 인프라가 구축되지 않은 지역에 있는 사람들도, 진료를 받기에 돈이 부족한 사람들도 SNS를 통해 진단을 받을 수 있다. • 주요 사례 – '페이스북을 통해 진단을 받은 소년': 여러 명의 소아과 의사에게 보였지만 아무도 진단을 내리지 못했기에 아들의 어머니는 사진을 페이스북에 올렸고, 이 어머니의 친구 중 한 명이 사진을 보고 진단을 내렸다. 진단명은 가와사키병. 치료를 받으면 정상으로 돌아갈 수 있는 병들 중 하나였다. • Ending: 우리나라 또한 이러한 혁명을 빗겨나갈 수는 없다. 우리나라의 사례를 소개한 뒤 컴퓨터 그래픽으로 세계 곳곳으로 디지털 의료가 퍼져나가는 모습을 시각화해 보여준 뒤 마무리

기획의도 이 프로그램을 왜 만들어야 하고 어떻게 만들지 한눈에 읽혀야 한다. 프로그램의 명확한 제작목표와 주제, 전체 콘셉트, 세상의 니즈, 전달하려는 메시지, 제작방법과 제작효과 등을 구체적으로 드러내야 한다. 현재는 총론적 언급 수준이어서 제작 방향성과 방법이 보이지 않는다. 최소한 3~5가지 이상의 키워드 혹은 키 센텐스로 요약한 뒤 이를 설명하는 방식으로 기획의도를 작성해야 한다.

방송내용 프로그램은 단순한 사실의 나열이 아니다. 주제를 구현하는 데 필요한 디테일(실험, 데이터, 사례, 현장, 전문가 인터뷰, 각종 자료 등)을 활용해 스토리텔링하는 작업이다. 방송에 담을 소재, 현장(디지털 의학혁명의 현장과 의미, 달라질 삶의 모습, 준비해야 할 것, 미래전망 등)과 재료를 찾아낸 다음 이들을 주제를 실현하는 도구로 사용해 조직해 내야 한다.
– 디테일이 부족하다; 구성이 사실의 단편적 나열이고 디지털 의료혁명을 상징하는 결정적 장면이나 현장도 없다. 디지털 의료혁명이면 아하하고 떠오르는 장면과 현장, 사람을 찾아내 본질과 핵심을 보여라.
– 주제가 드러나지 않는다; 프로그램은 단순한 사실의 나열이 아니다. 프로그램은 새로운 발견이나 의미이다. 단순히 있는 현장이나 현상 설명이 아니라, 우리가 놓쳤거나 몰랐던 현장이 던지는 새로운 시각이나 삶의 새로운 태도, 의미를 찾는 작업이다. 디지털 혁명을 통해 무엇을 말하고 싶은가를 드러내라.
– 새로움과 다름(Something New, Something Differrent)를 보여라; 제작은 기존의 방법과 다른 새로운 상상력과 창의력을 요구한다. 나만의 새로운 시각, 제작방법(형식, 스토리텔링, 촬영, 편집, 자막, 음악 등)을 제시해 이 프로그램이 성공할 수밖에 없는 강점을 부각시켜야 한다.

총평 이 기획안은 단순히 아이디어를 제시한 수준에 머물렀다. 아이디어를 구현할 구체적 방법이 보이지 않는다. 주제 구현, 소재의 구체성과 상징성 설정, 제작형식에서의 새로움과 창의성에서 모두 실패하고 있다.

비엔나에는 비엔나 커피가 없다(가제)

상상력, 궁금증을 일으켜 나쁘지 않다.

프로그램명	비엔나에는 비엔나 커피가 없다(가제)	**총 방송량**	50분	**시청연령**	전 연령층

기획의도

단순정보에 그치고 있다. 왜 만드는지, 주제와 목표, 추구하는 효과가 드러나지 않는다.

Musikverein이 위치한 오스트리아의 수도 비엔나는 '음악신동' 모차르트, '악성' 베토벤, '가곡의 왕' 슈베르트, '왈츠의 황제' 요한 스트라우스 등 유명 음악가들을 배출한 세계 최고의 음악 도시이다. 그 외 하이든, 브람스, 브루크너, 슈트라우스, 쇤베르크 역시 음악의 도시 비엔나의 명성을 더해준다. 역사적 배경이 이렇듯, 오스트리아는 음악 대학만 13개 학교가 있으며, 음악을 공부하려는 유학생들과 음악 애호가들의 부푼 꿈의 세계를 현실로 잇닿아 주는 곳이기도 하다. 구체성이 없다.

하지만 6월의 도나우 강을 찾은 300만 명의 관객과 2,000명의 아티스트, 1,500명의 자원봉사자들에겐 오스트리아가 '음악회'의 공연장이 아닌, '음악축제'의 air 이벤트 스테이지로 기억된다. 바로 6.5km의 도나우강을 따라 'Donauinselfest'가 6월 중순 경 2박 3일간 무료 축제로 열리기 때문이다. 장르도 pop부터 rock, jazz, hiphop, folk, house, reggae, punk, indie, electronic music까지 다양하다. 특히 2013년에 열리는 'Donauinselfest'는 30주년을 맞아 그 특별함을 더한다.

이 다큐멘터리를 통해서 그동안 '고전음악'과 '클래식'의 도시로만 인식되었던 오스트리아 비엔나를 'Donauinselfest' 소개로 신 음악 세대의 음악 향유 방식을 보여주고자 한다. 그리고 'Donauinselfest'를 준비하는 과정에 담긴 사람들의 열정과 음악에 대한 애정을 보여주고자 한다.

내가 찾아낸, 전달하려는 무엇인가 의미 있는 것, 스페셜한 것을 구체적으로 적어야 한다.(방식과 차이, 보여줄 방법까지)

제작방향

구체성이 없다. 추상적이다.   어떻게 보여주려는가?

1. 고전음악의 도시로 알려진 오스트리아의 신(新) 음악 축제 '도나우인셀페스트'의 바람(구와 신의 교체 및 과도기적 단계) 설명에 잘 드러나지 않는다.
   ① 도나우인셀페스트는 고전음악도시로부터 세대 교체를 통한 도시 이미지 변화를 꾀할 수 있는 오스트리아의 대표적인 축제이다. 그러므로 정적이고 웅장한 분위기의 음악회와 대조적으로 자유롭고 열광적인 축제인 점을 부각시킨다.
   ② 축제에 사용되는 음향 장비에서도 과거 쓰였던 악기들과의 차별성을 부각시킬 수 있다.
2. 그럼에도 음악을 대하는 마음은 같은 것을 담음(아티스트 개개인마다 음악에 담긴 철학과 휴머니즘을 부각) 모두 추상적이다. 모호하다. 구체적으로 드러나지 않는다.
   ① 오스트리아인들의 민족성으로부터 물려받은 음악에 대한 열정과 사랑이 담겨있다. 그런 신 음악에 대한 젊은 세대의 애정과 구 세대의 인정을 담는다.
   ② 도나우인셀페스트의 콘서트를 위해 축제기간 전부터 연습과 리허설을 반복하는 가수를 섭외해 연습기간 동안의 모습을 담고 그 안에 담긴 휴머니즘을 끌어낸다(이왕이면 고전 음악을 공부했으나 진로를 바꿔 신 음악을 하는 가수로 섭외).
3. 비유적·상징적 브리지 컷을 이용해 기획자의 의도를 표현한다(프로가 줄 수 있는 시의성 부각).
4. 같은 공간 속, 각각 다른 목적으로 축제에 있는 사람들(연출진, 출연진, 자원봉사자, 관객들)의 이야기를 취재한다.
   ① 3일간의 도나우인셀페스트는 300만 명의 관객들이 참여하는 축제인 만큼 주최측인 다뉴브섬은 안전사고를 위한 경찰력을 비롯, 대규모의 자원봉사자와 연출진을 둔다. 이들은 모두 다른 목적으로 축제에 참여하고 있지만 축제가 잘 끝나길 바라는 소망은 같다. 하나의 축제를 잘 완성시킬 수 있게 정성을 쏟는 사람들의 음악에 대한 애정과 높은 시민의식을 보여준다.
   ② 또 취재를 통해서 알게 된 도나우인축제의 현장정보 및 2013년에만 알 수 있었던 내용의 인터뷰를 통해 자연스럽게 끌어낸다.

무엇인지 구체적으로 드러내라.

구체적으로 어떤 것들인가, 그것을 어떻게 담아낼 것인가, 그것이 이 프로그램의 핵심인데 없다.

구성내용

〈Intro〉기획의도(신·구 음악의 교체)를 부각시키는 영상과 시청자들의 흥미유발
기. 오스트리아, 비엔나의 기존 이미지와 축제란 무엇인가. 거시적 관점 의미 부각
서. Donauinselfest를 준비하는 과정에 담긴 페스티벌 소개 무엇을 말하는가?
결. Donauinselfest를 즐기는 사람들 속에 음악에 대한 애정, 열린 마음
〈Outro〉6월의 비엔나에는 그리고, 2013년의 비엔나에는 우리가 생각했던 고전음악의 도시로서의 모습이 아닌, 신 음악을 향유하는 모습이 나타나고 있다. 하지만 장르가 바뀌어도, 세대가 바뀌어도 그들의 음악에 대한 열정과 애정은 변함이 없다라는 메시지를 던져주며 마무리

모호하다. 추상적이다.

뭐가 다르고, 알맹이가 무엇인지, 어떻게 보여줄 것인가를 드러내야 한다.

| 소구 포인트
및 기대효과

혼자만 알고
있고 무엇을
하려는지
전달되지
않는다.
(설명, 이해부족) | 1. 영상의 속도감 조절을 통한 말하는 휴먼다큐 어떻게 하는 건가?
2. 비유적이고 상징적인 Title, bridge cut, Outro화면
Title, bridge cut, Outro의 전혀 다른 분위기를 통해 '비엔나에는 비엔나 커피가 없다'는 메시지를
전달하면서 '오스트리아는 더 이상 우리가 알고 있던 고전 음악 도시로서의 면모가 아니다'를 부각 뭔데? 제목까지 달았는데, 기획안 전체를 읽어도 무엇인지 읽히지 않는다.
3. 시사와 휴먼을 동시에 전달하고자 하는 다큐
사회현상을 반영하는 것은 시사다큐지만 그것을 풀어내는 데 생각되는 사람들의 관념이나 생각들은
모두 휴먼다큐이다. 변화되는 음악 향유방식을 시사로 보여 주면서 음악가들의 철학을 휴먼으로 담
는다. 이 두 다큐의 특성을 살려서 너무 딱딱하지도 감성적이지도 않은 다큐를 만들고자 한다.
4. Donauinselfest가 지닌 영향력 어떤 것이 딱딱한 것이고 감성적인가?
이 축제는 올해로 벌써 30주년을 맞이한다. 30주년에 맞추어 지난 역사를 뒤돌아보고 달라진 Line up
을 기대한다. |

※ 촬영제안서

전체적으로 어떤 장면의 영상들인지 보여지지 않아, 이미지가 떠오르지 않는다.

	Video	Audio	비고
〈Intro〉	S#1. 그동안 무지크페라인의 신년음악회, 비엔나 거리의 악사 연주, 오케스트라 빈 소년 합창단의 영상을 담은 다큐멘터리 혹은 단순 영상물을 각각 5~8초간 교차편집	현장음	느린 분위기와 속도감 위주로 구체성이 없다.
	S#2. 거리의 악사 연주 뒤로 펼쳐지는 도나우 강의 풍경을 Tilting up 하면서 햇살을 담고 White out	무음	
Title-비엔나에는 비엔나 커피가 없다 (가제)	S#3. 축제의 한 장면으로 빠르게 Tilting down	현장음	빠른 장면전환 & 열광적인 축제 분위기
기 전체 이야기 흐름에 스토리텔링이 없다. (감정곡선, Message의 강조를 위한)	S#4. 커피를 준비하는 바리스타의 손, 고개를 숙인 상반신 위주로 촬영 + 투명한 커피잔에 담긴 끓는 물	현장음(+ 보글거리는 효과음)	타이틀 자막처리는 화면의 오른쪽 하단/최대한 투명하고 깔끔한 분위기 상황연출
	S#5. 무대에 집중한 공연팀의 Close up을 시작으로 숨죽이고 보는 관객들로 시선 이동	내레이션(축제의 의미, 함께 즐기는 것)	
	S#6. 한 해 오스트리아에서 달마다 열리는 축제의 일정 소개		도표 및 애니메이션 효과 이용
	S#7. 빈 축제를 시작으로 오스트리아의 클래식, 고전음악 도시의 명성과 관광객들의 반응	내레이션 + 인터뷰	
	S#8. 페스티벌 출연자 중 축제 전 공연활동 모습(S#7과 이어지는 정적인 분위기 위주)	내레이션(오스트리아 여행 중 알게 된 음악인과의 만남)	
	S#9. 그 가수의 공연 전 Donauinselfest를 대비해 연습하는 모습 + 공연 주최측과 가수와의 meeting	인터뷰	

	Video	Audio	비고
서	S#10. Donauinselfest를 소개하는 기존 영상+언론기사		내레이션 (Donauinselfest)의 역사·유래·축제개요·소개·영향력·정부정책)
	S#11-1. 공연 주최측의 축제 준비 과정(회의 및 섭외자들과의 미팅)	내레이션 + 인터뷰	
	S#11-2. 공연 주최측의 축제 준비 과정(음향 시설 설비팀 – The band)	내레이션 + 인터뷰	
	S#11-3. 공연 주최측의 축제 준비 과정(Supporter ex:라디오 채널-FM4)	내레이션 + 인터뷰	
	S#11-4. 공연 주최측의 축제 준비 과정(Organizer 및 자원봉사자)	내레이션 + 인터뷰	
Bridge cut	Title 화면에 이어 투명한 커피잔에 담긴 물 위에 에스프레소를 넣고 휘핑크림을 얹음. 한 여자가 그 커피잔을 가져가고 손만 클로즈업. 뒷모습을 보여준다.		브리지영상의 이미지와 의미가 모호하다.
결	S#12. Opening과 함께 시간대별 축제 즐기는 모습 + 인터뷰 (음악에 대한 인식)	내레이션 + 인터뷰	
	S#13. 분주한 Organizer들과 자원봉사자들의 모습	내레이션	제목설명(곧, 전체전달하려는 주제)이 없어, 의미가 모호하다.
	S#14. 3일간 축제 Closing과 주최 측 회식자리	인터뷰	
Outro	커피잔을 가져갔던 여자가 커피잔을 가지고 축제 속으로 들어간다. 어떤 의미인가?		내레이션(마지막 내레이션에는 '비엔나에는 비엔나 커피가 없지만 누구도 비엔나의 커피를 뭐라 하지 않는다. 그건 그 커피에 담긴 바리스타의 정성과 그것을 음미할 수 있는 여행자의 열린 마음 때문일 것이다'로 마무리)

※ 기타

촬영 일정	예상 촬영 소요기간(섭외 제외한 15일) 축제기간은 매년 6월 중 2박 3일에 걸쳐서 하나 아직 확정된 날짜는 나오지 않음.
섭외대상	Donauinselfest 주최측 Organizer 공연 전 Contact해 연습 모습을 담을 공연 가수 1팀 관객들 + 음향설비팀, 서포터들

총평 첫인상은 제목도 주목을 끌고, 분량이 많아 내용도 대단히 디테일해 보인다. 하지만 조금만 자세히 들여다보면 구체적 알맹이가 거의 보이지 않는다. 기획안 전체를 읽어도 '비엔나에는 비엔나커피가 없다'는 의미를 해석할 수가 없다. 이 프로그램을 통해 전달하려는 메시지나 이미지를 읽을 수도 없다. 축제의 내용은 단순정보에 그치고, 기획자가 표현하려는 내용이 추상적이고 모호하기 때문이다. 이 기획안은 기획구성안을 처음 작성하는 초보자가 겪는 실수가 어떤 것인지를 보여준다. 기획안은 내가 발견해낸 새로움(이 축제가 다른 축제와 다른 스페셜한 의미, 곧 이 프로그램의 제작목적)을 충분히 설명하고, 그 내용들을 지금까지와 어떤 다른 방식으로 제작할지를 아주 구체적으로 표현해내야 한다.

가면토론회 : 'The colosseum'

제목에서 '복면가왕'이 떠오른다. 흉내 낸 느낌이 난다. 복면가왕은 '얼굴이 아닌 음악으로 승부한다.'는 명확한 콘셉트가 있다. 이 프로그램의 콘셉트는 무엇인가?

프로그램명 가면토론회 'The colosseum'

기획의도

1. The 콜로세움

콜로세움은 고대 로마 검투사들의 경기장이다. 생존을 담보로 한 검투사들의 사투는 관객들에게 카타르시스를 선사했다. 콜로세움의 원리가 인터넷 공간에서도 적용된다. 페이스북을 비롯한 SNS의 좋아요나 네이버 뉴스 댓글란의 추천, 비추천 제도는 흡사 검투사들을 향해 엄지손가락을 치켜 세우는 시민들의 행위를 떠올리게 한다. 팔각링 안에서 얼굴공개를 두고 사투를 벌이는 네임드 논객들의 살벌한 토론이 이제 시작된다.

지향점은 보인다. 그러나 방법을 찾아내지 못하면 단순한 아이디어일 뿐이다.

왜, 팔각링인가? 어떻게 논쟁을 할 것인가? 검투사는 생명을 걸고 무기로 싸우는데, 토론의 장치는 무엇인가?

2. 우리의 일상, 커뮤니티

오프라인보다 온라인에서 활동하는 시간이 많아지는 지금. 현대인들은 네이버 뉴스를 비롯하여 자주 드나드는 인터넷 커뮤니티를 한두 군데씩 갖고 있다. 각자 자신의 신분, 직업과 직결된 사이트(로스쿨생, 엄마카페, 일간베스트, 메갈리안) 뿐만 아니라 디씨나 일베 등 특정 이념 및 취미를 기준으로 헤쳐 모여하는 현상이 발견된다.

– 커뮤니티 대표를 어떻게 선발할 것인가
– 논쟁을 방송으로 끌고 올 때, 어떤 조건들이 필요한가?
– 네임드유저를 어떻게 불러낼 것인가?(커뮤니티논쟁과 방송토론이 같다고 볼 수 있나? = 인터넷 논객이 방송토론논객이 될 수 있나?)

3. 토론의 장, 커뮤니티

다양한 커뮤니티를 둘러보면 다양한 이야깃거리를 갖고 서로간 설전을 벌이는 것을 발견할 수 있다. 일례로 작년 무한도전 식스맨 특집에 나온 장동민은 과거 팟캐스트 발언으로 메갈리아 커뮤니티에서 입방아에 올라 논란을 빚었으며 결국엔 자진하차를 하고야 말았다. 뿐만 아니라 사법고시 존치여부를 둘러싸고 사법고시 준비생과 로스쿨생이 설전을 벌이기도 하였다. 이처럼 커뮤니티에서는 다양한 시사, 이슈, 사건들을 갖고 서로 활발하게 주고받는다.

커뮤니티에서의 논객들에게 주목한 것은 신선하다.

4. 우리들의 일그러진 영웅, 네임드

이러한 커뮤니티에는 특정 다수로부터 지지를 받는 인물이 꼭 한둘씩 있다. 이들을 네임드유저(유명한 유저)라고 부르며 네임드유저는 활발한 커뮤니티 활동으로 인해 커뮤니티 안에서 높은 등급을 받고 나름의 영향력을 행사하고 있다. 네이버 야구뉴스에서 국거박(국민거품 박병호)이라는 아이디를 갖고 활동하는 유저는 야구팬들 사이에서 유명하다. 그의 발언 하나하나에 야구팬들은 열광을 하거나 야유를 보내기도 한다. 이는 유명인이 갖는 관심과 흡사하다.

5. 완장 찬 전문가들의 토론 No, 시민들의 활발한 토론 Yes

100분토론, 심야토론, 정치예능 썰전의 공통점은 전문가들의 토론이다. 하지만 토론은 전문가들의 전유물이 아니다. 2008년 서브프라임 모기지 사태를 예측한 것도 다음 아고라에서 활약하던 전문대 졸업생 '미네르바'였다. 사회적 성공을 힘의 원천으로 삼은 완장 찬 전문가들의 토론이 아닌, 실제 인터넷에서 활약하는 익명논객들도 화끈한 토론을 할 수 있다.

익명논객들이 토론을 하려면 어떤 장치가 필요한가?

구체적 장치와 방법이 필요하다.

편성	시사예능(금요일 밤 11시)
분류	스튜디오(팔각 케이지)

방송내용

어떻게 토론할지 구체적이어야 한다(〈썰전〉과 비교해 보라).

1. 커뮤니티 토론예능 (예: ID 파란만장 vs ID 미소천사)

UFC에서만 볼 수 있을 것 같았던 8각 케이지 위에 테이블이 하나 올려져 있다. 테이블 좌우에는 각 커뮤니티를 대표하는 네임드유저들이 가면을 쓴 채 앉아 있다. 가슴팍에는 자신의 아이디가 붙여 있고 그들은 상대방이 누구인지 모른다. 서로 누군지 모른채 어색한 인사가 오가고 8각 케이지에 달려있는 VCR에서 최근 발생한 HOT한 시사이슈가 방송된다. 시사이슈는 출연진들의 이해관계가 걸린 문제가 방송된다. 1분 남짓한 시간동안 VCR은 재생되고 화면이 종료되자 방송된 시사이슈를 갖고 서로 토론을 하기 시작한다.

[팀 예시]

사례예시는 좋다.

① 남녀 간 임금불평등 관련 VCR 방송

참석자: 메갈리아 대표 ID 골드맘 vs 디시인사이드 대표 ID 사이다

② 사법고시 존치관련 VCR 방송

참석자: 로이너스 대표 ID 로스구이 vs 사법고시연구회 대표 ID 개룡남

③ 미국 동성결혼 합헌 VCR 방송

참석자: 기독교단체 대표 ID 세례자 vs LGBT카페 대표 ID 레인보우

④ 야구선수 박병호의 메이저리그 진출 VCR 방송

참석자: 네이버 야구뉴스 ID 국거박 vs 박병호 팬클럽 ID 박뱅

– 커뮤니티논쟁이 방송토론이 될 수 있을까?
– 콜로세움, 8각케이지를 어떻게 재현할까?
– 재미있을까?
– 격렬한 토론(격투기 같은)이 이루어질까?(토론방식/장치/진행방식 등이 없으면, 결국 현재 방송 토론의 한계를 벗어나지 못한다.)

2. 고대 콜로세움을 재현하다 ← 실제 재현할 방법을 찾아라, 이름에 걸맞는 상황재현이 필요하다.

토론의 승패는 방청객들의 투표로 결정된다. 방청객은 좋아요와 싫어요를 결정하며 좋아요가 많은 쪽이 승리한다. 마치 고대 콜로세움에서 검투사들의 승패 여부를 판정하는 시민의 역할과 같다. 승부에서 이긴 쪽은 상금 500만 원을 받고 진 쪽은 룰렛을 하여 벌칙을 정한다. 벌칙의 종류는 여러 가지가 있고 커뮤니티 1달 이용 제한이나 얼굴공개같은 혹독한 벌칙으로 구성되어 있다.

제한할 수 없거나, 초상권보호 문제에 위배된다.

총평 〈가면토론회〉 기획안 역시 외형적으로는 멋있어 보이지만, 구체적 알맹이를 찾기 어렵다. 커뮤니티의 유명논객을 불러 가면을 씌우고 콜로세움에서 검투사들이 생명을 걸고 싸우듯 치열한 토론을 유도한다는 아이디어는 좋다. 기획구성안은 아이디어가 아니라, 그 아이디어를 프로그램으로 구현해내는 것이다. 일단 방송되고 있는 토론 프로그램에서 진정한 토론이 이루어지지 않는 한계가 무엇인지 찾아내라. 현재 대표적 시사토크프로그램의 성공요인을 분석해보라. 그 다음 실패요인은 제거하고 성공요소를 비틀어 자신의 아이디어에 적용하는 것이 기획구성안이다. 콜로세움에서 가면을 씌웠다고 본격적인 토론이 이루어지지 않는다. 그 아이디어를 살려낼 룰과 형식, 진행방식, 벌칙과 제한 등 각종 장치까지를 찾아내야 한다. 프로그램 기획은 '왜, 무엇을, 어떻게' 를 구현하는 것이다.

'재배열을 통한 세상의 재창조' – 구성

프로듀서는 이야기꾼이자 건축가

프로그램은 '주제를 영상으로 풀어낸 이야기'라는 것을 앞에서 배웠다. 구성이란 이야기를 어떻게 재미있고 극적으로 풀어낼까를 고민하는 과정이다. 프로그램의 주제에 따라 선택된 소재들의 순서를 결정하는 일이다. 구성을 어떻게 하느냐에 따라 이야기는 재미와 몰입도가 달라진다. 같은 이야기도 사람에 따라 재미가 달라진다. 이야기를 재미있게 끌고 가는 역량이 중요하기 때문에 프로듀서는 좋은 '이야기꾼'이 되어야 한다. 이야기를 하나하나 구축해 나간다고 해서 건축가로 불리기도 한다. 최근 각광을 받는 '스토리텔링'과 같은 개념이라 생각해도 무방하다. 모든 창작물과 상품, 관광에 스토리텔링이 필수적 요소가 되었듯이 프로그램에서 좋은 구성은 대단히 중요하다. 장르에 따라 특성이 다를 수는 있지만 극적인 이야기로 수용자들을 몰입시키고 감동과 설득을 얻으려는 목표는 같다.

프로그램의 스토리텔링은 영상으로 이루어진다. 영상 스토리텔링을 구현하는 프로그램 구성안은 독특한 양식이 있다. 그 양식의 항목은 순서, 소제목, 영상, 내용(내레이션, 인터뷰, 현장음)으로 구성된다. 각 항목은 영상 스토리텔링을 효과적으로 수행하기 위한 장치다. 필자가 제작한 〈한국의 소리〉 구성안을 보며 각 항목의 특징을 알아보자.

먼저 순서와 소제목은 이야기 흐름을 한눈에 파악하는 장치다.

소제목은 각 시퀀스를 상징하는 제목을 말한다. 영상에서 시퀀스는 글쓰기에서의 단락과 같다. 글쓰기에서 첫 단락, 도입, 증명, 마무리 단락이 있듯이 시퀀스도 영상논리에 따라 순서가 결정된다. 이 구성안은 장마가 오기 전 먹구름을 프롤로그에 배치했다. 타이틀에 이어 비올 징조인 바람과 개구리 울음을 준 뒤 본격적인 우박·폭우장면을 연결했다. 비 그친 뒤 모습으로 이야기를 매듭짓고 연꽃방죽 멀리 지나가는 열차로 마지막 여운을 주었다. 구성안은 비오는 날의 서정을 그리고 있고, 누구라도 구성안을 통해 이야기의 진행을 쉽게 파악할 수 있다.

영상/소리 칸은 각 시퀀스에 핵심적인 영상과 현장음을 표기한다. 영상 프로그램은 이야기를 영상과 소리로 풀어내는 작업이다. 프로그램 기획안을 작성할 때 구체적 영상을 미리 고민하고 구체적으로 반영하는 일은 대단히 중요하다. '비 올 징조' 단락의 영상/소리를 보면 산의 먹구름, 잡초들이 바람에 쓸리는 장면, 전깃줄에 제비들이 몰린 모습, 저수지에서 맹꽁이와 개구리가 우는 장면 등 비오기 전 정황이 한눈에 그려진다. 구성안 작성에서 영상과 소리가 이만큼 리얼하고 디테일해야 한다. 초보자는 영상이 탁월한 프로그램을 모니터링 하면서 한 컷 한 컷의 영상 이미지가 어떤 이미지와 메시지를 주는지 그 느낌을 반복해 익혀야 한다.

프로그램 영상 작업은 뉴스 작업과 다르다. 뉴스는 기자가 미리 기사를 써놓고 기사 내용에 맞는

한국의 소리 – 장마

순서	소제목	영상/소리	내용(내레이션/인터뷰)	비고
1	프롤로그	– 초지에 먹구름 [또는 산봉우리 먹구름 / 먹구름과 능선 실루엣]		
2	타이틀	한국의 소리 – 장마		
3	비 올 징조	– 노고단 운무 바람 잡초들에 바람 – 전깃줄의 제비들 – 저수지 전경 – 개구리 〈개구리 울음 소리〉 맹꽁이 〈맹꽁이 울음소리〉	산야의 후끈한 열기가 달아나기 시작한다. 습도가 묵지근하게 내려 누르면, 경쟁적으로 암컷을 부르는 녀석들이 있다. 일기예보관, 개구리들이다. 물이 따뜻해지면 높은 소리를 내는 까닭에, 장마철 개구리 소리는 힘차다. 장마 때면 맹꽁이들이 짝을 찾기 위해 땅 밖으로 나온다. 맹꽁맹꽁 울음소리는 한 마리 수컷이 '맹'하고 울면, 다른 수컷이 '꽁'하고 대응해 우는 돌림 노래 소리 알을 낳곤 다시 땅 속으로 들어가, 녀석의 생태는 아직 베일에 싸여있다.	
4	우박·폭우	– 산 걸친 집에 비 올 바람 – 대나무에 바람 – 지붕위에 번개, 천둥소리, 산의 번개 – 마을의 폭우 – 양철 지붕 위의 비 – 처마에서 떨어지는 빗물 – 바닥 흙탕물 위의 비 〈폭우소리〉 양철지붕 위의 우박 〈우박 떨어지는 소리〉 – 염소 끌고 – 손 바닥 위 우박/지붕 위, 흙탕물의 우박비 – 불어난 계곡물	한반도의 본격적인 여름을 알리는 장마 그 사나운 징조들은 이렇게 시작됐다. 삽시간에 닥친 장대비에 흙냄새가 훅하고 끼친다. 논둑도 터뜨릴 기세다. 우박덩이까지 쏟아졌다. 구름 속에서 얼마나 버텼는지… 상승과 하강을 반복하다 얼어붙은 수증기 덩이는 제법 알이 굵다. 억수는 산천을 한바탕 헤집어 놓았다.	

순서	소제목	영상/소리	내용(내레이션/인터뷰)	비고
5	비 그친 뒤	– 토란 잎, 연밥에 물방울 모이고 – 잎에 빗물 고여 흐르고 – 진흙탕에 버스 오고 – 물 튀기고 – 차에서 바라본 풀섶/바닥 흙탕물 – 튀기는 흙탕물, 할아버지 피하고	그리고 그 끝. 마지막 빗방울에도 작은 울림이 있다. (음악) 여름 햇살이 다시금 대지를 말릴 때까지 웅덩이의 황토 빗물은 고약한 심술을 부려댈 것이다.	
6	에필로그	– 연꽃 방죽 멀리 지나가는 열차		

영상을 리포트 길이에 맞춰 편집한다. 하지만 프로그램은 영상편집을 먼저 한다. 그 다음 영상 이미지에 맞추어 원고를 쓰고, 음악·자막 작업을 한다. 뉴스에서 영상은 리포트의 보조라면, 프로그램에서는 영상이 우선인 것이다. 잘 된 프로그램 편집은 해설이나 내레이션이 없어도 영상만으로 설명돼야 한다. 영상 자체가 이미지를 전달하고 완성도를 갖춰야 한다. 내레이션은 영상의 의미를 심화하는 것이지 영상을 설명하는 것이 아니다. 프로그램 구성안에서 영상이 내용보다 앞부분에 위치하는 이유도 영상 중심으로 스토리텔링을 전개하는 프로그램의 특성을 반영하기 위해서다.

내용 항목에는 영상을 뒷받침할 내레이션과 인터뷰 내용을 적는다. 영상 이미지는 인터뷰와 내레이션을 만나 이해와 공유의 폭을 넓히고 메시지를 심화시킨다. 소제목의 스토리텔링, 영상 이미지, 내용 항목의 이야기와 의미가 한 곳에 모이면 비로소 프로그램은 하나의 몸통이 된다. 마지막으로 비고란은 음악, 특수효과 등 특별한 장치가 있을 경우 표기하는 칸이다.

구성안은 '주제를 영상으로 이야기'하는 프로그램을 구현하는 작업이다. 글을 쓰는 작업에도 스토리텔링이 중요하듯, 구성 작업도 영상 스토리텔링이기 때문에 영상으로 이야기를 구성하는 실전을 쌓아야 한다. 초보자들의 구성 연습 역시 '순서 / 소제목 / 영상·소리 / 내용 / 비고'로 짜인 구성안 양식을 사용해, 구체적 영상과 소리를 고민하며 스토리텔링을 만들어 보는 게 좋다.

프롤로그와 에필로그, 봉우리의 감성적 연결 − 영상구성의 독특한 구조와 흐름 이해하기

구성의 성패는 주제를 어떻게 재미있는 이야기로 풀어내느냐에 달렸다.

같은 이야기라도 재미있고 극적으로 끌고 가는 사람도 있지만, 어떤 사람의 이야기는 하품만 나온다. 어떻게 하나의 이야기를 감동적이고 극적으로 끌고 갈 것인가는 오랜 역사를 통해 연구되어 왔다. 아리스토텔레스의 '시작−중간−끝'이라는 3막 구조 이론, 논리와 논설문 작성할 때의 '서론−본론−결론' 형식, 동양의 글짓기 방식인 '기−승−전−결', 시나리오 작법의 '발단−도입−전개−클라이맥스-결말' 등 다양한 이야기 방식은 모두 효과적 스토리텔링을 위한 고민과 연구의 결과물이었다.

　프로그램의 영상구성에는 '주제의 영상 스토리텔링'이란 장르적 특성을 살린 형식이 있다.
바로 '프롤로그-타이틀-도입-전개-클라이맥스-정리-에필로그'의 형식이다. 영상프로그램의 흐
름을 도표화 한 프로그램의 구성형식은 영상이 중요한 프로그램의 특성과 영상이 가진 감성적 특징
을 살리기 위해 마련된 특별한 장치다. 구성양식의 특징을 잘 이해한 다음 방송프로그램을 모니터링
할 때 각 장치들을 어떻게 활용했는지 분석하며 공부하면 자신의 기획구성안 작성연습에 큰 도움이
된다. 프로그램 구성의 흐름을 그린 도표를 보자.

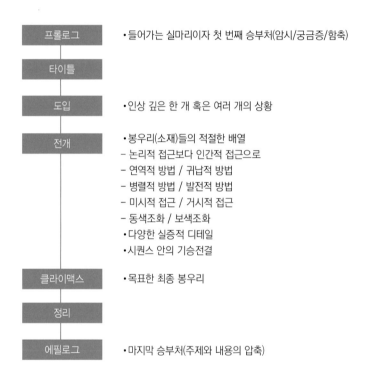

　장르 특성상 프로그램 구성 흐름에서 가장 두드러지는 부분이 프롤로그와 에필로그다.
강렬한 영상 이미지로 처음과 끝을 열고 맺기 때문이다. 프롤로그는 프로그램의 첫 번째 승부처다.
암시, 상징, 함축, 의문 등의 형식으로 시청자의 관심을 끌고 프로그램을 끝까지 보게 만드는 장치
다. 흔히 시작 30초에 시선을 잡지 못하면 채널이 돌아간다는 말로 프롤로그의 중요성을 강조한다.
10분 이내의 길이로 만들어지는 요즘 웹콘텐츠는 5초 이내에 시청자를 사로잡아야 한다고 말하기도
한다. 에필로그는 전체 프로그램을 마무리하는 자리다. 마지막 승부처로 주제와 내용을 압축해 프로

그램이 끝나도 긴 여운과 감동을 되새기게 만든다. 프롤로그와 에필로그 영상은 프로그램 전체를 상징하고 압축하기 때문에 타이틀 백 그림과 함께 제작자들이 오랜 고민과 공을 들여 특별히 촬영한다. 그만큼 중요한 부분이기 때문이다.

도입은 타이틀이 뜬 뒤 실제 이야기를 시작하는 곳이다.

하나의 이야기는 가장 편하게 시작할 수도 있고 역설적으로 시작할 수도 있다. 한 사람의 24시간을 기록하는 프로그램이라면 아침부터 시작할 수도 있고 점심에 누군가 만나는 장면으로 시작할 수도 있으며 잠자리 들기 전 누군가 만나는 장면으로 시작할 수도 있다. 잠자리 들기 전 일기쓰기 장면부터 시작해 하루를 되돌아보는 스토리텔링도 가능하다. 도입은 프로그램의 성격을 드러내는 부분이기도 하다.

전개 부분은 전체 이야기의 몸통에 해당한다. 하나의 프로그램은 다양한 대상과 인물, 현장들을 배열해서 하나의 이야기를 만들고 새로운 의미와 감동을 창조한다. 선택된 대상과 인물, 현장의 이야기를 어떤 순서와 감정의 흐름, 극적 구성으로 끌고 가느냐에 따라 프로그램의 느낌과 전달력은 달라진다. 전개 부분은 구성 방법도 다양하다. 연역적인가, 귀납적인가. 병렬로 할 것인가, 발전적으로 진행할 것인가. 미시적 접근인가 거시적 접근인가. 조화를 강조할 것인가, 충돌시킬 것인가 등에 따라 프로그램의 톤과 이미지가 전혀 달라지는 것이다. 소재를 가지고 구성하는 방법은 경우의 수로 설명할 수 있다. 구성해야 할 소재가 A, B, C, D, E 다섯 가지라면, 이 5개의 소재를 구성하는 방법은 무려 120가지나 나온다($5 \times 4 \times 3 \times 2 \times 1 = 120$).

제작 현장에서는 이를 '백인백색'이라 부른다. 100명의 프로듀서가 구성하면 100개의 구성안이 나온다는 것이다. 취향과 관점, 구성방식에 따라 전혀 달라지기 때문이다. 프로듀서가 '이야기꾼', 혹은 '건축가'로 비유되는 이유다. 재미있는 이야기를 만들어내는 사람, 프로그램이라는 건축을 다양한 소재와 디자인, 기법으로 세우는 사람이라는 뜻이다. '이야기꾼'이나 '건축가'는 타고 나기도 한다. 하지만 연습과 노력으로 숙달될 수 있는 영역이다.

클라이맥스는 전개에서 가장 극적인 부분이다. 프로그램은 논리로 진행하는 글쓰기의 스토리텔링과 달리 영상 이미지가 내포한 정서와 감정의 흐름으로 스토리텔링을 진행한다. 각 사연들은 각자의 감정과 이미지를 갖고 있다. 이들을 각각 하나의 봉우리로 본다. 이 감정의 봉우리들을 적절히 배열해 수용자를 끌고 간다. 수용자는 각 봉우리들이 갖고 있는 정서적 이미지에 몰입하고 또 체험하면서 공감하고 설득 당하는 것이다.

클라이맥스는 이 감정의 봉우리 중에서 가장 높은 봉우리다. 그동안 조이고 풀며 끌고 온 감정을 한꺼번에 폭발시키는 자리다. 프로그램은 클라이맥스를 거치며 이야기는 매듭되고, 마침내 에필로그에서 프로그램의 주제와 이미지를 압축하며 마무리 짓는다.

구성, 어떻게 할 것인가

구성안 작성은 전문영역이다. 당연히 전문적 스킬과 이를 익히는 숙련 과정이 필요하다.
구성안 작성에 고려해야 할 사항들을 요약하였다.

주제를 구현하라　　좋은 구성은 기획의도와 주제가 잘 구현된 것이다.

제작자가 이야기하고자 하는 바를 가장 정확하고 효과적으로 전달하는 구성이 좋은 구성이다. 극적이고 감동적인 스토리텔링으로 시청자를 끌어들이는 흡인력이 있다면 금상첨화다.

영상을 고민하라　　프로그램 구성은 반드시 영상과 함께 영상 중심으로 고민되어야 한다.

주제를 구현하기 위해 소제목으로 단락을 나누고, 그 단락들을 재배열, 재창조해 현상이나 대상을 재해석 해낼 때 작업은 영상으로 이루어져야 한다. 프로그램 구성에서 영상을 이해하고 영상으로 이야기하는 연습은 절대적으로 필요한 과정이다. 이 작업은 영상에 대한 이해와 감각없이는 불가능하다.

　EBS의 〈악기는 무엇으로 사는가〉는 한국 PD 대상인 실험정신상과 방송대상을 수상한 완성도와 실험성이 뛰어난 작품이다. '악기의 본질을 통해 음악을 이해한다'는 목표로, 새로운 이야기 방식과 영상을 선보인 프로그램이다. 모두 3부작인데, 1부 〈악기들의 무덤〉은 '해부학'의 시각으로 악기 무덤에 버려진 악기들을 재생시키며 악기의 본질을 탐구했다.

구성안 2

EBS, 악기는 무엇으로 사는가 제1부 〈악기들의 무덤〉

순서	소제목	영상/소리	내용
1	프롤로그: 소리의 무덤	– 소리의 무덤이 보여진다. 창고 내부엔 작동을 멈춘 괘종시계, 내장이 튀어나온 라디오, 찢겨진 악보, 빛바랜 사진 버려진듯한 악기들-부서진 몸통, 끊어진 현, 분해된 관악기들, 이빨 빠진 피아노… 각종 악기들이 쓰레기처럼 쌓여 있다.	누가 이들을 무덤에서 깨울 것인가
		– 소리 하나가 고요함을 깨뜨린다. 괘종시계 태엽 감기는 소리 – 태엽 감기는 소리가 잠시 멈추고 똑딱똑딱 시계의 초침이 소리와 함께 움직인다.	누가 악기의 심장을 다시 뛰게 할 것인가

순서	소제목	영상/소리	내용
		– 바닥, 천장에 매달려있던 거대한 팬의 그림자가 돌아가기 시작한다. – 누군가의 손의 그림자가 차례로 현을 튕기고, 건반을 누른다. – 순식간에 악기의 몸통에 떨림이 등장한다. 진동 고속촬영 – 악보가 살아난 듯 휘몰아치듯 날아다닌다. – 동시에 악기의 소리들이 하나씩 들리기 시작한다. – 조심스럽게 들리던 각각 악기의 개별 소리들이, 어느새 음악처럼 들린다.	
2	타이틀		

3	오프닝 – 세상은
	떨림으로 가득차
	있다
		– 무덤에 있던 사진 한 장(공원 가족사진). 사진 속 멈춰진 풍경이 조
		  금씩 움직이기 시작한다.
		– 사진 속 현실로 들어간 카메라, 현실은 사진과는 달리 소리로 가득
		  차 있다.
		– 소리를 내는 것들을 뒤쫓는 카메라
		– 소리들의 특징을 보여줄 수 있는 것들로 구성
		(소리높낮이/음색/음량…)
		높은 소리/낮은 소리
		큰소리/작은 소리
		날카로운 소리/부드러운 소리
		긴 소리/짧은 소리…
		– 고속촬영으로 소리를 내는 첫 단계인 순간의 접촉과 접촉으로 인해
		  생기는 진동을 포착해서 보여 준다.
		– 눈에 보이지 않던 무수한 떨림들을 보여줌으로써 세상은 '떨림'으로
		  가득 차 있다는 것을 표현한다.
		이 떨림들은 다양한 템포를 가지고 있다.
		
		– 1초에 1번 떨림부터 떨림의 속도가 점점 증가, 특정한 음의 악기 주
		  파수까지 간다.
		– 이 사진 속 풍경 위에 새로운 떨림이 끼어든다(아이폰으로 찍은 기
		  타 진동느낌).
		– 무수히 많은 소리들을 가로지르며 등장한 악기의 소리
		– 풍경 한 켠에서 거리밴드가 연주를 준비하고 있다.
		– 사람들은 악기 소리가 들리는 방향으로 고개를 돌리기 시작한다.
		– 연주를 좀 보여주다가 점점 부감 숏, 이 장소 전체가 보인다.
		한쪽에서 사진포즈를 취하는 가족, 소리를 냈던 물체들, 거리밴드
		– 카메라는 다시, 원래 사진 풍경(공원 가족)으로 다가가고 찰칵 소리
		  와 함께 움직이던 풍경은 다시 사진 속에 갇힌다.
			그 날의 색깔, 그 날의 표정…
			
			그런 것들이 사진 속에 고스란
			히 살아 있다.
			
			그러나 아무 소리도 들려주지
			않는다.
			멈춤과 함께 소리도 사라졌다.
			
			사진은 소리의 무덤이다.
			그러나 세상은 소리로 가득 차
			있다.
			서로 다른 소리들은 서로 다른
			떨림들이 만들어낸다.
			
			세상은 떨림으로 가득 차 있다.
			
			그 중 아름다움을 위해 존재하
			는 떨림(소리)이 있다.
			악기의 떨림, 악기의 소리다.

4	악기의 대화	– 다시 창고의 사진 한 장, 창고를 둘러보니 한때 소리를 냈던 것들이,
		  마치 죽은 듯 널려져 있다.
		– 바이올린과 기타의 부분 부분이 클로즈업 화면으로 보여지면서 두
		  악기의 대화가 시작된다. 대화는 자막으로 처리한다.
		바이올린이 말을 할 때는 바이올린의 소리가, 기타가 말을 할 때는 기
		타의 소리가 들린다.
			이들 중, 왕으로 불렸던 것들이
			있다.
			
			각각 오케스트라의 왕, 거리의
			왕이었다.

순서	소제목	영상/소리	내용
		– 두 악기의 넥, 몸통, 현, 곡선 등의 클로즈업/각 부분에 맞춘 대화가 　흐른다. – 거리의 왕/오케스트라의 왕으로서의 다른 면모를 드러낼 수 있는 대 　화로 구성한다. – 대화가 긴장감 있게 진행되다가, '현'에 대한 이야기로 흘러간다. – 각각 자신들이 가지고 있는 네 줄과 여섯 줄의 유용함에 대해 떠들 　다가 갑자기 입을 다문다. 대화 종결자가 등장 – 창고에 감도는 긴장감. 문소리와 함께 이들을 긴장하게 했던 주인공 　이 들어선다. – 그랜드 피아노가 등장한다. – 4줄, 6줄과는 비교도 안 되는 피아노 현의 개수를 보여준다. – 그러나 한쪽에서 호른이 소리를 내며 긴장을 깬다. "그래봤자 오케 　스트라에선 찬밥 신세야" – 타악기도 거든다. "정체성도 모호하잖아. 현악기야? 타악기야?" – 피아노가 대꾸한다. "그런 게 무슨 상관?! 난 너희들과는 좀 다르지. 　무엇이든지 될 수 있으니까" … (하략)	

제작자는 프로그램에서 악기가 어떻게 작동해서 소리가 나는지를 보여주기 위해 악기들의 무덤이라는 콘셉트를 도입했다. 의정부에 있는 친구의 창고를 빌려 고장 난 악기들을 모아 놓고 악기들의 대화를 영상으로 만들어낸다. 거미줄이 쳐지고 먼지가 잔뜩 낀 창고에서 낡고 고장 난 악기들에 스팟 조명이 하나씩 켜지면서 악기들은 저마다 자신이 최고의 소리를 낸다고 자랑한다. 하지만 모두들 깨지고 고장 나 소리를 내지 못하는 악기들. 전문 수리기사들이 투입되고 부품 하나하나를 수선하며 악기들의 구조와 소리의 원리를 이해시킨다. 수리된 악기들은 연주자들을 만나고 멋진 음악을 만들어낸다. 〈악기들의 무덤〉의 초기 구성안을 보며 어떤 발상과 스토리텔링으로, 영상들을 어디까지 고민했는지 구체적으로 느껴보길 바란다.

디테일을 고민하라 　프로그램 구성요소에 형식적 요소, 내용적 요소, 기술적 요소들이 있음을 앞서 살폈다(p.327, p.328 참조). 구성이란 이들 각 요소들을 어떻게 조합해 메시지를 효과적으로 전달할 것인지 고민하는 작업이다.

형식적 요소의 경우, 스튜디오에서 프로그램을 진행할 것인지, 야외촬영만으로 만들 것인지, 진행자와 게스트를 몇 명으로 하며 출연자가 전문가인지 연예인인지 일반인인지에 따라 구성방법이 완전히 달라진다. 여기에 장르(교양, 다큐, 드라마, 예능)와 소재(가족, 요리, 음악, 건강 등)인 내용적 요소, 카메라 운용과 미술, 음악, 편집, 자막효과 등 기술요소들이 가미되면 구성작업은 훨씬 복잡한

12회 큐시트

- 녹화 : 2011. 3. 22(화) 오후 1:00 TS-4 스튜디오
- 방송 : 2011. 4. 2(토) KBS 2TV 오후 10:10
- MC 및 출연 : 최원정, 조영남, 김정운 / 유정우, 송경아, 이엘, 노성두

* 부조진행 : 이호선

순서	시간	단시	아이템	영상	음향	내용	출연	비고
1		20"	타이틀	VCR(20")	SIG. M	▶ 메인 타이틀		
2			전CM					
3	1'20"	1'	오프닝	ST	3MC	▶ MC 오프닝 멘트 + 패널소개	최원정	* 방청객
4	3'03"	1'43"	VCR 1	VCR	2MC+패널	▶ 명작 공개 피터르 브뤼헐 – 네덜란드 속담		
5	7'03"	4'	ST	ST	2MC+패널	▶ 오늘의 명작, 네덜란드 속담 – 네덜란드 속담에 대한 탐구 – 피터르 브뤼헐 소개 및 탐구 – MC : 오늘의 스캔들은 무엇?	MC 및 출연자	
6	12'25"	5'22"	VCR 2	VCR	VCR	▶ 스캔들 공개, 피터르 브뤼헐의 네덜란드 속담에는 우리나라 속담도 있다?		
7	19'25"	7'	ST	ST	2MC+패널	▶ 스캔들에 대한 패널들의 토론 – 그림에 숨겨져 있는 전 세계 속담 찾기 – 서로에게 도움이 추천하고 싶은 속담은 – 그림 속에 담긴 풍자와 해학	MC 및 출연자	* ST 중앙에 그림 설치
8	22'14"	2'49"	VCR 3	VCR	VCR	▶ 네덜란드 속담의 가치 – 1백 명의 사람이 등장하는 그림, 뛰어난 구성 – 갈색의 다채로운 사용 – 피터르 브뤼헐의 변		
9	28'14"	6'	ST	ST	2MC+패널	▶ 네덜란드 속담의 가치에 대한 마무리 토크 – 피터르 브뤼헐이 가진 그림의 구성력 – 4백여년의 세월에도 변치 않는 교훈을 담음	MC 및 출연자	
10	28'24"	10"	로고	VCR(10")	VCR	▶ 브리지 로고		
11	35'24"	7'	ST	ST	2MC+패널	▶ 두 번째 명작은? ▶ 노래로 소개 – 나는 거리의 만물박사 바리톤 서정학 / 피아노 안성진 – 곡에 대한 인터뷰 ▶ 명곡에 대한 토크 – 세비야의 이발사 소개 – MC : 오늘의 스캔들은 무엇?	MC	*바리톤 (pf)
12	39'17"	3'53"	VCR 4	VCR	VCR	▶ 스캔들 공개, – 세비야의 이발사, 서곡은 재활용 곡이다?		
13	45'17"	6'	ST	ST	2MC+패널	▶ 패널 토크 – 재활용 된 서곡에 대한 패널 의견 – 게으르지만 낙천적이고 긍정적인 로시니	MC 및 출연자	
14	47'54"	2'37"	VCR 5	VCR	VCR	▶세비야 이발사 서곡의 음악적 가치 – 서곡에 담긴 로시니 크레셴도 특징 – 희극적 요소가 가미 된 서곡의 특징		
15	52'54"	5'	ST	ST	2MC+패널	▶ 패널 토크 – 로시니 서곡에 담긴 희극적 요소 – 서곡 발표 당시의 반응, 시대적 상황 – 오케스트라 연주곡으로도 가치가 높은 서곡	MC 및 출연자	*홈페이지 자막 고지
16	53'34"	40"	VCR 6	VCR	VCR	▶ 세비야의 이발사, 애니메이션 '스크롤'		
17			후CM					
18	53'54"	20"	후 타이틀	VCR(20")		▶ 후 타이틀		

양상을 띠게 된다.

KBS의 〈명작 스캔들〉을 보자. 〈명작 스캔들〉은 미술과 음악의 명작들을 스캔들이라는 콘셉트를 도입해 명작의 이해를 돕는 문화교양 프로그램이다. 프로그램은 진행자와 입담 좋은 두 게스트가 진행하는 스튜디오 물로 사이사이 미리 제작된 영상물을 보여주는 형식이다.

12회 구성안(큐시트)에는 전체 프로그램 진행과정과 내용이 일목요연하게 정리돼 있다. 프로그램은 크게 미술과 음악 두 부분으로 나뉜다. 미술파트는 '네덜란드 속담에는 우리나라 속담도 있다'는 스캔들로 피터르 브뤼헐의 미술작품을, 음악파트는 '세비야의 이발사, 서곡은 재활용곡이다?'라는 스캔들로 세비야의 이발사를 소개하고 있다. 두 개의 스캔들을 재미있게 전달하기 위해, 스튜디오와 준비한 영상 부분을 적절히 배치 구성하고 있다.

구성안은 프로그램 요소뿐만 아니라 스토리텔링의 방법까지 보여준다. 미술, 음악 두 코너 모두 '명작 공개(영상) - 명작 탐구(스튜디오 토크) - 스캔들 공개(영상) - 스캔들 토론(스튜디오 토크) - 명작의 가치(영상) - 마무리 토크(스튜디오)' 순서로 구성했다. 일반인들도 쉽게 명작을 이해할 수 있도록 만든다는 목표가 충실히 반영된 구성이다.

〈명작 스캔들〉은 교양 프로그램이라서 구성안이 심플한 편이다. 시즌6을 방송중인 SBS 오디션 프로그램인 〈K팝스타〉를 보면 프로그램 구성요소와 스토리텔링이 복잡하게 얽혀 있다. 출연자들의 동선과 함께 무대장치, 음향, 소품, 특수효과, 조명장치까지 여러 구성요소들이 구체적으로 표기되어 있다. 스토리텔링도 MC 진행 외에 경연자 등장과 심사위원 인터뷰, 투표, 개인 소개 영상-노래-심사평으로 진행되는 개별경연 영상소개, 결과 공개, 하이라이트를 적절하게 배열하고 있다(별지 〈K팝스타〉 큐시트 참조).

경연 프로그램에는 경연 프로그램 포맷을 구성하는 요소들이 있다. 이 요소들의 하나하나를 어떻게 활용하고 강조하느냐에 따라 프로그램의 외양과 성격이 완전히 달라진다. 〈K팝스타〉, 〈슈퍼스타K〉, 〈코리안 갓 탤런트〉, 〈위대한 탄생〉, 〈톱밴드〉, 〈쇼미더 머니〉 등 같은 음악 경연 프로그램이더라도 다른 느낌과 다른 감동을 주는 이유다. 프로그램의 지향점에 따라 포맷 요소들을 다르게 활용하기 때문이다.

일반적으로 경연 프로그램에 활용되는 포맷 요소는 다음과 같다.

1. 진행자(프로그램의 상징자)
2. 심사위원단
3. 무대장치
4. 도전과제
5. 도전자들의 단체합숙소

6. 미션 수행 공간

7. 미션을 도와주는 멘토와 그의 역할

8. 도전자들의 개성적인 캐릭터

9. 솔직담백한 인터뷰

10. 탈락자 결정방법

11. 최종 우승자 선정방법

12. 우승자에게 주어지는 혜택

SBS 〈K팝스타〉는 경연요소보다 음악 자체를 추구한다. 미션 수행, 도전자들의 캐릭터와 이들의 사연을 강조하는 다른 오디션 프로그램과 달리 진행과 무대와 장치가 경연자들의 노래 자체를 감상하는데 초점을 맞춘다.

> MC가 필요하고 심사위원이 필요하고 그 다음에 도전 과제가 필요하고 무대도 필요한데, 어떻게 다르게 가지? 그래서 심사위원은 그냥 '노래를 잘하니까 평가해 볼께'가 아니라, 직업이 좋은 인재를 찾아 제작해 온 전문 프로듀서를 앉힌 게 차별점일 거고. 도전과제의 예능적 재미도 그래요… (중략) 전형적으로 꼭 필요한 요소들이지만 할 수만 있다면 배제해 버리고 싶었던 요소들이랄까? 무시하느냐 아니면 그대로 가져가느냐의 기준은, 좀 뻔한 이야기 같지만, 딱 하나였습니다. 음악을 감상하는 데 도움이 되느냐 안 되느냐.
>
> –〈K팝스타〉 박성훈PD

오디션 프로그램의 성공은 다양한 형태의 서바이벌 경연 프로그램들로 이어졌다. 〈댄싱 위드 퀸〉, 〈런웨이 코리아〉, 〈아트 스타 코리아〉, 〈스카우트〉, 〈도전자〉 등 그 영역이 요리, 춤, 패션, 창업, 작곡, 미술영역까지 확대됐다. 동시에 음악 예능도 다양한 변주 과정을 거쳤다. 〈히든싱어〉, 〈너의 목소리가 보여〉, 〈복면가왕〉, 〈힙합의 민족〉, 〈노래의 탄생〉에 이르기까지 음악 예능은 전성기를 맞게 된다.

음악 예능의 변주는 〈나는 가수다〉에서 시작됐다. 아마추어 경연은 활발했지만 아무도 기성 가수들의 경연을 엄두내지 못했다. 〈나가수〉는 기성 가수들의 서바이벌을 표방했다. 국민심사단 제도, 관객과 호흡 하는 무대, 음악 자체로 감동을 주는 프로그램을 만들어냈다. 초반의 우려와 비판에도 불구하고 〈나가수〉의 성공 이후 아이돌 중심이었던 국내 음악계는 실력 있는 가수들이 재평가되고 다시 살아나 가요계의 장르가 다양해지는 일대 혁명을 일으켰다. 서바이벌 영역이 요리, 미용, 패션, 춤 등으로 넓어졌고 음악 예능의 변주가 가능해졌다.

JTBC의 〈히든싱어〉는 음악 예능 변주의 선두주자로 음악 예능의 전성시대를 연 프로그램이다. 〈히든싱어〉는 기성가수와 모창가수의 대결, 누가 실제 가수인지 맞추는 추리기법의 도입, 보는 음악이 아니라 듣는 음악을 표방했다. 종편최대 히트작으로 불릴 정도로 대성공을 거뒀다.

> 〈나는 가수다〉를 통해 아이돌 중심의 음악에서 연령, 장르를 넘어선 다양한 음악들이, 다양한 가수들이 다시 살아났다는 겁니다. 그런 의미에서 〈나가수〉는 음악 예능이 진화하기 시작한 첫 번째 단추라고 할 만해요. (중략) 〈나가수〉는 진짜 가수들이 노래로 대결하는 승부였다면, 우리는 누가 노래를 잘 부르느냐에 대한 경연은 아니잖아요? 누가 가장 진짜처럼 부르나, 진짜 가수가 몇 번 방에 있는지 맞추는, 뭔가 흥미진진한 추리게임의 요소가 저희 프로그램에 들어갔죠. 〈나가수〉가 경연이라는 콘셉트를 도입한 뒤 음악 예능의 패러다임이 바뀌었다면, 〈히든싱어〉는 추리시스템이란 장치로 변주해서 또 다른 음악 예능을 시도한 거죠.
>
> ― 〈히든싱어〉 조승욱CP

　제시한 구성안은 신해철 1주기 헌정 방송으로, 신해철의 육성을 라이브 공연과 앨범에서 추출해 모창자들과의 경연을 진행했다. 모두 4라운드 경연이라는 진행 방식은 기존 〈히든싱어〉와 같지만 대결할 때 신해철 모습은 자리에 사진을 놓아 처리했다. 모창가수들과 함께 노래할 때는 무대에 스팟 조명 장치를 설치했다. 죽은 가수와 경연을 벌인다는 발상, 〈히든싱어〉가 가진 추리적 경연 포맷, 그리고 특수하게 세팅된 장치와 추출된 신해철 목소리와 모창자들과의 공동 무대는 관객들에게 감동과 눈물, 재미를 제공하였다(별지 〈히든싱어〉 큐시트 참조).

　〈K팝스타〉와 〈히든싱어〉는 구성에 얼마나 많은 요소들을 고려해야 하는지 잘 보여주는 대표적 사례다. 하나의 프로그램을 구성할 때 고려해야 할 부분을 꼼꼼하게 파악하고 다른 프로그램을 모니터링 할 때 더 분석적으로 살펴보라는 뜻에서 두 프로그램의 구성안 전체를 게재했다. 자신의 기획안을 만들 때 단순히 아이디어를 내는 차원에 그쳐서는 안 된다는 점도 강조하고 싶다. 구성안 연습을 통해 아이디어를 아주 구체적으로 프로그램으로 구현하는 능력을 키워야 한다.

구성안 작성은 현업 프로듀서들도 어려워할 정도로 전문성을 요구한다. 이야기를 구성하는 일을 현장에서는 도상작업(圖上作業)이라 부른다. 도상작업은 정해진 주제를 구현하기 위해 수집된 재료를 종이 위에서 가장 효율적으로 재배열하는 작업이다. 구성 연습에 가장 좋은 도구는 신문기사이고, 좋은 방법은 그룹 활동이다. 이슈가 되는 기사, 소재거리가 많은 기사를 골라 구성 연습에 활용한다. 작성된 구성안은 서로 비교하면서 장단점을 토론 한다.

그룹 활동의 장점은 우선 주제를 결정하는데 다양한 시각을 확인할 수 있다는 점이다. 한 현장이나 이슈라도 보는 관점과 취향에 따라 전혀 다른 주제가 도출된다. 이야기를 풀어내는 방식에 얼마나 많은 방법이 있는지 서로 확인하는 기회이기도 하다. 소재 배열순서나 소재 취사선택에 따라 프로그램이 전혀 다른 느낌의 결과물이 된다. 그 방법을 서로 비교해가며 사고의 유연함을 키울 수 있다. 구성하는 기법과 효율적 스토리텔링도 배울 수 있다.

다음 기사는 폭등하는 월세와 젠트리피케이션의 문제를 해결하기 위해 서울시의 한 구청이 벌인 '착한 건물주' 찾기 캠페인을 소개한 것이다. 이 기사를 가지고 구성 연습을 해보자.

신문기사를 이용한 구성 도상연습

자료: 한겨레 신문

연습단계1 관점과 주제 결정

어느 관점에서 어떤 주제로 프로그램을 끌고 갈지 결정한다.

– 구청이나 행정기구의 입장/ 세입자의 입장/ 세대주의 입장/ 기타

– 부동산과 금수저/ 경제 불평등과 약자의 고통/ 지역공동체

연습단계2 영상고민

결정된 관점과 주제에 따라 필요한 대상과 소재를 정리한다. 각 소재에 해당하는 영상들을 구체적으로 도출해낸다. 이 신문기사 안에만 다음의 장소와 영상들을 추출할 수 있다.

– 마포구청 접수대/ 추천하러 온 사람들/ 구청담당자 인터뷰 – 이 사업 왜 하나?

– 추천된 착한 임대사업자/ 착한 건물주 사례와 사연 소개

– 임대사업자들의 횡포 A, B, C

– 세입자들의 고통: 청년/ 독거노인/ 영세 자영업자들의 사연

– 서울시의 노력: 성동구: 젠트리피케이션 대안 찾기

　　　　　　　 서대문구: 문화 활력, 생산기지(이화공방 등)

– 해외사례: 독일의 경우

신문기사 외에 자료조사와 사례 스터디를 통해 젠트리피케이션의 심각성과 문제점, 구성안 작성에 필요한 현장이나 대상, 데이터를 더 확보해 낸다. 한편으로 상상력을 동원해 이슈가 제기하는 결정적 장면을 추가해 영상이미지를 강조할 수도 있다. 구성 도상연습은 이야기를 영상으로 재배열·재창조·재해석하는 연습이기 때문에 굳이 사실로만 연습할 필요는 없다.

연습단계3 구성하기

앞서 배운 프로그램 구성의 흐름에 따라 찾아낸 소재를 영상이야기로 만들어낸다. 작성은 구성안 형식(p.352 참조)을 이용한다. 프로그램은 논리가 아니라 감성의 흐름으로 끌고 가야 한다. 프롤로그나 에필로그도 전체 이야기 흐름도 영상 이미지로 느낌을 전달하는 사례나 현장이어야 한다. 구성안 작성을 할 때 프로그램 흐름에서 설명한 각 단계별 특징을 잘 살리도록 노력한다.

수업시간에 연습한 학생들의 구성안을 제시한다. 자신이 작성한 구성안과 대비해보고 장단점을 분석한 뒤, 자신의 구성안을 수정하고 완성해보자.

임대료 걱정 없는 세상

순서	소제목	영상/소리	내용
1	프롤로그	– 홍대 버스킹 뒤로 보이는 상가들 – 대기업 계열 가게 간판 클로즈업	대기업/자본이 지배한 홍대, 한때는 예술인과 젊은이들이 꿈을 키우던 곳
		젠트리피케이션(글씨)	
		상수, 합정, 메세나폴리스 등 복합상가와 공사현장	밀려나와 자리 잡았는데 또 오르는 임대료
		INT	
2	타이틀	흐릿한 홍대 저녁 배경	"임대료 걱정 없는 세상"
3	도입	– 이화 공방문화골목 – 내 손님 많은 가게 한 곳. 주인 INT – 자료화면 이화 공방문화골목 임대표 안정화	새로운 시도, 변화 건물주, 예술인들 협력
4	착한 건물주 찾기	– 마포구청 관계회의 – 구청장/ 창구 인터뷰	
5	착한 건물주 사례	– 신청 / 추천장면 – 대화 – 인터뷰	
6	해외사례	– 독일 베를린 – 미국 뉴욕 – 통계 그래프	외국 도시들은 임대료 상한 가이드라인 도입 임대료가 경제에 미치는 영향
7	에필로그	– 불 꺼진 홍대 – 불 꺼진 간판	

나는 악마 건물주가 아니다

순서	소제목	영상/소리	내용
1	프롤로그	임대료 급등 시위현장 10년째 임대료 그대로 유지한 건물주	시위현장을 통해 임차인들의 요구와 건물주들의 횡포를 보여준다. 그 중에서 한 명을 섭외해 악덕 건물주로 조명한다.
2	타이틀	"나는 악마 건물주가 아니다"	(건물 위로 날개이미지위로 제목이 나오고 건물 아래에는 악의 소굴처럼 악마 건물주 풍자)
3	도입	주택/상가 임대료 급등 상황	서울에서 가장 임대료 급등으로 임차인과 적대관계에 있는 곳을 조명해 문제가 무엇인지 보여준다.
4	악덕건물주	임대료 급등자료 부동산 직원 INT 세입자 INT	그 장소 부동산에 가서 10년 동안 임대료가 얼마나 급등했는지 자료와 인터뷰
5	해외착한건물주	독일 베를린 미국 뉴욕 건물주/세입자 INT	"임대료 상한 규제하는 가이드라인을 도입한 배경은?" "도입 이후 달라진 점은?"
6	국내착한건물주	마포구에서 추천된 착한 건물주 INT 세입자 INT	마포구에서 발굴한 착한 건물주가 그동안 임대료 적시한 자료. "왜 안올렸는지?", "올리고 싶은 악마의 유혹은 어떻게 견뎠는지?"
7	갈등	시위했던 장소, 임대료 낮추다	에필로그에서 보여줬던 시위장소, 임대료 낮춘 현황 보여주기
8	에필로그	여전히 눈치 보는 건물주들	하지만 많은 지역에서 여전히 임대료 문제로 고통 받는 중하층 서민들을 보여주며 마무리

착한 건물주? 그런 거 없다

순서	소제목	영상/소리	내용

1	프롤로그	– "착한 건물주를 찾습니다" 홍보 플래카드
		– 임차인 청년, 노인 등 INTV
		  "착한 건물주가 있을까요?"; 비관적이거나
		  어이없거나 등 표정(도리도리)
		– 임대인 INTV "착한 건물주 찾는다는데, 어
		  떻게 생각하세요?"; 어이없거나 난처하거나
		  등 표정(도리도리)
			서울 마포구가 '착한 건물주' 발굴에 나섰다. 그런데 '착한'과 '건물주'라는 단어의 결합은 뭔가 묘하다. 건물주가 왜 착해야 하나라는 의문이 가장 먼저 떠오른다. 자본주의 사회에서 건물주가 가진 권리에 대해 당위적으로 뭔가를 양보하라고 한다면 사람들이 공감할 수 있을까? 싸이-드로잉 사태 때 많은 이들이 싸이를 응원했다. 왜일까? 건물주에게 단순히 도덕적 태도를 요구하기는 무리가 있다.

2	타이틀	– 검은색 배경, 흰색 글씨	"착한 건물주? 그런 거 없다."

3	젠트리피케이션의
	폐해
		– 젠트리피케이션 사례1: 용산 참사 당시 현장
		  자료영상
		– 젠트리피케이션 사례2: 싸이-드로잉 갈등,
		  리쌍 건물 갈등 사례 관련 현장
			젠트리피케이션(Gentrification)은 뜨는 동네들이 흔히 겪는 딜레마다.
			젠트리피케이션은 1960년대 영국의 사회학자 '루스 글래스'가 정의한 개념으로, 도시의 고소득층이 정체된 도심 주거지역으로 유입되 지역의 성격이 변화하는 현상을 뜻한다. 최근 낙후된 도심 지역에 예술인 등이 들어와 살면서 새로운 공간을 창출하고 사람들이 이를 주목하게 되면서 중산층이 몰려와 임대료 등이 오르는 것도 이러한 현상이다. 서울 홍대 인근, 이태원, 북촌과 서촌 등의 지역에서 비슷한 현상이 발견된다.
			젠트리피케이션에는 빛과 그림자 즉, 이면이 존재한다. 임대료 상승과 함께 대형 프렌차이즈가 입점하면서 경제가 활성화 된다는 장점과 기존의 상인들은 프렌차이즈에 자리를 내어주기 때문에 생활터전을 잃어버리게 되는 생활 생태계 파괴라는 단점을 가진다. 최근 빛에 가려져 있던 생활생태계 파괴라는 문제가 부각되고 있다. 이처럼 젠트리피케이션의 가장 큰 문제는 임차상인들의 피해를 보고 있는 것이다. 그러면서 모든 지역의 특색이 없어지고 동일해지는 현상도 나타나고 있다.

4	착한 건물주를 찾아라	– 마포구청접수대 신고장면 – 구청장 INTV – 담당 실무자/ 회의장면	마포구는 22일 구에 등록된 임대사업자를 대상으로 전세금이나 월세를 4년 이상 인상하지 않고 도배, 장판 교체 등 세입자의 주거환경 개선에 도움을 준 임대사업자를 발굴하기로 했다.
5	맘상모의 싸움	– 현장성 있는 집단 시위 현장: '맘상모' 집회현장 등	'맘상모(맘 편히 장사하자)' 집회현장. 가수 '리쌍'과 임대차 갈등을 빚은 '우장창창' 서윤수 씨가 대표로 있는 '맘상모'가 거리축제를 연다.

순서	소제목	영상/소리	내용
6	서울시가 나섰다	– 젠트리피케이션 방지 규제 마련한 사례: 서울시청, 성동구청 – 젠트리피케이션 관련 간담회: 서울시와 서울시의회 도시관리계획위원회 주최 "서울시 전월세시장 토론회' – 관련 전문가 INTV: 김남근 변호사, "장기간의 임대차가 이뤄지도록 임대차계약 갱신 제도를 도입하고, 갱신할 때는 지자체가 정한 표준임대료를 바탕으로 적정 임대료가 산출될 수 있는 조정제도를 도입해야 한다"	젠트리피케이션의 피해가 서울에서 극심해지자 서울시가 종합 대책을 발표했다. 건물주가 자율적으로 임대료 인상 자제에 동참하는 상생협약, 서울시가 직접 부동산을 사거나 임차해서 지역의 특성을 대표하는 앵커(핵심) 시설 건립 후 임대, 서울시가 리모델링 등의 비용을 지원해주고 건물주가 임대료 동결 및 임대 기간을 보장하는 장기안심 상가 운영, 소상공인이 직접 상가를 소유할 수 있는 소상공인 장기/저금리 대출 지원 등이 그 예다. 성동구는 임대료 급등으로 세입자가 떠나는 부작용을 유발하는 '젠트리피케이션'을 막기 위한 조례를 만들었다. 서대문구는 이대골목주민연합 건물주 18명, 예술기획단체인 '문화활력생산기지'와 함께 '이화 공방문화 골목 임대료 안정화' 협약을 맺어 5년간 임대료를 동결하기로 했다.
7	에필로그	– 짐 빼고 난 빈 방	임대차는 계약관계의 문제다. 임대인 개인에게 도덕적 선택을 요구할 것이 아니라, 공정한 계약을 보장하기 위한 제도가 마련돼야 한다.

예시한 도상연습사례는 수업시간에 하던 작업을 다음 날 과제로 제출한 것으로 주제나 스토리텔링, 영상이 완성되지 않은 상태임을 고려하기 바란다. 3개의 안을 제시한 것은 하나의 신문기사를 통한 구성 도상연습의 결과가 얼마나 다양하게 나오는지 확인시키고, 도상연습이 좋은 구성 훈련방법임을 설명하기 위해서다. 도상연습은 말 그대로 가상 이야기 만들기 연습이다. 영상을 상정했지만 실제 영상을 대상으로 한 것이 아니기 때문에 실제적인 영상감각을 키울 수 없다는 한계가 있다. 결국 구성 연습도 실제 프로그램들을 직접 모니터링하면서 모방하고 자신의 기획구성안을 만드는 연습을 할 수 밖에 없다. 구체적 방법은 〈실전 기획구성안 작성 II〉에서 다룬다.

기획구성안 작성 실습은 프로듀서가 되기 위한 필수과정이다.

프로듀서를 뽑는 방송사는 지원자가 세상에서 읽어낸 의미와 말하려는 바를 프로그램으로 구현할 역량이 있는지를 평가하는데, 기획구성안이 그 역량을 평가하는 좋은 척도이기 때문이다. 프로듀서는 프로그램으로 말한다. 필자는 프로듀서를 '꿈꾸는 사람'이라 표현하는데, 프로그램으로 세상을 설득하고 감동시켜 세상을 바꾸는 꿈을 실현하는 사람이라는 뜻이다. 프로듀서는 세상을 읽고 그것을 프로그램으로 표현하는 사람이다. 방송사는 프로듀서 지망생의 세상표현능력을 평가하려 한다. 그러므로 프로듀서 지망생은 자신의 기획구성안에 기획력과 창의력, 상상력, 제작역량, 프로그램 실현 능력을 담아내지 않으면 안 된다.

지금까지 방송사 입사시험에서 기획능력 테스트는 단순히 '기획안' 작성에 그쳤다. 〈실전 기획구성안 작성 I〉(pp.339~344)에서 확인했듯이 초보자들의 기획안은 대부분 아이디어를 제시하는 정도인데, 전에는 그 정도로도 요구에 충족할 수 있었다. 지금은 확실히 달라졌다. '기획안'이 아니라 '기획구성안'을 요구한다. 단지 아이디어를 제시하는 데 그치지 않고 구체적인 제작방법까지 적시해낸 다음, 하나의 사례로 전체 스토리텔링이 담긴 구성까지 해 낼 수 있어야 한다. 필자가 단순히 '기획안'이 아니라 '기획구성안'이 되어야 한다고 거듭 주장하는 이유다. '기획구성안' 작성 역량은 프로듀서 지원자를 평가하는 결정적 기준이 되었다. 프로듀서 지망생은 적어도 몇 개의 자신만의 괜찮은 '기획구성안'을 갖고 있어야 한다. '기획구성안' 작성연습을 평상시에도 꾸준히 지속해, 방송사가 제시한 어떤 주제라도 제한된 시간 내에서 소화해낼 수 있어야 한다.

기획구성안 요소

그동안 '기획구성안' 작성 연습은 형식적 모양에 치우쳐 온 경향이 있다.

한 때 방송사에서 사용하던 기획안 양식(p.336 참조)을 현업에서도 더 이상 사용하지 않는다. 옛 양식이 지나치게 도식적이라는 느낌도 있고, 기획에서 정말 필요하고 중요한 핵심사항만을 강조하는 시대가 되었기 때문이다. '기획구성안'을 연습해야 하는 당사자들도 마찬가지다. '기획구성안' 작성에 중요한 필수요소들을 중심으로 연습하는 게 좋다. '기획구성안'에서 고려해야 할 핵심요소들을 기획 구성안 요소라 부른다. 그 요소들은 다음과 같다.

<기획구성안 요소>

1) **프로그램 제목** ⋯ 흡인력/ 상상력/ 상징과 은유/ 섹시
2) **방송시간/ 시청대상 (Target)/ 프로그램 형식/ 진행자**
3) **기획의도** ⋯ 주제/ 분명하고도 명쾌한 제작이유
   # 키워드/ 센텐스 ⋯ 전체를 관통하는 주제어/ 슬로건 아래 짧은 설명
   # 주제/ 제작이유(트렌드와 니즈)/ 제작방법/ 제작목표/ 제작효과
4) **방송내용** ⋯ 담아낼 구체적 알맹이 (넘버링 하라)
5) **제작방법** ⋯ 형식/ 진행방법/ 영상구현 방법
   * 카메라운용/ 스튜디오/ 출연진/ 구성요소, 장치/ 편집, 음악, 자막처리
   * 실험성, 창조성 Something New/ Different
6) **구성안 예시** ⋯ 전체 흐름, 방송내용이 일목요연하게 드러나야
7) **디지털 플랫폼/ 크로스미디어** ⋯ 새로운 플랫폼 활용방안

프로그램 제목　　프로그램을 상징한다. 흡인력도 있으면서 상상력도 풍부해야 한다. 동시에 프로그램이 말하려는 내용을 압축하고 있어야 한다.

방송시간 / 시청대상(Target) / 프로그램 형식 / 진행자　　프로그램의 외양과 특징을 드러내는 몇 가지 요소들을 구체적으로 적시해 준다. 요일, 시간, 타깃, 프로그램 형식, 진행자는 프로그램이 가져야 할 최소한의 자리 매김의 성격이 강하고, 서로가 유기적인 관계를 갖고 있다.

기획의도　　주제와 제작하는 목적을 드러낸다. 제작방법, 트렌드와 니즈, 목표, 제작했을 때 얻을 수 있는 기대효과까지 담는다. 기획의도만 보면 프로그램의 모든 것이 그려지고 이해되게 한다. 키워드, 키센텐스로 요약한다. 그 아래 짧은 설명을 단다. 콘셉트를 명확히 밝혀 이해를 돕는 형태가 좋다. 최소 5개 이상의 기획의도를 적고, 그 아래 서너줄로 설명하는 형식을 연습하라(p.325 참조).

방송내용　　프로그램에 담을 구체적 내용이다. 기획의도를 구현하기 위한 메시지들을 요약해서 정리한다. 프로그램에서 말할 바를 명확하게 만들어 준다. 넘버링 해서 적어주는 게 좋다.

제작방법　　스토리텔링과 형식, 제작기법을 알려주는 자리다. 어떻게 만드는 것인가를 넘어 기존의 형식과 무엇이 다른지, 새롭게 시도하는 것은 무엇인지 드러낸다. 기법을 보여준다고 긴 설명을 붙

이기도 하는데 가능한 간결하게 요약해 한눈에 볼 수 있도록 해야 한다. 프로그램 제작에 중요한 실험성과 창의성이 드러나는 부분으로 평소 프로그램들을 모니터링하며 어떻게 다르게 만들 수 있을까를 연습하고 고민하지 않으면 실현하기 어렵다. 자신은 좋은 아이디어나 기법이라 생각하지만 그동안 답습되거나 제작기법으로 의미가 없는 경우가 많기 때문이다. 초보자는 자신의 기획안을 전문가에게 보여주고 전체적으로 무엇이 문제이고 어떤 연습을 더 해야 할지 자문을 받아 보는 것이 바람직하다.

구성안 예시 기획의도와 방송내용, 제작방법의 사례를 들고, 그 사례를 어떻게 만들지 구체적인 구성으로 보여주는 자리다. 구성안을 작성하기 전에 우선 소재가 되는 대상을 최소한 몇 개라도 제시해준다. 토론 프로그램은 토론 주제를, 여행 프로그램은 여행 장소를 몇 가지 제시한다. 사람을 다룬다면 어떤 사람들이 대상인지 적절한 예를 보인다. 그런 다음 그 중 하나의 대상을 가지고 어떤 순서와 기법으로 만들어 나갈지 구성안으로 예시한다. 구성안은 기획의도와 방송내용, 제작방법의 실현이므로, 프로듀서 지망생들이 말로만 기획을 말하는지 구체적으로 아이디어를 구현할 제작역량이 있는지를 드러내는 중요한 부분이다.

디지털 플랫폼 활용방안(크로스미디어) 기획구성안 작성에서 새롭게 부각되고 있는 중요요소다. 디지털 시대에는 프로그램을 기획할 때 어떤 플랫폼(TV, Radio, Internet, Mobile, 1인 미디어, SNS 등)을 활용해 유통시키느냐가 대단히 중요해졌다. 국내에서 인식하는 1인 미디어나 모바일의 중요성을 넘어, 세계 방송사들이 하고 있는 다양한 장르융합, 크로스미디어 실험은 기존 올드미디어(신문, 방송사)에게는 생존의 문제로 현실화 됐다. 최근 방송사 시험에서 기획안 작성이나 논술이 새로운 미디어와 플랫폼 전략, 젊은 수용자를 공략할 전략을 묻는 것도 이 범주에 해당한다. 국내 외 동향과 관련 프로그램 스터디 없이는 불가능하다. 필자는 수업에서 프로그램 기획구성안 작성에서 크로스미디어 전략이 절반을 차지할 정도로 중요하다고 생각하여 수업에서 다양한 해외 사례들을 구체적으로 가르치고 있다.

기획구성안 실전 연습

기획구성안 실전은 세 파트로 나누어 종합적으로 수행하는 게 좋다. 수용자의 니즈와 트렌드, 기술 발전 동향을 점검하는 신문 스크래핑(Scrapping), 기존 프로그램을 모방하며 기획 구성방법을 익히는 모니터링(Monitoring), 두 가지를 병행하며 자신의 기획안을 작성하는 기획구성안 작성 세 축이 그 과정이다. 학교 수업에서는 이 세 가지를 병행하나 이곳에서는 스크래핑을 제외하고, 프로그램

모니터링을 통한 기존 프로그램의 기획구성안을 '모방'하며 연습하는 방법과 자신만의 '창의'적인 기획구성안을 작성하는 방법, 두 파트를 공부한다.

창의는 모방에서 시작된다 – 모니터링(Monitoring), 어떻게 하나

기획구성안 작성을 연습하는 최고의 요령은 방송 중인 프로그램을 많이 보며 모방하는 것이다. 모니터링을 통한 학습은 현업 프로듀서들도 즐겨 사용하는 방법이다. 바쁜 제작일정에 쫓기지만 가능한 한 시간을 내서 다른 프로그램들을 모니터링하며 다른 사람들의 기법과 트렌드를 배우며 자신을 채찍질 한다.

모방은 창조의 어머니다. 초보자일수록 프로그램을 모니터링하고 그 기법을 흉내 내며 자신만의 노하우를 쌓는 게 좋다.

그렇다면 모니터링을 어떻게 할 것인가.

일반 시청자들은 프로그램을 그냥 재미로 보지만 공부를 목적으로 하는 모니터링은 달라야 한다. 요령이 필요하다. 모니터링에는 단계가 있다. 첫 단계는 중요한 영상, 대사, 제작기법들과 좋은 점과 나쁜 점, 받은 인상 등을 메모하며 보는 것이다. 단편적인 평가와 인상으로 진행하는 모니터링 초보단계다. 다음은 프로그램 전체를 구성안 양식(p.352 참조)에 맞추어 소제목, 영상, 내용을 구체적으로 복기하면서 전체 흐름과 내용을 일목요연하게 파악하며 보는 단계다. 주제가 잘 구현되었는지, 스토리텔링 흐름은 적절한 지, 영상, 편집, 자막과 음악 등 포스트 프로덕션, 프로그램 구성요소 반영까지 살피고 프로그램의 성공요인과 실패요인까지 분석하며 모니터링 하는 단계다. 분석, 비평연습 뿐만 아니라 나라면 이렇게 하겠다는 비틀기까지 하면서 모니터링 한다. 마지막 단계가 집중 모니터링이다. 집중 모니터링은 장르별로, 혹은 연관 있는 프로그램을 한꺼번에 모니터링 하는 방식이다. 예를 들어 시사 프로그램이라면 〈추적60분〉, 〈PD수첩〉, 〈그것이 알고 싶다〉, 〈스팟라이트〉를 동시에 모니터링하며 서로의 장단점을 비교분석한다. 나아가 시사프로그램 장르의 역사와 특성, 사회적 의미, 앞으로는 어떤 기법과 형식의 시사 프로그램이 필요한 지 종합적으로 스터디하는 모니터링이다.

음악, 먹방, 리얼리티, 서바이벌, 토크쇼, 지역, 역사 등 장르별로 집중 모니터링 할 영역은 많다. 각 영역들을 집중 스터디 해 그 장르에 대한 자신만의 견해를 가지고 있어야 한다. 시사 프로그램이라면 '분명한 주제의식, 본질 천착, 심층성, 현장성, 추적성, 금기와 성역 타파, 시의성, 대안제시' 등의 키워드가 중요하다는 개념을 정리해 두고, 자신의 기획안을 작성할 때나 실무역량면접장에서 현재 시사 프로그램의 현황, 문제점, 개선점, 새로 개발할 형식까지 논리적으로, 영상적으로 구현하고 또 설명할 수 있어야 한다.

강조하고 싶은 것은 모니터링의 형식이다. 모니터링의 형식도 '기획구성안'의 요소를 갖추는 것이 바람직하다. 모니터링이 자신의 '기획구성안'을 작성하기 위한 연습과정이라는 점을 떠올리면 모방도 실전과 같이 해야 한다는 것을 쉽게 납득할 것이다. 아무리 많은 프로그램을 모니터링 해도 자신만의 '기획구성안'을 작성하는 것과 연결될 수 없다면 무의미하기 때문이다.

'기획구성론' 수업에서 학생들이 작성한 과제 발표물을 샘플로 제시한다.

샘플은 리얼리티 장르의 종합 리포트와 음악 예능의 개별 프로그램을 모니터링하고 분석한 것이다. 샘플을 통해 장르 집중 모니터링은 (1) 장르별 종합 리포트 작성으로 장르의 추세와 특성을 이해하며 한 장르에 대해 자신만의 분명한 견해 갖기, (2) 장르별로 대표적인 개별 프로그램 기획구성안을 작성하고 해당 프로그램을 분석·비평해 개선점과 대안 갖기, 두 형태로 진행해야 한다는 것을 구체적으로 보여준다. 세심히 살펴 집중모니터링 방법을 익히기 바란다.

모니터링 1

리얼리티 프로그램 리포트

---

1. 리얼리티 TV

1) 리얼리티 TV 포맷

사실적 텔레비전이 쇼, 오락, 예능, 그리고 다큐멘터리에서 빠르게 확산되면서 '리얼리티 TV'는 방송 프로그램의 주류 장르가 되었다. 사실 리얼리티 TV 포맷은 1980년대 미국에서 처음 등장했다. 당시 미국에는 네트워크와 케이블방송사들 그리고 홈비디오가 등장하면서 방송 시장의 콘텐츠 경쟁이 과열되었고 방송 제작자, 편성 담당자들은 시청자들의 성별, 나이, 직업, 사회 계급 등에 다양한 시청자의 기호를 고려해 틈새(Niche)를 공략할 콘텐츠를 만들었다. 1992년 드디어 MTV는 〈더 리얼 월드(The Real World)〉라는 리얼리티 TV 포맷 시리즈를 처음 선보였고, 영국에서도 유사 포맷의 리얼리티 TV가 쏟아져 나오기 시작했다. (중략) 〈빅 브라더〉 이후 TV 포맷을 가장 많이 수출하고 있는 영미권에서는 〈서바이벌(Survivor)〉, 〈아메리칸 아이돌(American Idol)〉, 〈템테이션 아일랜드(Temptation Island)〉, 〈어메이징 레이스(Amazing race)〉, 〈견습생들(The Apprentice)〉, 〈더 비기스트 루저(The Biggest Loser)〉, 〈바첼러(The Bachelor)〉 같은 리얼리티 TV 프로그램들이 쏟아져 나오고 있고, 많은 국가들은 성공이 보장되는 이런 리얼리티 TV 프로그램 포맷을 선호하고 있다.

2) 국내 리얼리티 TV의 특징

'리얼리티 TV' 열풍은 우리나라에도 예외 없이 찾아 왔고, 일부 프로그램은 해외로 수출하고 있다. 사실 처음에는 예능과 리얼 버라이어티에서 시도되었는데, 이후 리얼 체험 버라이어티, 리얼 관찰 버라이어티, 오디션 리얼리티, 리얼 다큐 예능, 리얼 토크쇼 등 다양한 장르로 진화하고 있다.

최근 국내 '리얼리티 TV' 프로그램들의 특징을 보면, 첫째, 일반인이 출연해서 사생활을 노출하는 것에 대한 사회적 반감을 피해 연예인을 대상으로 사생활을 노출하되 설정되는 공간과 주변인이 다양해지고 있다. 좀 거슬러 올라가면, 2008년 시작된 연예인들의 가상 결혼 생활을 다루는 MBC 〈우리 결혼했어요〉에서는 가상의 부부가 집들이, 휴가, 집안일 등 다양한 미션을 해야 하며, 2011년 방영된 SBS 〈짝〉은 10여 명의 남녀가 주어진 시간 동안 애정촌이라는 특수한 공간에서 동거하며 인생의 짝

을 찾게 된다. (하략)

3) 리얼리티 TV 편성

리얼 버라이어티 예능 프로그램 제작을 많이 하는 지상파방송사들은 주말 황금시간대 편성을 신중히 고려하게 된다. 그래서 경쟁 채널에서 이미 우위를 확보한 시간대에 동일한 시청자를 대상으로 경쟁하기 위해 유사 장르의 프로그램으로 대항하는 실력 편성(power programming)과 방송 시간이 긴 강력한 단일 프로그램으로 경쟁 채널의 짧은 프로그램을 제압하는 함포사격형 편성(blockbuster programming)을 주로 택하고 있다. 때문에 간판 오락 프로그램들을 가족이 함께 시청할 수 있는 주말 오후나 평일 드라마 방영 이후(저녁 11시 이후)에 편성하고 있으며, 최근에는 경쟁 방송사의 편성보다 조금 앞서 편성하는 엇물리기 편성(cross programming)이나 주 시청시간대 시작을 강력한 프로그램으로 확보하려는 선제 편성을 선호한다. (하략)

2. 리얼리티 프로그램 제작

1) 제작기법

예능의 리얼리티쇼는 드라마를 예능화한 것이거나 예능을 드라마화한 것이다. 아니 다큐멘터리를 예능화한 것이기도 하다. 이처럼 리얼리티는 단순 예능이 아닌 것은 분명하다. 그것이 예능에서 리얼리티의 큰 장점이다. 시청자들은 리얼리티를 보면서 현실을 생각한다. 그러나 리얼리티 출연 예능인들은 그 현실에서 예능적으로 연기를 한다. 예능적인 연기란 단편적인 재미와 감동을 전제로 한 말장난이나 행동장난이란 말이다. 그러나 시청자들은 리얼리티를 보면서 재미있는 다큐멘터리를 보는 듯한 착각에 빠진다. 그것 또한 리얼리티의 매력이다. (중략) 제작자들은 "버라이어티든 리얼리티든 재미만 있으면 되는 것 아닌가?"라고 할지도 모른다. 여러분이 버라이어티를 기획한다면 '주어진 상황에 잘 대응하는 연예인이나 일반인들을 어떻게 찾느냐'가 성공의 첫째 관건이 될 것이고 둘째는 '어떤 상황을 줄 것인가' 또 '어떻게 줄 것인가'가 될 것이다. 버라이어티 연출이, 그냥 맡겨 놓으면 될 것 같지만 가장 어려운 연출일 수밖에 없는 이유가 여기에 있다. 버라이어티는 '대본 없는 현장 드라마'다. 다음은 리얼리티쇼 연출 기법을 정리한 것이다.

가. 현실을 가장하라

리얼리티의 현실성은 우리 주변에서 일어나는 실제 이야기로 시청자들이 착각한다는 것이다. 그래서 자신들도 실제 겪을 수 있는 이야기로 생각한다. 그래서 리얼리티는 자신들의 피부에 와 닿는 장점이 있다. 그러나 연출자의 입장에서 보면 리얼리티는 현실을 가장한 드라마이거나 과장된 출연자의 연기를 위장한 다큐멘터리 성격을 띤다. 즉, 현실을 표방한 가상 세계를 보여 주는 것이다. 그래서 리얼리티의 연출 첫째 포인트는 '현실을 가장하라(camouflage of reality)'다. (하략)

2) 리얼리티 프로그램의 특징

리얼리티란 실제로 일어난 사건을 바탕으로 제작진이 시청자들의 웃음코드를 다양한 방법으로 재구성하여 사실적인 효과와 오락적 구성까지 합쳐진 프로그램이다.

리얼 버라이어티 프로그램은 초기에는 포맷이 같은 반면에 출연자가 매주 달라지는 형태를 띠고 있었다. MBC에서 인기리에 방영한 〈스타 서바이벌 동거동락〉(2000)이나 SBS에서 방영한 〈일요일이 좋다 : X맨〉(2002)과 같은 프로그램이 이에 해당되는 예로, 이들은 매주 동일한 퀴즈나 미션을 부여하는 반면 출연자의 차이로 인해 변화를 모색한 프로그램들이다.

그러나 현재의 프로그램 〈1박2일〉, 〈무한도전〉, 〈런닝맨〉 등은 출연자를 고정시키고 매주 상황을 바꾸어간다. 매회 새로운 상황을 설정하고 고정 출연자들이 그 상황에 대처하는 실제 같은 행위를 보여줌으로써 재미를 추구하는 방식이다. (하략)

3) 리얼리티 프로그램의 자막

우리나라 방송에서 정보제공과 사실제공이라는 본래 기능에서 벗어난 자막이 범람하게 된 것은 일본 텔레비전 방송 프로그램 모방에서 비롯되었다. 제작진의 진행 의도와 프로그램의 질, 시청자들의 웃음과 재미를 위해 자막이 쓰이고 있다.

가. 출연자의 캐릭터 설정

캐릭터 부각은 출연자의 행동을 더욱 발전시켜 만드는 경우가 많다. 출연자의 캐릭터로 인해 프로그램의 상황이나 에피소드 진행과 결말이 정해지게 되므로, 출연자의 캐릭터 설정은 프로그램의 재미를 결정짓는 중요한 요인이 되었다. 오늘날 리얼리티 프로그램 출연진은 인터넷 홈페이지나 게시판을 통하여 시청자의 의견을 반영하면서 캐릭터를 발전시키는데, 이는 시청자와의 커뮤니케이션이 이루어지는 주요한 역할을 담당하게 된다. 제작진은 편집을 통하여 출연진의 캐릭터성을 강화하게 되는데, 여러 각도에서 보여주는 장면과 컴퓨터 그래픽(CG)과 자막은 이러한 캐릭터성 강화를 위한 주요한 도구로 기능한다. (하략)

3. 리얼리티 장르

1) 관찰예능

가. 정의: 다큐에 가까울 정도로 제작진의 개입을 최소화하면서 관찰 카메라 형태로 구성된 예능 프로그램을 말한다. 제작진이 상황을 설정하거나 계획을 꼼꼼하게 짜서 진행하는 게 아니라 주제나 소재, 미션 등을 출연진에게 던져주고 실제 벌어지는 상황을 오롯이 카메라에 담아 시청자에게 전달하는 게 특징이다. KBS-2의 〈인간의 조건〉, MBC의 〈나 혼자 산다〉·〈진짜 사나이〉·〈아빠! 어디가?〉, SBS의 〈백년손님 자기야〉, 케이블 tvN의 〈꽃보다 할배〉·〈꽃보다 누나〉 등이 그런 경우로, 2012년부터 등장한 관찰예능은 2013년 상반기부터 예능 프로그램의 대세로 자리 잡았다. (하략)

2) 여행 예능

여행 예능의 붐을 일으킨 〈꽃보다 할배〉는 여행 콘텐츠의 주체와 볼거리를 여행지에서 사람과 그 관계로 옮기면서 다음 세대 여행 콘텐츠를 만들었다. 관계와 사람을 다시 바라보는 데서 이야기가 생겼고, 그 따뜻함이 여행지에서 느끼는 자유로움과 만나 크나큰 정서적 충족감으로 다가왔다. 이국적 풍경을 보는 재미와 함께 여행이 주는 깨달음, 일상을 돌아보게 만드는 따뜻한 위로를 담아내면서 여행 예능의 트렌드를 새롭게 만들었다. (하략)

모니터링 2

서바이벌 프로그램, 〈노래의 탄생〉

프로그램명　　노래의 탄생

기획의도

단 하나의 멜로디! 두 팀의 프로듀서!
최정상 뮤지션들과 함께!
45분간 노래를 완성하라!
미스터리한 원곡자의 '미션 멜로디'가
45분 만에 음악성과 화제성을 모두 갖춘 최고의 음원으로 탄생한다!
두 팀이 완성한 노래 중 단 한곡만이 원곡자의 선택을 받는다!
원곡자, 프로듀서, 연주자, 보컬리스트 등 모두가 함께 어우러져
명곡을 탄생시키는 과정을 경험할 수 있는
단 하나의 뮤직 프로듀싱 배틀 쇼 [노래의 탄생]

- 보컬만 주목받는 가요계에서 원곡자와 프로듀서, 세션까지 주목한다.
- 잘 알려져 있지 않던 음악인을 재발견한다.
- 수준급 음악과 함께 배틀이라는 예능적 재미가 섞여 음악을 잘 모르는 사람들도 즐겁게 음악을 감상한다.
- 멜로디만 있던 음악이 45분간 풍부한 사운드와 보컬, 합주, 프로듀싱으로 재탄생하는 과정을 지켜본다.
- '경쟁'과 '성취' 중심의 기존 음악 예능과 달리 승리하는 팀에게는 '명예'가, 배틀 과정은 긴장감과 몰입감을 살릴 뿐 견제보다 '음악에 대한 열정'이 부각되어 편하게 시청한다.

방송내용

1. 노래의 탄생의 배틀 규칙을 2MC가 소개한다.
2. 원곡자의 노래를 스튜디오 뒤편 스크린에 악보를 띄우고 단순한 건반과 멜로디로만 음악을 들려준다. 패널은 누가 원곡자인지 추리해 보고, 음악에 대한 감상을 나눈다.
3. 2명의 팀으로 이루어진 프로듀서 두 팀이 흰 공과 노란 공을 선택해 드래프트 우선권을 정한다. 흰 공을 선택한 팀에 우선권이 있다. 양 팀은 무대 양편에 마련된 연습실로 들어가서 토크한다.
4. 돌아가면서 흰 공부터 뮤지션 드래프트를 한다. 뮤지션들은 사전에 와일드카드를 뽑는데, 와일드카드를 뽑은 뮤지션을 선택하면 상대편의 세션을 뺏어오거나 선택되지 않은 세션을 임의로 넣을 수 있다.
5. 45분간 프로듀싱 대결을 한다. 연습실 밖의 선택되지 않은 세션과 MC는 각 팀의 상황을 창 밖으로 지켜보며 토크한다. 중간에 슈퍼바이저 정원영과 MC가 각 방의 상황을 지켜보고 나와서 토크한다. 연습실 안의 대화는 마이크를 들지 않으면 밖에 들리지 않는다. 45분 전에 연습을 끝내면 공연 순서를 정할 수 있다.
6. 원곡자를 소개한다. 원곡자가 곡을 만든 사연을 듣는다.
7. 양 팀이 순서대로 공연을 한다. 편집 없이 보여준다.
8. 패널들의 감상을 듣고, 무대 위에 양 팀이 다 모인 상황에서 원곡자가 더 좋았던 곡을 선택한다.
9. 방송 이후 편곡된, 선택된 음악이 음원으로 나온다.

제작방법

1. 형식
① 뮤직 프로듀싱 배틀쇼
② 45분간의 프로듀싱 대결을 보여주는 뮤직쇼로 매주 한 사람의 원곡자가 제시한 미발표 멜로디로 두 팀의 프로듀서가 45분 안에 편곡을 완성해 대결하는 포맷의 프로그램
③ 매주 한 사람의 원곡자가 미발표 멜로디를 제시하게 되면 두 팀의 프로듀서가 대한민국 대표 세션들을 뽑아 편곡을 하게 된다.

2. 무대

① 무대 뒤편 스크린: 원곡자 음악, 실루엣 공개
② 무대 양옆 뒤편에 연습실 각각 위치: 45분간 프로듀싱 하는 곳. 비좁은 공간. 앞 면이 유리로 되어 있어 패널 석에서 관찰 가능
③ 무대 앞편 MC, 패널, 원곡자 석 (카메라가 무대와 패널 석 사이에 위치)
④ 전체적으로 목조 느낌으로 디자인
⑤ 음악 공연답게 분위기 있는 조명 세팅

3. 출연
진행: 전현무, 이특(이전 진행: 정재형, 산이)
패널:
[프로듀서] 윤상&스페이스 카우보이, 윤도현&허준, 뮤지&조정치, 선우정아&돈 스파이크/안신애, 바이브&킹밍, 강타&송광식, 어반자카파
[보컬] 김정모, 승희, 임세준, 유성은, KCM, 박재정, 김신의, 수란, 이진아
[세션] 하림, 권병호, 임헌일, 고상지, 윤석철, 서대광 등 현악, 관악, 기타, 드럼, 멀티 악기, 건반 등

– 2명으로 이루어진 프로듀서 팀이 보컬과 세션을 드래프트 하는 방식

구성안 제6회 (2016.11.09. 수) [뮤지 X 조정치] vs [선우정아 X 안신애]

TIME	ITEM	VIDEO	AUDIO/SUBTITLE	CAST
00:00:00	프로듀싱 룸 소개			전현무, 이특
00:02:39	오늘의 대결 프로듀서 공개	스튜디오 뒤편 연습실로 들어가는 프로듀서 듀오		조정치&뮤지, 선우정아&안신애
00:04:08	미션 멜로디 공개	후면 스크린 통해 악보와 녹음 음악 공개, 출연 뮤지션들의 반응 쇼트, 하단 가사 자막	곡명 / 사랑해 사랑해 "이게 뭐야"라는 반응	윤도현, 이진아, KCM, 유성은 (보컬), 허준(윤밴), 윤상, 정원영(슈퍼바이저), 최수지(건반 세션) 등 다수 뮤지션 출연
00:09:50	원곡자 블라인드 토크	후면 스크린으로 원곡자 실루엣, 음성 변조, 원곡자 추측 토크		고상지(반도네온)
00:12:05	뮤지션 드래프트	흰색 공 선택, 우선권 →)조정치&뮤지 한 팀씩 돌아가며 선택 이진아 와일드카드	"고민" "불안" "잠시만요 저희 와일드카드 쓰려고요" "저 팀 한번 망쳐 볼까?" 선&안 팀으로 KCM 강제 영입	조&정 : 이기태(퍼커션), 최수지(건반), 권병호(멀티악기), 윤석철(건반), 황인현(베이스), 장혁(드럼) 선&안 : 수란(보컬), 최우준(기타), 심상원(바이올린), 이상민(드럼), 구보남(베이스), 정현숙(세컨바이올린), 이수아(비올라), KCM(보컬), 유성은(보컬), 박보경(첼로), 고상지(반도네온)
00:25:37	45분 프로듀싱	시간 내에 먼저 연습 끝내면 공연 순서 정할 수 있음 장르에 대한 설명 자료 화면과 인터뷰 화면 2분할 대결 구도 연습실 밖에서 남은 패널과 MC 토크 정원영&MC 연습실 방문 45분 지나면 연습방 불 꺼지고 문 닫힘	45분간 펼쳐지는 환상의 뮤직 빌드 업 보사노바vs포크 팝 KCM "와 이거 너무 막막한데" 기타로 코드를 알려주는 조정치	
00:41:56	원곡자 공개	노래 부르면서 나옴 선우선 관련 자료 화면	천만 애묘인을 대표해 노래를 만든 원곡자 "역대 원곡자 중에 제일 노래를 못하는 분이었습니다"	선우선
00:48:56	뮤지&조정치 공연		"심폐 소생에 성공했어요" "이진아 씨가 정말 신의 한 수 같아요"	뮤지&조정치 팀
00:58:48	선우정아&안신애 공연			선우정아&안신애 팀
01:07:30	원곡자 선우선의 선택	무대 전원 스탠드 업	프로듀서의 이름을 공개해주세요! 선우정아&안신애 팀 승리 여섯 번째 선우선의 〈사랑해 행복해〉	

분석

1. 장점

① 귀가 호강하는 〈스페이스 공감〉의 수준과 최고의 각 분야 뮤지션들이 협업하는 〈나는 가수다〉 혹은 〈탑밴드〉의 치열함, 그리고 원곡자의 순수한 곡을 만나볼 수 있는 〈불후의 명곡〉의 진정성까지 느낄 수 있다. 감히 '착한 음악 예능'이라고 부르고 싶다.

② 보컬만이 강조되는 게 아니라 다양한 세션의 연주 능력이 돋보이며, 개성 강한 세션들의 비주얼과 시크한 태도 자체도 이 프로그램의 독특한 성격이 된다. 다수 대중의 선택을 받기 위해 고음 뽐내기와 사연 팔이에 집중했던 이전 음악 예능과 달리, 월드 뮤직, 실험 음악 등 원곡을 잘 살리기 위해 다양한 시도와 협주를 하는 점도 좋다.

③ 뮤지션 드래프트 방식과 와일드 카드 역시 편곡에 의외의 변수가 되어 긴장감을 주고 새로운 시너지를 자아낸다. 45분이라는 제한된 시간이 15분 만에 요리를 해야 되는 프로만큼 긴장감을 주진 않지만 그 시간 동안 음악이 탄생된다는 데에 감탄하며 보게 된다. 재치 있는 전현무와 이특의 진행도 너무 비주류로 프로그램이 흐르지 않게 밸런스를 잡아준다.

④ 무대 활용이 좋다. 연습실 공간이 따로 떨어져 있고 밀폐되어 있어 자유로운 토크가 가능하다.

2. 단점

① 대중성과는 약간 거리가 있다. 음악에 관심이 많은 사람을 빼고는 드러머 이상민이나 반도네온 고상지, 기타 임헌일을 알기가 어렵다.

② 45분의 프로듀싱 과정의 긴장감이 약하다. 미리 어느 정도 프로듀서팀이 음악을 듣고 오기도 한다. 변수는 세션과 보컬이다. 세션들이 워낙 능력자들이고, 프로듀서에게 잘 맞춰주고 즉흥연주에 익숙한 사람들이기에 갈등이 불거지지 않는다.

3. 개선점

① 원곡자를 좀 더 대중적인 시청률을 끌어올 수 있는 연예인으로 선정해 날 것의 음악이라도 만들어 보는 게 좋다. 복면가왕의 경우 이 의외성에 집중했으므로, 감성에 초점을 두고 기량이 입증되지 않은 아이돌 가수 등 유명 연예인으로 선정한다. 보컬 역시 〈슈가맨〉처럼 네임드로 초청해 보는 것도 좋은 시도다.

② 세션들의 매력을 더 끌어낼 필요가 있다. 시크하고 개성 강한 세션들의 즉흥연주나 토크를 통해 예능감 있는 세션을 발견한다면 어떨지. 조정치의 경우의 케이스를 보면 충분히 승산이 있다.

③ 와일드카드라는 변수가 있지만 45분의 긴장감을 끌어가기엔 약하다. 좀더 다양한 변수를 둘 필요가 있다. 음악의 완성도를 해치지 않는 선에서, 프로듀서의 역량을 믿고 아예 장르를 설정하거나 조명이나 악기 구성에 핸디캡을 주거나, 시간이 줄어들수록 무대가 좁아지든지 하는 물리적 장치도 필요해 보인다.

창조하고, 자신만의 방법으로 비틀어라 – 나만의 독창적인 기획구성안 작성하기

모방을 통해 배운 기획과 구성안 작성 방법을 활용하여 이제 자신의 독창적인 기획구성안을 작성한다. 기획구성안 작성을 기획과 구성 두 파트를 공부한 후에 동시에 연습하는 이유는 기획, 구성 두 파트를 부분별로 충분히 이해하고 숙달이 필요하기 때문이다. 기획구성안은 각 요소들의 특징(p.327, p.328 참조)과 작성요령(p.370 참조)을 파악하고 그 요소들이 필요로 하는 바를 명확히 드러내야 한다. 기획구성안의 내용은 생각했던 것보다 훨씬 구체적이어야 하고, 기존의 프로그램과 다른 나만의 '새로움과 다름(Something New / Different)'이 확실하게 드러나야 한다. 디지털시대를 맞아 새롭게 등장한 플랫폼에 맞는 새로운 기획과 포맷도 개발해내야 한다. 나아가 TV, 라디오를 넘어 모든 다양한 플랫폼을 동시에 활용하는 노하우도 필요하다. 그만큼 깊고 폭넓은 스터디가 필요하고 충분한 숙달을 요구한다.

기획구성안 작성은 입사시험에서 자기소개서 작성, 논술과 작문, 실무역량평가, 그리고 마지막 최종면접에 이르기까지 전 과정에 영향을 미친다. 프로듀서에게 필요한 역량이 세상을 읽고 그것을 글과 영상으로 표현해 내는 능력이 핵심이기 때문이다. 기획구성안 작성은 그만큼 중요한 역량이다. 누가 보아도 괜찮은, 상상력과 창의력이 풍부하면서도 디지털시대의 크로스미디어를 구현하는 기획구성안을 만들어라. 적어도 세네 개의 기획구성안은 갖고 있어야 실전에 대비할 수 있다. 기획구성안 작성은 현업 실무자들도 어려워하는 과제다. 많이 보고, 모방하고, 자신의 방법으로 비틀어라. 나만의 방식을 찾아내라. 연습 외에 다른 비법이 없다.

기획구성안 시간에 작성한 학생들의 기획구성안을 제시한다. 제시한 샘플이 창의력과 상상력, 완성도가 뛰어나다고 말하기는 어렵지만 어떻게, 어느 정도 구체적으로 기획구성안을 연습해야 하는지 파악해 연습에 활용하기 바란다.

보이지 않는 연극, 당신의 토론 〈역지사지 극장〉

타이틀	보이지 않는 연극, 당신의 토론 〈역지사지 극장〉
포맷	토론프로그램
방송 일시	2015년 봄
방송 시간	목요일 11시 30분
시청대상 층	20대 30대
시청자 소구점	연극과 토론의 화학적 결합
진행자(MC)	김미화
주요 출연자	극단: 장진(연출가), 김혜자(배우), 강하늘(배우), 최우식(배우) 관객: 우현, 유시민, 홍세화, 이경규, 이윤석, 이순재, 윤평준, 변희재, 예은(원더걸스) 사회자: 김미화

기획의도

우리 사회의 여러 막말이 화제가 되고 있다. (전청례/ 장동민) 사회적 질타를 받은 공인들도 있으나 막말을 해서 인기를 끄는 경우도 있다. (김구라, 사유리) 인터넷에서는 지역, 성별, 정치성향 등으로 분열된 사람들이 상대방을 향한 막말을 유희로 사용한다. 막말은 대화가 사라진 우리 사회를 반증한다. 브라질 출신의 해방 교육학자가 프레이리(Paulo Freire)는 "억압은 '대화'가 '독백'으로 바뀌는 것을 의미한다."고 말한다. 모든 억압적 현실은 반(反)대화적이라는 뜻이다. 개개인이 파편화된 세상이 사람들을 억압하고 대화를 앗아간다. 분열을 부추기고 사회통합을 방해한다.

대화가 사라진 우리 사회에 필요한 토론 프로그램은 어떤 것일까? 기존의 토론 프로그램에는 이론과 수치만 나열될 뿐 사람이 없다. 실제 삶을 고려하지 않는 껍데기뿐인 토론은 아무 것도 변화시킬 수 없다. 토론을 위한 토론이 아닌 삶을 이야기하는 토론이 필요하다.

'보이지 않는 연극, 당신의 토론 – 역지사지(易地思之) 극장'은 연극과 토론을 결합해 이론과 수치보다 사람을 앞세운 토론을 이끈다. 독백이 아닌 대화로 토론을 채운다. 최고의 연출가와 배우가 한 팀을 이루어 (현실에 실제로 일어난 사건을 바탕으로 만든) 무대를 꾸미고, 각계 전문가로 구성된 관객이 연극을 본 후 토론에 임한다. 토론자는 무대에 제시한 상황에 자신을 이입하고 의견을 제시한다. 보다 알맹이 있는 토론을 만들기 위해 다섯 가지 콘셉트를 차용한다.

1. 의뢰인은 삶 속에서 사회 문제를 발견하고 이를 '역지사지 극장'에 제보한다. 극단은 사연을 기초로 연극을 만든다.

예1 의뢰인 A씨는 5년 전 뇌사상태에 빠진 아버지를 1년 동안 간병했다. 불어나는 병원비와 퇴근 후 이어지는 간병으로 스트레스가 극에 달했을 때는 아버지가 돌아가시길 속으로 바란 적도 있다. 이는 지금까지 죄책감으로 남아 A씨를 괴롭혔다. 몇 주 전 A씨는 10년간 뇌사상태에 빠졌던 아들을 목 졸라 살해한 어머니에 대한 기사를 읽었다. 감당할 수 없는 병원비와 희망 없는 간병생활에 얼마나 힘들었을까? 그녀의 이야기가 남 같지 않았다. 그녀의 예를 통해 '역지사지 극장'에서 의료보험제도의 허점에 대해 이야기하고 싶다. 그녀에게 '당신의 잘못이 아니에요'라고 말해주고 싶다.

예2 의뢰인 B씨는 중학생 때부터 20년간 다이어트 실패와 성공을 반복해왔다. 스트레스를 먹는 것으로 푸는 탓에 다이어트에 성공해도 몇 달 후 다시 원래 몸무게로 돌아왔다. 요요 현상으로 우울해 있던 작년 여름, 우연히 길거리에서 "all about the bass"라는 노래를 들었다. 날신하진 않아도 자신의 몸이 자랑스럽다는 내용의 노래였다. 다시 다이어트를 시작하려는 그녀는 이제 혼란스럽다. 노랫말처럼 키 168cm에 80kg인 자신의 몸을 사랑해야 하는 건지, 다시 의지를 다잡아 다이어트를 해야 하는 건지 모르겠다. '역지사지 극장'에서 그녀는 여성의 다이어트 뒤에 숨겨진 외모 지상주의를 파헤치고 싶다.

2. 연극이 끝나면 곧바로 관객석에서 토론자가 토론을 시작한다.
왜 연극과 토론을 결합하는가? – 개인의 비극을 통해 사회 구조의 문제점을 파악한다.
"문제 해결 자체보다는 문제를 해결하기 위해서 생각하고 행동하는 과정을 더 중요한 것으 로 본다."

by 아우구스토 보알

아우구스토 보알은 브라질의 연극연출가이자 사회운동가였다. 그는 사람들이 자신에게 닥친 비극을 개인의 잘못으로 받아들이는 경향이 있다는 것을 보았다. 그들은 자신들을 비극으로 내몬 구조의 문제는 알아채지 못했다. 그는 '토론 연극'을 창안해 관객이 정치 이슈를 스스로 고민하고 파악하도록 했다. 자신의 삶과 정치를 연결시켜 자신이 억압받고 있음을 알게 했다.
〈역지사지 극장〉은 아우구스토 보알의 '토론연극'이 지향했듯이 개인의 비극을 통해 사회 구조의 문제점을 되짚는다. 토론자는 자신이 참여하는 토론이 실제 누군가의 비극을 전제하고 있음을 연극을 통해 공감한다.

3. 연출가와 배우는 무대 설정, 캐릭터 연구를 위해 실제 현장을 체험한다. 체험하는 과정을 관찰카메라로 관찰한다. (부차적 효과: 연기계의 '불후의 명곡'을 만든다. 실력파 연출자/연기자 재조명)

4. 토론자(관객)는 진보보수 대표 논객부터 일반인까지 폭넓게 선정한다.

5. '의뢰인'이 제보한 사연을 토대로 '실제로 있었던 일을 재연'한다. 사연에 스며 있는 사회 문제를 사회자가 토론 주제로 끌어낸다. 실제 상황을 똑같이 재연하는 것이 아니라 연출가의 재량에 따라 각색을 허용한다. (주제 의식 강화, 사생활 침해 논란 방지)

6. 연극과 토론을 인터넷 방송으로 생중계하여 일반인들이 온라인으로 토론에 참여하게 한다.
프로그램 클로징에서 일반인들의 의견을 CG로 간략히 설명하여 다양한 의견을 제시한다.
소통은 공감에서 시작된다. 상대방의 입장에 감정이입해 논리를 펼치는 과정에서 '불통'의 문제는 사라진다. '보이지 않는 연극, 당신의 토론 – 역지사지 극장'은 사회 구성원의 소통을 지향한다. 자신의 생각을 뒤집어보고 견고한 논리를 다지는 기회를 제공한다.

제작방법 및 구성안

세트:
〈집견실〉 집견실은 소통을 위한 역지사지의 장소이다. 전 출연자가 현장에서 해당 이슈에 대해 느낀 감상을 이야기하는 곳이다(감성적 접근).
집견실에서 사회자, 극단, 토론자(관객), 의뢰인이 모두 모여 관찰카메라를 감상한다.

〈무대〉 무대는 소극장 형태를 취한다. 무대 세트벽에 구멍이 뚫려 뒤에 카메라가 설치되어 있다. 무대 앞에는 토론석이 있다. 토론석과 무대는 특별히 분리되지 않는다. 토론자들은 토론석에서 연극을 보고, 무대 위에 올라가 직접 연극에 참여하고, 다시 토론석에서 토론에 참가한다. 사회자는 무대위, 토론석 사이를 이동하며 쇼를 진행한다. 의뢰인도 토론석에 앉아 연극을 보고 토론에 참가한다.

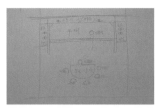 

〈팀구성〉
[사회자] 김미화
[극단] 장진(연출가) + 김혜자(배우) + 강하늘(배우) + 박혁권 (배우)
[관객] 유시민, 윤평준, 예은[원더걸스] (고정) + 주간 게스트 2명

1회차 주제: 〈10년간 식물인간이었던 아들을 어머니가 목 졸라 살해해 징역 4년형을 구형 받았다. 무엇이 그녀를 극단적 선택으로 몰아갔는가?〉

관련기사: http://www.newsis.com/ar_detail/view.html?ar_id=NISX20150531_0013697874&cID=10203&pID=10200
출연진:
극단 – 장진(연출), 김혜자(배우), 강하늘(배우), 박혁권(배우) 등
관객 – [고정] 유시민, 윤평준, 예은(원더걸스) / [주간 게스트] 박혜미(배우) + 대형 병원 의사

코너 1: 집견실 – 관찰카메라
집견실에서 사전 토크
– 가벼운 안부인사로 시작
– 사회자가 의뢰인 A의 사연을 소개한다.
– 토론자들은 자신만의 '간병' 경험을 이야기한다.

집견실에서 관찰 카메라 시청
('아빠를 부탁해'서처럼 관찰카메라를 보는 극단, 관객의 모습이 작은 화면에 보이게 만든다. VCR이 끝나고 현장에서 느낀 점을 서로 묻고 답한다.)

관찰카메라 내용
연출가 장진의 리드로 극단이 함께 뇌사상태 환자와 간병인을 만나러 병원에 간다. 연출가는 배우들이 뇌사 환자 가족들의 고충을 이해하고, 슬픔에 공감하도록 지령을 내린다.
(김혜자 – 어머니 / 박혁권 – 남편 / 강하늘 – 의사 / 최우식 – 아들 등)
카메라는 장진의 시선으로 따라간다. 그는 병원의 곳곳을 다니며 뇌사상태 환자를 간병하는 사람들을 연구한다. 중간 중간 캐릭터 연구를 하는 배우들을 찾아가 중간점검을 하기도 한다.
– 관찰카메라가 끝나고 의뢰인 A씨 집견실에 등장
– 의뢰인에게 사연을 보낸 심경을 묻는다.
– 배우들은 뇌사 환자 가족들과 함께하며 느꼈던 감정을 간략히 이야기 한다.

코너 2: 공연
공연
– 사회자 김미화가 무대 위로 오른다. 무대 맞은 편에 있는 토론석을 보며 오늘의 주제를 간략히 소개한다.
– 사회자가 무대 바깥으로 사라지고 연극이 시작된다.
여진(장미화)은 뇌사상태 첫째 아들을 10년간 간병했다. 의료 기기를 정비하는 남편을 둔 여진은 넉넉하진 않지만 부족하지 않게 산다. 다만 뇌사 환자를 위한 병원비가 만만치 않다. 여진은 대형 마트 시식코너에서 아르바이트를 하며 뇌사상태 아들의 병원비에 보탠다. 주변 사람들은 여진을 딱하게 여기지만 그녀는 씩씩하다. 10년 째 침대에 누워있어도 그녀에게는 여전히 사랑스런 아들이다. 그가 언젠가 다시 일어서리라 믿는다. 틈날 때면 병원에 들러 그의 몸을 닦고 말을 건다. 그가 고개를 끄덕이는 착각도 든다. 고등학생이 된 둘째 아들은 일과 간병에 치여 자신에게 소홀했던 여진을 섭섭하게 여기면서도 이해하려고 노력한다.

그러던 어느 날 남편이 쓰러졌다. 뇌출혈이었다. 신속히 스텐스 시술을 받아 목숨은 건졌다. 하지만 남편의 왼쪽 몸에 마비가 오고 말았다. 의료 기기 정비 일을 더 이상 할 수 없게 되었다. 그녀는 살고 있던 집을 팔아 남편 수술비로 댔다. 생활비를 벌기 위해 대형 마트 야간작업도 자원했다. 잠을 줄여가며 필사적으로 일했다. 하지만 빚만 늘어갔다.
집을 팔고 단칸방으로 이사한 여진. 반신이 마비된 남편은 그녀 옆에 누워 있다. 빚 독촉 전화가 계속해서 울리고 편지함에는 명세서만 가득하다. 둘째 아들은 대학을 포기하고 공장으로 갔다. 여진은 지친 몸을 이끌고 첫째 아들에게 간병을 간다. 누워있는 아들에게 동화책을 읽어주려 하는데 의사가 여진을 불러 아들의 머리에 염증이 생겨 건강이 악화 될 거라 말한다. 빚 독촉으로 보이는 전화벨이 계속해서 울린다. 절망에 빠진 여진은 손을 뻗어 아들의 목을 조른다. 아들의 숨이 멎은 것을 확인한 그녀는 옆에 있던 과도를 집어 자신을 찌르려고 한다. 둘째 아들이 이를 보고 여진을 말린다. 여진은 아들과 같이 죽게 해달라고 소리친다.

– 사회자 김미화가 무대 위로 올라온다.
"어머니의 슬픔을 당사자가 아니고서야 어떻게 절실히 느낄 수 있을까요? 관객석에 계신 분들 중 여진의 역할이 되어 연극에 참여해보실 분 계십니까?" (박혜미)
"가족의 마음도 여진씨 마음만큼 아팠을 것입니다. 여기 뇌사 상태에 빠진 아들의 역할을 해보실 분 계십니까?" (유시민)
– 의사에게 아들의 머리에 염증이 생겼다는 말을 듣고 아들의 병실에 들어가 목을 조르는 장면을 박혜미와 유시민이 재연한다.
– 재연이 끝나고 관객은 관객석으로 돌아간다. 사회자는 무대 위에서 진행을 이어간다.
"여진은 아내로서, 어머니로서 최선을 다했습니다. 그래서 절망감이 더욱 컸을 것입니다. 그녀를 극단으로 몰고 간 것은 무엇이었을까요? 이에 대한 우리의 솔루션은 없을까요? 지금 무대 밑으로 내려가 관객석에 계신 토론자들과 이야기해보도록 하겠습니다. 이제부터 시청자 여러분도 함께 생각 해주시기 바랍니다."
– 사회자가 무대 밑으로 내려와 토론 탁자의 사회자 자리에 앉는다.

코너 3: 토론
– (질문) 박혜미/유시민은 무대에서 어떤 감정을 느꼈나?
– (질문) 그녀는 왜 극단적 선택을 했나?
– (질문) 외국에서도 비슷한 사례가 있느냐? 무엇이 우리와 다른가?
– (질문) 안락사가 인정되었다면 그녀의 상황을 달라졌을까?
– (질문) 그녀는 유죄인가?
– (질문) 우리나라 의료 복지의 허점은 무엇이냐?

코너4: 위로 (클로징)
– 사회자가 토론이 끝났음을 알린다.
– 의뢰인 A씨에게 오늘 토론을 보고 어떻게 생각이 바뀌었는지 묻는다.
– 인터넷에서는 해당 이슈에 대해 어떤 의견들이 얼마큼의 비중으로 있었는지 분석해서
 (트위터 빅데이터 분석, 채팅창 의견 정리 등) CG로 만들어 전달한다.
– 사회자의의 클로징 멘트
– 엔딩 크레딧

회별 예상 아이템

청년 정치 서바이벌 〈청년 반란, 세상을 바꿔라!〉

기획의도	청년이여! 세상을 바꾸자! 정치여! 재밌고 유익해라!

1. 청년이 포기한다.

청년 세대의 상황을 말해주는 신조어는 더욱 가혹해지고 있다. 연애, 결혼, 출산을 포기한 세대라는 뜻의 '3포 세대'는 더불어 내 집 마련과 인간관계까지 포기한 '5포 세대'로 진화했다. 출세를 위해 공부를 하란 말이 너무도 익숙했던 그들은 결국 80%의 대학진학률을 기록했지만 기껏 공부를 다하고 나니 기다리는 것은 학자금 빚과 높은 주거비의 현실이었다. 한 유명 교수는 그런 청년들에게 '아프니까 청춘이다'며 청년들을 위로하려다 '아프면 환자지 무슨 청춘이냐'며 청년들로부터 카운터펀치를 맞았다. 아파도 애써 즐거워해야 하고 젊은 시절의 꿈과 욕망을 억제하며 속세와 떨어져 사는 게 달관이라면, 달관은 체념과 포기의 다른 말이다.

2. 청년이 세상의 중심이다!

과거에 위기에 처한 나라를 구하고 이상적 국가를 건설하자고 할 때 으레 앞세운 말이 바로 청년이었다. 유럽에서도 괴테의 『빌헬름 마이스터의 수업시대』(1795) 이후 유동성(mobility)과 내면성(interiority)을 특징으로 하는 '청년기'를 인생의 핵심적 시기로 인식했는데, 이는 전통 사회의 안정성이 무너지고 불확실한 탐색을 요구하는 근대가 도래했음을 알리는 것이었다.

3. 청년의 목소리를 청년 정치가 대변한다.

기존 정치인들은 반값등록금, 청년실업 대책 등 청년들을 위한 공약을 내놓지만 저조한 이행률로 실질적인 청년 정책은 없는 셈이다. 청년들에게 '어차피 바뀌는 것도 없을 텐데' 정서가 만연하게 된다. 그렇다면 누가 청년들 마음 읽고 대신 목소리내줄 수 있을까? 대학가를 중심으로 '안녕 하십니까' 대자보운동이 일기도 했다. 각 대학마다 '안녕하지 못하다'는 청년의 목소리를 대변하는 대자보가 붙어 이슈가 되었지만 산발적이고 덩어리가 되지 못했고 기성세대 반응은 냉담하고 싸늘했다. 청년들의 목소리를 모으고자 청년비례대표제가 시행되었지만 청년 정치인조차 '청년의제'를 지속적으로 제기하지 않는 상황이다.

4. 역사는 청년이 바꾸었다.

우리는 세상을 바꾼 청년들을 기억한다. 아름다운 청년 전태일과 박종철, 이한열의 죽음을 기억한다. 4.19와 5.18, 6월 민주화항쟁의 대학생들을 기억한다. 과거 베트남전에 반대하며 전 세계적으로 일어났던 6.8혁명의 정신은 문화 예술 모든 분야에 큰 영향을 끼치기도 했다. 현재 세계적으로 젊은 지도자들의 활약도 두드러진다. 스페인, 그리스, 이탈리아 등엔 30~40대 초반의 젊은 총리와 정당 지도자가 등장했고 홍콩 우산혁명의 선두엔 10대 조슈아 웡이 있었다. 오바마는 36세에 상원의원 활동을 시작하며 미 대통령 자리에 오르는 교두보를 마련했다.

5. 청년정치를 영상으로 구현한다.

젊고 역동적인 청년의 정치 활동을 TV에 옮겨놓음으로써 정치라는 것이 유익하고도 아름다운 활동임을 보여준다. 공정하고 건전함이 살아있는 정치 실험을 보인다. 미국 의료보험 체계를 심층적으로 다루었던 세계적인 잡지 〈monthly review〉가 5000부의 발행부수에 그쳤을 때, 〈식코〉(마이클무어)는 5000만 명의 사람이 보고 공감했다. 영상의 힘을 곁들여 대중의 품으로 다가가고자 한다. 할아버지부터 꼬맹이까지 모두 함께 볼 수 있는 TV는 좋은 공론장이다.

청년이 나라의 미래다. '반값등록금'처럼 청년이 겪는 문제는 그의 부모와 가족이 모두 연관된 모두의 문제다. 보이지 않는 영역에서 '좋은' 정치를 위해 뛰고 있는 청년들이 있다. 그들을 대중에게 알리고 공감을 이끌어낼 무대와 장을 마련해 주는 것이 이 프로그램의 역할이다.

6. 세대 간 소통 모색
청년들의 정책이 국회형태의 토론과 서바이벌을 거쳐 실제로 반영되어 가는 과정을 보여주면서, 청년층에게는 그들이 스스로 세상을 바꾸는 데 기여할 수 있다는 희망, 기성세대에게는 역동적인 청년들의 정책과 관점을 통해 그들의 생각을 읽고 소통한다.

제작 방법

세상을 바꾸려는 청년들이 영국 국회 형태의 스튜디오에서 자신들의 구체적인 정책 결정과정을 영상과 연설을 통해 제시하고, 전문가 집단에 의해 논박당하고 문제를 지적당한다. 좌를 대변하는 청년세대와 우를 대변하는 중·장년 세대가 서로 마주 앉아 투표권을 가진 시민이 되어 그들의 정책의 생사 결정권을 쥔다. 시민 국회를 통과한 정책은 서울시를 비롯한 지자체와 협찬하여 실제 정책에 반영되게 한다.

1. 영국 국회를 모델로 한 스튜디오 배치를 통해 청년정치의 역동성을 강조한다.

우리나라 국회와는 다른 영국 국회모습

서울시 의회 모습. 앞에 영상 비전이 있다.

영국 청년 의회 모습

2. 청년세대와 기성세대의 설정 – 세대 간의 소통을 모색한다.
좌측: 청년 단체 + 청년시민 50명   //   우측: 전문가 집단 + 40~70대 시민 50명
스튜디오 배치:
– 좌측: 맨 앞 열에는 8개 청년정당(참여 청년단체)의 대표 2명(남1여1)씩 16명이 앉아 있다.
　　　　두 번째 열엔 각 당의 당원 2명(남1여1)씩 16명이 앉아 있다.
　　　　그 뒷줄로 청년 시민 34명이 앉아 있다(20~30대).
– 우측: 우측 맨 앞자리에는 멘토 및 전문가 패널 집단 10명이 앉아 있고

그 뒤로 40~70대 시민 50명이 앉아 있다.
– 중앙: 국회의장(MC)이 있고 영상을 볼 수 있는 대형 비전이 있다. (서울시 의회 참고)

3. 좌측 청년당원들과 우측 전문가들의 뒤를 받치는 좌우측 100명의 시민들
→ 통계를 참고하여 전체 국민을 대표할 수 있도록 100인을 선정한다.
   예시 우측 기성세대: 자영업자, 대기업 간부, 선생님, 농부, 퇴직자 등 다양한 직업군 반영
           좌측 청년세대: 대학생, 취준생, 청년백수, 비정규직, 대기업 신입사원, 워킹 푸어 등 다양한 노동형태 반영
           (통계를 참고하는 법) 통계상 청년 중 니트족 비율이 20%면 100명 중 20명이 니트족
나머지 80명 중 청년실업률이 7%면 5~6명이 실업자
나머지 74명 중 비정규직비율이 50%면 37명이 비정규직
청년층대기업종사비중이 5%면 5명이 대기업 직원
연예인도 시민의 일부로 좌 우파 자리에 1~4명씩 배치

4. 청년 문제를 조목조목 알리고 해결책을 모색한다.
– 분야별 문제의식가진 청년단체들이 가상정당명을 부여받고 직접 정책을 만들어가는 방식
   예시 사회적 기업 청년연대은행 '토닥'당, 지역청년단체 '바싹'당,
           세대별 노동조합 '청년유니온'당, 청년주택연대 '민달팽이유니온'당
           서울시 청년정책네트워크 '청정비빔밥'당, 정의당 '청년위원회'당
           비영리NGO '복지국가청년네트워크'당, 사회기여밴드 '유자살롱'당

5. 청년단체가 여태껏 가져온 문제인식과 실천해온 활동 내용을 먼저 드러낸 후
그 분야에 관한 큰 범주 안에서 새로운 정책을 만들어낸다.
   예시 청년은행 '토닥'당: 대학가면 빚쟁이가 되는 청년들에게 협동 은행을 가입하게 했다. (→ 경제문제에 관한 정책 마련)
           사회기여밴드 '유자살롱'당: 학교를 중퇴한 학교 밖 무중력 청소년들에게 음악을 통한 치유활동. (→ 교육문제의 정책 마련)
           인디밴드의 열악한 처우를 알고 있다. (→ 문화예술 문제의 정책 마련)
           세대별 노동조합 '청년유니온'당: 편의점 알바의 착취 현실 실태 조사 통한 최저임금 인상 운동 (→ 노동문제의 정책 마련)
           주거연대 '민달팽이유니온'당: 10명 중 3명이 주거빈곤 상태인 서울시 청년들, 70%가 주거빈곤인 관악구 청년들을 위해 반값
           청년 협동주택을 마련 (→ 주거 문제의 정책 마련)
* 주거 빈곤: 최저주거기준에 못미치는 곳(1인당 4평 이하) + 법적으로 주택이 아닌 곳(옥탑방, 판잣집)에서 사는 상태,
  정의당 청년위원회: 워킹홀리데이 피해사례 실태조사, 해외 유학 괜찮은가?
  제천 청년단체 '바싹': 결혼 못하는 청년들, 반값에 결혼하게 해주면 어떨까?
* 제안자는 각 당의 정책안에 대한 충분한 자료를 수집, 이 안에 대한 구체성을 부여했다.

6. 청년 문제의 현실성 여부와 보완해야 할 것을 검증한다. → 각 분야 전문가들을 통해서
–매 미션마다 전문가의 날카로운 질문과 지적, 답변, 추가 설명이 이어진다.
참여자 예시
전문가 패널 10명: 새누리 이준석 혁신위원장(교육, 청년분야) 새정치 정봉주 전 국회의원(정치분야) / 정의당 유시민 전 보건복지부
장관(정책분야) / 하종강 교수(노동분야) / 진중권 평론가(예술, 사상분야) / 금태섭, 전원책 변호사(법분야) / 제정임 교수(언론, 경
제분야) / 정운찬 전 총리(경제, 행정분야) / 나승일 전차관(교육정책 분야) / 김태훈(대중, 미디어분야) / 최진기(정치, 경제 사회
과학분야 인기 선생님, 저술인)
MC (국회의장): 정관용 시사쟈키
서기: 김제동 (정관용과 더블 진행)

7. 정치의 과정은 복잡하고 지루하다? → 정치를 서바이벌 포맷으로

복잡하고 길어 자칫 지루해 질 수 있는 정책 과정을 대중들에게 흥미 있고 박진감 넘치게 전달하는 것을 도울 것이다. 기존의 서바이벌처럼 냉혹한 경쟁에 초점을 맞추지는 않는다.

8. 기존 서바이벌과는 다르게 → 탈락자 없는 서바이벌
아래에서 위로의 평가 방식 (CF) 〈나가수〉 방식
- 기존 서바이벌은 전문 심사위원이 위에서 아래로 심사를 하는 방식이었다. 하지만 민주 정치는 위에서 아래로 이루어지는 하달이 아니다. 전문가의 판단보다는 토론에 이은 대중의 판단이 더 중요하다. 전문가집단은 정당 대표인 청년들에게 물음을 던지고 정책의 약점을 파헤쳐 보완하게 하는 역할만 할 뿐, 실제 정책 캐스팅보트는 100명의 시민이 쥔다.
- 매 미션 끝날 때마다 8팀의 정책 중간 평가를 100명의 시민이 의결을 통해 이룬다. 과반을 못 얻은 자는 다음 미션에 진출하지 못한다. 과반을 못 얻고, 최소 득표한 당은 탈락한다. 과반을 얻으면 최소득표자라도 탈락하지 않는다.
- 전문가들은 각 팀의 미션들에 대해 점수화를 한다. 점수화는 시민의 판단에 도움만 줄 뿐, 탈락여부와는 상관이 없다. 예시) 김진표 88 유시민 92 진중권 90 하종강 78

9. 정책결정과정의 대중화 → 정치과정의 철저한 고증과 재현
학술 자료, 언론 리서치, 전문가 대담, 문제 인식과 발제, 정책 마련을 위한 회의와 토론, 포럼과 공청회의 개최, 전문가 검토, 실제 선거운동과 투표, 여론조사와 선거결과 발표까지 영상과 스튜디오를 통해 압축적으로 보여준다.

10. 고퀄리티 정책 영상 → PD 도우미들을 통해 함께
도우미들: 시사PD 조연출 4명 투입 / 드라마PD 조연출 2명 투입 /
각 팀마다 전문 PD들을 투입해 정책 마련 과정을 보여주는 현장의 영상을 만들어 제시한다.
- **예시** #1.아이디어 회의장 – 문제인식
  #2.실태조사–설문지, 포럼개최, 의견 수렴
  #3.사례수집 –실제 사례 인물 만남 → 스토리텔링 표현
  #4.중간중간의 토론과정, 갈등 과정 → 보여주기

11. 모바일 인터넷 SNS의 활용 → 표, 그래프 등 상세 정보 개재 / 실시간 빅데이터 추출 + 일반인 참여
- 방송에서 다 표현하지 못하거나 자세한 정책 정보나 표, 그래프 등은 각팀 별 SNS에 올려서 모두 공유하게 한다. 현장의 100명의 시민들은 휴대폰 앱으로 시시각각 들어오는 정보를 통해 판단을 내린다.
- 100명의 시민들이 핸드폰으로 자신의 대략적 의견 변화를 단순하게 입력할수 있게 해(앱 설문조사 매 미션마다 응하게 함) 그 추이를 추출해 선거 여론 조사하듯이 중간에 제시하고 변화를 살펴보며 그래픽을 통해 제시한다.
- 100명의 시민들 중 연예인은 페이스북 페이지, 인터넷 게시판 등을 참고해 일반인들로부터 시시각각 제시된 의견들을 선별해 읽어준다.
- 하이라이트와 재밌는 장면은 잘 편집해 인터넷 유튜브에 게재하고 블로그를 만들어 젊은 층에게 홍보한다.

12. 실제 정책화
- 행정부, 지방자치, 각 국회 상임위원회 여야 국회의원들을 참여시키고, 정부와 협조를 통해 실제 정책에 반영될 수 있는 절차를 마련한다.
(참고) 미션5– 프로들을 만나 보완하라! 편에 등장시킨다.
  무대 배치는 좌우측의 중앙 아래편이 된다.

구성안 예시

- 라운드제 – 각 라운드의 주제에 맞게 영상을 통해 보여주고 자유스피치로 설명하고,
  매회 거듭되는 전문가 집단의 지적으로부터 지적당한 약점을 방어하고 보완하여
  100명의 시민 집단을 설득하고, 의결한다.
- **미션1** 자기 당을 소개하라! – 문제 인식과 활동내용 위주로 5분 영상 + 2분 모두발언

– 모두발언은 PT 발표 등 자유스피치, 형식은 자유

– 다큐PD가 그들의 회의장, 사무실의 모습, 상징적인 활동 장면 등을 담은 5분 영상을 제작

– 그들의 회의와 활동 내용을 통해 문제 인식/ 비전/ 활동 모습 등을 담는다.

– 이는 앞으로의 구체적인 실제 정책 만들기의 기초가 될 것이다.

– 매 당의 순서가 끝날 때마다 전문가의 압박피드백과 시민들 질문이 이어진다.

미션2 리서치하라! – 빅데이터, 통계, 논문, 실태 조사 등 다양한 리서치 결과 제시

–2분 모두발언: 정책에 대한 대략의 구상을 만들어가는 모습 – 회의과정 5분 영상

미션3 얼굴을 맞대고 의견을 수렴하라!

– 포럼개최, 당사자 탐색, 인터뷰, 토론, 거리 수요조사 등 정책 만들기 기초 과정

– 5분 영상 + 2분 모두발언

미션4 생생한 목소리를 들려줘라!

– 새로 만들 정책의 사례가 되는 핵심 수요자들의 정책요구 위주로

– 5분 영상 + 2분 모두발언

미션5 프로들을 만나 보완하라. 국회, 지자체 탐방 – 정책보완과정 5분 영상 + 2분 모두발언

미션6 100명의 시민과 토론하라.– 끝장토론 통해 문제의 심각성, 보완해야할 부분을 드러낸다.

미션7 전문가 집단을 설득하라!

– 최종예산 심의 전문가 의결 과반 통과해야만 최종 기회 주어짐 (100명 시민 의결은 생략)

100명의 시민을 설득하라! – 최종 기획안 발표 –

8라운드) 실제 정책(조례나 법안) 만들어라! – 법안 만드는 과정

– 5분 영상 → 각 정책 최종 의결(100명 중 2/3 이상 찬성 시 법안 통과/ 국회 투표형식)

        → 2/3 이상 통과되고 최고득표를 얻은 당은 지자체를 직접 찾아가 그들이 만든 정책이 실제로 어떻게 법조화 되는가에 대한 과정을 보여준다.

'현실 세계의 리얼리티 구현' – 촬영

프로그램은 현실의 영상구현이다.

인물, 대상, 현장은 카메라가 담아낸 영상으로 시청자에게 전달된다. 시청자가 보는 세상의 리얼리티는 세상과 시청자를 매개하는 미디어인 카메라가 광학적으로 기록한 세상이다. 시청자는 카메라가 담아낸 세상만을 본다. 촬영은 세상의 리얼리티를 발견하고 기록하는 작업이다.

  인류 역사상 모든 미디어의 지상 명제는 완벽한 리얼리티 재현이었다.

원시 인류는 동굴벽화로 자신들의 삶과 생존에 절대적으로 필요한 대상들을 있는 그대로 그렸다. 사진이 나오기 전까지의 회화는 대상의 완벽한 재현이었다. 사진기술이 발명되면서 대상을 모방하는 것을 넘어 대상의 리얼리티 자체를 기록하는 것이 가능해졌다. 움직이는 대상을 그대로 기록하는 동영상도 출현했다. 디지털 기술은 리얼리티 재현의 최고봉이다. 더 리얼하고 더 실재적인 영상 구현을 가능케 했다. 모든 리얼리티는 영상과 소리로 구현되고, 촬영은 그 리얼리티를 구현하는 프로그램 제작의 기본이자 본질이다. 프로그램은 영상으로 세상을 말하기 때문이다.

프로그램은 영상으로 표현(말)하기 – 영상언어의 특징

영상으로 표현(말) 한다는 것은, 영상으로 세상의 리얼리티를 구현한다는 뜻이다.

촬영은 '무엇을 찍을 것인가', '어떻게 보여줄 것인가'를 결정하는 일이다. 촬영은 대상과의 관계다. 세상을 어떻게 바라보고, 바라본 세상의 무엇을 어떻게 전달하느냐의 문제다.

  촬영의 기본은 그 인물, 대상, 현장을 있는 그대로 기록하는 것이다. 대상을 지켜보며 객관적으로 기록할지(다이렉트 시네마), 진실을 드러내기 위해 개입하고 촉매 역할을 할 것인지(시네마 베리테) 그 방법은 다르다. 하지만 방법은 달라도 '리얼리티 재현, 진실의 발견' 이라는 본질은 같다.

  영상 스토리텔링의 기본인 촬영을 위해서는 영상언어에 대한 기본적 이해가 필요하다.

영상언어는 문자언어와 달리 한 장면이 복합적인 정서를 내포한다. 그림을 보자.

  문자언어인 '꽃'과 '개'는 '꽃'과 '개' 그 자체만을 상징한다.

하지만 영상인 '꽃'그림과 '개'그림은 보는 이의 경험, 기호, 감정에 따라 복합적으로 작용한다. '꽃'그림에는 '예쁘다', '사랑', '추억', '향기' 등의

문자언어   영상언어

느낌이 녹아있다. '개'그림은 '귀엽다', '갖고 싶다', '충직하다' 등 보는 이에게 개와 관련된 감성을 일으킨다. 영상이 주는 이러한 느낌과 감성을 영상기호학에서는 이미지(Image)라고 부른다. 영상언어는 문자언어와 달리 '이미지'를 갖고 있고, 영상 스토리텔링은 그 영상의 이미지를 통해 이야기하고 전달한다는 특징이 있다. 영상자체 안에 마음이 있고 느낌과 감정이 있는 것이다.

영상언어의 특징을 좀 더 단순하게 설명한다면, '영상은 스스로 말을 한다.' 모든 영상은 그 자체가 가진 느낌, 감정을 전달한다. 그러므로 하나의 인물, 대상, 현장을 영상으로 말하려면 그 인물, 대상, 현장만의 이미지를 드러내는 결정적 장면을 찾아내 그것을 기록해내야 한다. 만약 대상의 이미지가 마음 같은 추상이라도 반드시 '적절하고도 확실한(적확한)' 영상이미지로 표현되어야 한다. 한 대상의 고유한 영상이미지를 발견하고 기록하는 일은 '한 대상을 적확하게 설명하는 단어는 세상에 하나 밖에 없다'는 글쓰기의 '일물일어설(一物一語說)'과 개념을 함께 한다. 특정 인물, 대상, 현장을 드러내는 영상이미지는 하나 밖에 없고, 반드시 그 장면을 찾아내서 촬영해야 하는 것이다.

'영상이 말을 한다.'는 의미는 프로그램이 '영상으로 말을 해야 한다'는 뜻이기도 하다. 프로그램을 만드는 과정은 뉴스 리포트 영상물을 만드는 작업과 정반대다. 뉴스 리포트 물은 기자가 글자로 기사를 먼저 작성한 뒤, 기사에 맞는 영상이미지를 입힌다. 반면 프로그램은 영상편집을 먼저 한 뒤 영상이미지에 맞추어 내레이션 원고를 쓴다. 영상스토리텔링은 영상이미지로 이야기하기 때문이다. 당연히 프로그램에서 영상이 우선이고 원고의 역할은 영상언어(이미지)를 보완하고 그 의미를 심화하는 것이 되어야 하는 것이다.

영상 스토리텔링이 영상 이미지로 이루어지기 때문에 프로듀서가 되기 위해서는 우선 영상이 가진 이미지의 느낌과 힘을 이해해야 한다. 충분한 연습으로 영상언어에 숙달되어야 한다.

초보기자에게 자주 부과되는 과제를 예로 들어 보자. 취재 지시는 아이돌 공연장에서 무대가 무너지는 대형사고가 났는데 그 현장을 취재해 오라는 것이다. 그러나 이미 현장 정리가 끝났다. 어떻게 끔찍한 사고현장을 전달할 것인가. 아비규환이었던 사고현장을 상징적 이미지로 생생하게 전달할 흔적을 찾아내야 한다. 바로 사고 현장에 버려진 주인 잃은 운동화 한 짝, 바닥의 핏자국, 벽면의 손톱자국이다. 그 영상은 더 이상 설명을 요구하지 않는다. 그 영상만으로 현장은 리얼리티다. 프로듀서는 말로 설명하는 사람이 아니다. 영상 한 컷의 이미지로 사고 현장의 비극과 참혹함을 단숨에 전달하는 사람이다.

프로듀서에게 요구되는 영상 스토리텔링 능력은 입사시험 실무역량 평가의 주요 과제가 된다.

다음은 2016년 JTBC의 실무역량평가 과제다.

과제는 한국사회를 상징하는 극적인 두 장면을 선정하고 그 장면에 제목을 붙인 뒤, 그 이유를 기술하라는 것이었다. 영상이미지에 대한 감각, 현상과 대상에 제목을 붙이는 네이밍 능력, 그리고 글쓰기 능력까지 동시에 테스트하겠다는 의도였다. 이 과제를 한 학생은 다음의 두 사진으로 표현하고 각 사진의 제목을 아래와 같이 달았다.

빅 브라더의 집게 손

총천연색 빛깔의 꿈

학생은 광화문의 인형 뽑기 기계에서 한국 사회의 상반된 두 이미지를 찾아냈다. 바로 인형 뽑기 기계의 인형을 집는 집게손과 바닥의 인형이었다. 인형을 집어내는 손은 거대한 손아귀이자 빅브라더다. 그러나 그 손은 자기 맘대로 인형을 선택하고 제대로 인형을 뽑지도 않는다. 뽑히기를 기다리며 바닥에 널브러진 천연색 인형은 너무 애절하다. 천연색은 청년들의 열정과 꿈, 순수, 아름다움으로 비쳐져 차라리 슬프다. 학생은 이 두 대상으로 우리 사회의 고용주와 피고용주, 갑과 을, 1대 99, 권력가와 사회적 약자, 금수저와 흙수저, 정규직과 비정규직 등 두 가지 상반된 대상을 표현했다. 두 사진의 제목은 '빅브라더의 집게 손'과 '총천연색 빛깔의 꿈'이었고, 전체 글의 제목은 '인형 뽑기'로 달았다. 한국 사회의 두 단면을 인형 뽑기의 집게와 바닥의 인형의 영상이미지로 표현한 영상언어 감각이 훌륭하지 않은가.

'영상으로 표현(말)한다.'는 의미는 영상언어, 곧 영상이 가진 이미지로 말한다는 의미다. 영상이미지로 전달하는 영상언어 감각은 충분한 훈련과 숙달로 이루어진다.

좋은 영상의 조건

좋은 영상은 주제를 잘 전달한다.

인물·대상·현장의 본질·느낌·이미지를 제대로 전한다. 시청자의 분노와 탄식, 눈물과 웃음, 감동을 자아낸다. 좋은 영상은 다음의 조건을 가진다.

기록성·현장성

좋은 영상은 기록성과 현장성을 갖는다. 9.11 현장사진을 보자. 사고가 일어나고 있는 그 시간대의 참상과 역사를 생생히 기록하고 있다. 종군 사진기자의 사진은 전장의 리얼리티를 그대로 전한다. 모두 카메라맨이 현장에 있어서 기록이 가능했다. 기록성과 현장성은 영상의 기본 조건이다.

의미 전달이 분명한가?

영상은 보는 이에게 전달하려는 메시지가 분명하게 드러나야 한다. 국기 옆에서 총을 들고 선 군인의 실루엣은 용맹과 애국심을 전한다. 노파가 든 피켓은 강한 반전 메시지를 전달한다. 의도한 메시지가 제대로 전달되었다면 그 장면은 좋은 영상이다.

창조성이 있는가?

누구나 영상을 만드는 영상시대다. 일반적인 이미지의 영상은 더 이상 감동과 느낌을 일으키지 못한다. EBS 다큐프라임 〈음악은 무엇으로 우리를 사로잡는가〉 1부 〈시간의 주인〉은 음악을 시간의 흐름으로 해석하고 음악의 요소들을 일생생활의 장면으로 표현한다. 영화감독들은 자기만의 독특한 숏(shot)으로 그의 스타일과 창의성을 드러낸다.

EBS 〈음악은 무엇으로 사는가〉 제1부 '시간의 주인'의 한 장면

영상메타포가 풍부한가?

KBS 기행다큐멘터리 〈TV문화기행〉에 쓰인 영상메타포다. 창살과 갈매기는 자유를 향한 갈망을, 엉겅퀴는 호된 시련을, 벌떼는 내전 상황을, 물탱크는 수용소의 감시망을, 나룻배는 그리스인의 운명을, 붉은 신호등은 쿠데타를 암시한다. 상징적인 이미지는 영상에 창조성을 배가시킨다.

객관적 진실

기록성·현장성과 함께 중요시되는 요건이 객관적 진실이다. 시위 현장에서 카메라맨이 경찰 뒤에서 데모대를 바라보면 폭력시위가 부각되고, 데모대 뒤에서 촬영하면 경찰의 과잉진압이 강조된다. 카메라가 어디에 위치하느냐에 따라 의미가 달라진다. 2015.9.2. 터키 남서부 해변에서 발견된 Aylan

Kurdi(3세)의 사진은 난민들의 참상을 있는 그대로 드러낸다. 그 어떤 설명보다 사진 한 장이 지금 유럽에서 무엇이 일어나고 있는지 진실을 보여준다.

닐류페르 데미르(Nilufer Demir), 2015

미학적 조건을 충족하는가

영상은 현실을 넘어 때로 예술로 승화된다. 베네통의 Oliviero Toscani의 〈United Colors of Benetton〉 시리즈는 인류애를 드러낸다. 〈앱솔루트〉의 광고는 그 자체를 고객들이 예술작품으로 보관할 정도로 예술성이 뛰어나다. 좋은 영상은 미학적 조건까지 충족시킨다. 뛰어난 프로듀서들은 자신만의 미학적 영상을 만들어낸다. 프로그램에서 프롤로그와 에필로그, 타이틀 백 영상은 프로듀서들의 창조성과 영상미학적 감성을 읽을 수 있는 부분이다.

앱솔루트

좋은 영상을 고려할 때 잊지 말아야 할 부분이 현장의 소리다. 현장의 살아있는 생생한 소리는 시청자에게 마치 현장에 있는 것 같은 '임장감(臨場感)'을 부여한다. 영상은 소리를 만나야 제대로 리얼리티를 살릴 수 있다. 소리의 중요성에도 불구하고 방송 제작 현장에서 소리는 홀대받고 있다. 촬영이 끝나고 나면 현장 주변에 있는 소리를 별도로 녹음하고 편집 과정에서 그 소리를 입혀보라. 영상이 새로운 생명력을 얻게 된다. 영화가 음향 작업만을 위해 몇 개월에서 1년까지 작업한다는 사실을 기억하라.

촬영 어떻게 할 것인가?

영상의 구성단위

촬영을 위해 영상의 기본단위와 기본적인 카메라 운용기법에 대한 이해가 필요하다.

영상: Frame – Shot/Cut – Scene – Sequence – Story
언어: 글자   단어   문장   단락   이야기 (알파벳)

프레임(Frame)은 숏의 구성단위다. 정지돼 있는 한 화면을 뜻한다. 영상을 분석할 때 쓰인다. 언

어문자의 글자(알파벳)에 해당된다. 숏(Shot)은 카메라가 녹화를 시작해 끝나는 순간까지를 말한다. 의미를 생성하는 영상의 기본단위다. 영상미학은 숏이 기본단위다. 장편영화는 대개 900~1000숏으로 이루어진다. 언어문자의 단어에 해당한다. 컷(Cut)은 숏의 편집단위다. 촬영된 숏은 편집단계에서 사용될 길이가 결정된다. 편집에 사용된 영상단위를 컷이라 부른다. 신(Scene)은 동일 시간대에, 동일 장소에서 촬영된 영상단위다. 드라마에서 부엌 신, 출근 신 등이라 불리는 영상단위가 바로 신이다. 언어의 문장에 해당된다. 시퀀스(Sequence)는 공통된 테마, 행위, 이야기 단위를 뜻한다. 몇 개의 신이 모여 한 시퀀스를 이룬다. 언어문자의 단락과 같은 역할을 한다. 시퀀스가 모이면 하나의 스토리가 완성된다. 60분 프로그램 기준으로 10개에서 16개 정도의 시퀀스로 구성된다.

카메라 운용 – 사이즈, 앵글, 무빙

영상의 기본단위인 숏은 카메라를 어떻게 운용하느냐에 따라 영상의 이미지와 미학이 달라진다. 카메라 운용 기본은 화면 사이즈와 카메라 앵글, 카메라 무빙(워킹)이다. 세 가지 카메라 운용과 영상미학의 기본이다. 우리가 감탄하고 부러워하는 스타 감독들의 대작 영화 숏도 카메라 기본운용으로 만들어진다. 너무나 기본적인 사항이라고 소홀히 하지 말고 각 기법들을 언제, 어떤 경우 사용해 어떤 효과와 느낌을 전달하는 지 프로그램이나 영화장면을 눈 여겨 보면서 배우자. 자신만의 숏을 만드는 카메라 운용방법을 충분히 이해한 다음, 실제 제작현장에서 창조적인 숏을 만들 수 있도록 적용해 보자.

• 화면 사이즈(Size)

– 클로즈업 (Close Up, CU)

화면 가득 얼굴을 담아내는 숏이다. 인물의 감정선을 드러낼 때 쓰인다. 얼굴 전체를 잡느냐, 눈을 크게 잡느냐에 따라 CU, Big CU, Extreme CU로 다시 나뉜다. 대하사극 〈왕과 나〉의 김재형 감독은 인물들의 얼굴을 잡을 때 Big CU로 잡아 인물의 표정을 강조하는 것으로 유명했다. 얼굴의 화면 사이즈는 개인의 취향과 감각에 따라 달라진다.

– 미디엄 숏 (Medium Shot, MS)

신체의 일부분까지를 드러낸다. 무릎까지 담는 니숏(Knee Shot, NS), 허리 위를 잡는 웨스트 숏(Waist Shot, WS), 가슴 위를 담는 바스트 숏(Burst Shot, BS)으로 구분된다. 인물의 표정과 함께 특징적인 옷차림, 동작 등을 보여줘 분위기와 느낌을 전달할 때 사용한다.

– 풀 숏(Full Shot, FS) / 롱 숏(Long Shot, LS)

풀 숏은 인물의 발끝부터 머리끝까지를 담는 숏을 말한다. 화면 내의 배경과 인물과의 관계가 드러나고, 배경 속에서 인물이 강조된다. 롱 숏은 넓은 지역이나 상황을 드러낸다. 인물과 상황과의 관계를 보여주기 때문에 상황의 설정 숏이라고도 부른다. 신의 처음장면에서 장소의 위치와 상황, 분위기를 설명할 때 즐겨 이용된다.

• 카메라 앵글(Angle)

동일한 피사체도 보는 각도에 따라 형태나 표정이 달라진다.

카메라맨이 피사체를 눈높이에서 잡은 화면이 아이 레벨 (Eye Level) 앵글이다. 인물을 왜곡시키지 않기 때문에, 일반적인 모든 화면에 적용된다.

대상의 위에서 내려다보며 찍는 하이앵글(High Angle)은 전체 상황을 묘사하는 데 편리하다. 부감 숏이라고도 부른다.

인물이나 피사체보다 낮은 위치에서 올려다보며 촬영하는 로우앵글(Low Angle)은 강력한 힘이나 위엄을 드러낸다. 앙각으로도 불린다. 이 밖에 카메라를 기울게 하여 찍는 것을 사각이라 부르는데 불안한 심리나 불안정한 상황을 표현할 때 사용한다.

• 카메라 무빙(Moving)

– 줌(Zooming)

줌인(ZI)과 줌아웃(ZO)이 있다.

전체 화면에서 특정 대상으로 집중해 들어가는 줌인은 대상을 강조할 때 쓰인다. 반대로 줌 아웃은 한 피사체가 처한 전체 상황을 보여줄 때 사용한다. 군중 속을 걷는 개인, 오지마을의 깊은 산 중의 집 한 채, 거대한 절벽을 오르고 있는 클라이머를 상정한 뒤, 배경과 대상을 상대적으로 줌인과 줌아웃 해보라. 어떤 느낌이 오는 지.

– 팬과 틸트(Paning / Tilting)

카메라 헤드를 좌우로 움직이는 것을 팬, 아래·위로 움직이는 것을 틸트라 부른다.

공간의 정경이나 연결된 상황, 대상의 높낮이와 대상의 분위기를 표현할 때 유용하다. 대자연의 전경을 팬으로 보여주면 자연의 광활함과 위대함을 그대로 느낀다. 카메라로 한 인물의 모습을 발끝에서 얼굴 쪽으로 올리면 궁금했던 얼굴이 강조된다. 반대로 내리면 한 인물의 예상 외의 외양과 분위기를 전달할 수 있다.

– 트래킹·달리(Tracking / Dolly Shot)

피사체를 가로 방향으로 이동하며 기록하는 것이 트래킹이다.

장소를 이동할 때 차창 밖의 풍경을 찍거나 인물의 걷는 모습을 옆에서 촬영할 때 쓰인다. 달리는 이동차나 레일을 이용해 피사체를 향해 다가가거나 떨어지게 하는 촬영기법이다. 장소를 이동할 때,

현장성과 역동성을 강조할 때 사용된다. 이 밖에 어느 장소를 방문하는 인물의 뒤에서 따라가며 촬영하는 팔로우(Follow)가 있다. 연출하지 않은 날 것의 현장감과 박진감을 드러낼 때 유용하다.

카메라 운용에서 고려해야 할 사항 중 하나는 삼각다리인 트라이포드(Tripod)를 사용할 것인가, 핸드헬드(HandHeld)로 찍을 것인가이다. 트라이포드를 사용하면 화면은 안정되고 제3의 관찰자 느낌을 준다. 이에 비해 카메라를 어깨 위에 올려놓거나 손으로 잡고 촬영하는 핸드헬드 촬영은 카메라의 흔들리는 느낌으로 역동감과 현장감을 표현할 수 있어 1인칭 참가자의 느낌을 전달할 때 좋다. 한국에서 처음으로 탐사프로그램 시대를 연 KBS의 〈추적60분〉은 거친 핸드헬드 기법으로 시청자를 매료시켰다. 심야지대, 인신매매의 현장, 기도원 등 핸드헬드로 찍힌 영상은 현장상황을 리얼하게 그려냈다. 당시 막 사용하기 시작한 ENG카메라의 이동성 덕분이었다. 삼각대를 사용해 안정적인 영상을 촬영할 때도 위치를 어디에 잡고 카메라무빙을 상하좌우로 어떻게 변화시키느냐에 따라 숏은 전혀 달라진다.

화면 사이즈, 카메라 앵글, 카메라 무빙 등 카메라 운용은 영상창조의 기본이다. 반복적인 연습을 통해 카메라 앵글이 만들어 내는 다양한 이미지를 몸으로 익힐 수밖에 없다.

촬영, 왜 찍는지 잊지 마라

촬영은 작성된 구성안의 리얼리티를 구현하는 일이다.

구성안으로 작성된 이야기를 영상으로 표현해내는 작업이다. 효과적인 촬영을 위해서는 준비단계가 필요하다.

• 헌팅

우선 이야기를 효과적으로 전달할 영상을 제대로 촬영하기 위해서는 사전답사를 겸한 헌팅이 필요하다. 헌팅은 사실 확인을 위한 중요한 과정이다. 언론에 이미 보도된 사실이라도 실제 인물을 만나거나 현장에 갔을 때 언론 보도가 과장되었음을 알게 되는 경우가 있다. 전혀 다른 실체를 만나는 일도 종종 발생한다. 촬영 단계에서 낭비와 오류를 줄이기 위해 이미 드러난 사실이라도 다시 사전체크 하는 과정이 반드시 필요하다. 헌팅이 중요한 또 다른 이유는 현장에서 어떤 그림이 나올 수 있을지 미리 확인하고, 그 영상을 찍기 위해 어떤 장비를 쓸 것인지 결정하기 위해서다. 머릿속으로 아무리 좋은 영상을 그렸더라도 현장에서 그 영상을 촬영할 수 없다면 의미가 없다. 드라마를 제작할 때는 전문 헌팅 팀을 따로 운영하기도 하는데, 영상 구현으로서 헌팅이 얼마나 중요한 단계인지 확인 시켜주는 사례다.

마지막으로 촬영기간 동안 스태프들의 식사, 숙박 장소 확인, 촬영지 간 이동거리, 사전협조요청

등 제작 스케줄에 관련된 제반 사항을 사전 준비하기 위해서도 헌팅은 반드시 필요하다.

• 촬영콘티 작성

촬영콘티는 이미 작성된 구성안 중에서 해당 촬영 일에 찍을 영상 내용과 관련 사항을 표기한 것이다. 촬영일자와 시간, 장소와 함께 촬영한 구체적인 숏의 내용을 적고 그 숏을 찍을 장비와 관련된 인물, 비품 등을 구체적으로 적는다. 촬영할 숏은 앵글이나 사이즈, 카메라 무빙까지 구체적으로 표기하는 게 좋다. 다음은 〈시그널〉의 스토리보드다. 동선과 사이즈, 앵글까지 구체적으로 그려져 있다.

촬영콘티를 작성할 촬영할 숏이 어느 자리에 들어가는지를 분명히 하고 앞뒤의 숏을 고려하면서 작성하여야 한다. 정확한 숏의 설정은 영상 스토리의 흐름을 분명하게 한다. 편집 단계에서 적절한 것이 연결되지 않는 오류를 사전에 피할 수도 있다. 시간 절약은 물론이다. 자칫 예능 프로그램의 '옥의 티'코너에 나오게 되는 망신도 예방할 수 있다.

• 촬영

이제 촬영이다. 촬영은 전문영역이기 때문에 카메라를 비롯한 다양한 촬영장비와 촬영기법에 대한 이해와 숙달을 요한다. 방송사에서는 기본적으로 디렉팅 영역과 카메라 촬영영역이 분화되어 있다. 이야기 영상구현 몫을 전문영상인(카메라 감독)에게 맡길 수 있다. 하지만 시대 변화에 따라 점차 연출과 촬영, 편집과 원고작성까지를 동시에 수행할 수 있는 멀티플레이어 능력이 강조되고 있다. 프로듀서뿐만 아니라 기자에게도 영상연출 능력이 요구되기도 한다. 우리가 촬영에 관한 전문 스터디를 해야 하는 이유다.

촬영할 때 가장 중요한 것은 무엇일까. '왜 찍는가?'이다.

인물이든 사물이든 피사체를 통해 표현(말)하려는 바를 분명히 해야 한다는 뜻이다. 촬영은 어느 현장에 가서 전경을 드러내는 풀 숏, 주인공 원 숏, 리액션, 서로 관계를 드러내는 투 숏, 강조하는 타이트 숏을 기계적으로 찍는 행위가 아니다. 현장이나 피사체의 분위기나 느낌, 특성을 드러내고 그를 통해 전달하려는 메시지를 분명히 드러내는 결정적 이미지를 찾아내 찍는 일이다. 촬영에서 중요한 것은 '발견'이다. 촬영된 영상은 현장과 피사체의 본질이 드러나야 한다. 슬픔인지, 열정인지, 진정성인지, 땀 한 방울의 미학인지, 생명찬가인지 현장과 대상을 통해 말하려는 것을 촬영해야 한다. 촬영은 '발견'해 낸, 피사체의 특징을 드러내는 '그 자리를 드러내는, 단 하나 밖에 없는' 이미지를 어떻게 보여 줄 것인가를 고민하는 작업인 것이다. 피사체의 핵심 이미지를 파악했더라도 숏의 크기, 앵글, 카메라 무빙에 따라 그 이미지는 완전히 달라진다. 슬픔과 열정, 진정성에도 수 없는 감정과 느낌의 갈래가 있다. 동일한 인물 표정이라도 사이즈가 다르면 느낌이 달라진다. 자신이 생각한 이미지를 어떻게 전달할 것인지, 어떻게 하면 가장 최선의 느낌을 표현할 수 있는지 반복연습하면서 영상언어의 독특한 이미지를 숙달해야 한다.

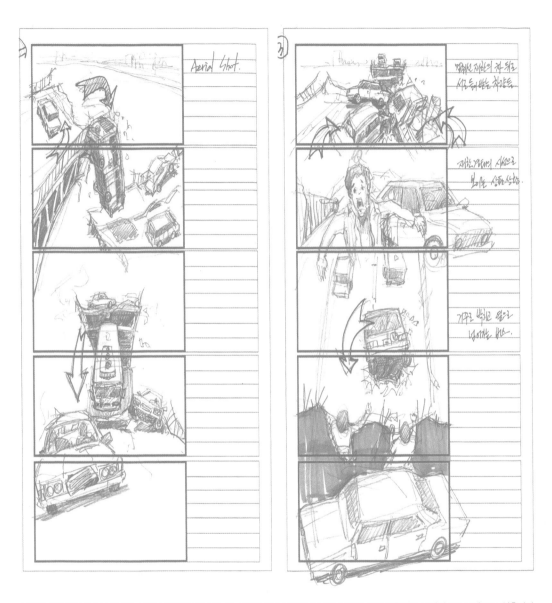

드라마 〈시그널〉의 스토리보드. 상황을 어떻게 그릴 지, 그 상황을 위해 카메라 앵글과 무빙을 어떻게 할지를 구체적으로 보여주고, 연출자와 스태프 간의 소통을 가능케 한다.

현장에서 촬영할 때 기본적으로 고려할 점은 다음과 같다.

- 상황이 드러나는 풀 숏을 먼저 찍어라. 새로운 장소인 경우 부감 숏으로 처리해 대상과 현장이 어디에, 어떤 모습으로 자리하고 있는지를 드러낸다. 요즘은 드론이 대세다. 드론 사용법도 익혀두면 좋다.
- 현장이나 인물의 분위기·느낌·감정·특징을 살려내라.
- 구체적으로 찍어라. 루즈한 숏은 행동과 대상의 특징을 잘 드러내지 못한다. 액션·표정·도구·글씨 등을 타이트 숏으로 찍어 대상의 특징을 드러내거나 행동이나 상황이 이해되는 연속그림이 필요하다.
- 카메라를 움직여 화면 사이즈인 앵글 동작에 변화를 주어라. 화면이 역동적이면서도 현장이 생생하게 살아난다.
- 화면 연결을 고민하라. 지금 촬영하고 있는 숏의 앞·뒤를 살피고 어떤 숏으로 시작해 어떤 숏으로 끝낼지 결정하고 촬영해야 한다.
- 한 상황이 끝나면 그 상황과 관련된 보완하는 그림을 찍어라. 상황이 벌어지고 있을 때는 현장의 디테일한 그림을 찍기 어렵다. 현장에는 상황을 설명하는 작은 소품이나 포스트잇 혹은 버려진 도구 등이 반드시 있다. 편집할 때 그 컷이 삽입되면 그림의 리얼리티가 달라진다.
- 촬영 중에, 끝난 후에 반드시 메모하라.
- 모니터를 들고 다니면서 한 장소에서 찍은 것이나 혹은 당일 찍은 그림을 반드시 모니터링하라. 영상이 의도대로 찍혔는지, 생각하고 발견해낸 이미지가 살아있는지 확인하고 만약 부족하다면 반드시 보충 촬영하는 습관을 들여라.

인터뷰하기

인터뷰는 현장의 리얼리티를 결정적으로 살려주는 핵심 부분이다.

흔히 인터뷰를 영상촬영과 다른 부분으로 취급하기 쉬운데, 아니다. 인터뷰는 현장에서 벌어지고 있는 사건의 본질을 드러낸다. 인터뷰는 취재 중인 인물의 캐릭터와 철학, 심정을 전달한다. 예를 들어 보자. 프로그램의 주인공을 따라다니면서 그와 관련된 영상을 촬영하고 있다. 주인공이 죽은 은인 묘소에 소주 한 잔 올리고 눈물짓고 있다. 틈새를 치고 들어가 '그가 당신에게 어떤 분인가' 묻는다. 주인공이 "내겐 피부나 공기 같은 존재"라고 답한다. 이 답변은 죽은 인물과 주인공의 관계를 규정하고 나아가 지금 촬영 중인 영상을 단번에 의미 있고 살아있게 만든다. 대상이나 현장도 마찬가지다. 상황에 딱 맞아 떨어지는 인터뷰는 대상과 현장의 의미와 리얼리티를 그대로 살려낸다. 그만큼 인터뷰는 영상 리얼리티를 구현하는데 중요한 요소다. 인터뷰는 영상촬영의 핵심 부분이고 이 책에서 장을 별도 분리해서 강조하는 이유다.

　인터뷰는 나이, 직업, 사는 곳 등 이것저것 다 물어보는 것이 아니다.

그런 정보는 자료조사나 사전취재로도 충분히 가능하고 프로그램에서 그냥 자막처리해도 그만이다. 인터뷰의 핵심은 인터뷰이(인터뷰에 응하는 사람, Interviewee)가 아니라면 절대 들을 수 없는, 그만이 가진 핵심 이야기를 도출해내는 기술이다. 평생을 농사만 지으며 살아 온 농부가 들려주는 땅 이야기, 고문을 당해 온 몸이 만신창이가 된 피해자의 처절한 심정, 산재를 당해 몸도 망가지고 가족한테 버림받은 이가 겪어 온 지난 삶, 여전히 아이를 바다 속에 두고 시신마저 찾지 못한 세월호 부모의 가슴 속에 쌓인 한과 트라우마를 생각해 보자. 이들에게서 어떤 이야기를 듣고 싶은가, 어떤 이야기를 들어야 하는가. 좋은 인터뷰어(인터뷰에 응하는 사람, Interviewer)는 이들의 가슴 깊숙히 감춰진 내면의 이야기를 끄집어낸다. 들어도 그저 그만인, 누구나 다 아는 도식적 얘기가 반복되는 인터뷰는 지루하고 짜증이 난다. 하지만 세상을 독특하게 해석하고, 자신만의 방식으로 살아 온 세계관을 드러내는 인터뷰는 시청자를 몰입하게 만들고 감동을 준다. 인터뷰 구성만으로도 훌륭한 프로그램을 만들 수 있다. 진솔한 내면의 얘기를 끄집어내기 위해서 당연히 인터뷰어는 대상자에 대한 완벽한 사전조사를 할 필요가 있다. 그에게서 무슨 이야기를 어떻게 끄집어낼지 치밀하게 준비해야 좋은 인터뷰가 가능하다.

　인터뷰 기법은 보도제작론에서도 대단히 중요한 부분이다.

언론학자들과 보도 현업자들은 오랫동안 인터뷰 기법을 연구해 왔다. 언론학자 오소백의 '인터뷰 30수칙', 킨제이 인터뷰 교훈 19가지, 뉴스위크 제럴드 루베노 기자의 '사람들에게 진실을 말하게 하는 방법 17가지' 등 다양한 인터뷰 기법들이 있다. 그만큼 인터뷰가 중요하다는 것을 의미한다. 현장에서 활용할 수 있는 인터뷰 요령을 10가지로 정리했다.

- 사전에 충분히 조사하고 준비하라. 말하기 쉬운 분위기를 만들어라.
- 인터뷰이가 카메라를 의식하지 않도록 날씨·취미·가족·일상얘기 등 편한 이야기부터 시작해 친근감을 갖게 한다. 마이크를 숨기는 것도 인터뷰이를 편하게 만드는 방법이다.
- 한 번에 하나씩 질문하라. 두 가지 질문을 동시에 하면 답변이 복잡해진다. 질문이 애매모호해서도 안 된다. 답변을 끊거나 가로막지 마라.
- 고개를 끄덕이는 등 적절히 대꾸하라. 장단을 맞추면 인터뷰이가 편안해 한다. 그렇다고 질문의 핵심을 놓치고 인터뷰이에게 끌려가서는 안 된다.
- 인터뷰이의 신분과 직업에 맞는 특수어를 사용하라.

- 인터뷰이를 전적으로 믿지 마라. 답변의 정확성을 확인할 필요가 있다. 다른 각도로 재질문해서 확인하는 것도 방법이다. 특히 역사적 팩트가 필요한 경우 잘못된 인터뷰는 심각한 결과를 낳는다. 필자는 제소까지 당한 적이 있다.
- 메모하라. 정확한 팩트들을 메모해두면 오류로 인한 방송 사고를 막을 수 있다. '위험이 있다' '위험도 있다' 의 조사조차 메모한다. 미묘하지만 문제로 번질 수 있기 때문이다.
- 질문하기 어려운 문제는 솔직하게 터놓거나 우회하라. 선택은 현장 분위기를 따른다. 하지만 정직은 인터뷰에서도 중요한 덕목이다.
- 인터뷰가 끝났다고 카메라를 끄지 마라. 인터뷰가 끝난 후 본심이 나온다. 긴장이 풀렸기 때문이다. 인터뷰가 끝난 뒤를 활용하면 예상 밖의 큰 수확을 올릴 수 있다.
- 인터뷰 윤리를 지켜라. 인터뷰가 끝난 뒤 반드시 편집될 수 있음을 설명하는 게 좋다. 특히 처음 인터뷰를 하는 사람들은 인터뷰한 내용이 전부 나오는 줄 착각한다. 인터뷰 내용이 여러 플랫폼을 통해 방송된다면 그 사실도 충분히 이해시켜야 한다. 가장 중요한 인터뷰 윤리는 편집할 때 인터뷰이가 말한 핵심을 왜곡하지 않는 것이다.

인터뷰 요령과 함께 인터뷰를 촬영하는 방법도 중요하다.
인터뷰가 별도 부분의 영상이 아니라 전체 영상 속에서 자리매김해 그 기능을 수행해야 하기 때문이다. 현장에서 필요한 인터뷰 촬영 요령을 요약했다.

- 인터뷰에 적절한 장소를 고민하라. 가장 좋은 인터뷰 장소는 인터뷰 내용과 일치하거나 적어도 관련이 있는 곳이다. 전쟁 피해자라면 부상을 당한 격전지, 출생의 비밀이라면 버려진 곳, 이별의 슬픔이라면 휴전선 등이다. 이들이 배경이 되면 인터뷰는 생명력과 감동이 배가된다.
- 동선을 고민하라. 앉아서 하는 인터뷰보다 주인공이 행동하고 있을 때, 이동하고 있을 때 하는 인터뷰가 현장감과 역동감을 살려낸다. 가능하면 주인공을 팔로우 하면서 인터뷰 내용과 부합된 장소와 최적의 순간에 따내는 현장인터뷰가 좋다.
- 인터뷰 앞·뒤 영상을 고민하라. 인터뷰도 영상의 일부분이다. 앞의 영상 이미지가 인터뷰로 자연스럽게 연결돼야 인터뷰가 전체 영상 속에 잘 녹아 스며든다. 인터뷰가 끝난 뒤 어이지는 영상도 인터뷰 내용·인터뷰 이미지와 조화를 이뤄야 한다. 다시 말하면 인터뷰를 살리기 위한 앞·뒤 그림을 별도로 촬영해야 한다는 뜻이다.
- 시선을 분리하라. 두 사람이 대화한다면 원 숏 그림은 서로 마주 보게 촬영하는 게 좋다. 여러 사람의 인터뷰를 한꺼번에 편집할 때도 서로 엇갈리는 시선 방향으로 촬영하는 게 좋다.

- 사이즈에 변화를 줘라. 한 사람의 인터뷰를 길게 했더라도 방송에서는 극히 일부분만 편집해 사용한다. 촬영할 때 화면 사이즈 변화를 주면, 처음–중간–끝을 잘라 붙이더라도 점프 컷(다음 컷으로 넘어갈 때 번쩍 튀는 느낌이 나는 컷)이 되지 않는다.
- 동작과 표정을 주목하라. 논둑에 주저앉아 인터뷰하는 농부의 잡초를 뜯고 있는 굳은 살이 박히고 시꺼멓게 변색된 손톱을 발견해 내야 한다. 이때 카메라는 틸트 다운 해서 손을 보여준 후 다시 얼굴로 올라가야 한다. 손 영상은 지금 인터뷰 하고 있는 농부의 진정성을 그대로 증명하고 있기 때문이다. 인터뷰 중에 인터뷰이의 표정과 동작을 세심히 잡아내면 인터뷰는 그 자체로 감동이다.
- 인터뷰 끝에 휴식을 주어라. 인터뷰가 끝났다고 바로 카메라를 끄면 인터뷰이의 감정의 여운이 죽는다. 슬픔·놀람·분노 등 감정이 남아있는 2~3초간 여운은 영상 이미지를 강화한다. 시청자가 공감하고 몰입할 시공간을 제공해 감동을 더 크게 만든다.

실전연습 촬영하기

카메라(Camera) 운용 실전

화면 사이즈 / 앵글 / 카메라 무빙 실습

화변 사이즈 실습은 하나의 피사체를 대상으로 사이즈를 변화시키면서 느낌이 어떻게 달라지는지 연습한다.

한 인물 대상 CU, MS, FS, LS의 다른 느낌을 체험한다. 클로즈업도 사이즈에 따라 느낌이 전혀 달라진다. 각 사이즈를 타이트하게 루즈하게 변화시키면서 자신이 좋아하는 사이즈를 결정해 두는 것도 좋다.

두 인물 대상 남녀가 얼굴을 마주보고 있는 장면을 두고, 루즈하게 타이트하게 사이즈를 변화시키면서 연습해본다.

피사체 대상 인물을 대상으로 하는 사이즈 연습과 동일하다. 하나의 피사체, 두 개의 피사체, 세 개의 피사체를 다양한 사이즈로 변화시키면서 연습한다.

앵글 연습도 인물과 피사체를 대상으로 함께 연습한다.

인물과 피사체를 눈높이보다 위에서, 눈높이에서, 아래에서 촬영해 느낌의 변화를 체험한다. 카메라 무빙 연습을 위해 벽에 포스터를 하나 붙이자. 포스터를 중심에 놓고 패닝, 주밍, 틸팅을 연습해본다. 패닝, 주밍, 틸팅 모두 안정적인 화면에서 시작해 안정적인 화면으로 끝나게 연습한다. 카메라 움직임이 적당한 속도를 유지하면서도 화면이 떨리지 않아야 한다.

처음 카메라 운용 실습은 트라이포드에 카메라를 장착시킨 상태에서 실습한다. 트라이포드를 사용하면 안정적인 화면을 얻을 수 있고, 카메라 운용 실습에도 용이하다. 트라이포드를 이용한 카메라 운용 실습이 어느 정도 익숙해지면 카메라를 손에 들거나 어깨에 메고(카메라 크기에 따라 다르다) 촬영하는 핸드헬드 기법을 연습한다. 핸드헬드 기법의 첫 단계는 앞의 사이즈·앵글·무빙 과정을 그대로 따라하는 것이다. 트라이포드에 카메라를 올려놓고 찍는 것처럼 화면이 안정되고 흔들림 없이 적당한 속도로 패닝, 주밍, 틸팅이 될 때까지 반복해서 연습한다.

다음 단계는 팔로잉과 트래킹을 연습한다.

앞의 카메라 운용이 촬영자가 정지된 상태에서 이루어진다면 팔로잉과 트래킹은 카메라가 대상의 움직임을 따라 촬영해야 한다. 움직이는 대상 측면에서 뒤에서 대상을 따라가며 촬영하면서 안정된 영상을 얻을 수 있도록 충분히 연습한다.

카메라 사이즈와 앵글, 무빙에 대한 실전연습과 함께 중요한 것은 카메라 운용 기법이 실제 영상 콘텐츠에 어떻게 적용되고 활용되는지 확인하는 것이다. 영화와 방송프로그램, 광고에서 사용된 카메라 운용기법과 그 기법이 적용된 영상을 주목해서 모니터링하고, 좋았다고 느꼈다면 무엇 때문이었는지 체험한 다음 실제 카메라를 잡고 그대로 모방해본다. 모방을 반복하다 보면 화면 사이즈나 앵글 무빙에 대한 느낌이 체득되고 나만의 독특한 사이즈, 앵글, 무빙기법을 만들어낼 수 있다.

현장 촬영실습

현장 촬영실습은 두 단계로 나누어 연습한다.

우선 움직이지 않는 피사체를 대상으로 해서 촬영해 본다. 나무, 꽃, 학교, 우리 집 등 고정된 대상을 선정한다. 사이즈, 앵글, 무빙 등 카메라 운영기법을 활용해 그 대상의 특징이 드러나도록 다양한 영상을 만들어 본다.

두 번째 단계는 현장에서의 촬영 연습이다.

학교 행사장, 시장, 기차역, 마을, 우리 가족 등 사람들의 다양한 삶이 어우러진 현장을 선정한다. 현장에서의 촬영은 먼저 트라이포드를 활용해 안정된 화면을 잡는 연습부터 한다. 헨드 헬드 촬영은 카메라 운용기법에 어느 정도 익숙해진 다음 연습하는 게 좋다.

현장 촬영은 장소의 특징과 인물의 표정, 활동이 적절히 녹아나 현장의 리얼리티가 살아나도록 기록한다. 삶의 현장은 장소 소개, 그 안에서 살아가는 다양한 삶의 모습, 관계, 의미 등을 총체적으로 그려내거나 특정 대상을 중심으로 이야기를 끌고 갈 수도 있다. 주제를 정해 그 주제를 살려내는 형식으로 촬영할 수도 있다. 이미지도 역동성과 활력, 삶의 고단함, 농군의 부지런함, 몰락하는 농촌의 현실 등 어디에 초점을 두느냐에 따라 다양한 영상 실습이 가능하다.

아래 촬영 리스트는 〈다큐제작실습〉 시간에 원주 새벽 농민시장으로 촬영실습을 나갔을 때 학생들에게 제시한 촬영 대상 리스트다. 리스트를 보기 전에 내가 새벽 농민시장을 촬영한다면 무엇을 어떻게 찍을 것인가 먼저 작성해보라. 그런 다음 제시한 리스트를 비교하면서 현장에서 촬영 실습을 어떻게 해야 하는지 생각해보자.

현장실습에서 중요한 것은 왜 찍는지 주제를 잊지 말라는 것이다. 주제를 결정하고 그것을 구현할 스토리텔링을 구상한 다음, 구체적 영상을 고민해야 한다. 어느 현장이든 반드시 왜 만드는지, 무엇을 얘기할 것인지 결정한 다음 그에 맞게 이미지로 영상 스토리텔링을 구현하는 습관은 영상콘텐츠 제작에서 가장 중요한 포인트다.

스토리보드(Storyboard) 작성

현장촬영 실습과 함께 병행되어야 할 실습이 스토리보드 작성이다.

지금까지 공부한 영상이미지와 영상을 만드는 촬영은 영상으로 이야기를 만들어내기 위한 기초 작업이자 테크닉적인 성격이 강했다. 프로그램이 영상으로 만들어 낸 이야기라면, 영상이미지 하나하나를 연결해 하나의 이야기로 만들어 낼 수 있어야 한다. 그 능력이 스토리보드 작성이다. 스토리보드는 주제를 전달하는 이야기를 연속적인 영상 이미지로 표현해 낸 것을 말한다. 이야기를 어떤 장면으로 풀어 갈지 이미지를 구체적으로 생각해 내 지면에 그려낸 것이다. 화면 사이즈와 앵글, 무빙이 정확하게 표기된 스토리보드는 이야기가 어떤 느낌으로 전개되고, 촬영할 영상이 어떤 이미지와 구도, 동작을 담아낼지 명확하게 보여준다. 영상 스토리보드는 영상감각과 영상으로 이야기를 만들어 낼 역량을 평가하는 중요한 부분이기 때문에, 방송사 입사시험 역량평가에서 하나의 주제나 자신에 대한 영상 스토리보드를 작성하라는 과제가 자주 출제되고 있다. 실제 제작 현장에서도 드라마PD가 아님에도 스토리보드를 작성하는 사례가 늘고 있다. '팩추얼 드라마'를 표방했던 〈임진왜란 1592〉의 김한솔PD는 촬영할 모든 장면들을 직접 스토리보드로 그려냈다. 그는 다큐멘터리PD다.

#08   바다가 보이는 절벽 / (부안)

1		바다가 보이는 절벽 위 이순신 사이드 프로필 롱 풀 숏 자막 : 이순신 장군
2		눈감고 있는 이순신 로우 프로필 B.S/ S.E 파도소리, 노젓는 소리 이순신: (절벽 끝 저 멀리서 눈을 감고 바다를 마주하고 있다.) 고요히 울리는 파도에 귀 기울이는데, 점점 파도소리가 sound effect 끼익 끼익하는 왜선의 노 젓는 소리로 바뀐다.
3		이순신 프로필 W.S, 나대용 F.I/ 대사 나대용(v.o): 장군.
4		이순신 타이트 B.S 눈을 뜨는 이순신. 그 사이 식은땀이 맺혔다. 어느 새 다가와 이순신을 부르는 나대용. 이순신. 의연함 유지하며 이순신: 음....

팩추얼 드라마 〈임진왜란 1592〉는 역사적 추리를 통해 역사적 블랭크를 해석해 드라마적인 재미와 의미를 부여한다. 팩추얼 드라마를 국내에서 처음 시도한 김한솔PD는 직접 대본을 집필하고 스토리보드를 그려냈다. 정확하게 그려진 스토리보드는 이야기의 전개, 앵글과 사이즈, 카메라무빙 등 영상이미지의 느낌과 흐름을 분명하게 읽을 수 있게 만든다.

KBS 전주국이 제작한 〈시대의 작창 판소리〉는 '판소리 뮤지컬 다큐멘터리 드라마'를 시도했다. 이 프로그램을 제작한 손성배PD 역시 다큐멘터리 PD지만, 제작할 때 드라마 장면들을 스토리보드로 작성한 뒤 촬영했다.

S#15 현대 재판정	낮/안/ 세트

C#15

놀부 O.S 검사와 변호사.

검사 : (다시 놀부를 보며) 울고 있는 애기를 때리고, 상여를 메고 있는 사람에겐 몽둥이질을 가했습니다.

변호사 (부하2) : (일어나면서) 판사님, 이의 있습니다.

C#16

판사 O.S 놀부, 변호사, 검사

판사 (부하1) : 말씀하세요.

C#17

놀부 O.S 검사와 변호사.

변호사 : 지금 이 재판은 김생원 아내의 배를 찬 건에 대한 재판입니다.

C#18

변호사B.S 에서 Dolly Out 하면 웃고 있는 놀부 옆모습.

변호사 : 그러게 검사는 공소사실과 관련 없는 내용을 얘기해 피고인에 대한 나쁜 선입견을 갖게 하고 있습니다.

C#19

Back F.S

검사 : 게다가 놀부는 거지를 뒤집어 놓고 밟기까지 했습니다.
변호사 : 판사님! 검사는 계속 이 사건과 관련 없는 내용을 얘기하고 있습니다.
판사 : 자자 조용히 하세요.

재판방망이를 탕탕 치는 판사.

판사에게 항의하는 검사. 놀부에게 다가온 변호사.

시대의 작창 판소리 스토리보드
판소리는 한 시대의 사회상과 민중의 염원을 담아낸다. 〈시대의 작창 판소리〉 2부 '신흥 부자 흥부의 경제학'은 과거와 현재라는 시공간을 넘나들면서, 돈이 유통되면서 벌어지는 가진 자의 끝없는 탐욕을 그려낸다. 폭행으로 고발된 수전노 놀부가 현대 재판정에서 재판을 받는 장면을 그려낸 〈시대의 작창 판소리〉 스토리보드의 한 장면.

두 사례는 스토리보드가 촬영할 이야기의 구체적 영상이미지를 설정하는데 얼마나 효과적인지 잘 보여준다. 스토리보드는 PD가 그려낸 영상을 구체화해주어 스태프 간 소통을 도와 제작시간을 단축시켜준다. 무엇보다 스토리보드의 강점은 표현(말)할 영상을 정확하고, 구체적으로 보여줘 영상이 달성할 목표를 분명하게 만든다는 것이다. 영상 스토리보드가 가진 이런 강점 때문에 드라마나 영화, 애니메이션, 광고 제작에서 스토리보드는 대단히 중요한 역할을 한다. 영상 제작을 공부하려는 사람들에게 스토리보드 작성은 기본적으로 요구되는 역량이 되었다. 다양한 스토리보드 작성 실습을 통해 이야기를 영상이미지로 구현하는 연습을 해 두자.

모방하며 그리기

그러면 스토리보드 작성 연습을 어떻게 하는 게 좋을까. 스토리보드 작성에서도 모방은 창조의 어머니라는 말이 적용된다. 잘 만들어진 프로그램의 화면을 옮겨 그리며 영상이미지를 익히는 것이다. 스토리보드 연습을 위해서는 영상과 자막이 잘 어우러진 프로그램을 선택하는 것이 좋다. SBS의 〈스브스 뉴스〉나 잘 만들어진 카드뉴스는 훌륭한 교재가 된다. 최근에는 인포그래픽(Infographic)이라 하여, 다큐멘터리나 정보 프로그램에서 영상과 절묘한 조화를 이루고 시각적으로도 이해하기 쉽게 첨단 디자인 된 자막기법을 적용한 프로그램들이 많다. 이런 프로그램들도 스토리보드 공부에 좋은 모델이다.

대표적 프로그램이 EBS 〈지식채널ⓔ〉다. 분명한 주제와 스토리텔링을 갖고 있다. 영상과 자막, 음악처리도 뛰어나다. 한 컷 한 컷을 직접 베껴가며 영상과 자막이 어떻게 조화를 이루는지 영상이미지와 자막, 음악처리 기법을 익히기 바란다. 베껴 그린 학생의 과제물을 보자.

③, ④, ⑤, ⑥ 컷을 보자. 손가락질 하나에 '너는 뚱뚱해서 안 돼'로 시작한 뒤, 다른 손가락질이 늘어나며, '키가 작아서 안 돼', '나이가 많아서 안 돼'로 발전한다. 이어 화면이 깨지며 "타인이 나를 규정하게 해서는 안 돼요"라는 메시지를 던진다. 세상으로부터 규정지어진 삶을 영상으로 표현하고 있는 것이다. 스토리보드는 이처럼 영상과 자막을 통해 하나의 이야기를 만들어간다. 요즘은 디지털 시대를 맞아 콘텐츠의 장르가 무너지고 영상과 문자가 결합(융합)된 경향을 보인다. 스토리보드 제작 역량을 통한 '영상으로 말하기 연습'은 PD에게도, 기자에게도 필요한 과제인 것이다. 자신의 스토리보드를 작성하기 전에, 잘 만든 〈지식채널ⓔ〉 몇 작품을 스토리보드로 베껴 그리며 영상이미지와 이야기 기법을 배우기를 권한다.

자신의 스토리보드 만들기

이제 자신의 스토리보드를 직접 작성해보자.

스토리보드 작성연습

스토리보드는 영상과 자막, 음악으로 구성된다. 어떤 영상을 어떻게 화면에 배치하고 자막을 적절히 넣을 것인가가 중요하다. 지식채널ⓔ는 스토리텔링기법, 영상과 자막 및 음악처리 기법이 뛰어나, 모방하면서 스토리보드연습하기에 적합하다. 위의 스토리보드는 학생이 영상과 자막공부를 위해 한장면, 한장면을 그린 것이다.

연습을 위해서는 비디오와 오디오/ 자막으로 구분된 양식을 만들어 사용하는 것이 좋다. 비디오에는 영상을, 오디오/ 자막 칸에는 설명이나 자막을 쓴다. 연습하는 방법은 하나의 영상 스토리텔링을 10 컷에서 20컷 분량 정도로 그려내는 것이다. 소재는 자신을 소개하거나 하나의 주제를 정한다. 주제가 결정되면 제목을 달고 이야기를 어떻게 끌고 갈지 정한다. 그런 다음 영상, 해설이나 자막, 음악을 표기하며 이야기를 만들어 간다.

다음은 "나는 누구인가"라는 주제로 학생들이 작성한 스토리보드다.

스토리보드 실습 2 │ 자기소개 1

나는 누구인가

순서	비디오	Audio/자막	비고(효과)
1		엘디아블로 손바닥 위에서 춤추는 아내 "불영상을 좋아한다" (Image)	몽환적 음악
2		"수학을 좋아한다. 좌뇌(이성)를 발달시켜야 한다고 생각한다"	
3		"셜록홈즈, 명탐정코난, 크라임 씬 등 추리물을 좋아 한다"	긴장, 스릴 넘치는 범죄 현상 에 쓰이는 노래
4		"결혼을 꿈꾸고 있다"	

스토리보드는 이야기를 영상으로 표현해내는 좋은 방법이다.

영상으로 하나의 이야기를 전달할 때는, 우선 영상 이미지를 생각하고 그 이미지를 강화할 적절한 해설이나 자막, 음악 효과로 메시지를 전달한다. 스토리보드는 한 장면 내에서 영상의 내용과 구도, 이미지 그리고 그 영상과 어우러진 광고 카피 수준의 상징적이면서도 메시지가 강한 자막(자막의 배치), 영상과 자막을 강화하는 적절한 음악이 필요하다. 잘 만든 영화의 한 신, 카드 뉴스, 광고 등을 분석하며 영상, 해설과 자막 입히기, 음악과 이펙트를 삽입하는 연습을 반복해 가며 나만의 스토리보드 작성에 숙달되도록 연습하자.

순서	영상	자막	순서	영상	자막
1	창 틀에 걸쳐 비를 맞는 비누인형	'비누인형' 이야기를 알고 계신가요?	6	비누인형을 손에 쥐고 있는 손 모습 클로즈업	적어도 가난한 아이의 외로움을 들어줄 수 있는
2	한 소녀가 비누인형과 놀고 있는 모습	가난한 아이의 유일한 친구가 되었던 '비누인형	7	얼굴과 손 함께	아이 마음에 평생 남을 수 있는
3	아이가 비를 맞고 헐레벌떡 문을 열었지만, 비누 인형이 거품이 되어 사라진 상황	자신의 소명을 다하자 아무일 없이 거품이 되어 떠난 '비누인형'	8	키다리 아저씨가 아이를 쓰다듬고 있는 모습	그런 사람이고 싶습니다.
4	두 손 위에 놓아져 있는 비누인형	저누 비누인형이고 싶습니다.	9	F.I(검정 화면)	내 소명이 다하는 날
5	비누 거치대 위에 있는 때가 낀 비누	볼 품 없어도 괜찮습니다.	10	F.D(비누거품 영상)	미련없이 세상의 거품이 되어 사라지고 싶습니다.

'재배열과 재해석을 통한 주제구현' – 편집과 원고작성

편집

편집은 촬영된 영상의 이미지와 느낌을 재배열해서 영상이야기를 최종 완성하는 단계다.
맨 처음 프로그램을 시작할 때 주제나 기획의도를 어떤 영상과 스토리텔링으로 할 것인지 결정하는 과정이 기획구성안을 만들고 촬영 콘티를 작성하는 일이었다. 이제 촬영이 마무리 됐다. 처음 예상했던 주인공과 현장의 결과물은 생각보다 좋을 수도, 나쁠 수도 있다. 크게 기대했던 부분은 완전히 무너지고, 기대하지 않았던 부분이 의외로 큰 감동으로 다가올 수 있다.

제작과정이란 매일 촬영 현장에서 변화하는 상황에 따라 최선의 선택을 결정해 나가는 일이다. 당연히 처음 작성했던 기획구성안은 상황 변화에 따라 수정되어야 한다. 기획구성안은 신성불가침의 모델이 아니라 끊임없이 변하는, 살아 숨쉬는 '생물(生物)'인 것이다. 제작에 정답이란 없기 때문에 제작과정은 끝없는 토론과 선택이 이루어진다. 이 모든 행위는 최고의 완성도의 프로그램을 제작하기 위해서다.

편집은 애초의 기획구성안을 모두 버리고 촬영되어진 영상재료만을 놓고 이루어진다.
심지어 기획구성단계에서 구상했던 주제나 콘셉트조차 바뀔 수 있다. 제작현장에서 새롭게 '발견'하고 해석한 의미에 따라 프로그램의 성격이 완전히 달라질 수 있기 때문이다. 편집은 촬영된 영상을 중심으로 영상의 이미지와 느낌을 살려내는 영상처리의 마지막 승부처다.

편집의 단계
프리뷰노트 작성하기

편집의 첫 단계는 촬영된 영상물의 내용을 일일이 확인하며 구체적으로 기록하는 프리뷰노트 작성이다. 현장에서 촬영할 때 눈으로 보았던, 느꼈던 이미지는 카메라로 담아낸 영상 이미지와 다르다. 촬영 현장에서는 그 현장만이 가진 특성을 드러내는 숏을 '발견'해내는 일이 중요했다면, 프리뷰 과정에서는 촬영된 영상 프레임 속에서의 새로운 이미지를 '발견'해내야 한다. 잘못 촬영된 NG컷이 오히려 현장의 긴박함과 역동성을 표현해 낼 수도 있고, 기대하지도 않았던 주인공의 뒷모습이 주제를 드러내는 결정적 컷이 될 수 있다. 프리뷰 노트는 이처럼 촬영된 모든 영상의 또 다른 이미지를 기록해내는 일이다.

프리뷰 노트 작성은 반드시 프로듀서가 직접 해야 하며, 컷 하나하나를 구체적으로 표기하는 게 좋다. 필요에 따라서는 그 컷이 풍기는 이미지를 적어두기도 하고, 꼭 써야 할 좋은 컷은 컬러 펜으로 밑줄 쳐 놓을 필요도 있다. 잘못 촬영된 불필요한 컷은 아예 처음부터 NG컷으로 표기해 놓으면 편집 단계에서 그림을 찾을 때 시간도 절약된다. 프리뷰 노트의 영상기록은 왼편에 길이를, 오른편에 영상 내용을 기록한다.

프리뷰노트 스크립트 예

0:00:00:00 − 0:00:41:00	항구의 전경
0:00:44:00 − 0:03:00:00	배들에서 등대로 PAN
0:03:00:00 − 0:03:45:00	배와 그물들 C.U (NG)
0:03:45:00 − 0:05:35:00	배위에서 작업하는 선부들
0:05:40:00 − 0:07:30:00	등대 윗부분 C.U
0:07:30:00 − 0:09:30:00	잡아놓은 생선들
0:09:30:00 − 0:12:30:00	구경하는 사람들 (NG)

편집콘티 작성

프리뷰노트 작성이 끝나면 편집 콘티를 작성한다. 앞서 설명했듯이 편집 콘티는 기존의 기획구성안과 전혀 다르다. 촬영된 영상을 재료로 전혀 새로운 스토리텔링으로 구성해야 한다. 편집 콘티는 왼편에 영상을 표기하고 오른편에 그 영상이 어느 파일(테이프)의, 어느 시간대에 있는지를 기록한다.

편집콘티 예
[비올 징조]

　　　　　　　　• 산에 몰려오는 먹구름 51−0110
　　　　　　　　　또는 산봉우리 먹구름 65−0520
　　　　　　　　　먹구름과 능선 실루엣 66−0321
　타이틀　　　　　　　**한국의 소리 제 14편**
　　　　　　　　　　　장마
　　　　　　　　• 노고단 초원에 운무 바람 128−0033
　　　　　　　　　잡초들에 바람 128−0310
　　　　　　　　• 전깃줄의 참새들 23−1219
　　　　　　　　• 초지 저수지의 비올 징조 65−1211
　　　　　　　　• 개구리, 두꺼비, 맹꽁이 65−2001

[우포늪의 비]
[천둥, 번개, 비바람]
- 지붕 위 번개, 천둥 51-0208
- 산의 번개 51-0253

[우박, 폭우]
- 마을 부감의 폭우 51-0824
- 양철 지붕 위 우박 51-1035
- 흑염소 외양간 앞 묶어두고 51-1133, 손 바닥위의 우박 추가
- 양철 지붕에 비 51-1242 처마에서 떨어지는 빗물 51-1513
- 바닥 흙탕물 위의 비 51-1228
- 비바람 속 불어난 계곡물 28-1425

[비 그친 뒤]
- 토란 잎 위의 빗물들 52-3200
- 잎에 빗물 고여 흐르고 107-2726
- 흙탕물 튀기며 오는 버스 86-2240
- 진흙탕에 버스 지나는 ts. 86-3016
- 차에서 바라본 풀섶과 바닥에 흙탕물 tr. 86-2623, 2803
- 튀기는 흙탕물 ts. 86-2352
- 할아버지 흙탕물 피하고 86-2505
- 연꽃 밥 위의 빗물 방울 모이고 107-1730, 2147
- 연꽃 방죽 전경 107-0121, 1508

- ts (tight shot): 촬영 시 주위에 여백을 두지 않고 화면이 꽉 차도록 잡는 것이다.
- tr (tracking): 피사체가 움직이는 방향과 똑같은 간격을 유지하면서 좌우로 움직이며 촬영하는 기법이다. 대상과 같이 움직이며 배경을 흘리면서 이동광경을 기록하기에 스피드한 액션을 강조하고 주변상황의 변화를 멋있게 표현할 수 있다.

편집콘티에 사용된 숫자 51-0110 표기에서 51은 테이프 번호를, 0110은 프리뷰노트에 적힌 타임코드를 나타낸다. 이처럼 편집콘티는 영상의 이미지를 중심으로 구성하고 그 영상이 어디에 있는지를 기록해 편집할 때 해당 영상을 찾기 쉽게 표기해둔다. 편집콘티를 작성할 때 처음부터 음악과 자막을 어느 자리에, 어떻게 처리할 것인지 함께 고려해 기록하는 것이 좋다.

편집하기

편집이란 무엇인가

• NG부분 제거

편집의 첫 번째 기능은 잘못 촬영되었거나 불필요한 부분을 제거하는 일이다.

하나의 프로그램을 만들려면 대부분 많게는 방송분량의 수십 배를 촬영한다. 엄청난 촬영분의 영상을 한 컷 한 컷 확인하며 편집하려면 엄청난 시간을 필요로 한다. 정교한 사전 프리뷰노트 작성이 필요한 이유다. 한편으로 편집 시간을 절약하고 효율적인 작업을 위해 'OK컷'만을 별도로 모아둔 뒤 편집하거나, 방송 분량의 2~3배 정도로 1차, 2차 가편집을 한 뒤 마지막으로 최종 편집을 하기도 한다. 가편집은 효율성은 좋지만 한 컷 한 컷 이미지로 이어붙이는 정교한 영상 감각을 익히는 데는 도움이 되지 않는다. 제작 초보단계에서는 가편집 과정을 거치더라도 어느 정도 영상 감각에 숙달되면 가편집 없이 한 컷 한 컷을 이미지와 느낌으로 붙여 나가는 습관을 붙이는 게 좋다.

• 정보의 압축

한 신(Scene)은 여러 컷으로 이루어진다. 교실 장면이라면 풀 숏, 학생들, 교사, 강의, 쓰기 등의 컷이 나온다. 편집은 이 모든 컷들을 모두 다 이어 붙이는 것이 아니다. 가장 압축적으로, 상징적으로 필요한 몇 컷 만으로 그 현장의 분위기와 느낌을 전달하는 것이다. 교실 장면도 교사 얼굴, 학생 얼굴 두 컷으로 끝날 수도 있는 것이다. 잘 된 편집은 이런 부수적 장치(내레이션, 자막, 음악 등) 없이도 영상만으로 이야기가 전달되는 것이다. 영상 콘텐츠는 영상이 메인 도구이기 때문이다.

영상만으로 상황이 설명되고 전달하려는 이야기가 이해되려면 편집은 자연스럽고 부드러워야 한다. 사건의 연속성을 살리면서 시공간의 혼란이 없어야 한다. 예를 들어 '전투 신'이라면 롱 숏의 벌판, 미디엄 숏의 양 군 진영, 타이트 숏의 전투장면과 병사들 얼굴이 비쳐진다면 전투가 어디에서 어떤 대형으로 벌어지고 병사들 상황이 어떤 지를 영상만으로 전달한다. 현장의 상황을 설명하고 사건의 연속성을 살리면서도 생략과 비약을 통해 정보를 압축하는 편집을 '연속편집(Continuity Ending)'이라 부른다.

한편으로 편집은 부드러우면서도 자연스러워야 한다. 영화를 떠올리면 영화감독은 관객이 자신이 편집한 영화에 몰입하도록 가장 자연스러운 편집을 시도한다. 아니, 전혀 편집한 것을 느끼지 못하도록 가장 교묘하게 편집하여야 한다. 관객들이 편집을 느끼지 못하고 몰입케 하도록 만드는 자연스러운 편집기법을 '불가시 편집(不可視編輯, Invisible Editing)'이라 부른다. 고개를 돌릴 때, 뛰어 내릴 때 컷의 변화를 준다거나 위치, 움직임, 시선을 일치시키는 화면의 삼일치 원칙, 두 사람이 마주 보고 있을 때 카메라가 두 사람을 연결한 선을 넘어서는 안 된다는 180도 원칙이 모두 자연스러운 편집을 위한 도구들이다.

• 의미의 심화

편집은 영상이 가진 이미지를 넘어 의미를 강조하는 작업이다. 영상 이미지의 의미는 한 컷만으로 전달되기도 하지만 대부분 컷의 배열로 새로운 의미를 만들어낸다. 동일한 이미지의 영상 컷들을 다르게 배열하는 것만으로 의미가 달라진다. 때로는 전혀 다른 컷들을 대립시키거나 충돌시켜 전혀 다른 의미를 상징하기도 한다. 영상 편집을 통해 새로운 미를 심화시키는 편집을 '몽타주(Montage)'라 부른다. 러시아에서 본격적으로 그 기법이 발달해 영화를 예술로 끌어올린 몽타주 기법은 이제 영상 편집의 주류를 이루어 '몽타주=편집'과 같은 개념으로 쓰인다.

몽타주 이론의 단적인 사례가 '쿨레쇼프 효과(The Kuleshov Effect)'이다. 쿨레쇼프는 동일한 연기자의 동일한 표정 앞에 다른 영상을 붙이면 같은 표정도 다른 느낌이 된다는 실험으로 몽타주를 설명한다. 예쁜 아이를 붙이면 행복해지고 맛있는 스프를 붙이면 포만감을, 관속의 시체를 붙이면 슬퍼하는 표정으로 달라지는 것이다. 그만큼 영상 편집 작업은 창조적이고 전문적인 영역이다. 잘된 영상물을 많이 보고, 감각을 익히며 자신의 방식을 찾아내 제작과정에 적용해 보는 수밖에 없다. 현장에서 당장 적용할 수 있는 몽타주의 다른 사례를 보자.

> • 아름다운 꽃들 + 땅 파헤치는 불도저 = 자연, 환경파괴
> • 쓰레기통 뒤지는 똥개 + 먹을 것 찾는 누더기 노인 = 개 같은 내 인생

영상은 이미지를 통해 표현(말)한다. 영상 이미지에 대한 감각의 중요성은 '영상이 말을 한다'는 문장이 단적으로 설명한다. 영상 콘텐츠 제작은 영상으로 느끼고 영상으로 말하는 역량이 절대적으로 필요한 이유다.

편집의 일반원칙

일반적으로 통용되는 편집원칙을 정리했다.

• 영상만으로 설명되어야 잘 된 편집이다.

• 잘 버려라. 편집은 과감히 버리는 일이다.

• 편집이 자연스럽고 부드러운가?

• Eye Catcher(눈을 끄는 영상장면)가 적절히 배치되어 있는가?

• 감정적 흐름을 잘 따르고 있는가? 템포와 리듬감을 살려라.

• 새로운 신, 사건을 편집할 때는 롱 숏으로 상황을 설명하라.

• 인물을 강조할 때, 특성을 드러낼 때는 CU(클로즈업)숏이 효과적이다.

- 몸의 일부분이 잘리면 안 된다.
- 프레임의 가장자리는 물체를 끌어당기는 성질이 있다.
- 헤드룸(HeadRoom, 인물 머리 위 부분이 프레임에 걸리지 않게 여백을 두기), 노우즈룸(NoseRoom, 어느 방향을 바라볼 때 바라보는 방향의 공간을 더 많이 두기, 룩킹룸Looking-Room이라고도 한다), 리드룸(LeadRoom, 인물이 움직이는 방향에 공간을 더 많이 살리기)을 살려라.
- 단일 인물일 때 같은 사이즈의 숏을 연결하지 마라.
- 인물이 왼쪽으로 프레임 아웃 했으면 다음 그림에서 오른쪽에서 인물이 프레임인 해야 한다.
- 연결을 고민하라. 컷과 컷, 신과 신, 시퀀스와 시퀀스는 첫 그림과 마지막 그림이 이미지나 주제로 연결돼야 한다.
- 쉬어가는 자리가 필요하다.
- 현장음을 중시하라. 소리는 영상에 임장감을 부여하여 리얼리티를 극대화시켜준다.
- 영상의 이미지와 정보를 왜곡해서는 안 된다. 편집윤리를 숙지하고, 이를 지켜라.
- 편집한 것을 주위 사람에게 보여주고, 반응을 살펴라.

원고작성

원고는 영상을 보완하고 의미를 심화시킨다

영상 콘텐츠 제작과정에서 원고 작성 역시 전문적 영역이다.

영상 이미지를 살려내고 의미를 심화해서 주제와 메시지를 전달하려면 오랜 숙달을 요구한다. 일반적으로 내레이션은 다음의 기능을 한다.

- 전체 줄거리를 이해시킨다.
- 현재 일어나고 있는 상황을 이해시킨다.
- 상황이 주는 의미가 무엇인지 이해시킨다.
- 영상의 정보와 의미를 심화시킨다.

원고 작성에서 반드시 기억해야 할 사항은 영상이 중심이고 원고는 보조수단이라는 점이다. 앞서 촬영에서도 설명했지만 뉴스리포트와 영상콘텐츠 제작과정의 차이는 글이 우선인지 영상이 우선인지를 드러낸다. 뉴스리포트는 글이 우선이지만 영상콘텐츠는 이미지의 흐름으로 영상편집을 먼저 한 다음 그 이미지를 보완하거나 의미를 심화하는 도구가 원고인 것이다.

원고 작성에서 중요한 또 하나는 원고가 '중계방송'이거나 감정적·주관적 주장이 아니라는 사실이다. '중계방송'은 현장에서 영상을 있는 그대로 설명하는 원고를 일컫는다. 원고는 영상을 설명하지 않는다. 이미 영상이 스스로 자신을 표현(말)하고 있기 때문이다. 원고는 그 영상에 담기지 않은 이면의 정보나 영상의 의미를 심화시켜 영상이미지를 극대화시킨다. 영상(1)이 원고(1)을 만나면 의미와 이미지 총량은 두 개의 합(2)을 넘어 3도 되고 10이 될 수도 있다.

이면의 정보나 영상의 의미는 감성적 미사여구를 남발하거나 주관적 주장을 함부로 나열한다는 뜻이 아니다. 예전에는 감성적·주관적 원고가 많았지만 요즘은 원고의 90%이상이 팩트로 이루어진다. 북한의 식량난을 이야기하는 다큐멘터리가 있었다. 아이들의 굶주림을 설명하는 영상이 시장 흙탕물 바닥에서 먹을 것을 주워 먹는 아이들이었다. 이 영상에 '아이들이 불쌍하다, 가난은 어떻다' 식으로 감정적 표현을 늘어놓은 것보다. '이들처럼 시장에서 연명하는 아이들은 2만 명이나 된다'라는 팩트로 내레이션을 할 때 영상의 메시지가 강해진다. 시청자들이 영상으로 감정을 공유하고 팩트로 실체적 진실을 확인 할 수 있기 때문이다. 원고의 중심은 팩트로 이루어진다.

원고가 중계방송이 아니고 정보와 의미의 심화라는 사실을 확인할 몇 사례를 모았다.

내레이션이 어떻게 영상을 설명하고 있는지 살펴보자.

사례로 제시한 원고들은 '중계방송'이 아니다. '팩트'로 영상의 정보를 확장시켜주며 의미를 심화시켜 준다. 손끝으로 펜을 돌리는 장면은 아이가 평범하다는 정보를, 담배는 출판시장에서의 불안과 초조를 드러낸다. 편백나무 노 젓는 소리는 가을이 익어가는 소리로, 가을 무량전 앞의 싸리비 빗질 소리는 마음을 다스리는 정갈한 소리이고 상여의 움직임 하나하나는 삶과 죽음의 경계에서 시간과 삶의 의미를 묻는다. 원고 사례를 곰곰이 뜯어 살펴보라. 영상이 주는 이미지와 그 영상을 보완하고 심화시키는 원고의 역할을 충분히 이해하여야 한다.

원고작성 사례

VIDEO	AUDIO
손끝으로 볼펜 굴리는 주인공(혜승)	혜승이는 70년대에 태어났다. 그 또래 상징적 버릇을 혜승이도 지니고 있다.
두 번째 담배물고 앞 담배 불을 가져다 대는 명구	새 책을 내놓고 나면 명구는 줄담배를 피우곤 한다. 서점가의 승부는 일주일 만에 판가름 나기 때문이다.
편백나무 노 젓고 14"	편백나무를 깎아 만든 노깃이 녹슨 이음새를 구르며 강물을 젓는다. 그 소리, 갈대소리와 어우러져 가을 소리로 익어간다.
처마의 고지, 옥수수, 호박 19"	처마에, 담장에, 곳간 위에서 … 밭의 소박한 먹거리들이 건강한 밥상을 준비한다.
멀리 스님 비질하고 29"	뜰에 흩날리는 낙엽도 좋지만, 낙엽 쓸어낸 정갈한 빈 뜰도 좋다. [잠시만 듣고] 싹싹하게 쓸어내리는 싸리비질 소리가 뜰보다 먼저 마음을 쓸어내어 주는 것이다.
노랑꽃들 33"	아무도 씨를 부린 사람은 없었다. 여린 봄꽃들은 제 스스로 솟아나, 세상의 첫 봄을 맞이하는 것이다.
상여 행렬 8" 상여소리 하는 18" 뒤따르는 상두꾼들 11" 상여소리 할아버지, 꽃상여 18" 돈 든 상주 13" 종 치고, 상여행렬 27" 돈 매달린 줄 4" 상여의 꽃 9"	저승길은 바로 대문밖에 있었다. 선소리꾼의 노래는 그 경계를 넘어선 망인의 넋을 전한다. 〈상여소리〉 세상의 시간은 정지된 적이 없었다. 흐르는 시간 속에 다만 변하여 바람 되고 구름 되고 눈비 되어 가는 길- 망인의 여행길에 이승의 사람들은 노자로 위로한다. 그들에게, 망자는 사라지는 것이 아니라 육신을 벗고 가까운 곁을 떠나갈 뿐이다. 생시 대하듯, 상여는 소홀하지 않게 차린다. 망자는 상여 속에도 있고, 허공 속에도 있다.

정교하게 계산된 영상과의 하모니

원고작성을 위해서는 우선, 편집된 영상을 컷 단위로 정교하게 시간을 체크해야 한다.

체크된 영상을 대상으로 어느 부분은 현장 오디오를 살리고 어느 부분에는 음악과 자막처리를 하며 어느 부분에 원고를 채울 것인지 결정한다. 원고로 채울 부분도 해당 영상의 시간을 완전히 채우면 숨이 막힌다. 영상은 감정의 흐름이고 감정이 시청자들에게 스며들려면 쉴 자리가 필요하다. 영상 이미지를 느끼고, 공유할 심호흡 시간이 주어져야 한다.

음악과 미술 명작들을 재미있는 스캔들 이야기로 전달했던 〈명작스캔들〉의 원고를 보자.

〈명작스캔들〉은 스튜디오와 VCR 영상물의 혼합 구성 프로그램으로 영상으로는 명작의 느낌을 전달하고, 스튜디오에서 관련 얘기를 토크쇼로 풀어간다.

〈명작스캔들〉, 〈네덜란드 명작〉코너 원고

VCR 1: 오늘의 명작 : 피터르 브뤼헐의 '네덜란드 속담' (1'40")	
# 등장인물 100여 명 5	(100여 명의 등장인물,)
– 동물 50여 마리 5	(50여 마리의 동물,)
– 126가지의 이야기 5	(그 속에 담긴 126가지의 이야기!)
중앙, 자막: 등장인물 100여 명	
동물 50여 마리	
126가지의 이야기	
# 네덜란드 속담 풀 숏 6	이 모든 것이 담긴 명작,
자막: 네덜란드 속담	네덜란드 속담이다.
피터르 브뤼헐 1559년 作	
# 독일 전경 2	(보고)
자막: 베를린 / 독일	
# 미술관 외경 5	(보고)
자막: 베를린 국립미술관	
# 미술관 내부 8	그림의 배경은 어느 시골 마을,
# 네덜란드 속담, 타이트 4	농민들의 삶을 빗대어
# 슈테판 켐페르딕 큐레이터	속담을 담아낸 작품이다.
– 꿈속에서 일어나는 일처럼 모든 인물이 현실과 동떨어져 있어요.	
그러나 그림 전체로 볼 때에는 하나의 시나리오를 담고 있습니다.	
우리에게 전달하고자 하는 의미를 마을에서 벌어지는 상황으로 표현한 거죠.	
# 작가 프로필 10	16세기 플랑드르 미술의
자막: 피터르 브뤼헐 (1525 ~ 1569 추정)	대표적 풍속화가, 피터르 브뤼헐!
16세기 플랑드르 화가	
〈사육제와 사순절 사이의 다툼〉〈농가의 혼례〉〈바벨	
탑〉…	
# 농가의 혼례 5	그는 순박한 농민들의 삶에
– 농부들의 춤 6	관심이 많았다.
# 네덜란드 속담 풀 숏 10	그들의 생활상을 통해

사회를 풍자하고 부조리를 꼬집었다.
(잠시)
5백여 년의 세월이 지났어도
한 편의 그림은
삶의 지혜를 전하고 있다.

VCR1은 피터르 브뤼헐의 '네덜란드 속담'이란 미술 작품을 소개하는 코너다. 왼쪽의 영상 컷은 등장인물 100명 5초, 동물 50마리 5초, 126가지 이야기 5초 등 초 단위로 표기돼 있다. 내레이션은 괄호 안으로 처리했다. 하단의 자막처리로 할 것인지, 원고로 읽을 것인지 판단하게 했다. 짧은 동영상 부분에서 원고가 많으면 시청자에게 부담을 주기 때문이다. 대신 각 장면에 자막처리로 작품 내용을 설명한다. 원고는 마지막 컷 6초에 '이 모든 것이 담긴 명작, 네덜란드 속담이다'로 라는 팩트 뿐이다.

그 이후 원고 역시 명작 그림을 눈으로 감상하게 하거나 (잠시)라는 표기로 동일 영상을 설명하더라도 앞·뒤에 여유를 두고 있다. 원고에서 무엇보다 중요한 것은 꼭 필요한 원고는 해당 영상에 꼭 맞아 떨어져야 한다는 점이다. 농가의 혼례 5초, 농부들의 춤 6초 원고를 보라. 그 그림에 맞춰 꼭 필요한 정보를 처리했다.

〈명작스캔들〉 세비야 이발사 원고

VCR 4. 스캔들 공개 - 세비야 이발사 서곡은 재활용 곡이다? (3'43")	
# 커튼 열리고 3	(보고)
# 베토벤 7	(보고)
자막: 기막힌 오페라다	
나는 그걸 즐겁게 들었고, 정말 재미있었다.	
# 베르디 8	(보고)
자막: 음악적 아이디어가 풍부하고 희극적인	
활기가 담긴 가장 아름다운 오페라다.	
# 애니메이션 20	(서곡 자막 뜨면)
자막: 오페라 〈세비야의 이발사〉 中 서곡	시대의 작곡가들이 극찬한
/ 조아키노 로시니	로시니 오페라 세비야의 이발사!
	(음악 듣고)
– 백작 재킷 벗으면 8	경쾌한 리듬으로 막을 여는 서곡은
	오페라에 대한 기대감을 불러일으킨다.
자막: 세비야의 이발사(1816) 조아키노 로시니 /	
전체 2막. 귀족 여인 로지나를 사랑하는 알마비바 백작은 이발사 피가로의	
도움을 받아 사랑을 얻으려 한다. 우여곡절 끝에 그들의 사랑을 방해하는	
의사 바르톨로의 계략을 물리치고 사랑을 얻는다는 내용	
# 로시니 프로필 10	(보고)
자막: 조아키노 로시니 (1792 ~ 1868)	
이탈리아 작곡가 〈오셀로〉〈도둑 까치〉〈빌헬름텔〉	

	그런데, 세비야의 이발사에는
# 세 가지의 악보　6	로시니의 다른 두 오페라와
	관련된 비밀이 있다.
# 음악대학 외경　5	(보고)
- 악보 보는 학생들　6	세 오페라의 서곡이 같은 것이다.
	# 시민 인터뷰
- 세 개의 악보가 똑같은 (느낌이 든다.)	
- 세 개의 작품이 다 다른데 똑같은 서곡을 써도 되나?	
# 서곡 악보　4	(보고)
- 재활용 표시　4	(보고)
# 스캔들 공개　7	(보고)
자막: 세비야의 이발사의 서곡은 재활용 곡이다?	
# 이탈리아 외경　5	(보고)
# 책 꺼내는 전문가　4	1816년에 초연된 세비야의 이발사!

일라리아 앤나리치 인터뷰

　-이 악보는 오페라 '영국여왕 엘리자베타'의 첫 페이지인데
　　1815년에 발행됐어요. 이 악보는 몇 개월 뒤인 1816년 2월에
　　제작된 오페라 '세비야의 이발사'의 첫 페이지입니다.

# 엘리자베타 공연　9	그러나 그 서곡은 불과 몇 개월 전
	이미 발표됐던 곡이었다.
# 악보 비교, 도입부　15	(쾅쾅! 한번 듣고)
	그 뿐 아니다.
	3년 전, 로시니의 또 다른 오페라
	팔미라의 아우렐리아노에서도
	서곡으로 사용됐던 것이다.
- 중반부　13	(중반부, 들어가면 바로)
	게다가 곡 전반에 거쳐
	음의 흐름도 흡사하다.
- 후반부　10	(연주 끝난 후, 박수 소리)
	로시니는 상습적으로 자신의 곡을
# 악보 + 로시니 초상화　4	재활용했던 것이다.

일라리아 앤나리치

　- 비극 오페라 '팔미라의 아우렐리아노'의 서곡이
　　역시 비극 오페라 '영국 여왕 엘리자베타'에도 사용되고
　　나중에 희극 오페라 '세비야의 이발사'에도 사용됐어요.
　　이건 절대 우연이 아닙니다.
　　로시니의 서곡은 오페라의 본 내용과 상관없이 작곡되었기 때문이죠.

# 재연, 모래시계　9	13일 만에 세비야의 이발사를
	작곡한 로시니
- 현장음 "오마이 갓"	(현장음 살짝 내리고)
	시간에 쫓기던 그는,

– 악보 뒤진다　　2 – 책상에서 악보 발견　　7 ＃ 악보 ＋ 초상화　　13	결국, 흥행에 실패했던 자신의 다른 오페라 서곡을 다시 사용했던 것이다. 로시니는 왜, 자신의 서곡을 다시 썼던 것일까? 혹시, 자신의 곡이 사라지는 것이 안타까웠던 것은 아닐까…

　VCR4는 〈세비야의 이발사 서곡〉을 설명하는 코너다. 미술작품과 달리 음악 작품은 들어야 느낌을 알 수 있기 때문에 시청자가 음악을 듣는, 감상하는 시간을 부여한다. 기본적인 정보는 자막으로 처리하고 음악을 느끼게 해주며 꼭 필요한 정보만을 부여하고 있다. 사이사이의 (보고)와 (쾅쾅! 한 번 듣고)의 여백의 미, 그리고 정교하게 표기된 영상시간 표기와 최소화 된 팩트 정보를 처리한 원고를 주목하라.

원고 작성, 이렇게 한다

영상은 살아있고 스스로 말을 한다. 현장의 느낌을 그대로 전한다. 원고는 스스로 생명을 가진 영상에 부가되어 정보를 보완하며 의미의 깊이를 준다. 그림을 더 생명력 있게 만든다.

　원고 작성을 위해서는 사전 작업이 필요하다.

먼저 편집된 영상 컷의 길이를 정교하게 체크한다. 타임체크는 컷 하나하나의 길이를 일일이 체크하는 것이 좋다. 그런 다음 여러 개의 컷이 모여 하나의 이미지로 묶이는 시퀀스(글의 단락)별로 원고를 작성한다. 그래야 그림과 원고가 서로 어긋나지 않고 딱딱 맞아 떨어진다. 꼭 전해야 할 정보와 메시지는 다큐멘터리의 어느 부분에 사용할 지 사전에 분배해 놓는다.　각 정보와 메시지는 반드시 적절한 자리가 있다. 기초 정보라면 다큐멘터리의 앞부분이 좋을 것이고 결정적 감동적 내용이라면 클라이맥스나 클로징에 사용될 수 있을 것이다. 적절히 사용된 정보와 메시지는 충분히 제 기능을 하게 된다. 전체 글의 짜임새도 생기게 될 것이다.

　원고의 톤은 사전에 결정한다.

이에 따라 어떤 내레이터를 사용할 지, 또 어떤 음악을 사용할 지가 결정된다.

　이제 원고를 작성한다.

잊지 말아야 할 인식은 하나의 상황을 전하는 단어는 하나밖에 없다는 사실이다. 영상에 맞춰 글을 썼는데 뭔가 이상하다. 잘 전달되지 않고 뭔가 허전하다. 머리를 싸맨다. 어떤 단어가 적절하지? 문제는 한 대상에 꼭 들어맞는 단어는 하나밖에 없다는 '일물 일어설'로 설명이 가능하다. '적확한 단어'로 표현하기도 한다. '적절하고도 정확한 단어'라는 뜻이다. 적확한 단어란 결코 어려운 단어라는 뜻은 아니다. 쉽고도 간단해야 한다. 좋은 작가는 적확한 단어를 잘 구사하는 사람이고, 적확한 단어로 쓰인 글이 좋은 글이다. 좋은 작가, 좋은 글은 오랜 훈련 끝에 만들어 진다.

최근 영상콘텐츠를 보면 시작부터 끝까지 숨이 찰 정도로 원고 분량이 많다는 느낌을 받는다. 영상이 스스로 말을 한다는 기초를 이해하지 못하고 무엇인가를 전해야 한다는 강박관념으로부터 온다. 영상도 마찬가지지만 글도 쉬어가는 자리가 필요하다. 의미를 생각할 시간, 여유가 필요하다. 영상에, 음악에, 현장음에 잠시 느낌을 맡겨 두어라. 글은 꼭 필요한 자리에만 채운다는 절제력이 필요하다. 이를 위해 원고 사이사이에 음악이나 인터뷰부분을 사전에 고려할 필요가 있다. 전체 원고의 완급을 조절할 수도 있고, 쉬어가는 자리로서의 기능도 하게 된다.

글은 정신적, 창조적 행위이므로 어떻게 글을 쓰는 것이 옳다는 정답은 없다.

현장에서 통용되는 원칙을 중심으로 정리해 보면 다음과 같다.

- 이름, 지명, 나이. 데이터등 사실을 다시 확인하라. 자칫 엄청난 쟁점에 휘말릴 수 있다.
- 글이 화면을 앞서지 마라(전지주의). 보여주고 난 뒤에 얘기하라.
- 감동은 설명이 아니라 보고 느낀 뒤에 온다.
- 주제를 잊지 마라.
- 단문으로 글을 써라. 중문, 복문은 피하라. 짧은 문장이 힘이 있다.
- 미사여구, 형용사 부사를 쓰지 마라, 팩트로 써라.
- 문어체와 구어체를 구분하라. '하여'가 아니라 '해서'이다.
  글을 쓴 뒤 소리 내어 읽어보라. 글은 입에 붙어야 한다.
- 지시대명사는 사용하지 마라. '그는'이 아니라 '○○씨는'을 쓰면 훨씬 명확해진다.
- 불확실한 표현을 쓰지 마라. '–라고 합니다'는 금기다.
- 쟁점이 있을 경우 단정적인 표현을 삼가라. '–라고 발표했다'로도 충분하다.
- 연결을 고민하고, 의미를 강조하라.
- 전환이 있을 경우 브릿지 멘트가 필요하다.
- 원고의 대다수는 팩트이지만 영상에 의미를 부여하는 강조도 필요하다.
- 프롤로그와 에필로그가 중요하다.

효율적인 글쓰기 연습은 현장에서 직접 이루어 질 수밖에 없다.
글을 연습하는 좋은 방법 하나는 역시 모방이다. 잘된 글을 분석하고 흉내내 보는 것이다. 구성안 연습처럼 잘 만들어진 프로그램을 카피해 놓고, 각 장면에서 어떤 단어를 사용해 어떻게 표현했는지를 체크한 다음 직접 자신의 글에 적용해보라. 큰 도움이 될 것이다.

김국진·최성진(2008), IPTV, 나남.

김남석(1984), 영상미학, 풍진출판사.

김미숙(2016), 드라마 생산자로서의 TV드라마 작가 연구, 한국방송학회 학술대회 논문집.

김보영(2015.12.5), 성지환 72초TV 대표 짧게, 재미있게…모바일 콘텐츠의 핵심, 한국경제.

김영주(2015), OTT 서비스 확산이 콘텐츠 생산, 유통, 소비에 미친 영향에 관한 연구, 방송문화연구 제27권 1호.

김용규, 생각의 시대, 살림.

박명진·김창남·조항제·손병우(1991), 한국 TV 탐사보도 프로그램에 관한 연구, 한국언론연구원연구서 13.

박웅현 외, 인문학으로 광고하다, 알마

방송통신위원회, 방송통신융합연구.

백선기(2007), 미디어 그 기호학적 해석의 즐거움, 커뮤니케이션북스.

연합뉴스(2015.12.5), TV죽이는 스마트폰, 미 모바일 사용자 급증, TV는 감소.

오예린(2015.12.24), 올해는 '쿡방 예능 전성시대'…셰프테이너 예능 맹활약, 이투데이

원용진(2008), PD 저널리즘, 한나래.

유재천 외(2004), 디지털 컨버전스, 커뮤니케이션북스.

윤기호(2011), 동영상 이야기, 나남.

윤수희(2015.12.6), 세로화면, 72초 드라마…진화하는 웹영상 콘텐츠, 뉴스1.

이명옥, 그림읽는 Ceo, 21세기북스

이상요(2013), 이상요의 한국방송구술사 〈이산가족을 찾습니다〉를 말한다, 공영방송 제2호, KBS 방송문화연구소.

이인화(2014), 스토리텔링 진화론, 해냄.

이화자, 라이프스타일을 바꾼 광고그라피, 수류산방.

임정수(2010), 미드·할리우드 텔레비전 드라마 생산 이야기, 한울.

장윤택(1991), 제작현장에서 본 TV 사회고발 프로그램, 한국언론연구원 연구서 13.

장해랑 외, TV다큐멘터리 세상을 말하다, 샘터.

정보통신산업진흥원(2015), 국가별 정보통신산업 현황.

정보통신정책연구원(2015), 2015년 미디어 보유와 이용행태 변화.

정숙, 예능콘텐츠 스토리텔링, 커뮤니케이션북스.

조은하 외, 스토리텔링, 북스힐.

최세경(2015.8.9), 유통 플랫폼이 이끄는 방송 콘텐츠의 진화와 혁신, 방송 트렌드 인사이트 2, 한국콘텐츠진흥원.

최이정, 영상제작론, 커뮤니케이션북스.

한국방송공사 방송문화연구소(2015.12.11), 미디어 핫이슈 브리핑.

한국방송공사 방송문화연구소(2016.2.23), 미디어 핫이슈 브리핑.

한국방송공사 방송문화연구소(2016.4.8), 미디어 핫이슈 브리핑.

한국방송공사(2016), 2015 사업연도 경영평가보고서.

한국방송공사(2016), 〈태양의 후예〉 빅데이터 종합분석, 데이터사이언스팀.

한국사회언론연구회(1996), 현대사회와 매스커뮤니케이션, 한울아카데미.

한국언론진흥재단(2015), 2015 언론수용자 의식조사, 조사분석 2015/05.

한국피디교육원, 첨단의 PD 인간을 생각하다. INPUT 2016 캘거리 교육 리포트.

한진만·정상윤·이진로·정희경·황성연·이정택(2013), 방송학개론, 커뮤니케이션북스.

Daniel Arijon 저, 황왕수 역(1987), 영상미학, 다보문화.

EBS다큐프라임 제작팀, 이야기의 힘, 황금물고기.

Ernst Cassirer, 최명관 역(2008), 인간이란 무엇인가, 서광사.

Ferdinand de Saussure 저, 김현권 역(2013), 일반언어학강의, 지식을 만드는 지식.

Frank Rose 저, 최완규 역(2011), 콘텐츠의 미래, 책읽는 수요일.

Hue Badley 저, 최창섭·최하원 역(1982), 기록영화제작기법, 영화진흥공사.

John Fiske·John Hartley 저, 이익성·이은호 역(1994), TV 읽기, 현대미학사.

Raymond Spottiswoode 저, 김소동 역(1985), 영화의 문법, 영화진흥공사.

Richard J. Harris 저, 이창근·김광수 역(1991), 매스미디어 심리학, 나남.

Robert C. Allen 편, 김훈순 역(1992), 텔레비전과 현대비평, 나남.

Robert Mckee 저, 고영범·이승민 역(2002), 시나리오 어떻게 쓸 것인가, 민음인.

Roland G. Barthes 저, 정현 역(1995), 신화론, 현대미학사.

Susan Tyler Eastman 저, 전환성 역(1993), TV·케이블 편성론 상·하, 나남출판.

Yoon Yong edit(1983), Television Production.

http://zetaedu.co.kr/st-johns-college.

동영상

김무관 외(2007), 차마고도. KBS.

이원군 외(1983), 생방송 이산가족을 찾습니다. KBS.

Maureen Lemire 외(2006), Planet Earth Searies, BBC.

Wendy Apple(2004), The Cutting Edge: The Magic Of Movie Editing. BBC.

The Show Must Go On

나는 이전에 그 누구도 생각하지 않았던 방식으로 사물을 보고 생각한다.

— 르네 마그리트

3류 코미디언이 있었다. 웃기기 재능이 없어 무대 오르기가 죽기보다 싫었지만, 생계를 위해 올라야 했다. 어느 날 아버지 부고를 듣지만 돈이 없어 갈 수가 없었다. 그 날 저녁 무대는 생애 최고였다. 눈물을 삼킨 연기에 관객은 배꼽을 잡고 웃었다.

방송현장이 힘들다. 독립성과 자율성의 상실로 창의를 발휘할 공간이 좁아들고, 급감하는 수익에 제작비 충당도 헉헉댄다. 새로운 디지털 플랫폼과 콘텐츠 소비변화에 적응까지 해야 한다. 3년간 피디교육원장 자격으로 현업 프로듀서들과 다녀온 '인풋(INPUT, 세계 공영방송대회)'에서 변화의 실체를 보았다. 현장에서 확인한 변화의 핵심은 1)저널리즘 강화, 2)Young Audience, 3)크로스미디어, 4)뉴 포맷, 5)New Business Stratages 5가지 키워드로 정리된다. 세계 공영방송사들은 급속한 디지털시대 전환에 맞추어 변신과 실험을 거듭하고 있었다. 새롭게 등장한 다양한 디지털 플랫폼을 활용하고, 해당 플랫폼에 맞는 새로운 포맷을 개발하지 않으면 더 이상 생존할 수 없는 시대인 것이다.

프로그램 제작은 프로듀서가 세상을 바라보고 해석한 자신의 이야기를 담아내는 일이다. 새롭게 세상을 보고, 다르게 만들어야 한다. 방송은 기술이 아니라 정신과 마음의 행위다. 대학원에서 프로그램 제작과 글쓰기 수업은 늘 방송이란 무엇인가, 프로듀서는 누구인가라는 철학적 질문으로 시작한다. 방송이란 세상을 읽는 그릇이다, 방송은 오늘 이 땅의 삶의 모습을 기록하는 일이다. 세상과 삶을 제대로 담아내지 못하면 '피레기(피디쓰레기)'다. 프로듀서는 꿈을 꾸는 사람이다. 프로그램으로 좋은 세상을 만드는 꿈.

이 책은 정신행위로서의 방송콘텐츠 제작과 변화하는 환경에 어떻게 대비할까 고민했던 수업의 결과물이다. 1부와 3부에는 프로듀서 정신과 제작기본기에 충실하면서도 급변하는 디지털시대에 필요한 트렌드와 제작노하우를 담았다. 화제의 프로그램 제작자 11명의 인터뷰를 정리한 2부는 디지털시대의 새로운 피디론이자 프로그램 제작론이다. 드라마, 예능, 다큐멘터리, 교양, 웹에 이르기까지 당대 최고 제작자들의 정신과 노하우를 느끼고 배울 좋은 기회가 될 것이다. 인터뷰는 2016년 9월

말, 10월 초에 걸쳐 이루어졌다. 인터뷰와 녹취, 요약, 본인 검증에 거의 3개월이 걸렸지만, 즐겁고 행복한 여정이었다.

성공한 프로그램에는 분명한 이유가 있었다. 장르융합과 실험정신은 기본이다. 드라마와 예능, 다큐멘터리 장르 경계가 허물어졌다. 나영석 피디의 예능은 다큐멘터리로 다가서고, 시사토크 〈썰전〉은 '날것'을 지향한다. 예능집단창작시스템으로 만들어진 〈응답하라〉 시리즈는 케이블 드라마의 신화를 썼다. 〈임진왜란 1592〉는 '팩추얼 드라마'를, 〈시대의 작창 판소리〉는 '판소리뮤직다큐멘터리 드라마'라는 새 장르를 열었다. 내가 해온 정해진 장르가 아니라 전할 메시지에 가장 적합한 장르를 선택해 제작하는 시대인 것이다. 이들은 '의미'로 주제와 소재를 찾고, '재미'로 전달한다. 아무리 의미가 중요해도 그 의미는 재미있어야 한다. 드라마도 예능도 마찬가지였다. '익숙함'과 '새로움'은 소비자의 기호에 맞추어 적절한 조화를 이루었다. 전체가 10이라면 익숙함이 9이고 새로움은 1, 익숙함 속에서 새로움을 시도하는 지혜였다. 〈K팝스타〉는 음악자체의 본질을 추구하고, 〈히든싱어〉는 음악 예능에 미스터리 기법을 도입해 새로운 비틀기로 변주를 한다. 모두 자신만의 스토리텔링 방식이 있었다. 백경석 피디는 음악을 영상으로 표현해 낸다. 김원석 표, 정대윤 표, 고찬수 표가 다 달랐다. 무엇보다 이들 프로듀서와 프로그램에 '사람'이 녹아있는 점이 감동적이었다. 박성훈 피디는 출연자가 최고가 되는 무대를 만들고, 나영석 피디는 팍팍한 세상에서의 선한 힐링을 꿈꾼다. 화제의 프로그램을 만드는 프로듀서들은 실험과 창의가 넘쳤다. 따뜻하고 겸손했다. 그리고 건강했다. 이들이 있어 방송계가 든든했다.

3년 동안 저널리즘스쿨 대학원에서 학생들을 가르쳤다. 처음 시작할 때 지식을 파는 기술자가 되지 말자 다짐했다. 가르치는 일은 제작하는 일과 다르다는 걸 절감한다. 자꾸만 가르치는 기술자가 되어가는 내 모습을 본다. 부끄럽다. 다시 제작현장으로 돌아가고 싶지만 꿈일 뿐이다. 내가 할 일은 촉발제(Trigger)의 역할일 것이다. 나의 부끄러움을 새로 프로듀서가 되려는 이들에게 화두로 던져 더 나은 프로그램을 제작하도록 자극하는 일일 것이다.

방송이 어렵다. 공영방송 회의론, 존재 무가치론까지 거론된다. 하지만 방송은 계속되어야 한다. 이 책이 신참 프로듀서들이 현 세대의 정신적·기법적 바통을 이어받아, 더 따뜻하게 세상을 담아내고 사람을 보듬는데 작은 도움이 되길 기대한다. 힘들어도, 슬퍼도 쇼는 계속되어야 한다.

2017년 5월
장해랑

저자소개

장해랑   KBS 다큐멘터리 프로듀서로 입사해 〈추적60분〉, 〈세계는 지금〉, 〈KBS스페셜〉, 〈환경스페셜〉, 〈다큐멘터리극장〉, 〈인물현대사〉, 드라마 다큐멘터리 4부작 〈동학농민전쟁〉, 3D영화 〈Moonglow The Lives〉 등을 만들었다. 한국방송프로듀서연합회장, 1TV편성국장, KBS Japan 사장, (사)한국피디교육원장을 거쳤다. 콘텐츠학 박사를 받았고 현재는 세명대 저널리즘스쿨대학원 교수로 재직하며, 한국기독교교회협의회 언론위원, 국회방송 자문위원, TBS 시청자위원장, 피디교육원 전담강사를 맡고 있다. 저서로는 《다큐멘터리 세상을 말하다》, 《한국의 아름다운 소리》 등이 있다.

이상요   1985년 KBS PD로 입사해 〈추적60분〉, 〈뉴스비전 동서남북〉, 〈현장기록 요즘 사람들〉, 〈KBS스페셜〉, 〈심야토론〉, 〈인물현대사〉 등을 제작했다. 1996년 2부작 〈중세 조선의 비밀–하멜 표류기〉, 1999년 방송위원회 최우수상을 수상한 10부작 〈20세기 한국사–해방〉을 제작했고, 2008년 한국방송대상을 수상하였으며 에미상에도 노미네이트된 6부작 〈차마고도〉의 책임프로듀서를 맡았다. 그 외 〈KBS스페셜〉 팀장, 기획팀장 등을 역임했다. 서울대학교 학사, 성균관대학교 석사를 이수했고, 현재 세명대학교 저널리즘스쿨대학원 교수, 방송통신심의위원회 보도교양특별심의위원, 평화방송·신문 발전위원, 논객닷컴 칼럼니스트로도 활동하며, 2016년에는 KBS 경영평가위원을 역임했다.

디지털시대,
프로듀서와
프로그램을
묻다

2017년 5월 25일 초판 인쇄 | 2017년 5월 31일 초판 발행

지은이 장해랑·이상요 | 펴낸이 류원식 | 펴낸곳 청문각

편집부장 모은영 | 책임진행 이유나 | 디자인 신나리 | 본문편집 벽호미디어

제작 김선형 | 홍보 김은주 | 영업 함승형·박현수·이훈섭 | 출력·인쇄 동화인쇄 | 제본 한진제본

주소 (10881)경기도 파주시 문발로 116 | 전화 1644-0965 | 팩스 070-8650-0965

홈페이지 www.cmgpg.co.kr | E-mail cmg@cmgpg.co.kr

등록 2015. 01. 08. 제406-2015-000005호

ISBN 978-89-6364-320-5 94080 | 값 24,500원

    978-89-6364-281-9 94080(세트)